村上真完
及川真介

仏弟子達のことば註㈢

――パラマッタ・ディーパニー――

春秋社

凡例

A　本書は、『長老偈（*Theragāthā*=*Th.*）』と『長老尼偈（*Therīgāthā*=*Thī.*）』の各詩節（偈）の和訳文を、その註釈（*Paramattha-dīpanī Theragāth'aṭṭhakathā*=*ThA.*, *Therīgāth'aṭṭhakathā*=*ThīA.*）』和訳の文脈の中に適宜に挿入する形で、全訳していくものであって、完成すると全四巻となる予定である。すなわち最初の二巻は『長老偈』とその註釈の全訳、最後巻が『長老尼偈』とその註釈の全訳となる。

B　表記法、体裁、註記の位置等は、前著『仏のことば註』（一）と、その凡例に倣う。

C　現代の社会で適切でないとみなされるような用語・表現はなるべく避けたが、本書の性格上、原典の意を尊重して、あえて用いたところもある。

D　定本は序にも言及したようにPTS. 版とするが、適宜にビルマ第六結集版（CSCD=Vri. 版）と照合して理解しやすい読みを採用することにする。

主要原典・参照書目とその略号と表記法上の略号等は、ほぼ前著（一）、及び特に『パーリ仏教辞典 仏のことば註―パラマッタ・ジョーティカー―付篇 パーリ聖典スッタ・ニパータ註索引・辞典』（『パーリ仏教辞典』と略）の凡例（pp.4-43）に倣う。

それにないものとしては、次記の数点を加える。

平岡聡『ブッダが謎説く三世の物語『ディヴィヤ・アヴァダーナ』全訳』上、下（大蔵出版、2007年）（＝

平岡［2007］訳 *Divy.*）
平岡聡『ブッダの大いなる物語　梵文『マハーヴァストゥ』全訳』上、下（大蔵出版、2010, 2011年）（＝平岡［2010-11］訳 *Mv.*）
The Commentary on the Verses of the Therīs tr. by William Pruitt, Oxford: PTS 1998（＝英訳 *ThīA.*, Pruitt 訳）.

第三巻　目次

訳註

パラマッタ・ディーパニー（第一義を照明する）㈢

仏弟子達のことば註（長老偈註）三

パラマッタ・ディーパニー（第一義を照明する）という長老偈の註釈　第三部

*Th.*69

〔16．十六偈集（Soḷasa-nipāta）〕

1

一六・一（673—688）、アンニャー・コンダンニャ（Aññā-Koṇḍañña, 悟る憍陳如(1)）

〔前生以来の因縁物語〕

十六〔偈〕集において、〈この〔私〕はますます〉云々とは、尊者アンニャー・コンダンニャ上座の偈である。この人も蓮華上世尊（二十四仏の第十）の時にハンサヴァティー都城の家主大家の家に生まれた。そして、分別のつく年頃になると、或る日〔大〕師の許《もと》で法を聞いていると、〔大〕師が、自分の教えの中で最初に法を洞察した一人の比丘を、夜を知る者〔ratta-ññu, 経験ある耆宿《ぎしゅく》の長老〕たちの第一人者の地位に就けるのを見て、自分もその別の地位を願って、百千の比丘を従えた〔大〕師に七日間大施を行なってから、願を立てた

4 (paṇidhānam akāsi)。〔大〕師も彼〔の願に〕障害がないのを見て、〔彼の願が〕将来に成就することを(bhāvinaṃ sampattiṃ）予言された。

彼は寿命の限り諸々の福徳を作って、〔大〕師が入滅（般涅槃）されて、塔廟が建立される時に、塔廟の中に宝珠の室を（ratana-gharaṃ）造らせた。また塔廟を囲んで千の宝珠の柱（-agghikāni, [Vri.]-agghiyāni）を造らせた。このように諸々の福徳を作って、そこから死没して神と人間の中に輪廻して、ヴィパッシン世尊の時にマハーカーラという地主（kuṭumbika）となった。そして八カリーサほどの農地に〔稲を作って収穫した新〕米の籾殻を取り除いて（phāletvā, 脱穀して）得た米粒をもって混じりのない牛乳の中で〔煮て〕粥（pāyāsa）を作って、そこに蜜・バター・砂糖などを（-sakkhar'ādayo, [PTS.]-sakhāra'ādayo）投げ入れて、仏を上首とする僧団に差し上げた。稲の籾殻を取り除いて〔米粒を〕得たそれぞれのところが再び〔米粒で〕満ちた。半熟米の時期には(puthuka-kāle）最高の半熟米というものを差し上げた。［[PTS.]最高の半熟米というものを差し上げた］。村に住む者たちと一緒に最上の穀物（sassa）というものを差し上げた。刈り取りすると（dāyane, [Vri.]lāyane）最高の刈り取りものを（dāyan'aggaṃ, [Vri.]lāyan, 〃）〔差し上げた〕。〔稲の〕掴みを作ると最上の掴みを（veṇi-karaṇe veṇ'aggaṃ）〔差し上げた〕。〔稲の〕束などを作ると（kalāpâdi-karaṇe）最高の束を〔差し上げた〕。打穀の最上のもの（khaḷ'aggaṃ）、欠け米の最上のもの（khaṇḍ'aggaṃ, [Vri.]bhaṇḍ'〃, 最上の荷）、量りにかけた最上のもの（min'aggaṃ）、穀倉の中で最上のもの（koṭṭh'ggan）と、このように一つの穀物について九回、最上の物の施というものを行なった。その穀物も余分に出てくることになった。

2 このように寿命の限り諸々の福徳を作って、そこから死没して天の世界に生まれて、神々と人間の中に輪廻して、我々の世尊（釈迦牟尼仏）が出現なさるよりもっと以前にカピラヴァッツ都城から遠くないところのドーナヴァッツという名の村のバラモン大家の家に生まれた。彼にはコンダンニャという氏姓から来た名前があった。彼は成人すると三ヴェーダを学んで、また諸々の占相の諸呪文について（lakkhaṇa-mantesu）蘊奥を窮めた。彼は我々の菩薩が兜率天の都から死没してカピラの都の浄飯大王の家に生まれて、彼（菩薩）の命名の日に八百人以上のバラモンたちが招かれた時、およそ八人の人々が占相するために〔宮殿の〕屋上に導かれた、その人々の最年少者（sabba-navaka）であって、〔大士が〕偉大な人物の相を成就しているのを見て、「必ずやこの方は仏になるだろう」という結論に達して、大士の大出家（踰城）を、もう期待しながら、めぐり歩く。

菩薩もなるほど大勢の者に囲まれて生長しつつ次第に成人して、智力が成熟してから、三十に一つ足りない年に（二十九歳で）大出家を出家して、アノーマ川の岸辺で出家して、次第にウルヴェーラーに行って精勤に励んだ。その時コンダンニャ青年は大士が出家したことを聞いて、〔大士の〕占相をしたバラモンたちの息子たちと共に、ヴァッパ青年などと共に自分を第五番目として出家して、次第に菩薩のもとに近づいて行き、六年間彼に仕えたが、彼が粗大な食事をとったので（olārikāhāra-paribhogena）、厭い離れて行ってイシパタナ（仙人堕所）に行った。

時に、ご存知のように世間の師主（Loka-nātho, [Vri] bodhisatto）は粗大な食事をとって体力を得て、ヴィサーカー月（四月〜五月）の満月の日に菩提樹の根元の不敗の牀座に坐って三種の魔の頭を踏み砕いて、現等覚してから七七日間菩提道場においてだけ（bodhi-maṇḍe yeva）時を過ごしてから、五群〔の比丘〕たちの智が熟したのを知って、アーサーリー（六月〜七月）の満月の日に（āsāḷhī-puṇṇamāyaṃ）イシパタナに行って「転法輪経」を（dhamma-cakka-pavattana-suttantaṃ）説いた（*Vin.* I. 10 ; *S.* V. 420）。説法が終わるとコンダンニャ上座は十八億の梵天と共に預流果に安立した。そして半月の第五の日に「無我相経」の説示において（anatta-lakkhaṇa-

suttanta-desanāya, *Vin.* I, 13 ; *S.* III, 66）、阿羅漢の境地を証得した。
〔それで譬喩経にはこう言う（*Ap.* I. 48[25-]）。
「蓮華上正覚者、世間の最高の方、指導者、
仏の境地に達したお方に、初めて私は見《まみ》えた。…乃至…」〕

3

さて〔大〕師は後になって祇陀林大精舎で、比丘僧団の中央に設けられた勝れた仏座に坐って、彼が最初に▽法を洞察した者であることを（paṭividdha-dhamma-bhāvaṃ）明らかにしようとして、

「この者が、比丘たちよ、私の声聞弟子の比丘たちの中で夜を知る者（経験のある耆宿《ぎしゅく》の長老）たちの第一人者は、即ちこのアンニャー・コンダンニャである。」

と彼を第一人者の地位に就けた。彼は二人の最高の声聞（舎利弗と目連）が自分に対してなした最高の五体投地の礼（nipaccâkāra）を〔避け〕、また村外れの臥坐所での乱離な生活（akiṇṇa-vihāra）を避けたく思って（pariharitu-kāmo）、遠離を喜ぶ居住を重視したから、自分の許に近づいて来た在家者・出家者たちと交際すること（paṭisanthāra-karaṇaṃ）も障碍であると考えて（papañcaṃ maññamāno）、〔大〕師に申し上げて、〔[Vri.] 雪山に入って〕六牙の象たちに仕えられつつ六牙池の岸辺に十二年間住した。

〔上座が請われて説法をすると、帝釈天が一偈をもって浄信を表す〕

このようにそこに住んでいる上座のところに、或る日、神々の王・帝釈天が近づいて来て礼拝して立ち、こう言った。

「よろしい事です。どうぞ尊師よ。聖人は法を説きたまえ」と。

上座は彼に四つの真理を母胎とし三つの相（無常・苦・非我）に裏打ちされた空であることに相応した（suññata-paṭisaṃyuttaṃ）種々の趣旨で多彩であり不死（甘露）に深入する法（教え）を（amat'ogadhaṃ dhammaṃ）、覚者の遊戯として（Buddha-līlāya）説示した。それを聞いて帝釈は自分の浄信を示そうとして（pasādaṃ pavedento）、

(673) 大いなる味のある法（教え）を聞いて、この私はますます浄く信じる。
一切に執らわれず、離欲の法（教え）が示された。

と、最初の偈を述べた。

そこで、〈この私はますます浄く信じる（pasīdāmi）〉とは、たとえ何度〔大〕師の許で法を聞いても、そこで〔心が〕信じ浄まる（abhippasanno）。しかし今、種々の趣旨で多彩で飽きない〔法話〕として（nānā-naya-vicittatāya asecanakatāya, PTS. 〃-kathāya）、御身によって語られた大いなる味のある法（教え）を聞いて、この私はそれによってますます浄く信じる。〈離欲の（virāga）〔法〕が示された〉とは、一切の煩悩の汚れ（-saṃkilesa）と、一切の行《ぎょう》（-saṅkhāra, 心身の諸潜勢力）とから、離欲するので、離欲を生ずるので〈離欲〔の法〕〉である。それゆえにこそ、色《しき》（rūpa, 感じられるもの）など（色・受・想・行・識）の中のいかなる要素（法）にも執らわれず執らず、〔色等は〕解脱を成就する手段として作用するのであるから、〈一切に執らわれず、〔離欲の法が〕示された〉。このように神々の王・帝釈天は上座の説示を称讃して、敬礼してから、自分の〔居住〕所へ一路

〔帰って〕行った。
時に、或る日、上座は、諸々の間違った思い計らいに負けている或る一部の凡夫たちの心の動き（cittâcāra）を見てから、それの反対（対極）である〔仏の教えの〕順序を追憶して、また自分が全くそこから心が離れ去っていること（vinivaṭṭita-mānasatā）を思いめぐらして、その意味を明らかにする二偈を述べた。

4

〈コンダンニャ上座が自分の心境を詠う偈〉
(674) この地の円輪における、世間には多く種々のものがあって、
素敵な欲情を伴う思い計らい〔の火〕を掻き立てる、と私は思う。
(675)▽ また風によって〔吹き〕上げられた塵を雨雲が〔雨によって〕鎮めるように、
そのように、智慧によって見る時、諸々の思い計らいは静まる。と。

そこで、〈世間には多く種々のものがあって（Bahūni loke citrāni）〉とは、そこでも色《しき》（rūpa）などによって、青や黄色などによって、また女や男などによって、世間には多くの種々多様な〔感官の〕対象の類（ārammana-jātāni）がある。〈この地の円輪における（puthuvi-maṇḍale）〉とは、直接知覚されるものとなった（paccakkha-bhūtaṃ）人間の世間に関して述べる。〈思い計らい（saṅkappaṃ）〔の火〕を掻き立てる（mathenti）、と私は思う〉とは、その〔対象の類〕から生ずる、人の努力（vāyāma）を伴い火切り木（araṇi）を伴う火を〔掻き立てる〕ように、非根源的な思考によって進められた間違った諸々の思い計らいを掻き立てるように、掻き立てら

れているように、私は思う。どのように〔掻き立てる〕のか。〈素敵な欲情を伴う〉欲望の思案を（kāma-vitakkan）〔掻き立てる〕という意味である。なぜなら、その〔欲情〕は素敵な様相を把えることによって素敵である、と言われるからである。

〈また風によって〔吹き〕上げられた塵を〉という、〈また（ca）〉とは不変詞（接続詞）だけである。ちょうど夏の最後の月に風によって〔吹き〕上げられた塵を、大きな雨雲が雨を降らせて鎮め、静めるように。〈そのように、智慧によって見る時、諸々の思い計らいは静まる（sammanti）〉とは、聖なる声聞弟子がそれらの世間の種々のものを、生起（samudaya, 集因）から、味わいから、煩い（ādīnava, 過患）から、また出離（nissaraṇa）から如実に智慧をもって見るとき、その時に、ちょうどその〔吹き〕上げられた塵を雨雲〔の雨〕によって〔鎮める〕ように、そのように智慧によって全ても諸々の間違った思い計らいは鎮まる。なぜなら、生起した正しい見解によって間違った諸々の思い計らいは確立を得ないからである。そしてどのように智慧によって見るかを示そうとして、

(676)「一切の諸行（心身の諸潜勢力）は無常である」と智慧をもって見る時、
その時、〔人は〕諸々の苦を厭う。これが清浄への道である。
(677)「一切の諸行（心身の諸潜勢力）は苦である」と〔智慧をもって見る時、
その時、人は諸々の苦を厭う。これが清浄への道である。〕
(678)「一切の諸法（心身の諸潜勢力）は非我である（我ではない）」と〔智慧をもって見る時、
その時、人は諸々の苦を厭う。これが清浄への道である。〕

〔と〕三偈を述べた。

〔語句の註釈〕

そこで、〈一切の諸行（心身の諸潜勢力）〉とは、六つの対象（色・声・香・味・触・法）を包括する一切の三界（欲界・色界・無色界）に属する五蘊（色・受・想・行・識）である。〈無常である〉とは、最初と中間をもつので（ādi-majjhanta-vantato）、究極的でないので（an-accantikato）、暫時のものなので（tāva-kālikato）、そこここで壊れるので、「恒常ではない」と、観法の智慧によって見る時。〈その時、諸の苦を厭う〉とは、その時、この輪転の苦（vaṭṭa-dukkha）を厭う。厭いながら苦をよく知る（了知する）などの方法によって〔四つの〕真理を洞察する（paṭivijjhati, 通達する）。

〈これが清浄への道である〉とは、これが、先に述べた通りの、観法の方法の知見の清浄への、また究極の清浄への、道であり、〔清浄を〕証得する手段である。〔一切の諸行（心身の諸潜勢力）は〕〈苦である〉とは、恐怖を伴うから、生滅（udaya-bbaya, 興起と衰滅）による圧迫を伴うから、苦痛をもつから、また安楽の反対であるから苦である。その他は上述の趣旨の通りである。

〈一切の諸法は非我である（我ではない）〉とは、一切もの四つの領域（欲界・色界・無色界・涅槃界）に属する諸要素（dhammā, 諸法）は非我である。しかし、ここでは三つの領域（三界）に属する（te-bhūmaka, 欲界・色界・無色界の）諸法だけが把握されるべきである。なぜなら、それら〔三界の諸法〕は核心のないものとして（asārato）、自在力のないものとして（avasavattanato）、空として（suññato）、また自我を否定するものとして（atta-paṭikkhepato）、「非我である（anattā）」と見るべきだからである。その他は前の〔偈〕と全く同じである。

このように観法の方法を示してから、その方法によってなすべきことを為す（kata-kicca）自分をば、他人のようにして（第三者として）示そうとして、

（679）およそ仏に従って覚った、コンダンニャ上座は、
はげしく精励し、生・死を捨てて、梵行を専らとする。

（680）暴流の縛り縄、頑固な意固地、砕き難い山があるのに、
意固地と縛り縄とを切断し、砕破し難い岩山を砕破して、
〔暴流を〕渡り、彼岸に達し、禅思して、彼は魔の捕縛から放たれている。

と、二偈を述べた。

〔語句の註釈〕

そこで、〈仏に従って覚った（buddhânubuddho）〉とは、諸仏に従って覚った。正等覚者たちによって覚られた諸々の真理を、それら〔諸仏〕の示すところに従って覚る、という意味である。強固な（thireh）無学の戒の核心などを（sīla-sār'ādīhi）そなえ持つというので〈上座（thera）〉である。〈コンダンニャは〉とは、姓を語る（gotta-kittanaṃ）。〈はげしく精励し（tibba-nikkamo）〉とは、強靭に精進し（daḷha-vīriyo）、強固に努力する（thira-parakkamo）。生・死を捨てたことを因とするから、生・死を捨てて〈梵行を専らとする（kevalī）〉とは、道としての梵行を残さない。或いは残すところなく道の梵行を成満する（pāripūrako）。或いはまた、〈専らとする〉というのは、諸煩悩と混じり合わないので、道の智と果の智とが、すなわちここにある、というので

〈専らとする〉。しかし、なぜなら、その両方とも道の梵行によって〔可能なので〕あり、そうでなければ〔ありえ〕ないので、それゆえに、梵行を専らとする、と言われる。

(680)〈暴流の縛り縄（ogha-pāso）〉とは、

「欲望という暴流、生存という暴流、見解という暴流、無明という暴流である。」（*D*.III.230[11]）

と、このよう言われた四つの暴流である。また

「およそ何でもこの動き行く心が（mānaso）、空中を動き行く縛り縄（pāso）である。」（*Vin*. I. 21; *S*. I. 111）

と、このように言われる欲情の縛り縄（rāga-pāso）である。

〈頑固な意固地（daḷha-khīlo）〉とは、

「〔大〕師を疑う、法を疑う、僧団を疑う、学処（sikkhā, 戒）を疑う、同梵行者たちの中で怒り（kupito）、喜ばず（anattamano）、〔心損なわれて（āhata-citto）〕、意固地（頑迷）となる（khila-jāto）。」（*cf*. *M*. I. 101 = *A*. V. 18）

と、またこのように言われた頑固な（daḷha）強固な（thira）五類の心の頑迷（ceto-khila, 心栽）は、多くの人たちによっても破壊することができないので〈砕き難い（duppadāliya）〉。まさにそれゆえに、山と同様なのでまた〈山（pabbata）〉と呼ばれた。或いは、「苦についての無知」云々という趣旨で述べられた無知の類である。このようにこの一切の〈意固地と縛り縄とを切断して〉とは、これらの四類の汚れ（雑染）を伴う諸法（身心の諸要素）がある中で、〈およそその〔コンダンニャ〕は〉意固地や縛り縄を聖道の智慧という剣で切断した。そして〈砕破し難い岩山を砕破して〉とは、およそ誰であれ無知の人によっては破壊することが出来ない無知という岩山を（aññāṇa-selaṃ）金剛のような智慧によって（vajirûpama-ñāṇena）破って、四つもの（欲・有・見・

無明の〕暴流を渡ってから、それらの向こう岸である安らぎ（涅槃、悟りの境）に立ったので、〈〔暴流を〕渡り、彼岸に達し〉、〔感官の〕対象に対する思念を特相とし（ārammaṇûpanijjhāna-lakkhaṇena）、〔無常・苦・非我という〕特相に対する思念を具えるという二種もの〔特相〕によっても〈禅思して（jhāyī）〉、〈彼は魔の捕縛から放たれている〉。というのは、彼はそのような漏尽者で、一切もの煩悩魔の捕縛から解放され、解き放たれ、離れている。と、自分だけに関して上座は述べる。

〈共住している比丘を誡めてから、一人住まいをして入滅する〉

さて或る日、上座は、自分と共住している（saddhi-vihārika）一人の比丘が、不善の友と交際することによって怠惰になり精進が劣り（hīna-vīriya）、浮わつき（uddhata）高慢になって（unnaḷa）暮らすのを見て、神通力によってそこに行ってから、

「友よ、そのようにしてはならない。不善の友たちを捨てて、善き友たちと親交しながら、沙門法を行いなさい。」

と彼に教誡した。彼は上座の言葉を受け容れなかった。上座は彼が〔自分の教誡を〕受け容れないので法（仏の教え）に対する畏れを覚えて（dhamma-saṃvega-ppatto）、人に基く〔法〕話によって（pugga âdhiṭṭhānāya kathāya）〔彼の〕間違った修道を叱責しようとして、正しい修道（sammā-paṭipattiṃ）と遠離の居住とを（viveka-vāsañ ca）称讃しようとして、

（681）浮わついて動揺する比丘は、悪い友たちに出会うと、

波に呑まれて、大暴流の中に沈む。

（682）浮わつかず動揺せず、賢明で、感官を防護し、
善き友をもつ、智慧ある人は苦を終息させる者となるであろう。

（683）肢体《からだ》はカーラー樹の瘤のように、痩せて青筋に蔽われている。
食べ物・飲み物の量を知る、心が賎《いや》しくない人だ。（＝243）

（684）蚊や虻に触れられて、荒地で、大きな林で、
龍象が戦場の先頭にある如く、思念してそこに住むがよい。（＝244）

（685）私は死を喜ばない。〔私は命を喜ばない。
そして私は時を待つ。傭われ人が給金を〔待つ〕ように。〕（＝606）

（686）〔私は死を喜ばない。私は命を喜ばない。
そして私は時を待つ。意識して記憶して。〕（＝607）

（687）〔大〕師は私によって奉仕され、〔仏の教えは行われた。
重い荷は降ろされた。生存に導くものは断ち切れた。〕（＝*Th.*604,656,792,891,918,1185）

（688）およそそのために家から〔出て〕家なき者へと出家した、
私のその目的は達成された。私にとって共住者に何の〔意味〕があるか。

と、これらの偈を述べた。

7

〔語句の註釈〕

(681) そこで、〈浮わついて (uddhato)〉とは、浮わつき (掉挙、躁状態) に取り付かれ (uddhacca-yutto)、〔心〕定まらず (asamāhito)、心が散乱した (vikkhitta-citto)。〈動揺する (capalo)〉とは、鉢や衣の飾りなどの軽薄さ (cāpalla) を具え、世間の本性に従う (loka-pakatiko, Vri.lola-〃, 浮かれる本性に従う)。〈悪い友たちに出会うと〉とは、善くない友たちに依存して沙門法を行わないと、〈波に呑まれて (ūmiyā paṭikujjito)〉大暴流の中に沈む〉とは、例えば大海に落ちた人が海の波浪に覆われて (-vīcīhi otthaṭo)、頭を上げることを得ないで、そのまま沈むように、そのように輪廻の大暴流の中でよろめきながら怒りや悩みの波によって (kodhūpāyāsa-ūmiyā) 呑まれ覆われると、観法によって智慧の頭を持ち上げることが出来ないで、そのまま沈む。

(682)▽〈賢明で (nipaka)〉とは聡敏で (nipuṇa)、自分の利益と他人の利益に通じており、〈感官を防護し (saṃvut'indriya)〉とは、意を第六とする諸感官 (眼・耳・鼻・舌・身・意) の防護によって感官が閉ざされている。〈善き友をもつ (kalyāṇa-mitto)〉とは、善い友たちをそなえている。〈智慧ある人 (medhāvin)〉とは、法を滋養素とする (dhamm'oja) 智慧をそなえている者。〈苦を終息させる者であろう〉とは、そのような彼は一切もの輪転の苦の終焉を作る者となるであろう。

(683)〈肢体はカーラー樹の瘤のよう (kāḷa-pabb'aṅga-saṅkāso, Vri.kāla-〃)〉云々とは、遠離〔の生活〕を喜ぶことを語る (vivekābhirati-kittanaṃ)。また (686)〈私は〔死を〕喜ばない〉云々とは、〔彼が〕なすべきことを為し終えていることを示す。その全てはすでに以前に意味が述べられている。しかし最後 (688d) において、〈私にとって共住者に何の〔意味〕があるか (kiṃ me saddhivihāriṇā)〉とは、私にとって自分の共住者に、何の意味があるのか (Vri.自分の共住者に関して言う。それ故にこのような躾の悪い敬意を持たない共住者に何の意味があるのか）。一人住まいだけが私に喜ばしい（ruccati）、という意味である。

そして、このように述べてから、六牙池に（chaddanta-daham）だけ行った。そこに十二年住んでから、入滅（般涅槃、死）が近づくと（upakaṭṭhe parinibbāne）、〔大〕師に近づいて行って、入滅を認められてから（anujānāpetvā）、その同じところに行って入滅した。

アンニャー・コンダンニャ[1]上座の偈の註釈　終わる。

註

（1）Aññā-Koṇḍañña，Vri. 版には Aññāsi-koṇḍañña. この上座は赤沼『辞典』には Aññā-Koṇḍañña と出ている。漢訳には阿若多憍陳那、阿若憍陳如、阿若憍隣、阿若倶隣、阿若拘隣、憍陳那、憍陳如、拘隣若、拘隣、解了憍陳如、知本際、了本際など。仏の初説法のときに最初に覚った人として著名。本註は *Ap.I.* pp.48^{24}-50^{5}［7. Aññā-Koṇḍaññ］に、この上座の説いたという十七偈を引くように（ただし PTS. 版では最初の一偈だけを引き、以下は省略の形で示す）、それを前提にしている。

一六・二（689—704）、ウダーイン（Udāyin, b）[1]

7^{16-}

〔前生以来の因縁物語〕

〈人間となった〉云々という〔偈〕は尊者ウダーイン上座の偈である。この人も先の諸仏の許で奉仕行を行なった者であり、そこここの生存において脱輪廻の機縁となる福徳を積んでから、神と人間の中に輪廻しながら、この仏（釈迦牟尼仏）が出現された時、カピラヴァッツのバラモンの家に生まれて、ウダーインという名前を得た。成人すると、〔大〕師の親族の集まりで仏の威神力を見て、信を得て出家して、観法の修行を行うと（vipassanāya kammaṃ karonto）、もうほどなくして阿羅漢の境地に達した。

実は、これらウダーイン上座は三人いる。大臣の息子で前に出てきたカールダーイン（Kāḷudāyī）、コーチャリヤの息子のラールダーイン（Kocariya-putto Lāludāyī, Vri.Kovariya-〃）、このバラモンの息子のマハー・ウダーイン（Mahāudāyī）とである。

〔マハー・ウダーイン上座が仏を象に喩えて称讃する十六偈〕

そこでこの〔マハー・ウダーイン〕は、或る日、〔大〕師が、あらゆる飾りで飾られた白象（seta-vāraṇa）が大衆から称讃されているのを意味の由来として、「象喩経」（Nāgopama-suttanta, A.VI.43 : III.pp. 344^{19}-347^{15}）[2] を説かれると、説示の終わりに、自分の智力に応じて〔大〕師の諸々の徳を想い浮かべてから、仏を対象とする喜びによって心を励まされて（samussāhita-mānaso）、

8

「この大衆はこの畜生となった象（nāga, 龍象）を褒めている。仏という大象（buddha-mahā-nāga, 仏なる大龍象）を〔褒め〕ない。さあ私は仏という大香象（buddha-mahā-gandha-hatthin）の諸々の徳を明らかにしよう。」

と、〔大〕師を誉め称えようとして、〔いわく〕

(689) 人間となった等覚者は、自己を調御され、〔心〕よく定まり、
梵（崇高）の道において行き、心の寂静を喜び、

(690)▽ 一切諸法の彼岸に達せられた（心身の一切諸要素の奥義を窮めた）。そのお方を、
人々は礼拝し、神々もそのお方を礼拝する、と私は阿羅漢から聞いた。

(691) 一切の結縛《しがらみ》を越え、〔欲〕林から〔出て〕安らぎ（涅槃、Vri 欲・林のない処）に達せられ、
諸欲からの出離を楽しむ、岩石から出た黄金のようなお方を〔神々も礼拝する〕。

(692) そのお方こそ究極の輝きあり、龍象であり、他の山塊に対する雪山のようである。
一切の龍象という名のある者たちの、真実の名のある、無上の方である。

(693) 私はあなた方に龍象を讃えよう。なぜなら、その方は罪悪を作らない。
柔和と不殺生とは、それらは龍象の両足（前足）である。

(694) 思念と正知とは、それらは龍象の別の〔両〕足（後足）である。
大龍象は信を手とし、捨（無関心、公平）という白い歯がある。

(695) 思念は頸、智慧は頭、〔その〕審察は法の思察である。

法という母胎がよく住むところであり、遠離がその尻尾である。
(696) そのお方は禅思し、安息を愉しみ、内によく心定まっている。
行きながら龍象は心よく定まり、立っても龍（象）は心よく定まっている。
(697) 臥しながらも龍象は心よく定まり、坐っていても心よく定まっている。
あらゆるところで龍象は抑制している。これが龍象に具わっている。
(698) 罪のない〔衣食住〕を召され、罪のある〔衣食住〕を召されない。
食べ物と〔身を〕覆う衣を得ても、備蓄を避けている。
(699) 微細でも粗大でも結縛《しがらみ》となる一切の絆を断ち切って、
それぞれ、どこに行くにも、期待せぬままに行く。
(700) 恰も水の中に生える白蓮が、生長して
水に汚されずに、心楽しく浄らかな香りをもっているように、
(701) まさにそのように、仏は世間に生まれて、世間に染まらない（virajati, Vri. viharati, 住む）。
世間によって汚されない。ちょうど蓮華が水に〔汚されない〕ように。
(702) 燃える大火も食料（焼く物）がないと消え静まる。
また〔火が〕炭になれば、消えた、と言われる。
(703)〔この〕意味を知らしめるこの比喩が、識者たちによって示された。
龍象によって示された龍象を大龍象たちは識知するであろう。
(704) 欲（貪）を離れ、怒り（瞋）を離れ、迷い（癡）を離れて煩悩（漏）なく、

身を捨てて煩悩無き（無漏の）龍象は、入滅されるであろう。と
これらの偈を述べた。

9

〔語句の註釈〕

（689▽）そこで〈人間となった（manussa-bhūtan）〉とは、人間の中にあった、生まれた、或いは人間の身を得た（manuss'atta-bhāvaṃ pattaṃ）。なぜなら、〔大〕師は漏尽の智の証得によって、一切の〔輪廻の〕行き先（道、趣）から解放されているけれども（sabba-gati-vimutto pi）、最後の自分の身に結生を取ったので、「人間である」とだけ呼ばれるからである、という。しかし徳（guṇa）をもっては神々を越えた神（atidevo, 超神）であり、諸々の梵天を越えた梵天である（atibrahmā, 超梵天）。〈等覚者（Sambuddha）〉とは、自分だけで覚るべきことを覚ったお方（bujjhitabba-buddhavant）。〈自己を調御され（atta-danta）〉とは、自分だけで調御された。なぜなら、世尊は自分だけで生じた聖道によって、眼からも…乃至…意からも、最上の調御によって調御されたお方だからである。〈〔心〕よく定まり（samāhita）〉とは、八類の禅定（三昧、samādhi, 四禅と四無色定）によって、また道と果との禅定（三昧）によって〔心が〕よく定まっている。〈梵（崇高）の道において行き（iriyamānaṃ brahma-pathe）〉とは、〔慈・悲・喜・捨という〕四類もの梵住の道において（brahma-vihāra-pathe）、まさに梵（崇高）なる最勝の果定の道において、禅定に入ること（samāpajjana）によって行動する（pavattamānaṃ）。世尊は一切の時に先述のような梵（崇高）の道において行動するのではないけれども、そこで行動する可能性（iriya-sāmatthiyaṃ）と、また一切の時にそれ（四梵住、すなわち慈・悲・喜・捨）に傾くこととによって（tan-ninnatañ ca upādāya）〈〔梵（崇高）の道において〕行き（iriyamānaṃ）〉と言ったのである。〈心の寂静を喜び

(cittassûpasame ratan)〉とは、心の寂静の原因である一切の諸行《ぎょう》（身心をあらしめる諸力、潜勢力）の静止（sabba-saṅkhāra-samathe）、〔即ち〕安らぎ（涅槃）を喜ぶお方を（nibbāne abhirataṃ）〔人々は礼拝する〕。

(690)〈一切諸法の彼岸に達せられた（sabba-dhammāna pāragun, 心身の一切諸要素の奥義を窮めた）。そのお方を、人々は礼拝し〉とは、およその正等覚者、一切の〔五〕蘊・〔十二〕処などの諸法を証知する彼岸（奥義）に達したお方（abhiññā-pāragū）、了知する彼岸（奥義）に達したお方（pariññā-pāragū）、捨てる彼岸（奥義）に達したお方（pahāna-pāragū）、修習する彼岸（奥義）に達したお方（bhāvanā-pāragū）、現証する彼岸（奥義）に達したお方（sacchikiriyā-pāragū）禅定に入る彼岸（奥義）に達したお方（samāpatti-pāragū）、という六種の彼岸（奥義）に達したお方、最高に優れたところに達することを得たお方を（param'ukkaṃsa-gata-sampattiṃ）、クシャトリヤの賢者などの人々は礼拝する。法に随う法を実践することによって供養しながら、身をもって、言葉をもって、また意をもって、そのお方に傾き（tan-ninnā）、そのお方に傾倒して（tap-poṇā）、そのお方に傾斜して（tap-pabbhārā）いる。〈神々もそのお方を礼拝する〉とは、単に人々だけではなく、またなるほど、無量の世間の領域において神々もそのお方を礼拝する。〈と私は阿羅漢から聞いた〉とは、このように私によって、〔煩悩から〕遠く離れることなどの理由によって（ārakattâdīhi kāraṇehi）阿羅漢であるお方である、世尊から、また法将軍（舎利弗）などから、「〔大〕師は神と人々の…」云々と言われた方々のもとで、このように聞いた、ということを示す。

(691)〈一切の結縛《しがらみ》を越え（sabba-saṃyojanâtītan）〉とは、一切の十もの結縛（五上分結・五下分結）をそれぞれ適切に（yathârahaṃ）四つの道（預流道・一来道・不還道・阿羅漢道）によって、習気（vāsanā, 余習、潜在力）とともに越えて行った。〈〔欲〕林から〔出て〕安らぎ（涅槃、寂滅、Vri. 欲林のない処）に達せられ（vanā nibbānam āgatan,[Vri.]〃nibbanam〃)〉とは、煩悩の林からそれ（煩悩）がない安らぎ（涅槃、寂滅）に（tab-birahitaṃ nibbāanaṃ,[Vri.]〃nibbanam〃, 欲林のない処に）近づいて行った。〈諸欲からの出離を楽しむ（kāmehi nekkhamma-ratan)〉とは、一切の諸欲から出離して、出家生活（pabbajjā）・禅定（jhāna）・観法（vipassanā, 観）などの類の出離をよく愉しむ（abhirataṃ)。〈岩石から出た黄金のようなお方（muttaṃ selā'va kañcanan)〉とは、〔純金は〕純粋でないものから抽出された純粋を本性とするのであるから（asārato nissaṭa-sāra-sabhāvattā)、岩石から抽出された黄金のようなお方を、「神々もそのお方を礼拝する」と繋がる。

（692）〈そのお方こそ究極の輝きあり、龍象であり（accanta-rucī nāgo)〉とは、その方は一方的に罪悪（āgu）を作らない（na）し、再度の生存には行かない（na gacchati)。龍象のように力をもつ、というので「龍象」と名を得た正等覚者である。〈究極の輝きあり〉とは、自分の身の輝きと智の輝きとによって神を含む世間を越えて輝き（rucci）耀いた（sobhi)。どのようにか。〈他の山塊に対する雪山のようである（himavā'v'aññe sil'uccaye)〉。というのは、なぜなら、例えば山の王者雪山が、自分が堅固で重く大きく純粋であるなどの諸美点（徳）によって（guṇehi)、他の山々を越えて輝く（atirocati）ように、そのように越えて輝く、という意味である。〈一切の龍象という名のある者たちの〉とは、蛇の龍象（王者）・象の龍象（王者）・人の龍象（王者)、或いは有学・無学・辟支〔仏〕・仏の龍象たちの。〈真実の名のある（sacca-nāmo)〉とは、まさに真実によって龍象という名のある方である。そしてその真実によって名があることを（sacca-nāmataṃ)、「なぜなら、彼は罪悪を作らない」云々と、もう自ら言うであろう（vakkhati)。

（693）今度はまた仏の龍象を部分から（avayavato）示そうとして、まず〔その〕名から示すために、〈なぜなら、その方は罪悪を作らない（na hi āguṃ karoti)〉と言う。なぜなら、罪悪、悪を、全く一切作らないから、それゆえに龍象（nāga）であるという意味である。〈柔和（soraccan）〉とは戒（sīla, 習い、戒め、徳性）である。〈不殺生（avihiṃsā）〉とは悲心（karuṇā）である。その両者は「全ても徳の山に先行する」となして、仏の龍象の前足となり（prima-pāda-bhāvo）、それにふさわしい、というので〈それらは龍象の両足（前足）である〉と言う（āha）。

（694）後足（apara-pāda）となると述べようとして、〈思念（sati）と正知（sampajañña）とは、それらは龍象の別の両足（caraṇā pare, 後足）である〉と言う。或いは〔te pare は〕tyāpare（te apare）とも読む。しかし te apare というだけが語の区切りである（pada-vibhāgo）。この方には無罪の諸要素（諸法）を取ることについて信（saddhā）が手である、というので〈信を手とし（saddhā-hattho）〉、極めて清浄な感受と智との類別のある（vedanā-ñāṇa-ppabhedā）捨（無関心、公平）という白い歯があり、それらがこの方にある、というので〈捨という白い歯がある（upekkhā-seta-dantavā）〉。

（695）智慧（paññā）は〔肢体の〕最上の部分（uttam'aṅgaṃ）であり、それが立つ所が思念（sati）である、というので〈思念は頸、智慧は頭（sati gīvā siro paññā）〉と言う。〈法の思察（dhamma-cintanā）は〔その〕審察（vīmaṃsā, 調べ考えること）である〉とは、例えば噛んで食べるもの・噛んで食べないものを象の鼻（soṇḍā）で触りまた嗅ぐことが、象の龍（hatthi-nāga）の審察というものであるように、そのように仏の龍象にあっては善などの法（dhamma）を思案することが審察である。ここに〔彼らが〕よく住む（samāvasanti）、というので〈よく住むところ（samāvāso）〉であり、容れ物（bhājanaṃ, 容器）である。母胎（kucchi）こそがよく住むところであり、通智や寂止を取るのであるから（abhiññā-samathānaṃ ādhāna-bhāvato）、その〔母胎〕には止観という呼び名がある（samatha-vipassanā-saṅkhāto）、というので〈法という母胎がよく住むところである（dhamma-kucchi samāvāso)〉。〈遠離（viveko）〉とは、〔生存の〕依処（upadhi, 依、欲・心身の諸要素・煩悩・潜勢力）からの遠離である。〈その〉とは仏の龍象の、最後の〔肢体の〕部分であるから〈尻尾（vāladhi）〉である。

(696)〈禅思し（jhāyī）〉とは、対象を思念する（ārammaṇûpanijjhānena）ので禅思（静慮、禅思）を習いとする（jhāyana-sīlo）。〈安息を愉しみ（assāsa-rato）〉とは、最高の安息である安らぎ（涅槃）を愉しみ（nibbāne rato）、〈内に心よく定まっている（susamāhito）〉とは、対象と自己の内部について（visay'ajjhatte）、〔修道の〕結果としての心統一（phala-samāpatti 果定）において良く心定まっている。これがすなわち、良く、一切時に心が定まること（samādhānaṃ, 等持）である、ということを示すために〈行きながら龍象は心よく定まり〉云々と述べられた。なぜならば、世尊は習気（潜在力）を伴う心の浮つき（掉挙、躁状態）を捨てているので（savāsanassa uddhaccassa pahīnattā）、〔心の〕散乱がないので（[Vri.] vikkhepâbhāvato, [PTS.] viveka-pabhāvato, 遠離の光照があるので）常に心定まったままである。それゆえに、およそそれぞれの姿勢（iriyā-patha）を構えるにも、それぞれに心定まったままで構えた、という。

(697)〈あらゆるところで〔抑制している〕〉とは、一切の〔托鉢に〕行く場所で（gocare）、また一切の〔托鉢食を受ける〕門戸で、全く行為が閉め出されている（pihita-vutti）。それゆえに言う。

11 「一切の身の行為は智慧を先行とし、智慧に従って行われる。」云々と。（*Nd*^{1}. II.451）

〈これが龍象に具わっている（sampadā）〉とは、これが「なぜならば彼は罪悪（āgu）を作らない（na）からだ」云々といって、或いは、「正覚者に」云々と述べられた通りの、また述べられるであろう仏たる香象に具わっている諸々の徳が満たされている（sampatti-guṇā paṭipuṇṇā, [Vri.] sampatti guṇa-paripuṇṇā）。

(698)〈罪のない〔衣食住〕を召され（bhuñjati anavajjāni）〉とは、正しい生活の勝れた最高の行に達しているので、叱責されない〔衣食住〕を召され（受用す）る。また間違った生活の一切の潜在力を伴うものが捨てられているので、有罪の叱責されるべき〔衣食住〕を召され（受用し）ない。また無罪の〔衣食住〕を召され（受用し）ながらも、〈備蓄を避けて（sannidhiṃ parivajjayaṃ）〉召され（受用す）る、という文脈である。

(699)〈結縛《しがらみ》（saṃyojanaṃ）〉とは、輪転（輪廻）の苦とともに（vaṭṭa-dukkhena saddhiṃ）結びつくものは結縛《しがらみ》であるから（sandhānaṃ saṃyojanato, [Vri.]sar̲tānaṃ 〃, 相続するものは〃）、輪転に沈ませることのできる（vaṭṭe osīdāpana-samatthaṃ）十種もの結縛（五下分結と五上分結）である。〈微細でも粗大でも〉とは、小さなもの、また大きなものでも、〈一切の絆を断ち切って（chetvāna bandhanan）〉とは、道の智慧によって余すところなく煩悩の絆を断ち切って。〈それぞれ、どこに〉とは、それぞれの方面に〔行くにも、期待せぬままに行く〕。

(700) なぜなら、恰も水中に生える白蓮が、水中で生長するが、汚されないという本性をもつので（anupalepa-sabhāvattā）、〈水に汚されない〉ように、〈まさにそのように、仏は世間に生まれて、世間に染まらない（virajjati, [Vri.]viharati, 住む）。世間によって汚されない〉。渇愛などや見解・自負心（慢）に汚れることがないからである、という繋がりである。

(702)〈火（gini）〉とは火（aggi）である。〈食料がない（an-āhāro）〉とは、燃料がない（anindhano）。

(703)〈意味を知らしめるこの〔比喩〕が（atthassâyaṃ viññāpanī）〉とは、〔大〕師の徳と呼ばれる喩えられるものの意味を（upameyy'atthassa）知らしめ、明らかにする、この龍象の比喩である。〈識者たちによって〉とは、〔大〕師によって洞察された四つの真理の法（四聖諦の教え）を完全に知る人たちによって〔示された、と〕、自分に関して言う。〈識知するであろう〉云々とは理由を述べる。なぜなら、龍象たる私によって示された龍象、如来という香象を、大龍象たる漏尽者たちは、自分の境涯に立って識知するであろうから、それゆえに、他の凡夫たちに知らしめるために、この比喩が我々によって述べられた、という趣旨である。

（704）〈身を捨てて煩悩無き（無漏の）龍象は、入滅（般涅槃）されるであろう〉とは、菩提樹の根元で身心の依処を伴う悟り（有余依の般涅槃）によって（sa-upādi-sesa-parinibbānena）煩悩無き（無漏の）正等覚者たる龍象は、今や身体を、自分の身を捨てて、〔五〕蘊（身心の諸集合）の寂滅によって般涅槃（入滅）されるであろう、と、このように十四の比喩をもって飾って、十六の偈をもって、六十四の句（pada）をもって〔大〕師の諸々の徳を称讃しながら、身心の依処を伴わない悟りの境界（無余依の涅槃界）をもって（anupādi-sesāya nibbāna-dhātuyā）説示を終わらせた。

ウダーイン上座の偈の註釈　終わる。

十六〔偈〕集の註釈　終了。

註

（1）この上座は赤沼『辞典』にはUdāyi1と出ている。漢訳には優陀夷、烏陀夷、鬱陀夷、出、出現などと知られている。ここでは*Ap.*への言及はないが、ここの偈*Th.*688-704はA.III.pp. 346[12]-347[15]と殆ど同じで順序も同じである。次註参照。

（2）Nāgopama-suttanta, 特に*A.*III.pp. 345[13]-347[15]（『中阿含』巻第二十九（118）「龍象経」*T.*608b-609a）は今の趣旨に合う。

〔20. 二十偈集（Vīsati-nipāta）〕

二〇・一（705—725）、アディムッタ（Adhimutta, 信解した）（b）[1]

12[2-]

〔前生以来の因縁物語〕

二十〔偈〕集において

〈或いは犠牲のために〉云々とは、尊者でもう一人のアディムッタ上座の偈である。この人も先の諸仏の許で奉仕行を行なった者で、そこここの生存において諸々の福徳を積みながら、アッタダッシン世尊（二十四仏の第十四）の時に生まれて、分別のつく年頃になると、〔大〕師が入滅（般涅槃）された時に、比丘僧団に奉仕しながら諸々の大施を行なった。彼はその福徳の業によって神と人間の中に輪廻して、この仏（釈迦牟尼仏）が出現された時に、尊者サンキッチャ上座の妹の胎に生まれた。アディムッタというのが彼の名前であった。彼は成人すると母方の叔父（mātula）の上座の許で出家して、観法の修行をしながら沙弥の地位にあるままで（sāmaṇera-bhūmiyaṃ yeva）阿羅漢の境地に達した。〔それで譬喩経にはこう言う（*Ap*.I.88[17-]）。

「世間の指導者、人間の最上の方であるアッタダッシン〔仏〕が入滅された時に（nibbute）、

浄く信じる心をもって、私は比丘僧団に仕えた。…乃至…」〕

〈盗賊に捕らわれても恐れない沙弥に、盗賊の頭《かしら》は語る〉

そして〔彼が〕阿羅漢の境地に達してから禅定の安らぎによって時を過ごしながら、具足戒を欲して

「母に許可を請おう（āpucchissāmi）」

と母の許に行こうとして、途中の道で、神格への供犠祭（bali-kamma）をするために肉を求めて歩いている五百人の盗賊たちに出会った。そして盗賊たちは、「〔この男は〕神格への供犠になるだろう」と、彼を捕えた。彼は盗賊たちに捕われても、怖れず硬直せずに観〔法〕に向かうままでいた（vipassanā-mukho va aṭṭhāsi）。それを見て盗賊の村長（頭《かしら》）は（cora-gāmaṇī）、不思議な希有の心になって〔彼を〕褒めようとして、

（705）或いは犠牲のため、財産のために、前に俺たちが殺す
誰でも、必ず、そこに恐れがあり、震え、また歎く。
（706）そのお前には恐れたところがない。ますます顔色は澄んでいる。
なぜにお前は、このような大きな恐れにおいても嘆かないのだ。

と、二偈を述べた。

〈語句の註釈〉

（705）そこで、〈犠牲のため（yaññ'atthaṃ）〉とは、犠牲にするために（yajan'atthaṃ）、或いは神格たちに供犠祭を行うために（bali-kamma-karaṇ'atthaṃ, PTS. 〃-jaraṇ'〃）。〈或いは（vā）〉の語は二者択一の意味である（vikappan'attho）。〈財産（dhana）のために〉とは、自分の所有にしようと奪い取るために（sāpateyya-haraṇ'

13

atthaṃ' PTS. 〃-hatan' 〃）。〈前に俺たちが殺す誰でも（hanāma）〉とは、およそ誰でも俺たちが以前に殺した（hanimha）人たち。なぜなら、これは過去の意味における現在形の語だからである。〈必ず（avase）〉とは、必ず、止むを得ずに（aserike katvā, 自在でなくして）、〈そこに（taṃ）〉とは、彼らには（tesaṃ）〔恐れがある〕。〔avaseは〕avasesaṃ（残らず）とも〔彼らは〕読む。お前一人を除いて、我々によって捕われた者たちの残りの者たちには〔恐れがある〕。或いは、これのみが〔正しい〕読みである。〈恐れがある〉とは、およそその〔恐怖〕によって彼等は震え歎く死の恐れがある。心の恐怖によって（citta-utrāsena）▽震える（vedhanti）。

「旦那様。あなた様に、これとこれとを私どもは差し上げます。私どもは奴隷になりましょう。」

というようなことを言いながら、歎く（vilapanti）。

(706)〈そのお前には〉とは、およそお前は、神格への供犠祭のために命を奪おうと欲して剣を抜いた（ukkhittâsikehi）俺たちに脅かされても（santajjito）、そのお前には、〈恐れたところが（bhītattaṃ）〔ない〕〉。というのは、恐れていること（bhīta-bhāvo）、恐れが（bhayan）〔ない〕、という意味である。〈ますます顔色は澄んでいる（bhiyyo vaṇṇo pasīdati）〉とは、もともとの顔色よりも（pakati-vaṇṇato）、より以上にもお前の顔色は清く澄んでいる（vippasīdati）。聞くところでは、その時、上座には

「もしこの者たちが私を殺すなら、今こそ私は取著なく入滅（般涅槃）するであろう（parinibbāyissāmi）。苦の重荷は無くなるであろう（dukkha-bhāro vigacchissati）。」

と、喜び悦《うれ》しい思い（pīti-somanassaṃ）さえも生じた。〈このような大きな恐れにおいて〉とは、このような大きな死の怖れが起ったのに。或いはこれは理由の意味における処格の語である（bhumma-vacanaṃ）。

〔沙弥は盗賊の頭《かしら》に答えて十三偈を説き示す〕

今度は、上座は盗賊の村長（頭《かしら》）に答えを与えることによって、法を説き示そうとして、〔いわく〕

(707) 期待しない者には心の苦しみはない。〔盗賊の〕頭《かしら》よ。
結縛《しがらみ》がなくなった者には、諸々の恐怖はもう一切過ぎ去った。
(708) 生存に導くもの（煩悩）が尽きたから、法が如実に見られると、
死に対する怖れはない。ちょうど重荷を降ろしたときのように。
(709) 梵行は私によってよく行われ、また道もよく修習された。
私には死への怖れはない。諸々の病気が尽き切るときのように。
(710) 梵行は私によってよく行われ、また道も、よく修習された。
諸々の生存は味なく見えた。飲んで吐き出した毒のように。
(711) 彼岸に達し、取著なく、為すべきことをなし、煩悩（漏）はなく、
寿命が尽きるから満足している。恰も刑場から解放されたように。
(712) 最上の法性に達して、一切の世間に求めず、
燃える家から出たように、死に対して悲しまない。
(713) 何でも集合したものがあるか、或いはどこに生存が得られても、
一切これは自在ではない、と大仙人（仏）によって説かれた。
(714) およそ仏が示した通りに、そのように誰でもそれを悟るものは、

いかなる生存をも取らない。灼熱の鉄丸を〔摑まない〕ように。

(715)「私はあった」と思わない。「私はあるであろう」とも思わない。
諸行〔身心の諸潜勢力〕は無くなるであろう。そこに何の嘆きがあろう。

(716)純粋に法の生起を、純粋に行〔身心の潜勢力〕の相続を、
如実に見ると、恐怖はない。〔盗賊の〕頭《かしら》よ。

(717)草や薪木と同じであると、世間を智慧をもって見るときに、
その人は我がものであることを見ないで、「私のものではない」と悲しまない。

(718)私は体を厭い、私は生存を求めるものではない。
その〔私の〕身は破れるであろう。また別の〔身〕はないであろう。

(719)▽何でも、そなたたちに、〔この〕身で為すべきことがあるなら、もし欲すれば、
それを為せ。私にはそれによって、そこに憎しみも愛《いと》しさもないであろう。

と、〔上座は〕これらの偈を述べた。

14

〔結びの六偈、盗賊と沙弥との対話〕

(720)彼のその希有の、身の毛もよ立つ言葉を聞いて、
剣を捨てて〔盗賊の〕若い衆たちは、こう言った、と。

これは〔経典〕結集の編者たちが述べた偈である。これ以後は三人の盗賊と上座との問答の偈である。

(721)「一体、尊師よ、何をなして、或いは誰があなたの師か。

誰の教えによって、その憂いのないことが得られるのか。」

（722）「私の師は一切を知る、一切を見る、勝者である。
大悲なる〔大〕師であり、一切世間の医師である。

（723）その方によってこの法は示された。滅に導く無上の〔法〕である。
その方の教えによって、その憂いのないことが得られた。」

（724）盗賊たちは仙人のよく説かれた〔ことば〕を聞いて、剣や武器とを抛って、
或る者たちはその〔泥棒稼〕業から離れ、また或る者たちは出家を乞うた。

（725）彼等は善逝の教えのもとに出家して、普く〔三十七〕菩提分の諸々の力を修習して、
心高揚し、心楽しく、感官が〔よく調御〕されて、無為の涅槃の境地を触知した。と。

これらは〔経典〕結集の編者たちが述べた偈である。

〈語句の註釈〉

（707）そこで〈期待しない者には心の苦しみはない。〔盗賊の〕頭《かしら》よ〉とは、頭よ、期待・渇愛がないことによって期待しない私のような者には、血を本性とする膿（lohita-sabhāvo pubbo）のように、心の苦しみ（cetasika-dukkhaṃ）・心の憂いは（domanassaṃ）ない。心の憂いがないことを示すことによって（domanassâbhāvâpadesena）恐れがないことを言う。それゆえに〈恐怖は一切過ぎ去った（atikkantā bhayā sabbe）と言う。〈恐怖は一切過ぎ去った〉とは、〈結縛が無くなった〉阿羅漢には、二十五種の大恐怖[2]や他の一切もの恐怖は一方的に過ぎ去り、去り行き、離れ去った、という意味である。

（708）〈法が如実に見られると（diṭṭhe dhamme yathā-tathe）〉とは、四つの真理（四諦）の法（教え）が、遍知・捨断・作証・修習によって、道の智慧によって如実に見られると、〈死への〉とは、死を理由とする〔怖れはない〕。〈ちょうど重荷を降ろしたときのように〉。というのは、例えば誰か或る人が頭上に置いた大きな重い荷によって、つぶれかけていると、それを投げ降ろし取り除くときには、〔もう重荷を〕怖れないように、これもそのようになる（evaṃ-sampadaṃ）、という意味である。なぜなら、世尊によって、こう言われたからである。

15
「諸々の重荷は実に五蘊（身心、色・受・想・行・識）であり、また人は重荷を運ぶ。
世の中で重荷を負うのは苦であり、重荷を降ろすのは楽である。」（*S.* III. 26）と。

（709）〈〔梵行は〕よく行われ〉とは、よく行われた。〈梵行は〉とは三学（戒・定・慧）を含む（sikkha-ttaya-saṅgahaṃ）教えとしての梵行（清浄な行、宗教行）である（sāsana-brahma-cariyaṃ）。それゆえにこそ、〈また道もよく修習された〉。八支の聖道もまさに正しく修習されたのである。〈諸々の病気が尽き切るときのように（rogānam iva saṅkhaye）〉とは、多くの病気に打ち倒された患者には、諸々の病気が尽き切るときには、もう喜び悦しい思いだけが（pīti-somanassam eva）ある。そのように〔五〕蘊（身心の諸要素の集り＝色・受・想・行・識）の病気が尽き切る死に対する（-roga-saṅkhaye maraṇe）怖れは、私のような者にはない。

（710）〈諸々の生存は味なく（nirassāda）見えた〉とは、三つの苦であること（dukkhatā, 三苦性。苦が苦であること、変化が苦であること、行＝身心をあらしめる諸力が苦であること）によって打ち倒され、十一種の火（貪・瞋・癡・生・老・死・愁・嘆・苦・憂・悩、*Vin.*I.34）によって焼かれ、三つの（欲界・色界・無色界における）生存は無味で、味がない、と私によって見られた。〈飲んで吐き出した毒のように〉とは、放逸によって毒を飲んでから、そのような〔適切な〕処置（payoga）によって〔毒が〕吐き出されたように、死に対する怖れは私にはない、という意味である。

（711）〈恰も刑場から解放された（mutto āghātanā）ように〉とは、例えば盗賊たちによって殺すために刑場に牽かれて行った人が、何らかの手段によってそこから解放されて、〔身の毛が〕よ立ち満足して（haṭṭha-tuṭṭho）いるように、そのように輪廻の彼岸である安らぎ（涅槃）に自ら到り（gatattā）〈彼岸に達し（pāra-gū）〉、四つもの取著（欲・見解・戒や掟・自論への取著）による〈取著なく（anupādāno）〉、〔四諦の〕遍知など十六種の為すべきことが為されたから〈為すべきことを為し（kata-kicco）〉、欲望の煩悩（漏）など（欲・有・見・無明）による〈煩悩（漏）はなく（anāsavo）〉、〈寿命が尽きるから〉、寿命が尽きることを理由（因）として〈満足して〉心に喜んで（somanassiko）いる。

（712）〈最上の〉とは最良の、〈法性（dhammatā, 法であること）〉とは、法（身心の要素）の本性（dhamma-sabhāva, 法の自性）に〔達し〕、阿羅漢の境地（arahatta, 阿羅漢であること）が成就されると、〔その〕成就を原因（因）として好ましいことなどに対してそのようであること（泰然自若）に（iṭṭh'ādīsu tādi-bhāvaṃ）〔達し〕、〈一切の世間に〔求めず〕〉とは、一切の世間においても、長寿であり安楽が多いことなどに結びついた世間に対しても、〈求めない（anatthiko）〉。というのは、期待しない（anapekkho）。〈燃えている家から出たように〉とは、ちょうど誰か或る人が、燃えている焼けている家から逃れて（nissaṭo）、そこから逃れることを起因として（nissaraṇa-nimittaṃ）悲しまないように、そのように煩悩（漏）がない者（漏尽者）は死を起因として悲しまない。

（713）〈何でも集合したもの（saṅgataṃ）がある〉とは、およそ何でも、この世間にあり、存在し、知覚される集合したもの、生き物（有情）たちによって（sattehi）、或いは諸行（saṅkhārā, 身心の諸潜勢力）によって寄り集まったもの（samodhānaṃ）がある。〔saṅgataṃ は〕saṅkhataṃ（為作されたもの、有為）とも読む。およそ何でもそれの諸縁によって（paccayehi）集合して（samecca）合体して（sambhuyya）作られ、縁によって生起したものがある（paṭiccasamuppannan）、という意味である。〈或いはどこに生存（bhava）が得られても〉とは、およそどんな有情の部類（地獄・畜生・人間・神）の中でも（satta-nikāye）、およそどんな〔再〕生起の生存（upapatti-bhavo, PTS. -bhāvo）が得られても、〈一切これは自在ではない（anissaraṃ）〉。というのは、一切これは自在（自由）を欠いている（issara-rahitaṃ）。ここで誰かによって「このようにしよう（evaṃ hotu）」という自由（自在性）をふるうこと（issariyaṃ vattetuṃ）はできない、〈と大仙人によって説かれた〉。というのは、

「一切の諸法（身心の諸要素）は非我である（自我ではない）（sabbe dhammā anattā）。」（*Dh.* 279a）

と、このように大仙人、正等覚者によって説かれている。それゆえに、「これは自在ではない」と悟って、「死に対して悲しまない」と繋がる。

16

（714）▽〈いかなる生存（bhava）をも取らない〉とは、およそ誰でも聖なる声聞弟子が

「一切の諸行（身心の諸潜勢力）は無常である。」（*Dh.* 277a）

云々と、〈仏が〉世尊が〈示した通りに、そのように〉、その三種の生存を、観の智を伴う道の智によって〈悟る〉、その〔聖なる声聞弟子〕は、例えば楽を欲する（sukha-kāmo）誰か或る人が日中に〔太陽の熱で〕熱せられた鉄丸を手で掴まないように、そのように、小さくても大きくても、〈いかなる生存をも取らない〉。その〔生存〕に対して渇愛を作らない、という意味である。

(715)〈「私はあった」と思わない（na me hoti ahosin）〉とは、「過去の時に私はこのような者であった」と自分の見解によって、私に心の働きは（citta-ppavatti）ない。見解がまさに正しく取除かれているから（ugghāṭitattā）、また法（身心の要素）の本性（dhamma-sabhāva）がよく見られているからである（sudiṭṭhattā）。〈「私はあるであろう」とも思わない〉とは、それゆえにこそ、未来の時にこのような私は、「一体どのようになるであろうか」とか「なるかもしれない」と、このようにも私は思わない。〈諸行（身心の諸潜勢力）は無くなるであろう〉とは、またこの（以下の）ようである。

「縁の通りに働いている諸行（身心の諸潜勢力）だけがあり、ここでいかなる我（attā, 自我、自己）も自分に所属するもの（attaniyaṃ, 我所）もない。またそれら〔諸行〕はなるほど無くなるであろう、消えるであろう、刹那刹那に壊れるであろう」と。

〈そこに何の嘆きがあろう〉とは、このように見ている私のような者には、そこに、諸行（身心の諸潜勢力）に属するものに対して（saṅkhāra-gate）、何の嘆きがあるというのか。

(716)〈純粋に（suddhaṃ）〉とは、専ら（kevalaṃ）、自我の核心と混じらずに（atta-sārena asammissaṃ, PTS. 〃 asamissaṃ）〔見る〕。〈法（身心の要素）の生起を（dhamma-samuppādaṃ）〉とは、縁と縁によって生じる法（身心の要素）の成り立ちを（paccaya-paccay'uppanna-dhamma-samuppattiṃ）〔見〕、無明などの諸縁によって行（身心の潜勢力）などの法だけの転起を（saṅkhār'ādi-dhamma-matta-ppavattiṃ）〔見る〕。〈行（身心の潜勢力）の相続を（saṅkhāra-santatiṃ）〔見る〕〉とは、煩悩・業・果報（異熟）の類別がある行の繋がりを（kilesa-kamma-vipāka-ppabheda-saṅkhāra-pabandhaṃ）〔見る〕。〈如実に見ると〉とは、観〔法〕を伴う道の智によって如実に知ると〔恐怖はない〕。

(717)〈草や薪木と同じであると、世間を〔見る〕〉とは、例えば森において、〔自分の〕所有物ではない(apariggaha)草や薪木が誰かによって取られても、次に来た人(apara)が「私の所有物(santaka)をこの人は取る」と〔いうことは〕ない。そのように、それ(世間＝諸行＝身心の諸潜勢力)は所有者がいないものであるから(assāmikatāya)、草や薪木と同じであると行世間(saṅkhāra-loka, 身心の諸潜勢力としての自分の存在)を智慧をもって見る時に、〈その人は〉そこに〈我がものであること(mamattaṃ)を見ないで〉、見出さないで、得ないで、作らないで、〈私のものではない〉とは、「ああ、私は〔そうで〕あったが、それ〔昔の私〕は〔今〕私にはない」と悲しまない。

(718)〈私は体を厭い(ukkaṇṭhāmi sarīreṇa)〉とは、核心でない(asāraka)、逼迫する(abhinuda)、苦しい、恩を知らない(akata-ññu)、本性として不浄で臭く厭わしく嫌な(asuci-duggandha-jeguccha-paṭikkūla-sabhāvena)この体を厭う(kāyena ukkaṇṭhāmi)。この身を厭うまま長らえている(kāyaṃ nibbindanto eva tiṭṭhāmi; Vri. 〃evaṃ〃)。〈私は生存を求めるものではない(anatthiko)〉とは、私は一切もの生存を求めるものではない。いかなる生存をも私は希わない。〈その〔私の〕身は破れるであろう〉とは、この私の身は今や、そなたたちの方法で(payogena)、或いは別なように、或いは別のところで破れるであろう。〈また別の〔身〕はないであろう〉とは、別の身は私には将来にはないであろう。再生はないからである。

(719)〈何でも、そなたたちに、〔この〕身で為すべきことがあるなら(kiccaṃ sarīrena)〉とは、何でも、そなたたちに、この〔私の〕身に用が(payojanaṃ)あるなら、〈もし欲すれば、それを為せ〉、もし望むなら〔為せ〕。〈私には、それによって、〔そこに憎しみも愛しさも〕ない〉とは、その動機が、この体がそなたたちによって、欲するままに為すべきことを為す理由であって、〈そこに(tattha)〉とは、それらが為されようと、為されまいと、〈〔私には〕憎しみも愛しさも〔ない〕であろう〉とは、行為のままに（yathā-kammaṃ, Vri. yathā-kkamaṃ, 順序のままに）反感（paṭigha）も親愛感（anunaya）もないであろう。自分の生存に対して期待が全く捨てられているからである、という趣旨である。別の縁によって、また別のところで反感や親愛感がなくても、その縁によって、「そこに（tattha）」という語は、話題にされた通りに（yathâdhikata-vasena, Vri. yathâdhigata-vasena, 理解された通りに）述べられた。

(720)〈彼の〉とは、アディムッタ上座の〔言葉〕。〈その言葉を〉とは、「心の苦はない」云々という、死に対する恐怖がないなどを明らかにする、まさにそえゆえに希有の身の毛のよ立つ言葉を聞いて。〈若い衆たち（māṇavā）〉とは、盗賊たち。なぜなら、盗賊たちは若い衆と言われるからである。

「〔泥棒〕稼業をすでに行なった者たちにも、まだ〔泥棒〕稼業を行なっていない者たちにも、〔それらの〕若い衆たちに（māṇavehi）遭遇する。」（M. I. 448[30]）

云々という〔文〕におけるように。

(721)〈一体、尊師よ、何をなして〉とは、尊師よ、一体何という苦行の業をもって。〈或いは誰があなたの師か〉。〈誰の教えに〉、教誡によって、この〈憂いのないこと（asokatā）が〉、死の時に憂いのないことが、得られるのか、と、この意味を〈述べた（abravuṃ）〉、質問によって語った、言った。

(722)それを聞いて、上座は彼等に返答を与えようとして、「一切を知る」云々と言う。そこで、〈一切を知る（sabbaññū）〉とは、他人からの教示がなくて（paropadesena vinā）、あらゆる仕方で一切の法（心身の諸要素）を悟ることが出来る（sabba-dhammâvabodhana-samattha）・期待に依存し結びついてはたらく（ākaṅkhâyattapaṭibaddha-vutti）・覆われない智（anāvarana-ñāṇa）を、証得することによって、過去などに分かれる（過去・未来・現在）一切を知る、というので、一切を知る。同じその普く見る眼によって一切を見るので、〈一切を見る（sabba-dassāvin）〉である。なぜなら、およそ覆われない智は、まさにその一切を知るものである智であり（sabba-ññuta-ñāṇaṃ）、〔外教と〕共通ではないパーリ聖典に相違するもの（virodha）では決してないのであり、〔認識〕対象の生起によって（visay'uppatt-mukhena, PTS. visaya-ppavatti-〃, 対象の働きによって）〔説く〕諸他〔教〕とは共通でないものであることを示すために、ただ一つ智慧が〔知る智と見る智の〕二種類に示されているからである。またここで述べられるべきことは、それは『如是語経』の註釈の中で（*ItA.* I. 139 *ff.*）詳しくすでに述べられている、と。そこで述べられた趣旨だけによって知るべきである。

五類もの魔たち（煩悩・蘊・行・死・天子）に勝つので〈勝者（jina）〉である。劣った者などの部類に分けられる一切の有情の部類に対して、心を向けて行うことという（adhimutti-vuttitā, Vri. adhimutta-〃）、大なる悲（karuṇā）を具えているので〈大悲なる（mahā-kāruṇika）〉方であり、現在と将来と最高の意義をもって、応分に（yathârahaṃ）教化すべき者たちを教誡するので〈〔大〕師（Satthar）〉である。それゆえにこそ、一切の世間の煩悩の病を治療するので〈一切世間の医師である〉、正等覚者が〈私の師である〉と繋がる。

(723)〈滅に導く〉とは、安らぎ（涅槃、寂滅）に導く〔法（教え）が示された〕。

(724) このように上座によって〔大〕師の教えと諸徳が明らかにされたところ、信を得た或る一部の泥棒たちは出家した。一部の者たちは信者であることを宣言した。その意味を明らかにして、法の結集者たちは、〈盗賊たちは…聞いて〉云々という二偈を述べた。

そこで、〈仙人の〉とは、増上戒学などを求める（esanā）という意味で仙人（isi）の、アディムッタ上座の

〔ことばを聞いて〕、〈〔剣と武器とを〕抛って（nikkhippa）〉とは捨てて、〈剣と武器とを〉とは、刀などの剣と弓矢などの武器とを〔捨てて〕、〈またその〔泥棒稼〕業から〉とは、その泥棒稼業から〔離れ〕。

(725)〈彼等は〔大〕師の教えのもとに出家して〉とは、彼等盗賊たちは、清浄に向かうことなどによって（sobhana-gamanatādīhi）〈善逝〉である世尊の教えにおいて出家生活に近づいて行って、修習の殊勝〔の境地〕を証得し・歓喜踊躍（odagya）を特徴とする・喜（pīti）を具えることによって〈心高揚して、心楽しく〉という、心の喜びを得た。〈感官が〔よく調御〕され（kat'indriyā）〉とは、感官が〔よく〕修められた。〈触知した（phusiṃsu）〉とは、最高の道の証得によって、無為の（asaṅkhata）悟り（涅槃）を証得した。

聞くところでは、アディムッタ〔上座〕は盗賊たちを従順にしてから（nibbisevane katvā）、彼等を同じそこに留めて、母の許に行ってから、〔Vri. 母に許しを請うてから帰って、彼らと共に和尚の許に行って〕出家させて具足戒を行なった。そして彼等に観念修行法を説いた。彼等はもうほどなくして阿羅漢の境地に安立した。それで〈彼等は出家して…乃至…無為の〔涅槃を触知した〕〉と言う。

アディムッタ上座の偈の註釈　終わる。

註

（1）この上座は赤沼『辞典』にもAdhimuttaと出ている。漢訳には阿提目他、阿提目他伽、解脱、愛楽と知られる。本註は*Ap*.I. p.88[16-29]［36. Adhimutta］に同上座の説いたという五偈を引くように、それを前提にしている。

（2）二十五種の大恐怖（*ThA*. III. 14[28]）。PTS. ed., *Nd*[2] § 470（ad *Sn*.37），本書（一）p.92註（3）参照。

二〇・二（726—746）、パーラーパリヤ（Pārāpariya）（b[1]）

18[17-]

〔前生以来の因縁物語〕

〈沙門が…思いがあった〉云々とは、（別の）尊者パーラーパリヤ上座の偈である。この人も先の諸仏の許で奉仕行を行なった者で、そこここの生存において脱輪廻の機縁となる善行を積みながら、諸々の善趣（天界）の中だけに輪廻して、この仏が出現された時、舎衛城の或る一人のバラモンの大家の息子となって生まれた。彼が成人すると、氏姓によってパーラーパリヤというだけの呼び名があった。彼は三ヴェーダを学んで諸々のバラモンの技芸において完成の域に達した。

そして、或る日〔大〕師の説法の時に祇園精舎に行って会衆の一隅に坐った。〔大〕師は彼の意向を眺めて「感官修習経（Indriya-bhāvanā-sutta）」（*M.* III.298-302）[2]を説示した。彼はそれを聞いて信を得て出家した。その経を把握してから（uggahetvā）、その意味を追思考した（anucintesi）。そしてどのように追思考したのか、その意味は諸々の偈においてのみ明らかになるであろう。彼はそのように追思考しながら認識領域（〔十二〕処）によって（āyatana-mukhena）観〔法〕を確立して、もうほどなくして阿羅漢の境地を得た。後に自分で思案したあり方を（cintit'ākāraṃ）明らかにしようとして、〔いわく〕

〔上座が自分の思案のあり方を明らかにする二十偈〕

（726）沙門、パーラーパリヤ比丘が、

一人で遠離して坐って禅思していると、思案があった。
(727)▽ いかなる順序で、いかなる浄行を、いかなる正行を行じ、人は
自分の為すべきことを為すとよいのか。また誰をも悩ませないのか。
(728) 人間たちの諸感官は利益にもなり、また不利益にもなる。
護られないと不利益となり、また護られると利益となる。
(729) 諸感官をこそよく護りながら、また諸感官を守りながら、
自分の為すべきことを為すとよい。また誰をも悩ませない。
(730) もし諸々の色に対して抑制なく向かう眼という感官に
過誤（過患）を見ないなら、その人は苦からもう解放されない。
(731) もし諸々の声に対して抑制なく向かう耳という感官に
過誤（過患）を見ないなら、その人は苦からもう解放されない。
(732) まだ出離を見ないで、もし諸々の香に親しむなら、
その人は諸々の香に夢中になって、苦から解放されない。
(733) 酸っぱいものや上等の甘いものや、上等の苦いものを思い出して、
味への渇愛に縛られると、心情を覚らない。
(734) 快い、嫌でない諸々の触感されるものを想い出して、
執らわれると、欲情（貪）のために種々の苦を得る。
(735) またこれらの諸法（内外の諸要素）から、意を守ることが出来ない誰でも、

20

それゆえに、その人に一切のこれら五〔感官〕によって苦が付き纏う。
(736) 膿や血に満ち、また多くの汚物に〔満ちたこの体は〕
人の勇者が作った、彩色された美しい箱のようなものだ。
(737) 辛いが甘い味がある。愛しいものと結びついて苦しい。
蜜を塗られた剃刀のように、〔蜜が〕塗られたのに〔世人は〕気付かない。
(738) 女の色に、女の声に、また女の感触にも、
女の諸々の匂い〔香〕に、〔心〕惹かれた者は種々の苦を得る。
(739) 一切の女〔への渇愛の〕流れが、〔男の〕それぞれの五〔感の門〕において流れる。
およそ精進を具えた人は、それらの〔流れ〕の防止をすることが出来る。
(740) その人は実利を有し、法に立ち、有能であり、明眼がある。
喜びながらも、法と実利が具わる為すべきことを為すがよい。
(741) もし相応しい〔こと〕に沈潜していると、無意義な為すべきことは避けるがよい。
それは為すべきことではないと考えて、不放逸で明眼ある人は〔避けるがよい〕。
(742) またおよそ意義と結びついたことや、またそれが法に関する喜びなら、
それを受けて行うがよい。なぜなら、それは実に最上の喜びであるから。
(743) およそ誰でもいろいろな手段によって、他の人々のものを貪り求める、
その人は、他の人々を暴力で、害し、殺し、そして悲しませ、掠奪する。
(744▽) 恰も力ある〔大工〕が木工をするのに、楔《くさび》をもって楔を打つように、

そのように巧みな人は、諸根〔感官〕を〔信等五〕根だけをもって打つ。

（745）信と精進と禅定と思念と智慧と〔の五根〕を修習しながら、
五〔根〕をもって五〔感官〕を打って、バラモンは苦悩なく行く。

（746）その人は利益〔義〕を具え、法に立ち、一切合切仏のことばを
教誡となして、その人は安楽を増進させる。

と、これらの偈を述べた。

〔語句の註釈〕

（726）そこで、〈沙門〉とは、出家者が、〈〔…禅思していると、思案が〕あった（ahū）〉とは、あった（ahosi）。〈思案（cintā, 思い）〉とは、法（身心の要素）に関する思い（dhamma-cintā）、法に関する考察（-vicāraṇā）である。〈パーラーパリヤ〉とは、パーラーパラ姓の（Pārāpara-gottassa）、Pārāsariyassa（Vri. Pārācariyassa）〔比丘が〕とも〔人々は〕読む。〈比丘が（bhikkhuno）〉とは、輪廻に恐れを見ることを習いとする人が（bhayaṃ ikkhaṇa-sīlassa）、〈一人で〉とは、伴れのいない。これによって身の遠離を（kāya-vivekaṃ）示す。〈遠離して（pavivittassa）〉とは、遠離を因として諸煩悩を鎮めることによって遠離を始め（āraddhassa）。これによって心の遠離を（citta-vivekaṃ）示す。それゆえに〈禅思（静慮）していると（jhāyino）〉と言う。禅思（静慮）することを習いとすると（jhāyana-sīlassa）、根源的に思惟することに専念すると（yoniso-manasi-kāresu yuttassa）〔思案があった〕、という意味である。もうその全てを、上座は自分を他人のようにしていう。

（727）〈いかなる順序で（kim anupubbaṃ）〉云々と、その思い（cintana, 思案）を示す。そこで、まず最初の偈

において、〈いかなる順序で〉とは、順次、順序であるか。順次にだけ説かれる浄行・正行に（vata-samācāresu）、いかなる順序があるか、いかなる順序によって実践すべきか、という意味である。〈人はいかなる浄行を、いかなる正行を行じ〉とは、意義（利益）を欲する人は、受持すべきこと（samādiyitabba）という意味で浄行（vata, 禁戒）と名を得たことを、どのような戒・正行を行じながら（sīlaṃ samācāraṃ samācaranto）、〈自分の為すべきことを為すと（kicca-kārī）〉、行うべきことを行うとよいのか（kattabba-kārī assa）。〈誰をも〉有情をも〈また悩ませないのか（na ca viheṭhaye）〉、妨げないのか（na bādheyya）、という意味である。自分の為すべきことというのは、沙門法であり、簡単に言えば戒・定・慧（sīla-samādhi-paññā）である。それを現成していると、他を悩ますことは少しも（para-viheṭhanāya leso pi）ない。それ（他を悩ますこと）があると、沙門であることさえないからである。世尊が〔次のように〕言う通りである。

「なぜなら出家者は他を害わない。他を悩ますなら、沙門ではないからだ。」（*D.* II, 49[24]; *Dh.* 184cd）と。

またここで、〈浄行（vata, 戒行）〉と言うことによって禁止戒（vāritta-sīla）が言われる。〈正行（samācāra）〉と言うことによって、正しく行われるべきであるから（samācaritabbato）、作持戒（cāritta-sīla, 遵守戒）とともに禅思（jhāna, 静慮）と観〔法〕（vipassanā）などが〔言われる〕。それゆえに作持戒がそこでもまた主要である（padhānaṃ）。なぜなら、感官の防護が成り立つと一切の戒がよく護られ、もうよく護られているから、それゆえに、まず感官を護る戒を示そうと欲して、諸々の感官を護らないと過悪（ādīnava, 過患）があり、〔感官を〕護ると利益（ānisaṃsa, 功徳）があると明らかにしようとして、「人間たちの諸感官は」云々と言う。

（728）そこで、〈諸感官〉とは、護るべき法（要素）を示す。それゆえに眼などの六感官（眼・耳・鼻・舌・身・意）、と言われたのである。〈人間たちの〉とは護りに適する（rakkhaṇa-yogya-）人を示す。〈利益に

（hitāya）〉とは実用に（atthāya）。〈不利益に〉とは、▽無用に。「なる（honti）」という〔語〕が言い残されている（vacana-seso）。しかし、どうして同じそれら〔感官〕が利益と、不利益となるのか、というと、〈護られると〉云々と言う。その意味は――誰でもその眼など諸感官が思念という戸（窓）によって（sati-kavāṭena）閉ざれないと、その〔思念〕は色などに対して貪欲（abhijjhā）などの悪法（心の要素）が起こる〔のを防ぐ〕ための（abhijjhâdi-pāpa-dhamma-pavattiyā）戸であるから、不利益に〔作用し〕、閉ざされるとその〔悪法が起こることが〕ないから、利益のために作用する、という（saṃvattantîti）。

(729)〈諸感官をこそよく護りながら（indriyān'eva sārakkhan）〉とは、なぜなら、感官の防護が完成すると戒の成就（sīla-sampadā）を満たし、戒の成就が完成すると定（三昧）の成就を満たし、定の成就が完成すると、智慧の成就を満たすのであるから、それゆえに、感官を護ることはまさに自利の実践行（atta-hita-ppaṭipatti）の根本である、ということを示そうとして、「諸感官をこそよく護りながら」と言う。思念を先駆けとする（sati-pubbangama）守護によってよく護りながら、根源的に思念することによって、まず諸感官をこそ正しく護りながら、例えば不善の泥棒どもが、それぞれの戸口から入って、心の相続の中の善なる財貨（kusala-bhaṇḍa）を盗み取らないように、そのようにそれら〔門戸＝感官〕を閉じて、という意味である。またよく護りながら（sārakkhaṃ）とは、saṃという語をsāであるとなして（sābhāvaṃ katvā）述べた。〔saṃ-rāga（貪染）を〕sārāgoというなどにおける如くである。またsaṃrakkhaṃという読みがある。〈また諸感官を守りながら〉とは、同じその同意語（pariyāya-vacanaṃ）である。また同意語に関する用法（payojana）は「導論（*Netti-pakaraṇa*）の註釈」の中で述べられている趣旨によってのみ知るがよい。〈自分の為すべきことを為すとよい（attano kicca-kārī'ssa）〉とは、これによって自利の実践行（atta-hita-ppaṭipatti）を示す。〈また誰をも悩ませない（na vihethaye)〉とは、これによって利他の実践行（para-hita-ppa°）を〔示す〕。或いは両方とも自利の実践行だけを示す。他人を悩ませること〔をしないの〕も自利の実践行となるからである。或いはまた、〔自・他という〕二語によっても自利の実践行を示す。また凡夫や有学の利他の実践行〔Vri. も自利の実践行〕となるからである。このように護られると諸感官は利益となる、と清浄分（vodāna-pakkha, 清浄な部分）を簡略にだけ示してから、〔諸感官が〕護られないと、〔Vri. 不利益と〕なると、煩悩（雑染）分（saṃkilesa-pakkha, 煩悩に汚れた部分）を明らかにして（vibhajitvā）示そうとして、「もし眼という感官に」云々と言う。

(730) そこで、〈もし諸々の色に対して抑制なく向かう眼という感官に過誤（ādīnava, 過患）を見ないなら〉とは、およそ誰でも、青・黄などの類の好ましい・好ましくない色という諸領域（rūpâyatanesu）に向かう、好きなように（yathā-ruci）働く眼という感官を抑制しないで（anivārayaṃ）、またそれを抑制せず、排除しないで（appaṭibāhanto）、もしそのように働く〔眼〕に過誤（ādīnava, 過患、危険）を見ないなら、もし現実〔=現在〕と将来との過誤・過失を（dosaṃ）見ないなら〔その人は苦からもう解放されない〕。また〈gacchantaṃ anivāraye anissaraṇa-dassāvī（〔色に〕向かう〔眼〕を抑制しないで、出離を見ないなら）〉という読みもある。そこで、誰でも

「見たものには見たものだけがあるであろう。」（S. IV.73[5]）

と述べられた仕方によって、見たものだけに立って、正念正知によって色という領域に対して（-rūpâyatane）〔思念が〕起こるならば、その人はそこで出離を見る人と言われる。言われたこととの反対であるとして（vutta-vipariyāyena）出離を見ない人を見るべきである。〈その人は苦からもう解放されない〉とは、そのようなその人は輪転（vaṭṭa, 輪廻）の苦から解放されないだけである。

22 またここで、眼という感官の無▽防護（anivāraṇa）というのは、例えばその門戸を通って貪欲（abhijjhā）などの諸悪法（心の要素）が流れ込むように（anvāssaveyyuṃ）、そのように働く（pavattanaṃ）。しかし意味上は、正念正知を立たせない（anuṭṭhāpanaṃ）、と見るべきである。その他の諸感官についてもこれと同じ趣旨である。

（732）〈夢中になって（adhimucchito）〉とは、渇愛に心が向かって（adhimutta-taṇhāya）昏迷に陥った（mucchaṃ āpanno）。

（733）酸っぱいもの（ambila）とは、酸っぱい味。〈上等の甘いもの（madhur'aggaṃ）〉とは、甘味の部分。上等の苦いものも同様である。〈想い出して（anussaraṃ）〉とは、美味によってそれぞれの味を追い思う（anuvicintento）。〈縛られると（ganthito）〉とは、味に対する渇愛のゆえに、それぞれの味に縛られ、繋がれる。gadhito（縛られた）ともまた読む。貪求（gedha）に到った、という意味である。〈心情を覚らない（hadayaṃ nâvabujjhati）〉とは、「苦の終わりを作ろう」と出家の最初の刹那に生起した心情を知らない、省察しない。圧倒する味に対する渇愛に縛られて（sammaddana-rasa-taṇhāya gadhito）、教えの心情を、無罪なる諸法の内を、覚らない（nâvabujjhati）、知らない、実践しない、という意味である。

（734）〈快い（subhāni）〉とは、すばらしい（sundarāni）。〈嫌でない（appaṭikūlāni）〉とは、心楽しい、好ましい、〈触感されるものを（phoṭṭhabbāni）〔想い出して〕〉とは、意識のある（生きている）・意識のない（生きていない）という別のある諸感触（upādinnakânupādinnaka-ppabhede phasse）を〔想い出して〕、〈執らわれると（ratto）〉とは、執著を本性とする欲情（貪）に執らわれると（rajjana-sabhāvena rāgena ratto）、〈欲情（貪）のために（rāgâdhikaraṇaṃ）〉と、欲情（貪）を原因として、〈種々の苦を得る（vindate）〉。というのは、執著の熱悩などによって現在の〔苦〕や、また地獄で焼熱などによって将来の、種々の苦を受ける。

（735）〈また意を（manaṃ）これらから〔守ることが出来ない〕〉とは、また意をこれら色という対象などから（rūpârammaṇ'ādīhi）と諸法（内外の諸要素）という〔意の〕対象の類とから（dhammârammaṇa-ppabhedehi）〔守ることが出来ない〕、〈その〉という、〔その〕人に、〈一切の〉という、一切の五〔感官〕によって〔苦が付き纏う〕。こう言われているのである。〔即ち〕、誰でも人が意を、意の戸を、これらの先述のような色などという五法（要素＝色・声・香・味・触感されるもの）から、また法（内外の諸要素）という〔意の〕対象の類から、そこに働く悪い業を防止することによって（pavattanaka-pāpa-kamma-nīvaraṇena）護ること、守ることが出来ない人は、〈それゆえに〉彼が護らないから、〈その〉人にそれによって（tan-nimittaṃ）〈苦が付き纏う（dukkhaṃ anveti）〉、付いて行く。また付いて行く〔苦〕に、これら色という対象など五つと、一切もの対象の縁となる第六の〔法という〕対象と共に、〔苦が〕付いて行く、という（[Vri.]chaṭṭhârammaṇena saddhiṃ sabbehi pi ārammaṇa-ppaccaya-bhūtehi anugacchatī ti,[PTS.]chaṭṭhârammaṇena saddhiṃ sabbehi pi ārammaṇa-ppaccaya-bhūtattā-gghāhī-bhāvato, 第六の〔法という〕対象と共に、一切によっても、対象の縁となっている我を摑む者となるので）。[[Vri.]ここで眼という感官と、耳という感官とは到達しない〔対象〕を摑むのであるから（ettha…sot'indriyañ ca asampatta-ggāhi-bhāvato,[PTS.]欠文）]、行くのを妨げない、と言われた。もし「他に〔鼻〕も到達しない〔対象〕を摑むので、諸の香に親しむなら」（732b）云々と、言われた〔というなら〕、またその場合にも、味に対する渇愛と触感されるものに対する渇愛とは、人々にとって特に強力なものである、というので「味への渇愛に縛られると」（733c）、「諸々の触感されるものを想い出して」（734b）と言われた、と見るべきである。

（736）このように〔感官の〕門戸を守らない人には、六つの門戸を通して、六つもの〔感官の〕対象に対して、無防護を因として生じる苦を示してから、この防護は体の本性を覚らないことによって（sarīra-

23 sabhāvânavabodhena）あるのだから、それゆえに体の本性を考察して、〈膿や血に満ち〉云々と二偈を言う。その意味は〔こうである〕。この体というものは、膿や、血にまた他の胆汁、痰などの多くの汚物（kuṇapa）に満ち、充ちている。そこでこれは人の勇者たちの中で（nara-vīresu, Vri. nara-vīrena naresu, 人々の中で人の勇者によって）、巧みな技芸師によって〈作られた〉〈美しい（vaggu）〉艶やかな（maṭṭhaṃ）、塗料で体裁を整えるなどによって（lākhā-parikamm'ādinā）〈彩色された（cittataṃ）〉、が中は糞など不浄物が充満した〈箱（samuggaṃ）〉のように、表皮だけが心を惹きつけ（chavi-matta-manoharaṃ）、愚者たちを迷わし（-sammohaṃ）、苦を本性とするから、また地獄などの苦に焼かれるから、

（737）〈辛い（kaṭukaṃ）が〉、体裁よく出来て（parikamma-sambhavena, Vri. parikappa-〃, 趣向よく出来て）本式ではないが、味わいだけ甘いので（assāda-mattena madhuratāya）〈甘い味がある〉。それだからこそ、愛しいこととの結びつきによって〈愛しいものと結びついて（piya-nibandhanaṃ）〉、耐え難く（dussahatāya）、また喜ばしくないので（ap-patītatāya）〈苦しい〉。このような体において味を貪ることによって大きな苦を経験しながら、気付かないで、世間は甘味を貪り、剃刀《かみそり》の刃《は》を舐める人（khura-dhārā-lehaka-puriso）のようだ、と見るがよい、と。

（738）今度は、これらの眼などの遣り場となる（gocara-bhūtā）色などが言われ、それらの中で特に男が女に結びついて「欲しい（kamanīyā）」という。「その場合に防護をなすべきである」と示そうとして、〈女の色に〉云々と言う。そこで、〈女の色に（itthi-rūpe）〉とは、女の四種（地・水・火・風）によって成り立つ色の領域と呼ばれる容色（catu-samuṭṭhānika- rūp'āyatana-saṅkhāte vaṇṇe）[3]に〔苦を見る〕。またおよそ何でも、女が着衣し、或いは飾りをして、或いは香や脂粉（vaṇṇaka）などや、或いは飾りや花環を身につけた容色は、男の眼が識

知する対象となることに適するけれども、この一切は女の色（-rūpa）であるとだけ知られる。

〈女の声に〉とは、女が歌い、喋り、笑い、泣く声に。さらにまた女の着ている着物の〔音〕にも、飾られた装身具の〔音〕にも、女が用いるものとなった竹管（veṇu, 笛）・琵琶（vīṇā）・法螺貝（saṅkha）・鼓（paṇava）などの音も、ここで「女の声」と言うことに含めて言われている、と知られる。この一切もが男性の心を引きつける（akaḍḍhati）、と言う。

しかし女の味（rasa）という、聖言では四種によって成り立つ〔女の〕味の領域によって説かれる。女が何をするにも従順であること（paṭissāvatā, [Vri.] paṭissāvitā）などによって、従順の味（assava-rasa）とともに〔女を〕受用する味が（paribhoga-raso）女の味であると或る人たちは〔言う〕。しかしおよそ何でも、女の唇の肉に塗られた唾液などの味、また何でも女から男に与えられた粥・御飯などの味があれば、この一切もが、女の味である、とだけ知られよう。

〈また女の感触にも〉とは、身の接触、女が体につけた着物や装身具、花環などに触れることが「女の感触である」とだけ知られよう。またここで、およそ「女の色に、女の声に」と聖典にいうので、それら（色や声）が、「も（api）」という語によって、「女の味」に含まれていると見られよう。〈女の諸々の匂い（香）に〉とは、四種によって成り立つ女の匂い（香）の領域において、女には体の匂いという悪臭がある。なぜなら或る一部の女は馬臭く、或る一部の女は羊臭く（meṇḍa-gandhinī）、或る一部の女は亡者臭く（peta-gandhinī, [Vri.] seda-〃, 汗臭く）、或る者は血生臭い（[Vri.] soṇita-gandhinī）。そのようであっても闇愚の者（男）はそれら〔女の匂い〕に惹かれるだけである（rajjat'eva）。しかし転輪〔王〕の「女宝の身からは栴檀の香りが薫り、▽口からは青蓮の香りが〔薫る〕」（*D*. II. 175）。これは全ての〔女〕にあるのではない。女の体には生まれつきの〔匂い〕

〔（ārūḷho）〕・一時的な〔匂い〕（āgantuko）・塗付などの匂いが（anulimpan'ādi-gandho）あり、〔それらは〕女の匂いであると知られる。〈〔心〕惹かれた者は（sāratto）〉とは、よく〔心〕惹かれた、執着した、耽溺した（mucchito, 夢中になった）。しかしここでこの〔ratto（惹かれた）という語〕は、「女の色に」というなどとも繋げられるべきである。〈種々の苦を得る（vindate）〉とは、女の色などに対する欲情を伴う起因が、現在には殺しや縛りなどによって、将来には〔地獄での〕五種の殺しや縛りなどによって種々のあり方の苦を得る。

（739）〈一切の女〔への渇愛の〕流れが（itthi-sotāni）〉とは、女の色などを対象として、一切残らず五つ（眼・耳・鼻・舌・身）の渇愛の流れが（taṇhā-sotāni）流れる。〈五〔感の門〕において〉とは、男の五〔感の〕門において、〈それらの〉とは、それらの五つの流れの、〈防止を（āvaraṇaṃ）〉とは、防護を（saṃvaraṇaṃ）〔することが出来る〕。およそ無防備が（asaṃvaro）生じないように、そのように正念正知を起こして防護を作動させることが出来る、その〈精進を具えた人は（viriyavā）〉、不善の諸法（要素）を捨てるために、善なる諸法（要素）を具えるために、精進に励む人（āraddha-viriyo）である、という意味である。

（740）このように色（rūpa）など（色・声・香・味・感触）、〔感官の〕巡り行く領域（gocara）に関する出家者の実践道を示してから、今度は在家者の〔実践道を〕に示すために「その人は実利（attha）を有し」云々と述べた。そこで〈その人は実利を有し、その人は法に立ち、その人は有能であり（dakkho）、その人には明眼がある（vicakkhaṇo）〉とは、その人物はこの世間において〈実利を有し〉、覚慧を有し、法に立ち、法について有能であり（dakkho）、法について賢明であり（cheko）、怠惰ではなく（analaso）、明眼があると、為すべきことに巧みである、という。〈楽しみながらも、法と実利が具わる為すべきことを為すがよい（kareyya）〉とは、家庭の楽しみを楽しみながら（geha-ratiyā ramamāno）も、法と実利を具え、法からも、また実利からも離れな

25

いで、これを行うべきである。まだ生じていない諸財富を生起させ、すでに生起した〔諸富財の〕保全と受用とを行うがよい。互いに矛盾なく（avirodhena）、互いに妨害なく（abādhanena）三部門（法と実利と欲望）の目的（ti-vagg'atthaṃ）に専念するがよい、という趣旨である。そしてこの趣旨は、どんな人たちの実践とも矛盾なく三部門（法と実利と欲望）の目的のために行われるのであり、ビンビサーラ〔Vri. 大王〕などに対するように、それらの人々のために説かれたのであり、およそ誰か人々のために〔説かれた〕と見るべきではない。

(741)〈もし相応しい〔こと〕に沈潜していると（atho sīdati saṃyuttaṃ）〉とは、もしこの世間によく関係した現実の利益を摑んでいても、〈無意義な為すべきことは避けるがよい（vajje）〉とは、将来の意義（利益）を欠いた、意義を伴わない為すべきことは、たとえ〔あって〕も、捨てるがよい、放棄するがよい。〈それは為すべきことではない、と考えて、不放逸で明眼ある人は〉とは、思念を不在にしないで不放逸に考察の智慧を起こして、明眼の人は、意義を伴わないことを「その為すべきことは私が為すべきではない」と考えて避けるがよい。

(742)しかし〔無意義なことを〕避けてから、〈およそ意義と結びついたことや、また法に関する喜びなら、それを受けて行うがよい（vattetha）〉とは、およそ何でも現在・将来の▽別がある意義＝利益に結びついた、またその両方の利益を齎すことや、またおよそ極めて善なる法に関する止・観を伴う喜びなら、その両方を正しくとって（ādiyitvā）、よく把握して行うがよい。

「一切の喜びに法の喜びが勝る。」（*Dh.* 354）

という言葉があるから、〈なぜならばそれは〉一途に最上の意義を達成するから〈最上の喜び〉と言われるからである。

（743）しかしおよそ欲望の喜びに結びついて為すことは無意義（無益）のことと言われ、それが意義（利益）を伴わないことを示すために「いろいろな（uccâvacehi）」云々と述べた。そこで、〈いろいろな〉とは、大きな、また小さな、〈手段によって（upāyehi）〉とは、仕方によって（nayehi）、〈他の人々のものを貪り求める（abhijjigīsati）〉とは、他の人々の所有物（santaka）を持って来ようと欲し、或いは他の人々にあらゆる仕方で捨てさせ（hāpeti）失わせる（jināpeti）。〈他の人を殺し、打ち、そして悲しませて、その人は暴力で（sāhasā）他の人々から掠奪する（ālopati）〉と。こう言われているのである。およそ人が欲望を因として他の人々を殺し、殺させ、悲しませて、〔家の〕隙間破り〔強盗〕（sandhi-cchedana）・隙間作り〔強盗〕（sandhi-rūhana）・強奪（pasayhâvahāra）など、いろいろな手段で他の人々の所有物を掠めるのに努めて強引な行動（sāhasā-kāra）をなし、貪り求め（jigīsati）、自己の財産（sāpateyya）のために他の人々に〔財産を〕捨てさせる。その者のその為すことは欲望の喜びに依っており、意義（利益）を伴わない、一方的に下劣（nihīna）である、と。これによって、それと対極（正反対）であるから、法に関する喜びが一方的に最上であることをこそ明らかにする。

（744）今度は、およそ「その人はそれらを防止することが出来る」と諸感官の防護（āvaraṇa）が説かれたが、その〔防護〕を手段と共に明らかにしようとして、〈恰も力ある〔大工〕が木工をするのに（tacchanto）、楔《くさび》（āṇi）によって楔を打つように〉と言う。〈恰も力ある（balavat）〉、体力と智力を具えた大工が木の棒に入り込んだ楔を取り出そうとして、そこに強力な楔を打ち込んで、そこから取り出すように、〈そのように、巧みな〉比丘は眼などの諸感官を観法の力によって殺そうと欲して、諸感官だけによって殺す。しかし、いかなる〔諸法〕によって〔殺すの〕か、と〔もし問うならば〕、〈信を〉云々と言う。

（745）その意味は〔次のようである〕。信解を特徴とする（adhimokkha-lakkhaṇa）信（saddhā）、努力を特徴と

26

する精進（paggaha-lakkhaṇaṃ vīriyaṃ, PTS. puggala〝人物〟）、散乱がないこと（avikkhepa）を特徴とする三昧（定、禅定）、立ち顕われること（upaṭṭhāna）を特徴とする思念、見ることを特徴とする智慧という、解脱を熟成するこれら五根を修習し増大させて、これら〈五〔根〕をもって〉、眼などの五つの感官（根）を、迎合（anunaya）と反発（paṭigha）など煩悩の生起が〔感官の〕門となることを打ち殺すことによって〈打って〉、聖道によってその機縁（upanissaya, 近因）である諸煩悩を根絶してから、それゆえにこそ〈苦悩なく（anīgho）〉苦なく〈バラモンは〉心身の拠所の無い悟り（無余依の般涅槃、入滅）にのみ〈行く〉、近づいて行く、と。

(746)〈その人は利益（義）を具え（atthavat）〉とは、先述の通りそのバラモンは、最上の利益（義）を具えているので、利益（義）を具え、その〔義〕を得させる（sampāpaka）法の上に立つから〈法に立ち〉〈一切合切（sabbena sabbaṃ）〉、余すところのない方法によって、残すところなく、〈仏の〉、世尊の〈ことば（vākya）〉となったものを〈教誡となして〉、教誡された通りに実践修道している。それゆえにこそ〈その人は〉最上の人物で、涅槃と、また〈安楽を増進させる（edhati）〉、広大にし、増大させる（brūheti vaḍḍheti）、と。このように、上座によって自分が思案した様相（cintitākāra）を明らかにすることによって、〔上座の〕実践修道が明らかにされたのであるから、これこそがまた彼の完全知（開悟）の解明であると見るべきである。

パーラーパリヤ上座の偈の註釈　終わる。

註

（1）この上座は赤沼『辞典』にもPārāpariya[1]と出ている。漢訳には摩訶波羅延、異乗、住彼岸。この上座はこの*Th.* に三度登場している。すなわち*Th.*116（一二・六）, 727-746（二〇・二）, 926-948（二〇・一〇）である。一度目は赤沼『辞典』ではPārāpariya[2]であるが、本註釈では区別していないので、ここは二度目である。後で見る三番目は、仏滅後に自分も入滅（般涅槃）を前にして、邪法の実践行を戒めるこの上座の遺偈である。赤沼は*M*.152経のPārāsariyaが彼かと疑う。*ThA.* 諸版では、これら二つの名は異読に類する。

（2）Pārāsariyaバラモンの弟子Uttara青年が仏を訪ねて来ると、仏はPārāsariya説を尋ねる。すると彼は、「眼によって色を見ず、耳によって声を聞かない、と感官の修習を説く」と答える。仏は「では盲人や聾者が感官を修習したものとなろう」と反問する。彼は答えられない。仏は感官の修習を阿難に説く。漢訳は『雑阿含』巻11（282）（*T.*2.78a-79a）。

（3）ここ（738偈註）は色の解釈に関わる。原始仏典では、色（rūpa）には広義の色（五蘊の色＝四大種と四大種所造色）と狭義の色（六外処の色＝目に見える色＝視覚の対象）とある。今は前者の四大種（地・水・火・風）と四大種所造色（四大種に拠ってある色）に関わる。地・水・火・風はそれぞれ内的な体内の諸要素や機能や作用と、外的な体外（自然界）にある諸要素とであって、五感で感じられ心で意識され得る。四大種所造色は、パーリ経典では明確ではないが、『雑阿含』巻13（322: *T.* 2. 91c）では、眼・耳・鼻・舌・身の五感（五根）と、その対象である色・声・香・味・触（所触、触れられ体感される要素）とである。これに従って色・声・香・味は地・水・火・風の四種によって成り立つと解される。なお四大種所造色には異説もある。村上［2011］「色（rūpa）は物質ではない——仏典における原意と訳語の考察——」『印度學佛教學研究第59巻第2号』pp. 858-851参照。

これについて及川真介博士は、「『南伝』六四、三二九頁以下　業・心・食・時節の四よりなる等起色」というメモを添えて来た。*Vism.* p.613[27-]には「この色というのは、業などの四つによる四行相によって生起する（idam rūpaṃ nāma kammādi-vasena catūhi kāraṇehi nibbattati）」と始まり、以下に業と心と食と時節から生起する事柄が列挙され、水野弘元訳では業等起色・心等起色・食等起色・時節等起色という項目の下に訳出された。ここの煩瑣な議論が当面の問題にどう関わるかは、今後の識者の研究に委ねたい。

二〇・三（747—768）、テーラカーニ（Telakāni）[1]

〔前生以来の因縁物語〕

〈ああ、長期にわたって熱心に〉云々とは、尊者テーラカーニ上座の偈である。この人も先の諸仏の許で奉仕行を行なった者で、そこここの生存において脱輪廻の機縁となる善を積みながら、この仏（釈迦牟尼仏）が出現される時に、〔大〕師の出生よりももっと以前に舎衛城の或る一人のバラモンの家に生まれて、テーラカーニという名前を得た。成人すると、〔覚りの〕因を具えていたので、諸々の欲望を厭って家庭に住むことを捨てて、遊行者としての出家に出家してから、脱輪廻を志向して、「世間において彼岸に到った（pārai-gata）その人は誰か」云々と、解脱を求めて廻り行きつつ、それぞれの沙門・バラモンたちに近づいて質問をする。彼等は答えられない。それで心に納得しないで（anārādhita-citto）廻り行く。

さて、我々の世尊が世間に出現されて、勝れた法輪を転じて、世間の利益を行なっていると、〔彼は〕或る日〔大〕師のところに近づいて行って、法を聞いて、信を得て出家し、観法の修行を行いながら、もうほどなくして阿羅漢の境地に安立した。彼は或る日比丘たちと共に坐って、自分が証得した殊勝の境地（visesa）を省察して、それを追憶して自分の実践修行を思い起こし、その全てを比丘たちに告げようとして、〔いわく〕

〔上座が自分の実践修行を反省述懐する三十偈〕

（747）ああ、〔私は〕長期にわたって熱心に、法（教え）を追思しながら、

27

沙門・バラモンたちに問うても、心の平静を〔私は〕得なかった。
（748）世間において彼岸に達したそのお方は誰か。誰が不死の堅固な地盤を得たのか。
最高の意義を認識させる誰の法（教え）を、〔私は〕受け容れるのか。
（749）〔釣針の〕生餌に食いつく魚のように、私は内部の釣針に引っ掛かっていた。
ちょうどヴェーパチティ阿修羅がマヒンダ（大帝釈）の縄に縛られたように。
（750）私はそれ（縄）を曳いている。私はその憂い嘆きから脱出しない。
誰が世間において私の縛りを解いて、覚りを知らせるのであろうか。
（751）〔煩悩が〕壊れやすいことを告げるどの沙門、或いはバラモンを〔受け容れる〕か。
老・死を運び去る、誰の法（教え）をば、私は受け容れるのか。
（752）疑いや躊躇《ためらい》に縛られ、激情の力に相い応じて、
怒りを得た意が強情で、〔心が〕欲求に引き裂かれる。
（753）渇愛の弓から放たれる、また二倍の十五を具えた〔邪（謬）見〕[2]が、
激しく〔心臓を〕破ってもし留まるなら、自分から生まれた〔渇愛〕と見よ。
（754）▽〔私の心は他に〕随従する邪（謬）見を捨てず、思い計らいによって他人に刺激される。
それ（謬った見解という矢）に射抜かれて私は、風に動かされた木の葉のように、揺れ動く。
（755）「私のものだ」という思いが私の内部に起き、六種の〔感官の〕接触の領域をもつ身が、
〔その思いによって〕急に煮られる。〔その思いは〕常にその〔私の身に〕おいて流れる。
（756）刀《メス》をも、他のものをも用いずに、およそ私からその矢を引き抜くような、

探り針で(3)疑われた〔煩悩の矢〕を〔抜くような〕、そんな医師を見ない。
(757) 誰が、刀《メス》なしで、傷つけずに、私の内部に留まっている〔煩悩の矢〕を、
一切の肢体《からだ》を害わないで、〔その煩悩の〕矢を私から引き抜くであろうか。
(758) なぜなら、そのお方は最勝の法主であり、〔煩悩の〕毒や病素を運び去られる。
深い〔暴流〕に落ちた私に、陸地と、〔それを得させる〕手とを示されるであろう。
(759) 私は〔輪廻の〕沼の中に沈み込んでいる。運び出せない塵や泥土に
まやかし〔欺〕、嫉妬、憤激、惛沈〔欝状態〕・睡眠が、拡がっている。
(760) 心の浮わつき〔躁状態〕の雲が轟き、結縛の雲が〔轟《とどろ》く〕、
欲情〔貪〕に依存する思い計らいが、運ぶ車で、悪い見解をもつ〔私〕を運ぶ。
(761) あらゆる所に、諸々の流れが流れ、蔓草《つるくさ》が芽生えている。
それら諸々の流れを誰が遮るのか。その蔓草を誰が断つのか。
(762) 尊師よ。境界〔堤防〕を作られよ。諸々の流れを防ぐものを〔作られよ〕。
あなたの意からなる流れが、樹を力づくで〔倒す〕ように、切ってはならぬ。
(763) このように、私に怖れが生じて、此の岸から彼の岸を求めると、
救護所は、仙人衆に仕えられ、智慧を武器とする〔大〕師である。
(764) 清い法〔教え〕という心材より成る堅固な、よく作られた梯子を、〔大師は〕
〔水に〕流されている〔私〕に与えて下され、「恐れるな」とまた私に仰った。
(765) 「思念の起こるところ〔念処〕」という殿堂に登って、私は省察した。

およそ以前に有身（存在する集合）を喜んだその人たちを私は思った。
（766）また船に乗る道を私が見たときに、
自分に基かないで、私は最上の渡し場を見た。
（767）生存に導くものによって増大した、自分から生起する〔煩悩の〕矢がある。
これら〔諸悪法（諸煩悩）〕が活動しないように、最上の道を〔仏が〕説かれた。
（768）長期に亘って潜在し、久しい間存立した縛りを、
毒や病素を運び去る仏が、私から取り除かれた。

と、これらの偈を述べた。

28

〈語句の註釈〉

（747）▽ そこで、〈ああ、長期にわたって（cira-rattaṃ vata）〉とは、ああ、長時にわたって（cira-kālaṃ）。〈熱心に（ātāpī）〉とは、精進を有し、解脱の法を求めるのに精進に励む（vimokkha-dhamma-pariyesane āraddha-viriyo）。〈法を追思しながら（anuvicintayan）〉とは、「一体、解脱の法とはいかなるものか。或いはどのようにして〔それを〕証得すべきか」と解脱の法を追求しながら、求めながら。〈沙門・バラモンたちに問うても、心の平静を（samaṃ）〔私は〕得なかった〉とは、それぞれ彼等種々の外道（titthiye）の沙門・バラモンたちに解脱の法を問いながら、もともと本性（自性）として寂静でない（pakatiyā anupasanta-sabhāvassa）心の平静を、寂静となった・輪転の苦からの出離である・聖なる法を（vūpasama-bhūtaṃ vaṭṭa-dukkha-nissaraṇaṃ ariya-dhammaṃ）私は得なかった、証得しなかった、という意味である。〔次に〕「彼岸に達したその方は誰か」

云々と問われた様子を示す。

(748)そこで、〈世間において彼岸に達した（pāraṅ-gato）そのお方は誰か〉とは、この世間において、外道の宗祖を自称する（tittha-kāra-paṭiñña）沙門・バラモンたちの中で、輪廻の彼岸である涅槃（悟り）に近づいて行ったそのお方は一体誰か。〈誰が不死（甘露）の堅固なる地盤（amat'ogadha）を得たのか〉とは、涅槃の基礎である解脱の道を（nibbāna-patiṭṭhaṃ vimokkha-maggaṃ）誰が得たのか、証得したのか、という意味である。〈誰の法を私は受け容れる（paṭicchāmi）のか〉とは、どの沙門、或いはバラモンの教誡である法を（ovāda-dhammaṃ）私は受け取り実践するのか。〈最高の意義（第一義）を認識させる（param'attha-vijānanaṃ）〉とは、最高の意義（第一義）を認識させる、顛倒のない進退を（aviparīta-ppavatti-nivattiyo）知らせる〔法を認識させるのか〕、という意味である。

(749)〈私は内部の釣針に引っ掛かっていた（anto-vaṅka-gato āsiṃ）〉という釣針（vaṅkaṃ, 曲がったもの）とは、〔間違った〕見解の類（diṭṭhi-gataṃ）が言われる。〔それは〕意を曲げるものであるからだ（mano-vaṅka-bhāvato）。或いは一切もの諸煩悩である。〈内部（anto）〉とは、また、心臓の曲がりの中に〔あった〕、或いは心臓の内部にある煩悩という釣針があった、という意味である。〈〔釣針の〕生餌に食いつく（ghasaṃ āmisaṃ）魚のように〉とは、生餌に食いつく、噛みつく魚のように、釣針を呑んだ（gila-baḷisa）魚のように、という趣旨である。〈ちょうどヴェーパチティ阿修羅が（Vepacity-asuro）マヒンダ（大帝釈）の縄（Mahinda-pāsa）に縛られたように〉とは、帝釈マヒンダの縄に縛られたヴェーパチッティ阿修羅王が（Vepacitti asurindo）不自由に住まい（aseri-vihārī）大苦を受けたように、そのように私も以前に煩悩の縄に縛られて不自由に住まい、大苦を受けた、という趣旨である。

（750）〈私は〔それ（縄）を〕曳いている（añchāmi）〉とは、引きずっている（ākaḍḍhāmi）。〈それを〉とは煩悩の縄を〔曳いている〕。〈脱出しない〉とは、〔自分を〕解放させない（na muñcāmī ti na mocemi）。〈この憂い嘆きから〉とは、この憂い嘆きの輪転（輪廻）から（soka-parideva-vaṭṭato）〔脱出しない〕。こう言われたのである。

「ちょうど縄（罠）に掛かった鹿や猪が〔そこから〕逃れる方法を知らないで、震えながら、それを曳き廻して（āviñchanto）縛り目を固くするように、そのように私は以前、煩悩の縄に縛られて（paṭimukko）、逃れるすべを知らず、身の意思（kāya-sañcetanā）などによって震えながら、その〔縄〕を逃れなかった。それどころか（añña-d-atthu）その〔縛り目〕を堅くして憂い（soka）などによって、更に（pāraṃ, Vri.paraṃ）煩悩だけを得た」と。

〈誰が世間において私の縛りを解いて（bandhaṃ muñcaṃ）〔私に〕覚りを知らせるのだろうか〉とは、この世間において煩悩の縛りによって縛られたこの〔私〕を解き放ちながら、これによって覚る（sambujjhati）、というので〈覚り（sambodhi）〉という名を得た解脱の道を（vimokkha-maggaṃ）、誰が私に知らせるであろうか、告げるであろうか、という意味である。〔縛りを解いて（bandhaṃ muñcaṃ）は〕bandha-muñcaṃ とも読む。縛りから、或いは縛りを解放する覚りを〔知らせるのであろうか〕、と繋がる。

29

（751）〈告げる（ādisantaṃ）〉とは、示す（desentaṃ）。壊れやすいことを（pabhaṅguṇaṃ）とは、諸々の煩悩が破れ砕けることを（pabhañjanaṃ kilesānaṃ viddhaṃsanaṃ）か、或いは壊れやすい法（心の要素）の働きをば、告げ語る（dhamma-ppavattiṃ ādisantaṃ kathentaṃ）〔どの沙門、或いはバラモンを受け容れるか〕。老と死とを〈運び去る（pavāhanaṃ）誰の法（教え）を私は受け容れるのか（kassa dhammaṃ paṭicchāmi）〉。或いは〔受け容れる

（paṭicchāmi）は〕実践する（paṭipajjāmi）とも読む。それは同じ意味である。

（752）〈疑いや躊躇《ためらい》に縛られ（vicikicchā-kaṅkhā-ganthitaṃ）〉とは、「一体私は過去の時に在ったのか」というなど（M. I. 8）の仕方で起こる疑惑や、また躊躇・逡巡の様相を示す（āsappana-parisappan'ākāra-vutti）躊躇《ためらい》（kaṅkhā）によって縛られ、〈激情の力に相い応じて（sārambha-bala-saññutan）〉とは、反論する行動を特徴とする力を得た（karaṇ'uttariya-karaṇa-lakkhaṇena bala-ppattena）激情に刺激されて、〈怒りを得た意が強情で（kodha-ppatta-mana-tthaddhan）〉とは、あらゆる場合に怒りに結びついた意によって強情な状態に到って、〔心が〕欲求に引き裂かれる（abhijappa-ppadāraṇaṃ）〕。というのは、なぜなら欲したものを得ないことなどによって渇愛が有情たちの心を引き破る（padālenti）ように起こるからである。

（753）遠くにあるものをも射抜く手段であるから、まさしく渇愛という弓が現われ出る（samupaṭṭhati）。これから生じる、というのが〈渇愛の弓から放たれる〉〔邪（謬）〕見の矢である（taṇhā-dhanu-samuṭṭhānaṃ diṭṭhi-sallaṃ）。そして二十の事由から生じる有身見（vīsati-vatthukā sak-kāya-diṭṭhi）と十の事由から生じる邪（謬）見（dasa-vatthukā micchā-diṭṭhi）とで〔合計〕三十種類となるから、それゆえに〈また二倍の十五を具えた〔邪（謬）見[2]〕〉という。二倍の十五種類を持つ、という意味である。〔邪（謬）見の矢が〕〈激しく〔心臓を〕破ってもし留まる（ある）なら（bāḷhaṃ bhetvāna yadi tiṭṭhati）、自分から生まれた〔渇愛〕と見よ（passa urasikaṃ）〉。というのは、およそ胸との関係が決まっているから（ura-sambandha-niyatāya, [Vri.]ura-sambandhanīyatāya. 胸と関係するはずであるから）その〔渇愛〕が〈自分から生まれた〉。〔邪（謬）見の矢が〕〈激しく〉、強く心臓を〈破って〉、貫通して（vinivijjhitvā）、同じその心臓に〈留まる（ある）なら〉。それ〈渇愛〉と〈見よ〉、と、同じ自分に語りかける。

(754)〈〔私の心は他に〕随従する邪（謬）見を捨てず（anudiṭṭhīnaṃ appahānan）〉とは、〔他に〕随従する邪（謬）見となった残余の諸邪（謬）見を捨てないことが原因で（anudiṭṭhi-bhūtānaṃ sesa-diṭṭhīnaṃ appahāna-kāraṇaṃ）、なぜなら、有身見が〔その人の身心の〕相続から離れて行かない、その間は、恒常であるという見解（sassata-diṭṭhi, 常見）などが捨てられないままだから、と、〈思い計らいによって他人に刺激される（saṅkappa-para-tejitaṃ）〉。というのは、思い計らいによって＝誤った思いめぐらしによって（micchā-vitakkena）、他人＝他の人々に頼ることを特徴として落ちると（[Vri.] pare parajane nissaya-lakkhaṇaṃ patipatite, [PTS.] 〃 nissaya lakkhaṇa-patipatane, ?-）、刺激される＝堪える（tejitaṃ ussahitaṃ）。〈それ（見解）に射抜かれて私は、揺れ動く（viddho pavedhāmi）〉とは、その見解という矢によって、恰も心臓を打ち破られている（āhacca tiṭṭhati）ように、そのように射貫かれて私は揺れ動く＝思い計らう（saṅkappāmi）＝常〔見〕・断〔見〕などによって、あちらへ、またこちらへと動転する（parivattāmi）。〈風に動かされた（māluta-eritaṃ）木の葉のように〉とは、嵐によって＝風によって、動かされて（mālutena vāyunā eritaṃ）、茎（枝）から離れた木の葉のように（vaṇṭato muttaṃ dumapattaṃ viya）〔揺れ動く〕。

(755)〈〔「私のものだ」という思いが（māmakaṃ）〕私の内部に起き（ajjhattaṃ me samuṭṭhāya）〉とは、例えば世間において矢というものは、外部から〔やって〕来て〔[Vri.] 内部を〕砕いて害する（nimmathetvā bādhati）が、この〔「私のものだ」という思い〕はそうではない。しかしこれは私の内部で、私の自分の身に起きて（atta-bhāve samuṭṭhāya）、その自分の身と呼ばれる〈六種の〔感官の〕接触の領域をもつ身は（cha-phass'āyatana-kāyo）〉、〈急に（khippaṃ）〉速やかに（sīghaṃ）〈煮られる（paccati）〉ように、焼かれる（ḍayhati）。何のように〔焼かれる〕か。燃えついたもの（依所）を焼く火のように（sanissaya-ḍāhako）、同じその〈〔「私のものだ」という思いは（māmakaṃ）〉私の所有である自分の身を焼きながら（mama santakaṃ atta-bhāvaṃ ḍahanto）、生じた同じそのところにおいて〈流れ（sarati）〉転動する（pavattati）。

30

(756)〈そんな医師（tekiccha）を見ない〉とは、そのような治療（tikicchā）に適任である者としての（niyuttatāya）▽そんな医師、外科医（salla-katta）、医薬師（bhisakka）を、私は見ない。〈およそ私からこの矢を引き抜くような（sallaṃ uddhare）〉とは、およそ医薬師で、私のこの見解という矢や、また煩悩という矢を（diṭṭhi-sallaṃ kilesa-sallañ ca）引き抜くような者を〔見ない〕。また引き抜く際には（uddharanto）〈探り針で（nānārajjena）〉(3)、紐と同様のものと呼ばれる探り篦《へら》で差し込んで（raju-sadisa-saṅkhātāya esani-salākāya pavesetvāna）、刀《メス》で切らずに（na satthena kantitvā）、〈他の〉、呪文や解毒剤〈を用いずに〉（nâññena mantâgada-ppayogena）、〈疑われた（vicikicchitaṃ）〉「矢を治療することができる」という〔文を〕もって来て繋げるとよい。また〈疑われた〉とは、これは〔矢を〕例示するだけであり（nidassana-mattam）、一切もの煩悩の矢として〔その〕意味を知るべきである。

(757)〈刀《メス》なしで（a-sattho）〉とは、刀《メス》を除いて、〈傷つけずに（avaṇo）〉とは、傷なくして、〈〔私の〕内部に留まっている（abbhantara-apassayaṃ）〉とは、内部と呼ばれる心臓に依って留まっている（ṭhitaṃ）〔矢〕を〔誰が引き抜くのか〕。〈〔肢体を〕害わないで（ahiṃsaṃ）〉とは加害しないで（apīḷento）。〔害わないで（ahiṃsaṃ）は〕ahiṃsā（害わないことによって）とも読む。害わないことによって、加害しないことによって（ahiṃsāya apīḷanena）、という意味である。なぜならば、ここでこれが簡略な意味だからである。〔即ち〕、「一体ね、何の、刀をも執らず、また傷を作らずに、まさにそれゆえに一切の肢体を痛めないで、私の心臓の内部に入っている〔矢〕を、苦痛（pīḷā）を生み出すので、中に突き刺さるので、また内部を破壊するから（rujanato, vri.

ruddhanato）、まさに第一の意味で矢となった煩悩の矢を、誰が引き抜くであろうか」と。

(758) このように十偈をもって、以前に自分が思案した様相（cintit'ākāra）を示してから、またもや、それを別のあり方によって（pakār'antarena）示すために、〈なぜなら、そのお方は最勝の法主であり〉云々と言う。そこで、〈法主（dhamma-ppati）〉とは、法の起因（dhamma-nimittaṃ）、法の因（dhamma-hetu）である。〈なぜなら（hi）〉とは、不変詞だけである。〈そのお方は最勝である（seṭṭho）〉とは、その御人は最上である。〈毒や病素を運び去られる（visa-dosa-ppavāhako）〉とは、私の欲情（rāga, 貪）などの煩悩を運び去り、断ち切る（ucchinnako）。〈深い〔暴流〕に落ちた私に、陸地と、〔それを得させる〕手とを示されるであろう（dassaye）〉とは、一体ね、どなた様が、極めて深い輪廻の大暴流の中に落ちた私に、「恐れるな」と安堵させながら（assāsento）、涅槃の陸地を、またそれを得させる聖道という手を示されるであろうか。

(759)〈私は沼の中に（rahade）沈み込んで（ogāḷho）いる〉とは、大きな輪廻の沼に、私は〔vri. 頭から〕沈むことによって落ち込んで（otiṇṇo）、入り込んでいる（anupaviṭṭho）。〈運び出せない塵や泥土の中に（ahāriya-raja-mattike）〉とは、ここに取り除くことが出来ない欲情（rāga, 貪）などの塵や泥土や泥濘があるという、運び出せない塵・泥土であり、沼であり、その沼に〔沈み込んでいる〕。或いは〔運び出せない塵・泥土の中に（ahāriya-raja-mattike）は〕ahāriya-rajam-antike とも読む。近くにある欲情（貪）などの中に（antike ṭhita-rāg'ādīsu）、運び去り難い欲情（貪）などの塵の中に〔沈み込んでいる〕、という意味である。存在する欠点（過悪、病素）を覆いかくすことを特徴とする（santa-dosa-paṭicchādana-lakkhaṇā）〈まやかし（māyā, 欺、誑）〉、他人の栄達に耐えないことを特徴とする（para-sampatti-asahana-lakkhaṇā）〈嫉妬（usūyā）〉、〔怒りの〕行為の上に〔更に怒りの〕行為を〔重ねることを〕特徴とする（karaṇ'uttariya-karaṇa-lakkhaṇo）〈憤激（sārambha）〉、心の怠惰

31

（ālasiya）を特徴とする〈惛沈（thīna, 欝状態）〉、身の怠惰を特徴とする〈睡眠（middha）〉と、これら悪法（悪い心の要素、煩悩）が〈拡がっており（patthaṭā）〉、およそ〔輪廻の〕沼があれば、そこにまやかし（欺、誑）、嫉妬、憤激、惛沈（欝状態）・睡眠が拡がっている。また〔middha-m-apatthaṭe の〕m の字は、ここで語の連結をすると言われている。先述の如きこれら悪法（悪い心の要素、煩悩）が拡がっている〔沼に私は沈んでいる〕という意味である。

（760）〈心の浮わつき（躁状態）の雲が轟き（uddhacca-megha-thanitaṃ）、結縛《しがらみ》の雲が（saṃyojana-valāhakaṃ）〔轟き〕〉とは、語〔順〕を逆にして（vacana-vipallāsena）言われた。迷走することを本性とする（bhanta-sabhāvaṃ）「心の浮わつき（uddhacca, 躁状態）」の雲が轟く、これら（悪法、煩悩）には雲が雷鳴する、と、心の浮わつきという雲が轟く。これら（悪法、煩悩）にはまさに十種の結縛（五上分結と五下分結）という雲がある、というので、結縛の雲である。〔これら〕〈運ぶ車が（vāhā）〉大きな水を運ぶ車と同じく、〈欲情（貪）に依存する（rāga-nissitā）〉諸々の誤った思い計らい（micchā-saṅkappā）であり、清浄など（subh'ādīsu, [Vri.]asubh'ādīsu, 不浄など）に立って、〈悪い見解をもつ（kud-diṭṭhi）〉私を〈運ぶ（vahanti）〉、苦界の大海のみを目指して〔私を〕引いて行く、という意味である。

（761）〈あらゆる所に諸々の流れが流れ〉とは、渇愛の流れ、見解の流れ、自負心（māna, 慢）の流れ、無明の流れ、煩悩の流れというこれらの五つもの流れが、眼の門など（眼・耳・鼻・舌・身・意）によって、一切の色など（色・声・香・味・触・法）対象に対して流れるから、或いは、色に対する渇愛…乃至…法（意の対象）に対する渇愛というなど、あらゆる部分として（sabba-bhāgehi）流れるから、あらゆる所に流れる。〈蔓草（latā）〉とは、包む（paliveṭhana）意味で、絡みつく（saṃsibbana）意味で蔓草のようなので蔓草である渇愛が、

〈芽生えている（ubbhijja tiṭṭhati）〉とは、六つの門戸（眼・耳・鼻・舌・身・意）を通して芽生えて、色などの諸対象に留まる（tiṭṭhati）。〈それらの諸々の流れを〉とは、渇愛などの諸々の流れを、私の〔身心の〕相続が流れ行くのに、〔修〕道という堤《つつみ》を結ぶことによって、いかなる勝れた人物が〈遮るのか（nivāreyya）〉。〈その蔓草を〉とは、渇愛という蔓草を、〔修〕道という剣をもって〈誰が断つのか〉、断ち切るであろうか。

(762)〈境界（velā, 堤防）を作られよ〉とは、それらの流れに対して境界（堤防）を、堤（setu）を、〈防ぐもの（sannivāraṇa）を〉作られよ。〈尊師よ〉と、話しかける様子を示す。〈あなたの意より成る流れが…〔切っては〕ならぬ〉とは、水の流れは広大で（oḷāriko）〔あっても〕、愚かな大衆でも堤を作ってその〔水の流れ〕を防ぐことは出来るであろう。しかしこの意から成る流れは、微細で防ぎ難い。例えば水の流れは増水して岸に立つ〈樹を〉倒したまま失わせるように、そのように、あなた方が苦界の岸に立っているのを、そこで力づくで（sahasā）〔水流に〕落として苦界の大海に到らせようとして（pāpento）、〔自分の身を〕〈切ってはならぬ（mā luve）〉、失わせてはならぬ、不幸や損失を得させてはならぬ、という意味である。

このように、この上座は、先世の自分の身において諸行（身心の諸潜勢力）が砕かれていたから（parimaddita-saṅkhārattā）、智が成熟に達したから、転起の苦（pavatti-dukkha, 輪廻転生の苦）を思察しながら（upadhārento）、疑惑などの煩悩の汚れを伴う諸法（心の諸要素）を把握したように、そのようにその様相を示してから、今度は、畏れが生じて（jāta-saṃvego）、何が善かを求めて（kiṃ-kusala-gavesin）〔大〕師の許に到って、およそ証得したその殊に勝れた〔境地〕を（visesaṃ）示そうとして、

(763)〈このように私に怖れが生じて（bhaya-jātassa）〉云々と言う。そこで、〈このように怖れが生じて〉とは、このように先述の仕方で輪廻に対して怖れが生じて、〈此の岸から（apārā）〉、下等な岸から、怖れを伴う

輪廻の輪転から、どのようにして一体私は解放されようか、と、〈彼の岸を（pāraṃ）〉、涅槃を〈求め（esato）〉探すと、〈救護所（tāṇa）は〉、神を含む世間の救護所となられたお方〈tāṇa-bhūto〉、煩悩を断ち切る智慧という武器がこのお方にある、という〈智慧を武器とする（paññâvudha）〉、現在など（現在・将来）の利益をもって人々（有情）にふさわしいように（yathā'rahaṃ）教誡するから〈〔大〕師である〉。仙人の集団によって、最高の声聞弟子などの聖人の集団によって〈親しまれ〉尊敬され、〈仙人衆に親しまれたお方である〉。

32

（764）〈梯子を（sopānaṃ）〉とは、説示の智によって良く作られているから、勝れてよく作られているから〈よく作られた（su-kataṃ）〉、垢穢（upakkilesa, 小煩悩）がないので〈清い（suddhaṃ）〉、信・智慧などの核心となる〈法▽（教え）という心材より成る〉、反対者たちによって動揺すべくもないから（acalanīyattā）〈堅固な〉、観〔法〕によってできた梯子を、大暴流によって〈流されている（vuyhamānassa）〉私に、〔大〕師は〈与えて下され〉、また与える際に（dadanto）「これによってあなたに安穏（sotthi, 幸福）があるであろう」と、安堵させようとして（samassāsento）〈「恐れるな」とまた仰った〉、語った。

（765）〈「思念の起こるところ（念処）」という殿堂に（sati-paṭṭhāna-pāsādaṃ）〉とは、その観〔法〕の梯子によって、身を観察するなどによって得られるべき四種の殊に勝れた沙門果（預流果・一来果・不還果・阿羅漢果）によって、四種の境地を具えた「思念の起こるところ（念処）」という殿堂に登って、〈私は省察した（paccavekkhisaṃ）〉。四つの真理（四聖諦）という法（教え）を道の智慧によって省察した（paṭi-avekkhim）、洞察した（paṭivijjhiṃ, 貫通した）。〈およそ以前に有身（有るものの集合）を喜んだその人たちを私は思った（yaṃ taṃ pubbe amaññissaṃ sak-kāyâbhirataṃ pajaṃ）〉とは、このように真理を洞察した〔私〕は、およそ有身（有るものの集合）について（sak-kāye）「私がある、私のものがある（ahaṃ mama）」と喜んだ人たち、外道の人々を

（titthiya-janaṃ）、またその〔思考〕によって想定された諸々の自我（我）を（parikappita-attānaṃ）、以前のことを追憶して（sarato）私は思った（amaññissaṃ）。

(766)〈また船に乗る道を私が見たとき〉とは、聖なる道という船に乗る手段となった観の道を如実に（yāthāvato）私が見たとき、それから以後は、その外道の人々と、〈また自分に基かないで（attānañ ca anadhiṭṭhāya）〉、心の中に〔自分を〕立てないで、摑まないで、〈渡し場を（titthaṃ）〉、涅槃と呼ばれる不死（甘露）という大いなる彼岸の渡し場となった聖なる道を見る。一切の諸々の道よりも、一切の諸善法よりも秀でた〔道〕を（ukkaṭṭhaṃ）〈私は見た〉。如実に私は見た、という意味である。

(767) このように自分が無上の道を証得したことを明らかにしてから、今度は、その説示者（desaka）である正等覚者を褒め称えようとして、〈自分から生起する矢〉云々と言う。そこで、〈矢（salla）〉とは、見解（diṭṭhi）や自負心（māna, 慢）などの煩悩の矢である。〈自分から生起する（atta-samuṭṭhānaṃ）〉とは、「私が」という自負心（māna, 慢）のために、また「我（attan）」という名前を得た自分の身（atta-bhāva）に発生した（sambhūtaṃ）。〈生存に導くもの（bhava-netti）によって増大した（pabhāvitaṃ）〉とは、生存への渇愛から生起し、生存への渇愛に依存する（sannissayaṃ）。なぜなら、その〔渇愛〕は見解や自負心（慢）などを生ずる（sambhava）からである。〈これらが活動しないように（etesan appavattāya）〉とは、先述の通りの諸悪法（悪い心の諸要素、諸煩悩）が活動しないように、生起しないように、〈最上の道を説かれた〉とは、最上の、最勝の、聖なる八支を具えた道（八聖道）を、またそれの手段である観〔法〕の道を語られた。

(768)〈長期に亘って潜在し（dīgha-rattânusayitaṃ）〉とは、始めが量られない（anamat'agge）輪廻の中で、長時に亘る〔心身の〕相続において潜在していたが、〔生じる〕原因を得て、発生できることによって

（uppajjanâraha-bhāvena）力を得て、それからまた〈久しい間存立した（cira-rattaṃ patiiṭṭhitaṃ, Vri. 〃 adhiṭṭhitaṃ）〉、〔PTS. というのは〕、〔心身の〕相続を増大させていた（ajjhāruyha ṭhitaṃ）〈縛りを（ganthaṃ）〉〔取り除かれた〕。というのは、貪欲という身の縛りなど、私の〔心身の〕相続において縛りとなった煩悩という毒や病素を〈運び去る（pavāhano）〉仏、世尊が、御自分の説示の威力によって〔その縛りを私から〕取り除かれた（apānudi）、捨て去らせた。なぜなら、諸々の縛りが余すところなく捨てられると、いまだ捨てられない煩悩というものはないからである、と。

テーラカーニ上座の偈の註釈　終わる。

註

（1）この上座は赤沼『辞典』にも Telakāni とあり、また漢訳には炎盛と知られている。この外は知られない。

（2）三十の誤った見解（*Th*. 753b, *ThA*. III. 29[13-14]）は二十種の有身見と十の誤った見解。有身見（sak-kāya-diṭṭhi）とは、「有るものの集合（身）に我があるという見解」（我見）である。この有るもの（sat）とは『存在しているもの」であり、色（狭義では視覚の対象で眼に見える色や形、広義では広く感官で知覚されるもの）・受（感受、感情、楽・苦・不苦不楽の感）・想（想念、観念、概念、表象）・行（主に複数。諸行、身心の諸潜勢力）・識（認識、知覚）の五（五蘊、五取蘊）であり、それぞれが集まり、集合体（蘊）である。パーリの伝承では色について

『色を我（自我、自己、自分）とは見ない。或いは我が色を有するとは〔見〕ない。或いは我の中に色を〔見〕ない。或いは色の中に我を〔見〕ない』（na rūpaṃ attato samanupassati, na rūpavantaṃ vā attānaṃ; na attani vā rūpaṃ, na rūpasmiṃ vā attānaṃ *S*.22.1.19：III.4[17-8], 22.7.11:III.17[11-12]; *Nd*[2]　p.81　att-ānudiṭṭhi ad *Sn*.1119）

と、四種の見方の否定が示され、同じ趣旨が受・想・諸行・識についても繰り返される。都合、二十種の見解（＝有身見）の否定となる。漢訳『雜阿含』巻二（*T*.2.11b$^{5\text{-}6}$）では、色是我、色異レ我、我在レ色、色在レ我、またはその省略形として「我、異レ我、相在」（*T*.2.6b,c,7a,b,10c,11a, 14c,15a,16a,b,c…）という邪見の否定形が「不レ見二色是我一、不レ見二色異一レ我、不レ見二我中色、色中我一」（*T*.2.151a^{28}）であり、簡略には「非レ我、不レ異レ我、不二相在一」（*T*.2.5a,b6b,7a,b,15a, 19c,…）という。この第二句がパーリの伝承にはないのであり、我（自分、私）と色等との相関関係を語る異説（有身見）を、仏教説が否定しているのである。同様に浮陀跋摩・道泰等訳『阿毘曇毘婆沙論』巻四には、二十種身見を論じて「色是我、色異レ我、色屬レ我、我在二色中一」（*T*.28.26b$^{8\text{-}9}$）云々という。しかし玄奘訳『阿毘達磨大毘婆沙論』巻八では「色是我、我有レ色。色是我所、我在二色中一」（*T*.27.36b$^{17\text{-}18}$）。これはほぼパーリの伝承に一致する。『中阿含』巻五十八（210）「法樂比丘尼經」は「自身見」という訳語を用いるが、パーリ伝承に一致する。「見二色是神一、見二神有一レ色、見二神中有一レ色、見二色中有一レ神也」（*T*.1.788a$^{28\text{-}29}$）云々という。その否定は「不レ見二色是神一、不レ見二神有一レ色、不レ見二神中有一レ色、不レ見二色中有一レ神也」（*T*.1.788b$^{6\text{-}8}$）云々となる。

　十の事由に基く誤った見解（dasa-vatthukāya micchā-diṭṭhi）とは、『布施なし（n'atthi dinnaṃ）、献供なし（n'atthi yiṭṭhaṃ）、祭祀なし（n'atthi hutaṃ）、善作・悪作の所業の果報なし（n'atthi sukata-dukkaṭānaṃ kammānaṃ phalaṃ vipāko）、此の世なし（n'atthi ayaṃ loko）、彼（他）の世なし（n'atthi paro loko）、母なし（n'atthi mātā）、父なし（n'atthi pitā）、化生の有情なし（n'atthi sattā opapātikā）、およそ世間において正しく暮らし、正しく実践修行し、此の世と彼の世とを自ら通達し作証して宣説する沙門・バラモンなし（n'atthi loke samaṇa-brāhmaṇā sammaggatā sammā-paṭipannā ye imañ ca lokaṃ parañ ca lokaṃ sayaṃ abhiññā sacchikatvā pavedeni）という。』（*Nd*^{2}434 ad *Sn*.57）

（3）nānāraja（*Th*. 756c, *ThA*. III. 30^{3}）, *DP* では *m.or n.?* ［?］, a surgical probe;? とあって、疑問符が付いている。

33

二〇・四（769—793）、ラッタパーラ（Raṭṭhapāla, 護国[1]）

〈前生以来の因縁物語〉

〈多彩にされた〔身〕を見よ〉云々とは、尊者ラッタパーラ上座の偈である。聞くところでは、この人は蓮華上世尊（二十四仏の第十）が出現なさるより、もうずっと前に、ハンサヴァティー都城の家主の大家の家に生まれて、成人すると、父の死去によって家居に安住して、宝物庫業務者（番頭 ratana-koṭṭhâgāra-kammika）に示された、家系に伝来されて来た無量の財物を見て、

「これほどのこの財物の山を（dhana-rāsiṃ）私の祖父や曽祖父などは他の世に行く時に携えては行かなかった（na gatā, [Vri.]gantuṃ nâsakkhiṃsu, 行けなかった）。しかし私は自分と一緒に携えて行くのがよい（gantuṃ vaṭṭati）。」

と考えて、貧者（kapaṇa）や旅行者（addhika）などに大施を与えた。彼は神通を得た（abhiññā-lābhin）一人の苦行者（tāpasa）に奉仕しながら、それによって神の世界（天界）の支配権に（deva-lokâdhipacce）催されて（uyyojito, [Vri.]niyojito, 促されて）、寿命の限り諸の福徳を作ってから、そこから死没して神となって生まれた。彼はその神の世界で神の王権を行いながら（deva-rajjaṃ karento, [Vri.] dibba-sampattiṃ anubhavanto tattha, 神の栄華を受けながらそこに）寿命の限り留まってから、そこから死没して、人間の世間において分かれた国（bhinnaṃ raṭṭhaṃ）を保持することが出来る家の一人息子となって生まれた。

またその頃、蓮華上世尊（二十四仏の第十）が世に出現されて、勝れた法輪を転じて、教導されるべき人々

に涅槃の大都城と呼ばれる安穏の境地を得させた。時に、その家の息子は次第に分別のつく年頃になると、或る日、信者たちと共に精舎に行って、〔大〕師が法を説くのを見て、浄く信じる心で（pasanna-citto）会衆の片隅に坐った。またその時、〔大〕師は一人の比丘を信によって出家した者（saddhā-pabbajita）たちの第一人者の地位に就けた。それを見て彼は浄く信じる心になって（pasanna-mānaso）、そのために心を起こして、百千の比丘に囲まれた世尊に大いなる尊敬をもって七日間大施を行なって願を立てた（paṇidhānaṃ akāsi）。〔大〕師は彼に障碍がなくて成功があるのを見て、

「将来にゴータマという正等覚者の教えのもとで信から出家した者たちの第一人者になるであろう。」

と予言した。彼は〔大〕師と比丘僧団を礼拝して座より立って出て行った。

彼はそこで寿命の限り諸々の福徳を作り、そこから死没して神と人間の中に輪廻して、今から九十二劫前にプッサ世尊（二十四仏の第十八）の時に、〔大〕師の異母兄弟（vemātika-bhātika）たちの中で三人の王子たちが〔大〕師に仕えていて、彼等が福徳を作る仕事をした。このようにそこここの生存においてそれぞれ多くの〔Vri 善を〕積み、諸々の善趣（天界）の中だけで輪廻して、この仏（釈迦牟尼仏）が出現された時、クル国のトゥッラコッティカ町における（Thulla-koṭṭhika-nigame）ラッタパーラ長者の家に生まれた。

34

分かれた国を保持することが出来る家に生まれたので、▽彼にはラッタパーラ（国護）と家系に従うだけの（vaṃsânugatam eva）名前があった。彼は大勢の従者をもって成長し、次第に青年期に達して、母と父がふさわしい娘と結婚させて、大きな名声の上に立って神の栄華のような栄華を享受する。

時に世尊はクル国の中を地方遊行に歩きながらトゥッラコッティカに到着された。それを見て（Vri それを聞いて）良家の息子ラッタパーラは〔大〕師に近づいて行って、法を聞いて信を得て、七日間断食（bhattaccheda）をして、艱難辛苦によって母と父に承諾させ、〔大〕師の許に近づいて行ってから、〔大〕師の命令によって或る一人の上座の許で出家してから、根源的な思惟によって業（行）を行いながら、観法を増大させて阿羅漢の境地に達した。〔それで譬喩経にはこう言う。

「蓮華上世尊、世間の最上のそのようなお方に、
私は轅《ながえ》のような牙をもつ（īsā-danto）巨大な優れた象を差し上げた。…乃至…」〕（Ap.I. 63[2-]）

そして阿羅漢の境地を得てから、〔大〕師に許されて、母と父に説戒するために（uddisitum, Vri. passitum, 会うために）トゥッラコッティカに行って、そこで順次に（家毎に）托鉢に歩いた。そして、父の住居で昨晩のすっぱい粥を（ābhidosikaṃ kummāsaṃ）得て、それを甘露のように頂いて、父から招かれて翌日に〔来訪することに〕同意した。そして、次の日に父の住居で托鉢食を頂いてから、飾り立て身を調えた後宮の女たちが（itth'āgāra-jane）近づいて行って、

「一体、旦那様、あなたさまがその方々のために梵行をしておいでになる、その天女たちはどんな方たちなのですか。」（M. II. 64[10]）

などと言って誘惑の動作（palobhanīya-kamma）をし始める。すると、〔彼は〕その意向をくつがえして、無常であることなどに適した法（教え）を語ろうとして、〔いわく〕

〔女たちに誘惑されて語る七偈〕

(769) 多彩にされた現《うつ》し身《み》の、組み立てられた、痛む身を見よ。

その恒常、安定でない、多く気になる病む〔身を見よ〕。（=*Th.*1020, 1157）
(770) 宝珠で、また耳環で多彩にされた〔女〕色（体）を見よ。
骨を皮で覆われた〔女の色（体）〕は、着物とともに輝く。（=*Th.*1020a）
(771)〔女の〕両足には紅《べに》がつけられ、顔には白粉《おしろい》が塗られている。
〔これは〕愚か者の迷いには充分。しかし彼岸を求める人には否。
(772)〔女の〕髪の毛は八房にされて、眼には青黒膏《アイシャドー》が塗られている。
〔これは〕愚か者の迷いには充分。しかし彼岸を求める人には否。
(773) 新しい彩られた青黒膏入れ（壷）のように、臭い身が飾られると、
〔これは〕愚か者の迷いには充分。しかし彼岸を求める人には否。
(774▽) 猟師が罠を仕掛けた。鹿は罠に近づかなかった。
「私たちは餌を食べてから行く」〔と〕。鹿を縛る者が泣くのに。
(775) 猟師の罠は切られ、鹿は罠に近づかなかった。
「私たちは餌を食べてから行く」〔と〕。猟師が愁い悲しむのに。

35

と、これらの偈を述べた。

〔語句の註釈〕

(769) そこで、〈多彩にされた（citta-kataṃ）〉とは、多彩に作られた（cittaṃ kataṃ）、多彩にされた（cittī-

kataṃ, 飾られた）。着物・装身具・花環などをもって種々多彩に作られた（vicittaṃ katan）、という意味である。〈現《うつ》し身（bimbaṃ）〉とは、長いなどであることによって、ふさわしい諸所に、長いなどの大肢小肢をもって飾られた自分の身を（aṅga-paccaṅgehi maṇḍitaṃ atta-bhāvaṃ）〔見よ〕。〈痛む身を（aru-kāyaṃ）〉とは、九つの傷口（vaṇa-mukha）や、また毛穴によって不浄物を漏らしている（vissandamāna-asuciṃ）、また全て傷のように（aru-bhūtaṃ）瘡《きず》のように（vaṇa-bhūtaṃ）、或いは痛む（arukaṃ, [Vri.]arūnaṃ, 痛む人達の）身を〔見よ〕。〈組み立てられた（samussitaṃ）〉とは、三百の骨によって組み立てられた、〈病む（āturaṃ）〉とは、常時、〔行住坐臥の〕別の姿勢などによって（iriyāpath'antar'ādīhi）〔身を〕護らなければならないので（pariharitabbatāya）、常に病んでいる（gilānaṃ）、〈多く気になる〔身〕（bahu-saṅkappaṃ）〉とは、愚かな人々によって実在しないことを上乗せして多く気になる〔病む身を見よ〕。〈その恒常（dhuvaṃ）、安定（ṭhiti）でない〉とは、およその身には恒常であること（dhuva-bhāvo）・安定の本性は（ṭhiti-sabhāvo）ない。一方的に分裂・分散・砕破する属性があるだけである（bhedana-vikiraṇa-viddhaṃsana-dhammo yeva）。その〔身〕を〈見よ〉とは、近くにいる人々を〔見よ〕。或いは自分だけに関して述べる。

（770）〈〔女の〕色を（rūpaṃ）〉とは、体を（sarīraṃ）〔見よ〕。なぜならば、体も

「骨によって、また筋によって、また肉によって、また皮膚によって、囲われた空間が（ākāso）、色とだけ呼ばれる。」（*M.* I.190[17]）

というなどの〔文〕において〔体が〕色と言われるからである。〈宝珠で（maṇinā）、また耳環で（kuṇḍalena）〉とは、頭につけるなど、装身具となった宝珠をもって、耳環をもって多彩にされた。〈皮で覆われた（onaddhaṃ）骨〉とは、生《なま》の皮（alla-camma）で覆い尽くされた三百種を越える骨を、〈見よ〉と繋がる。〈また

耳環で〉という〈また（ca）〉という語によって、その他の装身具の装飾をともに言う。〈着物と共に輝く（saha vatthehi sobhati）〉とは、この〔女の〕色（体）は宝珠をもって多彩にされても着物で覆われてこそ輝く。〔着物で〕覆われていない〔体〕は〔輝か〕ない、という意味である。しかしおよそ〈骨と皮によって（aṭṭhi-tacena）〉と読む人たちにとっては「骨と皮に覆われた〔体〕は輝く。骨が皮で覆われているのだから（onaddhattā aṭṭhissa tacena, Vri. 〃 aṭṭhi-tacena, 骨と皮に〃）」という意味となる。

（771）〈〔女の両足には〕紅《べに》がつけられ（alattaka-katā）〉とは、紅で色づけられ（alattakena kata-rañjanā）、紅（lākhā, 赤い塗料）で色づけられた。〈両足〉とは歩く両足（pādā ti caraṇā）。〈顔には白粉《おしろい》が塗られている（mukhaṃ cuṇṇaka-makkhitan）〉とは、顔は白粉で塗られている。およそ〔顔を〕化粧するのに従事している〔美容師〕達は辛子《からし》の練粉をもって（sāsapa-kakkena）顔の吹出物などを（mukha-piḷakâdīni）除いてから、塩と泥で（loṇa-mattikāya）悪い血（duṭṭha-lohita）を除いてから、顔の白粉の塗料を作る。その〔美容師〕に関してこれが述べられた。〈〔これは〕愚か者には充分（alaṃ bālassa）〉。暗愚な凡夫には〔充分だ〕。〈しかし彼岸を求める人には否（no ca pāra-gavesino）〉。輪転（vaṭṭa, 輪廻）を喜ぶ者の〈迷いには（mohāya）〉〔充分だ。愚か者を〕迷わせることが出来る（sammohanāya samatthaṃ）。その心を迷わせることが可能である（mohetuṃ pariyattaṃ）。しかし彼岸を求め、脱輪廻を喜ぶ者には決して〈充分〉ではない、十分ではない（na pariyattaṃ）。

（772）〈〔女の髪の毛は〕八房にされて（aṭṭhā-pada-katā）〉とは、八房の形にして纏めて（aṭṭha-pad'ākārena katā sañcitā）、前の方の髪を整えてから（purima-bhāge kese kappetvā）、額を覆うことによって出来る髪の結いかた（nalāṭassa paṭicchādana-vasena katā kesa-racanā）である。八房（aṭṭha-padaṃ）というのは、およそ垂れ髪にしたもの（aḷaka-katan, Vri. 〃aḷakan）とも言われる。〈青黒膏（眉墨）が塗られている（añjana-makkhitā）〉とは、両方の眼

も、〔その〕内側と両〔眼の〕縁《へり》にも、青黒色の影が見えるように、そのように青黒膏（眉墨）が塗られている。

(773)〈新しい彩られた青黒膏入れ（壷）のように（añjanī va navā cittā）、臭い身が飾られると（pūti-kāyo alaṅkato）〉とは、恰も青黒膏入れの青黒膏の筒（añjana-nālikā）が〈新しい〉、極めて新しいもので、花環細工やマカラ魚の牙などによって（mālā-kamma-makara-dant'ādi-vasena）〈彩られ（cittā, 飾られ）〉、外側は磨かれて（maṭṭhā）輝き（ujjalā）、見て美しい（dassanīyā）が、内部はしかし見て美しくはないように、そのようにこれらの〔女たち〕の身は、沐浴・塗油（abbhañjana）・着物・装身具で飾られ、外側は輝いているが、しかし内部は臭い種々の類の不浄物（asuci）で満たされている、という意味である。

(774)〈〔猟師が罠を〕仕掛けた（odahi）〉とは、仕掛けた（oḍḍesi）。〈猟師が（migavo）〉とは、鹿（獣）〔を捕える〕猟師である（miga-luddako）。〈罠（pāsa）〉とは棒の罠（daṇḍa-vāgurā）。〈近づかなかった（nâsāda, Vri. nâsada）〉とは、接触しなかった（na saṅghaṭṭesi）。〈罠に（vāguran）〉とは罠に（pāsaṃ）。〈餌（nivāpa）〉とは、鹿たちが食うために投げ置かれた草などの餌（ghāsa）。なるほどこの比喩は上座が意味を知らしめるために（viññāpanāya）作られた。なぜならば、これ（以下）がここでの意味だからである。〔即ち〕、

例えば、鹿たちを殺すために棒の罠を仕掛けて、そこに餌を撒いて、鹿猟師が隠れていると（nilīno）、そこに一頭の速さと勇気を具えた利巧な鹿が罠に触れないままで、好きなだけ餌を食ってから、「ああ、鹿は〔俺を〕欺いた（vañcesi vata migo）」と〈鹿を縛る者（miga-bandhaka, 猟師）が〉叫ぶ時には、もう〔逃げて〕行く。別の、力をもち利巧で速さを具えている鹿が、そこに行って、餌を食ってから、そこここで罠を切ってから、「ああ、鹿は〔俺を〕欺いた。罠は切られた」と、猟師が悲しむだけなのに、〔逃げて〕行くように。

そのように、我々も以前に凡夫の時に、母と父によって〔子への〕愛著のために（āsajjan'atthāya）与えられた（niyyātita）財物を受用しながら、そこここに愛著しながらも（asajjamānā）〔そこから〕出離した（nikkhantā）。しかし今は、総じて煩悩が断ち切られ〔父母の〕罠はなくなっている。彼等（父母）から与えられた食物を食べてから、彼等（父母）がもう悲しむ中で私たちは〔家から出て〕行く、と。

このように上座は、母と父を鹿〔を捕える〕猟師のように、黄金・金貨や後宮の女たちを〔猟師が仕掛ける〕罠の網のように、自分が以前に受用した財物と現在受用している受用物とを餌の草のように、また自分を大鹿のように〔見〕なして〔比喩を〕示す。

これらの偈を述べてから、空に昇って、コーラブヤ（Korabya）王のミガージナ庭園の吉祥の岩盤に（maṅgala-silā-paṭṭe）坐った。聞くところでは、上座の父親は七箇所の門戸のところに閂《かんぬき》（aggaḷā）を掛けさせて、家来たちに命じた。

「〔息子を〕出家させてはならない。袈裟衣（kāsāya）を取り去って〔在家者の〕白衣を着せなさい。」

37 と。それゆえに上座は空▽を〔飛んで〕行った。すると、コーラブヤ王は上座がそこに坐っていることを聞いてから、彼に近づいて行って、相慶ぶべき記憶すべき会話を交わしてから、

「ここに、あなた、ラッタパーラよ。出家しようとしている者は、或いは老衰による衰亡（jarā-pārijuññaṃ, [Vri.]"byādhi-〃, 病気〃）か、或いは病気・財産・親族の衰亡に（byādhi-bhoga-ñāti-pārijuññaṃ, [Vri.]"jarā-〃, 老衰〃）遭った者が出家します。しかし、あなたはいかなる衰亡にも出遭わないままで（anupagato eva）、なぜ出家したのですか。」

と質ねた。すると、彼〔王〕に対して上座は、

「世間は堅固（恒常）ではない結果となります（upaniyyati）。世間は救護なきもの（attāṇa, [Vri.]aṭāṇa）で無主のもの（anabhissara）です。世間は所有主のないもの（assaka）で、一切を捨てて行かなければなりません。世間は欠けており（ūno）満足でなく、渇愛の奴隷です（taṇhā-dāso）。」（*M.* II 68[18-]）

と、これらの四〔句〕の法（教え）の指示が（dhamm'uddesānaṃ）自分の遠離であることを（vivitta-ɔhāvaṃ）語ってから、その説示の付随歌（anugīti）を語ろうとして、〔いわく〕

〈自分の遠離行を語る十八偈〉

（776）私は世間に財ある人たちを見る。痴《し》れ者らは富を得ながら与えない。貪る人々は財を積むものとする。もう益々諸々の欲望を希い求める。

（777）王は強引に地を征服し、海の果てまで地を占めながら、海の此岸には足らない様子で、海の彼岸をも求めよう。

（778）また王も、その他の多くの人々も、渇愛から離れずに、死に近づく。足りないままで居て身を捨てる。世には欲による満足はないからだ。

（779）親族は髪を乱して彼（死者）を泣く。「ああ、真に私らに不死が…」とも言う。着物をもって被ったその〔遺体〕を運び出して、薪を積んで、それから焼く。

（780）彼は串で突かれながら焼かれる。一衣をもって、諸財物を捨てて、死んで行くのに救護も、親族も、友らも、或いは仲間らもいない。

（781）相続人らは、彼の財を掠める。それから人は業に従って行く。

38

(782) 死んで行くのにどんな財も、子らも妻らも財も国も随わない。
▽財によっては長寿を得ない。しかもまた富によって老いを破らない。
なぜなら、この命は短く無常で変化する性質をもつ、と賢者らが言う。
(783) 富者たちも貧者たちも〔嫌な〕接触に触れる。愚者も賢者ももう同じように触れる。
なぜなら、愚者は愚かさに撃たれただけで伏すが、賢者は接触に触れても揺らがない。
(784) それゆえにこそ、それによってこの世で終わりに到るその智慧こそが財に勝る。
なぜなら、種々の生存において終わらないから、愚者らは諸悪業を作るのだ。
(785) 次々に展転して輪廻に出遭い、母胎に、また他の世間に近づく。
それを信頼しながら、智慧乏しい者は、母胎にまた他の世間に近づく。
(786) 例えば〔家の〕隙間口で捕われた盗人が、性悪で自分の業によって殺されるように、
そのように生類は死んでから他の世間において、性悪で自分の業によって殺される。
(787) なぜなら、諸欲は多彩で甘く心楽しく、いろいろな姿で心を乱す。
煩い（過患）を諸欲の楽に見て、それゆえに私は出家したのだ。王よ。
(788) 学生らや、若者らや、また老人らが、木の実が落ちるように、身が壊れる。
これをも見て私は出家した。王よ。確かな沙門であることこそがより勝る。
(789) 信によって私は出家して、勝者の教えに近づいた。
私の出家は無駄ではない。負債なしに私は食を頂く。
(790) 諸欲をば、燃えるものとして見、黄金を剣として〔見て〕、

39

母胎に入ることに苦を〔見〕、諸地獄における大恐怖を〔見て〕、

(791) ▽この煩い（過患）を知ってから、その時私は畏れを得た。
その私はその時、通達していて、[2]煩悩（漏）の滅尽に到った。

(792)〔大〕師は私によって奉仕され、仏の教えは行われた。
重い荷は降ろされ、生存に導くものは断ち切れた。（＝ *Th.*604,656,687,891,918,1185）

(793) そのために家ある者から家なき者へと出家した、
その私の目的である一切の結縛の滅尽は到達された。（＝ *Th.*605）

と、これらの偈を述べた。

〔語句の註釈〕

(776) そこで、〈私は世間に〔財ある人たちを〕見る〉とは、私は、大王よ、この世間において〈財ある人たち〉、財をそなえ、富んだ（aḍḍha）〈人たちを〉見る。しかし彼等は〈富を得ながら（laddhāna vittaṃ）〉、財を得てから、富の栄華（bhoga-sampatti）に立ちながら、沙門・バラモンたちなどの誰にも、何をも〈与えない〉。なぜか。痴《し》れ者ら（mohā, 癡者たち）は業が自分のものである（自業自得）という智慧（kamma-ssakatā-paññā）がないからである。〈貪る人々は（luddhā）〉、貪欲に負けて、得たまま〈財を積む（sannicayaṃ karonti）〉、全てに積み上げねばならない（nicetabbaṃ）、貯蔵しなければならない（nidhetabbaṃ）ものと〈する〉。〈もう益々（bhiyyo'va）〉、獲得したままの欲望より上に〈諸々の欲望を〉、欲望の楽を（kāme kāma-guṇe）、「そのように私は更にこのような財物を得たいものだ」

と〈希い求める（abhipatthayanti）〉、待望する（paccāsiṃsanti）。またそこから生じた努力（vāyāma）をする。益々欲望を求める喩例（udāharaṇa）を示そうとして、〈王は〉云々と言う。

(777)そこで〈強引に地を征服し（pasayha ppathaviṃ vijetvā）〉とは、自分の〔王〕統に付随した地を力づくで（bala-kkārena）征服して（abhivijiya）、〈占めながら（āvasanto）〉とは、支配しながら（pasāsento）、〈海の此岸に（oraṃ samuddassa）〉とは、余すところなく海のこちらの領分を得ても、なおそれに〈足らない様子で（atitta-rūpo）〉、海の〈彼岸を（pāraṃ）〉、別の州（dīp'antara）をも求めるであろう。

(778)〈渇愛から離れずに（avīta-taṇhā）〉とは、渇愛から離れて行かないで、〈足りないままで（ūnā'va）〉とは、意願（心の車）が満たされないままで（aparipuṇṇa-mano-rathā va）〔身を捨てる〕。〈世には欲による満足はないからだ（kāmehi lokamhi na h'atthi titti）〉とは、渇愛に墜ちた人々には（taṇhā-vipannānaṃ）この世間において欲望の対象（事欲）による満足（vatthu-kāmehi titti）というものはないからである。

(779)〈彼を泣く（kandanti naṃ）〉とは、死んだ人に向けて、その人の諸々の徳を称えながら悲泣をする（kandanaṃ karonti）。〈「ああ、真に、私らに不死が…」、とも言う〉とは、「ああ、真に、私どもの親族たちが不死であれかし」とまた語る。なぜなら、ここで偈を容易にするために、〔vata（真に）〕をvatāと〔a音を〕長くして述べた。

(780)〈彼は串で突かれながら焼かれる（so ḍayhati sūlehi tujjamāno）〉とは、その死人は死体焼き係り（隠亡）たちが正しく焼くために（chava-ḍāhakehi sammā jhāpetuṃ）、串で突かれながら〔焼かれる〕。〈救護（tāṇā, *pl.*）〉とは、救護をする者たち（parittāṇa-karā）〔もいない〕。

(781)〈業に従って（yena kammaṃ）〉とは、業のままに（yathā-kammaṃ）〔死ぬ人は行く〕。〈財を（dhanaṃ）〉

40

とは、何でも求められるべき（dhanāyitabbaṃ）事物〔遺産〕を〔相続人らが掠める〕。〔第四句で〕再び〈財〉とは、黄金に関して言う。

(782)〈〔財によっては〕長寿を〔得〕ない〉云々と、欲望の楽が（kāma-guṇassa）老を対治するものではないことを（jarāya paṭikārâbhāvaṃ）述べてから、再びその〔命〕が一方的であることを（ekantika-bhāvaṃ）示すために、〈なぜなら〔この命は〕短く〉云々と述べた。

(783)〈触れる〉とは、嫌な接触に（aniṭṭha-phassaṃ, 欲しくない経験、苦痛に）触れる、達する（phusanti pāpuṇanti）。そこでは、富めるか貧しいかということ（aḍḍha-daliddatā）が原因ではないと示す。〈愚者も賢者ももう同じように接触に触れる（phuṭṭho）〉とは、ちょうど愚者が好きか嫌いな接触に触れる（iṭṭhâniṭṭha-samphassaṃ phuṭṭho）ように、全く同様に賢者も好きか嫌いな接触に触れるのである。ここでは愚者と賢者とにいかなる区別もない。しかしこれ〔以下〕が〔両者の〕違い（visesa）である。〈なぜなら、愚者は愚かさに撃たれただけで伏す（bālyā vadhito'va seti）〉とは、愚かな人物は何らかの苦しい〔心〕の要素（苦法）に触れると、悲しみ疲れ胸を打って（ura-ttāḷim）泣いて、愚かであることに撃たれ砕かれただけで（pīḷito'va）伏す（seti）、臥す（sayati）。あちこちと廻り返り（āvaṭṭanto）廻り来て（vivaṭṭanto）、衝突しながら（virodhento）〈揺らぐ（vedhati）〉。〈接触に触れても〉とは、しかし賢者、智者は苦の接触に触れても揺らがない、揺らぐことだけも彼にはない、と。

(784)〈それゆえに〉とは、なぜならば、愚者と賢者たちには世間法（loka-dhamma, 世の慣い）において、このような成り行き（pavatti）があるので、〈それゆえにこそ、智慧こそが財に勝る〉。〈その〔智慧〕によってこの世で終わりに（vosānaṃ）到る〉とは、智慧こそが財よりもより賞称されるべきものである。およそその智慧によって終わりを、生存の終わりとなる涅槃を証得する。〈なぜなら、終わらないから（abyositattā）〉とは、終局が証得されないから（anadhigata-niṭṭhattā）、〈種々の生存において（bhavâbhavesu）〉とは、大きな・大きくない諸々の生存において〔終わらないから、愚者らは諸悪業を作るのだ〕。

（785）〈次々に展転して（paramparāya）、輪廻に出遭い（saṃsāraṃ āpajja）、母胎に、また他の世間に近づく〉とは、誰でも諸々の悪をなして次々と輪廻に出遭い、母胎と他の世間に近づいて、母胎に横たわることから、また他の世間に再生することから解放されない。〈その〉悪業を作る人物の行為（kiriyā, 所作）を〈信頼しながら（abhisaddahanto）〉、「また私に自我（attan, 我）がある」と信じながら（pattiyāyanto）、他にも〈智慧乏しい者は〉、愚かな人は、そのように行動してから〈母胎にまた他の世間に近づく〉。そこから解放されない。

（786）〈例えば、盗人が〉とは、例えば盗人が、〈性悪で（pāpa-dhammo）〉、家の隙間を破ったところ（ghara-sandhiṃ chindanto）、〈隙間口で（sandhi-mukhe）〉守衛の人たちによって（ārakkhaka-purisehi）〈捕われ（gahīto）〉、〈自分の〔悪〕業によって〉、その自分の隙間破り（窃盗）の業によって（sandhi-cchedana-kammunā）、懲罰となる（kāraṇa-bhūtena）鞭《むち》（kasā）などで打つこと（tāḷana）などによって〈殺される（haññati）〉。王の家来たちによって迫害され（bādhīyati, [Vri]bādhiyyati）また縛られる（bajjhati）〔ように〕、〈そのように生類は（pajā）〉とは、そのようにこの有情世間は（satta-loko, 世の人は）、ここで諸悪を作ってから、死後には、死んで、その業によって〈他の世間において〉、地獄などにおいて〈殺される〉。五種の殺しと縛りの刑罰（kamma-karaṇa）などによって苦しめられる（bādhiyyati）。

（787）このように、これら十一偈によって、適宜に（yathârahaṃ）四〔句〕の法（教え）の指示を明らかにしてから、今度はまた諸欲の中に、また輪廻の中に煩い（ādīnava, 過患）を見てから、信によって自分が出家していることと、出家としてなすべきこと（修行）の頂点に達したこととを明らかにしようとして、〈なぜなら諸欲は〉云々と言う。

41

そこで、〈諸欲は（kāmā）〉とは、諸々の事欲は（vatthu-kāmā, 欲望対象は）心楽しい（manāpiyā）色《しき》（rūpa, 目に見える映像）などの諸要素（諸法）である。諸々の煩悩欲（kilesa-kāmā, 煩悩としての欲望）は一切もの欲情（貪）の類である（rāga-ppabhedā）。しかしここでは諸欲望対象（事欲）と知るべきである。なぜなら、それら〔欲望対象〕は色など（色・声・香・味・触・法）によって多種類であるから〈多彩で（citrā）〉、世間の味によって（lok'assāda-vasena）好ましい有りかたをしているから（iṭṭhâkāratāya）〈甘く（madhurā）〉、愚かな凡夫たちの意（心）を楽しませる（manaṃ ramenti）というので〈心楽しく（mano-ramā）、いろいろな姿で（virūpa-rūpena）〉とは、種々の姿で、多種の本性（sabhāva, 自性）によって、〔心を乱す〕という意味である。なぜなら、それらは色などによって多彩であり、青など（青・黄・赤・白・黒）によって種々の色をもつ（vividha-rūpā）。このように、そのいろいろな姿でそれぞれそのように味を示してから、〈心を乱す（mathenti cittaṃ）〉。出家生活を楽しむことを許さない（pabbajjāya abhiramituṃ na denti）、と、この安息がなく苦が多いことなどによって（appassāsa-bahu-dukkhatâdinā, [Vri.] app'assāda-〃, 味が少なく〃）〈煩い（過患）を諸欲の楽に（kāma-guṇesu）見て、それゆえに〉、それを起因に（taṃ-nimittaṃ）、〈私は出家したのだ〉。

(788)〈木の実が〉熟す時に、またよく熟さない時に、或るどこかで他による攻撃から（parûpakkamato）、或いは自然に（sarasato）〈落ちる（patanti）〉〔ように〕、そのように有情たち（人々）は〈若者らや、老人らが、身が壊れる〉。落ちるだけである。〈これをも見て〉とは、無常であることをも智慧の眼によって見てから、単に味が少ないなどであるから（app'assādatâditāya）だけではなく、煩いだけを〔見て〕、という意味である。〈確かな（apaṇṇakaṃ, 純真の）〉とは、間違いない（aviraddhanakaṃ）、〈沙門であることこそが（sāmaññam eva）〉、沙門であることのみが（samaṇ-abhāvo va）〈より勝る〉、より上である。

（789）〈信によって（saddhāya）私は〉とは、業を〔信じ〕、業の果を〔信じ〕、仏がよき仏であることを（buddha-subuddhataṃ）〔信じ〕、法がよき法であることを（dhamma-sudhammataṃ）〔信じ〕、そして僧団がよく実践修道していることを信じて（saṅgha-suppaṭipattiñ ca saddahitvā）〔出家して〕、〈勝者の教えに近づいた〉とは、〔大〕師の教えにおいて正しい実践修道することに近づいた。〈私の出家は無駄ではない（avañjhā, PTS. avajjā, 罪ではない）〉、阿羅漢であること（阿羅漢の境地）が証得されたからである。まさにそれゆえに〈負債なしに（anaṇo）私は食を（bhojanaṃ）頂く〉。煩悩がないことによって（nikkilesa-vasena）、所有者（主人）であるから（sāmi-bhāvato）、所有者として受用することによって（sāmi-paribhogena）、受用するからである（paribhuñjanato）。

（790）〈諸欲をば燃えるもの（āditta）として見て〉とは、諸欲望対象（事欲）と煩悩欲とを十一種の火（貪・瞋・癡・生・老・死・愁・嘆・苦・憂・悩、*Vin*.I.34）によって燃えていると（āditta-bhāvato）見て、〈黄金を剣として（jāta-rūpāni satthato）〔見て〕〉とは、加工・未加工の類の（katâkata-ppabhedā）一切の金の諸変形（sabba-suvaṇṇa-vikatiyo）をば、無意味（不幸）を齎《もたら》すから（anatthâvahatāya）研《と》がれた鋭利な剣（nisita-satthato）と〔見て〕〉、〈母胎に入ることに（gabbhe vokkantito）苦を〔見〕〉とは、母胎に入って以後、一切の輪廻が起こる苦を〔見て〕、〈諸地獄における大恐怖を〔見て〕〉とは、小地獄を含む（sa-ussadesu）八大地獄において受けようとする大恐怖をも〔見て〕。全てのところで「見て」、と繋がる。

（791）〈この煩い（過患）を知って（PTS. 見て）から〉とは、この諸欲が燃えていることなどを、輪廻における煩い〈過患〉、難点（dosa, 病素）を知ってから、〈その時私は畏れを得た（saṃvegaṃ alabhiṃ）〉とは、〔大〕師の許《もと》で法を聞くその時に、私は生存などに畏れを得た。〈その時、傷ついていながら（viddho tadā santo）〉とは、その在家者の時に（gahaṭṭha- kāle）、欲情（貪）の矢などに（rāga-sall'ādīhi）傷ついていながら、今や、〔大〕師の教えに出会って、〈煩悩（漏）の滅尽を得た〉。〔vri. 或いは〕〔私は〕四つの真理（四諦）に通達していて、精通していて（paṭividdho）、〔煩悩（漏）の滅尽に到った〕という意味である。

その他の〔語句〕は中間などで述べられたから、もうよく知られるであろう。

このように上座はコーラブヤ王に法を示してから、〔大〕師の許にだけ行った。また〔大〕師は後日、聖衆の中に坐って、上座を「信をもって出家した者たち」の第一人者の地位に就けた、という。

ラッタパーラ上座の偈の註釈　終わる。

註

（1）この上座は赤沼『辞典』にもRaṭṭhapālaと出ている。漢訳には頼吒和羅、頼吒惒羅、羅吒波羅、護国などと知られている。本註は*Ap.*I. pp.63^{1}-64^{7}［18.Raṭṭhapāla］に同上座の説いたという十五偈を引くように、それを前提にしている。

（2）この偈の第三句（*Th.* 791c）は、vri. 版による第一の解釈では、「その私はその時、〔煩悩の矢に〕傷ついていながら」となる。今は第二の解釈を上の偈の和訳に示した。それは「その私はその時、〔四つの真理（四諦）に〕通達していて」の意である。またはsantoをasの現在分詞ではなくśamの過去分詞と解するなら、「その私はその時、〔四諦に〕通達して静かに」とも訳されよう。この偈の後半は*Th.* 169cdとは一語を除いて一致する。本訳(二)一四〇頁参照。

42

二〇・五（794—817）、マールンクヤ・プッタ（Māluṅkya-putta, マールンクヤーの子）[1]

〔上座が凡夫の時に、世尊に請うて簡略に要旨を教えてもらう〕

〈色（rūpa）を見て思念が忘れられ〉云々とは、尊者マールンクヤ・プッタ上座の偈である。この尊者の事蹟（vatthu）は先に六〔偈〕集の中で（六・五　II. p. 1701-）すでに述べられた。そしてそれらの偈はそこでは上座が阿羅漢の境地に安立して親族の者たちに法を説くために述べられた。

しかしここでは凡夫の時に

「どうかよろしく、尊師よ。世尊は私に簡略に法（教え）を説いて下されよ。」（S. IV.725-）

と乞われて、世尊が

「君はそれをどう思うか、マールンクヤ・プッタよ。およそ眼によって識《し》るべき諸々の色（cakkhu-viññeyyā rūpā, 眼に見える映像、色・形）が、未見であり、以前に見たことがなく、また〔現在〕君が見ていないし、また〔将来に〕『見るであろう』ということが君にないとすると、それについて君に欲求（chando）や欲情（rāgo, 貪）や愛情が（pemaṃ）あるだろうか。」と。

「いや決してそうではありません。尊師よ（No h'etaṃ, bhante）。」

「およそ耳によって識《し》るべき諸々の音が、未聞であり、以前に聞いたことがなく、また〔現在〕君が聞いていないし…乃至…鼻…舌…身…意（心）によって識るべき諸要素（dhammā, *pl.* 法）が、未識であり、以前に識ったことがなく、また〔現在〕君が識らないし、また〔将来に〕『私は識るであろう』ということが君にないとすると、それについて君に欲求や欲情や愛情があるであろうか」と。

「いや決してそうではありません。尊師よ。」

「そしてここで、マールンクヤ・プッタよ。君が見、聞き、思い、識るべき諸要素（法）の中で（diṭṭha-suta-muta-viññātabbesu dhammesu）、見たものには見たものだけが（diṭṭhe diṭṭha-mattaṃ）あるであろう。聞いたものには聞いたものだけがあるであろう。…思ったものには思ったものだけが…。識ったものには識ったものだけがあるであろう。

なぜなら、なるほど君が（[Vri.]yato kho te,[PTS.] tayo〃, 三つの、〃）、マールンクヤ・プッタよ。見、聞き、思い、識るべき諸要素（法）の中で、見たものには見たものだけが、聞いたものには聞いたものだけが…〔[Vri.]思ったものには思ったものだけが、識ったものには〕識ったものだけがあるであろうから、それゆえに（tato）君は、マールンクヤ・プッタよ。それによってない（na tena）。なぜならば君は、マールンクヤ・プッタよ、それによってないのだから、それゆえに君は、マールンクヤ・プッタよ、そこにない（na tattha）。なぜなら君は、マールンクヤ・プッタよ、そこにないのだから、それゆえに君は、マールンクヤ・プッタよ、決してここ（この世）にない（n'ev'idha）。あそこ（あの世）にもない（na huraṃ）。両方の途中にない（na ubhayam antarena）。これこそが苦の終わりである」（cf. S. IV.7218-7315）

と、簡略に法が示されたところ、〔彼は〕その法をよく学び取っていることを明らかにしようとして（uggahita-bhāvaṃ pakāsentena）、〔いわく〕

〔マールンクヤ・プッタが仏語を解明する二十四偈〕

43

(794) 色を見て思念が忘れられ、愛すべき様相を心に思うと、
心執着し〔色を〕感受する。そしてそれに固執している。
(795) 色から生じる彼の多くの感受は増大し、
貪欲により、また加害するにより、彼の心は害される。
このように苦を積むと、涅槃は遠い、と言われる。
(796) 声を聞いて思念が忘れられ、愛すべき様相を心に思うと、
心執着し〔声を〕感受する。そしてそれに固執している。
(797) 声から生じる彼の多くの感受は増大し、
貪欲により、また加害するにより、彼の心は害される。
このように苦を積むと、涅槃は遠い、と言われる。
(798) ▽香りを嗅いで思念が忘れられ、愛すべき様相を心に思うと、
心執着し〔香りを〕感受する。そしてそれに固執している。
(799) 香りから生じる彼の多くの感受は増大し、
貪欲により、また加害するにより、彼の心は害される。
このように苦を積むと、涅槃は遠い、と言われる。
(800) 味を食べ〔味わっ〕て、愛すべき様相を心に思うと、
心執着し〔味を〕感受する。そしてそれに固執している。
(801) 味から生じる彼の多くの感受は増大し、

貪欲により、また加害するにより、彼の心は害される。
このように苦を積むと、涅槃は遠い、と言われる。

(802)接触に触れて、愛すべき様相を心に思うと、
心執着し〔接触を〕感受する。そしてそれに固執している。

(803)接触から生じる彼の多くの感受は増大し、
貪欲により、また加害するにより、彼の心は害される。
このように苦を積むと、涅槃は遠い、と言われる。

(804)法(意の対象)を知って、愛すべき様相を心に思うと、
心執着し〔法を〕感受する。そしてそれに固執している。

(805)法(意の対象)から生じる彼の多くの感受は増大し、
貪欲により、また加害するにより、彼の心は害される。
このように苦を積むと、涅槃は遠い、と言われる。

(806)彼は諸々の色に染まらぬ。色を見てから思念を保ち、
心染まらずに感受する。そしてそれに固執しないでいる。

(807)例えば彼が色を見ても、また感受に親しんでも、〔煩悩が〕
尽き、積み上げられないように、そのように彼は思念して行く。
このように苦を積まないと、涅槃は近くにある、と言われる。

(808)彼は諸々の声に染まらぬ。声を聞いても思念を保ち、

心染まらずに感受する。そしてそれに固執しないでいる。

(809) 例えば彼が声を聞いても、また感受に親しんでも、〔煩悩が〕尽き、積み上げられないように、そのように彼は思念して行く。このように苦を積まないと、涅槃は近くにある、と言われる。

(810) 彼は諸々の香りに染まらぬ。香りを嗅いでも思念を保ち、心染まらずに感受する。そしてそれに固執しないでいる。

(811) 例えば彼が香りを嗅いでも、また感受に親しんでも、〔煩悩が〕尽き、積み上げられないように、そのように彼は思念して行く。このように苦を積まないと、涅槃は近くにある、と言われる。

(812) 彼は諸々の味に染まらぬ。諸の味を味わっても思念を保ち、心染まらずに感受する。そしてそれに固執しないでいる。

(813) 例えば彼が味を味わっても、また感受に親しんでも、〔煩悩が〕尽き、積み上げられないように、そのように彼は思念して行く。このように苦を積まないと、涅槃は近くにある、と言われる。

(814) 彼は諸々の接触に染まらぬ。接触をしても思念を保ち、心染まらずに感受する。そしてそれに固執しないでいる。

(815) 例えば彼が接触をしても、また感受に親しんでも、〔煩悩が〕尽き、積み上げられないように、そのように彼は思念して行く。

このように苦を積まないと、涅槃は近くにある、と言われる。
（816）彼は諸法（意の対象）に染まらない。法を知っても思念を保ち、心が染まらない者となって感受する。そしてそれに固執しないでいる。
（817）例えば彼が法を知っていても、また感受に親しんでも、〔煩悩が〕尽き、積み上げられないように、そのように彼は思念して行く。このように苦を積まないと、涅槃は近くにあると言われる。

と、これらの偈を述べた。

〈語句の註釈〉

（794）そこで、〈色《しき》（rūpa, 眼に見える映像、色・形）を見て〉とは、眼によって識られる（cakkhu-viññeyyaṃ）色を眼という門によって知覚してから（upalabhitvā）、〈思念（sati）が忘れられ（muṭṭhā）、愛すべき様相を（piya-nimittaṃ）心に思うと〉とは、その色を見ただけでも（diṭṭha-matte eva）留まらずに、麗しき様相を心に思うと（subha-nimittaṃ manasi-karoto）、麗しき様相を摑むことによって、非根源的（a-yoniso, 非如理に）に心に思うと、思念（sati, 記憶、正念）は忘れられている。またそのようであると、〈心執着し（sāratta-citto）〉その色という対象を〈感受する（vedeti）〉。染められ（ratto）、貪り（giddho）、縛られたもの（gadhito）となってから、〔その対象を〕経験し（anubhavati）、味わい、喜ぶ。またそのようになると〈またそれに固執して（ajjhosa）いる〉とは、またその色という対象に固執して（ajjhosāya）、「快い（sukhaṃ, 楽だ）、快い」と執著し（abhinivissa）、呑み込んで（gilitvā）完結して（pariniṭṭhapetvā）いる。

44

（795）〈色から生じる彼の多くの感受（vedanā）は増大し〉とは、そのような▽人物の色から生じる、色を対象とする（rūpa-ārammaṇā）、楽（快）など（楽・苦・不苦不楽）の類別によって多種の感受は、煩悩の生起の原因となって増大する。〈貪欲により（abhijjhā）また加害するにより（vihesā）彼の心は害される（upahaññati）〉とは、愛すべき色に対して染まることによって（sārajjana-vasena）起こってくる貪欲によって、また愛らしくない色に対して（appiya-rūpe, [Vri.]'apiya-〃）害を加えることによって（byāpajjana-vasena）、愛すべき色だけに変化し別様になるように（vipariṇām'aññathā-bhāvāya）、起こってくる愁いなどを特徴とする（sok'ādi-lakkhaṇāya）加害することによって（vihesāya）、その人の心は害われ（upahaññati）害される（bādhīyati）。〈このように苦を積むと（ācinato）〉とは、先述の仕方でそれぞれ感受を味わうこと（vedanâssāda-）によって、生存の推進力（bhavâbhisaṅkhāraṃ）を積み上げると輪転（輪廻）の苦が（vaṭṭa-dukkhaṃ）起こる。それゆえに世尊は言う。

「感受に縁って渇愛がある。…乃至…苦のあつまり（苦蘊）の集因（samudaya, 生起）がある」（*S.* II. 65 *etc.*）。と。そのようになると〈涅槃は遠い〉、遠くにある、遥かである〈と言われる〉、と、彼にはその〔涅槃〕は得難い、という意味である。

（796—805）〈声を聞いて〉云々という諸偈においても、先述と同じ趣旨によってのみ意味が知られよう。そこで、〈嗅いで（ghatvā）〉とは嗅いで（ghāyitvā）、〈食べて（bhotvā）〉とは味わって（sāyitvā）、〈触れて（phussa）〉とは触れて（phusitvā）、〈法を知って〉とは、法という〔意の〕対象を識って、このように六つの〔感官の〕門の領域に（cha-dvāra-gocare）、染まっている人（sārajjanta）の輪転（輪廻）を示してから、今度は、そこに染まらない人の脱輪廻を（virajjantassa vivaṭṭaṃ）示そうとして、「彼は諸々の色に染まらぬ」云々と言う。

（806）そこで、〈彼は諸々の色に染まらぬ。色を見てから思念を保ち（paṭissato）〉とは、およそその人物が色を見てから、視野に入った（āpātha-gataṃ）色という対象を（rūpârammaṇaṃ）眼の門にある識の相続によって捉えてから、四種の正知（catu-sampajañña-vasena）によって（cf. DA. I. 183[27]-, VibhA. 347[7]-）(2)、〔意識して〕知ることによって（sampajāna-kāritāya）思念を保つのである（paṭissato hoti）。彼は色という諸対象に〈染まらぬ〉。欲情（rāga, 貪）を起こさない。それどころか（añña-d-atthu）〈心染まらずに感受する（viratta-citto vedeti）〉。なぜなら、色という対象を集起（samudaya, 集因）などから如実に悟りながら厭離する。厭離しながらその〔対象〕とそこに生じた感受とを〈心染まらずに感受する〉。またそのようになって〈そしてそれに固執しないでいる（nâjjhosa tiṭṭhati）〉。その色という対象にもう正しく心染まらないので（viratta-cittatāya）、固執してはいない。

「これは私のものである、これは私である、これは私の自我（attan, 我）である。」

と、渇愛・自負心（慢）・見解（有身見）によって執著しない（taṇhā-māna-diṭṭhi-vasena nâbhinivisati）。

（807）〈例えば彼が色を見ても（yathā'ssa passato rūpan）〉とは、例えば彼が瞑想観行者として（yogiṇo）、そこに貪欲などが起きないように、そのように「無常である」などと色を見ても、〈また感受に親しんでも（sevato câpi vedanaṃ）〉とは、その〔色〕に関して起きた感受と、またそれに対応した〔心の〕諸要素（諸法）とを（taṃ-sampayutta-dhamme）、認識領域に親しむことによって（gocara-sevanāya）、親しんでも（sevato câ pi）、〈〔煩悩が〕尽き（khīyati）〉とは、一切の煩悩の輪転は（kilesa-vaṭṭaṃ）滅尽、終滅に到り（parikkhayaṃ pariyādānaṃ gacchati）、〈積み上げられない（nôpacīyati）〉とは、積み上げられない、集積に（ācayaṃ）到らない。〈そのように彼は思念して（sato）行く〉とは、このように煩悩を除去する実践修道によって（kilesâpanayana-paṭipattiyā）、思念し正知するものとなって行じ住する。〈このように苦を積まないと〉とは、先述の仕方で〔苦を〕積まないことに導く道の智慧によって、あらゆる輪転（輪廻）の苦を積まないと（vaṭṭadukkhaṃ apacinantassa）、〈涅槃

45

は近くにある、と言われる（santike nibbāna vuccati）〉とは、有余依（生存の依所の残余がある）と無余依（生存の依所の残余のない）の涅槃の境界（saupādi-sesa-anupādi-sesa-nibbāna-dhātu）はまさに近くにある、と言われる。無為の（作られたものでない悟りの）境地が証得されているからである（asaṅkhatāya dhātuyā sacchikatattā）。

（808）〈彼は諸々の声に染まらぬ〉云々という〔諸偈〕においても、またこの趣旨によって意味が知られよう。

▽このように上座は、これらの偈によって、〔大〕師の教誡が自分によって受持されていることを知らしめてから（upadhāritabhāvaṃ pavedetvā）、座から立ち上がり〔大〕師を礼拝してから出て行き、ほどなくして観法を増大せしめて阿羅漢の境地に達した。

マールンクヤ・プッタ上座の偈の註釈　終わる。

註

（1）この上座は赤沼『辞典』にはMāluṅkyā-puttaと出る。すでに見たように、六偈集（六・五、399-404偈）にもこの上座が登場している。本註（二〇・五）では、この人は凡夫の境涯にあって、世尊に簡略な説示を懇願して感官とその対象に関する要説を教えられると、彼は直ちにそれをよく理解して偈に詠う。そしてその後で観法に励んで間もなく阿羅漢となったという。阿羅漢になるには知的な理解の後に観法によって煩悩を滅するのである。ここの偈には同文のところはPTS. 刊本では多く省略されているが、Vri. 版の*Th.* によって大半を補った。

（2）四種の正知（catu-sampajañña, *ThA.* III. 44[19]）は、行・住・坐・臥の姿勢の一々に、よく心を込め意識を注ぐことに続いて、利益がある正知（sāttha-sampajañña）、適切な正知（sappāya-s.）、行動範囲の正知（gocara-s.）、蒙昧でない正知（asammoha-s.）が詳説される（*DA.* I. 183[27-], *VibhA.* 347[7-]）。浪花宣明2004『分別論註』（平楽寺書店）pp.601ff. 参照。

二〇・六（818—841）、セーラ（Sela,[1] 施羅）

〔前生以来の因縁物語〕

〈身満ち足り〉云々とは、尊者セーラ上座の偈である。この人も蓮華上世尊（二十四仏の第十）の時に良家に生まれ、分別のつく年頃になると、衆の棟梁（gaṇa-pāmokkha）となって三百人の者を指導して、彼等と共に〔大〕師の香室を建てた。そして香室が建て終わった時に、比丘僧団を伴う世尊に大施を行なってから、〔大〕師と比丘たちに三衣をもって纏わせた（acchādesi）。彼はその福徳の業によって一無仏期を（Buddh'antaraṃ）神の世間にだけ住んでから、そこから死没して神と人間の中に輪廻して、この仏（釈尊）が出現されると、アングッタラーパ〔地方〕のアーパナというバラモン村のバラモンの家に生まれて、セーラという名を得ていた。

彼は成人すると、三ヴェーダと、またバラモンの諸技芸において完成の域に達して、三百人の学生にマントラ（真言）を誦えさせて（教えて）アーパナに住む。

またその時に、〔大〕師は舎衛城から出て千二百五十人の比丘たちと共にアングッタラーパに遊行して歩きながら、セーラと内弟子たちの智が熟しているのを見てから、或る一つの森の繁みに住む。

時にケーニヤという結髪外道の者が〔大〕師が来たことを聞いて、そこに行って、比丘僧団と共に〔大〕師を翌日〔の食事〕に招待してから、自分の草庵に沢山の硬い食べ物や軟らかい食べ物を用意する（paṭi-yādeti, PTS. paṭisādesi）。またその時にセーラ・バラモンは三百人の学生と共に歩行の状態で廻り行きながら（jaṅghā-vihāraṃ anuvicaranto）、ケーニヤの草庵に入ってから、結髪行者たちが薪割り、竈作りなどをして施会

の準備をしているのを見て、
「一体ね、ケーニヤよ、君は大供犠祭（mahā-yañña）を準備しているのかね。」
などと尋ねると、彼に
「仏世尊を、私が明日〔食事に〕招待したのです。」
と言われた。すると〔セーラ・バラモンは〕、「仏」という言葉を聞いただけで、身の毛をよだたせて高揚し喜
悦が生じた。

〔セーラ・バラモンは仏を訪ねて会う〕

そして、〔セーラ・バラモンは〕、即座に学生たちと共に〔大〕師のところに近づいて行ってから、挨拶をし
て一隅に坐ると、世尊の身に三十二の偉大な人の相《しるし》を見て、「これらの相《しるし》を具えた人は、或いは転輪王となる
か、或いは世間において蓋いを開かれた仏となる。しかしこの方は出家者であって、私は「〔この方が〕仏な
のかそうでないのか」ということを知らない。しかし私は確かこう聞いている。「およそそれらの人々が世尊
46 であり阿羅漢であり正等覚者であるなら、その方たちは自分への称讃が述べられると自分を明らかにする」と。
なぜなら、正等覚者でない者は面前に立って仏の諸々の徳をもって誉められると羞恥する（sārajjati）。当惑す
ることになる（maṅku-bhāvaṃ āpajjati）。無畏（自信）を得ていないから（avesārajja-ppattatāya）質疑に耐えない
からである（an-anuyoga-kkhamattā）。さあそれでは私は沙門ゴータマを面前で相応《ふさわ》しい（sāruppa）偈をもって
誉めよう、と、このようにまた考えてから、〔いわく〕

〔セーラ・バラモンが仏を讃美して問う六偈〕

(818) 世尊よ。〔御身は〕身満ち足り、よく輝き、素生《すじょう》良ろしく、
見目《みめ》麗しく、金色です。歯が極めて白く、気力あるお方です。（＝ *Sn*.548）

(819) なぜなら、素生《すじょう》良ろしき人にある、いかなる相好《そうごう》も、
その一切が御身の身にあります。大人物の諸相があります。（＝ *Sn*.549）

(820) 眼は清らかに澄み、顔だち良く、〔身は〕大きく真直《まっすぐ》で輝きあり、
沙門の僧団の中にあって、〔御身は〕太陽のように輝いています。（＝ *Sn*.550）

(821) 〔御身は〕容姿麗しい行者（比丘）であり、肌は黄金のようです。
このように最高に麗しい御身には、沙門であることが何になります。（＝ *Sn*.551）

(822) 〔御身は〕転輪王、車乗の牛王であるのがふさわしい。
四辺を有し征服した、ジャムブ洲の支配者がふさわしい。（＝ *Sn*.552）

(823) クシャトリヤたち、富める王たちは、御身に従う者となります。
王中の大王、ひとびとの帝王として統治をなされよ。ゴータマよ。（＝ *Sn*.553）

と、六偈をもって世尊を誉め称えた（abhitthavi）。

〔語句の註釈〕

(818) そこで、〈身満ち足り（paripuṇṇa-kāyo）〉とは、明瞭な色である（abhibyatta-rūpānaṃ）、三十二の大人の相（しるし）が（mahā-purisa-lakkhaṇānaṃ）満ちていることによって、また〔五〕体・〔四〕肢が欠けていない

ことによって（ahīn'aṅga-paccaṅgatāya）、体が満ち足りた（paripuṇṇa-sarīro）。〈よく輝き（su-ruci）〉とは、すばらしい体が光り輝く（sundara-sarīra-ppabho）。〈素生《すじょう》良ろしく（sujāto）〉とは、〔身の〕丈と幅が具わることによって（āroha-pariṇāha-sampattiyā）、また形状（saṇṭhāna）が具わっていることによって、高貴の容姿をそなえた（abhijāta-rūpo, [Vri.]sunibbatto, よく生まれついた）。〈見目《みめ》麗しく（cāru-dassana）〉とは、極久しくも見ている人たちに飽きを生じさせない、厭でない、楽しくなる、ただ美しいだけの見ばえがその人にある、というのが、見目麗しい。しかし或る人たちは、「見目麗しい」とは麗しい眼をしている（sundara-netto）、という。〈金色〉とは、黄金、純金のような色がある。〈です（asi, である、いる）〉とは、である（bhavasi）。この〔御身は…いる（asi）という〕語は「〔御身は〕身が満ち足りている（paripuṇṇa-kāyo asi）」というように全ての語に結びつけるべきである。〈歯が極めて白く（susukka-dāṭho）〉とは、よく白い歯がある。なぜなら、世尊の諸々の歯からは月光（canda-kiraṇā）のような白い光線（dhavala-rasmiyo）が出る。〈気力ある（viriyavā）〉とは、精進波羅蜜を満たす四支をそなえた精進に立つから、また四種の正勤（sammappadhāna）の成就によって〔精進（気力）が〕余分にそなわったお方である（atisaya-yutto）。

(819)〈なぜなら、素生良ろしき人にある〉とは、ちょうど三十の波羅蜜、或いは聖なる転輪〔王〕の任務が満たされているから、よく、まさに正しく生まれた人＝大人物にある、という意味であり、〈〔いかなる相好も〕その一切が〉とは、およそ偉大な人物であること＝世間において最高の人物であることを特徴づける（byañjayanti）というので〈相好（byañjana, しるし、特徴）〉という呼び名を得た。「足が〔扁平で〕よく安立していること（suppatiṭṭhita-pādatā）」など、大人物の三十二の相（lakkhaṇa, 特徴）と呼ばれるものと、また「赤銅
47 色の爪▽・長い爪があること（tamba-nakha-tuṅga-nakhatā）」などの八十の付随的相好（anubyañjana, 随好相、随行

相）と呼ばれる容姿の諸美点（rūpa-guṇā, 色の諸徳）がある。それらの〔美点〕が残らず〈御身の身に〉ある、というのが言い残し（vacana-sesa）である。〈大人物の諸相があります〉とは、先に述べた〔大人物の〕相好だけを、別の語で（vacan'antarena）結論づけて（nigamento）言う。今度はそれらの〔大人物の〕諸相の中で自分の気に入った諸相によって世尊を誉め称えようとして、「眼は清らかに澄み」云々と言う。

（820）世尊は〔眼の色が〕五色に澄むことをそなえているので〈眼は清らかに澄み（pasanna-netto）〉、顔が満ちた月輪のようなので〈顔だち良く〉、〔身は〕丈と幅を具えているので〈大きく（brahā）〉、梵天のように真直な肢体《からだ》なので〈真直で〉、光輝をもっているので〈輝きあり（patāpavā）〉。今度は同じその「輝きがあること」を太陽の喩えをもって明らかにしようとして、〈沙門の僧団の中にあって〉云々と言う。そこで恰も太陽が昇りながら、一切の暗闇となっているもの（tama-gataṃ）を破ってから光明を作りながら輝くように、その ように御身も、内にも外にも、一切の無明の闇を破って、智の光明を作りながら輝く。

（821）見目麗しい容姿であるので、体に属する（aṅgi-gatānaṃ）見目麗しさを齎すから（dassana-sampattīnaṃ āvahanato）、また善き五眼（肉眼・天眼・慧眼・法眼・仏眼）を具えているから〈容姿麗しい（kalyāṇa-dassano）〉。〈最高に麗しい〉とは、最上の容色をそなえた。

（822）〈〔御身は〕転輪〔王〕（cakka-vattin）〉〔であるのがふさわしい〕とは、輪宝（cakka-ratana）を転《まわ》す。四種の栄華成就という輪をもって（sampatti-cakkehi, 適正な地に住む・正しい人と住む・正しい誓願・前に福徳を作ったこと『パーリ仏教辞典』p.1977左参照）転す。またそれらをもって他の人々に転す。利他のために〔行・住・坐・臥の〕威儀路の輪の回転（vatta）がこの〔王〕にある、というので転輪〔王〕である。或いはまた、四種の希有の徳（acchariya-dhammā, 王に会えば四姓の衆が喜ぶ。同辞典p.24左参照）と〔四種の人々を〕愛護する事項（saṅgaha-vatthūni, 四摂持、布施・愛語・利行・同事）とを具えることによって、他の人たちによって征服されない威令の輪の回転が（āṇā-cakkassa vatto）このお方にある、というので転輪〔王〕である〔のがふさわしい〕。〈車乗の牛王（rathesabha）〔であるのがふさわしい〕〉とは、車に乗る人々の中で血統の良い牛王のような人で、大車乗者という意味である。〈四辺を有し〉とは、四つの海を辺際とする地の自在者であり、〈征服した〉とは、征服し勝利した、〈ジャムブ洲の（Jambu-saṇḍassa）〉とは、ジャムブ洲の（-dīpassa）〔支配者がふさわしい〕。なぜなら、本来的にある諸支配力（pākaṭena issariyāni）を示そうとしてこのように言う。そして転輪〔王〕は小さな島々を含む四つもの大洲の統治者（自在者）にほかならない（issaro va）。

(823)〈クシャトリヤたち（khattiyā, 王族、士族）〉とは、生まれながらのクシャトリヤたち、〈富める（bhogā）〉とは財富ある（bhogiyā）、〈王たち〉とは、誰でも王国を統治する者たちは、〈〔御身に〕従う者（anuyantā）〉〔となります〕とは、従って行く奉仕する者たち（sevakā）となる。〈王中の大王（rājâbhirājan）〉とは、諸王に供養尊敬されるべき（pūjanīya）超越した王となって、転輪〔王〕となるという趣旨である。〈ひとびとの帝王（manujinda）〉とは、人の君主、人間たちの最勝の統治者となる、という意味である。

〔世尊は答える〕

このようにセーラに言われると、世尊は「およそその人たちが阿羅漢・正等覚者であるなら、その方たちは自分への称讃が述べられると、自分を明らかにする」という、このセーラの心の思いを（mano-rathaṃ）満たそうとして言う。〔即ち〕

〈824〉私は王だ。セーラよ。と、世尊は〔答えた〕。無上の法王なのだ。
法によって私は〔法〕輪を転《まわ》す。逆転されない〔法〕輪を〔転す〕。（＝ *Sn.* 554）

と、この偈を言う。

48

〔語句の註釈〕

〈824〉そこでこの〔以下の〕趣旨である。

「いいかね、セーラよ。君が私に乞うたこと、即ち〈御身〔世尊〕は転輪王となるにふさわしい〉という

このことに、君は熱心なこと少なくなりたまえ（appossukko hohi）。」

〈私は王だ〉。しかし〔私に〕王であることがあっても（rājatte）、例えば他の者は王であっても、或いは百ヨージャナの〔領土の人々〕を教導し（anusāsati）、或いは二、三、四、五百ヨージャナの、或いは千ヨージャナの〔領土の人々〕を教導し、二、三、四、五百ヨージャナの、或いは千ヨージャナの〔領土の人々を教導し〕、或いは転輪〔王〕となっても四つの海を最果《さいは》てとする（pariyanta）〔領土〕だけを〔教導する〕が、私はそのように限られた対象を有する（paricchinna-visayo）のではない。なぜならば、私は〈無上の法王だ〉。〔上は〕有頂天（bhav'agga）から〔下は〕無間〔地獄〕（avīci）までを最果てとして、横に（tiriyaṃ, 四方に）量ることのできない（aparimeyya, 無量の）世間の領域を私は教導する。なぜなら、無足の類の（apad'ādibhedā, PTS. apāsādi-〃, 不信の〃）衆生がいる限り、私はそれらの最上者である。なぜなら、誰も或いは戒をもって…乃至…或いは解脱知見をもって私と同等の者はいないからである。どこにより優れた者がいるのか。その私はこのように無上の法王であり、まさに無上の、四つの思念の起こるところ（catu-sati-paṭṭhāna, 四念処）などの類の覚

りの支分（bodhi-pakkhiya）と呼ばれる〈法（教え）によって〔法〕輪を転《まわ》す〉。「君たちはこれを捨てよ。これを身につけて住め」（A. I. 172）云々と、威令の輪を（āṇā-cakkaṃ）〔転す〕。或いは「しかし、いいかね、比丘たちよ。これは苦という聖なる真理（苦諦）である」と（*Vin*. I. 10）私は教法（pariyatti-dhamma）によってまさしく法輪を転ずる。〈逆転されない（appaṭivattiyaṃ）〔法〕輪を〉とは、「およその〔法〕輪は、世間の沙門によって、或いは…乃至…いかなる者によっても逆転されないものである」と。

このように自分を明らかにする世尊を見て、喜びと心の悦しさが生じたセーラは、再び〔それを〕確固にするために、〔いわく〕

〈セーラは問う〉

（825）〔御身は自ら〕「正覚者だ」、と公言なさいます。「無上の法王だ、
私は法によって〔法〕輪を転《まわ》す」と仰られます。ゴータマよ。（=*Sn*. 555）

（826）一体誰が尊師の将軍ですか。師に従う声聞弟子ですか。
一体誰が転《まわ》されたこの法輪を引き続いて転すのですか。（=*Sn*. 556）

と、二偈を言う。

〈語句の註釈〉

（826）そこで〈一体誰が将軍ですか〉とは、法王である尊師の、法によって転された〔法〕輪を引き続いて転《まわ》す将軍は一体誰か、と尋ねる。またその時、世尊の右脇に尊者舎利弗が坐っている。黄金の山のように吉祥

に輝いている。彼〔舎利弗〕を示そうとして世尊は、〔いわく〕

〔世尊は答える〕

(827)「私によって転された輪、無上の法輪は、
如来に従って生まれた舎利弗が、続いて転すのだ。」(=*Sn*. 557)

と、偈を言う。

(827) そこで〈如来に従って生まれた〔舎利弗が〕〉とは、如来に従って生まれた。如来という因によって聖なる生をもって生まれた、という意味である。このように「一体誰が尊師の将軍か」とセーラが述べた問いに答えてから、およそセーラが「〔御身は自ら〕正覚者である、と公言する」と言うのに対して、彼を疑問なき者にしようと欲して、「これは私の公言だけ(paṭiññā-mattaṃ)ではない。そうではなくて(api ca)私はこの理由によって仏である」と知らしめるために、〔いわく〕

49

(828▽)証知すべきことは証知し、また修習すべきことは修習し、
私は断ずべきことは断じた。ゆえに私は覚者(仏)なのだ。バラモンよ。(=*Sn*. 558)

と、偈を言う。

〔語句の註釈〕

（828）そこで、〈証知すべきこと（abhiññeyya）〉とは、四つの真理（四諦）、諸々の聖なる真理である。なぜなら、四つの真理と、また諸々の聖なる真理を一般的に把握する（sāmañña-ggahaṇaṃ）このことが、即ち証知すべきことであるからである、と。そこで、聖なる真理の中で、およそ〈修習すべきこと〉は道という真理（magga-saccaṃ, 道諦）である。またおよそ〈断ずべきこと〉は集（因）という真理（samudaya-saccaṃ, 集諦）である。その両方を把握することによって、それらの〔両真理の〕果となる「滅という真理（滅諦）・苦という真理（苦諦）（nirodha-sacca-dukkha-saccāni）」ももう把握されたのである。原因を摑むことによってのみ果の成就があるからである（phala-siddhito）。それゆえに、そこで「証知すべきことは証知した。完全に知る（了知す）べきことを完全に知った（了知した、pariññeyyaṃ pariññātan）」ということも、もう述べられたのである。或いは〈証知すべきことは証知した〉という同じこの〔句〕によって、一切もの知るべきことを（ñeyyassa）証知された正覚者であることを（abhiññāta-sambuddha-bhāvaṃ）寸言によって（uddesa-vasena）明らかにしてから、その一部を詳説によって（eka-desaṃ niddesa-vasena）示そうとして、〈また修習すべきことは修習した〉云々と言う。或いはまた、〈修習すべきことは修習した。断ずべきことは断じた〉とは、これによって、自分が知ることと断じることを成し遂げていることを示すことによって（ñāṇa-pahāna-sampadā-kittana-mukhena）、それを根元とするから、一切もの仏徳が示されている、ということを（buddha-guṇā kittitā hontī ti）、〈ゆえに私は覚者（仏）なのだ。バラモンよ〉と言う。なぜなら、「証知すべきことは証知した」と言うことによって、総じて明智（vijjā）と解脱が言われたので、果を伴う四つの真理（四諦）であることを、原因を具えていることとともに示そうとして、覚るべきことを一切覚ってから「私は覚者（仏）になったのだ」という、正理によって（ñāyena, PTS. ñāṇena, 知によって）理由によって自分が覚者（仏）であることを明らかにする（vibhāveti）。このように直接的に（nippariyāyena）自分を明らかにしてから、自分に対する疑いを越えさせることにも（kaṅkhā-vitaraṇe pi, Vri. 〃-vitaraṇ'atthaṃ, 〃ために）バラモンを促そうとして（ussāhento）、

〔世尊は答える〕

（829）私に対する疑いをおさめよ。〔私を〕信じよ。バラモンよ。
　正覚者たちに、しばしば見《まみ》えることは、得難いのだよ。（=*Sn.* 559）
（830）およそその方々が、しばしば世間に現れることは、実に得難いのだ。
　私は、その正覚者であり、矢を抜く外科医の最上者だよ。バラモンよ。（=*Sn.* 560）
（831）〔私は〕崇高なもの（梵）となり、比類なく、魔軍を砕く、
　一切の敵どもを支配して、どこにも怖れずに、喜ぶのだ。（=*Sn.* 561）

と、三偈を言う。

〔語句の註釈〕

（829）そこで、〈〔私に対する疑いを〕おさめよ（vinayassu）〉とは、調伏せよ、切断せよ。〈疑いを（kaṅkhaṃ）〉とは疑惑を（vicikicchaṃ）、〔おさめよ〕。〈〔私を〕信じよ（adhimuccassu）〉とは、信解をせよ（adhimokkhaṃ kara）。正等覚者である、と信ぜよ（saddaha）。〈正覚者たちに見《まみ》えることは、得難い〉とは、なぜなら、諸劫の数えきれない〔長期〕にも仏がおられない（Buddha-suñña）世間があるからだ。

50

（830—831）〈〔私は〕矢を抜く外科医（salla-katta）〉とは、欲情（貪）などの矢を抜く医師である（rāg'ādi-salla-kattano）。〈〔私は〕崇高なもの（梵）となり（brahma-bhūto）〉とは、最勝となり（seṭṭha-bhūto）、〈比類なく（atitulo）〉とは、比類を超え（tulaṃ atīto）、比喩がなく（nir-upamo）、という意味であり、〈魔軍を砕く（Māra-senappamaddano）〉とは、「おまえ（魔）の第一軍は欲望」（*Sn.* 436a）と、このようにやって来た魔軍を砕く。〈一切の敵どもを（sabbâmitte）〉とは、蘊〔魔〕・煩悩〔魔〕・行〔魔〕・死〔魔〕・天子魔と呼ばれる一切の敵どもを（paccatthike）、〈支配して（vasī-katvā）〉とは、自分の支配下にして（vase katvā）。〈どこにも怖れずに（akuto-bhayo）喜ぶのだ〉とは、どこにも恐れがない（nibbhayo）。禅定（samādhi, 三昧）の楽によって、また果である安らぎ（涅槃）の楽によって私は喜ぶ。

このように〔世尊に〕言われると、セーラ・バラモンは、たちどころに世尊に対して浄信が生じて、出家を待望する者と（pabbajj'āpekkho）なって、〔いわく〕

〈セーラ・バラモンの浄信と出家志望〉

（832）おのおの方よ。これを傾聴したまえ。具眼のお方が説く通りに、
矢を抜く外科医・大勇者が、獅子が森で吼えるよう〔説く通りに〕。（=*Sn.* 562）

（833）崇高なもの（梵）となり、比類なく、魔軍を砕く〔世尊に〕
見《まみ》えては、誰が信じないであろうか。黒の種族の者でも〔信じよう〕。（=*Sn.* 563）

（834）誰でも欲する者は私について来い。或いは欲しない者は去れ。
ここに私は出家しよう。すぐれた智慧あるお方の許で。（=*Sn.* 564）

と、三偈を言う。

それは、ちょうど完熟に達した機縁（upanissaya-）の成就に促されているようである。そこで〈黒の種族の者（kaṇhābhijātiko）〉とは、下賎の生まれで闇から闇に赴く存在に（tamo tama-parāyana-bhāve）いる（cf. *D*. III. 233⁹）〔者でも信じよう〕。

それから彼等学生たちも〔出家の〕因を具えていたので、もう同様に出家を待望する者となって、〔いわく〕

（835）もしこの正等覚者の教えが、尊師《あなた》の気に入るのでありますれば、
私どもも、すぐれた智慧あるお方の許で、出家いたしましょう。（=*Sn*. 565）

と、偈を言う。

それは、同じ彼（セーラ）と共に奉仕行を行なった良家の子弟たちのようである。

時にセーラは彼等学生たちに心に満足して彼等を〔世尊に〕示して、また出家を乞いながら、〔いわく〕

（836）これら三百人のバラモンたちは、合掌して乞います。
「私どもは梵行を行いましょう。世尊よ。御身の許で。」（=*Sn*. 566）

と、偈を言う。

それから世尊は、セーラが、先に述べた趣旨で、蓮華上世尊の時に、同じ彼等三百人の集団の長となって善

根を植え（ropita-kusala-mūlo）、今は最後の生存においても、同じ彼等の師となって生まれて、彼（セーラ）と彼等（学生たち）との智が熟し、また善来比丘となる（ehi-bhikkhu-bhāvassa）機縁（upanissayo）があるから、それゆえに彼等をもう皆を善来比丘となることによって出家〔の身〕に出家させようとして、〔いわく〕

〔世尊の言葉〕

（837）梵行はよく説かれた。〔それは〕現実的であり、時を隔てない。
およそそこに不放逸に学ぶ者が、出家するのは、空しくないよ。（＝*Sn.* 567）

と、偈を言う。

51

そこで、〔梵行は〕〈現実的（sandiṭṭhikaṃ）〉とは、直接知覚され（paccakkhaṃ）、〈時を隔てない（akālikaṃ）〉とは、〔修〕道にすぐ続いて（maggânantaraṃ）成果が生ずるので。別の時に（kāl'antarena）成果が得られるべきである（pattabba-phalaṃ）のではない。

〈およそそこに（yattha）〉とは、およそそれによって（yan-nimittā）。〈出家するのは空しくない（pabbajjā amoghā）〉、成果のないものではない（anipphalā）。或いは〈およそそこで（yattha）〉とは、その教えの許で、〈不放逸に〉とは、思念の不在をはなれて（sati-vippavāsa-rahitassa）、三学（戒・定・慧学）を学ぶ者が（sikkhato）〔出家するのは空しくない〕。そしてこのように述べてから、「来たまえ。比丘たちよ」と世尊は仰った。

もうたちどころに彼等が皆神通力よりなる鉢と衣を携える者となって、〔法臘〕六十年の上座のように、世尊を挨拶してとり囲んだ。彼〔セーラ〕はこのように出家してから、観〔法〕によって業〔行〕を行いながら、七日目に衆と共に阿羅漢の境地に達した。

それで譬喩経には〔こう〕言う（*Ap.*I. 316^{22-}）。

「ハンサヴァティーの都城で、私は路上に住む者で（vīthi-vāsī, Vri. vīthi-sāmī）あった。私の親族たち（ñātī）を集めて私はこの言葉を述べた。…乃至…」

そして阿羅漢の境地に達してから、〔大〕師に近づいて行って、〔自分の〕完全知を解明しようとして、

と、偈を言う。

〈セーラ上座が世尊に語る四偈〉

（838）およそ御身に帰依したのは、今から〔遡《さかのぼ》る〕八日目です。眼あるお方よ。
世尊よ、七夜をもって、〔私どもは〕御身の教えの中で調御されました。（=*Sn.* 570）

その意味は〔こうである〕。五眼（肉眼・天眼・慧眼・仏眼・普眼）をもって、〈眼あるお方よ、世尊よ〉。なぜなら、私共は今から遡って第八の日に御身に帰依したから、それゆえに〈七夜をもって御身の教えにおいて〉調御するお方によって（damikena, Vri. damakena）〈〔私どもは〕調御されました（dantā amha）〉。ああ、御身への帰依の威力です（ānubhāvo）、と。それから更に、〔いわく〕

（839）御身は覚ったお方（仏）です。御身は師です。御身は魔を征服する聖者（牟尼）です。
御身は潜在的煩悩を断ち切って〔自ら暴流を〕渡り、この生類を渡らせます。（=*Sn.* 571）

（840）御身は生存の依処を越え、諸煩悩（漏）を砕きました。
御身は執らわれのない獅子のように、恐れや怖さを捨てきっています。（=*Sn.* 572）

と、これらの二偈をもって〔世尊を〕誉め称えてから、終わりの偈によって礼拝を乞う。

（841）これら三百人の比丘たちは合掌して立っています。
勇者よ、おみ足を伸べられよ。龍象たちに師の〔み足を〕礼拝させましょう。（=*Sn.* 573）

と。

〈語句の註釈〉

（839）そこで〈御身は覚ったお方（仏）です〉とは、御身だけがこの世間において一切を知る覚者（仏）である（sabbaññu-buddho）。現在など（現在・将来）の意義（attha, 利益）をもって有情たちを教訓するので〈御身こそが師です〉。一切の魔を征服するので〈魔を征服する〉、聖者（牟尼）であるから〈聖者（牟尼）です〉。〈潜在的諸煩悩を断ち切って（anusaye chetvā）〉とは、欲望や欲情などの（kāma-rāg'ādike）潜在的諸煩悩を聖道の剣によって断ち切って、〈渡った（tiṇṇo）〉とは、自分で輪廻の大暴流を渡った。説示の手によって〈この生類を〉、有情の衆を（satta-kāyaṃ）〈御身は渡らせます（tāresi）〉。

（840）〈生存の依処（upadhi）〉とは、蘊という生存の依処（khandh'upadhi）などの一切の生存の依処である。〈執らわれのない（anupādāno）〉とは、総じて欲望の取著などが捨てられている。このように上座は衆と共に〔大〕師を礼拝した（abhivandi, Vri.abhivandati, 〃する）、という。

セーラ上座の偈の註釈　終わる。

註

（1）この上座は赤沼『辞典』にはSela[1]と出ている。漢訳には施羅、施盧などと知られている。本註は*Ap.*I. pp.316[21]-322[30]［389 Sela］の上座の説いたという九十四偈を引くように（ただしPTS.版では初偈のみを引用し、以下は省略されている）、それを前生話として前提にしている。*Sn.*3.7 Sela-suttaの散文の趣旨が、本註釈に引き継がれ、そしてほぼ総ての偈（*Sn.*548-567,570-573）が、ここのセーラ上座の偈と殆ど一致する。

Sela-sutta（*Sn.*3.7=*M.*92. セーラ経）とその註釈（*SnA.*=*Pj.*II.pp.437-457）の和訳と諸類本と諸類偈の詳しい対照研究としては、『仏のことば註㈢』参照。「セーラ経」の註釈（*SnA.*）は散文部の註釈をも含むが、偈の註釈は精粗まちまちである。これに対して、本註釈（*ThA.*）は、四諦によってより体系的に詳しく懇切丁寧に説いており、わかりやすい。

52

二〇・七（842—865）、バッディヤ・カーリゴーダーヤ・プッタ（Bhaddiya-Kāḷi-godhāya-putta, カーリゴーダーの息子バッディヤ、賢子[1]）

〈前生以来の因縁物語〉

〈象の首によって私は行き〉云々とは、尊者バッディヤ上座の偈である。この人も先の諸仏の許で奉仕行を行なった者で、蓮華上世尊（二十四仏の第十）の時に大資産がある家に生まれて、分別のつく年頃になると、或る日〔大〕師のもとで法を聞いている時に、〔大〕師が一人の比丘を上流の家から出た者（uccā-kulika）たちの第一人者の地位に就けるのを見て、自分もその別の地位を願って、七日間仏を上首とする比丘僧団に大施を行なって誓願を立てた。〔大〕師も彼に障碍なく成就があることを見て予言された。彼もその予言（授記）を聞いて、上流の家から出た者にする（uccā-kulika-saṃvattanika）業（行為）を尋ねてから、聞法を行わせ、〔聞〕法堂に（dhamma-maṇḍape）坐席を施与し、扇子を施与し、説法者たちに（dhamma-kathikānaṃ）供養尊敬を行い、布薩堂で（uposathâgāre）傾聴を与えること（patissaya-dānan）と、このようなことなど生涯に亘って多く（bahuṃ, [Vri.]bahu-puññaṃ, 〃の福徳を）行なった。そして、そこから死去して神と人間の中に輪廻して、カッサパ（迦葉）世尊より後に（apara-bhāge）、我々の世尊が出現されるより以前に、バーラーナシーの資産家の家に生まれると、多くの辟支仏たちが托鉢に歩いてから、同じ一つの所に集まって来て食事の分配を（bhatta-vissaggaṃ）しているのを見て、そこに石盤を（pāsāṇa-phalakāni）敷いて、足〔を洗う〕水（pād'odaka）などを用意して、寿命の限り辟支仏たちに奉仕した。

彼は一無仏期（Buddh'antara）を神と人間の中に輪廻して、この仏（釈迦牟尼仏）が出現された時、カピラヴァッツ都城のサーキヤ王の家に生まれた。バッディヤというのが彼の名前であった。彼は成人してアヌルッダなど五人のクシャトリヤ（王族）たちと共に、〔大〕師がアヌピヤンバ林（Anupiy'amba-vane アヌピヤのマンゴー林）に住んでおられる時に、〔大〕師の許で出家して阿羅漢の境地に達した。

〔大〕師は後になって、祇陀林の聖人の衆の真中に坐って、彼を上流の家から出た比丘たちの第一人者の地位に就けた（A. I. 23）。彼は〔阿羅漢〕果の楽と悟り（涅槃）の楽とによって時を過ごしながら、森に行っても樹下の根元に行っても空屋に行っても、「ああ楽だ（aho sukhaṃ）」「ああ楽だ」と。しばしば感懐を洩らした（udānaṃ udānesi）。それを聞いて比丘たちは〔大〕師に伝えた（ārocesuṃ）。

「尊者バッディヤ・カーリゴーダーヤ・プッタはしばしば『ああ楽だ』『ああ楽だ』と言います。〔彼は〕喜ばないで梵行を行なっているのだと思います」と。

〔大〕師は彼を呼んで来させて、

「聞くところによると君は、バッディヤよ、しばしば『ああ楽だ！』『ああ楽だ！』と言うというが、本当かね。」

と尋ねた。彼は「本当です、世尊よ」と認めてから（paṭijānitvā）、

「尊師様、以前に私が、国を統治している時には、私はよく警護されて（susaṃvihitârakkho）いました。それでも私は恐れ驚き（ubbiggo）疑惧して（ussaṅkito）暮らしました。しかし今は出家して恐れなく驚くことなく（anubbiggo）疑惧することなく（anussaṅkito）暮らしております」と言ってから、〔いわく〕

53

〔バッディヤ・カーリゴーダーヤ・プッタの説く偈〕

(842) ▽象の首によって私は行き、精妙な衣が纏われた。
浄い肉汁を振りかけて、米の御飯が食べられた。

(843) その〔私〕は今日、めでたく、常に、残食の鉢が来るのを喜ぶ。
ゴーダーの息子・バッディヤは執らわれなく禅思する。

(844) 糞掃衣をつけて、常に、残食の鉢が来るのを喜ぶ。
ゴーダーの息子・バッディヤは執らわれなく禅思する。

(845) 托鉢を行い、常に、残食の鉢が来るのを喜ぶ。
ゴーダーの息子・バッディヤは執らわれなく禅思する。

(846) 三衣をつけ、常に、…

(847) 家毎に順次に托鉢して行き、常に、…

(848) 一座食者であり、常に、…

(849) 一鉢食者であり、常に、…

(850) 時後不食者であり、常に、…

(851) 森林住者であり、常に、…

(852) 樹下の根元に住し、常に、…

(853) 露地住者であり、常に、…

(854) 墓地住者であり、常に、…

(855) 随処住者であり、常に、…

(856) 常坐不臥者であり、…

(857) 少欲であり（**appiccho**）、常に、…

(858) 満足する者であり（**santuṭṭho**）、常に、…

(859) 遠離独居し（**pavivitto**）、常に、…

(860) 会合せず（**asaṃsaṭṭho**）、常に、…

(861) 精進に励み（**āraddha-vīriyo**）、常に、残食の鉢が来るのを喜ぶ。
ゴーダーの息子・バッディヤは執らわれなく禅思する。

(862) 百パラ（匁《もんめ》）の青銅を、百粒の砂金を捨てて、
私は土鉢をとった。これが〔私の〕第二の潅頂である。

(863) 高い円形の城壁の中に、堅固な見張塔のある門屋に
剣を手にした人々に守られて、怖れながら、かつては住んだ。

(864) その〔私〕は今日、幸いに、怖れることなく、怖れが捨てられて、
ゴーダーの息子・バッディヤは森に入って禅思する。

(865) 戒の集合（戒蘊）に安立して、思念と智慧とを修習しながら、
順次に私は一切の結縛《しがらみ》の尽きるに到った。

と、〔彼は〕これらの偈によって、〔大〕師の前で獅子吼した。

〈語句の註釈〉

（842）そこで、〈象の首によって私は行き（[Vri]yātaṃ me hatthi-gīvāya, [PTS]yā taṃ）〉とは、尊師よ、以前に私は行くにも、〈象の首によって〉象の肩に坐って、行った＝進んだ（yātaṃ caritaṃ, [PTS]yā taṃ〃）。〔私が〕衣を着けるにも（vattāni pariharantena api）、〈精妙な（sukhumā）〉、触れて心地よい（sukha-samphassā）、カーシ産の特殊な衣服が着られた（dhāritā）。御飯を食べるにも、三年ものの古い香りのある米の（purāṇa-gandha-sālīnaṃ）〈御飯が〉山鶉（tittiraka）や赤色鳥（piñjara）などの浄い肉が上に振りかけられたので（upasittatāya）、〈浄い肉汁を振りかけて（suci-maṃsûpasecano）食べられた〉。そのようであっても、その楽は私の心を満足させるもの（citta-paritosa-karaṃ）ではなかった。例えば現在、遠離の楽のようには、と示そうとして、「その〔私〕は今日、めでたく」云々と言う。またここで象と言うだけで馬車〔などの〕諸々の乗り物が〔言われ〕、衣服と言うことによって一切の王の装飾が〔言われ〕、御飯と言うことによって、一切の食べ物の類が（sabba-bhojana-vikati）言われている（gahitā）、と知るがよい。

（843）〈その〔私〕は今日〉とは、その〔私〕は今日、今、出家生活を〔して〕いる。〈めでたく（bhaddo）〉とは、戒などの諸徳を具えているから、めでたく、〈常に（sātatiko）〉とは、沙門法に、現在の安楽な生活（vihāra, 住）に常に結びついている（sātacca-yutto）、〈残食の鉢が来るのを喜ぶ（uñchā-pattâgate rato）〉とは、残飯（落穂）〔集めの〕行によって（uñcha-cariyāya）鉢に〔施食が〕やって来て、鉢が満ちると喜ぶ。まさにそれによって満足する、という意味である。〈禅思する（jhāyati, 静慮する）〉とは、果定の禅思（静慮）によって（phala-samāpatti-jhānena）禅思する。〈ゴーダーの息子〉とは、カーリゴーダーというクシャトリヤ女の息子である。〈バッディヤ〉とは、そのような名前の人である。自分だけを上座は他人のようにして言う。

54

（844）▽家主の衣服を拒否してから、糞掃衣の条項（頭陀《づだ》支）を受持することによって（paṃsu-kūlik'aṅga-samādānena）〈糞掃衣者（paṃsu-kūliko）〉である。

（845）僧団の食事を（saṅgha-bhattaṃ）拒否してから、托鉢食者の条項（piṇḍapātik'aṅga）を受持するので〈托鉢食者（piṇḍapātiko）〉である。

（846）余分の衣を（atireka-cīvaraṃ）拒否してから、三衣者の条項（te-cīvarak'aṅga）を受持するので〈三衣者（te-cīvariko）〉である。

（847）浮かれてあちこち〔托鉢して〕行くことを（loluppa-cāraṃ）拒否してから、順々に〔乞食して〕行く者の条項（sapadāna-cārik'aṅga）を受持することによって、〈〔家ごとに〕順次に〔乞食して〕行く者（sapadāna-cārī）である。

（848）種々の座席や食事を（nānâsana-bhojanaṃ）拒否してから、一座食者の条項（ekâsanik'aṅga）を受持するので〈一座食者（ekâsaniko）〉である。

（849）二番目の器を（dutiyaka-bhājanaṃ）拒否してから、一鉢食者の条項（patta-piṇḍik'aṅga）を受持するので〈一鉢食者（patta-piṇḍiko）〉である。

（850）残った食を（atiritta-bhojanaṃ）拒否してから、時後不食の条項（khalu-pacchā-bhattik'aṅga）を受持するので〈時後不食者（khalu-pacchā-bhattiko）〉である。

（851）村の隅の臥坐所を（gām'anta-senâsanaṃ）拒否してから、森林住者の条項（araññik'aṅga）を受持するので〈森林住者（āraññiko）〉である。

（852）〔屋根に〕覆われたところに住むことを（channa-vāsaṃ）拒否してから、樹の根元に住む者の条項を受持するので〈樹の根元に住む者（rukkha-mūliko）〉である。

（853）樹の根元が覆われているところを（channa-rukkha-mūlāni）拒否してから、露路住者の条項（abbhokāsik'aṅga）を受持するので〈露路住者（abbhokāsiko）〉である。

（854）墓地を（susānaṃ）拒否しないで墓地住者の条項（sosānik'aṅga）を受持するので〈墓地住者（sosāniko）〉である。

（855）臥坐所に関して浮かれて貪ること（sen'āsana-loluppaṃ）を拒否してから、随処住者の条項（yathā-santhatik'aṅga）を受持するので〈随処住者（yathā-santhatiko）〉である。

（856）寝ることを（sayanaṃ）拒否してから、常坐不臥者の条項（nesajjak'aṅga）を受持するので、〈常坐不臥者（nesajjako）〉である。

これがここでの略説である。しかし詳しくは『清浄道論（*Visuddhi-magga*）』の「頭陀支の論（Dhut'aṅga kathā）、（*Vism.* 59 *ff.*）」に説かれている趣旨によってのみ把握すべきである。

（863）〈高い（ucce）〉とは、高いなど（高・中・低）の所において。或いは高楼の上であることによって高い、〈円い城壁の中に（maṇḍali-pākāre）〉とは、円形に城壁に囲われたところで、〈堅固な見張塔のある門屋に（daḷha-m-aṭṭāla-koṭṭhake）〉とは、堅固な諸々の見張塔（aṭṭālehi）や、また諸々の門屋を具えた都城に（nagare）〔私は、かつては住んだ〕、という意味である。

（865）〈思念と智慧とを〉とは、ここでは思念（sati）を先頭として定（samādhi, 三昧）を言う。〔修行道（不還道や阿羅漢道）の結果としての〕の果定（果等至）である諸滅尽定に（phala-samāpatti-nirodha-samāpattiyo. 心や心の諸作用が滅して無くなる境地＝三昧）関して〈思念と智慧とを修習しながら〉と言われた。その他はそここで趣旨が述べられているので、すでに明らかである。

このように上座は〔大〕師の面前で獅子吼をした。それを聞いてから、比丘たちは浄く信じるものに（abhippasannā）なった。

バッディヤ上座の偈の註釈　終わる。

註

（1）この上座は赤沼『辞典』には Bhaddiya Kāḷigodhā-putta と出ている。Vri. 版では Kāḷigodhā-putta-bhaddiya という。PTS. 版 *Ap*.I. pp.95^{20},97^{4} には Bhaddiya-Kāḷigodhāya-putta という名で出ている。漢訳には跋提、拔提、颰提、賢子、賢王とよく知られている。*Ap*.I. pp.95^{20}-97^{4}［43.Bhaddiya-Kāḷigodhāya-putta］にはこの上座の説いたという十六偈があるが、本註釈はそれには言及していない（PTS.ed.p.52, fn.1）。

二〇・八（866―891）、アングリマーラ（Aṅgulimāla, 指鬘[1]）

〈前生以来の因縁物語〉

〈行きながら、あなたは言う〉云々とは、尊者アングリマーラ上座の偈である。この人も先の諸仏の許で奉仕行を行なった者で、そこここの生存において脱輪廻の機縁である善を積みながら、この仏（釈迦牟尼仏）が出現されると、舎衛城のコーサラ王の補相（purohita, 司祭）のバッガヴァ（Bhaggava）というバラモンの息子となって生まれた。

〈アングリマーラ誕生時の異変〉

55 彼が生まれた日に全都城で諸々の武器が燃え輝いた（pajjaliṃsu）。また王の臥床の後ろに置かれた祭礼用の武器が（maṅgalâvudhaṃ）燃え輝いた。それを見て王は恐怖し驚愕し眠ることが出来なかった。補相はその時刻に〔月と〕星宿の関係を（nakkhatta-yogaṃ）仰ぎ見ながら（ullokento）

「盗賊の星宿に（cora-nakkhattena）〔吾が子が〕生まれた。」

と結論を出した（sanniṭṭhānam akāsi）。彼は夜が明けると、王のもとに行き〔王が〕安眠したかを尋ねた。王は

「どうして、先生、安眠があろうか。夜に私の祭礼用の武器が燃え輝いたのだ。一体、ね、どんな異変（vipāka）があるのだろうか」と。

「恐れなさるな。大王よ。私の家に子供が（dārako）生まれたのです。その威力によって全都城でも諸々の

武器が燃え輝いたのです。」

「〔その子は〕何になるのだろうか、先生」と。

「子供は盗賊（cora）になるでしょう」と。

「単独犯（eka-cārika）の盗賊か、それとも〔盗賊〕集団の頭目（gaṇa-jeṭṭhako）か」と。

〔PTS. バラモン〕「単独犯の盗賊です。王様。その子を殺しましょうか」と。

〔PTS. 王は〕「もし単独犯の盗賊なら、しばらく、その子を監視したまえ」と言う。

彼に名前をつける際に、生まれる時に王の心を悩ませて生まれたので、それで〔名前を〕ヒンサカ（Hiṃsaka, 殺彦）としてから、後に「仇彦（Diṭṭha）を不仇彦（Adiṭṭha）」というように、「アヒンサカ（不殺彦）」と呼びなした（vohariṃsu）。彼は成人すると前世の業の力によって（pubba-kamma-balena）七頭の象の力を持つ。彼にはこの（以下の）ような前業がある。〔即ち〕、無仏の世間に農夫となって生まれて、一人の辟支仏が雨水に濡れて、濡れた衣をつけ、寒さに悩まされて（sīta-piḷitaṃ）、自分の畑地に近づいて来たのを見て、「福徳の畑（福田）が私のところに現れた」と、心に喜びが生じて、火を起こして差し上げた、という。彼はその業の力によってそれぞれ生まれたところで、また強さと速さの力をそなえた者となってから、この最後の身においては七頭の象の力を持つ（dhāreti）。

〈盗賊アングリマーラとなる経緯〉

彼はタッカシラーに行って、当地方第一の（disā-pāmokkha）先生の許で法に適《かな》う内弟子（dhamm'antevāsī）となって技芸を学びながら先生のバラモンと彼の妻とに恭《うやうや》しく世話をする（paṭijaggati）。すると彼に対してそのバラモン妻は家の中で得られる食事などによって愛護（saṅgaha）をする。それに我慢ならない他の学生たちは〔彼と〕先生との不和を謀《はか》った（bhedaṃ akaṃsu）。バラモンは彼等の言葉を二度三度は信じないでいたが、後に信じてから、

「〔あの〕学生は大力だ。誰も殺すことが出来ない。手段を用いて彼を殺そう。」

と考えてから、技芸〔の学習〕を終了して自分の都城に帰るために許しを願い出る〔その〕学生に言う。

「君、アヒンサカよ、技芸〔学習〕を終えた（niṭṭhita-sippa）内弟子というものは、先生に対する施物（garu-dakkhiṇā）を与えねばならない。それを私に与えよ」と。

「よろしゅうございます。先生。私は何を上げましょうか」と。

「人々の右手の指を千本もって来い」と。

聞くところでは、これがバラモンの意図である。「大勢の人が殺されると、必ずや一人は彼を殺すだろう」と。

56

それを聞いてアヒンサカは、自分が長い間積んだ無慈悲さ（nikkāruṇatā）を押し立てて、五種の武器を身につけて、コーサラ王の領▽地の中にあるジャーリナという森に入って、大道の近くの山間に住し、山頂（pabbata-sikhara）に立って、道を行く人たちを見ると、急いで行って、指を取って木の梢にぶら下げる。それら〔指〕を鷲どもも烏どもも齧《かじ》る。地面に投げ棄てられた〔指〕は臭い状態になった。このように〔千という〕数に満たないうちに得られに得られた諸々の指を糸で結んで、環にして、連ねた供物（yaññôpacitaṃ）のように肩に掛けた（olambesi）。それ以来アングリマーラ（指鬘）というだけが、彼のあだ名（samaññā）となった。

このように彼が人々を殺していると、道は足跡がなく（a-valañja）なった。彼は道で人々を得ないので村の

近郊に行ってから、隠れて（nilīyitvā）、次々やって来た（āgat'āgate）人々を殺して指を取って行く。それを知って人々は村から出て行った。村々は空っぽになった。町々や諸地方も同様である。このように、それによってその地方は〔人が〕住まなくなっていた（ubbāsito ahosi）。そしてアングリマーラには千に一つ足りない（九百九十九の）指が集まった。時に人々はその盗賊の禍害（cor'upaddava）をコーサラ王に告げた。王はもう早朝に都城の中に太鼓を〔打ち鳴らさせて〕行かせた（carāpesi）。

「速やかに盗賊アングリマーラを捕えるのだ。軍勢は来たれ」と。

それを聞いてアングリマーラの母・マンターニーというバラモン女は彼（アングリマーラ）の父（彼女の夫）に言う。

「聞くところでは、あなたの息子は盗賊となって、これこれのことを行います。『このようなことをしてはならない』と彼を説得して（saññāpetvā）連れて来なさい。でないと王が彼を殺すでしょう」と。

バラモンは

「そんな息子らは私には用はない。王に何なり彼なり〔好きに〕させよう（rājā yaṃ vā taṃ vā karotu）。」

と言う。するとバラモン女は息子への愛情が強力であったので、行路の糧食を（pātheyyaṃ）携えて

「私の息子を説得して連れて来よう。」

と道を歩いて行った（paṭipajji）。

世尊は

「この女は『アングリマーラを連れて来よう』と行く。もし彼女が来るとアングリマーラは『千本の指を満たそう』と母親さえも殺すだろう。しかも彼は最後の生存にある（pacchima-bhaviko）。もし私が行かな

いと大きな損失（jāni）があるだろう（abhavissa）。」

と知って、食後に托鉢から戻って、自分自身で鉢と衣を携えてアングリマーラを目指して三十ヨージャナほどの道を歩行だけによって歩いて行きながら（pādasā'va paṭipajjamāno）、道の途中で牛飼いたちから止められるけれども（vāriyamāno pi）ジャーリナ林へと近づいて行った。

すると、その刹那に彼（アングリマーラ）は自分の母親を見た。彼は母親をもう遠くから見て
「母をも殺して今日足りない指を満たそう。」

と刀を振りかざして走りよった。彼等二人の中間に世尊は自分を現わした。アングリマーラは世尊を見て、

「母を殺して指を取ったとて私にとって何になろうか。私の母は生きてくれ。さあ私はこの沙門の命を奪って指を取ろう。」

と刀を振りかざして世尊の後から後からと追いかけた（anubandhi）。

世尊が自然の姿勢で自分が歩いて行っても、アングリマーラが全力で走っても追い付くことが出来ないような、そのような神通力の発現を現出した（iddh'ābhisaṅkhāraṃ abhisaṅkhāsi）。彼は速度を失ってゼーゼー（ghuru-
57 ghuru）息をたて（passāsī）両腋から汗をふき出し、足をもち上げることも出来ないで、木株のように立ち止まって、世尊に
「立ち止まれ、沙門。」
と言う。世尊は行きながらも
「私は立ち止まっている、アングリマーラよ。そしてお前は立ち止まれ。」
と言う。彼は

「これらの沙門・サクヤの息子たちは、たしか真実を語る者たちだ。この沙門は行きながらも『私は立ち止まっている。アングリマーラよ。そしてお前は立ち止まれ』と言う。そして私は立ち止まっている。一体、ね、この意味は何か。質ねてそれを私は知ろう。」

と、世尊に一偈をもって語りかけた。

〈アングリマーラと世尊との偈による対話〉

(866) 行きながら、あなたは言う。沙門よ。「私は立ち止まっている」〔と〕。
そして立ち止まっている私を、「立ち止まっていない」とあなたは言う。
私はあなたに尋ねる。沙門よ、この意味を。
どうしてあなたは立ち止まっていて、私は立ち止まっていないのか。と。(*M*.II.99[26-29])

そこで、〈沙門よ〉とは、世尊に語りかける。〈私を〉とは私を。〈どうして(katham)〉とは、どんな形で(ākārena)。なぜなら、これ(以下)がここでの意味だからである。沙門よ。あなたは、ただ行きつつあるままで(gacchanto'va samāno)、「私は立ち止まっている」と〈あなたは言う〉。そして立ち止まったままの私を、「立ち止まっていない」と〈あなたは言う〉、あなたは仰《おっしゃ》る。わけ(理由)が、ここにあるべきだ。だから〈あなたに、沙門よ、私はこの意味を尋ねる。どうしてか〉。なぜ、なにゆえに、どんな仕方で(kena ppakārena)〈あなたは立ち止まっていて、また私は立ち止まっていないのか〉と。このように言われると世尊は、

（867）私は立ち止まっている。アングリマーラよ。常に。
一切の生き物たちに対して、杖（暴力）を捨ておいて。

そしてお前は生き物たちに対して抑制がないのだ。

それゆえに私は立ち止まっており、お前は立ち止まっていないのだよ。（*M*.II.99[30-33]）

と、偈をもって彼に語りかけた。

〈語句の註釈〉

（867）そこで、〈私は立ち止まっている。アングリマーラよ。常に。一切の生き物たちに対して杖（暴力）を捨ておいて〉とは、あらゆる時に、始めも中も終わりにおいても、動くもの（tasa）、動かないもの（thāvara）の類がある一切の有情たちに対して、〈杖（暴力）を捨ておいて〉、杖を捨ておき（nihita-daṇḍo）、剣を捨ておいて（nihita-sattho）、恥を知り（lajjin）、憐愍（慈悲心）を懐き（dayâpanno）、それとは別なようには在り得ないのだで（avattanato）、このようにだけ立ち止まっている。〈そしてお前は生き物たちに対して抑制がないのだ（a-saṃyato'si）〉、しかしお前は有情たちに対して抑制を欠いて（saṃyama-rahito, Vri. saññama-〃）いるのだ。凶暴で（ludda）、手が血塗られ（lohita-pāṇin）、〔人が〕殺され打たれたのに執らわれ（hata-pahate niviṭṭho）、憐愍を懐かない（a-dayâpanno）。〈それゆえに〉抑制なく〔抑制から〕離れているために（virati-vasena）〈立ち止まらない〉。それゆえにこそ、それぞれの〔輪廻の〕境遇の中で（gatīsu）彷徨《さまよ》うから（paribbhamanato）、お前は今、姿勢としては（iriyā-pathena）立ち止まっていても〔実は〕〈お前は立ち止まっていないのだ〉。しかし私は先述の仕方によって〈立ち止まっている〉と。

58

それから如実の徳をもって増大して、恰も水面の油のように全世間に拡げられて（abhibyāpetvā）いる世尊に対する称讃の声を、アングリマーラは、以前に聞いていたので、また〔覚りの〕因を具えるための智が成熟に到ったので（paripāka-gatattā）、

「このお方が、かの世尊だ。」

と喜び嬉しくなって、

「この獅子吼は偉大だ。大きく轟いた。思うに、これは他の沙門の〔声〕ではないであろう。これはゴータマが轟かせたのだ。ああ、私は大仙人、正等覚者に見《まみ》えたのだ。私を愛護するために（saṅgaha-karaṇ'attham）世尊はここに来られたのだ。」

と思って、

〈アングリマーラの説く偈〉

(868) ああ、私の久しく崇めていた大仙人・沙門が、大林に歩いて来られた。
その私は千の悪さを捨てよう。法に叶《かな》うあなたの偈を聞いてから。（M.II.100/-4）

と、この偈を述べた。

そこで〈ああ、久しく（cirassaṃ vata）〉とは、ああ、長い時間に亘って。〈私の〉とは、私を愛護するために（anuggah'atthāya）、〈崇めていた（mahito）〉とは、神を含む世間によって大供養によって供養尊敬された（pūjito）、大きな戒の集合（蘊）などの徳を求め（sīla-kkhandh'ādi-guṇe esi）、努め求めた（gavesi）というので

〈大仙人（mahesi）〉であり、〈沙門が大林に歩いて来られた（paccupādi）〉とは、一切の悪が鎮まった世尊はこの大林に歩いて来られた（patipajji）。〈その私は千の悪さを捨てよう。〔Vri. 法に叶うあなたの偈を〕聞いてから〉とは、その私は〈法に叶う〉、法を具えたあなたの〈偈を〉聞いた、その私はそれを聞いてから、久しくも、長時間に亘っても集め（saṅgata）積み上げられた（paricita）千の悪さを捨てよう、と思ってから、今や、何はともあれ、それを捨て去ろう、と。またこのように言ってから、〔自分が〕実践した通りに、また世尊によって愛護された通りに、それを示すために、〔いわく〕

〈結びの偈〉

（869）というや、盗賊は剣と武器とを、坑《あな》に、断崖に、地獄に捨てた。
盗賊は善逝の両足を拝んだ。もうその場で仏に出家を乞うた。（M.II.100[5-8]）
（870）そして、なるほど仏、憐れむ大仙人、およその、神を含む世間の〔大〕師は、
彼に「来たまえ、比丘よ」とその時仰った。これこそ、彼が比丘となることであった。（M.II.100[9-12]）

と。これらの二偈を〔経典〕結集の編者たちは〔ここに〕置いた。

〈語句の註釈〉

（869―870）そこで、〈というや（icc'eva）〉とは、というだけで（iti eva）、このように言ってから、もう直ぐに、〈盗賊は〉とは、アングリマーラは、〈剣（asi）〉とは、剣（khagga）を、〈武器（āvudhaṃ）〉とは、その他の武器を、〈坑に（sobbhe）〉とは、周りから切り込まれたところに（chinna-taṭe）、〈断崖に（papāte）〉とは、一方か

59

ら切り込まれたところに、〈地獄に（narake）〉とは、〔大地が〕裂けた裂け目に（phalita-vivare）〔捨てた〕。しかしここで、三つの語句によっても、どこに〔武器が〕落ちたかを他人が言うことは出来ない。そのような山の間にだけ関して言う。〈捨てた（anvakāsi）〉とは、放った（anu-akāsi）。五種もの自分の武器を繰り返し抛り投げた、捨てた（anu khipi chaḍḍesi）。それら〔武器〕を捨ててから世尊の両足に〔自分の〕頭を付けて〔身を〕伏せて（nipatitvā）、

「私を出家させて下さい。尊師よ」

と言う。それで「盗賊は〔大〕師の両足を拝んだ。もうその場で仏に出家を乞うた」と言われている。このように彼に出家を乞われて、〔大〕師は彼の以前の業を眺めながら「善来比丘」となる因を〔彼が〕具えていることを（ehi-bhikkhu-bhāvāya hetu-sampattiṃ）見て、右手を伸ばして

「来たまえ。比丘よ。法はよく説かれた。正しく苦の終わりを作るために梵行を行いたまえ。」

と（*Vin.* I. 12）言う。そしてそれこそが彼の出家と具足戒（upasampadā）とであった。それで〈彼に「来たまえ、比丘よ」〔Vri. とその時言った。これこそ、彼が〕比丘となることであった〉と言う。

このように上座は〔大〕師の許で「善来比丘」となることによって、出家（pabbajjā）と具足戒（upasampadā）とを得て、観法によって業〔行〕を行いながら、阿羅漢の境地に達して、解脱の楽を感知しながら喜びと心の悦しさが生じて、感懐〔偈〕によって（udāna-vasena）、〔いわく〕

〈アングリマーラが説く二十一偈〉

（871）およそ人が以前には放逸であっても、後に彼は放逸でないなら、

彼は黒雲から逃れた月のように、この世間を輝かせる。（*M.* II.104^21-22^; *Dh.* 172）

（872）およその人が作った悪業は善によって覆われるなら、
彼は黒雲から逃れた月のように、この世間を輝かせる。（*M.* II.104^23-24^; *Dh.* 173）

（873）誰でも実に若い比丘が、仏の教えに励むなら、
彼は黒雲から逃れた月のように、この世間を輝かせる。（*M.* II.104^25-26^; *Dh.* 382）

と、三偈を述べた。

〔語句の註釈〕

（871）その意味は、およそ或る人物が、或いは在家者、或いは出家者が、善良な友との交際から、或いは以前の悪友との交際（saṃsagga）によって、或いは自分に省察（paṭisaṅkhāna, 思択、思惟）がないことによって放逸であって、正しく実践修道することに放逸に陥ってから、後には善友との交際によって、根源的に立ち上がって（ummujjanto）放逸でない。正しく実践修道する。止・観に専心して、三明と六通を達成する。その人は黒雲などから逃れた月のように器世間（okāsa-loka）を、自分が証得した明智や神通によって、まさにこの蘊などの世間（五蘊の世間＝行世間、有情世間、及び器世間の三世間）を輝かせる、と。

（872）〈およその〉人物が作り積み上げた〈悪業（pāpa-kamma）は〉、業を滅尽させる出世間の〈善によって（kusalena）〉、果報に当たらなくなることが（avipākâraha-bhāvassa））齎されたから（āharitattā）、〔悪業の〕果報が生ずるのに戸を閉ざすことによって閉ざされる（pithīyati）、覆われる（thakīyati）。その他は先述の趣旨と同じ。

（873）〈若い（dahara）〉とは若い（taruṇa）。それによって彼が瞑想（瑜伽）行に堪える体であること（yogakkhama-sarīratā）を示す。なぜなら、彼は生起した風や熱暑の危難を克服して瞑想行を行うことができるからである。〈仏の教えに励む（yuñjati Buddha-sāsane）〉とは、仏の教えである〔戒・定・慧の〕三学に精励努力する（yutta-payutto）。恭しく（sakkaccaṃ）努める（sampādeti）という意味である。

60

このように解脱の楽を感じながら喜び悦しくなって、都城に托鉢に入ると、その時、他の人でも投げた土塊が上座の身に落ち、他の人でも投げた杖が彼の身だけに落ちる。彼は壊れた鉢をもって精舎に入って〔大〕師の許に行く。〔大〕師は彼に教誡する。

「耐えよ、お前、バラモンよ。耐えよ、お前、バラモンよ。いいかね、お前、バラモンよ。およそその〔悪〕業の報いによって多くの千年に亘って地獄で煮られるかもしれない。その〔悪〕業の報いを、バラモンよ、お前はもう現在で受けているのだよ。」（M. II.104^{13-}）と。時に上座は限りなく一切の有情たちに対して慈しみの心を起こしてから、〔いわく〕

（874）仇たちも私の法話を聞いてくれ。私の仇たちも仏の教えに励んでおくれ。
私の仇たちも、およそ法だけを受け取らせる善き、その人たちに交わってくれ。（M. II.104$^{27-30}$）

（875）まことに私の仇たちは、忍耐を説き抗争なきを称讃する人たちの
法を時に応じて聞いてくれ。またそれを遵守してくれ。（M. II.105$^{1-2}$）

（876）決して、彼は私を害すまい。或いはまた他の誰をも〔害すまい〕。
最高の寂静を得て、動くもの、動かないものたちを護ろう。（M. II.105$^{3-4}$）

（877）〔水〕路工たちは、まさに水を導く。矢作りたちは矢幹《やがら》を矯《た》める。
大工たちは木材を矯《た》める。賢者たちは自己を調え（調御す）る。（*M.* II.1055-6; *cf.Th.*19, *Dh.*145）

（878）或る人たちは杖（暴力、罰）により、鉤により、また鞭によって調え（調御す）る。
私はそのようなお方によって、杖もなく剣もなくして調えられ（調御され）ている。（*M.* II.105$^{7-8}$）

（879）かつて殺生しながら、「不殺生（不殺彦）」という名が私にあった。
今日、私は真実の名をもつ。私はその誰をも害しない。（*M.* II.105$^{9-10}$）

（880）かつて、私は盗賊であった。アングリマーラといって悪名が知れていた。
大きな暴流に運ばれながら、仏なる帰依所に到った。（*M.* II.105$^{11-12}$）

（881）かつて、私は手に血塗られていた。アングリマーラといって悪名が知れていた。
〔仏に〕帰依することを見よ。生存に導くものが絶ち切れた。（*M.* II.105$^{11-12}$）

（882）多く悪趣に導く、そのような〔悪〕業を作ってから、
業の報いに触れたが、私は借りがなく受用物を頂く。（*M.* II.105$^{15-16}$）

（883）愚かな智の劣る人たちは放逸にふける。
また賢者は不放逸を、最勝の財産のように守る。（*M.* II.105$^{17-18}$）

（884）放逸に耽ってはならぬ。欲望の愉しみに親しむなかれ。
なぜなら、不放逸に禅思すると、最高の楽を得るからだ。（*M.* II.105$^{19-20}$）

（885）よくやって来た。離れ去ったのでない。これは私が悪しく計らったのではない。
分類された諸法の中で、およそ最勝のその〔法〕に、私は近づいた。（*M.* II.105$^{21-22}$）

61

(886) よくやって来た。離れ去ったのでない。これは私が悪しく計らったのではない。
三明（智）が到達され、仏の教えは行われた。（*cf. M.* II.105$^{23-24}$）
(887) 森の中に、或いは樹の根元に、山々の中に、或いは諸々の洞窟に、
そこ、また、ここに、その時私は心を驚かされて立った。
(888) ▽私は楽に横たわり、立ち、安らかに命をいとなむ。
魔の罠の手が届かないところにいる。ああ、〔大〕師に憐れみをかけられた。
(889) かつて、私はバラモンの生まれであった。〔父母〕両方とも高貴であった。
その〔私は〕今日、善逝、法王、〔大〕師の息子である。
(890) 渇愛を離れ、執らわれず、〔感官の〕門が守られ、よく抑制している。
私は罪の根を吐き出して、煩悩（漏）が尽きるに到った。
(891) 〔大〕師は私によって奉仕され、仏の教えは行われた。
重い荷は降ろされ、生存に導くものは断ち切れた。（= *Th.*604, 656, 687, 792,918, 1185）

と、これらの偈を述べた。

〔語句の註釈〕

(874) そこで〈仇たちも（disā pi）〉とは、私の敵（amitta）たち、敵対者（paccatthika）たちも、誰でも私をこの（次の）ように
「ちょうど我々がアングリマーラによって親族との離別の苦に打たれ、苦しみを受けているように、その

ようにアングリマーラにも苦痛を受けさせよ」と、非難する（upavadanti）人たちも、

〈私の法話を聞いてくれ〉。というのは、私が〔大〕師の許で聞いた四つの真理（四諦）の法（教え）に関する話を聞いてくれよ。〈励んでおくれ（yuñjantu）〉とは、また聞いてから、そのために実践してくれよ。〈その人たちに交わってくれ（bhajantu）〉とは、そのような善き人たちに、善き友（kalyāṇa-mitta, 善知識）たちに交わってくれ、親しんでくれよ（sevantu）。〈およそ法だけを受け取らせる（ādapayanti）、善き（santo）〉とは、およそ善き、善き人士たちで、善き法だけ、超人的な法だけ、生起した出世間法だけを（nibbattita-lokuttara-dhammam eva）受け取らせ（ādapenti）、受持させ（samādapenti）、把握させる（gaṇhāpenti）、〔その人たちに交わってくれ〕。

（875）〈忍耐を説き（khanti-vādānaṃ）〉とは、忍受・忍耐のみを（adhivāsana-khantim eva）説き、〈抗争なきを称讃する人たちの（avirodha-ppasaṃsinan）〉とは、いかなることにも抗争（対立）がなくなった（avirodha-bhūtāya）慈《いつくしみ》のみを（mettāya eva）称讃することを慣《なら》いとする人たちの（pasaṃsana-sīlānaṃ）、〈法を時に応じて聞いてくれ〉。というのは、適したふさわしい時に（yutta-ppayutta-kāle）、彼らの許で法を聞いてくれ。〈またそれを遵守してくれ（anuvidhīyantu）〉とは、またその聞いた通りの法を、まさに正しく学び取って、随い習ってくれ（anukarontu）。法を法の通りに実践してくれ（dhammânudhammaṃ paṭipajjantu）、という意味である。

（876）〈決して、彼は私を害すまい（na hi jātu mamaṃ hiṃse）〉とは、その私の仇（diso）、敵対者は、〈決して（jātu）〉、一向に（ekaṃsena）私を害しないであろう、妨害しないであろう（na bādheyya）。〈或いはまた他の誰をも〔害すまい〕〉とは、単に私だけを〔害しない〕のではなくて、また他のいかなる有情をも害しないであろう。〈最高の寂静を得て（pappuyya paramaṃ santiṃ）〉とは、最高の、最上の寂静、涅槃を得るであろう。そ

して得てから〈動く（弱い）もの、動かない（強い）ものたちを護ろう（rakkheyya tasa-thāvare）〉とは、もう一切の有情たちを最高の保護によって護るであろう。弟子や子を〔守る〕ように、守りおおせるであろう（paripāleyya）、という意味である。

62

このように上座はこれらの偈によって、他の人々を悪から解放させながら、護呪の行法（paritta-kiriyā）ということを行なってから、自分の実践を明らかにしようとして、〈まさに水を〉〔云々〕と偈を言う。

(877) そこで、地の高い処を掘って、低い処を満たして（pūretvā）、或いは水路（mātikā）を造り、或いは木樋（rukkha-doṇi）を掛けて、自分がそれぞれ欲するところに水を導く〈〔水〕路工たち（nettikā）〉、水を通す者たちが（udaka-hārino）いる。〈矢幹《やがら》（tejanan）〉とは矢幹《やがら》（kaṇḍaṃ）である。こう言われている。〔水〕路工たちは自分の好みで（ruciyā）水を導く。矢作りたちも、〔矢を〕熱して（tāpetvā）曲りを除いて（vaṅka-bhāvaṃ harantā）矢幹、矢を矯《た》める（usuṃ namayanti, Vri. damayanti）。真っ直にする（ujukaṃ karont）。大工（tacchaka）たちも車の外輪（nemi）などのために木工をしながら（tacchantā）木材を矯める。自分の好みで真っ直にし、或いは曲げる。このように対象をこんなにして（ettakaṃ katvā）、〈賢者たちは（paṇḍitā）〉、智慧あり、聖道を起こして自分を調え（調護す）る（damenti）。阿羅漢の境地を得た人たちは一方的に調え（調護され）たといわれている、と。

(878) 今度は、人を調御する調教師（purisa-damma-sārathi, 調御丈夫）である〔大〕師によって自分が調御されたあり方と、〔自分が〕恩を知る者であること（kata-ññutā）とを明らかにしようとして、「或る人たちは杖によって」云々という五偈を述べた。

そこで、〈或る人たちは杖（暴力、罰）によって調え（調御し）〉とは、王や王の大臣たちなどは杖（daṇḍa, 暴力、罰）をもって、また象や馬などの軍隊によって（bala-kāyena）、敵などを調え（調御す）る（damenti）。また牛の番人（go-pāla）などは牛などを杖で、棒で調御する。象使い師たちは象を〈鉤により（aṅkusehi）〉、馬使い師たちは馬たちを〈鞭により（kasāhi）〉調御（調教）する。〈私はそのようなお方（世尊）によって、杖もなく剣もなくして調えられ（調御され）ている〉とは、しかし私は、好む・好まないなどの諸対象について、そのような方であることを得た（tādi-bhāva-ppattena）正等覚者によって、もう杖もなく、剣もなく、杖を捨てき・剣を捨てておいていることで調えられ（調御され）、馴化され、素直《すなお》（nibbisevano）になっている。

(879)〈不殺生（ahiṃsaka, 不殺彦）という名が私にあった〉とは、〔大〕師に会う前には、私が殺生者（殺彦）でありながら、「不殺生（不殺彦）」という名だけがあった。〈今日、私は〉とは、しかし今や私は「不殺生（不殺彦）」という〈真実の名がある（sacca-nāmo）〉。真実を離れることのない名をもつ（a-vi-tatha-nāmo）。それゆえに〈私はその誰をも害しない（na naṃ hiṃsāmi kiñci nan,[Vri.] 〃 kiñcanan）〉とは、いかなる有情をも私は害しない、妨害しない（na bādhemi）、〈nan〉とは不変詞だけである。

(880)〈悪名が知れていた（vissuto）〉とは、殺生し（pāṇâtipātī）、凶暴な（luddo）、手に血塗られた（lohita-pāṇī）というなどによって明らかだ（pakāso,[Vri.] paññāto, 知られた）。〈大きな暴流に〉とは、欲望という暴流など（欲望、生存、見解、無明という四つの暴流）の大きな暴流によって〔運ばれながら〕、その暴流を切断する〈仏なる帰依所に〉、仏と呼ばれる帰依所に〈到った（āgamaṃ, 来た）〉、近づいて行った（upagacchiṃ）。

(881)〈手に血塗られて〉とは、生き物を殺すことによって（pāṇam atipātanena）、他のものたちの血によって、血液によって（ruhirena）塗られた手をもつ。〈〔仏に〕帰依することを（saraṇa-gamanaṃ）見よ〉とは、大果報ある私の帰依を見よ、と、自分だけに語りかける。

63

（882）〈そのような〔悪〕業を〉とは、数百人の人を殺す強暴なそのような悪業を〔作ってから〕、〈業の報い（異熟）に触れたが〉とは、かつて作った悪業の報いに触れたが、すべて業が捨てられ、報いだけを受けながら、という。或いはまた、業の報いに触れたとは、〔覚りの〕機縁（upanissaya）となった善業の果報となった出世間の道によって、或いは出世間の業だけの果報である解脱の楽に触れて。すべて諸煩悩が尽きたからである。〈私は借りがなく（aṇaṇo）受用物（食べ物）を頂く〉とは、「受用物」と言うことによって四つもの生活用品（衣・食・住・薬）を言う。かつての自分の放逸な生活を叱責して、後に不放逸な実践修道を称讃して、またそこで他の人々に奮励を起こさせようとして、〈放逸にふける〉云々という偈を述べた。

（883）そこで、〈愚かな〉とは愚鈍を具え、この世間と他の世間の意義（attha, 利益）を知らない、〈智の劣る（dummedhino）〉とは、智慧のない（nippañña）。その彼等は放逸の中に煩い（過患）を見ないで〈放逸にふける（pamādaṃ anuyuñjanti）〉とは、〔放逸を〕行う（pavattenti）、放逸に時を過ごす。〈賢者（medhāvī）〉とは、しかし法を滋養とする智慧（dhamm'oja-paññā）を具えた賢人（paṇḍita）は、家の伝統として伝来した（kula-vaṃsâgata）〈最勝（seṭṭha）〉、最上の、七宝の〈財産〉のように〈不放逸を守る〉。なぜならば、たとえば

「最上の財産によって我々は受用の成就を達成しよう。子や妻を養おう。善趣への道を浄めよう。」

と、財産に功徳（ānisaṃsa, 利益）を見ながら、財産を守るように、そのように賢人も

「不放逸によって初禅などを私は得よう。道と果を得よう。三明・六通を私は実現させよう。」

と、不放逸に功徳を見ながら、〈最勝の財産のように、不放逸を守る〉という意味である。

（884）〈放逸…ならぬ〉とは、放逸に〈耽ってはならぬ〉。放逸に時を過ごすな。〈欲望の愉しみに親しむなか

れ〉とは、諸欲望対象（vatthu-kāma, 事欲）と諸煩悩欲（kilesa-kāma）とに、愉しみ（rati）と呼ばれる渇愛に親しむことに（taṇhā-santhavam）も耽るな、見出だすな、得るな。〈なぜなら、不放逸に〉とは、思念が現われるから（upaṭṭhita-satitāya）不放逸な人物が〈禅思すると（jhāyanto）〉、禅思に熱中すると（jhāyana-ppasuto）、〈最高〉、最上の涅槃を、楽を（nibbānaṃ sukhaṃ, Vri. nibbāna-sukhaṃ, 涅槃の楽を）得るからだ。

（885）〈よくやって来た（svāgataṃ）。離れ去ったのではない（nâpagataṃ）〉とは、およそ、その時、私が〔大〕師の許にやって来た、やって来ることは、或いは〔大〕師がその大林に来られることは、それは「よくやって来た」、よくやって来ることであり、「離れ去った」のではない。意義から離れた・去ったのではない。〈これは私が悪く計らったの（dummantita）ではない〉とは、その時、およそ私が「〔大〕師の許で出家しよう」と計らったのは、これも私が悪く計らったのではない、よく計らった（sumantitaṃ）だけである。なぜか。〈分類された諸々の法の中で（saṃvibhattesu dhammesu, Vri. savibhattesu 〃）〉とは、有罪・無罪などによって種類から分類された（vibhattesu）諸々の法の中で。〈およそ最勝の〉、称讃された（pasatthaṃ）、最上の、勝れた涅槃である、〈その〔法〕に、私は近づいた（tad upāgamaṃ）〉。それのみに近づいた、という意味である。

その時、凡夫の時に、予備行への意向が欠けたから（payogâsaya-vipannatāya）森などにおいて私は苦しく住んだ。しかし今は予備行への意向が具わっているから、そこで安らかに私は住んでいる、と安らかに坐って（Vri. 住んで）いることを（sukha-nisinna-bhāvaṃ Vri. sukha-vihāra-〃）〔示そうとして〕、また、かつては生まれだけによってバラモンだが、今は〔大〕師自身から生まれた息子であることによって（orasa-puttatāya）バラモンであると、また第一義のバラモンであることを示そうとして、〈森の中に〉云々と言う。

（888）そこで〈私は楽に横たわり〉とは、横たわりながらも、楽に、苦しみなく、心の怖れ（citt'utrāsa）な

64
どがないので、心の苦しみがない者となって私は横たわる。〈立ち（thāyāmi）〉とは、立つ（tiṭṭhāmi）。〈魔の罠の手が届かない（a-hattha-pāso）〉とは、煩悩魔など（煩悩・蘊・行・死・天子の五魔）の餌場（gocara）ではないからである。〈ああ、〔大〕師に憐みをかけられた〉とは、〔大〕師によって憐みをかけられた、ああ。

（889）〈バラモンの生まれ〉とは、バラモンに生まれた者である。〈両方とも高貴で（udicco ubhato）〉とは、母方も父方も、両方とも高貴で清い家柄の出である。その他はそこここで趣旨が述べられた通りである。

アングリマーラ上座の偈の註釈　終わる。

註

（1）この上座は赤沼『辞典』でも同じ。漢訳では鴦仇摩羅、盎崛摩羅、鴦崛魔、鴦崛鬘、阿群、指鬘など。この上座は*Ap.*には出ないが広く知られる。ここの二十六偈とその註釈の物語とは*M.* II.pp. 97-107（86 Aṅgulimāla-sutta）と重なるが後者には五偈が不足する。関連するパーリ資料には*MA.* III. 328 ; *Vin.* I. 74 ; *Pj.* I. 202, 440 ; *DhA.* II. 41,III. 185, 169 ; *JA.* I., 275 ; III. 330 ; IV. 180 ; V. 36, 456, 511など、本註釈PTS.版p.54, fn.4参照。彼に因む偈の約半数は漢訳にも辿られるが今は触れない。本註では彼のみが優遇されるのを妬む弟子達の讒言を信じた師匠が彼に千人殺しを課したのである。しかし竺法護訳『鴦掘摩経』（*T.*2.No.118, 508b-）では師匠の妻の誘惑に応じない彼を恨んだ彼女が彼に犯されたと夫に強く訴えたために百人殺しを命ぜられたといい、また康僧會訳『六度集経』巻5（四一）普明王経にも難解ながら同趣旨が認められる（*T.*3.No.152, 23ab）。また同様に慧覚等訳『賢愚経』巻11（*T.*4.No.202, 423b-）や、竺仏念訳『出曜経』巻17（*T.*4.No.212, 703b-）では彼は千人殺しを課せられたという。

二〇・九（892—919）、アヌルッダ（Anuruddha）[1]

〈前生以来の因縁物語〉

〈母と父を捨てて〉云々とは、尊者アヌルッダ上座の偈である。この人も先の諸仏の許で奉仕行を行なった者で、蓮華上世尊（二十四仏の第十）の時に富を具えた資産家となって生まれた。彼は或る日、精舎に行って、〔大〕師の許で法を聞いていると、〔大〕師が一人の比丘を天眼（dibba-cakkhu, 未来を見る千里眼）によって第一人者の地位に就けるのを見て、自分もその地位を望んで、百千の比丘を従えた世尊に七日間大施を行なって、七日目に世尊と比丘僧団に最上の衣を施してから誓願を立てた。〔大〕師も彼が障碍なく〔彼の願が〕成就することを見て、「将来ゴータマという正等覚者の教えのもとで天眼者たちの第一人者となるであろう」と予言した。

彼もそこで諸々の福徳を作りながら、〔大〕師が入滅（般涅槃）されて、出来上がった（niṭṭhite）七ヨージャナの金色の塔廟（suvaṇṇa-cetiya）に、数千の燈明用の木台と（dīpa-rukkhehi）燈明用の皿をもって（dīpa-kapallikāhi）、「天眼智を〔得る〕機縁となるように」と、大きな燈明供養を行なった（dīpa-pūjaṃ akāsi）。

このように命の限り諸福徳を作ってから、神と人間の中に輪廻しながら、カッサパ（迦葉）世尊（二十四仏の第二十四、七仏の第六）の時にバーラーナシーの資産家の家に生まれて、分別のつく年頃に達すると、〔大〕師が般涅槃され、出来上がった一ヨージャナの黄金の塔に（kanaka-thūpe）、沢山の銅鉢に醍醐（極上の乳酪製品）を満たして（sappi-maṇḍassa pūretvā）、真ん中に一つの砂糖玉（guḷa-piṇḍaṃ）を置いて、〔鉢の〕外縁《そとべり》に

65

(mukha-vaṭṭi)〔隣りの鉢の〕外縁を触れさせながら、塔廟をぐるりと囲わせてから、自分の一つの大きな銅鉢に醍醐を満たして、千の燈心(vaṭṭi)を燃やしてから、頭上に置いて、一晩中塔廟をめぐり歩いた(anupariyāyi)。

このようにその身においても(atta-bhāve)命の限り善を作って、そこから死没して神の世界に生まれてから、そこに寿命の限り留まって、そこから死没して、まだ仏が出現されない時に、同じバーラーナシーの貧しい家に(duggata-kule)再生した。アンナバーラ(Anna-bhāra, 食べ物の荷を持つ者)というのが彼の名前であった。

彼はスマナという長者の仕事をしながら生きている。彼は或る日ウパリッタという辟支仏が滅尽定から出てガンダマーダナ山から空を〔飛んで〕行ってバーラーナシー都城の入口に降りて、衣を着けて都城に托鉢に入ろうとしているのを見て、浄く信じる心で〔辟支仏の〕鉢をとって、自分のために取って置いた一食の余分を(bhatta-vaḍḍhitakaṃ, Vri. bhāga-bhattaṃ)鉢に投げ入れて、その〔辟支仏〕に与えようと欲して行き始めた。彼の妻も自分の分の食の余分を同じように〔鉢に〕投げ入れた。彼はそれを運んで行って辟支仏の手に置いた。辟支仏はそれを受け取って、随喜(祝福)をしてから立ち去った。それを見てから、夜にスマナ長者の傘に住む神が

「ああ、施が、最高の施がウパリッタ〔辟支仏〕においてよく確立された。」

と大声で随喜した。それを聞いてスマナ長者は

「この、神様が随喜した施というものは最上の施である。」

と思って、そこで功徳の譲渡(廻向)を乞うた(pattiṃ yāci)。アンナバーラは功徳の譲渡(廻向)を与えた(pattiṃ adāsi)。それによって浄く信じる心でスマナ長者は彼に千〔金〕を与えてから

「今から以後はお前が〔自分の〕手で仕事をする務めは（kamma-karaṇa-kiccaṃ）ない。ふさわしい家を作って商売によって生きたまえ（vaṇijjena jīvāhi, [Vri.] niccaṃ vasāhi, 常に住みたまえ）。」

と言う。

なぜなら、滅尽〔定〕から出た辟支仏に与えた托鉢食が、もうその日に、より広大な果報となるのであるから、それゆえに、その日にスマナ長者は王の許に行こうとして、彼（アンナバーラ）を連れて行った。王は敬意をもって（ādara-vasena）彼を眺めた。長者は

「大王様、この者はもう眺めるにふさわしい者です（oloketabba-yutto yeva）」

と言ってから、その時彼が作った福徳と、自分でも彼に千〔金〕を与えたことを語った。それを聞いて王は満足して、千〔金〕を与えてから、

「あそこという場所に家を作って住みたまえ。」

と家の場所を命じた。彼がその場所を清掃させていると、沢山の埋蔵の宝の甕（nidhi-kumbhiyo）が現われた。それを見て彼は王に申し上げた。王は全てその財物を掘り上げさせて、山となったのを見て、

「これだけの財物がこの都城の中で誰の家にあるのか」と。

「誰の〔家〕にもありません。王様」と。

「それでは、この者をダナ長者（財物長者）ということにしよう（ayaṃ Dhana-seṭṭhi nāma hotu, [Vri.] ayaṃ annabhāro imasmiṃ nagare Mahā-〃, このアンナバーラをこの都城において大〃）。」

と、彼に長者の地位を与えた。

66

〔釈迦族の息子に生まれて出家修行し、天眼第一と称される〕

彼はそこで命の限り善業を作ってから、そこから死没して神と人間の中に輪廻して、この仏（釈迦牟尼仏）が出現されると、カピラヴァッツ都城におけるアミトーダナ・サッカ（甘露飯・釈迦）の（Amit'odanassa Sakkassa,[Vri.] Sukk'odana-sakkassa, 白飯・釈迦の）家に結生を取った。アヌルッダというのが彼の名前であった。そしてそのアヌルッダ童子はマハーナーマ・サッカの弟（kaniṭṭha-bhātar）であり、〔大〕師の叔父の息子（cūla-pitu-putta）であり、きわめて繊細（parama-sukhumāla）で大きな福徳をもち、〔夏・雨季・冬の〕三季節に適した三殿堂において、飾り立てられた舞子に囲まれて（alaṅkata-nāṭaka-parivuto,[Vri.] 〃-nāṭak'itthīhi parivuto, 舞姫たちに〃）神のように栄華を享受していた。彼は、浄飯大王に促されて釈迦族の諸王が〔大〕師の随員のために派遣されたバッディヤ童子などと共にアヌピヤの〔町の〕マンゴー林に（Anupiy'amba-vane）住んでいる〔大〕師のところに詣でて行って、〔大〕師の許で出家した。そして、もう雨安居中に天眼を生ぜしめ、再び法将軍（舎利弗）の許で観念修行を把握して、東竹林（ヴェープッラ山）の苑に（Pācīna-vaṃsa-dāyaṃ）行って沙門法を行いながら、七種の大人の思い廻らしを（satta-mahā-purisa-vitakke, 七大人覚＝少欲・知足・遠離・精進・思念・定・慧を）思い廻らしてから、八番目の〔思い廻らし〕を生じさせることが出来なかった。

彼のその成り行きを知って〔大〕師は第八の大人の思い廻らしを語ってから（A. IV. 228f.,『南伝』21. 109）四つの生活用品（四資具）に満足することの修習の喜びに飾られた大聖種の実践行（mahā-ariya-vaṃsa-paṭipadā, どんな衣・食・住にも満足し、修習を愛することの実践）を説いた（A. IV. 228ff.）。彼は〔〔大〕師の〕説示に従って観法を増大させて神通智・無障碍を伴う（abhiññā-paṭisambhidā-parivāraṃ）阿羅漢の境地を証得した。

〔それで譬喩経にはこう言う（Ap.I. 35）。

「私はスメーダ世尊、世間の最勝のお方、人間の牛王に
遠離して住する世間の指導者に見《まみ》えた。…乃至…」〕

さて、〔大〕師は後になって祇陀林大精舎で聖者の集団の真ん中に坐って、彼を天眼者（dibba-cakkhuka）たちの第一人者の地位に就けた。

「比丘たちよ。私の声聞弟子の比丘たちで天眼者たちの、この第一人者が、すなわちこのアヌルッダである」と。

彼は解脱の楽を感受して住みながら、或る日、自分の実践道を省察してから、喜び悦しくなって感懐〔偈〕によって（udāna-vasena）「母と父を捨てて」云々という偈を述べた。

しかし或る人たちは「上座の出家と阿羅漢の境地を得たこととを明らかにしようとする結集の作者たちによって最初の四偈が述べられた。それから次は上座の聖種（聖者の伝統）の実践行（ariya-vaṃsa-paṭipatti）によって心喜んだ世尊によって述べられた。その他の一切も、それぞれの理由によって上座自身によって述べられた」と言う。ということで、全体としても、これらの偈は上座によって述べられたものも、上座を指して〔別人によって〕述べられたのも、これらは同じ上座の偈である、と知るべきである。すなわちこうである。

〈アヌルッダ上座に帰せられる二十八偈〉

（892）母と父を捨てて、姉妹や親族や兄弟を〔捨てて〕、
五種の欲楽を捨てて、アヌルッダこそ禅思する。

67

（893）舞いや歌を伴ない、鐃《にょう》や鈸《はち》に目を覚ます。
魔の対象領域に愉しみ、それによって清浄を得なかった。

（894）そしてこれを越えて行き、仏の教えに愉しみ、
一切の暴流を越えて、アヌルッダこそ禅思する。

（895）諸々の色、声、香、味、感触や諸々の心愉しいもの、
そしてこれらを越えて、アヌルッダこそ禅思する。

（896）托鉢から戻って、一人、伴なき、聖者（牟尼）、
煩悩（漏）なきアヌルッダは、諸糞掃衣を求める。

（897）聖者（牟尼）は諸糞掃衣を選び、取り、洗い、染めて、
アヌルッダは、煩悩（漏）なく、思念して、着た。

（898）また、およそ大いに欲して、満足せず、また浮ついて交際する、
その彼のこれら〔心の〕諸要素（諸法）は悪い、煩悩まみれとなる。

（899）また思念あり、少欲で満足し、困惑なく、
遠離を愉しみ、喜び、常に精進に励んでいる。

（900）▽彼には善い、覚りの支分である、これら諸〔行〕法がある。
また彼は無煩悩（漏）の人である、と、このように大仙人は説いた。

（901）私の心の思いを知って、世間に無上なる〔大〕師は、
意より成る身をもって、神通によって〔私に〕近づいた。

(902)私に心の思いがあった時に、それから〔世尊は〕更に説いた。
妄想なきを愉しむ仏は、妄想なきことを説いた。
(903)私はそのお方の法（教え）を覚って、教えに愉しんで住んだ。
三明（智）は次第に得られ、仏の教えは行われた。
(904)およそ私が〔常に寝ないで〕坐る者になってから、五十五年。
眠りが断たれてから、二十五年。
(905)そのような心定まったお方には入息・出息はなかった。
不動にして寂静に励み、具眼者は入滅（般涅槃）された。
(906)怯《ひる》まぬ心をもって苦痛（受）を耐え忍んだ。
心の解脱は、灯し火が消えるようであった。
(907)触感を第五とするこれら（色・声・香・味・触）は、今や牟尼の最後の〔身心の諸要素（法）〕だ。
正覚者が入滅（般涅槃）されると、他の〔身心の〕諸要素（諸法）はないであろう。
(908)今や再度の住まいは神の衆の中にない。〔天女〕ジャーリニーよ。
生まれの輪廻は尽きた。今や再度の生存はない。
(909)およその〔比丘〕には、寸時に千種に、梵天を伴うような世間が見出された、
その比丘は、神通の徳に、死去と再生とに自在であって、時に神格（天女）を見る。
(910)かつて、私は「食べ物の荷を持つ者」であり、貧しい食糧運びであった。
名声ある沙門・ウパリッタに私は〔食を〕捧げた。

68

(911) その私は釈迦族の家に生まれ、私をアヌルッダと、〔人々は〕知る。
舞いや歌を伴い、鐃鈸で目を覚ます。
(912) 時に私は正覚者、どこにも畏れない〔大〕師に見《まみ》えた。
その方を心に浄く信じて、私は家なき者へと出家した。
(913) かつて私が住んでいた、昔の所在を私は知る。
帝釈天に生まれて、私は三十三天の神々の中にいた。
(914) 七度び私は人間の帝王となって王国を治めた。
〔地の〕四辺を有する征服者で、ジャンブ洲の自在者であった。
杖(暴力、罰)によらず、剣によらず、法(道理)によって治めた。
(915) ここから七つ、そこから七つと、十四の輪廻を、
その時、私は天界にいた〔かつての〕所在を証知した。
(916) 五支がある禅定(三昧)で寂静で専一に修習されて、
〔煩悩の〕止息が得られると、私の天眼は清まった。
(917) 有情たちの死と再生を、来・去を〔私は〕知る。
五支をもつ禅定に立ってここでの状態、別様の状態を〔知る〕。
(918) 私によって〔大〕師は奉仕され、仏の教えは行われた。
重い荷は下ろされ、生存に導くものは断ち切れた。(= *Th.*604, 656, 687, 792, 891, 1185)
(919) ヴァッジーの人々のヴェールヴァ村で、私は命が尽きてから、

竹藪の下で煩悩（漏）なき者として私は消える（涅槃する）であろう。と。

〔語句の註釈〕

(892) そこで、〈〔母と父を〕捨てて〉とは、捨てて（pahāyā ti pajahitvā）。〈母と父を（mātā-pitaro, PTS. mahā-pitaro）〉とは、母と父とを。なぜならば、これ（以下）がここでの趣旨だからである。〔即ち〕、例えば、誰か他の人たちが、親族の衰亡によって（ñāti-pārijuññena）、或いは財物の衰亡によって打ちのめされて出家し、また出家者たちが別の務めを求めて暮らすが、私たちはそのようではない。しかし、私たちは大勢の親族の取り巻きと（ñāti-parivaṭṭaṃ）、また大きな財物の山を捨てて、諸々の欲望に期待しないで出家した者たちである、と。〈禅思する（jhāyati）〉とは、対象を思念する（ārammaṇ'ūpanijjhānaṃ）と、特相（lakkhaṇa）を思念する、という二種もの禅定に専念して住する。

(893)〈舞いや歌を伴ない（sameto nacca-gītehi）〉とは、諸々の舞いと歌とを具えていて（samaṅgī-bhūto）、諸々の舞いを見つつ、諸々の歌を聞きながら、という意味である。或いは〔伴ない（sameto）は〕尊敬された（sammato）と〔人々は〕読む。諸々の舞いや歌をもって尊敬供養された、という意味である。〈鐃《にょう》や鈸《はち》に目を覚ます（samma-tāḷa-ppabodhano）〉とは、鐃や鈸の音によって早朝の時に目覚めさせられる（pabodhetabba）。〈それによって清浄を得なかった（na tena suddhim ajjhagā）〉とは、その欲望を享受すること（kāma-bhoga）によって輪廻の清浄（suddhi, 浄化）を私は得なかった。〈魔の対象領域に愉しみ（visaye rato）〉とは、煩悩という魔の対象領域となっている欲望の楽（色・声・香・味・触）に愉しむ（kāma-guṇe rato）。「煩悩という魔の対象領域となった〔五〕欲楽の享受によって輪廻の清浄がある」と、このように見解をもつ者ではなくなって、とい

69

う意味である。それで、「そしてこれを越えて行き」云々と言う。

(894)〈これを〉とは、五種もの欲望の楽を、〈越えて行き（samatikkamma）〉とは、越えて行ってから、期待せず、吐き出して、という意味である。〈一切の暴流を（sabb'ogham）〉とは、欲望の暴流など〈欲望、見解、生存、無明の四暴流〉の一切もの暴流を〔越えて〕。五種の欲望の楽を本質から（sarūpato）、示すために、「諸々の色、声」云々と言う。

(895)そこで、〈諸々の心愉しいもの（mano-ramā）〉とは、貪られるべき（lobhanīya）という意味で、心を愉しませるというので、「心愉しいもの」である。心に適《かな》うもの（manāpiyā）、と言われている。例えば

「どれが心に適う五つの色か。心に適う声か」（M. III, 233[15]）

云々と言う通りである。

(896)〈托鉢から戻って（piṇḍapātam atikkanto）〉とは、托鉢食を得ることを過ぎた。托鉢食を得ることから戻って（nivatto）という意味である。〈一人〉とは単独で（ekākī）、随従沙門を持たず（a-pacchā-samaṇo）、〈伴なき（adutiyo）〉とは、渇愛がない（nittaṇho）。なぜなら、渇愛（taṇhā）は人の伴というからである。例えば「渇愛を伴とする人」（It. §105）と言うように。〈〔諸糞掃衣を〕求める（esati）〉とは、あまねく求める（pariyesati）。

(897)〈選び（vicinī）〉とは、〔糞掃衣用の布を〕まさに求めながら、そこことごみためなど（saṅkāra-kūṭ'ādike）、糞掃衣が出てくる諸々の場所で（paṃsukūl'uppatti-ṭṭhānesu）選び、得たものを（vicini yaṃ āpajji, Vri. vicini）、〈取り（aggahī）〉とは、選んで（vicinitvā）不浄な汚れたものでも嫌悪せずに摑み（gaṇhi）、〈洗い（dhovī）〉とは、〔汚れを〕洗い落とし（vikkhālesi）、〈染めて（rajayī）〉とは、洗ってから、取った〔布〕を縫ってから、適《ふさ》わしい染料（kappiya-rajanena）で染めて、〈着た（dhārayi）〉とは、染めてから、適した〔水〕滴（kappabindhu）を与えてから、〔その衣を〕着た、そしてまた着けた（nivāsesi）、また被《まと》った（pārupi）。

（898）今度は、東竹園（Pācīna-vaṃsa-dāya）で〔大〕師が授けた教誡を、またそれをもって自分の目的を成就するために頭上に置く鉢（matthaka-patta）であることを明らかにしようとして、「また、大いに欲して満足せず」云々という偈を述べた。

そこで〈大いに欲して（mah' iccho）〉とは莫大な生活用品（資具）への欲求を具え、勝れに勝れ（uḷār, 'uḷāre）、また多くの生活用品を欲しながら、という意味である。〈満足せず（a-santuṭṭho）〉とは、満足しないで、「得たままで満足する」などの満足を欠いている。〈交際する（saṃsaṭṭho）〉とは、在家の人たちと、また出家者たちと順当でない交際によって交際する。〈浮ついて（uddhato）〉とは、心が散乱した、〈彼の〉とは、「大いに欲して」などと言われた人物の、〈〔心の〕諸要素（dhammā, 諸法）〉とは、「大いに欲すること、満足しないこと、交際すること、〔心の〕散乱」という、このようなことは、劣悪という意味で〈悪い（pāpakā）〉、〈煩悩まみれ（saṅkilesikā）〉とは、その人の心を垢穢《くえ》があることにするから（malina-bhāva-karaṇato）煩悩まみれの〔心の〕諸要素（諸法）と〈なる〉。

（899）〈また思念あり、少欲で（sato ca appiccho）〉とは、しかしこの人物が善き友たちに仕え、交わり、敬意をもって接し、正しい法を聞き、根源的に思念しながら、また思念をもって大いに欲することを捨て、また少欲となる時に、満足しないことを捨て〈満足し（santuṭṭho）〉、心の困惑を作る散乱を捨て〈困惑なく〉、散乱せず、〔心が〕定まって、衆と交わることを捨て〈遠離を愉しみ（paviveka-rato）、遠離を愉しみ喜ぶから、厭離するので（nibbidāya）、法を喜ぶから、〈悦び（vitto）〉とは、快く、心が満足して、悉く懈怠（kosajja）を捨てることによって〈精進に励んでいる（āraddha-vīriyo）〉。

（900）その時〈彼には〉、このように少欲であることなどの徳を具えた人には〈これらの〉思念が起こるところ（sati-paṭṭhāna, 念処）などの三十七種類の〔菩提分法〕や、三種の観法の集合があり（vipassanā-saṅgāhakā）、善が生じる意味で（kosalla-sambhūt'aṭṭhena）〈善い（kusalā）〉道に含まれる〈覚りの支分（bodhi-pakkhikā）である諸〔行〕法（dhammā）がある〉。〈彼は〉それら〔諸行法〕を具えて、悉く諸々の煩悩（漏）を放棄することによって、最高の道の刹那以後に〈また無煩悩（漏）の人である〉、〈と〉、このように〈大仙人は説いた〉。正等覚者によって東竹園において、偉大な人（mahā-purisa, 大丈夫）が思惟して、頂上に到らせるために（pāpana-vasena）〔説かれた〕、という意味である。

70

（901）〈私の心の思いを知って（mama saṅkappam aññāya）〉とは、〔大師は〕「比丘たちよ、これは少欲者の法である。これは大欲者の法ではない。」（A. IV. 233[4]）云々と、大人の思い廻らし（八大人覚）をもって〔説示を〕始められた。またそれら〔大人覚〕を頂点に到達させることが（matthakaṃ pāpetuṃ）出来ない状態にいる私の心の思いを知ってから、〈意より成る〉とは、意よりなるかのような、意によって化作されたと同じような（manasā nimmitta-sadisena, PTS. 〃nimitta-〃, 〃起因と〃）、変化された（pariṇāmitena）〔身をもって〕という意味であり、〈神通によって（iddhiyā）〉とは「この身をこの心のようにあらしめよ」と、このように働く加持の神通によって（pavatta-adhiṭṭhān'iddhiyā）〔私に近づいた〕。

（902）〈私に心の思いが（saṅkappo）あった時に〉とは、およそ、私に「一体、八番目の大人の思い廻らし（第八大人覚）はどのようなことか」という心の思い廻らしがあった時、〈それから（tato）〉「私の心の思いを知って〔世尊は〕神通によって〔私に〕近づいて来られた」と繋がる。〈更に説いた〉とは、

「この法は妄想（戯論《けろん》）なきを喜ぶ者（nippapañc'ārāma）の法であり、妄想なきを愉しむ者（n.-rati）の

〔法〕であり、これは妄想を喜ぶ者（papañc'ārāma）の、妄想を愉しむ人（p-rati）の法ではない。」（A. IV. 229[27]）

とこの八番目の大人の思い廻らし（第八大人覚）を満たして更に説いたのである。そして、その説かれた法を示して言う。〈妄想なきを愉しむ（nippapañca-rato）仏は、妄想なきことを（nippapañcam）説いた〉と。妄想（papañca, 戯論《けろん》）というは欲情（rāga, 貪）などの諸煩悩（kilesā）である。それらが鎮まるから、またそれがないから、出世間の諸法は妄想がないという。その迷妄がないことを愉しみ、楽しむ正等覚者は、私が〔それに〕達するように、そのように、そのような法を説いた。最も勝れた四つの真理の法（四諦）の説示を明らかにした、という意味である。

（903）〈私はそのお方の法（教え）を覚って〉とは、その〔大〕師の説法によって法を知って、教えられた通りに（yathânusiṭṭhaṃ）実践しながら〈住んだ〉、と、三学（戒・定・慧）にまとまる（sikkhā-ttaya-saṅgahe）〈教えに愉しんで〉、よく愉しんで、〔住んだ〕という意味である。

（904）〔大〕師と自分が会うこと（samāgamaṃ）が、それによって成就された意味を示してから、今度は、自分が出家した時以来、精進に励んだことを、身を顧みなかったことによって、寝る楽・横になる楽を放棄したことを、また少し眠る時間から始めて、精進に励んだことを示そうとして、〈五十五年〉と偈をいう。そこで〈およそ私が〔常に寝ないで〕坐る者（nesajjika, 常坐不臥者）になってから〉とは、それ以来「瞑想行に従うこと（yogânukūlatā）、観念修行（業処）に取り組む善き人の所行（kamma-ṭṭhāna-pariyuṭṭhita-sappurisa-cariyā）、倹約生活（sallekha-vutti）」という、このような諸々の徳（guṇa）を見てから、私は常坐不臥者であった、それが五十五年である。〈眠りが断たれてから〉とは、その時から私は眠りを捨てたが、それが〈二十五年〉。上座は五十五年間、常坐不臥者でありながら、最初から二十五年間、眠りはなかった。それから後は体の疲労によって、後夜に眠りがあった、と〔人々は〕言う。

71

（905）〈入息・出息（assāsa-passāsa）はなかった〉云々という三偈は、〔大〕師の入滅（般涅槃）の時に、比丘たちから、「世尊は入滅（般涅槃）されたのか」と尋ねられると、入滅（般涅槃）であることを説こうとして〔上座は〕言う。そこで〈そのような心が定まったお方には入息・出息はなかった〉とは、順に逆に、多くの様相や差別相がある（anek'ākāra-vokārā）一切の定に（samāpattiyo, 等至）入ってから、出て、全ての後に第四禅に立つ心の〈そのようなお方〉、仏、世尊には、入息・出息は〈なかった〉、ないのであった、という意味である。これによって、なぜなら、第四禅に入った人の身の諸行（kāya-saṅkhārā, 潜勢力）は滅するし、また身の諸行とは入息・出息（assāsa-passāsā）が言われる（S. IV. 293[16]）から、それゆえに第四禅の刹那以後には入息・出息はなかった、ということを示す。動揺（ejā）と呼ばれる渇愛がないから〈不動にして（anejo）〉、或いは定（samādhi, 三昧）に立っているから、〈不動にして寂静に励み（santiṃ ārabbha）〉とは、涅槃を対象として、〈具眼者は（cakkhumā）〉とは、五眼（肉眼・天眼・慧眼・仏眼・普眼）をもって具眼者は、〈入滅（般涅槃）された（parinibbuto）〉とは、入滅（般涅槃）なされた（parinibbāyi）。なぜなら、これ（以下）がここでの意味だからである。〔即ち〕、涅槃を対象とする第四禅の果定に入ってから、もう間髪を入れずに（tad-anantaram eva）生存の依処のない涅槃（安らぎ）の領分（anupādisesā nibbāna-dhātu, 無余依涅槃界）において入滅（般涅槃）された、という。

（906）〈怯《ひる》まぬ（asallīnena）〉とは、萎縮しない（a-līnena）、憤激しない（asaṅkupitena）、もう開かれた（vikasiten'eva）〈心をもって〉、〈苦痛（vedanā, 受）を耐え忍んだ（ajjhavāsayi）〉とは、正念正知になってから死に終わる苦痛を耐え忍んだ（māraṇ'antikaṃ vedanaṃ adhivāsesi）。苦痛に従うままになって（vedanânuvattī hutvā）あっちこっちと、のた打ち回らなかった（na samparivatti）。〈心の解脱は（vimokkho cetaso）燈し火が消えるようであった（pajjotass'eva nibbānaṃ）〉とは、例えば油によって、また灯心（vaṭṭi）によって燃えている燈し火、燈明（padīpa）が、それら〔油や灯心〕がなくなると消える（nibbāyati）。そして消えると（nibbuto）どこへ行っても、ない。それどころか隠れる（antaradhāyati）、もう見えないだけとなる。そのように、諸煩悩の推進力に依存して（kilesâbhisaṅkhāre nissāya）働いている〔五〕蘊の相続が、それらの〔煩悩の推進力〕が尽きると、消える。そして消えると、どこへ行っても、ない。それどころか隠れる、もう見えないだけになる、ということを示す。それで

「賢者たちは、この灯し火のように消える。」と（*Khp.*6.14d=*Sn.*235d）

「恰も焔が風の勢いによって消されると。」（*Sn.* 1074）

と、などと言われた。

（907）〈これら〉とは、入滅（般涅槃）の刹那に、〔大〕師の〔身心の〕相続において働いていた諸法（心身の諸要素）は〔大師〕自身に直接知覚されていたから（Vri. paccakkhatāya, PTS. paccakkhātāya, 棄てられたから）、最後の時以後には心が起こることはないから、〔そのように〕言われた。〈今や（dāni）〉とは、今、〈触感を第五とする（phassa-pañcamā）〉とは、触感を第五とする諸法（色・声・香・味・触）が明らかであるから〔こう〕言われた。なぜなら、心が起こることを説く場合にも、同じ触感を第五とする諸法が最初に述べられるからである。〈他の〔身心の〕諸要素（dhammā, 諸法）はない〉とは、依りどころ（色法）と共に（saha nissayena）、その他の心や心に所属する（citta-cetasika）諸要素（諸法）はない。入滅（般涅槃）における心や心に所属する〔諸法〕

72

はない。〔問う〕「一体それらはもう存在しないのであろうか」と。〔答える〕「まことに（saccaṃ）。存在しないであろう。しかし疑念（āsaṅkā）がないから、それらに関して『存在しないであろう』と、言うべきではないだけである。」〔問う〕「しかし別の〔諸法〕が、有学の凡夫たちのように存在するであろう。ではないのか、ね。」という疑念があるかもしれない、というなら、その疑念を停止させるために（tad-āsaṅkā-nivattan'attaṃ）〈他の〔身心の〕諸要素（諸法）はないであろう〉と言われた。

（908）〈今や再度の住まいは神の衆の中に（deva-kāyasmiṃ）ない、ジャーリニーよ〉とは、ここでジャーリニーという神格（devatā、女神、天女）に話しかける。神格（天女）よ、神の衆の中に、神の群の中に生まれることによって、再び住まいや、住むことが（āvāso āvasanaṃ）、今や私にはない、という意味である。そこで、〔その〕理由を〈〔輪廻は〕尽きた〉云々と言う。聞くところでは、その神格（天女）は、先の身（purim'atta-bhāve）では上座の足もとに仕える女（pāda-paricārikā）であった。それゆえに、今、上座が老いて年をとったのを見て、かつての愛情によって（purima-sinehena）やって来てから

「かつてあなたが住んでおられた、そこに（天界に）心を向けて下さいよ（cittaṃ paṇidhehi）。」

と、神に生まれることを乞うた。すると〈今や〔再度の生存は〕ない〉云々と、上座は彼女に答えを与えた。それを聞いて神格（天女）は願いが破れて（vihatāsā）もうその場で隠れた。すると上座は、空に昇って自分の威神力を同梵行者たちに明らかにしようとして、〈およその〔比丘〕には寸時に〉〔云々〕と偈を言う。

（909）その意味は〔こうである〕。〈およそ〉煩悩（漏）が尽きた比丘には、もう寸時だけに〈千種に（sahassadhā）〉、千種類の（sahassa-ppakāro）、三千大千の種類の（ti-sahassi-mahā-sahassi-pabhedo）〈梵天を伴うよ

うな世間が〉、梵天を伴う世間が〈見出された（saṃvidito）〉。まさに正しく見られ、知られた。眼で確かめてから（paccakkhato）、（Vri.paccakkhaṃ kato, 直接知覚された。）このように〈神通の徳に（iddhi-guṇe）〉、神通をそなえているから、また〈死去と再生とに自在で〉あることを得て、その比丘は〔神格が〕近づいて来た時に、〔その〕神格（天女）を見る。彼には神格たちを見ることに失敗（parihāni）はない、と。聞くところでは、ジャーリニー神格（天女）に答えを返すために「今や、ない」と上座が偈を述べた時に、比丘たちはジャーリニーを見ないので

「一体ね、上座は法を話しかけるために、誰に話しかけているのか。」

と思った。その〔比丘〕たちの心の動き（cittâcāra）を知ってから、上座は〈およそその〔比丘〕には寸時に〉〔云々〕と、この偈を言う。

(910)〈〔私は〕食べ物の荷を持つ者（anna-bhāra）であり〉とは、かつて（前世）の身においては、このような名前の者であった。〈食糧運び（ghāsa-hāraka）〉とは、食糧だけのために報酬を得て（bhatiṃ katvā）生きる者である（jīvanako）。〈沙門に〉とは、悪が静められた人に（samita-pāpaṃ）〔私は〕〈〔食を〕捧げた（paṭipādesiṃ）〉とは、対面してから捧げた（pādāsiṃ）。浄信をもって（pasādena）対面してから食べ物の施与を私は与えた、という意味である。〈ウパリッタに〉とは、そのような名の辟支仏に、〈名声ある〉とは、称讃を得ている、名声が広まった〔辟支仏〕に〔私は食を捧げた〕。この偈によって、最後の身にいたるまで大きな成就（栄華）の原因となる自分の前業を示す。それで〈その私は釈迦族の家に生まれ〉云々と言う。

(915)〈ここから七つ〉とは、この人間の世間から死没して、神の世界において、神の王権をもって（dibbena ādhipaccena）七つ〔の生存を得た〕。〈そこから七つ〉とは、その神の世界から死没して、人間の世間において

73

転輪〔王〕となることによって七つ〔の生存を得た〕。〈十四の輪廻を〉とは、十四の別の生存（bhav'antara）の輪廻を〔した〕。〈〔かつての〕所在を証知した（nivāsam abhijānissan）〉とは、前世の所在を私は悟った（aññāsin）。〈その時、〔私は〕天界にいた〉とは、またそれは、なるほど、同じこの身において（atta-bhāve）ではなくて、そうではなくて、確か（atha kho,[Vri] api ca kho）、ここから間をおかない（直前の）過去の身で神の世界にいた時に、その時に私は悟った、という意味である。今度は、自分が天眼の智と死と再生（cutûpapāta）の智を証得した様子を示そうとして、〈五支がある〉云々と二偈を述べた。

(916) そこで、〈五支がある禅定（samādhi、三昧）で〉とは、通達知を基礎とする（abhiññā-pādaka-）第四禅の禅定で。なぜなら、（1）その〔禅定〕は悦びが満ちていること（pīti-pharaṇatā）、（2）楽が（sukha-）満ちていること、（3）心（ceto-）が▽満ちていること、（4）光明（āloka-）が満ちていること、（5）観察の起因がある（paccavekkhaṇā-nimittan）という、これら五つの支分を具えているから、「五支がある禅定」と言われるからである。〈寂静で（sante）〉とは、対治（反対要素）が鎮まることによって（paṭipakkha-vūpasamena）、また肢体が寂静であるから（aṅga-santatāya）寂静で、〈専一に修習されて（ekodi-bhāvite）〉とは、専一の状態になって、よく行われて（suciṇṇe）、自在であることを得ていると、という意味である。〈〔煩悩の〕止息が得られると（paṭipassaddhi-laddhamhi）〉とは、諸煩悩の止息が得られると（paṭippassaddhiyā laddhe）、〈私の天眼は清まった（visujjhi）〉とは、このような類の禅定が得られると、私の天眼智は清まった。十一種の小煩悩（upakkilesa）から解脱することによって〔天眼は〕清く、清浄になった。

(917) 〈死と再生を〔私は〕知る〉とは、有情たちの死去（cuti）と再生（upapatti）とを私は知る。また知りながら「これらの有情たちはあの世間からやって来て、ここに再生した（upapannā）。またこの世間から去って行って、あの世間に再生するであろう」と、〈有情たちの来・去を〉私は知る。また知りながらも、彼等の〈ここでの状態（ittha-bhāvaṃ）を〉、人間としての生存を、〈別様の状態を〉、また別様に畜生などの状態を、再生から、ずっと以前に私は知る。そこでこの一切をも、五支をもつ禅定が得られたところで、もう〔私は知った〕ということを、示そうとして〈五支をもつ禅定に立って〉と言う。そこで五支をもつ禅定に立ち、安立したものとなって、このように〔私は〕知る、という意味である。

(918) このように三明を（vijjā-ttayaṃ）示してから、その帰結として（tap-pasaṅgena）前に示された第三の明（漏尽智）をも、〔その〕為すべきことと成就する結果（kicca-nipphattiyā）とを共に示して、〈〔大〕師は私によって奉仕され（paricinno）〉云々と二偈を言う。

(919) そこで、〈ヴァッジーの人々のヴェールヴァ村で（Vajjīnaṃ Veḷuva-gāme）〉とは、ヴァッジ国の（Vajji-raṭṭhassa）ヴェールヴァ村で。ヴァッジ国で、そこで最後の雨安居に近づいて行った、〔その〕ヴェールヴァ村で。〈竹藪の下で〉とは、そこの或る竹藪の下で。〈私は消える（涅槃する）であろう（nibbāyissaṃ）〉とは、私は消えよう（nibbāyissāmi）、無余依の涅槃界において入滅（般涅槃）しよう、という意味である。

アヌルッダ上座の偈の註釈　終わる。

註

（1）この上座は赤沼『辞典』にも Anuruddha と出ている。漢訳にも阿泥婁馱、阿泥盧豆、阿尼盧陀、阿那律、無滅などと知られている。本註は *Ap.I.* pp35^{8}-36^{15}［4.Anuruddha］に上座の説いたという十三偈を引く。

74

二〇・一〇（920—948）、パーラーパリヤ（Pārāpariya）（c）

〈仏滅後、入滅直前のパーラーパリヤ上座最晩年の遺偈〉

〈沙門に心の思いがあった〉云々とは、尊者パーラーパリヤ上座の偈である。この人の事蹟（vatthu, 物語）はすでに先に出て来ている（II. p. 241, III. 18）。しかしまたそれらの偈は、〔大〕師が在世中で（Satthari dharante）、〔彼〕自身が凡夫の時に、意を第六とする諸々の感官（根、眼・耳・鼻・舌・身・意）の抑止のために述べられた。しかしここにある〔諸偈〕は後年になって〔大〕師が入滅（般涅槃）され、また自分の入滅（般涅槃）が近づいている（upaṭṭhite）、その時に将来の比丘たちのために、邪法の実践修行（uddhamma-paṭipatti）を明らかにするために述べられた。そこで、

（920）沙門に心の思いがあった。花咲く大きな森の中で、
心を一点に集中し遠離し禅思して坐っていると。と。（≒*Th.*726）

この偈は結集の編纂者たちによって〔ここに〕置かれた。その意味は先にすでに述べた趣旨の通り。そしてこれ（以下）が〔意味の〕関連（sambandha）である。〔大〕師と、最高の声聞弟子たちと、誰か或る大上座たちが、入滅（般涅槃）されてしまうと、教えの言葉は過ぎ去った〔大〕師のものになり（atīta-satthuke pāvacane）、よい言葉をたもち（sub-bacesu）学ぼうと欲する比丘たちが得難くなって、また悪い言葉をもって（dub-bacesu）間違った実践を多くする比丘たちが生まれてくる時に、よく花咲く大きなサーラ樹の森の中で

〈坐って、遠離して（pavivittassa）心を一点に集中し（ek'aggassa）〉、禅思を慣いとし（jhāyana-sīlassa）、悪が鎮められてから（samita-pāpatāya）〈沙門（samaṇassa）〉、パーラーパリヤ上座に、実践道によって〈心の思い（cintā）〉、思案（vīmaṃsā）があった、と、他の人たちは（ti itarā）〔言う〕。

(921) 世間の守護者、人間の最上者が、居られたときには、比丘たちの〔行住坐臥の〕振舞いは別様であった。今〔それが〕別様に見える。

(922) 〔彼等は〕冷たい風を防ぐもの（衣）、陰部を覆うもの（衣）、何にでも満足して、適量の要るものを用いた。

(923) 美味《おい》しい、もしくはまずい、僅かの、もしくは多くの〔食べ物〕でも、貪らずに、夢中にならずに、〔命を〕永らえるために〔彼等は〕食べた。

(924) また諸々の命の必需品である薬に、それから生活用品に対しては、彼等が煩悩（漏）が尽きるのを切望したほどには、激しくなかった。

(925) 〔彼等は〕森の中の樹々の根元で、諸渓谷で、また諸洞穴で、遠離を増大させて、それを依り所として住んだ。

(926) 〔彼等は〕謙虚で、安定し、養い易く、柔軟で、頑固な心なく、汚さず、饒舌ならず、利益の思案の支配に従う〔のであった〕。

(927) それゆえに〔彼等の〕行き、用い、親しんだことは、美しかった。〔行住坐臥の〕姿勢は油の流れのように、滑らかであった。

75

(928) 一切の煩悩〔漏〕が尽きた大禅思者たち、大利益ある、
それら上座たちは、今や入滅なされて、今はそのような方々は少ない。

(929) 善なる諸法と、また智慧とが、尽きるから、
一切の勝れたあり方が具わった勝者の教えは壊される。

(930) およそ何でも、悪い諸法〔身の悪行など〕と諸煩悩との季節である。
遠離のために現れた、またおよそ正法の残りを保つ者たちがいる。

(931) それら煩悩は増大しながら、多くの人々に入る。
思うに、悪鬼らが愚かな人たちと遊び、狂った人たちと〔遊ぶ〕ように。

(932) 諸煩悩に克服されて彼等は、それぞれに走り廻わった。
人々は煩悩の基礎に対して、まさに自分の戦争が布告された時に、

(933) 〔彼等は〕正法を投げ捨てて、互いに争論する。
諸見解に従いながら、「これがより良い」と考える。

(934) 〔彼等は〕財産と子供や妻を捨てて、〔家から〕出て行き、
一匙の施食のためにも、為してはならないことに親しむ。

(935) ▽〔彼等は〕腹が下半身に〔下がる〕ほど食べ、上を向いて眠り、
目が覚めると、およそ〔大〕師に叱責された談話を増大させる。

(936) 〔彼等は〕あらゆる工匠の技芸を尊重して学び、
内心静かではないのに、「沙門である意味がある」と居直る。

(937)〔彼等比丘たちは〕土、油、〔洗い〕粉や水、坐席、食事を、在家者たちに与える。より多くの上等のものを期待しながら。

(938)〔彼等は〕楊枝、また蜜柑、また花、噛んで食べるもの、また用意した托鉢食、マンゴー、またアーマラカを〔与える〕。

(939)〔彼等は〕諸々の薬に関しては医者たちのように、為すべきこと・為してはならぬことに関しては、在家者たちのように、装飾品については遊女たちのように、権力についてはクシャトリヤ（王族）たちのように〔振舞う〕。

(940)〔彼等は〕詐欺し、欺瞞し、偽証する、狡《ずる》い人たちで、多くの企みによって、贈られた物を享受する。

(941)〔彼等は〕口実の計らい、言い換え、画策を追い駆け、生活のために手段によって、多くの財を引き寄せる。

(942)〔彼等は〕仕事のため衆を〔自分に〕仕えさせるが、〔仏〕法のためではない。他の人々には法を説くが、〔それは〕所得のためで、また利益のためではない。

(943)僧団の部外者たちが僧団の所得について争論する。他人の所得に依存して生活しながら、恥もなく、恥じない。

(944)或る人たちはそのように坊主頭で重衣を着けても、〔行に〕専念しない。栄誉だけを欲して、所得と尊敬〔を得ること〕に、夢中になっている。

（945）このように、さまざまに経過したところにおいて、今や、そのように、
まだ触れないことに触れるか、或いは触れたことを護るのは容易ではない。
（946）例えば、茨《いばら》のあるところに、履物なしで行くように、
そのように、思念を起こして牟尼は村に行くがよい。
（947）かつての観行者たちを偲んでから、彼等の徳行を追憶しながら、
たとえ最後の時であっても、不死（甘露）の境地に触れるがよい。と。

これらの偈は、しかし同じ上座だけによって述べられた。

（948）これを述べてからサーラの林において、感官を修めた沙門、
バラモン、再度の生存が尽きた仙人は、入滅（般涅槃）した、と。

76

〔語句の註釈〕

（921）そこで、〈比丘たちの〔行・住・坐・臥の〕振舞い（iriyā, 姿勢、威儀）は〔別様で〕あった〉とは、〈人間の最上者、世間の守護者（loka-nātha）〉、正等覚者が〈居られたときには（tiṭṭhante）〉、存在するときには（dharante, 存命中は）〔比丘たちの振舞いは〕、今、実践修道していることとは、〈別様で（aññathā）〉あった。別な仕方によって（pakārena）比丘たちの振舞い（姿勢、威儀）が行われていた。なぜなら教えられた通りに実践修道していたからである。〈今〔それが〕別様に見える〉とは、しかし今は比丘たちの振舞い（威儀）がそれとは別様に見える。まさにその通りでない（a-yathā-eva）実践修道となっているからである、という趣旨である。今度は、〔大〕師が存在するとき（存命中）には、およそそのあり方で比丘たちの実践修道があった、そ

の〔あり方〕をまず示すために〈冷たい風を防ぐもの〉云々と言われた。

（922）そこで、〈適量の要るものを（mattʼatthiyaṃ）〔用いた〕〉とは、その適量の必要品を（mattaṃ payojanaṃ）、何でも〈冷たい風を防ぐもの（sīta-vāta-parittāṇa）〉だけ、何でも〈陰部を覆うもの（hiri-kopīna-paṭicchādanaṃ）〉だけにして、〔彼等は〕衣を用いた（paribhuñjiṃsu）。どのようにか。〈何にでも満足して〉とは、およそ何でも、劣った、或いは優れたものが得られたままの生活用品に満足を得て〔用いた〕。

（923）〈美味《おい》しい（paṇīta）〉とは、沢山の、バターなどを副えた〔食べ物〕、それがないので〈まずい（lūkha）〉〔食べ物〕、〈僅かの（appa）〉とは、四・五口だけ〔の食べ物〕でも、〈多くの〔食べ物〕でも、〔命を〕永らえるために〔彼等は〕食べた（yāpanʼatthaṃ abhuñjiṃsu）〉とは、おいしい、多くのものを食べながらも、〔命を〕永らえる（過ごせる）だけにこそ（yāpana-mattam eva）食物を食べた。それゆえにこそ〈貪らずに（agiddhā）〉、貪りにおちいらないで。〈夢中にならずに（nâdhimucchitā）〉、執著せず（na ajjhositā）、車工たちが（sākaṭikā）車軸に油を点《さ》す（akkhʼabbhañjanaṃ）ように、また傷がある者たちが傷に薬を塗る（vaṇâlepanaṃ）ように、〔彼等は〕食べた。

（924）〈また諸々の命の必需品である薬に（jīvitānaṃ parikkhāre bhesajje）、それから生活用品に対しては（paccaye）〉とは、諸々の命の働きのために（pavattiyā）必需品となった薬と呼ばれる〈生活必用品〉、病人の生活必用品に対しては、〈ちょうど彼等が〉とは、ちょうど彼等昔の比丘たちが〈煩悩（漏）が尽きるのを切望し（ussukā）〉、励んで（yuttā）〈いた〉ように、そのように病いに罹っても（rogâbhibhūtā pi）病人の生活必用品に対しては〈激しく（bāḷhaṃ）〉甚だしく（ativiya）〈切望しては〉いなかった、という意味である。

（925）〔彼等は〕〈それを依り所として（tap-parāyanā）〔住んだ〕〉とは、遠離を依り所として、遠離に傾いた

（viveka-poṇā）。このように四つの偈によって四種の生活用品に満足していることと、修習を愉しんでいることとを示して、彼等の聖なる伝統の実践修道（ariya-vaṃsa-ppaṭipadā）が示された。

（926）〈〔彼等は〕謙虚で（nīcā）〉とは、「我々は糞掃衣者であり托鉢食者である」と、自分をもち上げ他を侮ることを（att'ukkaṃsana-para-vambhanāni）しないで、振舞いが謙虚で（nīca-vuttino）、振舞いが穏か（凪《なぎ》）である（nivāta-vuttino）、という意味である。〈安定し（niviṭṭhā）〉とは、〔仏の〕教えについて安定した信がある（niviṭṭha-saddhā）。〔彼等は〕〈養い易く（subharā）〉とは、少欲であることなどであるので養生《ようじょう》し易く（supposā）、〈柔軟で（mudū）〉とは、種々の務めにおいて（vatta-paṭipattiyaṃ）、またあらゆる梵行〔仏教修行〕において柔軟で、よく精練された（su-parikamma-kata）黄金のように使用に耐え（viniyoga-kkhamā）、或いは〈柔軟で〉とは、顔をしかめないで（abbhākutikā, Vri. abbhākuṭikā）、顔を上げ（uttāna-mukhā）、微笑《ほほえ》んだ顔で（pupphita-mukhena）歓迎することを慣《なら》いとする（paṭisanthāra-vuttino）。よく据えられた（suhitaṃ, Vri. sutitthaṃ）ように安らぎ（安楽）を齎す（sukh'āvahā）、と言われたのである。〈頑固な心なく（a-tthaddha-mānasā）〉とは、心が頑なでなく（a-kaṭhina-cittā）、それによって言葉がよい（従順、柔和な）ことを（subbaca-bhāvaṃ）言う。〈汚《けが》さず（a-byāsekā）〉とは、思念の不在がないから（sati-vippavās'ābhāvato）、煩悩による汚染がない（kilesa-byāseka-rahitā）。しばしば（antarantarā）渇愛・見解・自負心（慢）などに混じらない（a-vokiṇṇā）、という意味である。〈饒舌ならず（a-mukharā）〉とは、おしゃべり（mukharā）でない、口〔舌〕によって激しく（mukhena kharā）ない、或いは、言葉の傲慢さがない（vacī-pāgabbhiya-rahitā）という意味である。〈利益の思案の支配に従う（attha-cintā-vasânugā）〉とは、益の思案の支配に従う（hita-cintā-vasânugā）、益の思案に支配される（hita-cintā-vasikā）、自分と他の人たちの益の思案に（hita-cintaṃ）だけ従って動く（anuparivattanakā）〔のであった〕。

77

（927）〈それゆえに（tato）〉とは、それゆえに（tasmā）、振舞いが謙虚であるなどを原因として、〔彼等の動作は〕〈美し（pāsādikaṃ）〔かった〕〉とは、浄信を生み出す（pasāda-janikaṃ）実践修道を見る人たちや聞く人たちに浄信を齎す（pasād'āvahaṃ）〔のであった〕。〔彼等の〕〈行き（gataṃ）〉とは、出て行き・戻り・歩き廻ったなど「行くこと」（abhikkanta-paṭikkanta-parivattan'ādi- gamanaṃ）、或いは〈行き〉とは、身と言葉の動き（pavatti）で、〈用い（bhuttaṃ）〉とは、四種の生活用品（衣・食・住・薬）の受用であり（catu-paccaya-paribhogo）、〈親しんだこと（nisevitaṃ）〉とは、〔托鉢に行く〕行動領域に親しむことは（gocara-nisevanaṃ）〔美しかった〕。〈〔行住坐臥の姿勢は〕油の流れのように、滑らかで（siniddhā tela-dhārā va）〔あった〕〉とは、ちょうど逆戻りしないから（anivattitā）、善き人々によって灌頂されて（[Vri.]kusala-janâbhisiñcitā, [PTS.]kusala-janaka-pattiyā, 善福を生んで得られる）流れる油の流れが途切れずに、滑らかで、浄く（maṭṭhā）、見て麗しく、美しくなるように、そのように彼等、行儀（ākappa）を具えた者たちの〈〔行住坐臥の〕姿勢（iriyā-patha, 振舞い、威儀路）〉は欠点なく（a-cchiddo）優しく（saṇho）清く、見て麗しく、美しく〈なった〉。

（928）〈大禅思者たち〉とは、大きな禅思によって禅思（瞑想）することを慣いとする（jhāyana-sīlā）、或いは、偉大なる涅槃を禅思する、というので大禅思者たちで、まさにそれゆえに、〈大利益ある（mahā-hitā）〉、大きな諸利益を具えた、という意味で〈それら上座たちは〉とは、彼等、先述のような類の、実践修道を依処とする（paṭipatti-parāyaṇā）上座たちは、今や入滅（般涅槃）した、という意味である。〈今はそのような方々は少ない（parittā）〉とは、今や最後の時に〈そのような〉、そのようなあり方の（tathā-rūpā）上座たちは少なく、少数で、もう僅かである（katipayā eva）と言われたのである。

（929）〈また善なる諸法と〉とは、脱輪廻の機縁となる解脱の資糧である（vimokkha-sambhārānaṃ）無罪の諸法と、〈また智慧とが（paññāya ca）〉とは、そのような智慧とが、〈尽きるから（parikkhayā）〉とは、ないから、起こらないから。またここで、勿論（kāmaṃ）智慧もまた無罪の諸法に〔含まれている〕が、しかし〔智慧には〕多大の利益する力（upakāra）があることを示すために、それを別に（visuṃ）言う。例えば「〔福徳と智の資糧（puñña-ñāṇa-sambhārā）」（*UdA*. 134[6]）というように。〈一切の勝れたあり方が具わった（sabbâkāra-varûpetaṃ）〉とは、最初も良いなど（最初も、中ほども、終わりも良い）一切の勝れたあり方（ākāra-varehi）、諸々の特別に勝れた仕方が（pakāra-visesehi）具わった、結びついた（yuttaṃ）、〈勝者（jinassa）〉、世尊の〈教えは壊される（lujjate）〉、亡びる（vinassati）という意味である。

(930)〈また悪い諸法〉とは、身の悪行など諸悪法と、貪欲（lobha）などの諸煩悩との、〈およそ何でも季節（utu）である〉、何でも時である（kālo）。「即ち、この〔季節＝時〕である（vattati）」という言い残しがある（iti vacana-seso）。〈遠離のために現れた（upaṭṭhitā vivekāya）、またおよそ正法の残りを保つ者たちがいる（saddhamma-sesakā）〉というのは、しかしこのような時に、およそ、身と心という依処から遠離するために（kāya-citta-upadhi-vivek'atthāya）現れた、精進に励む人たちがいる（āraddha-vīriyā）、そしてその彼等は残りの実践修道の正法を保つ人たちで（sesa-paṭipatti-saddhammakā）ある。なぜなら、これ（以下）がここでの意味だからである。〔即ち〕、

「きわめて清浄な戒を行う者たち（suvisuddha-sīl'ācārā）も居ながら、今は、或る一部の比丘たちは威儀路を立てる、止・観の修習の規定（samatha-vipassanā-bhāvanā-vidhānaṃ）、大きな障碍の切断（mahā-palibodhûpacchedo）と小さな障碍の切断という、このようなことなど前段階の為すべきことを成し遂げてから、修習に専心する。彼らは（[Vri.]anuyuñjanti.Te, [PTS.]anuyuñjantā, 専心しながら）、残りの実践修道の正法を保つ人たちである（[Vri.]sesa-paṭipatti- saddhammakā, [PTS.]seta-paṭipattikā saddhamma-katā, 善なる実践修道を有し正法

を行う〉が、実践修道を頂点に到らせることが出来ない」と。

(931)〈それら煩悩は増大しながら〉とは、およそそれら煩悩は、世尊の生みの子たちによって（orasa-puttehi）、その時、消尽に、消滅に導かれた（pariyādānaṃ gamitā）が、それら〔煩悩〕は現在、機会を得て（laddh'okāsā）、比丘たちの中で増大、拡大、広大に到りながら、〈多くの人々に入る（āvisanti bahuṃ janan）〉。というのは、善き友のいない、非根源的に思念することの多い暗愚の人々を征服して、自在でないものに（avasaṃ）しながら、〔人々に〕入る、〔身心の〕相続に入り込む（anupavisanti）。そしてこのようになったそれら〔煩悩〕は〈思うに、悪鬼（羅刹）らが（rakkhasā）愚かな人たちと遊び（kiḷanti, 遊び戯れ）、狂った（ummatta）人たちと〔遊ぶ〕ように〉。例えて言えば、遊びを慣《なら》いとする（keḷi-sīla）悪鬼らが医者のいない（bhisakka-rahite）狂った人たちに入って、彼等を禍害や厄難（anaya-byasanaṃ）に遭わせて、彼等と遊ぶ〔遊び戯れる〕ように、そのように、それら煩悩は、正等覚者という医師のいない暗愚の比丘たちに入ってから、彼等に現在など（現在・将来）の類の不利益（an-attha）を生ぜしめながら、彼等とともに遊び戯れる、思うに、遊び戯れるかのようである、という意味である。

78

(932)〔諸煩悩に克服されて彼等は、〕〈それぞれに〉とは、それぞれの〔感官の〕対象の領分に、〈走り廻った（vidhāvitā）〉とは、不恰好に走った（virūpaṃ dhāvitā）。適切でないことのために実践しながら（asāruppa-vasena paṭipajjantā）、〈煩悩の基礎に対して（kilesa-vatthūsu）〉とは、最初に生じた諸煩悩は後で生ずる〔諸煩悩〕の原因となるから、諸煩悩こそが煩悩の基礎である。それら煩悩の基礎が集められると（samūhitesu）、〈まさに自分の戦争が布告された時に（sa-saṅgāmam eva ghosite）〉とは、金貨・黄金・宝珠・真珠などの財を撒き散らしてから、「何でもそれぞれ金貨・黄金などが、誰でもそれぞれの人の手に入ったなら、そのそれぞれの〔財〕は、それぞれの人の所有だけにしよう」という。このような欲望の号令（kāma-ghosaṇā）が、自分の戦争の布告（sasaṅgāma-ghosanā）というものである。そこで、これ（以下）が〔その〕意味である。〔即ち〕、「諸煩悩の基礎の中に（kilesa-vatthūsu）、何でもそれぞれの煩悩があって、誰でもそれぞれの有情〔人〕を捕えて征服するならば、そのそれぞれの〔煩悩〕は、そのそれぞれの〔人〕の〔所有〕としよう」と、煩悩の将軍である魔によって自分の戦争が布告された時のように、それぞれの〈諸煩悩に克服されて彼等〉愚かな凡夫たちは、〈それぞれに〉〔欲望の〕対象の領分によって〈走り廻った（vidhāvitā）〉、目論だ（vositā）、と。

〔問う〕「彼等はこのように走り廻って、一体何をするのか。」というと、〔答えて〕言う。

（933）〈正法を投げ捨てて、互いに争論する（bhaṇḍare）〉と。その意味は〔こうである〕。実践修道という正法を捨てて、僅かばかりの財利を理由に（āmisa-kiñcikkha-hetu）互いに争論する、喧嘩をする、と。〈諸見解（diṭṭhi-gatāni）〉とは、「識（知）だけが（viññāṇa-mattam eva）ある。(2)色という諸要素（rūpa-dhammā, 諸色法）はないだけだ（n'atth'eva）」とか、「人（puggala, 人格主体）というのは第一義からすればないように、そのように本性（自性）という諸要素（sabhāva-dhammā, 本性という諸法）も第一義からすればない。名称（言説）だけに過ぎない（vohāra-mattam eva）」とか、このように諸見解類に、誤った諸執見に（micchā-gāhe）〈従いながら（anventā）〉、ついて行きながら（anugacchantā）、〈これがより良い（seyyo）〉、これだけが最良だ、他のものは誤っている（micchā）、と考える。

（934）〔妻子を捨てて〕〈出て行き（niggatā）〉とは、家から出て行き（nikkhantā）、〈一匙の施食のためにも〉とは、施食を起因としても（bhikkhā-nimittam pi）、その〔食〕を与える在家の人との適切でない交際によって、

〈為してはならないこと（a-kiccāni）〉、出家者が為すべきでない行為（業）に〈親しむ（nisevare）〉、行う。

(935)〈〔彼等は〕腹が下半身に〔下がる〕ほど食べ（udarâvadehakaṃ bhutvā）〉とは、「腹を減らし（ūnûdaro）食べる量をはかる（mitâhāro）」（*Th.* 982c）と述べられた言葉を思わないで、腹一杯に食べてから、〈上を向いて眠り（sayant'uttāna-seyyakā）〉とは、「右脇を〔下に〕して、足を足の上に置いて、正念正知して獅子の眠りに入る」と（*D.* II, 134[29]）述べられた〔眠りの〕決まり（vidhāna）を思い出さないで、上を向いて寝る。〈およそ〔大〕師に叱責された談話〔を増大させる〕〉とは、王の話などや畜生の話に関して言う。

(936)〈あらゆる工匠の技芸（sabba-kāruka-sippāni）〉とは、一切の衣装（vesa）などの工匠たちが行うべき傘や多羅葉扇（tāla-vaṇṭa）を作るなどの手芸（hattha-sippāni）を、〈尊重して（cittī-katvā）〉とは、恭しく敬意を払って〔学び〕、〈内心静かではないのに（avūpasantā ajjhattaṃ）〉とは、煩悩の鎮静がないから、また僅かばかりの（gaddūhana-mattaṃ）定（samādhāna, 等持、精神統一）もないから、内心静かではないのに、心が静かではないのに、という意味である。〈沙門である意味（義）がある（sāmaññ'attho）〉とは、沙門法（沙門である徳）がある、〈〔と〕居直る（acchati, Vri. atiacchati）〉とは、彼等が生計として為すべきことを追い求めるのであるから（ājīva-kicca-pasutatāya）、〔僧団の〕一つの所在にも触れないから（aphusanato）、ただ銘々だけで坐る。従属しない（anallīyati）と言われたのである。

79

(937)〈土を（mattikaṃ）〉とは、自然の〔土〕、或いは五色の〔土〕を、在家の人たちの使用に適した土を〔与える〕。〈油・〔洗い〕粉を〉とは、自然の、或いは人工の（abhisaṅkhataṃ）油と沐浴用の粉（nahāniya-cuṇṇaṃ）とを〔在家者たちに与える〕。〈水・坐席・食事を〉とは、水と坐席と食事とを〔与える〕。〈より多くの上等のものを期待しながら（ākaṅkhantā bah'uttaran）〉とは、多くの托鉢食（piṇḍa-pāta）など、ますます上等なものを（uttar'uttaraṃ）期待しながら。「我々（比丘たち）から土などが与えられると、人々は堅固な信者（daḷha-bhattikā）となって、多くの、ますます上等な四種の生活用品の類を〔我々に〕施すであろう」と意図して（adhippāyena）、〈在家者たちに与える（upanāmenti）〉、という意味である。

(938)〔彼等は〕この〔楊枝〕によってなど歯をほじくり（punanti）浄める（sodhenti）〔その〕〈楊枝（danta-poṇaṃ）〉、歯〔磨き〕用の木片を〔在家者たちに与える〕。〈蜜柑を（kapiṭṭhaṃ）〉とは、蜜柑の実を〔与える〕。〈花を〉とは、ジャスミン（sumana）・キンコウボク（campaka）などの花を〔与える〕。〈噛んで食べるもの（khādanīyāni）〉とは、十八種もの勝れた噛んで食べるものを〔与える〕。〈また贅沢な托鉢食を〉とは、おかずなどが添えられた（byañjanâdi-sampayutte）特別の御飯を〔与える〕。〈マンゴーを、またアーマラカを〉とは、〈また（ca）〉の語によって、シトロン（mātuluṅga）・多羅（tāla, 棕櫚）・椰子（nāḷikera）の実などの、〔偈で〕言われていないものを含む（saṅgaṇhāti）。〔又の〕全てのところで「〔それらを〕在家者たちに与える。多くのより上等のものを期待しながら」と繋がる。

(939)〈諸々の薬に関しては医者たちのように〉とは、在家の者たちに薬品を用いる時には、恰も医師たちのように、そのように比丘たちは行動する、という趣旨である。〈為すべきこと、為してはならぬことに関しては、在家者たちのように〉とは、在家者たちに小さな、また大きな、為すべき行うべきことがある時には、在家者たちのように〔振舞う〕。〈装飾品については遊女たち（gaṇikā）のように〉とは、自分の体の飾りについては容色で生きる女たち（rūp'ūpajīviniyo）のように〔振舞う〕。〈権力については（issare）クシャトリヤ（王族）のように〉とは、権力、主宰権の行使に当たっては（issariya-pavattane）、クシャトリヤたちのように〔振舞う〕。このように〔比丘たちは〕家主（kula-pati）となっている、という意味である。

（940）〔彼等は〕〈詐欺し（nekatikā）〉とは、詐欺（nikati）に従う（niyuttā）。宝珠でないもの（a-maṇim）をさえ宝珠であるとなし、黄金でないものをさえ黄金である、となして、見せかけ・不実を好む（paṭirūpa-sāciyoga-niratā）。〈欺瞞し（vañcanikā）〉とは、欺瞞（kūṭa）・自負心（māna, 憍慢）などによって混乱させる（vippalambakā）。〈偽証する（kūṭa-sakkhī）〉とは、不実に証言する（a-yāthāva-sakkhino）。〈狡《ずる》い人たちで（apāṭukā）〉とは、逆の身振りをする（vāmakā）、行為に抑制がない（a-saṃyata-vuttī）という意味である。〈多くの企みによって（bahūhi parikappehi）〉とは、先述の通りの、また別の多くの誤った生計によって（micchājīva-ppakārehi）〔贈られた物を享受する〕。

（941）〈口実の計らいを（lesa-kappe）〉とは、適当な口実（kappiya-lese）、適当な見せかけを（kappiya-paṭirūpe）、〈言い換えを（pariyāye）〉とは、諸々の生活用品に関して言い換え（同意語）を用い（yoge）、〈画策を（parikappe）〉とは、増加〔減少〕などを思い計らうことを（vaḍḍhi-ādi-vikappane）〔追い駆ける〕。〔以上各語（*loc.sg.*）は〕全て目的（対象、…を）〔を意味する〕処格（visaye bhummaṃ）である。〈追い駆け（anudhāvitā）〉とは、大欲であることなど諸悪法（習性、性分）をもって追い駆け、励んだ（vositā）。〈生活のために（jīvik'atthā）〉とは、生活を目的にして（jīvika-ppayojanā）、生活を理由に、〈手段によって（upāyena）〉とは、遠まわし語（parikathā）などの手段によって、生活用品を得る方策をもって（paccay'uppādana-nayena）、〈〔多くの財を〕引き寄せる（saṅkaḍḍhanti）〉とは、集める（saṃharanti）。

（942）〔彼等は仕事のため〕〈衆を仕えさせる（upaṭṭhapenti parisaṃ）〉とは、衆を自分に仕えさせる。ちょうど衆を自分に仕えさせるように、そのように衆を愛護する（saṅgaṇhanti）という意味である。〈仕事のため（kammato）〉とは、仕事を理由に、自分の為すべき仕事のために（veyyāvacca-nimittaṃ）、彼等に仕えさせる。

80
〈また〔仏〕法のため（dhammato）ではない〉とは、また〔仏〕法のために（dhamma-nimittaṃ）〔彼等を〕仕えさせるのではない。およそ〔大〕師によって、救済を本性に成立している（ullumpana-sabhāva-saṇṭhitāya）衆を愛護すること（parisa-saṅgaha）が認められているその〔愛護〕によって〔衆を〕愛護するのではない、という意味である。〈所得のため（lābhato）〉とは、所得を理由に、「〔この〕聖者（ayya）は、多聞で、誦者（bhāṇaka）であり、説法者（dhamma-kathika）であると、このように尊敬しながら（sambhāvento）大衆が私に所得と尊敬を捧げるであろう」という欲の行動に（icchā-cāre）立って、所得のために（lābha-nimittaṃ）〈他の人々に法を説くが〉、〈また利益のため（atthato）〔法を説くの〕ではない〉とは、およそその利益は解脱した領分の頭に立って正法を語ろうとする者によって得られるべきであるが、〔PTS. その利益によってではない〕。現在などの類（現在・将来）の利のために（-hita-nimittaṃ）法を説くのではない、という意味である。

（943）〈〔僧団の部外者たちが〕僧団の所得をめぐって争論する（bhaṇḍanti）〉とは、僧団の所得を理由に争論する。「私の〔所得は〕達成するが、あなたのは〔達成し〕ない」というなどによって喧嘩をする。〈僧団の部外者たち（saṅghato paribāhirā）〉とは、聖なる僧団から外にいる者たち（bahi-bhūtā）である。聖なる僧団の中にはそれ（部外者）はいないからである。〈他人の所得に依存して生活しながら（para-lābhôpajīvantā）〉とは、教〔団〕における所得というのは、暗愚の凡夫たちからは、別の、戒など（戒・定・慧）の徳を具えた有学（修学中）の〔聖者〕に対して生じたのであるから（sekkhe uddissa uppannattā）、その〈他人の所得に〉、或いは、他の施者から得られるべき所得に〈依存して生活しながら（upajīvantā）〉、争論をする（bhaṇḍana-kārakā）比丘たちは、悪を厭うことがないので。〈恥もない（ahirikā）〉沙門たちは「私どもは他人の所得を受用し、他人に結びついて生活している」とも〈羞じない（na lajjare）〉、恥じない（na hirīyanti）。

（944）〈専念しない（nânuyuttā）〉とは、沙門を作る諸法（徳、行）に専念しない。〈そのように〉とは、ちょうど先に述べた争論を作る者たちなどのように、そのように、〈或る人たちは〉とは、一部の人は（Eke ti ekacce）。〈坊主頭で重衣を着けて（muṇḍā saṅghāṭi-pārutā）〉とは、単に頭髪を剃っただけで坊主頭で、布片をつぎ合わせた（pilotikā-kkhaṇḍehi saṅghāṭita-）意味で〈重衣（saṅghāṭi）〉と名を得た衣で体を被われている。〈栄誉だけを欲し（sambhāvanaṃ yev'icchanti）〉とは、所得と尊敬に対する願いに夢中になって（mucchitā）、固執する者（ajjhositā）となって、「温和な方だ（pesalo）、頭陀論者だ（dhuta-vādo）、多聞の方だ（bahu-ssuto）」という甘い言葉に従い、また「聖者である」という単に栄誉、敬意（bahumānaṃ）だけを欲し求めるが、その起因である諸々の徳を（guṇe）〔求め〕ない、という意味である。

（945）〈このように〉とは、「諸善法と智慧とが、尽きるから」（*Th.* 929ab）と先述された趣旨によって、〈さまざまに経過したところにおいて（nāna-ppayātamhi）〉とは、種々の類の破壊する法が（bhedana-dhamme,[PTS.]~ena）経過したところ（payāte）、平均されたところ（sama-kate）、或いは種々の類の煩悩に汚れた法が（saṅkilesa-dhamme,[PTS.]~ena）経過し起こり始めたところにおいて（payātuṃ pavattituṃ āraddhe）、〈今や、そのように、容易ではない〉。というのは、今やこの、善き友が得難く、また適切な正法を聞くことが得難い（dullabha-sappāya-saddhamma-ssavane）この時に、〔大〕師がおられた時のように〈まだ触れない〉、まだ触れられていない、まだ証得されていない禅思や観法に、〈触れる〉、証得するのは〔容易ではない〕。或いは〈すでに触れた〉、喪失の部分に属する（hāna-bhāgiyaṃ）〔法〕と、或いは存続の部分に属する（thiti-bhāgiyam）〔法〕だけでなく、特に勝れた部分に属する（visesa-bhāgiyaṃ）〔法〕にするように、そのように〈護るのは（anurakkhituṃ）〉、容易に守るのは（pāletuṃ sukaraṃ）、そのように容易でない。そのように為し遂げることは

81

（sampādetuṃ）できない、という意味である。

（946）今度は、自分の入滅（般涅槃）の時が近いから、簡潔な教誡によって同梵行者を教誡しようとして、「例えば、茨《いばら》のあるところに（kaṇṭaka-ṭṭhānamhi）」云々と言う。その意味は〔こうである〕。例えば人が何か或る目的で、茨が茂るところを〈履物なしで（an-upāhano）〉歩いて行こうとすると、「茨が私を傷つけないように（mā vijjhi）」と注意（思念）を喚起してからだけ（satiṃ upaṭṭhapetvāva）、歩いて行くように、〈そのように〉煩悩の茨が茂る（kilesa-kaṇṭaka-nicite）〔托鉢に〕行く村に目的をもって行こうとして、〈牟尼は思念を起こして〉、正念正知を具えて、不放逸に行くがよい。観念修行法（業処）を捨てないで、と言われたのである。

（947）〈かつての観行者（瑜伽者）たちを（pubbake yogī）偲んでから、彼等の徳行を追憶しながら（vattam anussaran）〉とは、かつての観行（瞑想行）における（yoge）修習と結びついたのであるから観法に励む観行者たちを偲んでから、その人たちの徳行を伝えるところに従って（āgamânusārena）想い起こして、正しい実践修道と修習の方法を（sammā-paṭipatti-bhāvanā-vidhiṃ）追憶しながら、〔修行の〕重荷の放棄をすることなく、実践修道している通りに、〈たとえ最後の時（pacchimo kālo）であっても〉とは、たとえこれが、すでに〔大〕師が去られた最後の時であっても、そうであっても、まさに法の通りに実践修道して、観法を励ましめながら〈不死（甘露）の境地に（amataṃ padaṃ）触れるがよい〉、安《やす》らぎ（涅槃）を証得するがよい。

（948）〈これを述べてから〉とは、示された通りに、煩悩の汚れと浄化とにおいて（saṅkilesa-vodānesu）、この実践修道の方法を語ってから。またこの最終の偈（osāna-gāthā）は結集作者たちによって、上座の入滅（般涅槃）を明らかにするために述べられた、と知られる。

パーラーパリヤ上座の偈の註釈　終わる。

二十〔偈〕集の註釈　終わる。

註

（1）赤沼『辞典』には Pārāpariya」と出ている。この上座は長老偈とその註訳に三回登場するという。ここは最後の遺偈であり、仏滅後の比丘たちの堕落と、教法の衰微を指摘してから、最後に彼自身が入滅したことを語っている。

（2）ここ（*ThA.* III.78[15-20]）は、唯識説に言及して批判するのであろう。唯識説批判については、次巻の巻末の註において論じる。「人（人格主体）は第一義からすればない」とは、世親の『倶舎論』末の「破我品」のような議論を予想していよう。村上［1993b］「人格主体論（霊魂論）—倶舎論破我品訳註（一）」（塚本啓祥教授還暦記念論文集『知の邂逅—仏教と科学』佼成出版社、pp.85-126）、村上［1993h］「同（二）」（渡辺文麿博士追悼記念論文集『原始仏教と大乗仏教』永田文昌堂、pp.85-126）。次に自性という諸法（sabhāva-dhammā）が第一義からすればないとは、例えば「我々の体内外において五感で感知され意（心、識）によって認識され得る色（rūpa）という法（Ⓢdharma, 我々有情の身心の属性＝構成要素）には、色自体とでも言うべき常に不変な自己同一性（色の sva-bhāva, 例えば rūpatva, 色性、色であること）は欠如していて＝入っていない＝空である」ということである。なぜなら、法（有為法）は無常であって、例えば、今、眼で見た色や心で描いた色は一瞬になくなってしまうから、「色（rūpa）」とか、「色である（rūpatva）」という自己同一性は、単なる分別構想以外には、実有としては把握できない、というのである。ここは、このような空思想に言及して、それに従う見解を批判する趣旨であろう。村上［2013b］「空性（śūnyatā, 空であること）と唯事（vastu-mātra, 事実のみ）—菩薩地　真実義品第四の用語法と思考法—」（『インド論理学研究』第VI号、pp.1-53）、村上［=2014a］「空思想の一考察—色即是空再考—」（『奥田聖應先生頌寿記念　インド学仏教学論集』佼成出版社 pp.650-664）参照。

〔30　三十偈集（Tiṃsa-nipāta）〕

三〇・一（949―980）、プッサ（Phussa）(1)

81[18]

〈前生以来の因縁物語〉

三十〔偈〕集において、〈端正な大勢の・・・人たちを見てから〉云々とは、尊者プッサ上座の偈である。この人も先の諸仏の許で奉仕行を行なった者で、そこここ〔の生存〕において脱輪廻の機縁となる善を積んで、神と人間の中に輪廻しながら、この仏（釈迦牟尼仏）が出現された時に、一人の小王（maṇḍalika-rājan）の息子となって生まれた。プッサという名前であった。彼は分別のつく年頃になると、クシャトリヤの童子たちが学ぶべき諸々の技芸において完成の域に達した。〔覚りの〕機縁を具えていたので、諸々の欲望に心が惹かれず、或る一人の大上座の許で法を聞いてから、信を得て出家して〔自分が〕行うに適した観念修行法を把握してから、修習に専念しながら諸々の禅思を生ぜしめ、禅思を基礎とする観法を確立させて、もうほどなくして六神通者となった。

〈苦行者と上座との対話〉

さて或る日、パンダラサ姓（Paṇḍarasa-gotto, Vri.Paṇḍara-〃）の一人の苦行者が、彼（プッサ）の許で法を聞いて坐っていると、大勢の比丘たちが戒行を具えて感官（根）をよく防護し、身を修め心を修めているのを見てから、浄く信じる心で「ああ、よいかな。この実践修行が世間に永く存続しますように（tiṭṭheyya）」と思った。それから、「一体ね、尊師よ、未来の時に比丘たちの実践修行はどのようにあるのでしょうか」と上座に尋ねた。その意味を示そうとして、結集作者たちは

（949）端正な大勢の、自己を修め、よく抑制した人たちを見てから、
パンダラサ姓の仙人は、プッサと呼ばれる〔上座〕に尋ねた。

という偈を最初に置いた。

82

▽そこで、〈端正な（pāsādike）〉とは、自分の実践修行によって浄信に叶う（pasādârahe）、〈大勢〉とは沢山の、〈自己を修め（bhāvit'atta）〉とは、止・観の修習によって心を修め、〈よく抑制した人たち（susaṃvute）〉とは、よく感官が抑制された人たちを〔見た。それから〕、〈仙人（isi）〉とは苦行者（tāpasa）で〈パンダラサ姓の〉と、パンダラサという仙人の家系に生まれたので、それと同じ姓の〔仙人〕が、〈プッサと呼ばれる〉と、プッサという声で呼ばれるべき、プッサという名の〔上座に尋ねた〕、という意味である。

（950）いかなる意欲をもつ、いかなる意向をもつ、いかなる威儀の人たちが、
未来の時にいるのであろうか。問われては、それを、私に告げよ。と。

これは、その仙人の問いの偈（pucchā-gāthā）である。

そこで、〈いかなる意欲をもつ〉とは、この教えにおいて、未来に比丘たちは、どのような意欲をもつ（kīdisa-chandā）か、どのような志向をもつ（kīdisâdhimuttikā）か。劣った志向をもつか、それとも勝れた志向をもつか、という意味である。〈いかなる意向をもつ（kim-adhippāyā）〉とは、どのような意向をもつか、どのような志願をもつか（kīdisâjjhāsayā）。煩悩に汚れた志願をもつか、それとも清浄な（vodānâ-）志願をもつか、という意味である。或いはまた、諸意欲というのは、為そうと欲すること（kattu-kamyatā）である。それゆえに、どのような意欲をもつのか。彼らにはどのようなことを為そうと欲するのか、という意味である。〈意向（adhippāya）〉は志願（ajjhāsaya）に他ならない。〈いかなる威儀の人たちが（kim-ākappā）〉とは、どのような威儀をもつのか。また諸威儀（ākappā）とは、装いをする（vesa-gahaṇa-）などの実行（cāritta, 作持）と禁止（vāritta, 止持）をもつ〔人たち〕、という意味である。〈〔未来にいかなる人（比丘）たちが〕いるであろう（bhavissare）か〉とは、居るでしょう（bhavissanti）か。〈あなたは私に（taṃ me）〉とは、あなたは未来の比丘たちの意欲・意向・威儀の類別を尋ねている私に〈告げよ（akkhāhi）〉、語って下さい（kathehi）、と上座に請う。それに上座はその意味を告げ示そうとして（ācikkhanto）、まず、うやうやしく聞くことに促すために（niyojetuṃ）と、偈を言う。

（951）私の言葉を聞きたまえ。パンダラサという仙人よ。
うやうやしく受けとめよ。私は未来を告げよう。

その意味は〔こうである〕。あなた、パンダラサという仙人よ。およそあなたが私に尋ねた、その〈未来を〉あなたに〈告げよう〉。そして告げている私の〈言葉を聞きたまえ〉。未来の意味を明らかにするから、また畏れをもたらすから（saṃveg'āvahato）〈うやうやしく受けとめよ（upadhārehi）〉と。時に上座は未来の領分の知によって（anāgat'aṃsa-ñāṇena）、比丘たちと比丘尼たちの将来の成り行きを（bhāviniṃ pavattiṃ）如実に見てから、彼に告げようとして、〔いわく〕

83

〔プッサ上座が未来における比丘たちの堕落を予言する二十九偈〕

（952）怒りまた恨み、〔他人の徳を〕覆いかくし強情な狡《ずる》い多くの、嫉妬し、また種々に論ずる人たちが、未来にいるであろう。

（953）深い〔仏〕法を悟ったと自慢し、岸をうろつく人たちが、軽はずみで、法を重んぜず、互いに重んじない。

（954）未来には、多くの煩いが、世間に生ずるであろう。よく示されたこの法を劣慧の者たちは汚染するであろう。

（955）徳がなくても僧団において言説しながら自信があり、冗舌で無知（無聞）の輩《やから》が、力をもつであろう。

（956）▽僧団で徳があっても、意味の通りに言説しながら、恥の心があって、求めない彼等は、力弱いであろう。

（957）銀、或いは、黄金、田畑、家屋敷、山羊や羊を、また婢や奴を、智慧劣る人たちが、未来には、受用するであろう。
(958)不満の思いがあり、愚かな、諸戒に心定まらぬ、
高慢な、諍論を愉しむ獣らが、跋扈《ばっこ》するであろう。
(959)また浮わつき、青い衣を纏う人たちが、いるであろう。
欺《あざむ》き、頑固な、冗舌な、派手な輩が、聖人達かのように、のさばろう。
(960)油で柔らかな髪をもって、青黒膏を瞼《まぶた》に塗った軽躁な輩が
象牙色の衣を纏って、街路を行くであろう。
(961)よく染められた阿羅漢の旗は、解脱者たちには嫌悪されないが、
白衣〔在家〕たちに夢中な輩は、渋色の衣〔袈裟〕を嫌うであろう。
(962)所得を欲し怠けて精進を欠く人たちが、いるであろう。
諸々の山林において困って、村の隅に住むであろう。
(963)誰でもそれぞれ所得を得て、常に誤った生活を愉しむ、
その同じそれぞれだけに追従して学びながら、抑制なく迷うであろう。
(964)誰でもそれぞれ所得を得ないなら、彼等は尊敬されないであろう。
その彼ら賢者がよく温和であっても、その時彼等には仕えないであろう。
(965)自分の〔渋色の〕旗を罵りながら、蛮民の染料で染められた、
外道たちの白い旗を、或る人たちは受持するであろう。
(966)その時、彼等は渋色の衣〔袈裟〕を、もう重んじないことがあろう。

84

また比丘たちには、渋色の衣に対して、省察はないであろう。
(967) 苦しみに圧倒され、矢に射られて、悩む
〔六牙〕象の省察は大いに恐ろしく、不可思議だ。
(968) なぜなら、その時六牙〔象〕は、よく染められた阿羅漢
の旗を見て、直ちに象は意義そなわる偈を唱えた。
(969) 誰でも汚濁を離れていないのに、渋色の衣を纏おうとも、
調御と真実から離れている、その者は渋色の衣に値しない。
(970) また誰でも汚濁を吐き捨て、諸戒において、よく心定まるなら、
調御と真実とをそなえている、その人こそが渋色の衣に値する。
(971) 戒を失い、智慧劣り、本能的で、欲望のままに行い、
心乱れて、白く（善く）ない、その者は渋色の衣に値しない。
(972) また誰でも、戒をそなえ、欲を離れて、心定まり、
心の思いが白い（善い）、その人こそ渋色の衣に値する。
(973) 浮わついて高ぶり愚かで、もし戒が見られない人なら、
〔在家の〕白衣に値する。渋色の衣が何になろうか。
(974) ▽比丘たちと比丘尼たちとは心が汚れて、尊敬の念なく、
未来には、慈心あるそのような人たちを抑圧するであろう。
(975) 上座たちによって、衣の受持を学ばせられても、愚かで、

智慧劣り、本能のまま、欲望のままに行い、聞かないであろう。
(976)彼等愚かな人たちは、そのように学んでも、互いに尊重せず、
暴れ馬が御者に対するように、和尚を尊ばないであろう。
(977)未来の世に、比丘たちや比丘尼たちの実践修道は、
最後の時に到ると、このようになるであろう。
(978)この未来の大きな怖れがやって来る前に、〔あなた方は〕
よい言葉を語り、親しく互いに尊重して、居たまえ。
(979)慈心をもち、悲《あわ》れみ、諸戒においてよく抑制され、
精進に励み、自ら励み、常に堅固に努力して居よ。
(980)放逸を怖れと見てから、また不放逸を安穏と〔見てから〕、
不死(甘露)の境地に触れながら、八支の〔正〕道を修習するがよい。

と、これらの偈を述べた。

〈語句の註釈〉

(952)そこで、〈怒り(kodhanā, *nom.pl.m.*)〉とは、怒ることを習性とする人(比丘)たちが(kujjhana-sīlā)、〈未来にいるであろう〉と繋がる。「上座の時にはそのようではなかったのか」と〔問うなら、答える〕。「なかったのだ」。そして当時は、善き友が多かったから、教誡する教えてくれる同梵行者たちが多くいたので、諸煩悩が力をもっても、また思慮が多いのであるから(paṭisaṅkhāna-bahulatāya)、ほとんど比丘たちは怒らなかっ

た。将来にはその逆なので（āyatiṃ tab-bipariyāye）甚だしく怒る人たちが（atikodhanā）いるであろう。それゆえに「未来には〔怒る人たちがいるであろう〕」と言われた。その他の語句についても、この同じ趣旨である。〈恨み（upanāhī, *nom.pl.m.*）〉とは、諸々の嫌恨事において（āghāta-vatthūsu, 嫌悪し恨む基因について）嫌悪し恨む事を（āghātassa）恨む習性がある（upanayhana-sīlā）か、或いは恨みを生み出すから（upanāha-sambhavato）恨む〔人たちがいるであろう〕。そこで、瞋恚（vyāpāda, 悪意）、怒り（kodha, 忿怒《ふんぬ》、憤怒）は最初時にある（purima-kāliko）。恨み（upanāha）は後時にある（apara-kāliko）。或いは、一回起こるのが（sakiṃ pavatto）憎悪（dosa, 瞋）、怒り（忿怒、憤怒）であり、数回（aneka-kkhattuṃ）起こるのが恨みである。

他の人たちにある諸々の徳を塗り隠す（makkhanti, 覆い隠す）、拭《ぬぐ》い去る（puñjanti = puñchanti）か、或いはそれら（徳）を、水《みず》雑《ぞう》布《きん》で（udaka-puñjaniyā）〔拭う〕ように、覆うこと（makkho, 覆）、蔽い隠すこと（makkhanaṃ, 隠蔽）、拭い去ること（puñjanaṃ）が、これらの人たちにある、という。〈〔他人の徳を〕覆いかくし（makkhī, *nom.pl.m.*）〉、過度の自意識（過慢）を特徴とする強情（atimāna-lakkhaṇo thambho, 頑固）がこれらの人たちにあるという。〈強情な（thambhī, 頑固な）〉、〈狡い（saṭhā, *nom.pl.m.*）〉という〔自分に〕ない徳を明示することを特徴とする asanta-guṇa-vibhāvana-lakkhaṇena）ごまかし（sāṭheyya, 諂曲、諂《へつら》い）を具え、〈嫉妬し（issukī, *nom.pl.m.*）〉と、他人の成功（栄達）を批難すること（para-sampatti-khiyyana-）を特徴とする嫉妬（issā）を具え、〈種々に論ずる（nānā-vādā, [PTS]-vidhā, 種々の）〉という、互いに対立して論ずる（viruddha-vādā）、対立する見解をもつ（viruddha-diṭṭhikā）か、或いは諍論（喧嘩）をする（kalaha-kārakā）〔人たちがいるであろう〕、という意味である。

(953)〈深い〔仏〕法を悟ったと自慢し（aññāta-mānino dhamme gambhīre）、岸をうろつく人たち（tīra-gocarā）〉

とは、深い、光弱い（dur-obhāse）正法が知られていないだけなのに（aññāte eva）、「知っている」と、「見ている」と、このように自慢する（mānino, 意識する）。それだからこそ、それ（自慢、意識）が下等な領分で行われているのであるから（ora-bhāge pavattitāya）、最下等の〔此〕岸をうろつく（orima-tīra-gocarā）。〈軽はずみで（lahukā）〉とは、本性として軽く（lahu-sabhāvā）、浮動する（capalā）。〈法を重んぜず（agarū dhamme）〉とは、正法に対して尊重を欠く（gāra-varahitā）。〈互いに重じない（agāravā）〉とは、互いに恭謙でない（a-ppaṭissavā, Vri.appaṭissā 従順でない）。僧団、或いは同梵行者たちに対して尊重尊敬を欠いている（garu-gārava-virahitā）。

85

（954）〈多くの煩い（ādīnavā, 過患）〉とは、先述の類の、また〔次に〕述べようとする多くの〈過悪（dosā, 過失）、障碍（antarāyā）が、〈世間に〉とは有情世間に、〈未来に生ずるであろう〉とは、未来に明らかになるであろう。〈よく示されたこの法を〉とは、正等覚者によって、よく顛倒なく、「初めも良く」など〔初めも、中ほども、終わりも良い〕の類の〔説示〕によって示されたこの伝来の正法を（āgama-saddhammaṃ）、〈汚染するであろう（kilesissanti）〉。というのは、汚染され（kiliṭṭhaṃ）、煩悩に汚されたものに（kilesa-dūsitaṃ）するであろう。

「違犯（āpatti, 有罪）を不犯（anāpatti, 無罪）と〔言い〕、重罪を（garuk'āpattiṃ）軽罪（lahuk'āpatti）と〔言う〕」。」（A. I. 20[20-]）

云々と、悪行の汚染である非正法によって、柔軟精妙なる色・無色の法を放棄し、見解の汚染によって、〔行と見解の〕両方においても渇愛の汚染によって、汚染するであろう、垢穢を（malinṃ）作るであろう。〈劣慧の者たちは（dummatī）〉とは、智慧なき者たちは（nippaññā）〔この法を汚染するであろう〕。なぜなら、世尊

によってこう言われたからである。〔即ち〕、

「比丘たちよ。未来の時に〔こんな比丘たちが〕いるであろう…乃至…アビダンマの話、明智問答論（vedalla-kathā）を語りながら、黒い〔悪〕法に（kaṇha-dhammaṃ）陥りながら（okkamamānā）、覚らないであろう。」と（A. III. 107[1-]）。

（955）〈徳がなく（guṇa-hīnā, *nom.pl.m.*）〉とは、戒など（戒・定・慧）の徳を欠き、悪戒（dussīlā, 破戒）、また無恥の（alajjino）、或いはまた〈徳なく〉とは、調伏（vinaya, 律）・禁止（vāritta, 回避）などの徳を欠いて、法と律とにおいて恩を知ることが少ない（appa-kataññuno）〔が〕、〈僧団において〉とは、僧団の中で、〈言説しながら（voharantā）〉とは、語りながら、僧団において裁定する談論（vinicchaya-kathā）が行われると、何でも述べるのに、〈自信があり（visāradā）〉とは、畏れがなく（nibbhayā）、傲慢であり（pagabbhā）、〈力をもつ（balavanto）〉とは、組する者（徒党）の力によって（pakkha-balena）力をもつ。〈冗舌で（mukharā）〉とは、大法螺吹き（mukha-kharā, 口が激しい）、激論する（khara-vādinino）。〈無知（無聞）の（assutāvino）〉（*DA.* I. 59, *SA.* II. 97[22], *MA.* I. 20）とは、聴聞知があるもの（sutavanto）ではない。専ら所得・尊敬・名声（siloka）に依存（執着）することによって（lābha-sakkāra-siloka-sannissayena）、徳を担う者（guṇa-dharā）となってから、法を「非法である」と、また非法を「正法である」と、〔正しい〕律を「非律である（avinayo）」と、また非律を「〔正しい〕律である」（A. V. 73[8-]）、と、このように自分が望む通りの意味（目的）を（yath'icchitam atthaṃ）僧団の中で確立させながら、力をもつであろう。

（956）〈徳がある（guṇavanto, *nom.pl.m.*）〉とは、戒など（戒・定・慧）の徳を具えた。〈意味（目的）の通りに言説しながら（voharantā yathâtthato）〉とは、意味にふさわしい、意味が顛倒しない、法を「法である」と、非

法を「非法である」と、律を「律である」と、非律を「非律である」と、このように明らかにしながらも、〈彼等は力弱い（dubbalā）であろう〉とは、会衆に無恥がはびこるから（alajjussannatāya）彼等は力を欠いたものになるであろう。彼等の言葉は通用しないであろう（na tiṭṭhissati）。〈恥の意《こころ》があって（hiri-manā）、求めない（anatthikā）〉とは、恥を知り（hirīmanto）、何ものをも求めない。なぜなら、彼等は法（正論、道理）によって言うことが出来るけれども、悪を厭うのであるから（pāpa-jigucchatāya）、また苦労が少ないから（appa-kicchatāya）誰にも反対をせず（virodhaṃ akarontā）、自論を（attano vādaṃ）確立させようと励まないまま、或いは〔自分の〕見解を明らかにすること（diṭṭhi-āvikammaṃ）、或いは決意を（adhiṭṭhānaṃ, PTS. adiṭṭhānaṃ）しないで、黙っている。

（957）〈銀（rajataṃ）〉とは、お金（rūpiyaṃ, PTS. suvaṇṇaṃ）。それによって金貨（kahāpaṇa）、銅銭（loha）、豆銭（māsaka）などをも含む（saṅgaha）と見るべきである。〈黄金（jāta-rūpaṃ）〉とは、黄金（suvaṇṇaṃ）。それによって宝珠や真珠などをも含むと見るべきである。〈或いは（vā）〉という語は加上（samuccaya）の意味である。「或いは無足のものたち（apadā vā）」（A. II. 34[13], It. 87[16]）と言うなどにおけるように。或いは「また銀・黄金（rajata-jātarūpañ ca）」という読みがある。[C]〈田畑〉とは、およそそこに主食（七穀）・副食（野菜）が（pubb' aṇṇâpar' aṇṇaṃ）生育する（rūhati）その田畑であり、その〔田畑の〕ためにされない（akata-）土地の部分が〈家・屋敷（vatthu）〉である。〈山羊や羊（aj' eḷakaṃ）〉という、eḷakā（羊たち）というのは ajā（山羊たち）に他ならない。それら〔両者〕を除いて、その他の家畜類が（pasu-jāti）ajā（山羊たち）と言われる。なぜなら、ここでは aj' eḷaka（山羊や羊）と言うだけで、牛・水牛などをも含むとされたからである。〈婢や奴を（dāsi-dāsañ ca）〉とは、女の奴隷たちと男の奴隷たちとを、〈智慧劣る人たちが（dummedhā）〉とは、▽知らない（a-viddasu）、許容されるか許容されないか（kappiya-akappiyaṃ, 浄か不浄か）、適か不適かを（sāruppa-asāruppa）知らないまま、自分のために〈〔未来には〕、受用するであろう（sādiyissanti）〉、受け取るであろう（sampaṭicchissanti）。

（958）〈不満の思いがあり（ujjhāna-saññino）〉とは、他の人たちを下にして見下ろす心がある（olokana-cittā）か、或いは不満をいうべきでない立場に（anujjhāyitabba-ṭṭhāne）あっても不満をいうことを習性とする（ujjhāna-sīlā）、〈愚かな〉とは、悪く思案したことを思案する（duccincita-cintana-）などの愚者の特徴を具え、それだからこそ〈諸戒に心定まらぬ〉、四種の清浄な戒（別解脱律儀戒、根律儀戒、生活清浄戒、資具依止戒。*Vism.* 15-46）に心定まらない、〈高慢な（unnaḷā）〉とは、空虚な自意識（慢）が高い（samussita-tuccha-mānā）、〔諍論を愉しむ獣らが〕〈跋扈《ばっこ》するであろう（vicarissanti）〉。というのは、自意識（慢）の旗を掲げて跋扈《ばっこ》するであろう。〈諍論を愉しむ（kalahâbhiratā）獣ら（magā）〉とは、激情が多いから（sārambha-bahulatāya）、反撃することを追求し（karaṇ'uttariya-pasutā）諍論だけを愉しむ、獣に似て、獣らのように、自分の利を期待し、食を求めることを愉しみ（ghās'esanâbhiratā）、力弱い者を悩ますことに専らである（dubbala-vihesa-parā）、という意味である。

（959）〈浮わつき（uddhatā）〉とは、〔心の〕浮わつき（uddhacca, 掉挙《じょうこ》、躁状態）を具えて、心を一点に集中することを欠き（citt'ekaggatā-rahitā）、〈青い衣を纏う人たち〉とは、許されない染料で染められた（akappiya-rajana-rattena）青い色の衣を〔身に〕纏う、またそのような衣を着たまま、纏ってめぐり歩く（vicaraṇakā）。〈欺《あざむ》き（kuhā）〉とは、周辺語（sāmanta-jappanā, 布施を求めるのに間接的に暗示するつぶやき）など欺瞞事によって欺き、〔自分に〕ない徳や尊敬を欲して欺瞞を（kohaññaṃ）して他の人たちを驚かせ（vimhāpakā, Vri. vimhāpayā）、〈頑固な（thaddhā）〉とは、怒りによって、また自意識（慢）によって心が頑固で（thaddha-mānasā）、心臓が強い（kakkhala-hadayā）、〈冗舌な（lapā）〉とは、饒舌家（lapanakā）で、欺瞞を働き（kuhanavuttikā）、浄く信じる心の人たちをして、「尊師よ、何でも（PTS.yena, Vrik.ena）聖者が必要とするもの（attho）」と生活用品の施者たちに対して語らせる（vadāpanakā）か、或いは勧誘する言葉によって（payutta-vācā-vasena）、また詐欺によって（nippesikatā-vasena）生活用品のために冗舌である、という意味である。〈派手な輩（siṅgī, 美服を着けた連中）が〉というのは、

「ここで、角《つの》（siṅgaṃ, 美装）とはどんなのか。およその角（美装）とは、派手好み（siṅgāratā）、巧妙さ（cāturatā）、巧みさ（cāṭuriyaṃ, Vri.cātu～）、飾られたこと（parikkhatatā）、飾りかた（parikkhattiyaṃ）である」

（*Vibh.* 351[21-]）

と、このように述べられている角（美装）と同じような本能的な諸煩悩を（pākaṭa-kilesehi）具え、派手に行動する（siṅgāra-caritā）、という意味である。〈聖人達かのように、〔のさばろう〕〉とは、これは「欺き」という、これだけの意味を示す。なぜなら、欺く者たちが聖人達であるかのようにしていることを示そうとして「聖人たちかのように、のさばる」と言うからである。

（960）〈油で柔らかな（tela-saṇṭhehi）〉とは、蜜蝋油で（sitthaka-telehi）、或いは水油で滑らかにされた（osaṇhita）〔髪をもって〕、〈軽躁な（capalā）〉とは、身を飾ることや生活用品（parikkhāra、資具）を飾ることなどの浮薄に励む（cāpallena yuttā）、〈青黒膏を瞼《まぶた》に塗った（añjan'akkhikā）〉とは、飾りの青黒膏によって瞼を塗った輩が（añjita-nettā）、〈街路を行くであろう〉とは、乞食行に俗家に近づいて行くために（-apadesehi）大路をあちこちうろつくであろう。〈象牙色の衣を纏って（danta-vaṇṇika-pārutā）〉とは、象牙色に染めた衣を体に纏って〔街路を行くであろう〕。

（961）〔阿羅漢の旗は〕〈嫌悪されない（ajegucchaṃ）〉とは、嫌われるべきでない、〈解脱者たちには〉とは、

87

聖者たちによって〔嫌悪されない〕。〔それは〕〈よく染められた（surattaṃ）〉とは、適切な染料によってよく染められた。阿羅漢たち・仏などに行われたので（ciṇṇatāya, 着用されたので）〈阿羅漢の旗（araha-ddhaja）は〉〔解脱者たちには嫌悪されないが、白衣（在家）たちに夢中な輩は〕、〈渋色の衣を（kāsāvaṃ）嫌うであろう〉。なぜか。〈白衣（在家）たちに夢中になった輩は（samucchitā）〉、貪求に（gedhaṃ）陥った（āpannā）。なぜなら、象牙色の〔衣〕を纏うのが（-pārupanassa）、この理由を言うからである。なぜなら、彼等は白衣を（setakaṃ, 在家を）尊重しながら、全てが全て白衣であると〔Vri. 言われると（gahite）〕〔出家の〕特相を捨てること（liṅga-pariccāgo）だけになるかもしれない、と〔考えて〕象牙色の〔衣〕を纏う。

(962)〈所得を欲し（lābha-kāmā）〉とは、所得を貪り求め（giddhā）、諸乞食行においても懈怠に結びつくので〈怠けて（kusītā）〉、沙門法を行うにも心に励み（ussāha）がないので〈精進を欠く人たちが〉〔いるであろう〕。〈困って（kicchantā）〉、疲れて、〈諸々の山林において（vana-patthesu）〉住むのに困って、心が疲れて、という意味である。〈村の隅に〉とは、村の隅の諸臥坐所に、村の近くの諸臥坐所に、或いは村の入口の諸臥坐所に、〈住むであろう〉とは、住むであろう（vasissare ti vasissanti）。

(963)〈その同じそれぞれに追従して学びながら（anusikkhantā）〉とは、誰でもそれぞれ誤った生活をすることによって（micchâjīva-ppayogena）所得を得ている、その同じそれぞれの人物に追従して学びながら、〈〔抑制なく〕迷うであろう（bhamissanti）〉と。自分も彼等のように誤った生活によって所得を生じさせようと、王家などに親しみながら、すっかり迷うであろう（paribhamissanti）。〔bhamissanti（迷うであろう）は〕或いは**bhajissanti**（交わるであろう）とも読む。親しむであろう（sevissanti）、という意味である。〈抑制なく（asaṃyatā）〉とは、戒による抑制（自制）を欠いて（sīla-saṃyama-rahitā）〔迷うであろう〕。

(964)〈誰でもそれぞれ所得を得ないなら〉とは、誰でもそれぞれ比丘たちが誤った生活を避けることによって（parivajjanena）、また福徳が少ないために、所得や生活用品を得ないと、〈彼等は尊敬され（pujjā）〔ないであろう〕〉とは、〈その時〉、未来の時には、尊敬されるべき（pūjanīyā）、称讃されるもので（pāsaṃsā）、ないであろう。〈彼等賢者（dhīrā）がよく温和で（supesalā）あっても〉とは、堅固心（dhiti）を具えているので賢者であるが、よく温和であっても、その人たちに、比丘たちが〈その時、仕えないであろう〉。未来に、〈彼等に〉所得を得た、所得を欲するだけの比丘たちは〔仕えないであろう〕という意味である。

(965)〈蛮民の染料で染められた（milakkhu-rajana-ṃ-rattaṃ）〉とは、黒いカッチャカ樹の実の染料で（kāla-kacchaka-rajanena, Vri. kāla-〃）染められた。なぜなら、これは、複合語（samāsa-padaṃ）であって、偈〔の発音〕を楽にするために鼻音〔ṃ〕を入れて示すからである（sânunāsika-niddeso）。〈自分の〔渋色の〕旗を罵《ののし》りながら〉とは、自分の旗となった渋色の衣を（kāsāvaṃ, 袈裟衣を）厭いながら。なぜなら、〔仏の〕教えのもとに出家した人たちの袈裟衣は旗（dhaja）と言われるからである。〈外道たちの〔白い〕旗を、或る人たちは〉とは、或る人たちは釈子であることを自認しながらも（paṭijānantā eva）、白衣を着る外道たちの旗〔印〕となった〈白い（avadātakaṃ）〉、白衣を（seta-vatthaṃ）〈受持するであろう（dhāressanti, 着るであろう）〉。

(966)〈また渋色の衣（袈裟）を重んじないこと〉とは、阿羅漢の旗〔印〕となった渋色の衣（袈裟）を重んじない、尊敬しないことが（a-bahumānaṃ）、〈その時〉、未来において、〈彼等にあろう〉。〈また渋色の衣（袈裟）に対して、省察は（paṭisaṅkhā ca kāsāve）〉とは、「根源から省察して私は衣を用いる」（A. III. 38[illegible][15]）云々という趣旨で、渋色の衣（袈裟）を用いることについて、省察すらも〈ないであろう〉。渋色の衣（袈裟）を受持する者によっては、渋色の衣（袈裟）を尊敬する者によっては、〔袈裟を尊敬しないのは〕悪行であるから止め

88

なければならない（oramitabbaṃ）と、渋色の衣（袈裟）を重んずべきであることについては、「六牙象本生物語」（JA. V. 50）を例に引きながら（udāharanto）〈苦に圧倒され〉云々と言う。

(967)そこで、〈矢に射られて〉とは、多くを亡ぼす毒をもつ矢によって射られて、それだからこそ大きな〈苦しみに圧倒されて〉、〈悩む（ruppato）〉とは、身体の変調に陥っている〔六牙象の省察は〕、〈大いに怖ろしく（mahā-ghorā）〉とは、身・命を期待しないので、恐ろしく（bhīmā）より重い〈省察（paṭisaṅkhā）〉、他の人たちによっては〈不可思議だ（acintiyā, 考えられない）〉。思案だけによっては起こすことができない〔省察が〕六牙の大象に〈あった（āsi）〉、興った（ahosi）。

なぜなら、六牙象王〔であった〕時に菩薩はソーヌッタラという猟師によって隠れた場所に立って、毒に浸した（visa-pītena）矢で射られ、大きな苦痛に圧倒されて、その〔猟師〕を捕えてから、〔彼が〕着ている渋色の衣を見て、「この者は聖者の旗によって〔身を〕被っている。私は〔この者を〕殺してはならないのだ」と、そこで慈しみの心のみを起してから、更に法を説いた。すなわち、

大きな矢に射られたまま象は、怒らない心で猟師に語りかけた。
「何を欲して、或いは何の理由で、友よ、
私を傷つけたのか。或いはこれは誰の企みなのか。」（JA. V. 51, v. 28）

云々と言う通りである。

(968)この意味を示そうとして、上座は〈なぜなら、六牙の〔象〕は〉云々と言う。そこで、〈よく染められた阿羅漢の旗を〔見て〕〉とは、〔猟師〕ソーヌッタラが着た渋色の衣に関して言う。〈〔象は偈を〕唱えた〉とは、述べた。〈偈を〉とは、偈を〔唱えた〕、〈象は（gajo）〉とは、六牙の象王は、〈意義そなわる〉とは、意義

に依存する利益と不利益に結びついた〔偈を唱えた〕、という意味である。

(969) 六牙の象王が述べた偈の中で、〈〔誰でも〕汚濁を離れていないのに(anikkasāvo)〉とは、欲情(rāga)などの汚濁によって(kasāvehi)汚濁を伴いながら(sakasāvo)、〈渋色の衣を纏おう(paridahissati)〉とは、着、被い、敷くことによって、よく用いるであろう〔とも〕、或いは〔paridahissati の代りに〕paridhassati(着けるであろうとも)と誦む。〈抑制と真実から離れている〉というのは、感官の抑制とともに第一義の真実の部類である言葉の真実から離れ、対応しないか、或いは〔抑制と真実から〕断絶している、という意味である。〈その者は…ない〉とは、そのようなその人物は〈渋色の衣(袈裟衣)〉を着るに〈値しない〉。

(970)〈汚濁を吐き捨て…なら(vanta-kasāv'assa)〉とは、四道(預流、一来、不還、阿羅漢の四道)によって汚濁を吐き捨て、汚濁を除き(chaḍḍito)、汚濁を捨てているなら、あるなら、という意味である。〈諸戒において〉とは、四種の清浄な戒(別解脱律儀戒、根律儀戒、生活清浄戒、資具依止戒。*Vism.* 15-46)において、〈よく心定まる(susamāhito)〉とは、良く心定まる〔なら〕。〈そなえて(upeto)〉とは、感官の調御と、先述の類の真実とに近づいて具えているなら、〈その人こそが〉とは、そのようなその人物が、その渋色の衣(袈裟)に専ら〈値する〉と、いう意味である。

(971)〈戒を失い(vipanna-sīlo)〉とは破戒し(bhinna-sīlo)、〈智慧劣り(dummedho)〉とは智慧なく、戒を浄化する智慧を欠いている、〈本能的で(pākaṭo)〉とは、「これは破戒者(dussīlo)だ」と明らかな明白な、或いは感官が散乱しているから(vikkhitt'indriyatāya)、〔Vri. 本能的で〕本能的な感官のまま(pākaṭ'indriyo)、という意味である。〈欲望のままに行い(kāma-kāriyo)〉とは、抑制が破れているから(bhinna-saṃvaratāya)、欲するままにする、または欲望という魔の欲するがままにする(yathā-kāma-karaṇīyo)、〈心乱れて(vibbhanta-citto)〉とは、

89

諸々の色など（色・声・香・味・触・法）の対象に対して心が散乱している（vikkhitta-citto）、〈白く（善く）ない（nissukko）〉とは、白くない、白い（善い）法を欠くか、或いは慚愧（内心に恥じ他に恥じること）を避ける（hir'ottappa-vajjato, Vri. 〃-vivajjito）善き法を完遂する努力を欠く、〔その者は渋色の衣に値しない〕。

（972）〈欲を離れて（vīta-rāgo）〉とは、欲求や欲情を離れ、〈心の思いが白い（善い）〉とは、心の思いがよく清浄な、或いは思いに汚濁のない（anāvila-saṅkappo）〔その人こそ渋色の衣に値する〕。

（973）〈渋色の衣が何になろうか〉とは、およそ戒がない、その者に渋色の衣が何の目的（payojana）というものを成就させようか。その者の出家の印（-liṅga）が飾りつけ同然（citta-kata-sadisaṃ）だ、という意味である。

（974）〈心が汚れて（duṭṭha-cittā）〉とは、欲情などの過悪によって（rāgâdi-dosehi）心が汚れて、〈尊敬の念なく（anādarā）〉とは、〔大〕師に、法に、また互いに尊敬の念（ādara）がなく、尊重しない。〈慈心あるそのような人たち〉とは、慈の修習に心相応した（sampayutta-hadaye）、まさにそれゆえに、或いは阿羅漢の境地の証得によって、好むか・好まないものなどについて、そのようであることを得た、広大な徳のある人たちを〔抑圧するであろう〕。なぜなら、この〔metta-cittānaṃ（慈心ある人たちを）〕は目的格の意味の（upayog'atthe）所有格の語（sāmi-vacanaṃ）であるからである。〈抑圧するであろう（niggaṇhissanti）〉とは、戒など（戒・定・慧）を具えた方々を見ると、その人たちを尊敬すると、「戒を欠く我々を多として思わないであろう」と、自分が尊重されないのを怖れて、その〔慈心ある〕人たちが圧迫されて（ubbāḷhā）出て行くように、そのように悩ませるであろう（bādhessanti）という意味である。

（975）〈学ばせられても（sikkhāpentâpi）〉とは、学ばせられて（sikkhāpiyamānā）も。なぜなら、これは目的格の意味で（kamm'atthe）行為主体を示すからである（kattu-niddeso）。〈上座たちによって〉とは、自分の師匠や和尚たちによって、〈衣の受持を〔学ばせられても〕〉とは、これは沙門の実践修道を例示しただけで、それで「このように君は進むべきである。このように君はもどるべきである」(A. II. 123[30]) 云々と、学ばせられながらも〔という〕意味である。〈聞かないであろう〉とは、教誡を把握しないであろう。

(976)〈彼等は、このように学んでも〉とは、彼等暗愚の者たちは師匠や和尚によって学ばせられながらも、考慮しないのであるから (an-ādaratāya) 学ばないと、〈和尚を尊ばないであろう (nâdiyissanti)〉とは、また和尚〔Vri. や先生〕に対して尊敬をしない、彼等の訓誡に従わない (anusāsaniyaṃ na tiṭṭhanti)。何のようにか。〈未調教の馬 (khaluṅka) が御者に対するように〉、例えば未調教の、暴れ馬が (duṭṭh'asso) 馬の調教師を (assa-damakaṃ) 尊重しない (nâdiyati)、彼の指示に (upadese) 従わないように、そのように彼等も和尚や先生を畏れず、感化されない (na sārajjanti, 染められない)、という意味である。

(977)〈このように〉云々とは、同じ述べた意味の帰結 (nigamanaṃ) である。そこで、〈このように〉とは、先述のあり方で、〈未来の世に〉とは、未来である世に、未来の時に、という意味である。同じそのことを本質から (sarūpato) 示そうとして〈最後の時に到ると〉と言う。そこで、どれが最後の時か。〈第三結集 (アソーカ王代)〉以後を「最後の時」と或る人たちは〔言う〕。或る人たちはそれを認めない。なぜなら、〔仏の〕教えには五つの時代 (yuga) がある。解脱の時代 (vimutti-yugaṃ)、禅定の時代 (samādhi-y.)、戒の時代 (sīla-y.)、聴聞の時代 (suta-y.)、施の時代 (dāna-y.) という。その中で最初が解脱の時代である。それが滅没すると (antarahite)、禅定の時代が起こる。それも滅没すると、戒の時代が起こる。それも滅没すると、聴聞の時代が起こるのである。なぜなら、戒が清浄でない人は一部では (eka-desena) 教法の多聞に (pariyatti-bāhusaccaṃ) 励んで (paggayha) いる。所得などを欲するからである。

90

しかし、論典要目（論母）に終わる教法（mātika-pariyosāna-pariyatti）が悉く滅没すると、それ以後は、ただ標識のみ（liṅga-mattam）が残る。その時、およそ、そのように財物を集めて施のために与えさせる。聞くところでは、それが彼等の最後の正しい実践である。そこで、聴聞の時代以後が最後の時である。戒の時代以後が〔それである〕と他の人たちは〔言う〕。このように上座は、最後の時に生ずる大恐怖を示してから、再び、そこに集まった比丘たちに教誡を与えようとして、〈やって来る前に〉云々と、三偈を述べた。

(978) そこで、〈これがやって来る前に〉とは、私がお前たちに言ったこの、実践の妨害をする（antarāya-karaṃ）、未来の大きな怖れがやって来る前に、やって来るであろうまで、その間だけ（tāva-d-eva）、という意味である。〈よい言葉を語り（subbacā）〉とは、言うに堪える（vacana-kkhamā）、よい言葉を語る諸法を具え、尊師たちの諸教誡（anusāsaniyo）を敬って（右繞して）摑む者たちで（padakkhiṇa-ggāhino）〈居たまえ〉という意味である。〈親しく（sakhilā）〉とは、心優しく（mudu-hadayā）〔互いに尊重して、居たまえ〕。

(979) 〈慈心をもち（metta-cittā）〉とは、一切の有情に利益を齎すことを特徴とする慈（いつくしみ）に相応した心があり（mettā sampayutta-cittā）、〈悲《あわ》れみ（kāruṇikā）〉とは、悲に従い（niyuttā）、他の人たちの苦を除くあり方である（dukkhâpanayan'ākāra-vuttiyā）悲を具え、〈精進に励み（āraddha-vīriyā）〉とは、諸々の不善を捨てて諸々の善を具えるために精進に励み（paggahita-vīriyā）、〈自ら励み（pahit'attā）〉とは、涅槃に心を向け（paṭipesita-cittā）、〈常に〉とは一切時に、〈堅固に努力して（daḷha-parakkamā）〉とは、堅く精進して〔居よ〕。

(980) 〈放逸を（pamādaṃ）〉とは、放逸であること（pamajjanaṃ）、諸善法を実行しないことを〔怖れと見て〕、また〔放逸は〕諸不善法に心を投げ棄てること（citta-vossaggo）。なぜなら〔こう〕言われている。〔即ち〕、「放逸とはいかなることか。身の悪行に、或いは言葉の悪行に、或いは意の悪行に、或いは五欲楽に、心を投げ棄てること、投げ棄てることを助長すること（vossaggânuppadānaṃ）、或いは諸々の善き法の修習を恭敬して行わないこと（asakkacca-kiriyatā）」と云々（*Vibh.* 350[21-]）。

〈不放逸を〉とは、不放逸であること、それは放逸の正反対（対極）と知るべきである。なぜなら、意味からすれば、不放逸というのは思念を留守にしないこと（a-vippavāso）で、また起きてきた思念にだけこの名があるからである。なぜなら、これ（以下）がここの意味だからである。〔即ち〕、一切の不利益（anatthā, 無益）は放逸を根元とし（pamāda-mūlakā）、また一切の利益（益、目的）は不放逸を根元とする（appamāda-mūlakā）から、それゆえに〈放逸を怖れ〉、禍害と（upaddavato）〈見てから〉、〈また不放逸を安穏と（khemato）〉、無禍害と（anupaddavato）見てから、不放逸の実践の頂点となった（sikhā-bhūtaṃ）、戒など（戒・定・慧）の三蘊の集要を（sīl'ādi-kkhandha-ttaya-saṅgahaṃ）〔見て〕、正見など八支によって〈八支の〉聖なる〈道を修習するがよい（bhāvetha）〉。〈不死（甘露）〉涅槃に〈触れながら〉、作証しながら、自分の〔心身の〕相続の中に生じさせるがよい（uppādetha）。見の道（dassanā-magga）だけに止まらないで、上の三つの道を起こすことによって〔修道を〕増大させるがよい。このようにしてお前たちの不放逸の修習は頂点に達するものとなるであろう、と。

このように上座は到来した会衆に教誡する。またこれこそが、この上座の完全知を解明する偈であった、と。

プッサ上座の偈の註釈　終わる。

註

（1）この上座は赤沼『辞典』にもPhussa[1]と出ている。漢訳も知られない。この上座は仏教の未来については仏道が滅ぶという悲観的な予見を述べて比丘達に誡めている。本註釈はここで仏教の未来観を詳説している。

三〇・二（981—1017）、サーリプッタ（舎利弗[1]）

〈そのように行じ、そのように思念し〉云々とは、尊者サーリプッタ（舎利弗）上座の偈である。彼の〔事、物語〕と尊者マハー・モッガッラーナ（大目連）上座との事（物語）はこの（以下の）ように知るがよい。

91

〔前生の因縁物語―アノーマダッシン仏の時の苦行者サラダの願　仏の声聞弟子の第一〕

昔、百千劫を加えた一阿僧祇〔劫〕の始めに、尊者サーリプッタはバラモン大家の家に生まれて、名はサラダ学生（Sarada-māṇava）というのであった。大目連上座は家主の大家の家に生まれて、名はシリヴァッダ長者（Sirivaḍḍha-kuṭumbika）というのであった。彼等は両人とも、共に泥土遊びの友達であった。

彼等の中でサラダ学生は、父の死去によって家の所有の財物を引き継いでから、或る日一人静かに坐って考えた。これらの有情たちの死というものは一方的なものだ（ekantikaṃ）。だから私は一人の出家に（pabbajjaṃ, PTS. pabbajjāy）近づいて行って解脱の道を探究しなければならない、と。友に近づいて行って、「私は出家したい。君は出家することが出来るだろうか」と言ってから、彼に「出来ないでしょう」と言われて、「そうか。私だけが出家しよう」と、諸々の宝蔵を開けさせて、貧者や路上生活者などに大施を与えてから、山の麓に行って、仙人の出家生活に出家した。彼の出家に続いて出家した七万四千人ほどのバラモンの息子たちがいた。彼は五神通智と八禅定（等至、四禅と四無色定）とを生ぜしめて、彼等結髪行者たちにも観念遍満（遍）の予備行を教えた（kasiṇa-parikammaṃ ācikkhi）。彼等の全てもが五神通智と八禅定を生ぜしめた。

その時、アノーマダッシンという正等覚者（二十四仏の第七）が世間に出現されて、勝れた法輪を転じて、有情たちを輪廻の大暴流から渡らせてから、或る日、「サラダ苦行者と内弟子たちの愛護（saṅgaha, 摂取）をしよう」と、一人で伴うものなしに鉢と衣を携えて空を〔飛んで〕行ってから、「私が仏であることを知らせよう（jānātu）」と、苦行者がもう見ているところに空中から降りて地にしっかり立った。サラダ苦行者は〔大〕師の身に大人物の諸相好を探してから（mahā-purisa-lakkhaṇāni upadhāretvā）、「これは一切を知る仏（覚者）である」という決着に達してから（niṭṭhaṃ gantvā）、出迎えをして座所を設けて差し上げた。世尊は設けられた席に坐った。サラダ苦行者は〔大〕師の近くに一方に坐った。

その時に、彼の内弟子である七万四千人ほどの結髪行者たちは、それぞれ甚だ勝れた（paṇīta-paṇītāni）、滋養素を含む種々の果物を（ojavantāni phalāphalāni）携えてやって来て、〔大〕師を見てから浄信が生じて（sañjāta-ppasādā）、また自分の師匠と〔大〕師とが坐っている様子を眺めて

「師匠様、私どもはかつて、あなた様よりももっと偉大な方は誰もいない、と考えました。しかし、この方は、あなた様よりももっと偉大であると〔Vri. 思えます〕。」と。

「君たちは何を言うのか。芥子の種子と一緒に六百八十万ヨージャナの高さのシネール（須彌山）を同じにしようと欲するのか。一切を知る仏と私を同等にしてはならない。」

と。すると彼等苦行者たちは師匠の言葉を聞いて

「ああ、それほど偉大な、この方は人の最上者なのだ。」

と、もう皆が〔世尊の両〕足もとにひれ伏して〔大〕師を礼拝した。

すると、師匠は彼等に言う。

「君たち。〔大〕師にふさわしい施物（deyya-dhamma）が我々にはない。そして〔大〕師は乞食に歩く時間に、ここにお出になった。さあ、我々は力に応じて施物を〔〔大〕師に〕差し上げよう。君たちは何でもそれぞれ運んできた、すぐれた種々の果実を、それぞれ持って来なさい。」

と〔果実を〕持って来させてから、両手を洗って、自分で如来の鉢の中に置いた。そして〔大〕師が種々の果実を受け取っただけで、神格たちが神的食素を（dibb'ojam）投げ入れた。苦行者は水をも自分自身だけで漉してから（parissāvetvā）差し上げた。それから食事を終わらせて〔大〕師が坐ると、皆の内弟子たちを呼んでから、〔大〕師の許で相慶すべき会話を語りながら坐った。

92 〔大〕師は「二人の上首の声聞弟子は比丘僧団と共に来れ」と心に思った。彼等は〔大〕師の心を知って、たちどころに百・千人の漏尽者を引き連れてやって来て、〔大〕師を礼拝して一方に立った。それからサラダ苦行者は内弟子たちに語りかけた。

「君たち。〔大〕師と僧団とに花の座をもって供養をしなければならない。だから花々を運んで来なさい。」

と。彼等は即座に神通力をもって色・香りを具えた花々を持って来て仏様達のために一ヨージャナの大きさの花の座を設けた。二人の上首の声聞弟子（高弟）には三ガーウタの〔花の座を〕、残りの比丘たちには八ヨージャナほどなどの類の〔花の座を〕、僧団の新人には一ウサバほどの〔花の座を〕設けた。

このように諸々の座が設けられると、サラダ苦行者は如来の前に合掌を捧げて立った。

「尊師様、私を愛護（摂受）するために、この花の座にお登り下さい。」

と言う。世尊は花の座に坐った。〔大〕師が坐ると、二人の高弟と残りの比丘たちとは、それぞれ自分が得た席に坐った。〔大〕師は

「彼等に大果報があるように。」

と滅尽〔定〕に入った。それを知って比丘たちも滅尽〔定〕に入った。サラダ苦行者は七日間絶え間なく〔大〕師のために花の傘をかざして立った。そして他の者たちは森の〔木の〕根や種々の果実を食べてから、ほかの時間には仏様に合掌を捧げて立った。


〔大〕師は七日間が過ぎて滅尽定から出定して、高弟のニサバ上座に語りかけた。

「苦行者たちの花の座に対する随喜（感謝、祝福）を（pupphāsanânumodanaṃ）しなさい。」

と。上座は声聞の波羅蜜（最高の修行）の智に立って彼等に花の座の随喜（感謝、祝福）を述べた。彼の説〔法〕が終わると、〔大〕師は第二の高弟であるアノーマ上座に語りかけた。

「君も、比丘よ、これらの人々に法を説きなさい。」

と。彼も三蔵の仏の言葉に触れて（sammasitvā）彼等に法を語った。二人の説〔法〕によっても彼等の一人にも法の領解がなかった。時に〔大〕師は仏の領域に（-visaye）立って説法を始めた。説〔法〕が終わると、サラダ苦行者を除いて、七万四千人ほどの結髪行者たち皆も阿羅漢の境地に達した。〔大〕師は
「来たまえ。比丘たちよ。」

と手を差し伸べた。彼等は忽ちに苦行者の装いが消えて、〔沙門の〕八つの資具を携え〔法臘〕六十年の上座たちのようであった〔八つの資具とは鉢・三衣（＝重衣・上衣・中衣）・帯・剃刀・針・濾水器、*DA*. I.p.206を見よ〕。

しかしサラダ苦行者は
「ああ、私もこのニサバ上座のように、未来において或る一人の仏の第一の声聞弟子になろう。」

93

と、〔大〕師が〔法の〕説示の時に思い計らいが生じたから（uppanna-parivitakkatāya）、〔心に〕他のことを用意して（añña-vihito）いたから、道と果を洞察することが出来なかった。そして如来を礼拝して、そのように誓願を立てた（paṇidhānam akāsi）。〔大〕師も彼が障碍なく〔願を〕成就することを（samijjhana-bhāvaṃ）見てから、

「君は今から百千劫を加えた一阿僧祇の時を経てから、ゴータマという正等覚者の第一の声聞弟子で、サーリプッタ（舎利弗）という者になるであろう。」

と予言（授記）を与えて、法話を行なってから、比丘僧団を従えて空中に跳び立った。

▽サラダ苦行者も友のシリヴァッダのところに行って、

「友よ（samma）、アノーマダッシン世尊の足もとで私は未来に出現なさるであろうゴータマという正等覚者の第一の声聞弟子の地位を願った。君もその方の第二の声聞弟子の地位を願いたまえ（patthehi）。」

と〔言う〕。シリヴァッダは彼の教示に従って（upadese ṭhatvā）、自分の住居の入口における八カリーサほどの場所を平地にさせて、ラージャー花を第五とする（lājā-pañcamāni, Vri. lāja-〃）花々を散布してから、青蓮の屋根のついた仮堂を（maṇḍapaṃ）作らせて、仏座を設け、比丘たちにも座を設けてから、大いなる尊敬・敬意を捧げて（sajjetvā）、サラダ苦行者に〔大〕師を招かせてから、七日間大施を行なって、仏を上首とする比丘僧団に高価な衣をもって着せてから、第二の声聞弟子になるように誓願を立てた。〔大〕師も彼には障碍なく成功することを見てから、先述の仕方で予言を与えて（byākaritvā, 授記して）、食事〔の施〕に随喜（祝福）してから立去った。

シリヴァッダは身の毛を立てて喜び（haṭṭha-pahaṭṭho）、寿命の限り善業を作って〔死ぬ時の心の次の〕、第二

心の時に（dutiya-citta-vāre）欲界の天界に生まれた。しかしサラダ苦行者は四梵住（慈・悲・喜・捨）を修習してから梵天界に生まれた。それ以後は彼等両名ともその間の業は語られていない。

〔今生において釈尊の声聞弟子の中で智慧第一となる因縁物語〕

我々の世尊（釈迦牟尼仏）が出現されるより、もっと前にすでにサラダ苦行者は王舎城から遠くないところのウパティッサ村のルーパサーリーというバラモン女の胎に結生をとった。その同じ日にも彼の友も同じ王舎城から遠くないところのコーリタ村のモッガリーというバラモン女の胎に結生をとった。聞くところではその両家とも第七代の家の〔世代〕交替（kula-parivaṭṭa）まで、互いに結ばれた友達のままであった（ābaddha-paṭibaddha-sahāyakān'eva）。〔両家は〕その両名に共に或る同じ日に母胎の保護を（gabbha-parihāraṃ）与えた。十箇月が過ぎて生まれると両名に六十六人の乳母をかしづかせた。命名の日にルーパサーリー・バラモン女の息子には、ウパティッサ村の最も勝れた家の息子であるから、ウパティッサという名をつけた。もう一人はコーリタ村の最も優れた家の息子であるから、コーリタという名をつけた。

彼等両者とも大勢の取り巻き連中と共に成長しながら、成長するに従って一切の技芸の練達の域に達した。

さて、或る日両人は、王舎城で山頂祭を（gir'agga-samajjaṃ）見ていると、大勢の人々が集まっているのを見て、智力が成熟に達していたから、根源的（如理）に思いめぐらしながら（ummujjantā）、

「これら皆も、この世（此岸）に百年いると、死神の口中に落ちるであろう。」

と畏れを得てから、

「我々は解脱の法を求めなければならない。そしてそれを求めるには一人の出家を得るがよかろう

94

（laddhuṃ vaṭṭati）。」

と決定してから、五百人の学生と共にサンジャヤ（Sañjaya, Vri. Sañcaya）[2] 遊行者の許で出家した。

彼等が出家した時から以後、サンジャヤは最高の所得と最高の名声を得た。▽彼等は僅か数日間でサンジャヤの一切の教義を（samayaṃ）吟味してから（parimadditvā, Vri. pariggaṇhitvā, 把握してから）、そこに核心を見ないで、そこから出て、あちこち、それぞれ賢者と敬われた沙門・バラモンたちに質問をする。彼等はその両人から尋ねられても、決して解答できない（n'eva sampāyanti）。それどころか彼等自身が両人に質問する。このようにその二人は解脱を求めながら約束を交わした。

「我々のうちの、どちらでも最初に不死（甘露）を証得する者は、もう一方に告げてくれよ。」と。

その頃、我々の〔大〕師（釈迦牟尼仏）は、最高の現等覚（paramâbhisambodhim, Vri. paṭhamā〃, 最初の〃）を得てから、勝れた法輪を転じて、次第にウルヴェーラ・カッサパなど千人の結髪行者たちを教化して、王舎城に到って竹林に住んでおられる。或る日ウパティッサ遊行者は遊行者の園林に行きながら、尊者アッサジ上座が王舎城を托鉢に歩いているのを見て、

「私はこのように威儀具わった（ākappa-sampanno）出家者は、今まで見たことがない。寂静の法というものが（santa-dhammena nāma）ここにあるに違いない（ettha bhavitabban）。」

と浄信が起きて、質問をする機会を見はかりながら（udikkhento）、背後からずっと付けて行った。上座も托鉢食を得て、食べるに適した場所に行った。遊行者は自分の遊行者用の椅子を設けて〔上座に〕差し上げた。そして食事が終わると、彼に自分の水差（kuṇḍikā）から水を差し上げた。このように師匠に対する務めを行なってから、食事を終えた上座と挨拶を交わして、

「あなたの師はどなたですか、或いはどなたの法をあなたは喜ぶ（rocesi, 選ぶ）のですか。」

と尋ねた。上座は正等覚者を指し示した（apadisi）。再び彼から
「しかし尊師の〔大〕師は何を説くのですか。」

と問われると、

「この教えが深いことを（gambhīrataṃ）〔PTS. 踏まえて（katvā）〕私は説き示しましょう。」

と、自分が新人であることを知らせてから、簡略に彼に教法を語ろうとして、

「およそ諸々の法（心身の諸要素・属性）は因より生ずる〔それらの因を如来は説いた。

また大沙門はそれらの滅もまた、そのようであると説く〕。」（*Vin.* I. $40^{28\text{-}29}$）

という偈を言う。遊行者は最初の二句だけを聞いて千の趣意を具えた預流果に安立した。次の二句を唱えてから（āharitvā）預流者の時に偈を終わらせた、と〔或る人たちは〕言う（Vri. 次の二句は預流者の時に終わった）。

それから偈が終わると、〔遊行者は〕預流者となってから、その上に勝れたことをまだ説き出さないのに、

「ここにはわけ（理由）があるのであろう」と、気付いてから（sallakkhetvā）上座に言う。

「尊師よ、これ以上は説法を増やしなさるな。これだけにして下さい。我々の〔大〕師はどこにお住まいですか。」と。

「竹林にです。」と。

「尊師よ、あなた様は先に行って下さい。私は私の友と交わした約束を果たしてから、彼を連れて参りましょう。」

と五体投地の礼をもって（pañca-patiṭṭhitena）礼拝し、三度右回り（右繞《うにょう》）して上座を促してから、〔自分は〕遊

95

行者の園林に行った。

　コーリタ遊行者は、彼（ウパティッサ）がもう遠くからやって来るを見て、顔色だけで彼が殊勝の〔境地〕を証得したと思い込みながら（visesâdhigamaṃ sambhāvento）、不死を証得したかを尋ねた。彼も彼（コーリタ）に

　「友よ、そうです。不死を証得した。」

と自認してから、同じその偈を述べた。偈が終わると、コーリタは預流果に安立して言う。

「しかし、友よ、〔大〕師はどこにおいでになるのか。」と。

「竹林に。」と。

「それでは、行きましょう。我々は〔大〕師にお目にかかりましょう。」と。

舎利弗上座（Vri.ウパティッサ）はあらゆる時にも師匠を尊敬するだけであったので、それで〔師の〕サンジャヤの許に行って〔大〕師の諸々の徳を明らかにしてから、彼をも〔大〕師の許に連れて行く思いであった。彼（サンジャヤ）は所得への欲求を起こして、内弟子となることを望まずに、

「私が容器（cāṭi）となって〔他の教えの〕水を注ぐものに（Vri.udaka-siñcanaṃ, PTS.udañcanaṃ）なることは出来ない。」

と拒否した。その両人は多くの理由をもってしても彼を説得することが出来ないまま、自分の教誡に従う（vattamānehi）二百五十人の内弟子たちと共に竹林に行った。〔大〕師はもう遠くから両人が来るのを見て、

「これは私の声聞弟子の双璧、最高の両賢者となるであろう。」

と言ってから、彼等会衆の行のために法を説いて阿羅漢の境地に安立させてから、善来比丘とすることによっ

て彼等に具足戒を授けた。

彼等のように、そのように両高弟にも神通力からなる鉢と衣は出て来たばかりである。しかし上の三つの道〔一来道、不還道、阿羅漢道〕の為すべき〔行〕は終わらない。なぜか。声聞波羅蜜〔最高の行、境地〕の智が巨大であるからである。彼等のうちで尊者大目連は出家した日から七日目にマガダ国のカッラヴァーラ村で沙門法を行いながら惛沈睡眠（thīna-middha, 居眠り）に陥って、〔大〕師から驚怖させられて、惛沈睡眠を除いて、〔十八〕界（認識要素）の観念修行法を聞きながらだけで、上の三道を証得して、声聞波羅蜜の智の頂点に達した。尊者舎利弗は出家した日から半月経ってから、〔大〕師と共に王舎城のスーカラ・カタ・レーナ（Sūkara-khata-leṇa, 豚の掘った洞窟）に住みながら、自分の姉の子（甥《おい》）のディーガナカ（長爪）遊行者に、「感受を捉える経」（Vedanā-pariggaha-suttanta = Dīghanakha-sutta, M. No.74, I.pp. 497-501, 長爪経）が、〔世尊によって〕説かれているとき、〔それを聞いて〕説示に従うだけで智を進めて、他人の炊いた食を（uddhitaṃ bhattaṃ. Vri. vaḍḍhitaṃ ″, 大きくした″）食べるように、声聞波羅蜜の智の頂上に達した者となった。

このように二人の高弟は、ともに〔大〕師の許だけで声聞波羅蜜の智の頂上を得た。

〔それで譬喩経にはこう言う（ApI. 15^{5-}）。

「雪山から遠くないところにランバカという山がある。

庵はよく造られた。私の草庵はよく造られた。…乃至…」〕

そして、後年に〔大〕師は祇陀林大精舎において聖者の衆の中央に坐って、自分の声聞弟子たちの中でそれぞれ勝れた徳によって、この第一人者に就けようとして、

「この者が、比丘たちよ、私の大智慧ある声聞比丘たちの第一人者である。即ち舎利弗である。」（A. I. 23[18]）
と、上座を大智慧あることによってその第一人者に就けた。彼はこのように声聞波羅蜜（最高の修行）の智の
96 頂点に達して法将軍の地位に立ってから、有情の利益を作ろうとして、或る日同梵行者たちに自分の行を明らかにすることによって〔自分の〕完全知を解明しようとして、〔いわく〕

〔自分の行を明かして完全知を解明しようとする三十七偈〕

（981）行う通り、在る通りに、思念あり、思い計らいを抑制して禅思し、不放逸で、
内心に愉しみ、自らよく心定まり、一人で、満足している、その人を比丘と言う。
（982）濡れたものか乾いたものを食べながら、甚だしく満腹してはいけない。
腹を減らし、食べる量をはかり、思念して比丘は、遊行するがよい。
（983）四口、五口の食も食べずに、水を飲むがよい。
自ら励む比丘が、安楽に住まうには、十分だ。
（984）もしこれが必要な衣で、適切で〔身を〕覆うなら、
自ら励む比丘が、安楽に住まうには、十分だ。
（985）結跏趺坐して坐っている〔比丘の〕膝には、はげしく雨は降らぬ。
自ら励む比丘が、安楽に住まうには、十分だ。
（986）誰でも楽を苦と見、苦を矢と見て、〔苦楽の〕両方の中間に

〔執著が〕なかった者は、世間において、何によって、何になろうか。

(987) いつも私に、悪欲・怠惰な、精進劣り少聞な敬意なき者は
あるなかれ。世間において、何によって、何になろうか。

(988) また多聞で智慧あり、諸戒において、よく心が定まり、
心の寂止に専念する者なら、〔私の〕頭上に立たせよ。

(989) 誰でも妄想にふけり、妄想を愉しむ獣なら、
その者は無上の涅槃、軛からの安穏を失った。

(990) しかし誰でも迷想を捨て、迷想のない道を愉しむなら、
その者は無上の涅槃、軛からの安穏を得たのだ。

(991) 村で、もしくは森の中で、低地で、もしくは高地で、
およそ阿羅漢たちが住むところ、その地は楽しい。(*Dh.* 98)

(992) 諸々の森は楽しい。およそそこで人々は楽しまないが、
欲を離れた人たちは楽しもう。彼等は欲を求める者でない。(*Dh.* 99)

(993) 隠れた宝を告げる人のように、誰でも罪を示す人を見るなら、
叱責して言う、智慧ある、そのような賢者に、交わるがよい。

そのような人に交わると、より良いことがあり、より悪いことはない。(*Dh.* 76, Nd^1. 503^{2C})

(994) 教誡するがよい。訓誡するがよい。また無作法から防ぎ護るがよい。
なぜなら、その者は善き人たちに愛され、善からぬ人たちには愛されぬのだ。(*Dh.* 77)

（995）世尊、覚者（仏）、具眼のお方は、無知の者に法を説いた。
法が説かれていると、〔法を〕求める私は耳を傾けた。

（996）その聴聞は私にとって空しくない。私は煩悩（漏）なく解脱した。
決して昔の住処〔の智〕のためにも、天眼〔智〕のためにも、〔私の誓願は〕ない。

（997）〔他人の〕心の動きを知る神通力のためにも、死去と再生〔の智〕のためにも、
耳覚領域の浄化のためにも、私の誓願はない。（*KV.* I, 257[31]）

（998）木の根元だけに依り、坊主頭で重衣をまとい、
智慧をもっては最高の上座、ウパティッサこそ禅思する。

（999）思い廻《めぐ》らしのない〔境地〕に達して、正等覚者の声聞弟子は、
忽ちに聖なる沈黙の状態をそなえている。

（1000）恰も岩山が不動に、よく安定しているように、
そのように、迷いが尽きるから、比丘は、山のように揺るがない。（*Ud.* III. 4）

（1001）曇り（煩悩）なく、常に清浄を求める人には、
毛の先ほどの悪が、黒雲ほどに見える。（*Th.* 652）

（1002）私は死を喜ばない。私は命を喜ばない。
そして正知し思念して、この身を棄てよう。

（1003）私は死を喜ばない。私は命を喜ばない。
或いは私は時を待つ。傭われ人が給与を〔待つ〕ように。（*Th.* 606, 654）

自分の行を明かして完全知を解明しようとする三十七偈

98

(1004) 〔現在と未来の〕両方にも、この死だけで、後に、或いは先に不死はない。〔あなた方は〕実践修道したまえ。〔時を〕失うな。刹那をこそ逃げ去らせるな。

(1005) 恰も辺地の都城が内に外に守られているように、そのようにあなた方は自分を守るがよい。刹那をこそ逃げ去らせるな。(*Th.* 653) なぜなら、刹那に過ぎ去られた者たちは、地獄に引き渡されて愁えるから。(*Cf.Th.* 403)

(1006) 〔こころ〕静まり、安らいで、考えて語り、〔こころ〕浮つかず、嵐が木の葉を〔吹き払う〕ように、悪しき諸法(こころ)を吹き払う。(*Th.*2)

(1007) 〔こころ〕静まり、安らいで、考えて語り、〔こころ〕浮つかず、嵐が木の葉を〔引き抜く〕ように、悪しき諸法(こころ)を引き抜いた。

(1008) 〔こころ〕静まり、悩みなく、澄み、濁りなく、善き戒をたもち、智慧ある人は、苦の終わりを作るであろう。

(1009) このように、或る一部の在家者たちに、或いは出家者たちにも信頼しないがよい。善き人たちであっても、善くない人となり、善くなくても、再び善い人となる。

(1010) ▽欲望や欲求と、怒り、鬱状態や眠気(惛沈《こんぢん》睡眠)と、心の浮つき(躁状態、掉挙《じょうこ》)、疑惑との、これら五つは比丘の心を汚すのだ。

(1011) およそ尊敬されている人の〔禅定〕も、尊敬されない人による〔禅定〕も、ともに、不放逸に住する人の禅定なら、〔それは〕揺るぎない。

(1012) 常に禅思し、精妙な見解を観る、取著が尽きるのを喜ぶその人を、「善き人」と〔人々は〕言う。
(1013) 大海、大地、山、また風も、
〔大〕師の勝れた解脱の喩えには、適さない。
(1014) 〔法〕輪を〔大師に〕続いて転す、大智あり、心定まった上座は、
地・水・火と同じく、染められず、汚されない。
(1015) 智慧波羅蜜に達して、大きな覚知あり、大きな思慮あり、
痴呆に等しく痴呆ではなく、常に安らいで（寂滅して）行く。
(1016) 〔大〕師は私によって奉仕され、仏の教えは行われた。
重い荷は降ろされ、今や再度の生存はない。（= *Th*.1190, 1085）
(1017) 不放逸によって、〔あなた方は〕励むがよい。これが私の教誡である。
さあ、私は入滅（般涅槃）しよう。私は全てに解脱している。

と、これらの偈を述べた。

〈語句の註釈〉

なぜなら、これら〔偈〕の中で、或る偈は上座によって述べられ、或るものは上座に関して世尊によって述べられたが、全ては後に〔上座が〕自分の所行を知らせるために、上座によって説かれたので、上座だけの偈となったからである。

(981) そこで、〈行う通り（yathā-cārī）〉とは、ちょうど身など（身・口・意）が抑制され（saṃyata）守られた

（saṃvuta）者となって、行く、住まう通りに、或いは、行う通りにすることを習いとする、というのが〈行う通り〉である。戒をそなえた、という意味である。〈在る通りに（yathā-sato）〉とは、在る通り（yathā-santo）である。なぜなら偈〔の発音〕を楽にするために鼻音の脱落（anunāsika-lopa）をさせて（santo を sato と）示されているからである。善き人（santo）のように聖者たちと無差別である（nibbiseso）、という意味である。〈思念あり（satimā）〉とは、最高の思念を具えた。〈思い計らいを抑制して禅思し（yata-saṅkappa-jjhāyī）〉とは、総じて誤った思い計らいを捨てて、出離を思い計らいなどによって思い計らいを抑制した者となって、対象を思念し、〔無常などの〕特相を思念して禅思することを習いとする（jhāyana-sīlo）。〈不放逸で〉とは、同じその人が行う通りであると、思い計らいを抑制した人となって、またまさに禅思することによって放逸がなく、あらゆることに（sabbattha）正念正知がよく確立されている。〈内心に愉しみ（ajjhatta-rato）〉とは、行動範囲内で（gocar'ajjhatte）観念修行法の修習を愉しむ。〈自らよく心定まり（su-samāhit'atto）〉とは、まさにその修習によって心が一点に集中する（ekagga-citto）。〈一人で（eko）〉とは、伴なく（asahāyo）、衆との交際や煩悩との交際を捨てて、身の遠離と心の遠離とをよく増大させながら、〈満足している（santusito）〉とは、生活用品に満足し、また修習の喜びに満足して、まさに正しく満足し、知足している。なぜならば、上の、更に上の殊勝な境地（visesaṃ）をもたらす修習（bhāvanā）によって大きな喜悦が生ずるからである。しかし頂上に達した人
99
についてはもう言うべきことはない。〈その人を比丘と言う〉とは、そのようなその人物を、〔三学を満たすから（Vri: sikkha-ttaya-pāripūriyā）〕、恐怖を見るから（bhaya-ikkhaṇatāya）、また煩悩が砕かれているから（bhinna-kilesatāya）、比丘（bhikkhu）と、〔人々は語呂合わせして〕言う。

（982）今度は、先述のような二種の満足の中で生活用品についての満足をまず示そうとして、「濡れたものか

乾いたものを」云々という。そこで、〈濡れたもの（allaṃ）〉とは、バター（酥）などを振りかけることによって（sappi-ādi-upasekena）濡らされ（tintaṃ）、湿らされた（saniddhaṃ）〔食べ物〕。〈乾いたもの（sukkhaṃ）〉とは、それでないから（Vri. tad-abhāvena, Pts. taca-bhāgena）粗い（lūkha）〔食べ物を食べ〕、〈か（vā, 或いは）〉という語は、濡れたものか、乾いたものかと、不確定の意味で（aniyam'attho）、〈甚だしく〉とは、余りに、〈満腹して〉とは、満足してはならない、という意味である。それから、「どのように在ればよいのか」、というなら、〈腹を減らし、食べる量をはかり〉と言う。おいしいか、或いは粗末な食べ物をも食べながら、比丘は必要なだけ食べないで〈腹を減らし〉、軽い腹をして、それだからこそ〈食べる量をはかり〉、食べ物が限られ、八支（＝戯・驕・飾・装のためではなく、この身の保持・保養・傷害の除去・梵行の助成のためという八要件）を具えた食を摂りながら（*Cf.* M.II.138[28]、『パーリ仏教辞典』39b）、そこで量を知る者であることによって、また省察の思念によって〈思念して〉いて、〈遊行するがよい〉、住まうがよい。

(983)そして〈腹を減らし、食べる量をはかり〉と言う通りに、それを示すために〈四〔口〕〉云々と述べた。そこで〈食べずに〉とは、四〔口〕か或いは五〈口の食（ālope）〉、飯の塊（kabale）を食べずに、それだけの（tattakassa）食の場所を残しておいて飲み物を飲むがよい。なぜなら、これが食を軽くする仕方（-sallahuka-vutti）だからである。なぜなら、涅槃に心を遣った〈比丘が安楽に住まうには〉、禅思などの証得に適するから（-yogyatāya）安楽に住まうには〈十分だ（alaṃ）〉、よろしい（pariyattaṃ）という意味である。これによって腹を守る（kucchi-parihāriyaṃ）托鉢食を述べながら、托鉢食に関して何でも満足することを（itarītara-santosaṃ）示す。〔abhutvā（食べずに）は〕〈bhutvāna（食べて）〉とも読む。それは四五口だけの食で身体を養うことができる、特に生まれつき安定した体質の（thira-pakatika）人物について述べたのであろう。以下の諸偈ともまさ

100

に関連している。〔そこでは〕乏しい衣と臥坐所とについて説くであろうからである。

(984)〈〔これが〕適切で(kappiyan)〉とは、適・不適に従う(-anulomesu)麻などの中のどれか〔の衣〕という意味である。〈もしそれが〔身を〕覆うなら〉とは、適切な〈衣〉であって、覆うべき所をもし覆うなら、〔大〕師に許された類であって、最低限として、もし許された分量になっているなら、という意味である。〈これが必要な(idam atthikaṃ)〉とは、この〔衣の〕目的のために(payojan'atthaṃ)、〔大〕師が言われた〔衣の〕目的のために、ついには寒さなどを防ぐために、しかもまた陰部を覆うために(hiri-kopīna-paṭicchādan'atthaṃ)、〈なるなら〉という意味である。これによって衣は身を保護するもので(kāya-parihāriyaṃ)あって、またそれについて、〔上座は〕何にでも満足すると言う。

(985)〈結跏趺坐して坐っている〉という、結跏趺坐(pallaṅka)とは、すべて腿《すね》を組んだ坐り方が言われる。それによって坐っている、三つを合わせた足組を(ti-sandhi-pallaṅkaṃ)組んで坐っている〔比丘の〕、という意味である。〈膝には、はげしく雨は降らぬ〉とは、およそ庵にそのように坐っている〔比丘の〕両膝は、神が雨を降らせる時に、雨水で濡らされない(na temiyati)、これほども多く全ての辺地の臥坐所に〔雨が降ろうとも〕。なぜなら、そこに坐って意義を欲するあり方の良家の子弟によって、善き目的を完遂することができるからである。それで「自ら励む比丘が、安楽に住まうには、十分だ」と言う。

(986)このように上座は、これらの四偈によって、誰でも比丘たちが大欲で、満足しない、その彼等に最高に勝れたものとなる倹約(sallekha, 制欲)の教誡を明らかにしてから、今度は、感受(vedanā)によって修習を喜び満足することを示そうとして、〈誰でも楽を〉云々という。そこで〈楽を(sukhaṃ)〉とは、楽の感受を、〈苦と(dukkhato)〉とは、壊苦(vipariṇāma-dukkha, 変壊する苦)と、〈見(addā)〉とは、見た(addasa)。観の智を伴なった道の智慧によって如実に誰でもその人は見た、という意味である。なぜなら、楽の感受は享受する時には〔快適に〕味わわれていても（assādiyamānâpi）、毒が混じった食べ物のように、変化する時には（pariṇamana-kāle）、苦の〔感受〕だけとなる。それゆえにここで、〔変化に〕従って苦を観ずることを示す。〈苦を矢と見て〉とは、苦の感受をその人は「矢である」と見た。なぜなら、苦の感受は、恰も矢が体に入っても、入って留まっていても、引き抜かれようとしていても、苦痛（pīḷanam）だけを生じるように、このように苦の感受は生じていても、留まるに到っても、刺さっていても（bhijjamānā pi）、有情を悩ませる（bādhati, Vri. vibādhati）だけである、と。これによって、ここでは苦を観察することだけを採り上げて述べる。またそれによって「およそ苦なるもの、それは非我である」と（S. III. 22, etc.）いう言葉から、感受は二種に、我（attan）と我に所属するもの（attaniya, 我所）とであると把握すると解明する（viniveṭheti）。〈両方の中間に（ubhay'antarena）〉とは、両者の中間に、楽と苦の感受の中間となった不苦不楽（adukkha-m-asukhe）、という意味である。〈なかった（nâhosi）〉とは、如実に覚ると（-avabodhane, PTS. -avabodhena）我と我に所属するものへの執著が（-abhinivesanaṃ）なかった。〔その者は〕〈世間において、何によって、何になろうか（kiṃ siyā）〉とは、このように感受によって五種もの取著の集りを（五取蘊を pañca upādāna-kkhandhe, 色・受・想・行・識）了知して、それと結びついたあらゆる煩悩の網を断ち切っていると、一体どんな煩悩によって、世間において神格などにおいて縛られるのか、或いは将来に何になろうか。ともあれ（añña-d-atthu）束縛を断ち切った者は、名前（観念、概念）がない（appaññattiko）だけであろう、という意味である。

（987）今度は誤った実践をする人物たちを叱責しようとして、正しい実践をする人たちを称讃しながら、〔こんな者は〕〈私に…あるなかれ〉云々という四つの偈を述べた。そこで〈いつも私に悪欲な者は（pāpiccho）あ

101

るなかれ〉とは、誰でも、ありもしない徳を生み出すこと（sambhāvana）を望むので〈悪欲な〉、沙門法について励む気がないから（ussāhâbhāvena）〈怠惰な（kusīta）〉、それだからこそ〈精進劣り（hīna-vīriya）〉、〔四〕諦・縁起などに関連した聴聞（suta）がないから〈少聞な（appa-ssuta）〉、教誡や訓誡に対して尊敬（ādara）がないから〈敬意なき者（anādara）〉、そのような劣る人物が私の傍らに、いつも決して、あるなかれ。なぜか。〈世間において、何によって、何になろうか〉。というのは、世間において、有情の衆において、その、そのような人物へのいかなる教誡が何になるべきか。或いは何が為されても、何になろうか、と。無意味なことに過ぎない、という意味である。

(988)〈また多聞で（bahussuto）〉とは、誰でもその人物が、戒などに関連した経（Sutta）・応頌（Geyya）など〔九分教に〕分類される多く聞くことを生み出すから〈多聞で〉、法を滋養とする智慧（dhamm'oja-paññā）をもって、守護する（-parihāriya）智慧をもって、そして洞察する（paṭivedha-）智慧をもって〈智慧あり（medhāvī）〉、〈諸戒において〉のみ確立しているので〈よく心が定まり（susamāhito）〉、〈心の寂止に（ceto-samathaṃ）〉、世間と出世間に分かれた、心を平静に保つことに（-sama-dhānaṃ）〈専念する者なら（anuyutto）〉、そのような人物は私の〈頭上に〉、頭頂にでも〈立たせよ（tiṭṭhatu）〉。いわんや（pag-eva）共に住むことは勿論のことである。

(989)〈誰でも妄想にふけり（papañcam anuyutto）〉とは、しかし、誰でも人が仕事（業）を喜ぶこと（kamm'ārāmatā）などによって、また〔女〕色に執著すること（rūpâbhisaṅga）などによって、行動することを妄想（妄執）する意味で（pavattiyā papañcan'aṭṭhena）、渇愛（taṇhā, 渇望）などの類の妄想にふけり、しかもそこに煩い〈過患〉を見ないことによって、〈〔妄想を〕愉しむ獣〉のような者なら、〈その者は涅槃を失った（virādhayi）〉。

その者は涅槃から極めて遠くにいる（suvidūra-vidūre ṭhito）。

（990）〈しかし誰でも妄想を捨て〉とは、しかし誰でも人が渇愛（渇望）の妄想を捨てて、それ（渇愛）がないから〈妄想のない（nippapañca）〉涅槃の〈道を〉、〔覚りの〕証得の手段である聖道を〈愉しむなら（rato）〉、修習の領解をよく愉しむなら（-abhisamaye abhirato）、〈その者は涅槃を得た（ārādhayi）〉、成就した、証得した、という意味である。

時に或る日、上座は自分の一番下の弟のレーヴァタ上座の、刺《とげ》（kaṇṭaka-）が集ったアカシヤ（khadira-）の樹に蔽われた水のない荒野にある（nir-udaka-kantāre）住まいを（vāsaṃ）見て、それを称讃しようとして〈村で、もしくは〉云々という二偈を述べた。

（991）そこで、〈村で、もしくは〉とは、阿羅漢たちは村の隅で身の遠離をたとい得なくても、しかし心の遠離を得るだけである。なぜなら、天上に対比される諸対象（ārammaṇāni, 所縁）さえも彼等〔阿羅漢たちの〕心を動かすことは出来ないから、それゆえに或いは村であれ、或いは森などの或る場所であれ、〈およそ阿羅漢たちが住むところ、その地は楽しい〉。その地の部分は楽しいだけである、という意味である。

（992）〈諸々の森は〉とは、よく花の咲いた樹木群に飾られ、汚れのない水場（vimala-salil'āsaya-）をそなえた森は、〈楽しい〉と〔文が〕繋がる。〈およそそこで〉とは、およそそれらの森が花咲いた木々が喜んでいるようなのに、欲望に覆われ（kāma-makkhiko, [Vri]kāma-pakkhiko, 欲望の味方で）欲望を求める〈人々は楽しまない〉。〈欲を離れた人たちは〉とは、しかし欲を離れた煩悩（漏）が尽きた人たちは、蜜を作る蜂たち（bhamara-madhu-karā）のように蓮華の林や、同じような他の諸々の森において〈楽しもう〉。〈彼等は欲を求める者ではない〉とは、彼等は欲を離れ、欲望を追い求める者ではないのだから、という意味である。

（993）再び上座はラーダという不運の（duggata）バラモンを憐れんで、出家させ、具足戒を授けてから、同
じ彼を随従の沙門に（pacchā-samaṇaṃ）して、廻り歩きながら、或る日、また彼がよい言葉遣いなのに（su-
bbaca-bhāvena）満足してから（tussitvā）教誡を与えようとして、〈隠れた宝を〔告げる人の〕ように〉云々と
言う。そこで〈隠れた宝〉とは、そこここに蔵して（nidahitvā）置かれた金貨・黄金などが満ちた隠された宝
の甕を（nidhi-kumbhīnaṃ, *gen.pl.f.*）〈告げる人に（pavattāraṃ）〉〔交わるように〕。というのは、難儀な生活をし
ている（kiccha-jīvike）不運の人に憐れみをかけて、
「来たまえ。そなたに楽に生きる方法を示そう（dassessāmi）。」
と、隠された宝の場所に連れて行って、
「手を伸ばして、これを摑んでから楽に生きたまえ。」
と知らせる人に（ācikkhitāraṃ）〔交わる〕ように、〈罪を示す人に（vajja-dassinaṃ）〉とは二種の罪を示す人に
〔交わるがよい〕。〔即ち〕
「この不適切なこと、或いは失敗（khalita）をもって、僧団の中で彼を叱責しよう（niggaṇhissāmi）。」
と、〔他人の〕欠点を探す者（randha-gavesako）と、〔本人が〕分かっていないことを（aññātaṃ）知らせようと
欲して、知られていることを味わわせようとして（ñātaṃ assādento）、戒などの増大を欲するから、それぞれの
102 罪過を見とがめようと救済する本性に立つ人（ullumpana-sabhāva-saṇṭhito）とである、と。これがここで意味さ
れている。なぜなら、例えば不運な人が「この隠れた宝をとりたまえ」と、叱責されながらでも、隠れた宝を
示す人に対して怒りを（kopaṃ）持たないし、喜ぶだけであるように、そのように、このような人物たちに関
して不適切なことや失敗を見て知らせる人には怒りを持ってはならぬ。満足した心を持つだけでいるべきであ

り、

「尊師よ、これからも私にこのように言ってほしい（vadeyyātha）。」

と申し出るべきだけである（pavāretabbam eva）。〈叱責して言う（niggayha-vādin）〉〔人〕とは、誰でも罪過を見てから

「この者は私の共住者だ、内弟子だ、助けになる者（upakārako）だ」

とは思わないで、罪過に相当すると叱責しよう（tajjento）、追い出そう（paṇāmento）、処罰を科そうとして（daṇḍa-kammaṃ karonto）学ばせる（sikkhāpeti）、これが叱責して言う（niggayha-vādin）〔人〕といわれ、正等覚者のようなお方である。なぜなら、こう言われているからである。

「叱責して（niggayha）、叱責して、阿難よ。私は説こう。繰り返し（pavayha）、繰り返し〔説こう〕。およそ核心である（yo sāro）その者は立ち〔直る〕であろう（ṭhassati）。」と（*M.* III. 118^{4-}）。

〈智慧ある（medhāviṃ）〉とは、法を滋養とした智慧（dhamm'oja-paññā）を具えた、〈そのような〉とは、そのような賢者に、〈交わるがよい（bhaje）〉とは、敬って仕えるがよい（payirupāseyya）。なぜなら、そのような師匠（阿闍梨）に交わっている内弟子には〈より良いことがあり、より悪いことはない〉。生長だけがあり衰退はない、という意味である。

(994)さて、或る時、アッサジやプナッバスカたちと共にキーター山に住む者が〔戒を〕汚した時、〔大〕師に命じられて、法将軍（舎利弗）は、自分の衆と大目連と共にそこに行って、アッサジやプナッバスカが教誡を受け取ろうとしないと（anādiyantesu）、〔彼等に対して〕この偈を述べた。

そこで、〈教誡するがよい（ovadeyya）〉とは、教誡を、訓誡を与えるがよい（anusiṭṭhiṃ dadeyya）。〈訓誡する

がよい〈anusāseyya〉とは、同じその〔ovadeyya（教誡するがよい）〕の同義語（pariyāya-vacanaṃ）である。或いはまた、すでに事件が起きると、論じながら教誡する（vadanto ovadati）、という。まだ〔事件が〕起きないと「これは君たちにとって過失（doso, [Vri]ayasc, 不名誉）ともなるであろう」云々と、未来について論じながら訓誡する、という。或いは、対面して論じながら教誡する、という。他人に向かって（parammukhā）使者か、或いは信書を（sāsanaṃ）差し向けて、論じながら訓誡する、という。或いは一回論じながら教誡する、という。しばしば論じながら訓誡する、という。〈また無作法から（asabbhā ca）〉とは、また不善なる諸法から〈防ぎ護るがよい（nivāraye）〉。そして善なる諸法に立たせるがよい、という意味である。〈なぜなら、その者は善き人たちに（sataṃ）〉とは、そのような人物は善き人々に（sādhūnaṃ）〈愛される（piyo hoti）〉が、しかし誰でも善からぬ人たち（asantā）、善くない人たちで（asappurisā）、他の世界を捨て（vitiṇṇa-para-lokā）、理財に眼が利《き》き（āmisa-cakkhukā）、生活のために出家した、その者たちには、その教誡者・訓誡者は

「そなたは我々の和尚ではない。先生（阿闍梨）ではない。なぜ我々に言うのか。」と

〔反駁され、愛されない〕。このように口舌の刃をもって刺す人たちには（mukha-sattīhi vijjhantānaṃ）、〔その教誡者は〕〈愛されぬのだ（appiyo hoti）〉と。

(995)「およそその人に対して〔大〕師が法を説かれる、その人こそが、機縁を具えている」と、比丘たちの中で話が持ち上がると、〔舎利弗は〕「それはそうではない」と示そうとして〈無知の者に〉と偈を言う。そこで〈無知の者に（aññassa）〉とは、自分の甥《おい》（bhāgineyya, 妹の子）ディーガ・ナカ（長爪）遊行者について言う。なぜなら、彼に〔大〕師によって「感受を捉える経」（M. No.74 Dīghanakha-sutta, I. 497ff.）が説かれていると、この大上座は修習の道を証得してから、声聞波羅蜜の智の頂点に達した（sāvaka-pāramī-ñāṇassa matthakaṃ

103

patto）からである。〈〔法を〕求める（atthiko）私は耳を傾けた（sotam odhesiṃ）〉とは、〔大〕師を扇ぎながら立っていた〔私〕は〔法を〕求める者となって、聞こうと欲して（sussūsanto）耳を傾けた。

（996）〈その聴聞は私にとって空しくない〉とは、そのように聞いたその聴聞は私にとって空しくなかった、不毛ではなかった。最高の声聞によって得べきことを成就した者たちの依り所となった。それで、〈私は解脱した〉云々と言う。そこで、〈決して昔の住処〔の智〕のためにもなく〉とは、自分と他の人たちとの昔の住処を知る智のために、〈私の誓願があるのではない〉と〔文〕が繋がる。予備行（parikamma）をするために、そのために心の誓願だけ（citta-paṇidhāna-mattam）も決してなかった、という意味である。

（997）〈〔他人の〕心の動きを（ceto-pariyāya）〉とは、他人の心の動きを知る、〈神通力のため（iddhiyā）〉とは、神通の類の智のため、〈死去と再生の（cutiyā upapattiyā）〉とは、有情たちの死去と再生とを知る智、死去と再生に関する智のために、〈耳覚領域の浄化のために〉とは、神的な耳覚（dibba-sota, 天耳）の智のために、〈私の誓願は（paṇidhi me）ない〉。というのは、これらの特殊な神通力のために（abhiññā-visesānaṃ atthāya）予備行のために心の誓願（paṇidhi）、心の志向が（citta-abhinīhāro）私にあるのではない、なかった、という意味である。なぜなら、諸仏の一切を知る諸徳（-guṇā）のように、最高の道の証得によってのみ、声聞たちの一切の声聞の諸徳が手に入るからである。それらの〔神通力を〕証得するために、個々に予備行を行うという為さねばならないこと（-kicca）があるのではない、という。

（998）〈木の根元〉云々という三偈は、カポータ（鳩）洞窟に（kapota-kandarāyaṃ）住んでいると、夜叉によって攻撃された時に、禅定の力によって自分が不変であること（nibbikāratā）を明らかにするために述べられた。そこで、〈坊主頭で（muṇḍa）〉とは、髪を下ろし（voropita-kesa）、〈重衣をまとい（saṅghāṭi-pāruta）〉とは、重衣をまとって坐った。saṅghāṭiyo supāruto（重衣がよく纏われている）とも〔人々は〕読む。〈智慧をもっては最高の上座〉とは、上座であって智慧によって最上の者であり、声聞たちの中で智慧をもって最勝である、という意味である。〔ウパテッサこそ〕〈禅思する（jhāyati）〉とは、対象を思念することによって、また〔無常であるなどの〕特相（lakkhaṇa）を思念することによって禅思（静慮）する。多く〔の時〕を定（samāpatti, 等至）によって住することによって住まう、という意味である。

（999）〈立ちどころに〔聖なる沈黙の状態を〕そなえている（upeto hoti tāvade）〉とは、夜叉によって頭を打たれると、もう立ちどころに（tāvad eva）〈思い廻らしのない〔境地〕（avitakkaṃ）〉、第四禅の果定に達して、〈聖なる沈黙の状態（tuṇhī-bhāva）〉を具え、具えたのであった。なぜなら〈hoti（いる）〉という、この〔語〕は過去の意味で現在形の語だからである。

（1000）〈迷いが尽きるから、〔比丘は〕山のように、揺るがない（na vedhati）〉とは、一切の煩悩が破られた〈比丘は〉、彼は岩からなる山のように〈不動に、よく安定して〉、好ましいものや好ましくないものなど・いかなるものによっても揺るがず、あらゆるところで不変である（nibbikāro）、という意味である。

（1001）さて、或る日、上座が失念によって衣の耳（隅）が垂れ下がっていると、或る一人の沙弥が

「尊師様、完全に〔衣〕を着るとよいです（parimaṇḍalaṃ nivāsetabban）。」

と言う。それを知って

「よろしい。君はよいことを言ってくれた。」

と頭で頷くようにして、もう立ちどころに、少しも立ち進まずに完全に〔衣〕を纏ってから、「私のようなものには、これもまさに過失である」ということを示そうとして、〈曇り（煩悩）なく〉〔云々〕という偈を言う。

104

（1002）再び死と命とについて自分が平等な心であること（sama-cittatā）を示そうとして、「私は〔死を〕喜ばない」云々という二偈を述べてから、他の人々に法を語ろうとして〈両方にも、この〉云々と二偈をいう。

（1004）そこで、〈〔現在と未来の〕両方にも〉とは、両方において、両方の時において、という意味で、〈m-idaṃ〉という m の字は語の連結をする。〈この死だけで〉、「死があるだけで、不死というものは、それら両方の時において、ない」というので、〈後にも先にも〔不死はない〕〉と言う。中年の人にとっては（majjhima-vayassa）或いは後の老いて老衰した時に、或いは先の若い時に〈死だけがある〉。死が一方的にあるだけである。それゆえに〈〔あなた方は〕実践修道したまえ〉。正しく実践修道せよ。正しい実践を満たせ。間違って修道して（vippaṭipajjitvā）〈〔時を〕失うな〉。諸々の苦界において大きな苦を受けるな。〈刹那をこそ逃げ去らせるな（khaṇo ve mā upaccagā, Vri. khaṇo vo〃, あなた方の刹那を逃〃）〉とは、〔仏法が聞けない〕八難（不適時）を避けた（akkhaṇehi vivajjito）この第九の刹那（khaṇa）にあなた方を過ぎ行かせるな（mā atikkami）、という意味である（難 akkhaṇa については『パーリ仏教辞典』p.8b- 参照）。

（1006）さて、或る日、〔舎利弗は〕尊者マハーコッティタ（Mahā-koṭṭhita, Vri. 〃-koṭṭhika, 大拘稀羅）に会ってから、彼の徳を明らかにしようとして、〈〔こころ〕静まり〉云々と三偈を述べた。そこで、〔主語を〕特定しないことによって（anuddesika-vasena）〈〔悪しき諸法を〕吹き払う（dhunāti）〉と、言われただけの意味を、再び上座に基づいたことにして（thera-sannissitaṃ katvā）述べようとして、

（1007）「〔悪しき諸法を〕引き抜いた」云々と言う。そこで〈引き抜いた（appāsi, O abbahi）〉とは今捨てた（pahāsi<pajahati）という意味である。

（1008）〈悩みなく（an-āyāsa）〉とは、煩わしくない（a-parissama）、煩悩の苦がない、という意味である。〈澄

み、濁りなく（vippasanno anāvilo）〉とは、澄み、信じられないこと（a-ssaddhiya）などがないことによって、よく浄く信じる心で、思い計らいに濁りがないから（anāvila-saṅkappatāya）〈濁りなく〉、〔…智慧ある人は、苦の終わりを作るであろう〕。

(1009)〈信頼しないがよい（na vissase）〉という偈は、デーヴァダッタ（提婆達多）を信じてから、彼の見解に同意していたヴァッジーの子息たちに関して述べられた。そこで〈信頼しないがよい〉とは、信頼されたものでないがよい（vissaṭṭho na bhaveyya）、信じてはならない（na saddaheyya）、という意味である。〈或る一部の（ekatiyesu）〉とは、或る一部の（ekaccesu）、本性として安定しない（an-avaṭṭhita-sabhāvesu）凡夫たちに〔信頼しないがよい〕。〈このように〉とは、ちょうどあなた方が「デーヴァダッタは正しく実践修道している」と信頼するにいたったように、そのように、〈在家者たちに（agārisu）〉とは、在家の人々に（gahaṭṭhesu）〔信頼しないがよい〕。〈善き人たち（sādhū）であっても〉とは、なぜなら、凡夫であるというのは、馬の背に乗せた瓢《ひょう》箪《たん》（kumbhaṇḍa, 冬瓜《とうがん》）のように、また籾殻の山に掘り立てた楔《くさび》のように（khāṇu-nikhāta-khāṇu, Vri. 〃-khāṇukaṃ）、安定しないから、それだから、或る一部の人たちは最初は善い人となっていても、後には〈善くない人となる〉。ちょうどデーヴァダッタが以前には戒を具え、神通・定を得たもの（abhiññā-samāpatti-lābhī）であって、所得と尊敬が明らか（-pākato, Vri. -pakato）であったが、今は殊勝の境地を失い（parihīna-viseso）、羽を切られた烏（chinna-pakkha-kāko）のように苦界に属するものに（apāyiko）なったように、それゆえに、そのような者は見ただけで「善き人」と信頼すべきでない。しかし或る一部の人たちは、善き友との交わりがないために最初は〈善くなくても〉、後には善き友との交わりによって〈善い人となる〉のである。それゆえにデーヴァダッタのような善き人の見せかけの者たちを（sādhu-paṭirūpe）「善き人」と信頼しないがよい、という

105

意味である。

（1010）誰でもその欲望・欲求など心を汚す〔諸煩悩〕が離れ去らない、その彼らは善くない。誰でもそれら〔煩悩〕が離れて去ると、その人たちは善き人である、ということを示すために、〈欲望や欲求〉と偈を述べてから、共通でないから（asādhāraṇato）勝れたものとなった（ukkaṃsa-gataṃ）善き人の特徴を示すために〈およそ尊敬されている人の（sakkariyamānassa）〔禅定も〕〉云々と二偈を述べた。

（1013）そして共通でないから〔ともに〕勝れたものとなったその〔善き人の特徴〕を示すために、〔大〕師と自分とを例に出そうとして（udāharanto）「大海」云々という数偈を述べた。そこで、〈大海〉という、この大海、大地、岩山、また東など（東・西・南・北）の類の〈風（anila）も〉、それ自体が非精神的であることによって（acetana-bhāvena）、好き・嫌いに耐える（sahati）が、思惟の力（paṭisaṅkhāna-bala）によって〔耐える〕のではない。しかし〔Vri. 大師は〕その阿羅漢の境地が起きることによって（arahatt'uppattiyā vasena）最上のそのような方であることに立って、好き・嫌いなことなど一切に対して平等で変異がない（nibbikāro）、そのように、その〈〔大〕師の勝れた解脱〉、最高の果である解脱の、〈喩え（upamā）〉、比喩であることに、それら大海などは〈適さない（na yujjanti）〉、十六分の一の一部にも到らない（kala-bhāgam pi na upenti）という意味である。

（1014）〈〔法〕輪を〔大師に〕続いて転す〉とは、〔大〕師によって転された法輪を続いて転す、〈上座は〉とは、無学の戒の集合（戒蘊）などを具えた上座は、〈大智あり〉とは、大きな智慧があり、〈心定まった（samāhita）〉とは、近行（upacāra）〔定〕・安止定（appanā-samādhi）などの無上の禅定によってまた心が定まった。〔その上座は〕、〈地・水・火と同じく（paṭhav'āp'aggi samāno）〉とは、好き・嫌いなどの対象の集まりに対して、変異しないから（nibbikāratāya）、地や水や火と同じようであり（sadisa-vuttiko）、それで〈染められず汚されない〉と言う。

〔舎利弗の智慧〕

(1015)〈智慧波羅蜜に達して（paññā-pāra-mitaṃ patto）〉とは、声聞の智の波羅蜜（pāramī, 最高の行）に＝彼岸の極点（pāra-koṭi）に達し、〈大きな覚知あり（mahā-buddhin）〉とは、大きな・広い・楽しみのある・速さのある・鋭い・洞察するものであることに達した（mahā-puthu-hāsa-javana-tikkha-nibbedhika-bhāva-pattā）覚知（buddhi）、智慧（paññā）を具えた。〈大きな思慮あり（mahā-matī）〉とは、法の繋がりによって包まれた（dhamm'anvāya veṭhita-, Vri. dhamm'anvaya-vedita-, 〃知られた）と呼ばれる大きな趣意を捉える思慮（naya-ggāha-mati）を具えた。なぜなら、何でもそれら四種類、十六種類、四十四種類、また七十三種類の智慧の類がある、それら〔智慧〕を全て残らず証得しているから、また大智慧者であることなどの殊勝な境地（visesa）に結びつくから、この大上座は余分〔な智慧〕を伴って（sa-atisayaṃ）〈大きな覚知あり〉と言うべきに値する。世尊が〔次のように〕仰る通りである。

「比丘たちよ。舎利弗は賢者である。大智慧者である。広い智慧あり（puthu-pañño）、楽しみのある智慧あり（hāsa-pañño）、速さのある智慧あり（javana-pañño）、鋭い智慧あり（tikkha-pañño）、洞察する智慧がある（nibbedhika-pañño）。」と（*M.* III. 25^{5-}; *S.* I. 63^{22-}, *etc.*）云々。

そこで、これ（以下）が賢者であることなどを明らかにする（vibhāvanā, Vri. vibhāga-〃, 区分して〃）。〔即ち〕、界（知覚や認識の要素）に通じていること（dhātu-kusalatā）、処（知覚や認識の領域）に通じていること（āyatana-k.）、縁起に通じていること（paṭicca-samuppāda-k.）、道理と非道理とに通じていること（ṭhānâṭhāna-k.）、というこれら四つの理由によって賢者（paṇḍita）である。

大智慧者であること（mahā-paññatā）などの類別を示すのには、次の聖言（Pāli）がある（*Pṭs.* II. 190^{11}- *ff*）。

〔即ち〕、

『どれが〈大きな智慧（mahā-paññā）〉か。大きな諸意義（利益）を把握するというので、大きな智慧である。大きな諸法を…。大きな諸言語を（niruttiyo）…。大きな諸弁才（閃《ひらめ》き）を（paṭibhānāni）…。大きな戒の集合（戒蘊）を（sīla-kkhandhe）…。定（samādhi, 三昧）…。智慧…。解脱（vimutti）…。解脱知見の集合（蘊）を（vimutti-ñāṇa-dassana-kkhandhe）把握するというので、大きな智慧である。大きな道理・非道理を…。大住の定（mahā-vihāra-samāpattiyo, 等至）を…。大きな〔四〕聖諦（ariya-saccāni）を…。大きな〔四〕念処（sati-paṭṭhāne）を…。〔四〕正精勤（samma-ppadhāne）を…。〔四〕神足（iddhi-pāde）を…。大きな〔五〕根（indriyāni, 信・勤・念・定・慧）を…。〔五〕力（balāni, 信力・精進力・念力・定力・慧力）を…。大きな〔七〕覚支（bojjhaṅge, 念・択法・精進・喜・軽安・定・捨）を…。大きな〔八〕聖道（ariya-magge）を…。大きな沙門果を（sāmañña-phalāni）…。大きな諸神通智（abhiññāyo）を…。大きな第一義の涅槃を把握するというので、大きな智慧（mahā-paññā）〉である。

106
どれが〈広い智慧（puthu-paññā）〉か。広い智の集合（智蘊）について（puthu-ñāṇa-kkhandhesu, [Vri.]puthu-nānā-kh〃, 〃種々の集合（蘊）〃）智がはたらく（pavattati）と▽いうので、広い智慧である。広い智の諸要素について（ñāṇa-dhātusu, [Vri.]-nānā-〃種々の諸〃）…。諸処（知覚認識領域）について…。諸縁起について…。空であることと不可得なことについて（suññata-m-anupalabbhesu）…。諸意義（利益）について（atthesu）…。諸法について…。諸言語について（niruttīsu）…。諸弁才（ひらめき）について…。戒の集合（戒蘊）

について…。定（三昧）の集合（定蘊）について…。智慧の集合（慧蘊）について（paññā-kkhandhesu）…。解脱の集合（解脱蘊）について（vimutti-kkhandhesu）…。解脱知見の集合（蘊）について…。道理・非道理について…。諸住等至（vihāra-samāpattīsu）について…。〔四〕聖諦について…。〔四〕念処について…。〔四〕正勤について…。〔四〕神足について…。〔五〕根について…。〔五〕力について…。〔七〕覚支について…。〔八〕聖道について。諸沙門果について…。諸神通智について…。凡夫と共通の諸法を越えて第一義の涅槃について智がはたらくというので、広い智慧である。』（*Cf. Pts.* II. 190[11-] 191[33]）

『どれが〈喜びの智慧（hāsa-paññā）〉か。ここに或る一部の人は喜び多く（hāsa-bahulo）…、信受（veda, 宗教感情、智）多く…、満足（tuṭṭhi, 知足）多く…、喜悦（pāmojja）多く、諸戒を満たす（paripūreti）、というので〈喜びの智慧〉である。楽しみ多く…乃至…感官の防護（indriya-saṃvara）を満たす、というので喜びの智慧である。喜び多く…乃至…食において量を知ること（bhojane mattaññutā）を、…不眠の努力（jāgariyânuyoga, 警寤策励）を、…戒の集まり（sīla-kkhandha, 戒蘊）を、…禅定・智慧・解脱・解脱知見の集合（蘊）を満たす、というので、喜びの智慧である。速さ多く…乃至…道理と非道理を洞察するというので、諸住等至を満たすというので、〔四〕聖諦を洞察するというので、〔四〕念処を修習するというので、〔四〕正勤を…、〔四〕神足を…、〔五〕根を…、〔五〕力を…、〔七〕覚支を…、〔八〕聖道を修習するというので、諸沙門果を証得し、諸神通智を洞察するというので、第一義の涅槃を証得するというので〈喜びの智慧（hāsa-paññā）〉である。

どれが〈速さの智慧（javana-paññā）〉か。およそ何でも過去・未来・現在の色（rūpa, 感官や意で感知される諸要素）を、…乃至…およそ遠くの、或いは近くの全ての色を、無常として速やかに走る（javati）、と

107

いうので速さの智慧である。苦として…、無我として…、速やかに走る、というので…。およそ何でも感受（vedanā）を…乃至…。〔およそ何でも想（saññā, 観念、想念、概念、心象）を…。諸行（saṅkhārā, 身心の諸潜勢力）を…〕。およそ何でも識（viññāṇa）を、およそ何でも眼（cakkhu）を、…乃至…〔耳を、鼻を、舌を、身を、意を〕…、およそ何でも老・死を…無常として、苦として、非我として、速やかに走る、というので〔速さの智慧である〕。過去・未来・現在の色を、尽きる意味で（khay'aṭṭhena）無常であると、恐れの意味で（bhay'aṭṭhena）、苦であると、非核心の意味で（asārak'aṭṭhena）非我であると、考量し（tulayitvā, 秤にかけ）、測り（tīrayitvā）、明らかにし（vibhāvayitvā）、明瞭にしてから（vibhūtaṃ katvā）、色の滅尽・寂滅（涅槃）において速やかに走る、というので、速さの智慧である。受を、想を、諸行を、識を…、眼を…乃至…、過去・未来・現在の老・死を、尽きる意味によって無常であると、…乃至…、明瞭にしてから、老・死の滅尽である寂滅（涅槃）において速やかに走る、というので〔速さの智慧である〕。過去・未来〔・現在〕の色（rūpa）を…乃至…識を…、眼を…乃至…滅する性質がある（nirodha-dhammaṃ）と、秤にかけ、測り、明らかにし、明瞭にしてから…速やかに走る、というので〈速さの智慧〉である。

どれが〈鋭い智慧（tikkha-paññā）〉か。速やかに諸煩悩を断ち切るというので鋭い智慧である。生じた欲望の思い廻らし（kāma-vitakka）を許さず（nâdhivāseti）、捨て除き亡▽ぼし（byanti-karoti）非存在（anabhāvaṃ）に向かわせる、というので鋭い智慧である。生じた瞋恚（byāpāda = vyāpāda, 害心）…害意（vihiṃsā, 悩害）…思い廻らしを（vitakkaṃ）、しばしば生じる悪・不善の諸法を、生じた欲情を（rāgaṃ）、…怒りを（dosaṃ）、…迷いを（mohaṃ）、…怒りを（kodhaṃ）、…恨みを（upanāhaṃ）、…覆（makkha, 他の徳を覆い隠すこと）を、…悩害を（palāsaṃ）、…嫉妬（issā）を、…物惜しみ（macchariya, 慳）を、…諂《へつら》い（sāṭheyya, 諂曲）を、…強情（thamba, 傲慢）を、…激情（sārambha）を、…自負心（māna, 慢、憍慢）を、…過度の自負心（atimāna）を、…慢心（mada, 憍）を、…放逸（pamāda）を、一切の煩悩（kilesa）を、一切の悪行（duccarita）を、一切の身心の潜勢力（abhisaṅkhāra, 行）を、一切の生存に導く業（bhava-gāmi-kamma）を許さず（nâdhivāseti）捨てる…乃至…〔というので〕〈鋭い智慧〉である。一つの坐において（āsane）、四聖道（預流・一来・不還・阿羅漢の道）が、また四沙門果（預流・一来・不還・阿羅漢の果）が、また四無碍解（paṭisambhidā, 洞察智。法・意義・言語・弁才における超能力）、六神通（chaḷ-abhiññāyo）が智慧によって（paññāya）証得され作証され見られている、というので〈鋭い智慧（tikkha-paññā）〉である。

どれが〈洞察する智慧（nibbedhika-paññā）〉か。ここに或る一部の人は、一切の諸行《ぎょう》（身心の諸潜勢力）に対して多く畏れる者（ubbega-bahulo）である。多く恐怖する（uttāsa-bahulo）、多く失望する（ukkaṇṭhana-bahulo）、楽しない…多く喜ばない、顔をそむけ（bahi-mukho）、楽しまない。一切の諸行の中に、以前には洞察されなかった（anibbiddha-pubbaṃ）、以前には破られなかった（apadālita-pubbaṃ）貪欲の集合（lobha-akkhandha, 貪蘊）を洞察し、破壊する、というので（nibbijjhati padāletī ti）〈洞察する智慧〉である。〔以前には〕洞察されなかった…以前には破られなかった怒り（dosa, 瞋）・迷い（moha, 癡）の集合（蘊）を〔洞察し…〕。怒り（khoda）を…。恨み（upanāha）を…。…乃至…一切の生存に導く業を洞察し、破る、というので〈洞察する智慧〉である。』（*Cf. Pṭs.* II. 199[22]-202[8]）

このように先述の通りに分析する大きな智慧を具えているから〈大きな覚知がある（mahā-buddhī, 大智慧者）〉と言われた。けれども語句に随う観法（anupada-dhamma-vipassanā）によっても、この上座が大きな智慧を有することを知るべきである。なぜなら、〔聖言（*M*.No.111 Anupada-sutta, III. 25[10]ff. に〕こう言われているからである。

『比丘たちよ。舍利弗は半月間、語句に随う観法を観じた（vipassi, Vri. vipassati, 観察する）。比丘たちよ。そこで、舍利弗の語句に随う観法にはこういうことがある。ここに、比丘たちよ。舍利弗は諸欲望からすっかり離れて（vivicc'eva kāmehi）…乃至…初禅を具えて住する。また何でも初禅における諸法（心身の諸要素、修行法）、〔即ち〕思い廻らし（vitakka，尋）と…乃至…心を一点に集中すること（citt'ekaggatā, 心一境性）と接触（phassa, 感官と対象と識との和合）、受（楽・苦・不苦不楽の感受）、想（想念、概念、表象）、意志（cetanā）、心、意欲（chanda, 志欲、欲求）、信解（adhimokkha）、精進、念（sati, 思念、記憶）、捨（upekkhā, 無関心、不偏中立心）、作意（manasi-kāro, 思念、考察）という諸法は、彼には語句に従って確定されたのである（anupada-vavatthitā honti）。それら諸法は彼に知られたものとなる（viditā uppajjanti）。知られて〔心に〕見えてくる（upaṭṭhahanti）、知られて滅没する（abbhatthaṃ gacchanti）。彼はこのように悟る（pajānāti, 知る）。〔即ち〕

「聞くところでは、このようにこれら諸法は〔最初は〕存在しないでいてから〔後に〕発生する（ahutvā sambhonti）、存在してから知らしめる（hutvā paṭivedenti, Vri. "paṭiventi," 消え去る）」と。

彼はそれら諸法に近づいて行かず（an-upāyo）、離れて行かず（an-apāyo）、依存せず（anissito）縛られず（a-paṭibaddho）、解放され（vippamutto, 解脱し）、離れ（visaṃyutto, 離繫し）、無制約になった心をもって（vimariyādi-katena cetasā）住する。彼は「更にこの上に出離が（nissaraṇaṃ, 悟りの境地）ある」と悟る（知る）。「それ（観法、知）を多く行う（多修）から、〔出離〕がある（tab-bahulī-kārā atthi）」とだけ彼は思う。

108

更にまた、比丘たちよ、舎利弗は思い廻らし（vitakka, 尋）や考察（vicāraṇā, 伺）が静まるから（vūpasamā）…乃至…、第二禅を、…乃至…第三禅を、…乃至…第四禅を具えて住する。…乃至…空無辺処〔定〕を、…乃至…識無辺処〔定〕を、…乃至…無所有処〔定〕を、…乃至…、すべて無所有処〔定〕を越えて行って、非想非非想処〔定〕を具えて住する。彼はその定（samāpatti, 等至）から思念しながら出る（sato vuṭṭhahati）。彼はその定から思念しながら出て、何でもそれら諸法が過ぎ去り滅し、離れ去り（vigatā）、変化（転変）した（vipariṇa-ā）、それら諸法を追想する（samanussarati, Vri. samanupassati, 追観察する）。「聞くところでは、これら諸法はこのように存在しないでいてから発生し、存在してから知らしめる（hutvā paṭivedenti, Vri. 〃paṭiventi, 〃消え去る）」と。

彼はそれら諸法に近づいて行かず、離れて行かず、依存せず、縛られず、解放され（解脱し）、離れ（離繋し）、無制約になった心をもって住する（過ごす）。彼は「更にこの上に出離がある」と悟る（知る）。「それ（知）を多く行う（多修）から〔出離が〕ある（tab-bahulī-kārā atthi）」とだけ彼は思う。

更にまた、比丘たちよ、舎利弗は全て非想非非想処〔定〕を越えて行って、想念によって感受されたことが滅する〔定〕（saññā-vedayita-nirodhaṃ, 想受滅定、滅尽定）を具えて住する。そして智慧によって見てから、彼の諸煩悩（漏）は尽ききる。彼はその禅定から思念しながら出る。彼はその禅定から思念しながら出て、何でもそれら諸法が過ぎ去り滅し離れて行き変化した、それら諸法を追想する（Vri. 追観察する）。「聞くところでは、このように、これら諸法は〔最初は〕存在しないでいてから、〔その後〕発生し、存在してから知らしめる（hutvā paṭivedenti, Vri. 〃paṭiventi, 〃消え去る）」と。

彼はそれら諸法に近づいて行かず、離れて行かず、依存せず、縛られず、解放され（解脱し）、離れ（離繋し）、制約されない心をもって住する。彼は「更にこの上に出離はない」と悟る（知る）。「それ（知）を多く行う（多修）から、〔出離〕はない」とだけ彼は思う。

いいかね、比丘たちよ、およそ何でも「聖なる戒において自在を得、波羅蜜（最高の行）に達し（vasi-ppatto pārami-ppatto）…聖なる禅定において…聖なる智慧において…聖なる解脱において…、〔PTS. 聖なる解脱知見において〕、自在を得、波羅蜜（最高の修行）に達した者である」という、そのことを、正しく言おうとして言ってよいなら、舎利弗こそ、この人であると、正しく言おうとして言ってよかろう。』と。

（M.No.111 Anupada-sutta, III. 25[10] - 29[11]）。

このように、大きな・広い・楽しみのある・速さのある・鋭い・洞察することを得た大きな智慧を具えたので、〔舎利弗〕上座は、〈大きな覚知がある〉、という意味である。しかしこの人に法の繋がりが知られたことは、「自歓喜経」（D. III. 99）の中で明らかにすべきである（dīpetabbā）。なぜなら、そこで一切知者であることの智に似た（sabbaññuta-ñāṇa-sadiso）上座の論旨の捉え方が（naya-ggāho）述べられているからである。

（1015）〈痴呆に等しく痴呆ではなく（ajalo jaḷa-samāno）〉とは、声聞たちの中で智慧をもっては卓越に達したから（ukkaṃsa-gatattā）、全ての面でも痴呆ではないながら、最高に少欲であるから（app'icchatāya）自分を知らないようにして、見せているから痴呆のように愚鈍同然である（manda-sarikkho）。煩悩の熱苦（pariḷāha）がないから〈安らいで（nibbuto, 寂滅して）〉清涼となって（sīta-bhūto, Vri. sīti-〃）〈常に行く〉、常に住する、という意味である。

（1016）〈奉仕され（pariciṇṇo）〉という偈は、上座が自分が為すべきことを為したことを明らかにしようとして、述べられた。それは上述の意味の通りである。〈不放逸によって、あなた方は励むがよい（sampādetha）〉とは、これはしかし、自分の入滅（般涅槃）の時に、集まった比丘たちに教誡を与えるために述べられた。それも上述の意味に他ならない。

舎利弗上座の偈の註釈　終わる。

註

（1）この上座は赤沼『辞典』にも Sāriputta と出ている。漢訳には舎利弗、舎利子、秋露子などと知られ、智慧第一の声聞として、また目連（Moggallāna）と共に釈尊の両大弟子として著名。共に釈尊よりも早く入滅されたと伝えられている。本註は *Ap.*I. pp.15^{4}-31^{13}［1.Sāriputta］に、この上座の説いたという自分の前生の因縁を語る二百三十二偈を引くように（但し PTS. 版では初偈のみ、以下は全部省略されている）、それを予想している。彼についての最初の前生物語（アノーマダッシン仏の許におけるサラダ苦行者とその弟子達、*ThA.*III.pp.91^{12}-93^{17}）は、第一巻最初のスブーティ（須菩提）の前生話（蓮華上仏の許におけるナンダ苦行者とその弟子達、*ThA.*I.pp.20^{17}-23^{27}）の話の筋と表現とにおいて酷似するところが多い。例えば、苦行者の弟子達が、仏の説法を聞いて出家を許されて、皆、煩悩が尽きて悟って阿羅漢となるのに対して、その師匠だけが、悟らず、阿羅漢になれないのである。その理由・原因は、彼には特定の誓願が心にあったからである。心を捉えている何らかの思いが、悟って阿羅漢と成ることを妨げるのである。このような考え方は、本註釈の顕著な基調となっている。そしてこれは、ほぼ通仏教的な思考法に属することであろう。

（2）サンジャヤの主張については、舎利弗と目連の帰仏の伝承と共に、村上［2011b］「諸法考—dhamma の原意の探求と再構築—（6）法と諸法と縁起—教団の形成と発展」（『仏教研究』第39号、pp.95-125）において、律（Vinaya）の伝承を中心に辿ってみた。

109

三〇・三（1018—1050）、アーナンダ（阿難）[1]

〈前生の因縁物語　蓮華上仏の時のスマナ王子の誓願〉

〈両舌（不和離間を図る語）を語る〔人〕と、怒る〔人〕と〉云々とは、尊者アーナンダ（阿難）上座の偈である。この人も先の諸仏の許で奉仕行を行なった者であって、蓮華上世尊（二十四仏の第十）の時にハンサヴァティー都城において〔大〕師の異母弟（vemātika-bhātar）となって生まれた。スマナというのが彼の名前であった。そして彼の父はナンダ王（Nanda-rājā, [Vri.] Ānanda-rājā）という。彼は自分の息子スマナ童子が成人すると、ハンサヴァティーの二千ヨージャナの領域における荘園を（bhogaṃ, [Vri.] bhoga-nagaraṃ, 荘園都城を）与えた。彼は時々帰ってきて〔大〕師と父とに会う。その時王は〔大〕師と百千人の数の比丘僧団とに恭しく自分だけで奉仕した。他の者たちが奉仕するのを許さない（upaṭṭhātuṃ na deti）。

また、その時、辺境の地が乱れて（kupito）いた。王子はそこが乱れたことを王に知らせないで、自分だけで、それを鎮めた。それを聞いて王は心に満足して、王子を呼んで来させて、

「お前に、スマナよ、褒美をやろう（dammi, *1 sg.aor.*）。褒美を取れ（varaṃ gaṇhāhi）。」

と言う。王子は

「〔大〕師と比丘僧団とに三箇月間お仕えしながら〔自分の〕命を無駄にしないことを望みます。」

と言う。

「それは出来ない。ほかの事を言いたまえ。」と。

「王様、クシャトリヤ（武士）たちには二言（dve kathā）というものはありません。これだけを私に下さい。私にとって他のことは意味がないのです。」と。

「もし〔大〕師が認めて下さるなら、もう許したよ（anujānāti, dinnam eva）。」と。

彼（王子）は「〔大〕師の心を知りましょう。」と精舎へ行った。

同じその時、世尊は食事を終わらせて香室に入っていた。彼は比丘たちのところへ近づいて行って

「私は、尊師よ、世尊に会いに来ました。私を世尊に会わせて下さいますように（dassetha）。」と。

「スマナという上座が〔大〕師の侍者（upaṭṭhāka）です。その人の許に行きなさい（gacchāhi）。」と。

彼（王子）は上座のところに行って礼拝して、

「尊師よ、私を〔大〕師に会わせて下さいますように。」

と言う。上座は彼（王子）が見ている前で大地に潜って〔大〕師の許に行って、

「世尊よ。王子があなた様に会いに来ています。」

と言う。

「それでは、ね、比丘よ、外に座を設けなさい。」と。

上座は再び彼（王子）が見ているところで、仏座を持って香室の中に潜り僧房の外に現われ出て香室の住房に（gandha-kuṭi-pariveṇe）座を設けた。王子はそれを見て、

「ああ、大したものだ、この比丘は。」

と、心を起こした。世尊も香室から出て設けられた座に坐った。王子は〔大〕師を礼拝して挨拶をしてから、

「尊師よ、この上座はあなた様の教団（sāsana, 教え）で愛される人（vallabha）のように思われます。」と。

110

「そうです。王子よ。愛される者です。」と。

「何をしたから、尊師様、このように愛される人となるのですか。」と。

「施などの諸々の福徳を作ってからです（puññāni katvā）。」と。▽

「世尊よ。私もこの上座のように未来に仏の教えにおいて愛される者となりたく思います（hotu-kāmo）。」

と。七日間、野営食（khandhāvāra-bhatta）というものを施してからも、七日目に、

「尊師様、私は父の許から三箇月間あなた様を警護する恩典を得ました（paṭijaggana-varo laddho）。三箇月私のところに雨安居にお出でなさることを御許し下さいますように（vass'āvāsaṃ adhivāsetha）。」と。

世尊は「一体、ね、そこに行くことに意味があるか」と眺めてから、「〔意味が〕ある」と見て、

「ね、王子よ、世尊がたは君の空屋において楽しむよ（abhiramanti）。」

と言う。王子は
「わかりました（aññātaṃ）、世尊、わかりました。善逝よ。」

と言ってから、

「私は、尊師よ、先に行って精舎を作らせます。私が〔使者を〕送ったら、百千の比丘たちと共に来て下さい（āgacchatha）。」

と約束をとりつけてから（paṭiññaṃ gahetvā）、父王の許に行って、

「王様、世尊から私に承諾が与えられました。私が〔使者を〕送ったら、世尊を送り届けて下さいますよう（peseyyātha）。」

と父を礼拝して、出て行った。そして、一ヨージャナごとに精舎を作らせながら、二千ヨージャナの行路を行

った。また行ってから自分の都城に精舎の場所を物色しながら（vicinanto）、ソーバナという資産家の遊園を見て、百千〔金〕で買い取って、百千〔金〕をはたいて精舎を造らせた。

そこに世尊のために香室を〔建てさせ〕、また他の比丘たちのために夜の場所と昼間の場所のために房舎（kuṭi）・住房（lena）・仮屋（maṇḍapa）を造らせて、垣根の囲いと門小屋を建てさせて、父のもとに使者を送った（pesesi）。

「私の仕事は終わりました。〔大〕師に〔知らせる〕使いを出して下さい（pahiṇatha）」と。

王は世尊に食事させてから、

「尊師よ、スマナの仕事は終わりました。あなた様が行かれますことを〔彼は〕期待しております。」

と言う。世尊は百千の比丘を従えて、一ヨージャナごとに諸精舎で泊まりながら行った。王子は「〔大〕師が来られる」と聞いて一ヨージャナ（一日行程）を出迎えに行って、香料・花環などをもって供養しながら世尊を導いて、百千〔金〕をもって買い取ったソーバナという遊園の中の百千〔金〕で建てられた精舎に案内してから、

「百千〔金〕をもって私が買い、百千〔金〕をもって築かせた

ソーバナという遊園を受け取られよ、大牟尼よ。」と

その〔遊園〕を〔世尊に〕贈呈した。

彼（王子）は雨安居《うあんご》が近づいた日に大施を行なってから、「このままの仕方で施を施すがよい」と、息子や妻や大臣たちを為すべき務めに励ませて、自身は〔世尊の侍者である〕スマナ上座の居住所の近くにだけ住みつつ、三箇月間〔大〕師に仕えながら、自恣《じし》（pavāraṇā, 雨安居の修了式）が近づくと村に入って、七日間大施

111

を行なって、七日目に〔大〕師と百千の比丘の足もとに三衣を置かせてから、礼拝して、

「尊師様、およそ私が七日にわたって野営食の施から始めて作ったこの福徳は、それは天界の栄華（sagga-sampatti）などのためではなくて、そうではなくて、お分かりのように、このスマナ上座のように、未来において、或る仏の侍者になりますように（bhaveyya）。」

と願を立てた。〔大〕師も彼に障碍がないことを見て、予言（授記）してから立ち去った。

彼もその仏の出現されている間、百千年に亘って諸々の福徳を作ってから、それ以後にも、そこここの生存において広大な諸福徳業を積んでから、神と人間の中に輪廻しながら、カッサパ（迦葉）世尊（二十四仏の第二十四、七仏の第六）の時に、托鉢に歩いている一人の上座の鉢を預かるために上衣を施して供養をした。再び天界に生まれて、そこから死没してバーラーナシー王となって、八人の辟支仏に見《まみ》えて、彼等に食べさせてから、自分の吉祥の遊園に八棟の草庵を造らせて、彼等が坐るために八個の全て宝でできた椅子と宝珠の容器（maṇi-ādhāraka）とを用意して一万年にわたって奉仕をした。これらが明らかなところである（pākaṭa-ṭṭhānāni）。

〔今生の顛末　長年に亘って世尊の侍者を務め、衆に愛され多聞第一と称される〕

そして百千劫の間そこここの生存において、諸々の福徳を作りながら、我々の菩薩と共に兜率天の都（Tusita-pura）に生まれて、そこから死没してアミトーダナ（甘露飯）サッカ（釈迦、浄飯王の弟）の家に生まれた。彼には「皆の親族たちに喜びを作ろうとして生まれた」というので、アーナンダ（慶喜、阿難）というだけの名前があった。彼は次第に成人になると、世尊が大出家を行なって正等覚（悟り）を得て、勝れた法輪を転じて、最初にカピラヴァッツに帰ってから、そこから出かけて行く時に、その〔世尊の〕従者衆（parivāra）

のために出家しようと〔家郷を〕出て行ったバッディヤなどと共に出て行って、世尊の許で出家して、もうほどなくして尊者プンナ・マンターニ・プッタ（満願子）の許で法話を聞いてから、預流果（初位の聖者の境地）に安立した。

またその頃、世尊には最初の悟り（菩提、成道）から二十年間は、専属でない侍者たちが（anibaddha-upaṭṭhākā）いた。一時はナーガサマーラが鉢と衣を持って歩き、一時はナーギタが、一時はウパヴァーナが、一時はスナッカッタが、一時はチュンダ新学沙門（samaṇ'uddesa, 沙弥）が、一時はサーガタが、一時はメーギヤが〔世尊の鉢・衣を持って歩いた〕。彼等は往々にして〔大〕師の心を喜ばせなかった（n'ārādhayiṃsu, PTS. n'ārabhiṃsu）。さて或る日、世尊は香室の僧房に設けられた勝れた仏座に比丘僧団に囲まれて坐り、比丘たちに語りかけた。

「私は、比丘たちよ、今や老齢だ。或る一部の比丘たちは『この道を行こう』と言うと、別〔の道〕を行く。或る一部の者たちは私の鉢と衣を地面に投げ置く。私に専属の侍者になる比丘を知ってるか」と。

それを聞くと比丘たちに法に関する畏れが（dhamma-saṃvego）生じた。すると尊者舎利弗が立って世尊を礼拝して

「私が、尊師よ、あなた様にお仕えしましょう。」

と言う。世尊はそれを斥けた。この手法で大目連をはじめとして全ての高弟たちが「私どもがお仕えします」と言う。ただし尊者阿難を除く。なぜなら彼はただ黙って坐っていたからである。

すると比丘たちは、彼に言う。

「友よ、お前も〔大〕師の侍者の位（upaṭṭhāka-ṭṭhāna）を乞いたまえ」と。

112
「乞うてから得た位（任務）というのは、どんなものですか。▽もし選ぶなら（roceti, ruccati, 喜ぶなら）〔大〕師は自分自身で仰るでしょう」と。

すると世尊は

「比丘たちよ。阿難は他の者たちによって促せられてはいけない（na ussāhetabbo）。〔彼は〕自分自身でわきまえてから私に仕えるであろう。」

と仰る。それから比丘たちは

「立ちたまえ、友、阿難よ、〔大〕師に侍者の位を乞いなさい。」

と言う。〔阿難〕上座は立ち上がって、

「尊師様、もし世尊が御自分で得た立派な衣を私に下さらないなら、おいしい托鉢食を下さらないなら、〔世尊と同じ〕一つの香室に〔私が〕住むことを許さないなら、招待の席（nimantanaṃ）に〔私を〕連れて行かないなら、このようであるなら、私は世尊にお仕えしましょう」と。

これらの徳（余得）を（ete guṇe, [Vri.] ettake 〃）得るなら〔大〕師のお世話に何の重荷（bhāro）があろうか、という非難を避けるために（upavāda-mocan'atthaṃ）、またこれら四つの拒否（paṭikkhepa）が〔あった〕。

「もし、尊師様、私が受けた招待の席に世尊がお出でになるなら、もし私が別の地方から次々とやって来た人たちを、直ちに〔あなたに〕会わせることが出来るなら、もし私に疑問が生じるなら、もう直ぐに世尊のところへ近づいて行くことが出来るなら、もし世尊が、〔私が不在の時に〕他の人の面前で説かれた法を私に語って下さるなら、そのようであるなら（evaṃ）私は世尊に仕えましょう」と。

「これほども〔大〕師の許で愛護（anuggaha, 利得）を得ない」と、非難を避けるために、そしてまた法蔵の蔵守《くらもり》であるという最高の行（波羅蜜）を満たすために（dhamma-bhaṇḍ'āgārik（[PTS]y）a-bhāva-pāramī-pūra'atthaṃ）、これら四つの要請（āyācana）とで〔合わせて〕八つの恩典を（vare, [PTS]vāre, 場合を）得て〔阿難は世尊の〕専属の侍者（nibaddh'upaṭṭhāka）となった。

まさにその、別の〔侍者の〕地位のために百千劫で成満した諸波羅蜜（最高の行）の果報を（pāramīnaṃ phalaṃ〔彼は〕得た。彼は侍者の地位を得た日から以来、十力者（世尊）に、二種の水をもって、三種の楊枝をもって（danta-kaṭṭhena）、足を清めることをもって（pāda-parikammena, [Vri]hattha-pāda-〃, 手足を〃）、背中（piṭṭhi-）を清めることをもって、香室の住房の掃除によって、と、このような為すべき諸々の務めによって仕えながら、

「こういう時には〔大〕師にとってこういうものを得るのがよい。こういうことをするのがよい。」

と、日中には近侍者（santikâvacara）となり、夜分には大きな杖の燈火を（daṇḍa-dīpikaṃ）持って香室の住房を九度巡廻する。〔大〕師が呼ぶと返事をするために惛沈睡眠（thīna-middha, 欝状や眠気）を除くためである。

時に〔大〕師は祇陀林の中で聖者の集団に囲繞されて坐り、種々の仕方をもって彼（阿難）を称讃して、彼を多聞（博識）であり・記憶あり・理解あり・堅持を具えた、侍者である比丘たちの第一人者の地位に就けた。

このように〔大〕師から五つの地位の第一人者に就けられた〔阿難は〕四つの希有の未曾有の諸法（徳性）を具えて、〔大〕師の法蔵の蔵守である。この〔阿難〕上座は、まだ有学（sekha, 学ぶべきことが残る、修学中）のままでありながら、〔大〕師が入滅（般涅槃）された時、先に述べた仕方で比丘たちから励まされ、また神格から畏れを受けて、

「また明日こそは、今や法の結集が行われるはずだ。しかしおよそ有学で為すべきことがある身でありながら、無学（学ぶべきことがない、修行完成）の上座たちと一緒に〔教〕法を結集するために集会に行くこ

113

とは、これはいかにも私にふさわしくない。」

と、勇猛心が生じて（sañjāt'ussāho）観〔法〕を確立させて、夜も大方は観〔法〕の業（行）をしながら、経行において精進の平衡を得ないまま（vīriya-samataṃ alabhitvā）、精舎に入って、臥床に坐ってから、横になろうと欲して身を傾けた（āvaṭṭesi）。頭が枕に（bimbohanaṃ）つかず、また足が地面から離れただけのこの間に取著がなくなり、諸々の煩悩（漏）から心が解脱し、六神通者となった。〔それで譬喩経にはこう言う（Ap.I.52[19-]）。

「精舎から出て蓮華上大牟尼は、
不死（甘露）の雨を降らせながら、大衆を安らぎ（涅槃、寂滅）に入らせた。…乃至…」〕

そして六神通者となってから、結集の仮堂に入って、法を合誦（結集）しようとして（saṅgāyanto）、そここで比丘たちに教誡を与えるために、また自分の実践修道を明らかにするなどのために、述べられた偈を一緒にしてから、順次に「小部〔経典〕」を合誦する時に「長老偈」の中に〔自分の偈を〕合誦にのせようとして（āropento）〔いわく〕、

〔自分の実践修行を反省述懐する三十余偈〕

(1018) 両舌（不和離間を図る語）を語る〔人〕と、怒る〔人〕と、
物惜しみする〔人〕と、破滅を喜ぶ〔人〕とに、
友となることを、賢者はせぬがよい。劣悪人との交わりは、悪いのだ。

(1019) 信ある〔人〕、温和な〔人〕、智慧ある〔人〕、多聞（博識）の〔人〕とに

友となることを、賢者はするがよい。善き人との交わりは、めでたいのだ。

(1020) 多彩に現《うつ》し身《み》の、組み立てられた、痛む身を見よ。
その恒常、安定でない、多く気になる病む〔身を見よ〕。(=*Th.* 769)

(1020a) 宝珠で、また耳環で多彩にされた〔女〕色（体）を見よ。
骨と皮で覆われた〔女の色（体）〕は、着物とともに輝く。(=*Th.* 770)

(1020b) …(1020f) (*Th.* 771…775)

(1021) 多聞（博識）で多彩に語り、仏の侍者であるゴータマ（阿難）は
重い荷を降ろし、拘束（軛）から離れて、横臥を営む。

(1022) 煩悩（漏）尽き、拘束（軛）から離れ、執著を越えて、よく安らぎ（寂滅し）、
生と死との彼岸に到り、最後の身を保つ。

(1023) およそ、日種族の仏の、諸々の法が確立しているところ、
そこに、このゴータマ（阿難）は、涅槃に進む道に立つ。

(1024) 私は仏から八万二千〔の法蘊〕、比丘から二千〔の法蘊〕を摑んだ。
およそ〔法を〕転ずる方のこれら諸々の法は八万四千である。(*Cf. Intr. to ItA, UdA, PvA, VvA, CpA.*)

(1025) 聞くことの少ないこの者は、牡牛のように老いる。
彼の肉は増えるが、彼の智慧は増えない。(*Dh.* 152)

(1026) ▽およそ多聞（博識）の人は学識（聞）をもって、学識（聞）乏しい者には優越すると思う、
その〔多聞（博識）な〕人は、盲人が灯火を携えるように、まさにそのように私に見える。

(1027) 多聞（博識）の人に近づくがよい。また聞いたことを失ってはならぬ。
それが梵行（仏道修行）の根本である。それゆえに、法を保つ者であるがよい。

(1028) 〔偈の〕前後を知り、利益（意義）を知り、言葉や語句に詳しく、
またよく把握されたものを把握し、また意味を考察する。

(1029) 忍受によって意欲した者となり、〔観法に〕励んでからそれ（心身）を秤にかける。
時に応じて、彼は努力し、内部によく心が定まっている。

(1030) 多聞（博識）で、法を保ち、智慧ある、仏の声聞弟子、
そのような類のその方に、法の認識を期待しながら、親しむがよい。

(1031) 多聞（博識）で、法を保ち、大仙人の〔法〕蔵を守る者は、
一切世間の眼であり、供養されるべき多聞（博識）の人だ。

(1032) 法を園林として、法を愉しみ、法を追思し、
法を追憶しながら、比丘は正法から退かない。（*Dh.* 364）

(1033) 〔身が〕失われ、奮起しないのに、身を慳《お》しみ重んじて、
体の快楽を貪る者に、どうして沙門の安穏なことがあろう。

(1034) 一切の方角が明らかでない。諸法が私に閃かない。
善き友が去って行くと、暗闇のように思われる。

(1035) 友が去り逝き、〔大〕師に去って行かれた者には、
身に関する思念のような、このような友はいない。

115

(1036) およそ昔の人たち、その彼らは逝き、新しい人たちと私は合わない。
その私は今日ただ一人、雨期に近づいた鳥のように、禅思する。（*cf. D.* II. 99 ; *S.* V. 153, 163）

(1037) 〔私に〕会いに、やって来た種々の異国の、多くの聴聞者たちを遮るな。
〔彼らを〕私に会わせよ。〔今がその〕時だ。

(1038) 〔世尊に〕会いに、やって来た種々の異国の多くの人々に、
〔大〕師は〔会う〕機会を作る。具眼のお方は〔人を〕拒まない。

(1039) 二十五年間、有学（修行中）であった私に、
欲望の想いは生じなかった。法がよき法であることを見よ。

(1040) 二十五年間、有学（修行中）であった私に、
怒りの想いは生じなかった。法がよき法であることを見よ。

(1041) 二十五年間、私は世尊に近侍した。
離れ去らない蔭のように、慈しむ身の行為（慈身業）をもって〔近侍した〕。

(1042) ▽二十五年間、私は世尊に近侍した。
離れ去らない蔭のように、慈しむ語の行為（慈語業）をもって、〔近侍した〕。

(1043) 二十五年間、私は世尊に近侍した。
離れ去らない蔭のように、慈しむ心の行為（慈心業）をもって、〔近侍した〕。

(1044) 仏が経行すると、背後について経行した。
法が説かれていると、智が私に生じた。

（1045）私はまだ為すべきことがある有学（修学中）で、意（願い）が達成されていない。そして、およそ私らを憐れんで下さる〔大〕師の入滅（般涅槃）があった。（*cf. D.* II. 143）

（1046）一切の勝れた形相を具えた正覚者が入滅（般涅槃）されると、その時、およそ恐ろしいことがあった。その時、身の毛のよ立つことがあった。（*D.* II. 157）

と、これらの偈を述べた。

（1047）多聞（博識）な、法の保持者、大仙人の〔法〕蔵を守る者、一切世間の眼目である阿難は、入滅（般涅槃）した。

（1048）多聞（博識）な、法の保持者、大仙人の〔法〕蔵を守る者、一切世間の眼目であり、暗闇の中で闇を破る者だ。

（1049）およそ、理解力あり、思念あり、また堅固な心がある仙人であり、正法の説教台〔のような〕方である、阿難上座は、宝の鉱山だ。

（1050）〔大〕師は私によって奉仕され、仏の教えは行われた。重い荷は降ろされ、今や再度の生存はない。と。（=*Th.* 1016, 1088）

〈語句の註釈〉

（1018）そこで、〈両舌（不和離間を図る言葉）を語る〔人〕と〉という最初から二つの偈は、六人で徒党を組む（chab-baggiya, 六群の）比丘たちが、デーヴァダッタに組する（Devadatta-pakkhiya）比丘たちと交際をしてい

116

るのを見てから、彼等に教誡を与えるために述べられた。

そこで〈両舌（不和離間を図る言葉）を語る〔人〕と（pisuṇena）〉とは、両舌の（不和離間を図る）言葉を（pisuṇāya vācāya）〔語る人と〕、なぜなら、それ（両舌の言葉）に結びついた人物が「両舌を語る」と言われるからである。例えば青い属性と結びついた（nīla-guṇa-yutta）布（paṭa）が「青い（nīla）」と〔言われる〕ように。〈怒る〔人〕と（kodhanena）〉とは、怒ることを習いとする〔人〕と（kujjhana-sīlena）、自分の所得を隠すことを特徴とする（atta-sampatti-nigūhaṇa-lakkhaṇa）物惜しみ（macchera, 吝嗇、けち）が共にあるから（sambhavato）〈物惜しみする（maccharin, 吝嗇な、けちな）〔人〕と〉、〈破滅を喜ぶ〔人〕と（vibhūti-nandinā）〉とは、人々の破滅した（vibhūta）滅亡（vibhāvana）、消滅（vināsa）を欲する〔人〕と、或いは破滅した個々別々になる（visuṃ-bhāva）分裂（bheda）、それを喜ぶ〔人〕と〔友となることを、賢者はせぬがよい〕。この全てはデーヴァダッタに組する者たちだけに関して言われた。なぜなら、彼等（デーヴァダッタの徒）は五つの事を明示することによって（pañca-vatthu-dīpanāya）、正しく実践修道する大勢の人々を分断しようとして、〔大〕師に対しては外部にある（疎遠な）ことによって（Satthari bahiddhatāya）、強情な物惜しみなどの物惜しみを本性とし（thaddha-macchariy'ādi-macchariya-pakatā）、大衆の多大の不利益のために行動した。〈友となることを（sakhitaṃ）〉とは、仲間となる付き合いを（sahāya-bhāvaṃ saṃsaggaṃ）〈せぬがよい〉。何の理由からか。

〈▽劣悪人との（kāpurisena）交わりは（saṅgamo）悪いのだ〉。劣悪人と、悪い人物との交際は（samāgamo）卑しく（nihīno）劣る（lāmako）。なぜなら、誰でもその見解に従うことになる、その人たちに、悪しく思うなどの類の愚者の特徴だけを（bāla-lakkhaṇaṃ）齎すからである。いわんや発言に（vacana-karassa）〔に従うなどは〕いうまでもない。それゆえに世尊は言われる。

「比丘たちよ、およそ何でも諸々の恐れが生じるのは、一切それらは愚者から生じ、賢者からは〔生じ〕ない。」云々と（A. I. 101[7-]）。

(1019)ところで、どんな人との付き合いをなすべきか、ということを示すために、「信ある〔人〕と」云々と言われた。そこで、〈信ある〔人〕〉とは、業と業の果報に対する信（kamma-kamma-phala-saddhā）とともに、三宝に対する信を具えた〔人〕と、〈温和な〔人〕（pesalena）〉とは、愛される性《たち》の（piya-sīla）、戒をそなえた〔人〕と、〈智慧ある〔人〕〉とは、生滅（興衰）に導く（udaya-bbaya-gāminiyā,[Vri.] uday'attha-）洞察する智（nibbedhikā paññā）によって智慧を具えた〔人〕と、〈多聞（博識）の〔人〕と〉とは、教法（pariyatti）を洞察する多聞（博識）が円満しているから「多聞（博識）の〔人〕」と〔友となることを、賢者はするがよい〕。〈めでたい（bhadda）のだ〉とは、その、そのような良い〔人〕との交わりは、めでたい（bhaddo）、美しい（sundaro）、善い（kalyāṇo）。現在など（現在・将来・第一義）の類の利益を齎す、という趣旨である。

(1020)〈多彩に（citta-kataṃ）〔現《うつ》し身《み》の・・・痛む身を〕見よ〉云々という七偈は、自分の色（容姿）が具わっていること（rūpa-sampatti）を見て、欲望の想いを起こしているウッタラーという信女に対して、身に対する離欲を生じさせるために（kāya-vicchanda-janan'atthaṃ）説かれた。アンバパーリー遊女を見て心が散乱した者たちに教誡を与えるために〔説かれた〕とも〔人々は〕言う。それは先に述べた意味の通りである。（769-775偈註、本巻七六—八一頁参照）

(1021)〈多聞（博識）で、多彩に語り〉云々という二偈は、上座によって、阿羅漢の境地を得てから感懐として（udāna-vasena）述べられた。そこで、侍者（paricāraka）とは、近侍者（upaṭṭhāka, 傍に立つ者、側に仕える者）。〈横臥を営む（seyyaṃ kappeti）〉とは、阿羅漢の境地に達してから間を置かずに寝たから（sayitattā）〔こう〕言われた。なぜなら、上座は夜の大部分を経行（caṅkama, 散歩）によって過ごしてから、体に元気をつけるために（sarīraṃ utuṃ gāhāpetuṃ）内室に（ovarakaṃ）入ってから、横になるために寝台に（mañcake）坐り、両足が地面から離れ、また頭が枕に着かない、この間に阿羅漢の境地に達して、寝た、という。

(1022)〈煩悩（漏）尽き〉とは、四種の煩悩（āsava, 漏。欲望・生存・見解・無明）が尽き切った。それゆえにこそ、四種の拘束（yoga, 軛、絆。欲望・生存・見解・無明）からも〈離れ〉、欲情・執著などを超越したので〈執著を越えて〉、悉く煩悩の熱苦が鎮ったから〈よく安らぎ（su-nibbuto, よく寂滅し）〉、清涼となった（sīti-bhūto）、という意味である。

(1023)〈およそ、諸々の法が確立しているところ〉とは、〔阿難〕上座について、煩悩（漏）が尽きた大梵天によって述べられた偈である。なぜなら、法の結集が現前したところ、〔阿難〕上座について、何でも或る比丘たちによって「一人の比丘が生臭い臭《にお》いを出す（vissa-gandhaṃ vāyati）」と言われた。時に〔阿難〕上座は阿羅漢の境地を証得すると、七葉窟の入口に僧団に和合を与えるためにやって来た。その〔阿難〕が漏尽者であることを明らかにすることによって、浄居天の大梵天が、それら比丘たちを恥じ入らせようとして（lajjāpento）「およそ諸々の法が確立している」〔云々〕と偈を言う。その意味は、〈仏〉、世尊の〈諸々の法が〉彼〔阿難〕によってのみ証得され、また知らしめられ、洞察された諸々の教法（paṭivedha-pariyatti-dhammā）が、その勝れた人物に〈確立している〉。そこで、その方は姓が〈ゴータマ〉、法の蔵を守る者（Dhamma-bhaṇḍāgārika）だ。有余依の涅槃を証得しているから、今や、無余依の〈涅槃に進む道に〉安立せよ。その〔道の〕一部を分有する者よ（ekaṃsa-bhāgī）、と。

117

(1024)さて、或る日、ゴーパカ・モッガッラーナというバラモンが上座に問うた。

「あなたは、多聞（博識）だ、と仏の教え（sāsane、教団）では有名です。一体どれだけの諸法が〔大〕師によってあなたに説かれ、あなたによって保持されているのですか。」と。

彼に対して上座は答えを与えようとして〈八十二〔千〕（dvāsīti）〉と偈を言う。そこでは、〈八万二千〔の法蘊〕〉と繋がる。〈仏から私は摑んだ〉とは、正等覚者から私は学び取った。二千を加えた八万の法の集合（dhamma-kkhandha, 法蘊）を〔大〕師のもとで私は証得した、という意味である。〈二千を比丘から〉とは、二千の法蘊を比丘から私は摑んだ。法将軍（舎利弗）などの比丘たちの許で私は証得した。〈八万四千〉とは、その両方を合計して、四千を加えた八万（八万四千）がある。〈およそ〔法を〕転ずる方のこれら諸々の法は〉とは、およそ上述のような分量の法蘊が、私が熟知し、言葉として出て来て、舌の先で転ずる、と。

(1025)さて、或る時、上座は〔仏〕教において出家したが、観法の責務（vipassanā-dhura）にも、典籍学習の責務（gantha-dhura）にも専心しない一人の人物を見てから、多聞（bahu-sacca, 博識）がない場合における煩い（過患）を明らかにしようとして、〈聞くことの少ないこの者〉と偈を言う。そこで〈聞くことの少ない（appa-ssuta）この者は〉とは、或いは一つ二つの、或いは五十の、或いは数品の、終には一つ二つの経の学得すらもないので、この人は聞くことの少ない者である。しかし観念修行法（業処）を把握して実践（専心）している人は多聞の人に他ならない。〈牡牛のように老いる〉とは、例えば牡牛が老いながら、成長しながら、決して母、父、他の親族たちのために成長せずに、それどころかただ無意味に老いるように、まさにそのようにこの人も和尚への務めをせず、先生（師匠）への務めをせず、来訪者への務めなどをしないで、修習に専念しないで、ただ無意味に老いる。〈彼の肉は増える〉とは、ちょうど牡牛が、

「この〔牛〕は耕作や荷物運びなどができない。」

118

と、森に放されると、好きなように、めぐり歩いて食べ飲んでいると、その〔牛の〕肉が増えるように、そのようにこの〔比丘〕も和尚などによって放たれると、僧団に依存して四種の生活用品（衣・食・住・医薬）を得てから、嘔吐（uddha）や下痢（virecana）などをしてから、身を養うと肉は増える。粗大な体となって廻り行く。〈智慧は〉とは、しかし彼の世間・出世間の智慧は一指〔幅〕ほど（ek'aṅguli-mattā）も増えない。そして森の中の藪の蔓草などのように（gaccha-latâdīni）、彼の六〔感官の〕門に依って渇愛と共に九種の自意識〈慢〉が増大する、という趣旨である。

(1026)〈多聞（博識）の人は〉という偈は、自分の多聞（博識）によって他の人を軽蔑する一比丘について述べられた。そこで、〈学識（聞）をもって〉とは、学識（聞）を理由にして、自分の多聞（博識）を起因として、〈優越すると思う（atimaññati, 軽蔑する）〉とは、越えて思う（atikkamitvā maññati）、自分を持ち上げて、他を軽蔑する。〈まさにそのように（tath'eva）〉とは、ちょうど盲人が暗闇の中で油の灯火を携えながら、明かりを与えることによって、まさに他の人々のためにだけ利益を齎し、自分には〔利益を齎さ〕ないように、まさにそのように、教〔法〕（聖典）を多く聞くことによって（pariyatti-bāhusaccena）聞（博識）を具えた人は（sutavā）、聞（博識）を具えていない（sutena anupapanno）。〔それは〕自分の目的（attha, 利益）を満たさないでいながら、盲人が智の光明を与えて、他の人々のためにだけ利益を齎すように、自分のためではない。灯明を掲げる盲人のようだと、私には見えてくる（upaṭṭhāti）、と。

(1027)今度は、多聞（博識）であることの功徳（ānisaṃsa, 利益）を示そうとして、〈多聞（博識）の人に〔近づくがよい〕〉と偈を言う。そこで、〈近づくがよい（upāseyya）〉とは、近侍するがよい（payirupāseyya）。〈また聞いたことを失ってはならぬ（vināsaye）〉とは、多聞（博識）の方に近侍して得た学識（聞）を失ってはならない。〔その人が〕干上がってはならない（na susseyya, 萎びてはいけない）。受持し熟知し問い尋ね作意（思念）することによって生長するがよい（dhāraṇa-paricaya-paripucchā-manasikārehi vaḍḍheyya）。〈それは梵行（仏道修行）の根本である〉とは、なぜなら、多聞（博識）の人に近侍して得たその学識（聞）、つまり教法について多聞（博識）であることは、〔仏〕道としての梵行（修行）の根本であり、修行に勤め励む（精勤の）根拠（padhāna-kāraṇaṃ, 因）だから、〈それゆえに、法を保つ者であるがよい〉と。解脱者の境域の頂上に（vimuttâyatana-sīse）立って、聞いた通りの法を行うことによって（karaṇena, [Vri.] dhāraṇe, 保つことにおいて）第一に教法を保つ者で（pariyatti- dhamma-dharo）あるがよい。

（1028）今度は、教〔法〕に多聞の人が果たすべき目的を（sādhetabbam attham）示すために、〈〔偈の〕前後を知り〉云々と言われた。そこで、前と後とを知るというので〈前後を知る（pubbâpara-ññū）〉。なぜなら、或る一つの偈の前の部分が知られていないけれども、或いは前の部分が知られていながら、後の部分が知られていなくても、この後の部分の〔意味〕はこの〔偈の〕前の部分であり、或いはこの前の部分の〔意味〕はこの〔偈の〕後の部分であるべきである（apara-bhāgena bhavitabban）、ということを知っていると、〈前後を知り〉、自分の利益（atta-attha-, 自利）などの類（自利、利他、自他両利）の、それぞれ説かれた利益（利、意義）を知る、というので〈利益（意義）を知り（attha-ññū）〉、〈言葉や語句に詳しく（nirutti-pada-kovido）〉とは、言葉（nirutti, 言語）について、またその他の諸語句について（-padesu）も、とは、四つの無碍解（paṭisambhidā, 法・意義・言語・弁才に関する勝れた知能力、洞察知）にも通じている（cheko）。〈また、よく把握されたものを把握し〉とは、同じその〔言語や語句に〕詳しいことによって、意味から、また字句（byañjana）から、法をもうよく把握されたものにして把握する。〈また意味を考察する（upaparikkhati, 吟味する）〉とは、聞いた通りの、学習した通りの（yathā-pariyatta）法の意味を考察する。「以上が戒である（iti sīlaṃ）。以上が禅定である。以上が智慧である。これらが色・無色の諸法である。」と意をもって辿って観る（anupekkhati）。

(1029)〈忍受によって意欲した者となり（khantyā chandi-kato hoti）〉とは、それら諸法が意をもって辿って観られると、見解を審慮する忍受（diṭṭhi-nijjhāna-kkhanti）によって審慮を堪え忍ばせて（nijjhānaṃ khamāpetvā）、色を把握するなどによって、観〔法〕に集中することに（vipassanā'bhinivese）意欲して、意欲が生じた者となる。またそのようになって観〔法〕の業（行）をしようとして、〈励んでから（ussahitvā）それを秤にかける（tuleti taṃ）〉。それ（観法）を縁として名色（心身）を見ることによって（tap-paccaya-nāma-rūpa-dassana-vasena）、奮起して（ussāhaṃ katvā）、それから更に三つの特相（無常・苦・無我）に載せて、秤にかける（くらべてみる、考量する）。「無常である」とも、「苦である」とも、「非我である」とも、〈その〉名色（心身）を考量する（tīreti）、観察する（vipassati）。〈時に応じて、彼は努力し（samaye so padahati）、内部によく心が定まっている（ajjhattaṃ susamāhito）〉とは、彼はそのように観ながら、策励すべきなどの時には（paggahetabb'ādi-samaye）心の策励（paggaṇhana）などによって努力する（padahati）。そして努力しながら、〔思考〕範囲の内部に（gocar'ajjhatte）観三昧（vipassanā-samādhi, 観の禅定）によって、また道三昧（magga-samādhi, 道の禅定）によって、よく心定まっているがよい。精神の不統一の原因になっている（asamādhāna-hetu-bhūte）諸煩悩を捨てるがよい。

(1030)そこで、この功徳（guṇa）は一切もが、〈多聞（博識）で、法を保ち、智慧ある、仏の声聞弟子〉に敬して仕える者に（payirupāsantassa）あるのであるから、それゆえに、無為の法に関して、苦など（苦・集・滅・道）について、了知するなど勝れた作用があるから（pariññādi-visiṭṭha-kiccatāya）、法の認識と呼ばれる法の智（dhamma-ñāṇaṃ, 法を知ることを）を期待しながら、〈そのような類の方に〉、先述の類の善き友に〈親しむがよ

119

い（bhajetha）〉、親近するがよい（seveyya）、敬して仕えるがよい、という意味である。

（1031）▽このようにその方が多く役立つから（bah'upakāratāya）、尊敬供養すべき方であることを示そうとして、〈多聞（博識）で〉と偈を言う。その意味は、即ち、この人には経や応頌など多く聞かれている、というので〈多聞（博識）で〉、同じその説示の法を（desanā-dhammaṃ）、黄金の器に入れたライオン油（sīha-vasā）のように失わないように保つ、というので〈法を保つ〉。それだからこそ〈大仙人〉、世尊の法の蔵（dhamma-kosaṃ）、法の宝を守る、というので〈〔法〕蔵を守る者は〉、神を含む世間を等しく見るから（sama-dassanena）眼となった（cakkhu-bhūta）から、それゆえに〈一切世間の眼であり、供養されるべき〉、尊敬されるべきである（mānanīyo）、と。多聞（博識）であることによって、大衆から尊敬供養されるべき者であることを示すために、結論として、またもや〈多聞（博識）の人だ〉と言われた。

（1032）このような善き友を得ても、〔法を〕行う者（kāraka）にだけ衰退がない（aparihāni）のであって、〔法を〕行わない者は〔そうで〕ない、ということ示そうとして、〈法を園林として（dhamm'ārāmo）〉と偈を言う。そこで、住居（nivāsana）の意味で止・観の法（samatha-vipassanādhamma）は〈園林（ārāma）〉である。その同じ法において愉しみ、よく愉しむ（rato abhirato）、というので〈法を愉しみ〉、その〔仏の〕法だけをしばしば思惟して〈法を追思し（dhammaṃ anuvicintayaṃ）〉、法を思い廻らしながら（āvajjento）作意（思念）する（manasi karoti）、という意味である。〈〔法を〕追憶しながら（anussaraṃ）〉とは、その法だけを追憶しながら、〈正法から（sad-dhammā）〉とは、そのような比丘は三十七類の覚支（菩提分）法（四念処・四正勤・四神足・五根・五力・七覚支・八正道）から、また九類の出世間法（四向四果と涅槃）から〈退かない（na parihāyati）〉、いつも決して彼がその〔法〕から衰退はない、という意味である。

(1033) さて、或る日、身について欲を離れない、怠惰な、精進の劣るコーサッラヤという名の比丘を畏れさせようとして（saṃvejento)、〈身を慳《お》しみ重んじて〉〔云々〕と偈を言う。そこで、〈身を慳《お》しみ重んじて（kāya-macchera-garuno)〉とは、身が強健なこと多く（kāya-daḍḍhi-bahula, [Vri.]kāya-daḷhī-〃)、身について我がものであると思うのに（kāye mamattassa)、師匠や和尚たちに対しても身をもって為すべきことを何もしないで廻り歩く。〈〔身が〕失われ（hiyyamāne)〉とは、自分の身と命が刹那刹那に衰亡しているのに（parihiyyamāne)、〈奮起しないのに（anuṭṭhahe)〉とは、戒など（戒・定・慧）を満たすために奮起・精進をしないような、〈体の快楽を貪る者に（sarīra-sukha-giddhassa)〉とは、自分の体の楽を齎すことによってだけ（sukhâvahen'eva, [Vri.]sukhāpanen'eva, 楽ならしめることによってだけ)、貪りに陥った者に、〈どうして沙門の安穏なことが（samaṇa-phāsutā）あろう〉。

というのは、このような人物には、沙門たることによって（sāmañña-vasena）どうして安楽に住まうこと（sukha-vihāra, 安楽住)、安穏に住まうこと（phāsu-vihāra, 安穏住、安住）があろうか。その者には〔それが〕ない、という意味である。

(1034)〈明らかでない〉云々とは、尊者舎利弗・法将軍が入滅（般涅槃）したことを（parinibbuta-bhāvaṃ）聞いて、〔阿難〕上座によって述べられた。そこで〈一切の方角が明らかでない（na pakkhanti disā sabbā)〉とは、東など（東南西北）の類の一切の方角が明らかでない。方角に迷う（disā-mūḷho)、という意味である。〈諸法が私に閃かない（pāṭibhanti man)〉とは、かつては熟知していた教法も、今や、うやうやしく敬意を払いながらも（samannāhariyamānā pi）私に現れてこない。〈善き友が去って行くと〉とは、神と共なる世間の善き友であった法将軍（舎利弗）が無余依の涅槃に去って行くと、〈暗闇のように思われる（andha-kāraṃ va khāyati)〉とは、一切ものこの世間は暗闇のように見えてくる。

（1035）〈友が去り逝き〉とは、友が去って逝った、善き友がいなくなった、という意味である。〈〔大〕師に去って行かれた者には〉とは、尊者〔阿難〕は〔大師が〕過去の方となって〔大〕師が涅槃に入られて、〔大〕師が入滅（般涅槃）されると、という意味である。〈身に関する思念のような〉とは、身に関する思念（kāya-gatā-sati）の修習が、それを行う者に（tak-karassa）一途の利益を齎すように、〈このような〉、そのような一途の利益を齎してくれる別の〈友〉というものは、教主のいない人には（anāthassa puggalassa）いない、教主がある者（sa-nātha）には他の修習もあって、もう利益を齎す、という趣旨である。

（1036）〈昔の人たち（purāṇā）〉とは、往時の人たち（porāṇā）。舎利弗などのような善き友たちに関して言う。〔その彼らは逝き〕、〈新しい人たちと（navehi）〉とは、新たな人たちと（navakehi）、〈私は合わない（na sameti me）〉とは、私の心は合わない（na samāgacchati）。彼等は私の心を励まさない（na…ārabhenti, Vri. 〃 ārādhenti, 喜ばさない）という意味である。〈その私は今日ただ一人、禅思する〉とは、そこで私は今日、より年配の方々がいなく、ただ一人となって禅思する、禅思に没頭して（jhāna-pasuto）いる。〈雨期に近づいた（vass'upeto）〉とは、雨期に巣（kulāvaka）に近づいた鳥のように〔禅思する〕。〔ここは〕〈棲家に近づいた（vās'upeto）〉とも聖言〔はいう〕（pāḷi）。棲家（巣）に近づいて行った、という意味である。

（1037）〈〔私に〕会いに、やって来た〉〔云々〕という偈は〔大〕師によって説かれた。その意味は即ち、私に会いにやって来た種々の類の異国に住む（videsa-pavāsika）大勢の人たちが私に近づいて来るのを、阿難よ、お前は妨げるな。なぜか。彼等法の〈聴聞者たちを〉、私に会わせよ（passantu）。これこそ会う〈時だ〉と。

（1038）それを聞いて〔阿難〕上座は〈〔世尊に〕会いに、やって来た〉〔云々〕と更に偈を言う。なぜなら、

この偈と繋げるために前の偈がここに置かれているからである。それゆえにこそ

「たとえ他の地方から〔人々が〕次々やって来ても、私はもう直ちに〔彼らを〔大〕師に〕会わせることができるであろう。」

と、この句の意味の完結（attha-siddhi）を示す。

(1039)〈二十五年間〉〔云々〕という五偈が、自分が最高の近侍者であること（agg'upaṭṭhāka-bhāva）を示すために述べられた。なぜなら、観念修行法（業処）に励んでいても、また〔大〕師の給仕に専念していても、たとえ〔修〕道によって〔煩悩が〕断ち切られていなくても、〔阿難〕上座には欲望の想いなどは起こらなかった。また身・口・意の行為はあらゆる時に〔大〕師に対して慈しみを先に立て、慈しみに従って行われたのであった。そこで、〈二十五年間〉とは、二十五の年〔数〕である。〈有学（修学中）であった私に〉とは、有学の位地、預流果に立っていた私に、〈欲望の想いは〉とは、欲望を伴う想い（saññā, 想念）は起こらなかった。またここで欲望の想いなどが起こらないことによって、自分の意向の清浄（āsaya-suddhi）を示す。

(1041)〈慈しむ身の行為（慈身業）をもって（mettena kāya-kammena）〉云々と、〔阿難の〕実行の清浄（payoga-suddhi）を〔示す〕。そこで、香室の中において〔敷き物の〕手入れをする（paribhaṇḍa-karaṇa）などによって、また〔大〕師の種々の上げ下ろしの仕事をして（vatta-paṭivatta-karaṇena）、慈しむ身の行為（慈身業）を知るべきである。説法の時を告げるなど慈しむ語の行為（慈語業）〔を知るべきである〕。独坐しているとき（raho-gatassa）〔大〕師について益を齎す気働き（思念）をすることによって慈しむ意（こころ）の行為（慈意業）〔を知るべきである〕。

(1044)〈智が私に生じた〉とは、自分が有学（修学中）の地位を得たこと（sekkha-bhūmi-patti）を言う。

(1045)〈私はまだ為すべきことがある〉とは、〔大〕師の入滅（般涅槃）が現れると、〔阿難が〕円屋に入ってから、〔戸の閂《かんぬき》を受ける〕猿頭〔の飾り〕（kapi-sīsaka）に摑まって、悲しみにひしがれて述▽べた偈である。そこで、〈私はまだ為すべきことがある（sakaraṇīyo'mhi）〔有学（修行中）で〕〉とは、苦の了知など為すべきことによって、まだ為すべきことがあり、〈意（願い）が達成されていない（appatta-mānaso）〉とは、まだ阿羅漢の境地が証得されていない（anadhigatârahatto）。〈そして、〔大〕師の入滅（般涅槃）があった〉とは、また私の〔大〕師の入滅（般涅槃）が現前した。〈およそ私らを憐れんで下さる〉とは、およその〔大〕師は私を愛護して下さる。

(1046)〈その時、およそ恐ろしいことがあった〉という偈は、〔大〕師の入滅（般涅槃）の時に、地震と天鼓の炸裂などを見てから、畏れが生じた〔阿難〕によって述べられた偈である。

(1047―9)〈多聞（博識）な〉云々という三偈は、〔阿難〕上座を称讃しようとする結集者たちによって〔ここに〕置かれた。そこで、〈理解力あり（gati-manto）〉とは、〔一般と〕等しくない智の理解力（ñāṇa-gati）を具えた。〈思念あり（satimanto）〉とは、最高の思念の俊敏さ（sati-nepakka）を具えた。〈堅固な心がある（dhitimanto）〉とは、〔一般と〕共通でない字句や意味を確認できる（avadhāraṇa-samatthāya）堅固な心の成就（dhiti-sampatti）を具えている。なぜならば、この上座は一つの所にだけいて、六万の語句を〔大〕師が語った決定だけによって把握し、また把握した〔教え〕を黄金の容器に入れたライオン油のようにあらゆる時に忘失しない。顛倒のない字句を確定することが出来る思念を先とする智慧と、また意味を確定することが出来る智慧を先とする思念を具えている。それで世尊は仰る。

「比丘たちよ、私の声聞比丘たちの多聞の者たちの第一人者は〔即ち阿難である〕」（A. I, 24^{31-}）云々と。

また同様に法将軍（舎利弗）は仰る。

「尊者阿難は意味に詳しい」云々と（A. III, 20131）。

〔Vri.〈宝の鉱山だ（ratan'ākaro）〉とは、正法の宝の鉱山のようだ（ākara-bhūto）〕。

（1050）〈〔大師は私によって〕奉仕され（paricinṇo）〉〔云々〕という偈は〔阿難の上座〕入滅（般涅槃）の時、上座〔自身〕によって述べられた。それは上述の意味の通りである。

アーナンダ（阿難）上座の偈の註釈　終わる。

三十〔偈〕集の註釈　終わる。

註

（1）この上座は赤沼『辞典』にもĀnandaという。漢訳には阿難陀、阿難、慶喜と知られる。釈尊の甥で、出家後しばらくして釈尊の侍者となる。多聞博識で、四衆に親愛されたが、煩悩が尽きず、仏の滅後に結集の直前の時に、阿羅漢となったという。本註はその前生話として *Ap.* pp.52^{18}-54^{7}〔10.Ānanda〕の同上座の説いたという二十偈を引くように、それを前提にしている（PTS. 版は最初の一偈のみで、以下は省略）。阿難が未だ阿羅漢ではないとは、多くの大乗経典の序において前提となっている。

121[24]

〔40. 四十偈集（Cattālīsa-nipāta）〕

四▽〇（1051—1090）、マハー・カッサパ（Mahā-kassapa, 大迦葉）(1)

〈前生の因縁物語（1）　蓮華上仏の時の信士ヴェーデーハの願〉

四十〔偈〕集において、〈衆に祭り上げられて〔行っては〕ならぬ〉云々とは、尊者大迦葉上座の偈である。聞くところでは、この人は蓮華上世尊（二十四仏の第十）の時にハンサヴァティー都城においてヴェーデーハという八十億〔金〕の富をもつ資産家であった。彼は信士（優婆塞）となって仏を我がものとし（buddha-māmako）、法を我がものとし、僧団を我がものとして住みながら、或る布薩の日に、もう早朝によい食事を食べてから、布薩戒の諸支分（八斎戒）を堅持して、香・花等を携えて精舎に行って、〔大〕師に供養し、礼拝してから一方に坐った。

そしてその刹那に〔大〕師はマハー・ニサバ上座という第三の声聞弟子を「比丘たちよ、私の声聞弟子の比丘たちで少欲知足の条件（頭陀支）を保持する者（dhut'anga-dhara）たちのこの第一人者は、即ちニサバである。」と〔ニサバを〕第一人者に就けた。信士はそれを聞いて浄い信じる心で、法話が終わって大衆が立って行くと、〔大〕師を礼拝して、言う。

122

「明日私の托鉢食をお受け下さいますよう。」と。

「信士よ、御承知のように比丘僧団は大勢ですよ」と。

「どれくらいですか、世尊よ」と。

「比丘が六百八十万人です」と。

「尊師様、一人の沙弥をも精舎に残さないで〔全員〕托鉢食をお受け下さいますよう」と。

〔大〕師は承諾した。


信士は〔大〕師が承諾したのを知って、家に帰ってから、大施の用意をして、次の日に〔大〕師に時を告げさせた。〔大〕師は鉢と衣を携え、比丘僧団を従えて信士の家に行って、設けられた席に坐り、供養の水〔を受け〕終わると、粥などを受け取りながら食の分配を（bhatta-vissaggaṃ）行なった。信士も〔大〕師の傍らに坐った。その間にマハー・ニサバ上座は托鉢に歩きながら、その同じ道に入った。信士は〔彼を〕見て立って行って、上座を礼拝して、

「鉢を、尊師よ、〔私に〕下さいませ。」

と言う。上座は鉢を与えた。

「尊師よ、同じここにお入り下さい。〔大〕師も家の中に坐っておられます」と。

「よろしくないでしょう（na vaṭṭissati）、信士よ」と。

信士は上座の鉢を持って鉢食を満たしてから再び持ち運んで来て〔上座に〕差し上げた。それから上座について行ってから、引き返して〔大〕師の許に坐ってから、こう言う。

「尊師様、マハー・ニサバ上座は『〔大〕師が家の中に坐っておられます』と言われても、入ることを望み

ませんでした。一体、ね、この人〔ニサバ上座〕には、あなた様の諸々の徳を上まわる諸々の徳があるのでしょうか。」

と。また諸仏には称讃の出し惜しみ（vaṇṇa-maccheraṃ）というものはない。すると〔大〕師はこのように言う。

「信士よ。私たちは托鉢食を期待しながら家の中に坐っている。しかしかの比丘はこのように坐ってから托鉢食を期待しない（na udikkhati）。私たちは村のはずれの臥坐所に住むが、彼は森（林）にだけ住む。私たちは屋根の下に住むが、彼は露地にだけ住む。」

と、このように彼について

「これが〔彼の〕徳である。またこれが〔彼の〕徳である。」

と、大海を満たすかのように語った。

信士は、本性としても燃えている燈火が油を注がれたように、益々浄く信じる心で〔こう〕思った。

「私にとって他の栄達をもって何になろうか。未来に或る一人の仏の許で少欲知足の要件（頭陀支）を保つ者たちの第一人者となるために願（patthanā）を立てよう。」

と。彼はまたもや〔大〕師を招待して、同じその決まりによって（niyāmena）七日間大施を行なって、七日目に仏を上首とする大比丘僧団に三衣を差し上げて、〔大〕師の足もとに身を伏せてこう言う。

「尊師様。およそ私が七日に亘って施を施しているとき、慈しむ身の行為と慈しむ語の行為と、慈しむ意《こころ》の行為を、捧げました（paccupaṭṭhitaṃ）。これによって私は別の神の栄華や、或いは帝釈・魔・梵天の栄華を望みません。しかし私のこの〔善〕業を未来に或る仏の許で、マハー・ニサバ上座が得たのとは別の位を得させるため（pāpuṇan'atthāya）、十三頭陀支を保つ者たちの第一人者となるための縁である力にしよ

123

う（paccay'adhikāro hotu, [Vri.] adhikāro 〃）」と。

〔大〕師は「大きな位がこの者によって望まれた。一体成就するであろうか、しないのか」と見通し（眺め）ながら、成就することを（samijjhana-bhāvaṃ）見てから言う。

「そなたが願った位は思い通り（marāpaṃ）である。未来に百千劫の終わりに、ゴータマという仏陀が出現するであろう。そなたはその方の第三の声聞弟子でマハー・カッサパ（大迦葉）上座という者となるであろう。」

と。それを聞いて信士は「諸仏に二言というものはない」と次の日にも〔その位が〕得られるかのように、その成就を思った。彼は寿命の限り施を行い、戒を〔[Vri.] 受けて〕守り、種々の類の善業を作ってから、そこで命終して天界に生まれた。

〔前生の因縁物語（2）　ヴィパッシン仏の時の一衣バラモン〕

それから以後、〔彼は〕神と人間の中で栄華を享受しながら、今から九十一劫前にヴィパッシン（毘婆尸）正等覚者（二十四仏の第十九、七仏の第一）がバンドゥマティー都城近くケーマ鹿苑に住しておられると、神の世間から死没して、或る一軒の老朽したバラモン家に生まれた。そしてその頃、ヴィパッシン世尊は七年目七年目ごとに法を説かれていた。大きな喚声がある。全ジャンブ洲で神格たちが「〔大〕師が法を語かれるでしょう」と告げた。バラモンはその教えを聞いた。そして彼の着る衣は一枚きりである。バラモン女（妻）もそうである。しかも〔身に〕纏うもの（pārupanaṃ）は二人にとっても一枚きりである。〔[Vri.] 彼は〕全都城で一衣バラモン（Eka-sāṭaka-brāhmaṇa）と知られた。

彼は何かの用事でバラモンたちの集まりがあると、バラモンの妻を家に置いて、自分〔一人〕でその衣を着て行く。バラモン女たちの集まりがあると、自分は家にとどまる（acchati, PTS tiṭṭhati）。バラモン女（妻）がその衣を着て行く。そしてその日、バラモンはバラモンの妻に言う。

「お前、お前は夜に法を聞くかね、昼間かね」と。

「私ども女に生まれたものというのは夜に〔法を〕聞くことは出来ません。昼間に聞きましょう。」

と、バラモンを家に置いて、その衣を着て信女たちと一緒に昼間に行って、〔大〕師を礼拝して、一隅に坐って法を聞いてから、信女たちと一緒に帰って来た。それからバラモンがバラモンの妻を家に置いて衣を着て精舎に行った。

その時、〔大〕師は衆の真ん中において飾られた法座に坐って彩色された扇を手にとって、天のガンガー川（ākāsa-gaṅgā）を降ろすかのように、シネール（須彌山）を撹拌棒（mattha）にして大海を撹《か》き回すかのように、法話を語った。バラモンは会衆の端に坐って法を聞いていて、もう初夜のうちに全身を満たして五色の嬉しさ（pīti）が生じた。彼は纏っている衣を〔脱いで〕畳んで（saṃharitvā, Vri. saṅgharitvā）「十力者（世尊）に差し上げよう」と思った。すると彼に千の煩いを示しながら物惜しみの（けちな）心（maccheraṃ）が起こった。

「バラモン女（妻）と私との、ただ一枚の衣だ。他に何も纏うものはない。また纏わないというのは、外を歩くことが出来ないであろう。」

と、全く何も与えたくない者となった。すると、初夜が過ぎて中夜にも彼に同じように嬉しさが起こった。全く同様に思って全く同様に与えたくない者となった。中夜が過ぎて後夜にも全く同じように彼に嬉しさが起こった。彼は「或いはどうともなれ（yaṃ vā hotu）。それは後でも分かるだろうさ」と、〔纏っていた〕衣を▽畳ん

で〔大〕師の足もとに置いた。それから左手を曲げて右手で三度叩いてから

「私は〔けちに〕勝った（jitaṃ me）、私は勝った。」

と三たび吠え声を上げた。

その時バンドゥマ王は法座の後《うしろ》で天幕の中に（anto-sāṇiyaṃ）坐って法を聞いている。そして王という者にとっては「私は勝った」という声は面白くない（amanāpa）のである。彼は人を差し向けた。

「行け。これを尋ねよ。何を言うのか、と」。

彼（一衣バラモン）は、行ったその〔家来〕に尋ねられて

「他の人たちが象や車などに乗って、剣や楯をもって敵軍に勝つ、それは珍しいことではない。けれども私は後から来る無角牛（kūṭa-gona）の頭を棍棒で割って逃走させるように、物惜しみの心（macchera-cittaṃ）を砕いて、纏っていた衣を十力者（世尊）に差し上げました。その物惜しみに私は勝ったのです（taṃ me macchariyaṃ jitaṃ）。」

と、言う。その人は〔戻って〕来てその成り行きを王に告げた。王は言う。

「何と、確かに我々は十力者にふさわしいものを知らなかった。バラモンは知っていたのだ。」

と、一対の衣を（vattha-yugaṃ）〔バラモンに〕送った。それを見てバラモンは思った。

「この〔王様〕は私が黙って坐っていると最初は何もくれなかったのに、〔私が〕〔大〕師の徳を誉めると〔私に衣を〕くれた。けれども〔大〕師の徳によって生じたものには、私に何の意味があろうか。」

と、その一対の衣をも十力者（仏）だけに差し上げた。王は

「バラモンは何をしたのか。」

と尋ねてから、

「彼によってその一対の衣も如来にだけ与えられました。」

と聞いてから、他にも二対〔の衣〕を送った。彼はそれらをも〔如来に〕差し上げた。王は他にも四〔対〕〔送った〕、と、このように三十二対の衣にいたるまで送った。すると、バラモンは

「これが増えてからは、頂くことのようになる。」

と自分のために一〔対〕と、バラモン女（妻）のために一〔対〕と、〔計〕二対の衣を取ってから、三十対の〔衣〕は如来にだけ差し上げた。そしてそれ以来彼は如来の信頼する者（vissāsika）となった。

さて、王は寒い時節に、或る日彼が〔大〕師の許で法を聞いているのを見て、百千〔金〕の値打のある自分が纏っていた赤い毛織物を与えて言う。

「これからはこれを纏って法を聞きなさい」と。

彼は

「私のこの臭い身に与えられたとて、この〔高価な〕毛織物に何の用があろうか。」

と思って、香室の中の如来の寝台の上に天蓋にしてから帰った。すると或る日王はもう朝早くに精舎に行ってから香室の中で〔大〕師の許に坐った。そしてその時六色の仏の光線が毛織物にはね返される（paṭihaññanti）。毛織物はよく輝く（virocati）。王は眺めていて気が付いて（sañjānitvā）言う。

「尊師よ、この毛織物は私どものものです。私どもが一衣バラモンに与えのです。」と。

「大王よ、バラモンはあなた方から供養され、私どもはバラモンから供養されたのです。」

と。王は

125

「バラモンは〔供養に〕ふさわしいお方を知っていた。私どもではありません。」

と浄く信じてから、およそ人々の役に立つものは何でも全てそれを八の八倍にして（aṭṭh'aṭṭhakaṃ katvā）、「全て八の〔八倍〕」という施を行なってから、彼を補相の地位に据えた。

彼もまた、八の八倍というのは六十四▽であるとして、六十四〔食〕の食券で貰う食事（salāka-bhattāni）を固定させて（upanibandhāpetvā, 定着させて）、寿命の限り施を施して、戒を守って、そこから死没して天界に再生した。

〔前生の因縁物語（3） 辟支仏に衣を供養する資産家とその妻〕

〔彼は〕再びそこから死没して、この〔賢〕劫の間に、コーナーガマナ（拘那含）世尊（第二十三仏）とカッサパ（迦葉）十力者（第二十四仏）と、という二人の仏の中間に、バーラーナシーの資産家の家に生まれた。長ずるに従って家居を送りながら、或る日森の中で歩行（jaṅgha-vihāra）をする。そしてその時〔一人の〕辟支仏が川の岸辺で衣作りをしながら、縫い目が出来ないで（anuvāte appahonte）、畳んで置き始めた。彼は見て、

「尊師よ、なぜあなたは畳んで置こうとなさるのですか」と。

「縫い目が出来ないのです」と。

「尊師よ、これで作りなさい。」

と布（sāṭakaṃ, Vri.uttara-sāṭakaṃ, 上衣）を与えてから、「それぞれ生まれる所で私に何かによって衰滅がないように」と願（patthanā）を立てた。

家でも彼の姉と妻とが喧嘩をしていると、辟支仏が托鉢に入った。すると彼の姉は辟支仏に托鉢食を与えて

から、彼の妻について

「このような馬鹿女を百ヨージャナ〔遠くに〕避けたいよう。」

と願を立てた。彼女（妻）は家の中庭に立って聞いてから

「この女が与えた食事をこの〔辟支仏〕に食べさせまい。」

と、鉢を取って、托鉢食を捨てて、泥を満たして与えた。一方（姉）は見て

「馬鹿女、お前はまず私を罵れ、或いは打て。それなのに、このような二阿僧祇に亘って波羅蜜（最高の修行）を満たしたお方の鉢から食を捨ててから、泥を与えようとは、よくないよ（na yuttaṃ）。」

と言う。すると彼の妻に反省（paṭisaṅkhāna）が生まれた。彼女は

「お待ち下さい（tiṭṭhata）、尊師様。」

と、泥を捨てて、鉢を洗って香粉で擦《こす》って（ubbaṭṭetvā）、上等な御飯と四種の蜜を満たして、上に注がれた蓮花の内側の色のバターで輝いている（vijjotamānaṃ）鉢を辟支仏の手に置いてから、

「ちょうどこの托鉢食が光を出しているように、そのように私の身が光を出しているように。」

と願を立てた。

辟支仏は随喜（感謝、祝福）をしてから空中に跳びあがった。

〈前生の因縁物語（4）　迦葉仏の時の長者の息子とその妻〉

彼等夫婦（jāyam-patikā）も寿命の限り善を作ってから、天界に再生して、再びそこから死没して、信士はカッサパ（迦葉）正等覚者の時にバーラーナシーの八十億の富をもつ長者の息子となった。そして、一方の

〔妻〕もそれと同じような長者の娘となって生まれた。彼が成人に達すると、〔親達は〕同じその長者の娘を連れて来た。〔彼女が辟支仏の托鉢食を捨てて泥を与えたという〕以前のまだ報いが出ていない（adinna-vipāka,[Vri.]anitṭha-〃, 報いが欲せられていない）その業の威力によって、夫の家に（pati-kulaṃ,[PTS.]paṭikūlaṃ, 嫌なところに）彼女が入っただけで、敷居の内側において（ummār'abbhantare）〔彼女の〕全身が、開いた大便所（ugghāṭita-vacca-kuṭi）のように悪臭が出る。長者の童子は「この臭いは誰のだ」と尋ねて、「長者の娘のです」と聞いてから、「追い出せ（nīharatha）、追い出せ」と、やって来た同じ乗り物で（āgata-yānen'eva,[Vri.]ābhata-niyāmen'eva, やって来た同じ決まりで）〔彼女を実〕家に届けた。彼女は同じこの追い出し（nīhāra, 離縁）によって七つの場合において出戻された（[Vri.]paṭinivattitā,[PTS.]paṭinivatti, 出戻った）。

126

そしてその時にカッサパ十力〔尊〕が入滅（般涅槃）された。そのために厚い石畳の床と（ghaṭa-koṭṭimā）百千〔金〕の高価な（-agghanikā）赤い黄金の煉瓦で一ヨージャナの高さの塔廟を〔人々は築き〕始めた。その塔廟が造られていると、その長者の娘は思った。

「私は七つの処で出戻された。私の命に何の用があろう。」

と、自分の装身具の品を潰させて（ābharaṇa-bhaṇḍaṃ bhañjāpetvā,[PTS.]〃 muñcāpetvā, 手ばなして）黄金の煉瓦を作らせた。長さ一肘（ratan'āyataṃ, 尺）、巾ー二指節（vidatthi-vitthiṇṇaṃ）、高さ四指のもの（catur'aṅgul ubbedhaṃ）である。それから緑の雄黄《ゆうおう》と砒石《ひせき》の玉を（hari-tāla-mano-silā-piṇḍaṃ）持って、八束の青蓮華を持って塔廟を建てている所に行った。そしてその刹那に、一列の煉瓦が廻って来ていながら、繋ぎの煉瓦が（ghaṭan'iṭṭhakāya,[PTS.]ghaṭa-niṭṭhitāya, ?-）足りないのである。長者の娘は建築家に言う。

「この煉瓦をここに置いて下さい」と。

「姉様よ。よい時にあなたは来ました。もう御自分で置きなさい」と。

彼女は登って油と雄黄と砒石の玉を混ぜて、その繋ぎによって（bandhanena, [PTS.] maṇḍanena, 飾り〃）煉瓦を固定させて、上に八束の青蓮華をもって供養をして礼拝してから、

「生まれたそれぞれの所で身から栴檀の香りが薫れ、口から青蓮華の香りが〔薫れ〕。」

と願（patthanā）を立てて、塔廟を拝んでから右まわりをして立ち去った。

すると、もうその刹那に、〔彼女が〕最初の家に連れて行かれた、その長者の息子に彼女についての追憶が起きた。都城の中にも星祭のお布令《ふれ》が出ている（nakkhattaṃ saṅghuṭṭhaṃ hoti）。彼は仕える者たちに言う。

「あの時ここに連れて来られた長者の娘がいる。彼女はどこにいるか」と。

「〔実〕家におります。主人様」と。

「彼女を連れて来い。我々は星祭を遊び愉しもう（kīḷissāma）。」

と。彼等は行って彼女に礼をしてから立っていた。

「あなたたち、何でお出でになったのですか。」

と、彼女に質ねられてその成り行きを伝えた。

「あなた方、私は装身具の品をもって塔廟に供養しました。私には装身具がありません。」

と。彼等は帰ってから長者の息子に告げた。

「彼女を連れて来い。〔彼女は〕瓔珞（piḷandhanaṃ、装身具）を得るでしょう。」

と。彼等は彼女を連れて来た。彼女が家に入るとともに全て家中に栴檀の香りと、それからに青蓮の香りが薫った。長者の息子は彼女に質ねた。

「最初にはあなたの身から悪臭がただよった。しかし今はあなたの身から栴檀の香りが、口からは青蓮華の香りが薫っている。これはどうしてか。」

と。彼女は最初から始めて自分の作った業を説き明かした。長者の息子は

「ああ、仏の教えは〔悪業からの〕出離に導くものだ。」

と浄く信じて一ヨージャナほどの黄金の塔廟を毛織の覆蓋をもって囲って、そこここに車輪の大きさの黄金の蓮華で飾った。それらには十二肘（hattha, 尺）の垂れ紐（olambaka）がある。

127

〔前生の因縁物語（5） 大臣の家に生まれたが家出して王に選ばれ王女を娶り、辟支仏たちに供養する〕

彼はそこに寿命の限り留まってから、天界に生まれた。それから、そこから死没して、バーラーナシーから一ヨージャナほどのところの或る一人の大臣の家に生まれた。長者の娘も神（天）の世界から死没して、王家の最年長の娘となって生まれた。彼等が成人すると、童子（kumāra）が住む村に星祭のお布令《ふれ》が出た。彼は母親に言う。

「お母さん、私に着物を下さい。私は星祭を遊び愉しみます。」

と。彼女は洗った着物を取り出して与えた。

「お母さん、これは木綿（thūlam）です。」

と言う。彼女は別のものを取り出して与えた。〔彼は〕それをも拒けた。すると母親は彼に言う。

「お前、私たちはこれよりもっと優美（精妙）なもの（sukhumatara）を得る福徳がない、そのような家に生まれたのですよ。」と。

「手に入るところに私は行きます、お母さん。」

と言われて、

「息子よ、私は今日こそお前がバーラーナシーの都城で王位を得ることを望みます」と。

彼は母親を礼拝してから言う。

「私は行きます。お母さん」と。

「行きなさい、お前」と。

聞くところでは、彼女には（assā, [PTS.]assa）こんな心の思いがあった。「〔彼は〕どこに行くのでしょうか。ここか、或いはあそこか、家に坐るでしょう」と。

しかし、彼は福徳の決まりによって（puñña-niyāmena）〔家から〕出て行ってから、バーラーナシーに行って、遊園における吉祥の石板の上に頭から衣を被《かぶ》って横たわった。そしてそれはバーラーナシー王が死んでから七日目である。大臣たちは王の葬儀（sarīra-kicca）を行なってから、王宮の中庭に坐って相談した。

「王には一人の娘だけがいる。息子はいない。王のいない王国は喜ばしくない（na nandati, [Vri.]nassati, 亡ぶ）。誰を王にしようか。」と。

「お前がなれ。お前がなれ」

と、〔彼らは〕言う。補相（purohita）が言う。

「大勢を眺めまわすのはよくない（oloketuṃ na vaṭṭati）。華車《はなぐるま》を出そう（phussa-rathaṃ vissajjema）。」と。

彼等は黄蓮華色（kumuda-vaṇṇa）の四頭のシンドゥ産の馬を繋いで（sindhave yojetvā）、五種の王章の品（rāja-kakudha-bhaṇḍaṃ）と白傘とを同じ車に置いてから、車を出発させて、後から諸々の楽器（turiyāni）をかき鳴らさせた（paggaṇhāpesuṃ）。車は東門から出て行ってから遊園に向かって行った（gacchi, Vri. ahosi, いた）。

「〔馬は〕よく知っているので（paricayena）遊園に向かって行きます。戻らせましょう。」

と誰か或る者たちが言う。補相は
「戻らせてはならない。」

と言う。車は童子を右まわりしてから乗るのに備えて立ち止まった。補相は被《かぶ》りものの耳をとり払ってから
〔彼の〕足の裏を眺めながら、

「この洲を存続させよ。二千の島に囲まれた四洲において、このお方が統治を行うにふさわしい。」

と言ってから、

「さらにも楽器をかき鳴らせ（tūriyāni paggaṇhatha）、さらにも楽器をかき鳴らせ」

と三たび楽器をかき鳴らさせた。

するると、童子は顔を顕わにしてから、眺めまわした。それから、

「何の仕事であなた方は来たのですか（āgat'attha）。あなた方。」

と言う。

「王様、あなた様に王位がやって来るのです。」と。

「王様はどこにいるのですか。」と。

「神の境地に行きました（devattaṃ gato, 崩御なさいました）。御主人様。」と。

「何日経ったのですか。」と。

「今日が七日目です。」と。

「王子様か、王女様はいないのですか。」と。

「王女はいます。王様、王子はいません。」と。

「それでは、私が王国を統治しましょう。」と。

彼等は直ちに潅頂式の円屋《まろや》（abhiseka-maṇḍapa）を建させて、王女をあらゆる飾りで飾って、遊園に連れ行ってから、童子（青年）の潅頂式を行なった。すると潅頂〔即位〕した彼のために百千〔金〕に値する衣をもって来た。彼は
「あなた方、これは何です。」

と言う。

「着物です、王様。」と。

「あなた方よ、〔これは〕木綿ではありませんか。」と。

128
「人々が用いる衣の中でこれより上等（精妙）のものはありません、王様。」と。

「あなた方の王はこのような〔衣服を〕着たのか。」と。

「はい、王様。」と。

「思うに、あなた方の王は福徳ある方ではないな。黄金の水差し（suvaṇṇa-bhiṅgāra, PTS.-bhiṅkāra）を持って来なさい。私は〔極上の〕衣を得るであろう」と。

〔彼等は〕黄金の水差しを持って来た。彼は立ち上がって両手を清め、顔を洗い、手で水を取って東方に撒いた。厚い大地を破って八本の如意樹（kappa-rukkha, 望みを叶える樹）が立ち上がった。再び水を取って南・西・北とこのように四方にも撒いた。全ての（四）方角にそれぞれ八本として（aṭṭh'aṭṭhakaṃ katvā）〔合計〕三

十二本の如意樹が立ち上がった。彼は一つの天上の衣を内につけ、一つを上に纏って、

「『ナンダ王が征服した〔地〕では糸を紡ぐ（suttakantikā）女たちに糸を紡がせるな（mā kantiṃsu）』と、太鼓を〔打って布令《ふれ》て〕歩かせよ。」

と言って、〔王位を示す〕傘を掲げさせ、飾り立てて準備を整え、勝れた象の肩に乗って行って都城に入ってから、殿堂に登って大いなる栄華（mahāsampatti）を享受した。

このように時が過ぎていくと、或る日王妃は王の大いなる栄華を見てから、

「ああ、まあ、おめでたいこと（sirī, √ri. tapassī, 苦行者ですね）。」

と悲《あわ》れみの様子（kāruññākāra）を示した。そして

「これはどうしたことだ、王妃よ。」

と質ねられると、

「王様、あなたの栄華は大き過ぎます（atimahatī）。昔には仏様たちを信じて善いことをなさいました。今は未来の縁となる善をあなたはなさいません。」

と言う。

「誰に私たちは〔施を〕与えようか、持戒者はいない」と。

「王様、ジャンブ洲は阿羅漢様たちがいない空っぽではありません。あなた様は施だけを用意して下さい。私が阿羅漢様たちを見つけましょう（lacchāmi）。」

と言う。王は翌日に東門のところに施を用意させた（sajjāpesi）。王妃はもう早朝に斎戒〔布薩〕の諸条項を堅持して殿堂の上で東方を向いて胸を下に身を伏せてから、

「もしこの方角に阿羅漢の方々がおいでになるならば、もう明けたら（sve va）お出になって私どもの施食《せじき》をお取り下さい（bhikkhaṃ gaṇhantu）。」

と言う。その方角には阿羅漢たちはいなかった。その〔施食〕をうやうやしく貧困者や乞食者などに与えた。次の日には南門のところに施を用意させて全く同じようにした。その次の日には西門のところで、それから北門のところに用意した日に王妃によって全く同じように招待されると、雪山に住むパドゥマヴァティーの息子である五百人の辟支仏たちの最年長のマハーパドゥマ（大蓮華）辟支仏は、弟たちに語りかけた。

「友らよ、ナンダ王がお前たちを招待している。それに同意するか」と。

彼等は同意して、次の日にアノータッタ池で顔を洗ってから、空を〔飛んで〕やって来て北門のところに降りた。人々は行って

「王様、五百人の辟支仏たちがやって来ました。」

と王に報《し》らせた。王は王妃と共に行ってから礼拝して、鉢をとって、辟支仏たちに殿堂に登らせてから、そこで彼等に施を与えた。それから、食事が終わると、王は僧団の上首の上座の〔足もとに身を伏せ〕、そして王妃は僧団の新米僧の足もとに身を伏せてから、

「聖人様たちは生活用品ではお疲れにならないでしょう。私どもは福徳に見捨てられないでしょう。〔あなた方が〕寿命の限りここに住むと約束を私どもに与えて下さい。」

と約束をさせてから、遊園の中に五百の草庵と五百の経行所（caṅkamana）と、全てのあり方で諸居住所を完成させた。それから、〔辟支仏たちを〕そこに住まわせた。

129

このように時が過ぎて行くと、王の辺境が乱れた。彼は

「私は辺境を鎮めに行く。お前は辟支仏たちに手抜きしてはならぬ（mā pamajji）。」

と王妃に諭してから（ovaditvā）出かけて行った。彼がまだ帰らないうちに辟支仏たちの寿命の潜勢力が（āyu-saṅkhārā）尽きた。マハーパドゥマ辟支仏は夜の三時分（一晩中）禅思の遊戯を遊んでから、暁光が昇ると、摑まり板（ālambana-phalaka, よりかかり板）に摑まって立ったままで、身心の依処の残余のない安らぎの境地（無余依の涅槃界）において入滅（般涅槃）した。この仕方で残りの者たちも、皆入滅（般涅槃）した。

次の日に王妃は辟支仏たちが坐る場所を緑塗りにさせてから、花を散らし薫香を与えて、彼等がやって来るのを眺めて坐っていたが、来るのを見ないので、人を遣わした。

「行きなさい。あなた。聖人たちに何か安楽でないこと（aphāsukaṃ）があるのか、確かめなさい。」と。

彼は行ってマハーパドゥマの草庵の戸を開けて、そこに〔聖人を〕見なかったので経行所に行ってから、摑まり板により掛かって立っているのを見て、礼拝して

「お時間です。尊師よ。」

と言う。入滅（般涅槃）した方の体が何を語ろうか。彼は「たぶん眠っているのだ」と、行って背中と足を手で撫でた。足が冷たいのとともに硬直しているのとで入滅（般涅槃）していると知ってから、次の人（辟支仏）の傍に行った。同じように三番目の、と皆が入滅しているのを知って、王家に帰った。

「どこに、あなた、辟支仏たちはいるのですか。」

と質ねられて、

「入滅されました。王妃さま。」

と言う。王妃は悲しみ泣きながら出て行ってから、都民たちと共にそこに行って、讃歎遊戯式（sādhu-kīḷita）

130 を行わせて、辟支仏たちの火葬儀（sarīra-kicca）を行わせて、遺骨を拾ってから塔廟を建立させた。

王は辺境の地を鎮めて帰って来ると、出迎えに来た王妃に質ねた。

「お前、辟支仏たちに対して怠らなかったかね。聖人様たちは無病かね。」と。

「般涅槃なされました。王様」

と。王は思った。

「このような賢者たちにも死が起こる。我々がどうして〔死から〕逃れることが（mokkho）あろうか。」

と。彼（王）は都城には行かないで、遊園だけに入ってから、長男を呼ばせて、彼に王位を譲って、自分は沙門としての出家を出家した。王妃も

「このお方（王）が出家したので、私は何をしようかしら。」

と、全く同様にして遊園において出家した。二人とも禅定を修めて、そこから死去して梵天の世界に生まれた。

〔今生の因縁　バラモンに生まれ美女と同居しながら、純潔を守り親の死後に出家して仏に会う〕

彼等がそのようにしてだけ住んでいると、我々の〔大〕師（釈迦牟尼仏）が世間に出現されて、勝れた法輪を転じて、順次に王舎城に入られた。〔大〕師がそこに逗留しておられると、このピッパリ学童（Pippali-māṇavo）はマガダ国のマハー・ティッタ（大渡場）バラモン村で、カピラ・バラモンの第一夫人の胎に生まれた。このバッダカーピラーニー（カピラの娘「佳子」）はマッダ国のサーガラ都城で、コーシヤ姓のバラモンの第一夫人の胎に生まれた。彼等は次第に成長して、ピッパリ学童が二十歳目に、バッダーが十六歳目になると、母と父とは息子を眺めて、

「お前、お前は成人した。家の系統というものは存立させねばならない。」

と強く〔結婚を〕せき立てた（nippīḷayiṃsu）。学童は言う。

「私の耳の路にそのような話を語らないで下さい。私はあなた方が居られる（dharatha）限りお世話をしましょう（paṭijaggissāmi）。あなた方の亡くなった後には〔家を〕出て出家しましょう」と。

彼等は数日経つとまた〔結婚のことを〕語った。彼は同様に拒けた。またもや語った。またもや拒けた。それ以後は母親が間断なく語るだけである。

学童は「私の母を説得しよう」と、赤い黄金の金貨（nikkha）千枚を与えて〔Vri. 全て望みのものをもって満足させてから〕金工たちに一体の女性像を作らせて、それを研磨や鍛冶（majjana-ghaṭṭana-）などの作業が終わると、それに赤い着物を着させて、色がそなわった花々とともに種々の装身具とをもって飾らせてから、母親を呼びにやらせてから、

「お母さん、このような対象（ārammaṇa, 所縁）を得れば私は家に住みますが、得なければ〔家に〕住まないでしょう。」

と〔言う〕。賢いバラモンの妻は考えた。

「私の息子は福徳をそなえている。施を与え志願をたて（katâbhinīhāro）福徳を作りながら、一人占めはしない（na ekako'va akāsi）。きっとこの〔福徳〕によって、福徳を作って具え、黄金の像にも匹敵するような〔娘〕がいるだろう。」

と、八人のバラモンたちを呼んで来させて、全て望みのものをもって満足させた。それから、黄金の像を車に乗せてから、

「行きなさい、あなた方。どこでも私どもと生まれ、氏姓・資産が同じ家に、このような娘さんを見たら、同じこの黄金の像を真実の証《あかし》（抵当）にしてから（sacca-kāraṃ katvā, [Vri.]paṇṇ'ākāraṃ〃, 贈り物〃）差し上げなさい（detha, [Vri.]etha, 来なさい）。」 286

と促した。彼等は

「我々には、これが仕事というものだ。」

と、出て行った。それから、「どこへ行こうか」

と思案してから、

「マッダ国というのは〔美〕女の宝庫（itth'ākara, 女の鉱山）だ。マッダ国へ行こう。」

と、マッダ国のサーガラ都城へ行った。そこでその黄金の像を沐浴の渡し場に置いて一隅に坐った。

時にバッダーの乳母はバッダーを沐浴させて飾って、寝室（siri-gabbha）に坐らせてから、自分が沐浴するためにやって来て、そこにその黄金の像を見て、

「どうしてこの子は連れて来ないのに、ここに来ているの。」

と背と脇を叩いてから、「黄金の像だ」と知って「私のお嬢様（バッダー）」という思いを起こした。

「だけど、この〔像〕は私のお嬢様とは、着る物や持ち物でも同じようではない。」

と言う。時に〔嫁探しの〕その人たちは、彼女を取り巻いて

「あなたの御主人の娘さんはこのようですか。」と質ねた。

「何ですって。この黄金の〔乙女〕像よりも、この私のお嬢様は、百倍も千倍も〔[PTS.]百千倍も〕もっと美

131 しい。▽十二肘（尺）の部屋に〔彼女が〕坐っていると、燈火の仕事はないのです。〔彼女の〕身の光だけ

で暗闇は破れます。」と。

「それでは、行きましょう。」

と、その像をもって車に乗せて、コーシャ姓の家の戸口に立ってから、来訪を告げた。バラモンは挨拶をしてから

「どこからお出でになったのか。」

と尋ねた。

「マガダ国のマハーティッタ村のカピラ・バラモンの家からです。」

〔Vri.「何の訳で来たのですか。」と〕

「これこれという訳で…。」と。

「善いことだ。おのおの方よ。我々と同じ生まれ・氏姓・資産をもったバラモンだ。我々は娘を差し上げよう。」

と贈り物（黄金像）を受け取った。

彼等はカピラ・バラモンのもとに報《しら》せを送った（sāsanaṃ pahiniṃsu）。

「娘さんを得ました。なすべき〔支度〕をして下さい。」と。

その報せを聞いて〔両親は〕ピッパリ学童に報せた。「娘さんを得たそうです」と。学童は

「私は、〔娘さんを〕得ないだろう、と考えていたが、この者たちは、得た、と言う。〔私が〕求めないのだから、手紙を送ろう。」

と、密かに手紙を書いた。

「バッダー（佳子）様、〔貴女は〕ご自分の生まれ・氏姓・資産にふさわしい家の生活を得て下さい。私は〔家から〕出て出家するでしょう。決して後で悔んではなりません。」と。

バッダーも「聞くところでは〔両親は〕私をこれこれという方に〔嫁に〕与えようと思っている」と聞いて、「手紙を送りましょう」と、密かに手紙を書いた。

「あなた様は、ご自分の生まれ・氏姓・資産にふさわしい家の生活を得て下さい。私は〔家から〕出て出家するでしょう。後で悔んではなりません」と。

二つもの手紙が途中の道で出会った。「これは誰の手紙か」と。「ピッパリ学童がバッダーに送ったものだ」と言われると、「これは誰の〔手紙〕か」と。「バッダーがピッパリ学童に送ったものだ」と言われると、その二つとも読ませてから、「見ろ、若者たちのしわざを（kamman）」と、破いた。それから森の中に捨ててから、別のそれと同じ〔ような〕手紙を書いて、そこここからこれら〔両人〕に送った。というわけで、童子と娘の同じような手紙は世間の顧慮を欠くものだけであって、そこで望んでいない二人の出会い（samāgama）となった。

その同じ日にピッパリ学童は一本の花綱を（puppha-dāmaṃ）編ませた。バッダーも〔同様である〕。それらを寝台の真ん中に置いた。夕食を食べた（bhutta-sāyam-āsā）両人とも「寝台に上がろう」と、学童は右側から寝台に上がった。バッダーは左側から〔Vri. 上がってから、言う。「どなたでもその脇の花が萎れると、その人に欲情の心が生じたと認識しましょう。花綱に近づいてはなりません（na alliyitabban）。」と〕。彼等は互いに体が触れるのを怖れて、夜に眠りに入らないまま過ごす。そして日中はちょっと笑うこともない。

彼等〔二人〕は世間の味（lok'āmisa）と交わることのないまま、母と父とが存命する間は、〔自分で〕資産

132
（kuṭumba）を調べないで、彼等が亡くなると調べた。学童の資産は大きなものである。一日に体に塗って捨てるべき金粉だけでもマガダの枡《ます》（nāḷi）で十二枡ほど得るのによい。〔灌漑用の〕からくり（yanta, 装置）に繋げた六十の大池（taḷākāni）、仕事場（kamrı̀anta, 農場）は十二ヨージャナにわたる。アヌラーダプラの大きさの十四の奴隷村がある。十四の象隊、十四の馬隊、十四の車隊がある。

彼は或る日に飾られた馬に乗って、大勢の者を従えて仕事場（農場）に行ってから、耕地の端に立って、鋤《すき》で砕かれた所から、烏などの鳥が蚯蚓《みみず》（gaṇd'uppāda）などの生き物を引き抜いて食べるのを見てから、

「君たち。これらの〔鳥〕は何を食べているのか。」と質ねた。

「御主人様、蚯蚓です」と。

「この〔鳥〕たちが作った悪〔業〕は誰のものか」と。

「あなた様のです。御主人様」と。

彼は思った。

「もしこれらが作った悪〔業〕が私のものなら、八十七億の財産は私に何をしてくれるのだろうか。十二ヨージャナにわたる仕事場は何だ。からくりを繋げた六十の大池は何だ。十四の村々は何だ。この一切をバッダー・カーピラーニーにやってから（niyyādetvā）〔家を〕出て私は出家しよう」と。

バッダー・カーピラーニーもその時に（khaṇe）、屋敷の中に三つの胡麻甕《がめ》を拡げさせて、乳母たちに囲まれて坐っていながら、烏らが胡麻の中の虫らを食べるのを見て、

「お前、これらは何を食べているの。」と質ねた。

「生き物らをです。奥様」と。

「不善は誰のものですの」と。

「あなた様のです、奥様」と。

彼女は考えた。

「私にとっては四肘（尺）の衣と一枡（升）ほどの御飯だけを得るのがよいのだわ。けれども、もしこれだけの〔烏ら〕が作ったこの不善が私のものになるのなら、千の生存をもってしても輪転から頭を上げることが出来ないでしょう。主人様がお帰りになったらすぐに全てを彼にあげて〔家から〕出て出家しましょう。」と。

学童は帰って来て沐浴し高殿に登って高価な牀座（pallaṅka, 椅子）に坐った。すると〔家の者たちは〕彼に転輪王にふさわしいような食事を用意した。二人とも食べてから、侍者が出て行くと〔自分たち〕だけになって安楽な場所に坐った。

それから学童はバッダーに言う。

「バッダーよ、この家に来る時に、お前はどれほどの財産をもって来たのかね」と。

「五万五千の車です、あなた」と。

「その全てを、そしておよそこの家には八十七億〔金〕と、〔灌漑の〕からくりに繋いだ六十の池などの類との資産（sampatti）があるが、その全てをお前にだけやる」と。

「でも、あなた様はどこに行くのですか、あなた」と。

「私は出家しましょう」と。

「あなた。私もあなた様だけが帰ってお出でになるのを眺めて坐っておりました。私も出家しましょう。」

133

と。彼等は

「私たちには燃えている草の庵のように、三つの生存（欲界・色界・無色界）が見えてきた。出家しよう。」

と、売店から渋色の黄味がかった衣と土鉢とをもって来させて、お互いに頭髪を降ろして、

「およそ誰でも世間で阿羅漢であるその方々を目当てにして私たちは出家しよう。」

と出家して、袋の中に鉢を入れて、肩に掛け、高殿から降りた。家では奴僕たちや仕事をする者たちの中で誰も気付かなかった。

さて、彼等がバラモン村から出て行ってから、奴隷村の入口を通って行くと、〔二人の〕威儀と仕草によって（ākappa-kutta-vasena）奴隷村の住民たちは〔二人に〕気付いた。彼等は泣いて足もとに伏して

「どうして私たちを主人のない者とするのですか、あなた様」と言う。

「私たちは、言いますがね、三つの生存（世界）は燃えている草の庵のようだ、と〔思って〕出家したのだ。もしお前たちのうちの一人一人を〔奴隷の身から〕自由の身にしようとするなら（bhujissaṃ karoma）、百年でもできない。お前たち自身がお前たちの頭を洗って、自由の身となって生きたまえ。」

と言ってから、彼等が泣いているにも拘わらず、そのまま立ち去った。

上座は前を行きながら、ふり返ってから眺め見わたしながら、思った。「このバッダー・カーピラーニーは全ジャンブ洲にも値いする女だが、私の後からやって来る。しかし、思うに、こういう場合がある。およそ誰かがこのように思うかもしれない。『この二人は出家しても別れることが出来ない。〔出家に〕ふさわしくないことを（ananucchavikaṃ）している』とか、或いはまた誰かが心を汚してから（padūsetvā, 邪悪にしてから）、苦界（悪処）を満たす者（apāya-pūrako）となるかもしれない。この女を捨てて私が行くのがよいのだ。」という

心を起こした。

彼は前を行きながら二股道を（dvedhā-patham）見てから、その分岐点に（matthake）立った。バッダーもやって来て礼拝して立った。すると、彼女に言う。

「バッダーよ。そのような女が私の後からやって来るのを見てから、『この二人は出家しても別れることが出来ない』と思ってから、我々に対して汚れた（邪悪な）心をもつ（paduṭṭha-citto）多くの人が苦界を満たす者となるかもしれない。この二股道でお前は一つの〔道〕をとれ。私は〔別の〕一つの〔道〕を行こう」と。

「はい。あなた。出家者たちには女どもは（mātu-gāmo）障碍です。出家しても別れないでいるのは、私たちに過失（dosa）を与えるでしょう。あなた様は一方の道をとって下さい。お別れしましょう。」

と、三度右廻りをして、四箇所で五体投地の礼をしてから、十の爪を合わせて輝く合掌を（dasa-nakha-samodhāna- samujjalaṃ añjaliṃ）捧げて、

「百千劫の量の世に亘って作られた友交は（mitta-santhavo）、今日破れます。」と言って、

「あなた方〔殿方〕は右生まれ（dakkhiṇa-jātikā）というものです。あなた様には右の道がよろしい。私どもも女どもというのは左生まれ（vāma-jātikā）です。私どもには左の道がよろしい。」

と礼をしてから道をたどった。彼等〔二人〕が別れ別れになった時に（dvedha-bhūta-kāle）、この大地は
「私は、鉄囲山・須彌山を支えることが出来ても、あなた方の徳を支えることは出来ない。」

と言っているかのように、鳴り響きながら震動した。空中では雷光の音のような〔音〕が起こった。鉄囲山・須彌山は吠えた。

134

正等覚者は竹林大精舎における香室に坐って、地震の音を聞いてから、「一体何で地が震動するのか」と、思いめぐらしながら、「ピッパリ学童とバッダー・カーピラーニーとが私を目指して量りきれない栄華を捨てて出家した。彼等が離別した所で両人の徳の力によって、この地震が生じた。私もこの者たちの愛護（摂受）をするのがよい」と、香室から出ていって、自分だけで鉢と衣を携えて、八十人の大上座たちの誰にも話しかけないで、三ガーヴタの道の出迎えをして、王舎城とナーランダーの中間にあるバフプッタカ（多子）ニグローダ（榕）樹下に結跏趺坐して坐った。しかし坐りながらも或る糞掃衣者のようには坐らないで、仏の装いをして八十肘（尺）の厚い仏の光線を放ちながら坐った。

と、このようにその場所で葉の傘や車輪や重閣などの大きさの、仏の光線があちこちと広がって走り、千の月、千の太陽が昇る時のようにしながら、その森の一隅を一つの光照にした。大人物の三十二の相好のめでたさをもって輝く星群のある天空のように、またよく開花した蓮花のように、サーラ林の中を照した。ニグローダ樹の幹というのは白い。葉は青く熟すと赤い。しかしその日は百の枝をつけたニグローダ樹は黄金色のようであった。大迦葉上座は

「これが我々の〔大〕師であろう。この方を求めて私は出家したのだ。」

と、〔世尊が〕見えたところから以後は、ひたすら〔身を〕低く低くして行ってから、三つの場所で礼拝してから、

「尊師よ。世尊は私の〔大〕師であります。私は声聞弟子であります。尊師よ、世尊は私の〔大〕師であります。私は声聞弟子であります。」（S.II.220[12-]）

と言う。すると世尊は彼に仰る。

「カッサパ（迦葉）よ。もしお前がこの五体投地の礼（nipaccâkāra）を大地に向けて行うなら、その〔地〕も支えることは出来ないであろう。このように如来の徳の偉大さを知っているお前が行なった五体投地の礼は、私の毛を揺るがすことも出来ない。坐りなさい、迦葉よ。お前に相続の資格を（dāyajjaṃ）与えよう」と。

すると世尊は三つの教誡をもって彼に具足戒を授けた。授けてからバフプッタカ（多子）ニグローダ樹の根元から出て行って、上座を随従の沙門（pacchā-samaṇa）となして道を進んだ。〔大〕師の体は大人物の三十二の相好に飾られていた。大迦葉の〔体は〕大人物の七つの相好に飾られていた。彼は黄金の大船の後に結ばれたように〔大〕師の歩みに従ってついて行った。

〔大〕師は少し道を行って、道から降りて或る一本の樹の根元に坐る様子を示した。上座は「〔大〕師はお坐りになりたいのだ」と知って、自分が着ていた継ぎはぎの重衣（paṭipilotika-saṅghāṭī）を四つに畳んで〔座を〕設けた。〔大〕師はそこに坐ってから手で衣を撫でながら

「柔らかいね、迦葉よ、お前の、この継ぎはぎの重衣は。」

と言う。上座は

「〔大〕師は私の重衣が柔らかであると仰る。お着けになりたいのだろう。」

と知って、

「尊師よ、世尊は重衣をお召し下さい」と言う。

135 「君は何を着るのか、迦葉よ」と。

「あなた様のお着けになるものを得ますなら、着ましょう、尊師よ」と。

「しかしお前は、迦葉よ、受用して古びたこの糞掃衣を保持することが出来るだろうか。なぜなら、私がこの糞掃衣を得た日に〔海〕水を限りとして大地は震動した。諸仏が受用したこの古びた衣というものは、徳の少ない者が保持することは出来ないであろう。有能な、実践修行を満たすことの出来る、生まれながらの糞掃衣者だけが、これを受けとるがよろしいのだよ。」

と言ってから、上座と衣を交換した。

そしてこのように衣の交換をしてから、上座が着ていた衣をそのまま世尊が着け、〔大〕師の衣を上座が〔着けた〕。その時、心がなくて（acetanā, 非精神的で）もこの大地は

「尊師よ、為し難いことをあなた様は為しました。ご自分の着ていた衣を弟子に与えるということは未だかつてありません。私はあなた様の徳を支えることが出来ません。」

と言っているかのように、〔海〕水を限りとして震動した。上座も

「今や私は仏様がお使いになった衣を頂いた。今やこの上私になすべきことが、この上にあろうか。」

と高慢にならないで、仏様の許においてだけ、十三の頭陀の項目の徳を受持して七日間凡夫であった。八日目に無碍解とともに阿羅漢の境地に達した。〔それで譬喩経にはこう言う（*Ap.I.*33[8-]）。

「蓮華上世尊、世間の最勝のそのようなお方、

世間の導師が入滅（涅槃）されると、〔人々は〕〔大〕師に供養を行う。…乃至…」〕

時に〔大〕師は、

「比丘たちよ、実に迦葉は月のように家々に近づく。身を捨ててだけ（apakass'eva）、心を捨ててだけ、常

に新人として家々に対して傲慢でない（appagabbho）」と（S.II.198[8-]）
このように彼を称讃してから、後になって聖衆の中央に坐り、
「比丘たちよ。私の声聞比丘たちの中で頭陀の項目を受持する者たちの中で、この第一人者は、すなわち
この大迦葉である。」と（A. I. 23[20]）
〔彼を〕頭陀の項目を受持する者たちの第一人者の地位につけた。
彼は遠離の喜びを語ることによって比丘たちに教誡を与えようとし、自分の修道を明らかにしようとして

136

〔自分の実践修行を明らかにする四十偈〕

（1051）衆に祭り上げられて行ってはならぬ。放心して、禅定（心統一）は得難い。

種々の人々を纏めることは苦しい、と見てから、衆を愉しまぬがよい。

（1052）牟尼（聖者）は家々に近づいてはならぬ。放心して、禅定は得難い。

その人が齷齪《あくせく》励んで味を貪り求めるなら、およそ安楽を齎す〔その〕目的を失う。（494cd）

（1053）▽なぜなら、およそ家々における、この礼拝や供養は、それは泥だ、と知った。

細かな矢は抜き難く、劣る人には尊敬されることは捨て難い。（495）

（1054）臥坐所から下りて、私は都城に托鉢に入った。

食べている癩病人に、その人に私は恭しく近づいて立った。

（1055）その人は腐爛した手で、その一口の食を〔私に〕差し出した。

一口を〔鉢に〕入れようとすると、〔彼の〕指もここで切れた。

(1056) そして垣根に近寄って、私はその一口の食を食べた。
また食べていると、もう食べたのに嫌悪は私にはない。
(1057) 〔戸口に〕立って〔得る〕托鉢食が食で、腐尿が薬だ。
樹の根元が臥坐所であり、また糞掃衣が衣なのだ。
誰でもこれらを手に入れている、その彼こそ四方に居《お》れる人だ。
(1058) どこでも或る人たちが悩まされる、〔その〕岩山を登ろうとして、
そこで仏の後継者は正知し正念して、
迦葉（カッサパ）は神通力に固く支えられて、登る。
(1059) 托鉢から戻って、岩山に登って迦葉は、
取著なく恐れや怖さを捨てて禅思する。
(1060) 托鉢から戻って、岩山に登って迦葉は、〔有情たちが、こころ〕
焦がれているのに、鎮まって（安らぎ）、執らわれなく禅思する。
(1061) 托鉢から戻り、岩山に登って迦葉は、為すべきことを
為し終えて、煩悩（漏）なく、執らわれなく禅思する。
(1062) カーレーリの花綱が伸びた地域はこころ愉しく、
象のなき声は愉しく、それら岩山は私を愉しませる。
(1063) 青い雲の色の輝く、冷たい水は清らかさを保ち、
赤色甲虫に覆われたそれら岩山は私を愉しませる。

137

（1064）青い雲の頂上のような、勝れた高楼のような、
象のなき声が愉しい、それらの岩山は私を愉しませる。
（1065）雨が注いだ愉しい諸々の高地、仙人たちに親しまれた山々、
冠羽ある孔雀たちによる啼き声が響く、それらの岩山は私を愉しませる。
（1066）禅思することを欲し、自ら励んでいる私には十分だ。
目的を欲する私には、自ら励む比丘には十分だ。
（1067）安穏を欲する私には、自ら励む比丘には十分だ。
瞑想を欲し自ら励む、そのような私には十分だ。
（1068）亜麻の花と等しい、雲に覆われた空のように、
種々の鳥の群れに満ちた、それらの岩山は私を愉しませる。
（1069）▽在家の人たちが群れ集まらない、獣の群になれ親しまれ、
種々の鳥の群れに満ちた、それらの岩山は私を愉しませる。
（1070）水は澄み、岩山が多く、黒面の猿や鹿がひき寄せられ、
水草に覆われた、それらの岩山は私を愉しませる。（113, 601）
（1071）五種の器楽をもっても、心が一頂点に〔集中〕して、
正しく法を観るような、そのような愉しみはない。
（1072）多くの仕事をせぬがよい。人々を避けるがよい。励んではならぬ。
味を貪り求めて熱心なその人は、安楽をもたらす利益を虚しくする。（494）

(1073) 多くの仕事をしてならぬ。避けるがよい。これは不利益に導く。

身は難儀し疲れる。その人は苦しんで心の集中〔止、寂止〕を見出さぬ。

(1074) 唇をパクパクさせただけでは、自分をも見ない。

首を硬直させて行き、「私はより優れている」と〔彼は〕思う。

(1075) より優れていないのに、愚者は自分をより優れている人と同等と思う。

識者たちは、こころが硬直したその者を称讃しない。

(1076) また誰でも「私はより優れている」とか、或いはまた「私はより優れていない」とか、

「私は劣っている」とか、或いは「同等である」とか、そんな類の中で動揺しないなら、

(1077) 智慧があり、そのように、そのような方、諸戒において、よく心定まり、
また心の集中〔止、寂止〕に従うその人を、識者たちは称讃する。

(1078) もし同梵行者たちの中で、尊敬が得られぬなら、
恰も天と地のように、正法から遠い。(278)

(1079) また誰でも、その内に対する恥〔慚〕と、他に対する恥〔愧〕とが常に正しく
確立し、梵行が増大しているなら、その人たちの再度の諸生存は尽きている。

(1080) 浮ついて軽躁な比丘は、糞掃衣を身に纏っても、
猿が獅子の皮で〔輝かない〕ように、彼はその〔衣〕で輝かない。

(1081) 浮つかず、軽躁でなく、賢明で感官がよく抑制されると、
山の大洞穴の獅子のように、糞掃衣によって輝く。

138

(1082) これらの大勢の神々は、神通力あり、名声あり、
それら一万の神々は皆、梵身天たちであり、
(1083) 法将軍、勇者、大禅思者、心定まった、
舎利弗を、礼拝しながら合掌して立っている。
(1084) ▽あなたに帰命。人の駿馬である方よ。あなたに帰命。人の最上者よ。
あなたが、およそ何を、何にも依って禅思するのか、私どもは知らない。
(1085) ああ、仏様がた自身の対象領域は深遠にして希有なことだ。
およそ毛端を射抜く者たちが集まっても、私どもは知らない。
(1086) そのように神々の衆によって供養された、供養に値するその
舎利弗を見てから、その時カッピナ〔尊者〕に微笑があった。
(1087) 仏の国土のある限りにおいて、大牟尼（釈尊）を除いて、
頭陀《づだ》の徳（煩悩を払い落とす美徳）において私は殊勝であり、私と等しい者を見ない。
(1088) 〔大〕師は私によって奉仕され、仏の教えは行われた。
重い荷は降ろされ、今や再度の生存はない。（=*Th.* 1016, 1050）
(1089) 衣に、臥所に、食事に、執著しない。
ゴータマは量り知れない。蓮華が水によって汚れないように、
出離に傾き、三つの生存（世界）から逃れている。
(1090) 思念の起こるところ（念処）を首とし、信を手とし、大牟尼は

智慧を頭として、大智ある方は、常に安らいで（寂滅して）行く。

と、これらの偈を述べた。

〔語句の註釈〕

(1051) そこで、最初の三偈は、諸衆や、また諸家に交際する比丘たちを見て、彼等に教誡を与えるために説かれた。そこで〈衆に祭り上げられて（purakkhato）行ってはならぬ（na care）〉とは、比丘の衆に祭り上げられ、囲まれて行ってはならない（na careyya）、住まないように。なぜか。〈放心して（vimano hoti）、禅定（心統一、三昧、定）は得難い〉。衆を引き連れて行くと（pariharantassa）苦が生じるから、心が乱れるから（byākula-manatāya）、指摘や教誡や訓誡によって教護をしながら、また教えられた通りに実践修道をしないから、放心し、心が変わった者（vikāri-bhūta-citto）になる。それで交際によって心が集中すること（ekaggatā）を得ないと、禅定は得難いのである。なぜなら、そのような者には近行定（upacāra-samādhi, 初歩段階の禅定）だけも成功しない。いわんや他の〔上級の禅定〕が〔成功するか〕。〈種々の人々を纏めること（saṅgaha）〉とは、種々の意向をもち、種々の好みをもつ人々を飲みもの食いものなどで纏めることは、〈苦しい〉とは、困難で、苦難である、〈と見てから〉とは、このように衆を纏めることに、多くの類の煩《わずら》いを見てから、智の眼をもって眺め見てから、〈衆を〉、衆に住むことを〈愉しまぬがよい（na rocaye）〉、愉しまないように、求めないように。

(1052)〈牟尼（聖者）は家々に近づいてはならぬ（na upabbaje）〉とは、この教えのもとで出家した者はクシャトリヤなどの良家と親密（kulūpaka）になって近づいてはならぬ。なぜか。〈放心して、禅定は得難い〉からである。〈その人が齷齪《あくせく》励んで（ussukko）〉、良家に近づくことに齷齪励むにいたり、家々で得られる甘いなどの

139

味を〈貪り求め（anugiddho）〉貪求に陥る、そこで生じた為すべき仕事に自分だけとの関係をつけるなら、〈およそ安楽を齎す〔その〕目的を失う〉とは、およそ自分に道の果である涅槃の安楽を齎す、その戒の清浄などと呼ばれる目的（attha, 利益）を〈失う（riñcati）〉、捨てる、〔利益と〕結びつかない、という意味である。

（1053）第三偈は先に述べた意味の通りである。（495偈）

（1054）〈臥坐所から下りて〉云々という四偈は諸生活用品に対する自分の満足を示すことによって、「比丘によっていわばこのように実践修道されるべきである」と、比丘たちに教誡を与えるために述べられた。そこで、〈臥坐所から下りて〉とは、山の臥坐所であるから〔下りて〕と言われた。〈その人に恭しく近づいて立った〉とは、その癩病人（kuṭṭhi-purisa）に大きな成功を得させようと欲して、托鉢食を求める者となって、おいしい施食を与える人の家に大欲の人のように、考慮をもって（ādarena）近づいて行って立った。

（1055）〈〔その人は〕腐爛した〔手〕で（pakkena〔hatthena〕）〉とは、骨に達した癩病であるから（aṭṭhi-gata-kuṭṭha-rogatāya）腐爛して膿《う》んだ（kuthita）〔手〕で、〔その一口の食を私に差し出した。一口を鉢に入れようとすると、〕〈〔彼の〕指もここで切れた〉とは、ここで、鉢の中に彼の指が切れて、食と一緒に落ちる、という意味である。

（1056）〈垣根に近寄って（kuḍḍa-mūlan nissāya, Vri. kuṭṭa-〃）〉とは、その〔癩病〕人に浄信を起させるために、そのような家の壁のそばに坐って、〈その一口の食を食べた〉とは、食した（**abhuñjisan** ti paribhuñjiṃ）。

しかし、これは上座の実践の学処がまだ設けられていない時と見るべきである。また厭わしいものに対して、厭わしくないものに対するように、厭わしくないと思うのであるから（appaṭikkūla-saññitāya）、聖なる神通力によって勝れた境地に達したから（ukkaṃsa-gatattā）、それを飲み込む上座に厭悪感（jigucchā）が生じなかった。

しかし凡夫がそのようなものを食べると腸がとび出して来るであろう（antāni nikkhameyyuṃ）。それゆえに〈また食べていると、もう食べたのに嫌悪（jeguccha, PTS:jegucchaka）は私にはない〉と言う。

(1057)〈〔戸口に〕立って〔得る〕托鉢食（uttiṭṭha-piṇḍa）が〉とは、〔戸口に〕立って、他人たちの家の戸口に立って受け取られるべき托鉢食（piṇḍa, 丸めた飯）が、脛の力によって順々に家を辿って行って得られるべき混ぜ物の施食（laddhabba-missaka-bhikkhā）である、という意味である。〈腐尿（pūti-mutta）〔が薬だ〕〉とは、また牛の尿で処理されたハリータカ（訶利勒果）（go-mutta-paribhāvita-harītaka）などが〔薬〕である。〈誰でもこれらを手に入れている（abhisambhutvā）〉とは、誰でも比丘がこれら〔戸口に〕立って〔得る〕托鉢食などの四種の生活用品を最後の最後まで（antim'antena）喜んで受用する、〈その彼こそ四方に居れる人だ（cātuddiso naro）〉。というのは、その人物は一途に四方に居れる、東など（東・西・南・北）の四方に適応できる（catudisa-yogyo）、どこにも障碍なく（appaṭigha）、およそどんな方角にでも住むことが出来る、という意味である。

(1058) 時に上座は自分が高齢の時に（mahallaka-kāle）、人々から

「尊師よ、どうして、あなた様はこのように老いが進行しているにも拘わらず、毎日毎日、山に登るのですか。」

と言われると、〈どこでも或る人たちが〉云々という四偈を説いた。そこで、〈どこでも（yattha）〉とは、何でも最終の年齢に、〈或る人たちが〉とは、或る一部の人たちが、〈悩まされる（vihaññanti）〉とは、体の疲れによって心によって困難に出会う（vighātaṃ āpajjanti）、〈〔その〕岩山を（sil'uccayaṃ）〉とは山を〔登ろうとして〕、〈そこで（tattha）〉とは、その老いさらばえた時に（jarā-jiṇṇakāle）も、〈正知し正念して〉とは、これによって

140

心の疲労（kheda）がないことを示す。〈〔迦葉は〕神通力によって固く支えられて（iddhi-balen'upatthaddho）〔登る〕〉とは、これらによって体の疲労がないことを〔示す〕。

(1059)恐れの原因である諸煩悩が断ち切られているから〈恐れや怖さを捨てて〉〔禅思する〕。

(1060)〈〔こころ〕焦がれているのに（dayhamānesu）〉とは、貪（欲情）の火など十一種の火（貪・瞋・癡・生・老・死・愁・嘆・苦・憂・悩、*Vin*.I.34）によって有情たちが焦がれているのに、煩悩の汚れの焦慮（saṅkilesa-pariḷāha）がないことによって鎮まって（nibbuto, 安らぎ）、清涼になっている。

(1062)再▽び人々から

「尊師よ、老いた時にも森や山にだけ住むのですか。これらは竹林などの精舎よりも心愉しいのですか。」

と言われると、「森や山々だけが私には心愉しい」ということを示そうとして、〈カレーリの花綱が伸びた〉云々という十二の偈を説いた。そこで〈カレーリの花綱が伸びた（kareri-mālā-vitatā）〉とは、ヴァルナ樹の並木と一緒になった。黒い色の花々に覆われた（otthaṭā）、とも〔人々は〕言う。〈象のなき声（kuñjarâbhirudā）〉とは、餌場を求める象たちの、山びこなどを伴う（paṭighos'ādi-guṇī-bhūtehi）吼え声によって、轟いた（gajjitehi abhitthanitā）。

(1065)〈雨が注いだ（abhivaṭṭā）〉とは、大雲によって雨が大いに降り注いだ（atippavaṭṭā, [Vri] abhippavuṭṭhā）、〈愉しい諸々の高地（ramma-talā）〉とは、まさにその〔雨〕によって塵垢（rajo-jalla）などが去ることによって愉しい（美しい）諸々の高地（ramaṇīya-talā）。〈山々（nagā）〉とは、別の場所に行かないから（des'antaraṃ agamanato）「行かない（na-ga, 山）」という、また岩でできているから「岩山」という名を得た山々。〈冠羽ある孔雀たちによる啼き声が響く（abbhunnaditā sikhīhi）〉とは、甘美な声で声をあげた〔それら岩山は私を愉しませる〕」。

（1066）〈〔私には〕十分だ（alaṃ）〉とは、適切だ（yuttaṃ）、または、出来る（samatthaṃ）。〈禅思することを欲する〉、〈目的を欲する〉〔私〕などについても、この〔十分だという〕趣旨と繋ぐべきである。〈比丘には〉とは、煩悩が破られている比丘には、〈私には〔十分だ〕〉と繋がる。

（1068）〈亜麻の花と等しい（ummā-pupphena samānā, Vri. umā- 〃）〉とは、暗緑色のようであるから（mecaka-nibhatāya）亜麻の花のような、〈雲に覆われた空のように（gaganā'v'abbha-chāditā）〉とは、それでこそ、秋の時節における空の雲（gagana-abbhā, PTS. gaganaṃ abbhaṃ）のように、黒雲に覆われた（kāḷa-megha-sañchāditā）青色の（nīla-vaṇṇā）〔空のように、私を愉しませる〕という意味である。

（1069）〈〔在家衆が〕群れ集まらない（anākiṇṇā）〉とは、一緒に集まらない（asaṃkiṇṇā）、雑踏しない（asambādhā）。

（1071）〈五種の〔器楽〕をもって（pañc'aṅgikena）〉とは、片面張りの鼓（ātata）など五種をそなえた器楽によって囲まれているにも拘わらず（parivāriyamānassa）、ちょうど心が一頂点に〔集中〕して心定まって、まさに正しく色・無色の法（身心の要素）を無常などとして観察しているときに起こる、愉しみのような、そのような〔愉しみ〕がない。それゆえに世尊は、言う。

「それぞれどんなに心身の諸要素の諸集合（五蘊）の生滅を感知するかにつれて、
かの不死（甘露）を認識する人たちの、喜悦を〔人は〕得る。」（*Dh.* 374）と

（1072）〈多くの仕事を〉云々という偈は、仕事をしながら生活用品を貪る比丘たちに教誡を与えるために述べられた。そこで、〈多くの仕事をせぬがよい（kammaṃ bahukaṃ na kāraye）〉とは、仕事を愉しむ者

141

（kammârāma）となって多くの仕事というものをしないよう、企てないように（na adhiṭṭhaye）。しかし〔精舎などの〕破損・破壊の修復（修繕）は（khaṇḍa-phulla-paṭisaṅkhāraṇaṃ, Vri.〃-paṭisaṅkharaṇaṃ）〔大〕師からもう許されている。〈人々を避けるがよい〉とは、不善の友となった人々を避けるがよい。〈励んではならぬ（na uyyame）〉とは、生活用品への執著や衆との絆などのために熱中をしてはならぬ（vāyāmaṃ na kareyya, せぬがよい）。

（1073）〈これは不利益に導く（anattha-neyyam, Vri.anatta-〃, 非我に〃）〉とは、この普請《ふしん》の監督（nava-kammâdhiṭṭhāna）などは自分に利益をもたらすものではない、という意味である。その理由とは、すなわち（kāraṇam eva, Vri.kāraṇam āha, 理由を言う。）〈身は難儀し、疲れる（kicchati kāyo kilamati）〉と。なぜなら、普請などに熱中して、あちこちと廻り行くと、身の安楽などを得ないことによって、難儀を得た者（kiccha-ppatta）となるからである。〈疲れる（kilamati）〉、疲労に陥る（khedaṃ āpajjati）。同じその身の疲れによって（kāya-kilamathena）〈苦しんで〉、事実として明白な利益を導く働き（vatthu-visada-attha-neyya-kiriyā）などがないことによって、〈その〉人物は〈心の集中（止、寂止）を見出さぬ（samathaṃ na vindati）〉、心の安定集中（citta-samādhāna, 心の等持）を得ない、という。

（1074）〈唇をパクパクさせただけでは〉云々という二偈は聞（博識）を第一とする（suta-parama）、賢者であると自意識する者（paṇḍita-mānin）を叱責するために、その後の二〔偈〕は賢者を称讃するために述べられた。そこで、〈唇をパクパクさせただけでは（oṭṭha-ppahata-mattena）〉とは、読誦を頭として（sajjhāya-sīsena, 暗唱を優先させて）唇を動かすだけ（oṭṭha-parivattana-mattena）、仏の言葉を読誦するだけで（sajjhāya-karaṇa-mattena）、という意味である。〔そうすると〕〈自分をも見ない〉とは、目的（利益、意義）を知らないから（anatthañūtāya)、自分に直接に知覚されている（paccakkha-bhūta）目的（attha, 利益、意義）さえも知らない。如実に（yāthāvato）自分の尺度（pamāṇa）を決定しない（na paricchindati）、という意味である。

〈首を硬直させて（patthaddha-gīvo）行き〉とは、「私は多聞（博識）で、思念（記憶）をもち、智慧をもつ。私と等しいような他の者はいない」と自負心（慢、自意識）で傲慢（māna-tthaddha）となって、師の立場にある人たちに対しても尊敬（apaciti）を示さず、鉄棒（ayo-salāka）を呑んで立っているように首を硬直させて（thaddha-gīvo, 昂然として）行き、〈「私はより優れている」と思う（ahaṃ seyyo ti maññati）〉とは、我こそはより優れている、最上である、と思う。

（1075）〈より優れていないのに、愚者は自分をより優れている人と同等と思う〉とは、より優れていないで劣っていても、他のより優れた最上の人と自分を同等であるとして、愚かな覚知の鈍い者（manda-buddhin）は〔自分が〕愚かであることによってだけ、〔そう〕思う、という。〈識者たちは、その者を称讃しない〉とは、そのようなその愚者を、心が執らわれているから（paggahita-cittatāya）〈こころが硬直した（patthaddha-mānasa）〉、強情な（thambhitatta）人を、〈識者たち（viññū）〉、賢者たちは、称讃しない。それどころか叱責するだけである。

（1076）〈私はより優れている〉とは、しかし、およそ賢者である人物は「私はより優れている」とか、「劣っている、同等である」という自意識（māna, 慢）によって、〈或いは、私はより優れていない〉とか、いかなる自意識をも望まないで（ajappento）、〈〔そんな〕類の中で（vidhāsu）〉、九つの自意識の部分において（mānā-koṭṭhāsesu）、誰かによっても〈動揺しないなら〉、

（1077）〈智慧があり（paññavantaṃ）〉とは、最高の果（阿羅漢果）の智慧によって智慧をもつ、欲することなど

において、そのような方であることを得ているから（iṭṭh'ādīsu tādi-bhāva-ppattiyā, PTS. itth'ādīsu tādi-bhāva-ppattiyā ?.）〈そのような方〉であり、無学の果の諸戒によく安立しているから〈諸戒においてよく心定まり（su-samāhitaṃ）〉、阿羅漢果の禅定に入ることによって〈心の集中（止、寂止）に従う（ceto-samatha-saṃyuttaṃ）〉と、そのような方、全く自意識（māna, 慢）を捨て煩悩（漏）が尽きた人を、〈識者たちは〉、仏などの賢者たちは、〈称讃する（pasaṃsare）〉、褒める、讃える、という意味である。

(1078) 再び、或る一人の言葉の悪い比丘を見て、悪い言葉を使うこと（dovacassatā）の煩い（過患）と、よい言葉を使うことの（sovacassatāya）功徳とを明らかにしようとして、〈もし同梵行者たちの中で〉云々という二偈を述べた。その〔偈〕はすでに述べた意味の通りである。（278偈）

(1080) 再び、浮ついた（uddhata）一人の比丘を見て、浮つくなどであることにおける過失（dosa）と、浮つかないなどであることにおける徳とを明らかにしようとして、〈浮ついて軽躁な比丘は〉云々という二偈を述べた。そこで〈猿が獅子の皮で〔輝かない〕ように〉とは、獅子の皮を纏った猿のように〈その〉浮つきなどの
142
過失に結びついた〈比丘は〉、その〈糞掃衣で（paṃsukūlena）〉、聖者の旗で輝かない。なぜなら聖者の諸々の徳がないからである。しかし誰でも輝く、その人を示すために〈浮つかず〉云々と言われた。

(1082)〈これらの大勢の〉云々という五偈は、尊者舎利弗に帰命している梵身天の神々を見て、尊者カッピナが微笑を顕す起因を（sita-pātu-kamma-nimittaṃ）述べた。そこで、〈これら〉とは、それら〔神々〕を直接見たので言われた。〈大勢の〉とは、多くあるからである。しかしその多くあることを〈一万の神々〉と〔数を〕限定して言う。〈神々〉とは〔天界に〕再生した神々（upapatti-devā, 生起天）である。それらがその神（生起天）であることを他の〔神々〕と区別して示そうとして〈それらは皆、梵身天たちであり〉と言う。なぜなら、

彼等は自分の再生の神通（uppatt'iddhi）、大きな神の神通力をそなえ、また従者衆をそなえているから、それゆえに〈神通力あり、名声あり〉と言う。

「一体誰が尊師（世尊）の将軍ですか」という問いに答えることにとって、「私が転《まわ》した輪を、無上の法輪を舎利弗が続いて転すのだ」と（*Sn.* 557）述べる世尊によって、尊者舎利弗上座が法将軍であることが承認されている、というので、

(1083)〈法将軍、勇者、大禅思者、心定まった、舎利弗を〔礼拝し〕〉と言う。そこで、〈勇者（vīra）〉とは、煩悩魔など（煩悩魔、蘊魔、行魔、死魔、天子魔）を破砕して勇気（viriya, 精進）をそなえた、大雄猛（vikkama）ある方、〈大禅思者〉とは、天住など（天住、梵住、聖住）の勝れた行道によって（ukkaṃsa-gamanena）偉大な禅思する人、まさにそれゆえに、全て〔心の〕散乱（vikkhepa）を破ることによって〈心定まった（samāhita）〉〔舎利弗〕を、〈礼拝しながら〉とは、頭に合掌を差し伸べて礼拝して立っている。

(1084)〈何にも依って（yam pi nissāya）〉とは、一体、ね、どんな対象（ārammaṇa）に依って、関して、禅思するのか、と、〈私どもは知らない〉と、凡夫であるので梵天たちはこのように言う。

(1085)〈ああ、〔仏様がた自身の対象領域は深遠にして〕希有なことだ（accheraṃ vata）〉とは、ああ、希有である。〈仏様がたの〉とは、四つの真理（四諦）を覚られた方がたの（catu-sacca-buddhānaṃ）、〈自身の対象領域は深遠にして（gambhīro gocaro sako）〉とは、最高に深遠で、極めて見難く（ati-duddaso）、なぞって覚り難く（dur-anubodho）、凡夫たちとは共通でなく、〔凡夫の認識〕対象ではない（a-visayo）。今度はそれが深遠であることについての理由を示すために、〈およそ、私どもは〉云々と述べた。そこで、〈毛端を射抜く者たちが集まって（vāla-vedhi-samāgatā）〉とは、およそ我々は毛端を射抜く弓取り（dhanuggaha）と同じようなもので、極め

143

て微小な的（visaya, 対象）でも射抜くことができるのであるが、やって来て観察しようとして（upaparikkhantā）、〈知らない（nâbhijānāma, わからない）〉。ああ、仏様がたの対象は深遠だ、という意味である。

（1086）〈そのように神々の衆によって〔供養された〕その〔舎利弗〕を〔見て〕〉とは、そのようなその舎利弗が神と共なる〔世間〕の〈供養に値する〉、それら梵身天たちによって（brahmakāyikehi, 梵天の衆に属する神々によって）、〈その時〉そのように〈供養されたのを見てから〉、尊者マハーカッピナに〈微笑があった（sitaṃ ahosi）〉。「およそ声聞たちの〔知る〕対象領域があるところとは、これら世間から尊敬されている梵天たちにあってさえも、〔知る〕対象領域ではない（avisayo）」と。

（1087）〈仏の国土のある限りにおいて〉という偈は、〔大迦葉〕上座が自分に関して獅子吼をして述べた。そこで、〈仏の国土（buddha-khetta）〉とは、〔仏の〕威令〔が及ぶ〕国土（āṇā-khetta）に関して言う。〈大牟尼を除いて〉とは、正等覚者を除外して。なぜなら、諸仏世尊は頭陀《づだ》の徳（dhuta-guṇa, 煩悩を払い落とす少欲知足行の美徳）がある一切の有情たちの、まさに最高に勝れたところに達している（param'ukkaṃsa-gatā eva）からである。しかし、〔諸仏は〕ただ専ら大悲に心が促されて（mahā-karuṇā-sañcodita-mānasā）、有情たちにそのような大きな利益になると眺めまわしてから（oloketvā）、村の外《はず》れの臥坐所に住むことなどに従っておられる、と、それぞれに頭陀法（煩悩を払い落とす修行法）と相違する（dhuta-dhamma-virodhī）。

〈頭陀の徳において〉とは、諸煩悩を払い落とす徳によって（dhutena guṇena）、森林住者などとなることによって期待される徳において。或いはこの〔頭陀の徳において（dhuta-guṇe）〕は、具格の意味での処格の語である（「頭陀の徳によって」の意である）。〈私と等しい者を見ない〉とは、しかしどこに〔私＝大迦葉より〕上の者がいるのか、という趣旨である。なぜなら、そのようにこの〔大迦葉〕上座はそこ（頭陀行）において最上位に就けられていたからである。

(1089)〈衣に〔執著し〕ない〉という偈において、「大牟尼を除いて」(1087b)と先述した同じ意味をより明らかにする。衣などに対して渇愛によって執著しないことが(anupalepo)頭陀支の果である。そこで、〈衣が〉得られても渇愛の粘着によって(taṇhā-lepena)〔執著し〕〈ない〉と繋がる。〈臥所に〉とは、臥坐所に〔執着しない〕。〈ゴータマは〉とは、世尊を姓(gotta)によって称え、〈量り知れない(anappameyyo)〉とは、量(尺度)を作る煩悩がないから、また限量のない徳があるから(aparimāṇa-guṇatāya)、量り知れない。〈蓮華(muḷāli-puppha)が水によって汚れないように(vimalaṃ'va)〉とは、ちょうど青蓮が塵を離れて(virajaṃ)水によって汚れないように、そのようにゴータマ世尊は渇愛の粘着などによって汚れない、という意味であり、〔世尊は〕〈出離に傾き(nekkhamma-ninno)〉、出離することに傾き(abhinikkhamma-ninno)、まさにそれゆえに〈三つの生存から逃れている(ti-bhavābhinissato)〉、三つの生存(欲界、色界、無色界の生存)から出離し(vinissato)、離れている(visaṃyutto)。

(1090)およそ思念の起こるところ(念処)の首など〔徳の支分の〕修習を満たすことによって、およそどこにも執着せず、ただ出離に傾斜するものとなった、それら〔仏の徳の〕支分となったものを示そうとして〈思念の起こるところ(念処)を首とし〉と最終の偈を言う。

そこで、〔仏の〕徳の山からみて(guṇa-rāsito)最上の支分である智慧(頭)が上に立つ処であるから(adhiṭṭhāna-bhāvato)、この方にあっては「思念の起こるところ(念処)」が首である、というので〈思念の起こるところ(念処)を首とする(sati-paṭṭhāna-gīvo)〉。無罪の諸要素(anavajja-dhammā, 無過の諸法)を受け取るのに、この方にあっては信が手である、というので〈信を手とする(saddhā-hattho)〉。徳という体(guṇa-sarīra)の最上の支分であるから、この方にあっては智慧が頭である、というので、〈智慧を頭とする（paññā-sīso）〉。〔輪廻の〕大海を〔渡って〕来るから、大きな対象をもつから（mahā-visayatāya, 器量が大きいから）、威神力が大きいから（mahânubhāvatāya）、また力が大きいから、この方には一切を知る方であると称される偉大な智慧がある。というので〈大智ある方は（mahā-ñāṇī）〉、〈常に〉一切の時に、〈安らいで（nibbuto, 寂滅して）〉、清涼となって行く。またここで「よく心定まって…乃至…龍は」（A. III. 346^{26}-347）という、経の文句を示すべきである。しかしおよそここで意味が解説されないところ（avibhattaṃ）は、それは今までにすでに述べた趣旨の通りである。

マハーカッサパ（大迦葉）上座の偈の註釈　終わる。

四十〔偈〕集の註釈　終わる。

註

（1）この上座は赤沼『辞典』にも Mahākassapa と出ている。漢訳には摩訶迦葉、摩訶迦葉波、大迦葉…迦葉などと知られている。本註は Ap.I. pp.33^{7}-35^{7}［3.Mahā-Kassapa］の二十二偈を引用する（ただし PTS. 版は、最初の一偈のみを示し、以下を省略している）。頭陀第一と称され、仏滅後の結集を主催した僧団長として著名。本註は長劫の間、多生に亘って同じ女と夫婦になって、今生にいたるまで助け合って仏道を目指してきたという、五話を貫く主な筋書きが認められる。

最後の三偈の註釈は釈尊（ゴータマ世尊）観を述べており、難解である。いまは訳者（村上）の理解を示すにとどめた。

〔50. 五十偈集（Paññāsa-nipāta）〕

五〇（1091―1145）、ターラプタ（Tālapuṭa）[1]

144

〈今生における種々の出来事〉

五十〔偈〕集において、〈いつ一体、私は〉云々とは、尊者ターラプタ上座の偈である。この人も先の諸仏の許で奉仕行を行なった者で、そこここの生存において脱輪廻の因となる善を積みながら、この仏（釈迦牟尼仏）が出現されるとき、王舎城の或る一軒の役者（舞踊師）の家に（naṭa-kule）生まれた。そして分別のつく年頃に達すると、家にふさわしい演劇（舞踊）の諸領域において（nacca-ṭṭhānesu）完成の域に達して、全ジャンブ洲で有名な役者（舞踊家）村の主（naṭa-gāmaṇī）となった。

彼は五百人の女を従えて大きな舞踊家の繁栄をもって、村・町・王都において出し物（samajja）を見せて、同様大きな供養・尊敬を得てから、巡り行きながら王舎城にやって来て、都城の住人たちに出し物を見せて、同様の尊敬を得た。彼は智が成熟に達していたので、〔大〕師のもとに行って礼拝してから、一方に坐って世尊にこう申し上げた。

「尊師様、私は昔の師匠・大師匠の舞踊家たちが、このように言うのを聞いております。誰でも舞踊家は舞台の中で、出し物の中で、真実と虚偽によって（saccâlikena）人々を笑わせ、愉しませる、その人は身が壊《やぶ》れてから死後には笑喜天という神々の（Pahāsānaṃ devānaṃ）仲間であるものとなって生まれる（sahabyataṃ upapajjati）、と。これについて世尊は何と言われますか」（S. IV, 306[17-]）と。

すると、世尊は三度彼を遮《さえぎ》った（paṭikkhipi）。

「村の主よ、これを私に問うなよ」と。

四度目に質ねられて〔世尊は〕言う。

「村の主よ。これらの有情たち（人々）は、本性としても（pakatiyāpi）欲情（貪）という縛りで縛られ（rāga-bandhana-baddhā）、憎悪（瞋）という縛りで縛られ（dosa-b.-baddhā）、迷い（愚癡）という縛りで縛られている（moha-b.-baddhā）。彼等（見物人）をなおも一層、欲情すべき、憎悪すべき、迷う（愚癡になる）べき諸要素（法）に近づけながら（upasaṃharanto）放逸（奔放）ならしめてから（pamādetvā）、身が壊れてから死後には地獄に生まれる。そしてもし彼にこのような見解があるなら、〔即ち〕『誰でも舞踊者が舞台の中で真実と虚偽によって人々を笑わせ愉しませる、その者は身が壊れてから死後に笑喜天という神々の仲間であるものとなって生まれる』という、その〔見解〕は間違った見解（邪見）である。そして邪見をもつ者は、地獄か或いは畜生の胎かという、二つの行き先のどれか一つの行き先を望むべきである。」

と。それを聞いて〔舞踊家〕村の主ターラプタは泣き出した（parodi）。

「一族の主よ、もう予め（pageva）私は、これを私に問うなよ、と遮ったのではなかったかね」と。

「いいえ、私は、尊師様。世尊が私に舞踊家たちの将来の運命（abhisamparāya）がこのようであるとおっしゃる、このことを泣くのではありません。そうではなくて、尊師様。〔私は〕前の師匠・大師匠の舞踊家たちによって、『舞踊家は大衆に舞踊の出し物を見せて善い行き先（sugati、善趣）に生まれる』と、騙されていたのです」と。

彼は〔大〕師の許で法を聞いてから、信を得て出家して、具足戒を得ると、観〔法〕によって業（行）を行いながら、もうほどなくして阿羅漢の境地に達した。そして阿羅漢の境地を得ると、阿羅漢の境地を得る以前に、どのようなあり方によって、自分の心を抑止（niggaṇhana）するために、根源的な思考が生じたのか、それを種々に分析して示すために、〔いわく〕

145

〔自分の実践修行を反省し分析する五十五偈〕

(1091) いつ一体、私は山々や谷々において、
独りで、伴なく住むのであろうか。
一切の生存（世界）を無常と見ながら、そこで私の
この〔思い〕は、そこで、いつ一体、あるであろうか。

(1092) ▽いつ一体、私は破れた布を纏《まと》う聖者（牟尼）となり、
袈裟衣を着て、我執なく、希求することなく、
貪りと憎しみと、まさに同様に迷い（愚癡）を
殺して、安楽に林叢に行って住むであろうか。

(1093) いつ一体、無常な、殺傷（死）と病気の巣であり、
死と老いに悩まされたこの身を
観察しながら、恐れを離れて一人林に住むであろうか。

それは、いつ一体、あるのであろうか。

(1094) いつ一体、私は、恐れを生じ、苦をもたらす
渇愛という蔓草を、多くの類の〔渇愛に〕続いて出る〔蔓草〕を、
智慧よりなる鋭い剣を執って、断ち切って住むであろうか。
それも、いつ、あるのであろうか。

(1095) いつ一体、智慧よりなる、鋭い威力をもつ
仙人たちの剣を急に執って、軍勢を伴う魔を、
急に獅子の座において打ち破るであろうか。
それは、いつ一体、あるのであろうか。

(1096) いつ一体、私は善き人たちとの交際において、
法を重んずる人たちから、そのような人たちから、
如実に見る人たちから、感官が制御されている人たちから
「精勤の人」と見られるであろうか。
それは、いつ一体、あるのであろうか。

(1097) 一体いつの日に、私を、倦怠や飢えや渇きや、
風や熱暑や、或いは昆虫や蛇が、
悩まさないであろうか。山に囲まれたところで、
自分の目的を求めるその〔私〕を〔悩まさ〕ないであろうか。

146

それは、いつ一体、あるのであろうか。
(1098) いつ一体、およそ大仙人によって知られた、
よく見難い四つの真理（四諦）を、
自ら定まって思念あり、智慧によって、解したであろうか。
それは、いつ一体、あるのであろうか。
(1099) いつ一体、また無量の諸々の色を、諸々の声を、諸々の香を、
諸々の味を、また感触されるべき諸法を、燃えるものとして、
私は、心の静止（止）に専念して智慧によって、見るであろうか。
そこで、これは、いつ、私に［あるのであろうか］。
(1100) いつ一体、私は、悪い言葉で言われても
それをきっかけに失望しないであろうか。
すると称讃されても、それをきっかけに満足しないであろうか。
そこで、これは、いつ、私に［あるのであろうか］。
(1101) ▽いつ一体、薪木や、草々や、また蔓草を、
これらの諸々の集まりを、また無量の諸法を、
内なることや、外なることを、等しいと量るであろうか。
そこで、これは、いつ、私に［あるのであろうか］。
(1102) いつ一体、雨季の黒雲が、

新しい水をもって、衣をつけて林の中で
仙人が進んで行かれた道を歩んでいる私に雨を降らすのか。
それはいつ一体、あるのであろうか。

（1103）いつ、林の中で鳥冠《とさか》ある孔雀鳥の〔鳴声〕、
山の洞窟で鳥の鳴声を聞いてから起き上って、
不死（甘露）を得るために思念するであろうか。
それは、いつ一体、あるのであろうか。

（1104）いつ一体、ガンガー河、ヤムナー河、サラッサティー河を、
また深渕に落とされた処と鯨海と恐ろしいところを、
ためらわずに、神通によって私は渡るであろうか。
それは、いつ一体、あるのであろうか。

（1105）いつ一体、戦場を行く象のように、
一切の美しい様相を避けながら、禅思に専心して、
〔五〕種の欲望の楽に対する志欲を破るであろうか。
それは、いつ一体、あるのであろうか。

（1106）いつ、借りをして貧しい人が、貸し手たちから
苦しめられたが、隠れた宝を手に入れるように、
大仙人の教えを証得して私は満足した者となるであろうか。

147

それは、いつ一体、あるのであろうか。
(1107)多年、お前〔心〕に〔私は〕こう乞われている。
「あなたが、この家に住むのは、沢山〔不要〕ではないか」〔と〕。
今は出家しているその私に
なぜ、心よ、お前は〔私に〕添わないのか。
(1108)一体、私は、心よ、お前に乞われているのではないか。
「山に囲まれた〔王舎城〕で、多彩な尾羽根ある鳥〔孔雀〕たち、
大帝釈〔雷〕の音の轟きによって囀る〔鳥〕たち、
それら〔鳥たち〕が、林の中で禅思するあなたを楽しませるであろう」〔と〕。
(1109)家では友人たち、また愛する者たち、親族たちを〔捨てて〕、
世間では遊びの楽しみを、また〔五〕欲の楽を〔捨てて〕、
一切を捨てて〔私は〕これ〔森、出家〕を得た。
にも拘わらず、お前は、心よ、〔出家した〕私に満足しない。
(1110)これ〔出家〕は私だけにある。決してそれは他人たちにあるのではない。
〔出陣に〕甲冑〔を着ける〕時に、歎いたとて何の用があろうか。
「この一切は動揺する」と観ながら、
不死〔甘露〕の境地を勝ち得ようと願いつつ私は出離した。
(1111)善く言われたことを言う方、二足の者たちの最上の方、

大能力ある方、調御されるべき人を調教する方は、
「心は、猿のように動揺する」と〔言う〕。
〔その心は〕欲情を離れない人には極めて防護し難い。

(1112) なぜなら、諸々の欲望は、多彩で甘く心楽しいから、
無知の凡夫たちが依存しているところ。
彼等は苦を欲し、再度の生存を求め、
心に導かれて、地獄において見捨てられる。

(1113) 「孔雀や鷺たちが鳴き声を上げる森の中で、
豹たちや虎たちにかしづかれて住みながら、
身に対する顧慮を捨てよ、〔時を〕失ってはならぬ」
と、確かに、心よ、お前はかつて私に促した。

(1114) 「〔四〕禅と〔五〕根と〔五〕力を修習せよ。
〔七〕覚支・定の修習を〔せよ〕。
仏の教えにおいて、また三明に触れよ」
と、確かに、心よ、お前はかつて私に促した。

(1115) 「不死（甘露）を得るために道を修習せよ。
出離の、一切の苦の滅尽の確固たる足場を、
一切の煩悩を浄める八支の〔道を修習せよ〕」

148

と、確かに、心よ、お前はかつて私に促した。

(1116)「〔五〕蘊（身心）を、苦である、と根源から、しっかりと視よ。
また、そこから苦が集起するところの、その〔集因〕を捨てよ。
ここでこそ苦を終わらせよ」
と、確かに、心よ、お前はかつて私に促した。

(1117)「〔身心の諸要素が〕無常である、苦である、と根源から観よ。
空である、非我であると、また、禍いである、殺し屋であると
〔観よ〕。心の意の動きまわりを抑えよ。」
と、確かに、心よ、お前はかつて私に促した。

(1118)「坊主頭の異様な姿で、呪いものとなり
鉢を手にしただけで、家々に乞食せよ。
大仙人たる〔大〕師の言葉に専念せよ」
と、確かに、心よ、お前はかつて私に促した。

(1119)「自己をよく防護して、街中を行きながら、
家々に、欲望（欲しいものごと）に心執著せず、
明るい満月の月のように〔行け〕」
と、確かに、心よ、お前はかつて私に促した。

(1120)「また森林住者であり、托鉢行者であれ。

また墓場に住む者、糞掃衣を着る者であれ。
常に坐り〔横にならない〕、頭陀（少欲知足の行）を愉しむ者であれ」
と、確かに、心よ、お前はかつて私に促した。

(1121) 例えば樹々を植えて、果実を望みながら、
根元から樹を切ろうと欲する、それと同じことをお前（心）は望む。
その喩えのように、心よ、お前はこんなことをする。
およそ無常な揺れるもの（輪廻）に、お前は私を促した。

(1122) 目に見えない〔心〕よ。遠くに行く者よ。一人行く者よ。
今や、私は、お前（心）の言葉を行うまい。
なぜなら諸々の欲望は苦しく、つらく大層恐ろしい。
涅槃（寂滅、安らぎ）にだけ意を向けて行こう。

(1123) 私は不運のためでなく、或いは自分に恥じないからではなく、
心（気紛れ）ゆえに、また〔世間を〕遠く切り離すからでなく、
また生活のために、出離したのではない。
そして、心よ、お前と私とは合意ができた。

(1124)「少欲は善き人々から称讃され、
〔他の徳の〕覆蔽を捨てること、苦を鎮めることは〔称讃される〕」
と、確かに、心よ、その時、お前は私に促した。

149

今、お前は〔逆に〕かつて行った〔道〕を行く。
(1125) 渇愛と無明と愛する・愛さないことと、
美しい諸々の色と、また快い感受と、
心に叶う〔五〕欲の楽とは〔すでに〕吐き出された。
吐き出したものを〔再び〕呑み込む気に私はならないであろう。
(1126) あらゆるところで、心よ、お前の言葉は私によって行われた。
多くの生において、お前（心）は私によって怒られていない。
内心に起こることは、お前（心）の〔かつての〕恩を知っているから、
お前の作った苦の中を、永らく〔私は〕めぐり廻った（輪廻した）。
(1127) お前こそが、心よ、私どもをバラモンとする。
おまえは〔私どもを〕クシャトリヤ、王、仙人とする。
或る時は私どもは庶民族や奴隷族となる。
或いはただお前によって神の身分にもなる。
(1128) ▽ただお前（心）によって私どもは阿修羅になる。
お前を根源として私どもは堕地獄者となる。
また或る時は畜生ともなり、
ただお前によって、或いは亡者の境遇になる。
(1129) お前（心）は、しばしば私を欺くのではないだろうか。

しばしば旅の芸人のように〔お前は自分を〕見せながら。

ただ狂う私と〔戯れて〕、お前（心）は〔私を〕誘惑する。

たとえ私がお前を捨てたとて、心よ、〔お前はどうなるのか〕。


（1130）この心は、かつては欲する道を、好きなように、楽なように、旅を行った。

今や、私はそれを本底から抑えよう。

鉤《かぎ》を執る〔象使い〕が狂象を〔抑える〕ように。（77, *Dh.* **326**）

（1131）また〔大〕師は私にこの世間を
無常として、恒常ではないとして、核心がないとして、見せた。
心よ、私を勝者の教えに飛び込ませよ。
大きな極めて渡り難い暴流から〔私を〕渡らせよ。

（1132）お前にとって、この〔私〕は、心よ、昔のようではない。

私は〔今や〕お前の支配下に戻ることはできない。

私は大仙人の教えにおいて出家している。

私のような者たちは亡びを受ける者ではない。

（1133）山々、海洋、流れる〔河々〕、富を保つ〔大地〕、
四方、四維、下方、天の〔世間〕、
一切は無常であり、三つの生存（世界）は悩まされている。
どこに行って、心よ、お前は楽を愉しむのであろうか。

150

（1134）堅固を専らとする〔私〕を、私の心よ、お前はどうしようとするのか。
心よ、〔私は〕お前の支配に従う者にはなれない。
決して二つの口がある鞴《ふいご》には触れるまい。厭わしいとせよ。
〔不浄に〕満ちた、九つの孔から〔汚物を〕流す〔身は〕。

（1135）猪《いのしし》や羚羊《かもしか》が入り親しんだ
自然のままの美しい山窟や山頂において、
新しい雨水によって雨を注がれた森の中で、
そこで洞窟という家に入ったお前（心）は楽しむであろう。

（1136）美しい青頸の、美しい鳥冠《とさか》の、美しい尾羽をもつ〔孔雀〕たちが、
美しい色どりの羽で装った空を行くもの（鳥）たちが、
美しい音声を出して、囀《さえず》りさわぐ（鳥）たちが、
それらの〔鳥〕たちが、林の中で禅思するお前（心）を愉しませよう。

（1137）▽四指の長さの草に神が雨を降らせると、
花咲いた、雲のような森に、
山間に、私は木のように横たわるであろう。
その私の〔臥床〕は柔らかで、木綿のようになるであろう。

（1138）しかし自在者が〔する〕ようにも、そのように私はしよう。
何であれ得られるなら、それでも私には十分であるとしよう。

お前〔心〕よ。ちょうど怠ることなく猫皮を〔鞣《なめ》す〕ように、
そのように、私はお前〔心〕を、よく鞣されたものにしよう。

（1139）しかし自在者が〔する〕ようにも、そのように私はするであろう。
何であれ得られるなら、それによっても私には十分であるとしよう。
精進によって私はお前〔心〕を私の支配のもとに導こう。
酔象を巧みな鉤を執る〔象師〕が〔導く〕ように。

（1140）なぜなら、よく調教され、しっかりと立つお前〔心〕によって、
例えば調教師が素直な馬によって〔行く〕ように、
私は吉祥の道を進み行くことが出来るからだ。
心を守る人たちによって常に親しまれた〔道〕を。

（1141）私はお前〔心〕を力づくで対象に縛りつけよう。
恰も強い縄で象を柱に〔縛りつける〕ように。
お前〔心〕は私によってよく守られ、思念によってよく修習されて、
一切の諸々の生存に依存しないものとなるであろう。

（1142）智慧によって邪道に従って行くもの〔煩悩〕を断ち切って、
修行〔瞑想〕によって抑止して、〔正しい〕道に確立させて、
〔生存の諸要素の〕集因と〔その〕消滅と生成とを見て、
〔お前は〕、最高の説法者の相続人となるであろう。

(1143) 心よ、お前は四つの顛倒の支配に依存した〔私〕を、
牧童をば〔導く〕ように、心よ、お前は私を導いた。
一体お前は、しがらみの結縛を断ち切る
悲《あわ》れむ大牟尼に仕えるのではないのか。

(1144) 恰も獣（鹿）が自在に、よく彩《いろど》られた森の中で、
雨雲と華の鬘《かづら》を頂いた楽しい山に〔入る〕ように、
乱れない山の中で、そこで私は愉しむであろう。
疑いなく、心よ、お前は敗れるであろう。

(1145) 誰でもお前（心）の意欲によって動く者たちは、
男たちも女たちも、およそ何でも快楽（楽）を享受する。
無知の人たちは魔の支配に従い行く。
生存を喜ぶ者たちは、心よ、お前に奉仕する者たちである、と。

151

〔語句の註釈〕

(1091) そこで、〈いつ一体、私は（kadā nu'haṃ）〉とは、いつ一体、私は、〈山々や谷々において〉とは、山々や諸々の谷で、或いは山の諸々の谷で、〈独りで（ekākiyo）〉とは、一人で（ekako）、〈伴なく（adutiyo）〉とは、渇愛がなく（nittaṇho）、なぜなら、渇愛は人の連れ合い（dutiya）と言うからである。〈住むのであろう（vihassaṃ）か〉とは、私は住むであろう（viharissāmi）か。〈一切の生存（世界）を無常と見ながら〉とは、欲

界の生存（kāma-bhava）などの類の一切（欲界、色界、無色界の生存）をも、有ってから無くなるという意味で（Vri.abhāv'aṭṭhena）無常と見ながら。いつ一体住むであろうか、と繋がる。またこれは例示だけである。〔即ち〕、

「およそ無常であるものは、それは苦である。およそ苦であるものは、それは非我である。」（*S.* III, 22[3], *etc.*）

という言葉があるから、他の二つの特相（苦と非我との特相）も、もう述べられたと見るべきである。〈そこで私のこの〔思い〕は、そこで、いつ一体、あるであろうか（taṃ me idaṃ taṃ nu kadā bhavissati）〉とは、そこでこの私の思い廻らしたことは（parivitakkitaṃ）、いつ一体あるのだろうか。いつ一体、思うに、頂上（成就）を得るのであろうか（kadā nu kho matthakaṃ pāpuṇissati）、という意味である。また〈そこで一体（tan nu）〉というここでの〈そこで（tan）〉とは不変詞だけである。なぜなら、これ（以下）が、ここで簡略な意味だからである。いつ一体、思うに、私は、大象が鎖の縛りを〔断つ〕ように、家の縛りを断って、出家してから、身の遠離を広げて、一人になって山々や谷々で、伴なく、一切のことに期待なく、一切の行（心身の諸潜勢力）に属する〔諸要素（諸法）〕を（sabba-saṅkhāra-gataṃ）無常など（無常・苦・非我）として観ながら、私は住むであろうか、と。

（1092）〈破れた布を纏《まと》う（bhinna-paṭa-n-dharo）〉とは、破れた着物をつけ、偈を〔誦え〕易くするために〔paṭa-n-dharo と〕**n** 字を挿入して（nakār'āgamaṃ katvā）言われた。小刀で切られた、あて布（継ぎ）を当てた（-aggaḷa-phassita-, Vri.-aggha-phassa-）彩色のある破れた布の衣を（paṭa-cīvaraṃ）纏いながら、という意味である。〈聖者（muni 牟尼）〉とは、出家者となり、〈我執なく（amamo）〉とは、家に対して、或いは徳に対して「私のものである」ということ（mamatā, Vri.mamatta）がないので、我執がなく、どこにも対象に対しても希求するこ

と（āsiṃsanā, Vri. āsīsanā）がないので〈希求することなく（Vri. nirāso, PTS., th. nirāsayo）〉、〈〔貪りと憎しみと、まさに同様に迷い（愚癡）を〕殺して、安楽になり林叢に行って住むであろうか（pavana-gato vihassan）〉とは、貪り（rāga）などの諸煩悩を聖道によって断ち切って、道の安楽、果の安楽によって〈安楽に（sukhī）〉、大林に行って、いつ一体、思うに、私は住むであろうか（viharissāmi）。

（1093）〈殺傷（死）と病気の巣（vadha-roga-nīḷaṃ）〉とは、死と病との巣のような（kulāvaka-bhūtaṃ）、〈この身を〉とは、この五つの集合（蘊）からなると呼ばれる身を〔観察しながら〕。なぜなら五蘊からなるとは、「比丘たちよ、無明に陥った男・人物が渇愛に従い行きながら、このようにこの身が得られる。とこのようにまたこの身は外側からは名色（nāma-rūpaṃ, 心身）である。」（*Cf.* S.II.24[5-7]）というなど〔の聖言〕において「身」と言われるからである。〈死と老いに悩まされた（maccu-jarāy-upaddutaṃ）〉とは、死と老いとに苦しめられた（pīḷitaṃ）〔この身を〕、〈観察しながら〉私は恐れの原因を捨てることによって〈恐れを離れて、そこで、いつ一体、あるのであろうか〉、という意味である。

（1094）〈恐れを生じ（bhaya-jananiṃ）〉とは、二十五種の大怖畏（㈠九二頁註（3）参照）が生ずる原因となった、身に関する、また心に関する全てもの輪廻の苦をもたらすから〈苦をもたらす（dukkhâvahaṃ）渇愛という蔓草を、多くの類の〔渇愛に〕続いて出る〔蔓草〕を（bahu-vidhânuvattaniṃ）〉〔断ち切って住むであろうか〕。というのは、また多種類の〔感官の〕対象に、或いは生存自体に従って起こり相続させる（santaneti, Vri. santanoti）というので、多種類の続いて出る渇愛と呼ばれる蔓草を、〈智慧よりなる〉という、道の智慧よりなる、極めて鋭い（su-nisita）〈剣（asi）を〉、刀（khagga）を、精進に励まされた（vīriya-paggahita）信という手（saddhā-hattha）に〈執って〉、断ち切って、いつ一体、私は〈住むであろうか（vase）〉と、何でも思い廻らしたこと、

152

〈それも、いつあるのであろうか〉と繫がる。

（1095）〈鋭い威力をもつ（ugga-teja）〉とは、止・観によって鋭いので（nisitatāya）鋭利な威力ある（tikkha-tejaṃ）、〈仙人たちの剣（sattham isīnan）〉とは、仏、辟支仏、聖なる声聞という仙人たちの剣のような〔剣を急に執って〕、〈軍勢を伴う魔を、急に私は打ち破るであろうか〉とは、煩悩の軍勢をもって軍勢を伴う行（abhisaṅkhāra, 心身の潜勢力）などの魔（蘊、煩悩、行、死、天子の五魔）を急に、まさに急速に私は破るであろうか。〈獅子の座において〉とは、強固な座において、不敗の結跏趺座において（aparājita-pallaṅke）〔打ち破るであろうか〕、という意味である。

（1096）〈善き人たちとの交際において…〔精勤の人と〕見られるであろうか〉とは、法を重んずることに結びついているから〈法を重んずる人たちから（dhamma-garūhi）〉、そのような特徴を得ているから〈そのような人たちから〉、顛倒なく見るから〈如実に（yāthāva）〔見る人たちから（-dassīhi）〕〉、まさに聖道によって感官が悪に打ち勝っているから〈感官が制御されている人たちから〉、仏などの善き人たちとの交際において、〈いつ一体、私は「精勤の人（padhāniyo）」〉と見られるであろうか、と。「何でも私が思い廻らしたこと、〈それは、いつ一体、あるのであろうか〉と繫がる。この趣旨であらゆるところで語句の繫がりを知るがよい。

（1097）語句の意味だけを我々は註釈しよう。〈倦怠（tandī）〉とは怠惰（ālasiyaṃ）、〈飢え（khudā）〉とは飢え（jighacchā）、〈昆虫や蛇が（kīṭa-siriṃsapā）〉とは、昆虫と蛇たちとが、〈悩まさないであろう（na bādhayissanti）か〉。とは、悩まさないであろう（na byādhayissanti）か。楽（快）・苦（不快）・心の喜び（somanassa）・心の憂い（domanassa）が諸禅思によって排除されているから（paṭibāhitattā）、という趣旨である。〈山に囲まれたところで（giri-bbaje）〉とは山や谷において、〈自分の目的を求める（att'atthiyaṃ）〉とは、善き目的（sad-attha, 善利）

と呼ばれる目的を求める（atthikaṃ）〔私を悩まさないであろうか〕。

(1098)〈およそ大仙人によって知られた〉とは、およそ大仙人、正等覚者によって、自存者の智慧によって知られ、洞察された四つの真理（四諦）、〔即ち〕いまだ善の諸々の資糧を積まない者たちによっては（anupacita-kusala-sambhārehi）、よく〈見難い（duddasāni）〉それらの〈四つの真理（四諦）を〉、道の禅定によって〈自ら定まって（samāhitatto）〉、正しい思念によって〈思念あり〉、聖道の〈智慧によって〉、私は〈解したであろうか（agacchaṃ）〉、洞察するであろうか（paṭivijjhissaṃ）、証得するであろうか（adhigamissaṃ）、という意味である。

(1099)〈諸々の色を（rūpe）〉とは、眼で感知される諸々の色を、〈無量の（amite, 量り知れない）〉とは、智によっては量られない、限られない（aparicchinne）、よく知られない〔諸々の色を燃えるものとして、見るであろうか〕、という意味である。〈感触されるべき（phusitabba）〉とは、触れて感じられるべき（phoṭṭhabbe）、〈諸法を〉とは意（心）で感知（認識）される諸法（諸要素）を（mano-viññeyya-dhamme）〔燃えるものとして、見るであろうか〕。或いは〈無量の〉とは、青など（青・黄・赤・白・黒）によって多種類に分かれた無量の色を、太鼓の音などによって、根の香りなどによって、根の味などによって、荒い・柔らかいなどの〔感触〕によって、また楽・苦などによって、また多種類の声（音）などを〔燃えるものとして、見るであろうか〕、という意味である。〈燃えるものとして（ādittato）〉とは、十一種の火（貪・瞋・癡・生・老・死・愁・嘆・苦・憂・悩、*Vin*.I.34）によって燃えているものとして〔見るであろうか〕。〈心の静止（止、寂止）に専念して（samathehi yutto）〉とは、禅思・観〔法〕・〔修〕道・定を具えて、〈智慧によって、見るであろう（dakkhaṃ）か〉とは、観〔法〕の智慧によって、道の智慧によって私は見るであろう（dakkhissaṃ）か。

（1100）〈悪い言葉で言われても（dubbacanena vutto）〉とは、悪く言われた言葉で打たれても（durutta-vacanena ghaṭṭito）、〈それをきっかけに（tato-nimittaṃ）〉とは、粗暴な言葉を理由（因）として（pharusa-vācā-hetu）、〈失望しないであろうか（vimano na hessaṃ）〉とは、憂欝に（domanassito）ならないだろうか。〈すると（atho）〉とは、それでは（atha）、〈称讃されて（pasaṭṭho）〉とは、誰かに称讃されて（pasaṃsito）〔も、満足しないであろうか〕。

（1101）〈薪木（kaṭṭhe）〉とは、木材の集まり（dāru-kkhandhe）を、〈草々〉とは、草々の集まりを、〈これらの〉とは、これらの私の〔心身の〕相続と関係した（pariyāpanna）五蘊（色・受・想・行・識）を、〈また無量の諸法を〉とは、それとは別の感官の集まりによっては量られない色という諸要素を（rūpa-dhamme, 諸色法を）〔等しいと量るであろうか〕。それゆえに「内なることや、外なることを〔等しいと量るであろうか〕」と言う。〈等しいと量るであろうか（samaṃ tuleyyaṃ）〉とは、無常などとして、また「核心がない」などの喩えによって、一切を等しい（平等）とだけ見なして量るであろうか（tīreyyaṃ）。

153

（1102）〈仙人が進んで行かれた道を歩んでいる〔私〕に（isi-ppayātamhi pathe vajantan）〉とは、仏など大仙人たちによってまさに正しく進んで行かれた止・観の道を歩んでいる、実践修道している〔私〕に。〈雨季の〉時期に（pāvusa-samaye）〈黒雲が新しい水をもって〉雨水をもって、〈衣をつけて〉林の中で〔歩んでいる私〕に〈いつ一体、雨を降らすのか（ovassate）〉、〔私を〕濡らす（temeti）のか、と、自分が露路住者であることが思い廻らされていると（abbhokāsika-bhāva-parivitakkitaṃ）示す。

（1103）〈林の中で鳥冠《とさか》ある孔雀鳥の〉とは、母親の胎からと卵の殻《から》からと二度生まれるために、二度生まれる（di-ja, 鳥）の、また鳥冠《とさか》があるので鳥冠《とさか》ある孔雀の、林の中で、またいつ、〈山の洞窟で（giri-gabbhare）鳴き声を（rutaṃ）〉、ケー、カーという鳴き声を（kekā-ravaṃ）〈聞いてから〉、時に気づいてから（velaṃ sallakkhitvā）、臥床より立ち上がって、〈不死（甘露）を得るために〉、涅槃を証得するために、〈思念するであろうか（sañcintaye）〉。言われている生存について無常など（無常・苦・非我）として作意（思念）するであろうか、観察するであろうか（vipasseyyan）、という意味である。

（1104）〈ガンガー河、ヤムナー河、サラッサティー河を〉とは、これらの大河を、〈ためらわずに〉修習よりなる神通力によって、「いつ一体、私は渡るであろうか（[Vri] patareyyan, [PTS] pahareyyam, 打つであろうか）」と繋がる。〈また深淵に落とされた処（pātāla-khittaṃ）と鯨海（baḷavā-mukhaṃ）〉とは、落ちるのに十分に、出来る（pātāya alaṃ pariyattaṃ）というので深淵であり、そこにだけ落とされた、地に留まる時にはそのように留まっていた、というので〈深淵に落とされた処〉、海の中の地（地底）に百ヨージャナなどの類別のある（yojana-satikâdi-bhedāni, [PTS] 〃 sarikâ-〃）岸の場所が（tīra-ṭṭhānāni）あり、そこには、或るところは龍などが住む場所であり、或るところは空っぽのままになっている。〈鯨海（baḷavā-mukhaṃ）〉とは、大海における大きな渦巻の口（āvaṭṭa-mukhaṃ）である。なぜなら、大地獄の入口が開いた時に（Mahā-niraya-dvārassa hi vivaṭa-kāle）、大きな火の集まり（aggi-kkhanda, 炎）がそこから出て来て、それが向かう縦横（āyāma-vitthāra）数百ヨージャナの下の海域（海底）を焼く。そこが焼かれると、上方に水が渦巻きの形で走り回りながら（paribbhamantaṃ）大音をもって下に落ちる。そこに鯨口という呼び名がある（baḷavā-mukha-samaññā）と、このようにまた、その深淵に落とされた処と鯨口〔という〕〈恐ろしい（vibhiṃsanaṃ）〉怖ろしいところを、〈ためらわずに（asajjamāno）〉神通によって、いつ一体、私は渡るであろうか（patareyyaṃ）〉とは、何でも思い廻らしたこと、〈それは、いつ一体、あるのであろうか〉。修習よりなる神通を起こして、いつ一体、このように神通を行うであろう（iddhiṃ valañjissāmi）か、という意味である。

(1105)〈戦場を行く（saṅgāma-cārī, Vri. asaṅga-cārī, 礙げられずに行く）象のように、…破るであろうか（padālaye）〉とは、ちょうど酔象が強固な柱を壊わして、鉄鎖を砕いて、戦場を（Vri. 礙げられずに）行って林に入ってから、一頭で伴がないものとなって自分の好きなように行くように、そのように私は、いつ一体、〈一切の美しい様相を避けながら（nibbajjayaṃ）〉、残さずによけて、欲望の意欲に支配されないで、〈禅思に専心して（jāneyuto）〉、熱心になって、〈〔五〕種の欲望の楽（色・声・香・味・触）に対する志欲を〉まさに正しく私は破るであろうか、断つであろうか、捨てるであろうか、と、およそ思い廻らしたこと、それが、いつ一体、あるであろうか。

(1106)〈借りをして（iṇaṭṭo）貧しい人が（daḷiddako）隠れた宝を（nidhiṃ）手に入れて（ārādhayitvā）〔満足した〕ように〉とは、例えば誰か貧しい人が生活をいとなみ（jīvita-pakata）、借りを負って、それを返済することができないと、〈借りをして〉、借りに苦しめられて、〈貸し手たちから（dhanikehi）苦しめられたが〉、隠れた宝を手に入れて、得てから、また借りを返し、また楽に生きながら満足しているであろう、そのように私もまた〈いつ一体〉借りのような欲望の意欲を捨ててから、〈大仙人の〉、聖なる財に満ちているから、宝▽珠・黄金などの宝に満ちた隠れた財宝にも似た仏の教えを証得して、〈満足した者（tuṭṭha）〉となるであろうか、と思い廻らしたこと、それは、いつ一体、あるのであろうか、と。

(1107)このように出家した〔自分〕が、かつて出離への思いによって起こった自分の思いの次第（vitakka-ppavatti）を示してから、今は、出家してから、どんな諸々の在り方で（ākārehi）自分を誡めて〔覚りに〕到達したのか、それ（仕方）を示そうとして〈多年〉云々という偈を説いた。

そこで〈多年、お前（心）に〔私は〕こう乞われている。「あなた（私）が、家に住むのは、沢山（alaṃ, 不要〉ではないか」〔と〕〉。というのは、多年、「あなたが、種々の苦と結びついた家に住むのは、沢山だ。もう結構だ（pariyattaṃ eva）」と。「おい（ambho）、心よ。こう、お前に（te）、お前から（tayā）多年に亘って私は乞われているのではないか」。〈お前（心）は、今は出家しているその私に〉とは、その私に、お前からそのように励まされて（ussahanena）出家しているのに、なぜ、〈心よ、お前は〔私に〕添わないのか（na yuñjasi）〉。止・観を吐き捨ててから（chaḍḍetvā）下劣な怠惰に〔私を〕促す（niyojesi）のか、という意味である。

(1108)〈一体、私は、心よ、お前に乞われているではないか〉とは、おい、心よ、私はお前に乞われたのではないのか。思うに〔私は心に〕請われている（āyācito）。もし乞われたなら、なぜ今、〔心よ、お前は〕それ（出家）にふさわしことを実践しない（na paṭipajjasi）のか、という趣旨である。〈山に囲まれた〔王舎城〕で（giri-bbaje）〉云々と、乞われた様子を示す。〈多彩な尾羽根ある鳥（孔雀）たちが（citra-chadā vihaṅ-gamā）〉とは、色とりどりの尾羽根ある鳥（vicitra-pakkhuṇa-pakkhin）たち＝孔雀たち、という意味である。〈大帝釈（雷）の音の轟きによって囀る（Mahinda-ghosa-tthanitâbhigajjin）〔鳥〕たちが〉とは、水音の轟く（jala-ghosa-tthanita）原因によってよく鳴く習いのある〔鳥たち〕、〈それら〔鳥たち〕が、林の中で禅思するあなたを楽しませるであろう〉。というのは、その孔雀たちが、林の中で禅思に没頭するあなたを楽しませるであろう、と、お前（心）に乞われたのではないか、と示す。

(1109)〈家では〉とは、家のとりまき連中では（kula-parivaṭṭe）〔一切を捨てて〕、〈これ（この森への出家）を得た（ajjhupāgato）〉とは、この森の場所を、或いは出家を得た。〈にも拘わらず（atho pi）、心よ、お前は〔出家した〕私に満足しない〉とは、〔お前はお前に〕従っている私をも喜ばせないであろう、という意味である。

(1110)〈これ（出家）は私だけにある。決してそれは他人たちにあるのではない〉とは、これ（出家）は、心よ、私だけにある。それゆえに、それ〔出家〕は他人たちにあるのではなかった。しかし、お前は他人たちが〔出家する〕ようにして、〈〔出陣に〕甲冑〔を着ける〕時に（sannāha-kāle）〉、煩悩魔たちと戦うために修習という甲冑〔を着ける〕時に、「否」と言って〈歎いたとて〉何の用（payojana）があろうか。今やそれを別様にすることを私は許さないであろう（na dassāmi）、という趣旨である。〈「この一切は動揺する（calaṃ）」と観ながら（pekkhamāno）〉とは、なぜなら、この〔私の〕心と、また他の一切の三界に属する行《ぎょう》（心身の潜勢力）（te-bhūmaka-saṅkhāra）とは、動揺する、安定していない（anavaṭṭhitaṃ）と、智慧の眼によって眺め見ながら、家から、また諸欲望から（kāmehi）〈私は出離した（abhinikkhamiṃ）〉。〈不死（甘露）の境地を（amataṃ padaṃ）〉涅槃を〈勝ち得ようと願いつつ（jigīsaṃ）〉、求めつつ（pariyesanto）、それゆえに、私は〔動揺する私の〕心に従わないで、涅槃を求めることのみを為す、という趣旨である。

（1111）〈欲情を離れない人には極めて防護し難い心は、猿のように動揺する〉と、林の猿のようである、と、〈善く言われたことを言う方（suvutta-vādī, Vri. suyutta-vādī, よく相応したことを〃）〉、善く述べられたことを言う方（subhāsita-vādī）、〈二足の者たちの最上の方、大能力ある方、調御されるべき人を調教する方（調御丈夫）は〉〔言う〕と〔文が〕繋がる。

（1112）〈無知の（aviddasu）凡夫たちが依存している（sita）ところ〉とは、およそ何でも欲望の対象物（vatthu-
155
kāma, 事欲）と〔心の中の〕煩悩欲（kilesa-kāma）とに依存して、縛られている無知の（aviññuno）暗愚の凡夫▽たちは、その欲望、欲情によって〈再度の生存を求め（puna-bbhav'esino）〉、もう一方的に〈苦を欲し〉、そして欲しながら〈心に導かれて、地獄において見捨てられる（niraye niraṅkatā,, Vri. 〃 nirākatā）〉。というのは、心に支配され（citta-vasikā）地獄に導く業を作りながら、利益や安楽から見離されたものとなって（nirākatā hutvā）、自分の心だけによって地獄に導かれる。別の仕方で〔地獄に導かれるのでは〕ない、と、心だけを抑止すべきこと（niggahetabbatā）を示す。

（1113）またもや、心だけを抑止することを考えようとして（mantento）、〈孔雀や鷺たちが鳴き声を上げる〉云々と言う。そこで〈孔雀や鷺たちが鳴き声を上げる〉とは、鳥冠《とさか》ある〔孔雀〕たちや鶴（sārasa）たちが森の中で鳴く時に。〈豹たちや虎たちに、かしづかれて住みながら〉とは、慈しみによって住する者であること（mettā-vihāritā）によって、そのような畜生となったものたちに〈かしづかれて（purakkhato）〉囲まれて森の中に住みながら。これによって空であることの増大を（suñña-bhāva-paribrūhanaṃ）言う。〈身に対する顧慮を捨てよ（kāye apekkhaṃ jaha）〉とは、全く身を顧みずに〔身への顧慮を〕捨てよ。これによって自ら励んでいること（pahit'attatā）を言う。〈〔時を〕失ってはならぬ（mā virādhaya）〉とは、〔八難処を離れた〕この極めて得難い第九の刹那を失ってはならぬ。〈と、確かに（assu）、心よ、かつてお前は私に促した（niyuñjasi）〉とは、なぜなら、このようにお前は、心よ、出家する以前に正しい実践修道に私を駆り立てた（uyyojesi）、という意味である。

（1114）〈〔四禅…を〕修習せよ〉とは、生ぜしめよ、また増大させよ。〈諸禅を〉とは、初〔禅〕など〔初禅、第二禅、第三禅、第四禅〕の四禅を〔修習せよ〕。〈諸根を〉とは、信など〔信・勤・念・定・慧〕の五根（pañc'indriyāni）を〔修習せよ〕。〈諸力を〉とは、〔根と〕同じそれらの五力を〔修習せよ〕。〈〔七〕覚支・定の修習を〔せよ〕〉とは、七覚支と四つの定の修習を〔せよ〕。〈また三明に〉とは、また前生の住処を知る智など〔宿住知、有情死生知、漏尽知〕三つの明智に〈触れよ（phusa）〉到達せよ。〈仏の教えにおいて〉、止等覚者の教誡に立って〔三明に触れよ〕。

（1115）〈出離の（niyyānika）〉とは、輪転（vaṭṭa, 輪廻）の苦からの出離をもたらす（niyyānâvahaṃ,[Vri.] niyhānavahaṃ）、〈一切の苦の滅尽の固い足場を（-ogadhaṃ）〉とは、不死（甘露）の固い足場、涅槃の足場（nibbāna-patiṭṭhaṃ）、涅槃の所縁を（nibbānârammaṇaṃ）〔を修習せよ〕。〈一切の煩悩を浄める（-sodhanaṃ）〉とは、残らず煩悩の垢を浄化する（-visodhanaṃ）〔八支の道〕を〔修習せよ〕。

（1116）〈〔五〕蘊（身心）を〉とは、〔五〕取蘊を（執着となる身心の集りを）、〈〔苦であると〕根源から、しっかりと視よ（paṭipassa yoniso）〉とは、病気として（rogato）腫物（gaṇḍa）として矢（salla）として禍い（agha）として疾病として（ābādhato）と、このように種々の仕方で（pakārehi）観〔法〕の智によって、正しく手段（方便）により方法によって見よ。〈その〔集因〕を捨てよ〉とは、その苦の集因（samudaya）である渇愛を捨てよ、正しく断ち切れ（samucchinda）。〈ここでこそ〉とは、まさにこの自分の身において（atta-bhāve）〔苦を終わらせよ〕。

（1117）〈〔身心の諸要素が〕無常である〉云々とは、終わりがあるから（antavantato）、究極ではないから（anaccantikato）、暫時なものであるから（tāva-kālikato）、また常住の反対であるから（nicca-paṭikkhepato）、或いは〈無常である〉と見よ。〈苦である〉とは、生滅によって圧迫するから（udaya-bbaya-paṭipīḷanato）、怖れを伴うから（sappaṭibhayato）、苦であるから、或いは楽の反対であるから、〈苦である〉と見よ。〈空である（suññaṃ）〉とは、自在にならないから、所有者がないから、核心がないから、また自我（我）の反対であるから（atta-paṭikkhepato）〈空である〉と〔見よ〕。まさにそれゆえに〈非我である（anattā）〉と〔見よ〕。叱責すべきものであるから（vigarahitabbato）、また生長しない（衰える）病気であるから（avaḍḍhi-ābādhanato）、〈「禍いである（aghaṃ）」と、また〈殺し屋である（vadhaṃ）〉と〈根源から観よ（vipassa yoniso）〉と繋がる。〈心の意の動きまわりを抑えよ（mano-vicāre uparundha cetaso）〉とは、意の動きまわりと言われる（mano-vicāra-saññino）、

156
家に依存した心の喜び・動く思いなど（geha-sita-somanass'upavicār'ādike）心の十八種を（aṭṭhārasa cetaso, *cf.* *M*.III.216^{29-} aṭṭhādasa mano-pavicārā）〈抑えよ〉、防げ（vārehi）、滅ぼせ（nirodhehi）。

（1118）〈坊主頭の（muṇḍa）〉とは、坊主頭であることになった、髪の毛と髭が剃りおろされている〈異様な姿で（virūpa）〉とは、その坊主頭であることによって、体毛が伸びているから（paruḷha-lomatāya, Vri. parūḷha-〃）、切れ破れた袈裟を衣としているから異様で（virūpo）、階級外の者に（vevaṇṇiyaṃ）なった。〈呪い（罵り）ものとなり（abhisāpam āgato）〉とは、「行乞者が（piṇḍolo）鉢を手にして歩きまわる」と、聖人たちが為すべきことが〔世間では〕呪いものとなった。なぜなら、こう言われるからである。

「これは呪いものである（abhisāpo'yaṃ, It. abhilāpāyaṃ, 〃話である）。比丘たちよ。世間で鉢を手にして乞食者が歩きまわる。」（*S*.III.93^{5-}; *It*. §91）

と。それで〈鉢を手にしただけで家々に乞食せよ〉と言う。〈〔大〕師の言葉に専念せよ（yuñjassu）〉とは、正等覚者の教誡に専心をせよ（yogaṃ karohi）、実践せよ（anuyuñjassu）。

（1119）〈自己をよく防護して（su-saṃvut'atto）〉とは、よく身・口・心によってまさに正しく防護して、〈街中を（visikh'antare）行きながら（caraṃ）〉とは、乞食に行くために車道・街路を（raccha-visikhesu, Vri. icchā-visesesu, 特殊の欲求で）行きながら。〈明るい満月の（dosinā puṇṇa-māsiyā）月のように〉とは、曇りを離れた（vigata-dosāya）満月の夜における月のように、家々に対して常に新たに端正であるものとなって行け、と繋がる。

（1120）〈常に頭陀（少欲知足の行）を愉しむ者（dhute rato）〔であれ〕〉とは、またあらゆる時に頭陀の徳を愉しむ者〔であれ〕。

（1121）〈その喩えのように、心よ、お前はこんなことをする〉とは、例えば誰か或る人が果実を欲して果実のなる樹々を植えて、そこから果実が得られるや否や、それら〔の樹々〕を根元から切ろうと欲するように、心よ、お前はその喩えのように、それと類似の（tap-paṭibhāgaṃ）こんなことをする。〈およそ無常な、揺れるもの〔輪廻〕に、お前は私を促した（cale niyuñjasi）〉とは、およそ私に出家を促してから、出家してから、確かに出家の果報に達した〔私〕に（addhā gatam pabbajjā-phalaṃ）、無常な、揺れる、輪廻の口に（saṃsāra-mukhe）お前は促す。促すために、お前は唆《そそのか》す（niyojana-vasena pavattesi）。

1122 色（rūpa, 形）がないから〈目に見えない〔心〕よ（arūpa, 無色よ）〉。なぜなら、心にはそのような形状（saṇṭhānaṃ）や青などの色彩の類がないから、それゆえに〈目に見えない〔心〕よ（arūpa, 色形のないものよ）〉と〔言う〕。遠くのところに動くから（dūra-ṭṭhāna-ppavattiyā）〈遠くに行く者よ（dūraṅ-gama）〉。たとえ心には蜘蛛の糸ほどわずか（makkaṭa-sutta-mattam）も、東などの方角へと（puratthim'ādi-disā-bhāgena）行くとことがないけれども、しかし〔心は〕遠くにある対象を受け取る（ārammaṇaṃ sampaṭicchati）、というので〈遠く行く者よ〉。一人だけになって行くことによって行動するから〈一人行く者よ（eka-cārī）〉。終《つい》ぞ（antamaso）二つ三つもの心が一つとして起こることが可能であるということはない。しかしただ一つの心が一つの〔心身の〕相続において起こる。それが滅すると、他にもただ一つの〔心〕が起こる。それで〈一人行く者よ〉。

〈今や私はお前（心）の言葉を行うまい（na te karissaṃ vacanaṃ）〉とは、たとえ、かつてはお前の支配に従っていた（anuvattiṃ）としても、しかし今は〔大〕師の教誡を受けた時からは、心に従う（citta-vasiko, 心のままになる）私ではないだろう。「なぜか」ともし〔問う〕ならば、〔答える〕。〈なぜなら諸々の欲望は苦しく、つらく（kaṭukā）大層恐ろしいからだ〉。これらの欲望というものは過去にも苦であったし、将来にもつらい報いをもつ。自分を責めさいなむ（attânuvāda）などの類の大きな恐れによって縛るので、大層恐ろしい。〈涅槃

157

（寂滅、安らぎ）にだけ意を向けて行こう（nibbānam evâbhimano carissaṃ）〉とは、それゆえに涅槃だけを目指して、心を向けて（abhimukha-citto）私は住もう。

(1123) その同じ涅槃（寂滅、安らぎ）に顔を向けていることを示そうとして、〈私は不運のためで（alakkhyā なく〉云々という。そこで、〈私は不運のためでなく〉とは、不運であるから（alakkhī-katāya）、幸運でないから（nissirī-katāya）、私は家から出離したのではない、と繋がる。〈自分に恥じないから（ahirī-katāya, 無慙、破廉恥だから）〉とは、ちょうど有罪を遊戯をするかのように（yathā-vajjaṃ kelim karonto viya）、恥じないから（nillajjatāya）〔出離したのではない〕。〈心（気紛れ）ゆえに（citta-hetu）〉とは、或る時は二ガンタ（nigaṇṭha, ジャイナ教徒）に、或る時は遊行者（paribbājaka）などになって、心が確立しない男のように、〔気紛れな〕心に従う者となって（citta-vasiko hutvā）〔出離したのではない〕。〈〔世間を〕遠く切り離すから（dūrakantanā）〉とは、王などと友達になってから、彼等を欺いて（dubbhitvā）欺く者となることによって（dubbhi-bhāvena）〔出離したのではない〕。

〈生活のために（ājīva-hetu）〉とは、生活を原因として（ājīva-kāraṇā）、生計を図る者（jīvika-pakato）となって生計の怖れによって（ājīvika-bhayena）〈出離したのではない（na nikkhamiṃ）〉、出家しなかった（na pabbajiṃ）。〈そして、心よ、お前と私とは合意が（paṭissavo）できた〉とは、「出家した時から以来、私はお前の支配においては動かない。そして私だけの支配において動く」という約束（paṭiññā）が、心よ、私によって行われたではないか、と示す。

(1124)〈少欲は（appicchatā）善き人たちから称讃され〉とは、諸生活用品に対して全てに少欲な人たち（appicchā）というのは善き人たち、仏などによって称讃される。同様に〈〔他の徳の〕覆蔽を捨てること

（makkha-ppahānaṃ）〉、他の人たちの徳を覆い隠すことを止めること、〈鎮めること（vūpasama）〉、一切の苦を鎮めること、静めることは（nibbāpanaṃ）善き人たちから称讃される。〈と、確かに、心よ、その時、お前は私に促した（niyuñjasi）〉とは、「友よ、あなたは、それらの徳に立つべきです」と、心よ、このようにその時、お前は〔私に〕促した。〈今、お前は〔逆に〕かつて行った〔道〕を行く〉、今お前は私を捨てて、自分がかつて行なった大欲などを実践している。一体これは何だ、という趣旨である。

(1125)およそ「お前はかつて行った〔道〕を行く」と言われた、その意味について示すために、〈渇愛と無明と〉云々と言われた。そこで、〈渇愛（taṇhā）〉とは、諸生活用品に対する渇愛である。〈無明（avijjā）〉とは、同じそこ〔渇愛〕にある煩い（過患）を覆い隠す無明である。〈愛する・愛さないこと〉とは、子や妻などに対する愛情（pema）と呼ばれる愛するものであること（piya-bhāva）と、また辺境の臥坐所や極善い諸法（諸修行法、諸条件、諸要素）に対して（adhikusala-dhammesu）愉しまないこと（anabhirati-）と呼ばれる愛さないものであること（appiya-bhāvo）との、両者に対する〔愛するものへの〕好感・〔愛さないものへの〕反感である（anurodha-paṭivirodho）。〈美しい諸々の色〉とは、内と外との美しい諸々の色である。〈快い（楽な）感受〉とは、好ましい対象によって起こる快い（楽な）感受である。〈心に叶う〔五〕欲の楽（manāpiyā kāma-guṇā）〉とは、〔上〕述以外の心愉しい欲望の諸部分（kāma-koṭṭhāsā）である。〈吐き出した（vanta）〉とは、色形なきものとして（nirūpato）その〔欲望〕に依存した意欲・欲情（chanda-rāga）が鎮められ捨てられることによって（vikkhambhana-ppahānena）吐かれたから捨てられたから吐き出した。〈吐き出したものを〔再び〕呑み込むこと（āvamituṃ）気に私はならないであろう（ahaṃ na ussahe）〉とは、このように吐かれたそれらを再び呑み込むこと（paccāvamituṃ）は私はできない。〔それらは〕捨てられたままである、と言う。

(1126)〈あらゆるところで〉とは、あらゆる生存において、あらゆる母胎において、あらゆる〔輪廻の〕行き先（趣）において、また識が留まる処（viññāṇa-ṭṭhiti, 識住）において、〈〔お前の〕言葉は私によって行われた〉とは、おい（ambho）、心よ、お前の言葉は私によって行われた。また行いながら〈多くの生において、お前（心）は私によって怒られて（kopito）いない〉とは、しかし多くの生において、お前（心）は私によって怒られていない。私によって〔お前は〕決して軽蔑されなかった（n'eva paribhavito）。そのようにも〈内心に起こることは（ajjhatta-sambhavo）〉、自分の中に起こったのであっても、お前（tava, 心）の〈お前の（te）〔かつての〕恩を知っているから（kata-ññutāya, Vri. a〃, 知らないから）〉。〈お前の作った苦の中を、永らく〔私は〕めぐり廻った（saṃsaritaṃ, 輪廻した）〉とは、お前によって〔苦が〕生み出された時、初めのない輪廻の苦の中を長い時を私はめぐり廻った（輪廻した）、よろめき歩いた（paribbhamitaṃ）。

(1127)今や〈お前の作った苦の中を、永らく〔私は〕めぐり廻った（輪廻した）〉と簡略に述べた意味を、生起の別（pavatti-bheda）と〔輪廻の〕行き先（gati, 趣、道）の別とによって詳しく示そうとして、〈お前こそが（tvaññeva）〉云々と言う。そこで、〈王、仙人〉とは、王と仙人と。〔rāja-d-isi の〕d の字は語の連結をする。〈或る時は私どもは庶民族（vessā）や奴隷族（suddā）となる〉。〈ただお前によって（tav'eva vāhasā）〉と繋が
158
る。〈或いは神の身分に（devattanaṃ）〉とは、或いは神の存在に（deva-bhāvaṃ, PTS. -bhavaṃ）も〔なる〕。心よ、お前は私どもを（no）、我々を（amhākaṃ）まさにそのように（taṃ yeva）するという文脈である。〈〔ただお前に〕よって（vāhasā）〉とは、〔お前が〕原因であることによって〔なる〕。

(1128)〈ただお前（心）によって（tav'eva hetu）〉とは、まさにお前が因であることによって。〈お前を根源として（tvaṃ-mūlakaṃ）〉とは、お前を起因として（tvaṃ-nimittaṃ）〔私どもは阿修羅になる〕。

（1129）〈お前（心）は、しばしば私を欺くのではないだろうか（nanu dubbhissasi）〉とは、しばしばお前は欺くのではないだろうか、ちょうど昔お前が無限の諸々の生において、心よ、友に相似た敵（mitta-paṭirūpako sapatto）となって、私を度々欺いた（dubbhi）。今も思うに、そのようにお前は〔私を〕欺くのではないだろうかね。昔のように〔私を〕行かせることを私は許すまいぞ、という趣旨である。〈しばしば（muhuṃ muhuṃ）〔生存を〕旅の芸人のように（cāraṇikaṃ'va）見せながら〉とは、しばしば旅芸人にふさわしい（caraṇârahaṃ）ように意を（mano）示しながら、旅芸人にふさわしい人を（purisaṃ）欺いて、密偵の保護者を（cara-gopakaṃ）成功させようとする（nipphādento ）ように、再三それぞれの生存を示しながら、〈ただ狂う私と（ummattaken'eva mayā）〔戯れて〕お前は〔私を〕誘惑する（palobhasi）〉とは、狂人と〔戯れる〕ように私と戯れながら（kīḷanto）、それぞれ誘惑すべきものを（palobhanīyaṃ）示してから、お前は〔私を〕誘惑する。〈たとえ私がお前を捨てたとて、心よ（kiñcâpi te, citta, virādhitaṃ mayā）〉とは、おい、心よ、私に捨てられたお前は一体どうなるのか（kiṃ nāma te mayā viraddhaṃ）。それを言え、という趣旨である。

（1130）〈この心は、かつては〉とは、この心というのは今より前には色などの対象に染められることなどによって、どんなあり方によって欲し、またどこにその〔心〕の欲望が起こっても、それによって〈好きなように（yathā kāmaṃ）〉、廻り行くと楽があるように、またまさにそのように行きながら、〈楽な（快い）ように〉、長い間〈旅を行った〉。〈今や、私は〉さかりのついた酔った（pabhinna-madaṃ）、狂象を（matta-hatthiṃ）象師と呼ばれる賢い〈鉤《かぎ》を執る〔象使い〕が（aṅkusa-ggaho）〉鉤によって〔調教する〕〈ように〉、〈本底から（yoniso）〉思念（作意）することによって〈それを私は抑えよう（niggahessāmi）〉、私は彼（心）に越えて行くことを許すまい（na vītikkamituṃ dassāmi）、と。

（1131）〈また〔大〕師は私にこの世間を見せた（adhiṭṭhahi）〉とは、〔大〕師は、正等覚者はこの余すところなき蘊（心身の諸要素の集合）という世間（khandha-lokaṃ, 色・受・想・行・識）を智慧によって私に見せた（adhiṭṭhahi, PTS. adhiṭṭhāti）。何と〔見せたの〕か。〔Vri. 存在してから（hutvā）〕「存在しない（無）」という意味で（abhāv'aṭṭhena）〈無常として（aniccato）〉、いかなる恒常（dhuva）な動かないもの（thāvara）も存在しないから〈恒常でないとして（addhuvato）〉、安楽な核心（sukha-sāra）などが存在しないから〈核心がないとして（asārato）〉〔見せた〕。〈心よ、私を勝者の教えに跳び込ませよ（pakkhanda）〉とは、それゆえに、ありのままに（yāthāvato, 如実に）実践修道するために、心よ、私を勝者の、世尊の教えに跳び込ませよ、入り込ませよ（anuppavesehi）。「私を跳び込ませた（pakkhandi maṃ）」とも聖典は〔いう〕。勝者の教えにおいてこの世間に智によって跳び込ませよ、ありのままに〈渡らせよ（tārehi）〉。そして跳び込みながら観〔法〕の智慧の道によって身を養いつつ、極めて渡り難い大きな輪廻の大暴流から、私を渡らせよ。

（1132）〈お前にとって、この〔私〕は、心よ、昔（purāṇakan）のようではない〉とは、おい、心よ、この自分の身という家（atta-bhāva-geha）はお前にとって昔（porāṇakan）のようではない、という意味である。なぜか。〈私は〔今や〕お前の支配下に（vase）戻ることはできない（na alaṃ nivattituṃ）〉とは、今や〔Vri. 私は〕お前の支配下に戻るのは正しくない（na yutto）。それゆえに〔Vri. なぜなら（yasmā）〕〈大仙人の〉、世尊の〈教えにお
159
いて〉〔私は〕出家している。また出家した時から以降は、沙門たちと言う〈私のような者たちだけは、亡びを受ける者では（vināsa-dhārino）ない〉、ひたすら沙門のままである、という意味である。

（1133）〈山々（nagā）〉とは、須弥山、雪山などの一切の山々、〈海洋〉とは東の海など、また寒冷の海など一切の海、〈流れる〔河々〕（saritā）〉とは、ガンガー河などのまた一切の河々、〈富を保つ（vasun-dharā）〉とは、

大地（paṭhavī）、〈四方〉とは東など（東・西・南・北）の類別がある四つの方角。〈〔四〕維（vidisā）〉とは、東南など四つの四方の中間（anudisā）、〈下方（adho）〉とは、〔大地の〕下に水の集り・風の群がり（udaka-sandhāraka-vāyu-kkhandha）まで、〈天（divā）〉とは、諸々の神の世間、またここで「天」と言って、そこにある有情〔世間〕と行〔世間〕（心身の潜勢力としての自分の存在）を言う。〈一切は無常であり、三つの生存（世界）は悩まされている（upaddutā）〉とは、一切の欲界（kāma-bhava）などの三つの生存（欲界、色界、無色界）は無常であるとともにまた生など（生・老・病・死）、欲情など（貪、瞋、癡）の諸々の煩悩（漏）によって〈悩まされ〉また圧迫されている（pīḷitā）。ここにはいかなる安穏の地（khema-ṭṭhānaṃ）というものはない。それがないから〈どこに行って、心よ、お前は楽を愉しむのであろう（ramissasi）か〉。それゆえに、またそこからの出離（nissaraṇa）をここでお前は求めよ（pariyesāhi）、という趣旨である。

（1134）〈堅固を専らとする〔私〕を（dhiti-paraṃ, PTS.Th. dhī dhī, 嫌だ、嫌だ）〉とは、堅固を依処とする（dhiti-parāyana）別の私を、堅固な状態に立った〔私〕を、〈私の心よ、お前はどうしようとするのか〉。そこから私を僅かも動かすことはお前には出来ないであろう、という意味である。それゆえに〈心よ、〔私は〕お前（心）の支配に従う者（vasânuvattaka）にはなれない（na alaṃ）〉と言う。

今や、同じその意味を一層明らかにして示そうとして、〈決して二つの口がある鞴《ふいご》には（bhastaṃ）触れるまい（na chupe）。厭わしいとせよ。〔不浄の〕満ちた、九つの孔から〔汚物を〕流す（nava-sota-sandanin）〔身は〕〉と言う。そこで〈鞴《ふいご》に〉とは音を出すもの（ruttiṃ）に。〈二つの口がある（ubhato-mukhan）〉とは、袋に（mutoḷiyā, Vri. putoḷiyā）二つの口がある。〈決して触れまいぞ〉とは、一方的に足をもっても触れないであろう。同様にして、〈厭わしいとせよ、〔不浄の〕満ちた、九つの孔から〔汚物を〕流す〔身は〕〉とは、種々の不浄が満ち、九つの孔から、諸々の傷口から不浄を流す、流している（savantiṃ）〔身をば厭わしいとせよ〕。その便所（vacca-kuṭī, わが身）を厭わしいとせよ（dhī atthu, 嫌としよう）。その〔身に〕御免あれ（garahā hotu）。

（1135）このように二十八偈によって叱責（niggaṇhana）によって〔自分の〕心を誡《いまし》めてから、今や遠離の立場を説き示すこと（viveka-ṭṭhān'ācikkhaṇa）などによってその〔心〕を喜ばせようとして、〈猪《いのしし》や羚羊《かもしか》が潜《ひそ》み親しんだ（varāha-eṇeyya-vigāḷha-sevite）〉云々と言う。そこで〈猪や羚羊が潜み親しんだ〉とは、猪たちと羚羊たちとによって潜まれてから（ogāhetvā）親しまれた、〈山窟や山頂において（pabbhāra-kūṭe）〉とは山窟の場所で、また山の頂きで（pabbata-sikhare）、〈自然のままの美しい（pakat'eva sundare）〉とは、自然のままで美しい飽かず心を惹くところで（atitti-manohāre）。或いは天然の大地において（pakaṭe vasundhare）という読みがある。天然の地の領分において（pākatike bhūmi-padese）、という意味である。〈新しい雨水によって（nav'ambhunā）雨が注がれた森の中で（pāvusa-sitta-kānane）〉とは、雨（pāvusa）によって雨にふられて、雨雲の水によって〔水を〕注がれた（upasitta）林の中で。〈そこで洞窟という家に入ったお前（心）は楽しむだろう〉とは、その山の森の中の洞窟と呼ばれる家に近づいて行って、修習の愉しみによってお前は愉しむであろう。

（1136）〈それらの〔鳥〕たちが、お前（心）を愉しませよう〉とは、それらの孔雀などが林の思いを生起させてお前（心）を愉しませるであろう、という意味である。

（1137）〈神が雨を降らせると〉とは雨雲が大いに雨を降らせると、〈四指の長さの草の上に〉とは、同じその
160
雨水が落ちることによって、そこここで草々が赤色の毛布のような四指の長さになったときに、〈花咲いた（sampupphite）、雲のような森に（megha-nibhamhi kānane）〉とは、雨期の雨雲のような（megha-saṅkāse）森がまさに一斉に（samma-d-eva）花咲いた〔森〕に、〈山間に（nag'antare）〉とは、山の間に、〈私は木のように

（vitapi-samo）横たわるであろう〉。というのは、材木のように執著なく（apariggaho）なってから私は横たわるであろう。〈その私の〔臥床〕は柔らかで、木綿のようになるであろう（hehiti）〉とは、その八重の草の敷物は柔らかで、触りが快く、木綿のような、綿布団のような（tūlika-sadisaṃ）臥床が私にあるであろう。

（1138）〈しかし自在者（issara）が〔する〕ようにも、そのように私はしよう（kassāmi）〉とは、恰も或る自在な人物が自分の言うことをする下僕などを支配下において動かすように、私も、心よ、お前をそのように〔自在に〕しよう。私の支配のもとに〔お前を〕動かすだけである。どのようにか。〈何であれ得られるなら、それでも私には十分であるとしよう（hotu me alaṃ）〉とは、四種の生活用品に関して何であれ、或いはどのようなものでも、そのようなものが得られるなら、またそれで私には十分である、沢山であるとしよう（alaṃ pariyattaṃ hotu）。これによってこの〔次の〕ことを示す。〔即ち〕、なぜならば、ここに或る一部の人たちは渇愛が起こることによって心の支配に従っているが、しかし私は渇愛が起こるのを遠くに避けようとして、心を下僕のようにしながら、自分の支配に従わせる、と。〈お前（心）よ。ちょうど怠ることなく（atandito）猫皮（biḷāra-bhastaṃ）を〔鞣《なめ》す〕ように、そのように私はお前（心）をよく鞣されたものに（su-madditaṃ）しよう〉。というのは、心よ。渇愛が起こることを避けることによって、再び〈お前よ（taṃ）〉と心に呼びかける（āmasati, 触れる）。ちょうど他にも誰かが正しい精勤に専念することによって修習に怠ることなく自分の心を修行（業）に堪える者（kamma-kkhamaṃ）に、修行に適する者に（kamma-yoggaṃ）するように、そのように私も、心よ、〈お前を〉修行に堪える者、修行に適する者、私の支配に従う者にしよう。例えば何か。まさに猫皮をよく鞣《なめ》されたものに〔する〕ように。〔tāhaṃ の〕ta は不変化詞だけである。ちょうどよく鞣された猫皮が仕事に堪え、仕事に適し、また楽に携えられるように、そのように私はお前（心）を作ろう。

161

(1139)〈精進によって私はお前（心）を私の支配のもとに導こう（vasânayissan）〉とは、おい、心よ、私は自分の精進によって、修習の力を起こしてから、それによってお前を私の支配に導こう。〈酔象を巧みな鉤を執る〔象師〕（kusala-aṅkusa-ggaho）が〔導く〕ように〉とは、ちょうど巧みな賢い鉤を執る象師が（hatth'ācariyo）自分の技術の力で（sikkhā-balena）酔象を自分の支配に導くように、それと同様に、という意味である。

(1140)〈なぜならば、よく調教され、しっかりと立つお前（心）によって〉とは、ここで〈hi（なぜなら）〉とは不変化詞だけである。心よ、止・観の修習によってよく調御され、それゆえにこそまさに正しく観〔法〕の方規（vipassanā-vidhi）を実践したから、しっかりと立つお前によって、〈例えば調教師（yoggâcariya）が素直な馬（haya）によって〔行く〕ように〉とは、例えばよく調教され、よく調教されていればこそ素直な、曲がらないで行く駿馬によって調教師、馬を調教する御者は不安なところから（akhema-ṭṭhānato, 安穏でない処から）安全圏内の地に（khem'anta-bhūmiṃ, 安穏地に）進んで行くことができるように、そのように〈私は吉祥の道を進み行くことが出来る〉と。不吉な状態を作る諸々の煩悩がないから、吉祥の〔道〕を、〈心を守る人たちによって（cittânurakkhīhi）〉、自分の心を守ることを慣いとする（anurakkhaṇa-sīlehi）仏を始めとする人たちによってあらゆる時に親しまれた聖なる道を私は実践すること、証得することができる、可能である、という。

(1141)〈私はお前（心）を力づくで対象に縛りつけよう（nibandhisaṃ）。恰も強い縄で象を柱に〔縛りつける〕ように〉とは、ちょうど象師が大象を杭柱に強い丈夫な縄で縛りつけるように、そのように私も、心よ、観念修行の諸々の対象に（kamma-ṭṭhānârammaṇe）修習の力によって〔心を〕縛りつけよう（nibandhissaṃ）。〈お前（心）は私によってよく守られ、思念によってよく修習されて〉とは、そのお前は、心よ、私の思念（sati）によってよく守られ、またよく修習されたものとなってから、〈一切の諸々の生存に依存しないものとなるであろう〈hehisi〉とは、聖道の修習などの力によって欲の生存など（欲界・色界・無色界）の一切もの生存において渇愛などの諸々の依り処（nissaya）に依存しないものとなるであろう。

（1142）〈智慧によって邪道に従って行くもの（煩悩）を（vipathânusārinaṃ）断ち切って〉とは、邪道（非道、傍道）を行くもの（煩悩）に（uppatha-gāminaṃ）、〔生存の諸要素である十二〕処（眼・耳・鼻・舌・身・意、色・声・香・味・触・法）の集因（渇愛、煩悩）を（āyatana-samudayaṃ）如実に見る。それから、およそその集因によって邪道を行く、その〔集因である〕煩悩の流れを（kilesa-vissandanaṃ）、煩悩の悶《もだ》えを（kilesa-vipphanditaṃ）感官の防護の機縁によって（indriya-saṃvarûpanissayāya）、思惟の智慧によって（paṭisaṅkhāna-paññāya）断ち切って、〔煩悩の〕流れを断ち切ることによって（sota-vicchedana-vasena）〔煩悩の〕妨げをして（āvaraṇaṃ katvā）、〈修行（yoga, 瞑想）によって抑止して（niggayha）〉とは、観〔法〕の修習と呼ばれる観行（瞑想）によって、〔煩悩の〕可能性を調伏することによって（sāmatthiya-vidamanena, [Vri] 〃-vidhamanena, 〃）〔修行道に〕確立させる。それから（nivesetvā）、〈〔正しい〕道に確立させて（nivesiya）〉とは、観〔法〕の道に確立させて、安立させる。それから、しかし観〔法〕が励まされて道に合う時、その時には道の智慧によって

「およそ何でも生起する性質（集因の法）があるもの（samudaya-dhammaṃ）、その一切は滅びる性質（滅法）があるもの（nirodha-dhammaṃ）である。」（*Vin*.I.12[31-], *S*.V.423[15-16], *D*. I.110[12-]）

という例示によって、全て〔十二〕処の集因の〈消滅（vibhava）と生成（sambhava）とを〉迷妄がないものと見る。それから、神を含む世間において〔お前は〕〈最高の説法者〉、正等覚者の〈相続人（dāyādaka）〉、〔仏〕自身から生まれた子（orasa-putta）と〈なるであろう（hohisi）〉、なるだろう（bhavissati）という意味である。

（1143）〈四種の顛倒（錯倒）の支配に依存した〔私〕を（catu-bbipallāsa-vasaṃ adhiṭṭhitaṃ）〉とは、無常なるもの

を常住と、不浄なるものを浄と、苦を楽と、非我を我であると〔思う〕、これらの四種の顛倒の支配に依存し、〔それに〕従っている〔私〕を（anuvattantaṃ）、〈牧童をば〔導く〕ように、心よ、お前は私を導いた（gā-maṇḍalaṃ va parinesi, citta, man）〉。というのは、おい、心よ、お前は村の童子を〔引き回す〕ように、あちらこちらと私を引き回した（parikaḍḍhasi）。〈一体〔お前は〕、しがらみの束縛を断ち切るお方に（saṃyojana-bandhana-cchidan）〉とは、しがらみ（saṃyojana, 結縛）と呼ばれる十の束縛（色貪・無色貪・慢・掉挙・無明、有身見・疑・戒禁取・欲貪・瞋恚）を断ち切るお方に（bandhanānaṃ chedakaṃ）、〈悲《あわ》れむ大牟尼に（kāruṇikaṃ mahā-muniṃ）〉とは、正等覚者に、〈仕えるのではないのか（saṃsevase nūna）〉。「そのような大威力ある方々をもう遠くにお前は避ける。しかし私のような苦行者たちをお前は好きなように導く」と、〔心に対する〕不信を見せかけることによって（appasāda-lesena）〔大〕師を称讃する。

(1144)〈恰も獣（鹿）が〉とは、恰も獣が樹木・藪・蔓草などで種々彩られた乱れない〈森の中で〉、〈自在に（serī）〉自在となって（sayaṃ-vasī）愉しむ。〈雨雲と華の鬘《かづら》を頂いた（pāvusa-abbha-mālinaṃ）楽しい山に〉とは、このように雨期に、一面によく華鬘をつけた、地上に生えるもの・水中に生えるものの花環を具えているので、雲と華鬘を頂いた〔山〕に、人々から遠離しているので、また心楽しいので〈楽しい（ramma）〉山に到ってから、〈そこで、山の中で私は愉しむであろう（ramissaṃ）〉。疑いなく（asaṃsayaṃ）、まさに一方的に〈お前は、心よ、敗れるであろう（parābhavissasi）〉、輪廻の災厄（byasana）にお前は立つであろう、という意味である。

(1145)〈誰でもお前（心）の意欲によって動く者（vattin）たちは〉とは、全ての凡夫たちを心が共通であることによって（citta-sāmaññena）捉えて言う。その意味は、およそ男女は、おい、心よ、お前の意欲によって、支配によって、好み（ruci）によって立っている（thitā, 存在している）。〈およそ何でも（yaṃ）〉家に依存した

〈快楽（楽）を享受する〉、享受するであろう。彼等〈無知の人たちは〉、暗愚の者たちは、〈魔の支配に従い行く〉。煩悩魔など（煩悩・蘊・行・死・天子の五魔）の支配に従って動くことを慣いとし、〈生存を喜ぶ者たち（bhavâbhinandī）は〉、欲望などの生存（欲界・色界・無色界）だけを喜ぶのであるから、〈お前（心）に奉仕する者たち（sevakā, [Vri] sāvakā, 弟子たち）である〉。〔お前に〕教えられた通りにする者たち（anusiṭṭhi-karā）である。我々はしかし正等覚者の声聞弟子であり、お前（心）の支配に従って行きはしまい、と。

このように、上座はかつて自分に起こった根源的な思念（作意）を、心を抑制することによって起こし、種々のあり方から分析してから、傍らにいた比丘たちに教誡を与えることによって語った。またおよそここで処々で意味として解釈されなかったところは、前に趣旨が述べられたから、もう意味明瞭である、と。

ターラプタ上座の偈の註釈　終わる。

五十〔偈〕集の註釈　終わる。

註

（1）この上座を赤沼『辞典』は Taḷaputa, Tāḷaputa と出し、漢訳は遮羅周羅、動髪（共に原語 Calacūḷa）という。ここは、私と心との対話で自分自身（自己）と自分の心（思い）との対立と抗争を反省し考察する。心には常に二人称単数で呼びかけ恨みがましく批判し遂には屈服させたようである。心と対立し独立する自分自身（自己、我、自我、私）は一人称の代名詞と動詞とだけで示される。それ以上は言及がない。無我説とどう関るか、なお考慮の余地があるであろう。しかしこのような、サーンクヤ（数論）学派を始めヴェーダーンタ諸派等でも追求された難問が、本註釈では特別の術語も理論もなしに、さらりと見事に処理されている。また㈡168, 314 頁参照。

〔60．六十偈集（Saṭṭhi-nipāta）〕

六〇（1146—1208）、マハー・モッガッラーナ（Mahā-moggallāna, 大目連）

〈今生における修道成就の因縁〉

六十〔偈〕集において、〈森林住者〉云々とは、尊者マハー・モッガッラーナ（大目連）上座の偈である。彼の事蹟は法将軍（舎利弗）の事蹟の中で述べた通りである。なぜなら、上座は出家した日から七日目に、マガダ国のカッラヴァーラの小村の近くで沙門法を行いながら、惛沈《こんぢん》睡眠（欝状・眠気）に陥っていると（okkamante, [Vri]okkante）、〔大〕師から

「モッガッラーナよ、モッガッラーナよ、バラモンよ、聖なる沈黙状態に放逸ではならぬ（mā tuṇhībhāvaṃ pamādo）。」（S. II. 273[25-]）

云々と、畏れさせられて、惛沈睡眠を除き去ってから、世尊が説こうとされている界の観念修行（dhātu-kammaṭṭhāna, 界業処、地・水・火・風の四界についての観察）を聞きながらだけで観〔法〕を増大させてから、次第に上の三つの道（一来・不還・阿羅漢）に近づいて行ってから、最高の果（阿羅漢果）の刹那に声聞波羅蜜（最高の行、境地）の智の頂点に達した。〔それで譬喩経にはこう言う（Ap.I.31[15-]）。

「アノーマダッシン世尊、世間の最勝者、人間の牛王は

神の集団に尊敬されて雪山に住んでおられた。…乃至…」〕

さて、〔大〕師は後になって、祇陀林大精舎において聖者の衆の真ん中に坐って、それぞれの徳をもって自分の声聞たちを第一人者の地位に就けようとして、

「比丘たちよ、私の声聞比丘たちの神通を具えた者たちの、この第一人者は、即ちこのモッガッラーナ（目連）である。」（A. I. 23[19]）

と、神通を具えた者であることによって、〔彼を〕第一人者の地位に就けた。

このように〔大〕師から第一人者に就けられた、声聞波羅蜜の頂点に達した、かの大上座（大目連）によって、それぞれの起因（nimitta）に出会って、それぞれの所で説かれた諸偈があり、それらが結集の時に法の結集者たちによって述べられた。

163

〈自分の実践修行について述懐する六十余偈（PTS. 版は六十二偈、Vri. 版は六十七偈）〉

(1146) 森林住者、托鉢者であり、残食が鉢に入って来たのを愉しみ、
内心によく心定まって、〔私どもは〕死魔の軍を破るであろう。

(1147) ▽森林住者、托鉢者であり、残食が鉢に入って来たのを愉しみ、
象が葦の家を〔払う〕ように、〔私どもは〕死魔の軍を払う。

(1148) 木の根元に坐り、常に行じ、残食が鉢に入って来たのを愉しみ、
内心によく心定まって、〔私どもは〕死魔の軍を破るであろう。

（1149）木の根元に坐り、常に行じ、残食が鉢に入って来たのを愉しみ、
象が葦の家を〔払う〕ように、〔私どもは〕死魔の軍を払うであろう。

（1150）「肉や筋（腱）に縫い合わされた骨や骸骨の小屋よ。〔不浄に〕満ちて、
悪臭ある女よ。厭わしいとせよ。他の体に対し、お前は吾がものと思う。

（1151）糞袋よ、皮膚に覆われた女よ、胸に腫物（乳房）ある鬼女よ。

お前の身には九つの孔があり、それらは常に〔汚物を〕流す。

（1152）九つの孔あり、悪臭をつくる、縛るものであるお前の体を、
それ（体）を比丘は避ける。またちょうど清潔好きの人が大便を〔避ける〕ように。

（1153）このように、もし人々がそれ（女体）を、私がそれを知るように、知るなら、
遠くから〔女体を〕避けるであろう。雨期に糞溜めを〔避ける〕ように。」

（1154）「これはそうです。大勇者よ。あなたが言われる通りです。沙門様。

そして或る人たちは、ここに沈みます。老いた牛が泥沼に〔沈む〕ように。」

（1155）「なぜなら、人が鬱金《うこん》（黄色染料）で、或いは他の染料で
空《そら》を染めようと思うなら、それは困難を起こすだけだ。

（1156）その空《そら》に等しい、内心よく定まった〔私の〕心に取りつくな。

悪心ある〔鬼〕女よ。炎《ほむら》に蛾が〔取りつくように取りつくな〕」。

（1157）「多彩にされた現《うつ》し身《み》の、組み立てられた、痛む身をば見よ。

その恒常・安定ではない、多く気になる病む〔身をば見よ〕。」（=769, 1020）

（a）宝珠や耳環で、多彩にされた〔女の〕容色〔色〕を見よ。
骨を皮で覆われ、着物とともに麗しい〔容色を見よ〕。（770）

（b）紅《べに》がつけられた〔女の〕両足、白粉《おしろい》が塗られた顔は、
愚か者の迷いには充分。彼岸を求める者には否。（771）

（c）〔女の〕八房に分けられた髪、青黒膏を塗られた両眼は
愚か者の迷いには充分。彼岸を求める者には否。（772）

（d）新しい多彩な青黒膏容れ〔の壷〕のように、飾られた臭い身は
愚か者の迷いには充分。彼岸を求める者には否。（773）

（e）猟師は罠を仕掛けた。鹿は罠に近づかなかった。
『私たちは餌を食べてから行く』〔と〕。鹿を縛る者が泣くのに。（774）

（f）猟師の罠は切られ、鹿は罠に近づかなかった。
『私たちは餌を食べてから行く』〔と〕。猟師が愁い悲しむのに。」（775）

（1158）多くのあり方が具わった舎利弗が入滅（涅槃）したときに、
そのとき恐ろしいことがあった。そのとき身の毛のよ立つことがあった。

（1159）ああ、諸行（身心の諸潜勢力）は無常だ。生・滅の性質をもつ。
生じては滅ぶ。それらの鎮静は安楽だ。（= *D*.II.157^{8-}, *S*.I.158^{31-}）

（1160）誰でも五蘊（身心の諸要素の集合）を他と見て、また自己と〔見〕ないなら、
その人たちは恰も毛端を矢で〔射抜く〕ように微細なものを洞察する。

164

（1161）また誰でも諸行（身心の諸潜勢力）を他と見て、また自己と〔見〕ないなら、
恰も毛端を矢で〔射抜く〕ように、微妙なものを洞察した。

（1162）刃物で触られたように、頭が燃えるように、
欲望や欲情を捨てるために、思念して比丘は遊行するがよい。（＝39）

（1163）刃物で触られたように、頭が燃えるように、
生存への欲念を捨てるために、思念して比丘は遊行するがよい。（＝40）

（1164）▽自己を修めて最後の身を保たれる〔世尊〕から促されて、
私は鹿母《ろくも》講堂を足の拇《おやゆび》で震動させた。

（1165）あらゆる結縛から解放する、この涅槃は、それは、
緩やかに励んで、それは僅かの力では、達成すべくもない。

（1166）またこの若き比丘は、この最高の人物は、
軍勢と共なる魔を切り捨てて、最後の身を保つがよい。

（1167）雷光がヴェーバーラ〔山〕とパンダヴァ〔山〕の裂け目に沿って落ちる。
そして比類なきそのような方の息子は、山の裂け目に行ってだけ禅思する。

（1168）静まり、止息し、辺境の臥坐所に留まる牟尼（聖者）、
最勝の仏の相続者は、梵天から礼拝される。

（1169）静まり、止息し、辺境の臥坐所に留まる牟尼（聖者）、
最勝の仏の相続者である迦葉を、バラモンよ、礼拝したまえ。

（1170）また誰でも、百の生まれに出あって、皆バラモンの生まれとして、
人間の中に度々〔生まれ〕、聖典に通じ、ヴェーダ（智）を具えても、
（1171）たとえ〔その人が〕読誦者で三ヴェーダの奥義に達した人でも、
この〔迦葉尊者〕を礼拝することの、十六分の一にも値しない。
（1172）およその人は食前に八解脱に
順に逆に触れた。それから托鉢に行く、
（1173）そのような比丘を攻めるな。己《おのれ》を傷つけるな。バラモンよ。
そのような阿羅漢に対して意《こころ》をば浄らかにせよ。速やかに
合掌して礼拝せよ。〔その方に〕そなたの頭をば割られるな。
（1174）この人は正法を見ない。輪廻に導かれて、
下に行く曲がった路を、邪道を辿って走る。
（1175）糞に塗《まみ》れた蛆虫のように、ごみ芥《あくた》に執らわれて
利得と尊敬に沈み込み、空しくポッティラは行く。
（1176）またこの、やって来た、みめ美しい、舎利弗を見よ。
両方の部門で解脱した、内心によく心定まった方を〔見よ〕。
（1177）矢を抜き去り、結縛が尽き、三明を得て、死魔を捨てた、
供養されるべき方、人々の最上の福田である方を〔見よ〕。
（1178）▽これら数多《あまた》の神々は、神通力あり名声がある。

一萬の神々は、全て梵輔天の者たちだ。
目連に敬礼し、合掌して立っている。
(1179) 御身に帰命。高貴の生まれの方よ。
御身に帰命。人間の最上の方よ。その方の
これら煩悩〔漏〕は尽きた。御身は供養されるべきです。尊師よ。
(1180) 人と神によって供養され〔この世に〕生まれ死に打ち勝ち
白蓮が水に〔汚されない〕ように、塵埃の中で汚れない。
(1181) およそその方には寸時にして世間が千種に知られる、
その方は梵天の如く、諸々の神通の類に自在であり、
神格たるその比丘は死去と再生とに〔自在で〕、時に見る。
(1182) およそ、まことに彼岸に達した比丘とて、智慧により、戒により、
また寂静によって、舎利弗こそが、これほどに第一の方であろう。
(1183) 百千億の自分の身を刹那に〔私は〕化作するであろう。
私は諸々の神変に巧みであり、神通に自在である。
(1184) 禅定と明智を自在にして最高の境地に達し、
依止することのないお方の教えのもとで、目連姓の、
賢者は感官定まって、恰《あたか》も象が臭蔓《くさかずら》を〔断ち切る〕ように、
結縛を断ち切った。

(1185)〔大〕師は私によって奉仕され、仏の教えは行われた。
重い荷は降ろされ、生存に導くものは断ち切れた。（＝*Th*.604, 656, 687, 792, 918, 891）

(1186)そのために家ある者から家なき者へと出家した、
私のその目的は達成され、全ての結縛は尽きた。（*Th*.605）

(1187)ヴィドゥラ声聞と、カクサンダ・バラモンとを、攻めてから、
およそそこでドゥッシンが煮られた地獄とは、どんなだったのか。

(1188)百本の鉄杭《てっくい》があり、全てがそれぞれ痛いのだ。
ヴィドゥラ声聞とカクサンダ・バラモンを攻めて
ドゥッシンが煮られた地獄は、そのようなものであった。

(1189)およそ誰でも仏の声聞たる比丘は、これをよく知っている。
そのような比丘を攻めては、黒魔よ、お前は苦を受ける。

(1190)海の真ん中に、一劫に亘る諸々の宮殿が建っている。
瑠璃色の輝く光があり清浄だ。

(1191)そこで多くの仙女たちが、さまざまな彩りで舞う。
誰でも仏の声聞たる比丘は、これをよく知っている。
そのような比丘を攻めて、黒魔よ、お前は苦を受ける。（1189）

(1192)▽その〔私〕こそ仏に促されて、比丘僧団が見ていると
鹿母《ろくも》講堂をば足の拇《おやゆび》で揺るがした。

(1193) およそ誰でも仏の声聞たる比丘は、これをよく知っている。
そのような比丘を攻めては、悪魔よ、お前は苦を受ける。（1189）

(1194) その〔私〕はヴェージャヤンタ楼閣（最勝殿）を足の拇で揺るがした。
〔私は〕また、神通力によって支えられて、神格たちを畏れさせた。

(1195) およそ誰でも仏の声聞たる比丘は、これをよく知っている。
そのような比丘を攻めては、悪魔よ、お前は苦を受ける。（1189）

(1196) その〔私〕はヴェージャヤンタ楼閣（最勝殿）で帝釈天に質問する。
「また、友よ、御身は渇愛の滅尽による諸々の解脱を知っているのか」〔と〕。
帝釈天は質問されて、その〔私〕に如実に答えた。

(1197) およそ誰でも仏の声聞たる比丘は、これをよく知っている。
そのような比丘を攻めては、黒魔よ、おまえは苦を受ける。（1189）

(1198) その〔私〕は善法堂の衆会の前で梵天に質問する。
「今日もなお、友よ、以前にあなたの見解であったのが、
〔そのまま〕それが、あなたの見解なのか。
あなたは梵天界を光り輝くものが越えて行くのを見るか」〔と〕。

(1199) 梵天は問いを質されて、その〔私〕に如実に答えた。
「友よ、以前に私の見解であったのが、それが〔今〕、私の見解ではない。

(1200) 梵天界を光り輝くものが越えて行くのを私は見る。

その私が今日、どうして『私は常住であり恒常である』と言うであろうか。」〔と〕。

（1201）およそ誰でも仏の声聞たる比丘は、このことをよく知っている。

そのような比丘を攻めては、黒魔よ、おまえは苦を受ける。）（1189）

（1202）その〔私〕は解脱によって大ネール（須弥山）の頂上に触れた。

〔南ジャムブ洲の〕森に〔触れ〕、東ヴィデーハ〔洲〕の人たちに〔触れ〕、
またおよそ〔西ゴーヤーナ洲と北クル洲の〕地に寝る人たちに〔触れた〕。

（1203）およそ誰でも仏の声聞たる比丘は、このことをよく知っている。

そのような比丘を攻めては、黒魔よ、お前は苦を受ける。（1189）

（1204）火は「私は愚者を焼く」とまったく思わない。

愚者だけが燃えるその火を攻めて焼かれるのだ。

（1205）まさにそのように、お前は、魔よ、その如来を攻めて、自分で
自分を焼くであろう。愚者が火に触れて〔自分を焼く〕ように。

（1206）その如来を攻めて魔は、不幸（非福）を生み出す者となる。

一体お前は、悪しき者（魔）よ、私（如来）に対する悪〔業〕は報いられぬ、と思うのか。

（1207）おまえが悪を長期に亘って作っていると死ぬ。破局を齎す魔よ。

魔よ。覚った者から離れよ。比丘たちに願望を懐いてはならぬ。

（1208）そのようにベーサカラー林において比丘は魔を叱責した。

するとその夜叉は落胆して、もうその場で消え去せた、と。

このように実に尊者大目連上座は諸々の偈を述べた、という。
〔これら諸偈は〕この順序で一つに纏めて結集（経の編集）に乗せて置かれている。

167

〔語句の註釈〕

(1146) そこで、〈森林住者〉云々という四つの偈は、比丘たちに教誡を与えるために述べられた。〈森林住者（āraññakā, *pl.*）〉とは、村の外れの臥坐所を拒けて「森林住者の頭陀（煩悩を払う少欲知足の生活）の項目（支分、条件、要件）」を受持することによって森林住者である。僧団の食を拒けて「托鉢食者の〔頭陀の〕項目」を受持することによって〈托鉢者（piṇḍa-pātika）〉であり、家毎に得た托鉢食によって身を養う（yāpanaka）。〈残食（落穂）が鉢に入って来たのを愉しみ（uñchā-pattâgate ratā, *pl.*）〉とは、落穂拾いに歩いて鉢に入って来た、鉢に容れられたものを（patta-pariyāpanne）愉しむ。その〔残飯（落穂）〕によってのみ愉しみ満足する。〈私どもは死魔の軍を破るであろう（dālemu）〉とは、自分を不利益を生み出す〔魔の〕仲間であることに近づくことから〔離れて〕、死王の軍勢となった煩悩を運ぶものを切ることによって、〈内心によく心定まって〉とは、対象や内心に（gocar'ajjhatte,[Vri] ～esu）よく心定まった者となって〔死魔の軍を破るであろう〕。これによってその〔死魔〕を打ち破る手段（padālan'upāya）を言う。

(1147) 〈〔私どもは死魔の軍を〕払う（dhunāma,）〉とは、振り払って除く（niddhunāma）、摧破するであろう（viddhaṃsema）。

(1148) 〈常に行じ（sātatikā）〉とは、常に行い、修習のために常に精進を行なっている（satata-pavatta-vīriyā）。

(1150)〈骨や骸骨の小屋よ〉云々という四偈を、自分を誘惑するために近づいて来た遊女（gaṇikā）を教誡するために、述べた。

そこで、〈骨や骸骨の小屋よ（aṭṭhi-kaṅkāla-kuṭike）〉とは、骨の鎖（saṅkhalikā）でできた小屋よ、〈〔肉や〕筋（腱）に縫い合わされた女よ（nhāru'upasibbite）〉とは、九百の筋（腱）を全て縫い合わされた女よ。森の諸々の小屋は木の棒を立て蔓草などで縛ってから作られる。しかしお前は最高に厭わしい骨や骸骨によって、同じく最高に厭わしい筋で縛ってから作られ、極めて厭わしく、また不快である、ということを示す。〈厭わしいとせよ（dhī-r-atthu）。〔不浄に〕満ち、悪臭ある女よ〉とは、髪、毛など種々の類の不浄に満ち、満ちあふれ、それゆえにこそ悪臭ある女よ厭わしいとせよ、お前に叱責が（garahā, Vri dhī-kāro, 厭わしいという声が）あれよ。〈他の体に対し、お前は吾がものと思う（mamāyase）〉とは、またこのお前の悪臭ある〔体〕には、上に腫物（phoṭa）が出る危難があるが、同じように不浄で悪臭あり厭わしい、反感をもたれるものがある（paṭikkūla-samādānaṃ）。そのようなままで（tādiso eva, Vri tādise eva）お前は他のところに、犬・山犬・蛆虫の巣などの体となる体に対して（kaḷebare）、吾がものであるとする（mamattaṃ karosi）。

(1151)〈糞袋よ（gūtha-bhaste）〉とは、糞が満ちた袋のようなものよ。〈皮膚に覆われた女よ（tac'onaddhe）〉とは、皮膚に覆われた、皮膚だけに被われた罪過ある女よ（kibbise）。〈胸に腫物（乳房）ある鬼女よ（ura-gaṇḍa-pisācinī）〉とは、胸にもり上がった二つの腫物（乳房）をもつ女よ。恐ろしいものであるから、また不利益を齎すから悪鬼（pisāca）のような女よ。〈それらは常に〔汚物を〕流す〉とは、それら〈九つの孔〉＝九つの傷口（vaṇa-mukhāni, 両眼・両耳・両鼻孔・口・肛門・尿道）は常時、夜も昼も不浄物を流す、出す、漏らす。

(1152)〈縛るもの（paribandhaṃ）〉とは、正しい実践修道を縛るものとなった〔お前の体を比丘は避ける〕。

〈比丘は〉とは、輪廻に恐れを見る者（bhayaṃ ikkhanto）、或いは煩悩が破られた者（bhinna-kileso）は、遠く〈〔お前の体を〕避ける〉、吾がものであるとしない。〈またちょうど清潔好きの人が（suci-kāmo）大便（mīḷha）を〔避ける〕ように〉という。〈と（ca）〉とは不変化詞だけである。ちょうど清潔ぐせの人が（suci-jātiko）清潔だけを欲して、頭から沐浴したのに、人便を見ると、もう遠くから〔それを〕避けたように、まさに同じ様に比丘は〔女体を避ける〕という意味である。

(1153)〈このように、もし人々がそれ（女体）を、知るなら〉とは、このように体（sarīra）と呼ばれた不浄の集積（asuci-puñja）を、私が如実に知るように、その通りに大衆が知るならば、その〔女体〕を〈遠くから（ārakā）〉、もう遠くから〈避けるであろう（parivajjeyya）〉。〈雨期に（pāvuse）糞溜めを〔避ける〕ように〉とは、雨の時期に清潔ぐせの人が腐った不浄物が隙間なくつまった糞溜めを〔避ける〕ように。しかし、なぜなら、それを如実に知らないから、それゆえにそこ（糞溜め）に沈んだ者（nimugga）は頭を上げない、という趣旨である。

168

(1154)このように上座によって体における欠点（dosa, 過悪）が解き明かされると、その遊女は顔を恥ずかしさで染めて（lajjā-vaṇita-mukhī）、上座に敬意を表してから、「これはそうです。大勇者よ」と偈を述べてから、上座を礼拝して立った。そこで〈そして或る人たちは、ここに〉とは、このように本来的に厭わしい本性があるものであっても、この身に、或る一部の人たちは、執著が強いがために〈沈みます（visīdanti）〉、落胆に陥る（visādaṃ āpajjanti）、〈老いた牛が（jara-ggavo）泥沼に〔沈む〕ように〉、大きな泥水の深み（-kaddama-kucchi）に落ちた力のない牛（sampatita-dubbala-balibaddo）のように災厄に（byasanam）だけ遭う、という意味である。

(1155)再び彼女に対して上座は、「私のような者にとって、そのような行動は無意味であり、困難を齎《もたら》すだけだ」、ということを示そうとして、〈なぜなら、空《そら》を〉云々という二偈を言う。その意味は、即ち、誰でも人が〈欝金《うこん》（haliddi, 黄色染料）で、或いは他の〉染料の類で（raṅga-jātena）空を染めようと思うなら、彼の〈その〉行為は〈困難を起こす（vighāt'udayaṃ）〉、心の困難を齎す〈だけ〉であろう。ちょうどそれは器量の及ばないことに（avisaye）専心するように。

(1156)〈その空《そら》に等しい、〔私の〕心に〉とは、そのようなこの私の心に、空に等しい、どこにも引っかからないことによって、〈内心〉よく〈定まった〉〔私の心に〕、それゆえに〈悪心ある〔鬼〕女よ、取りつくな（mā āhari, Vri. 〃 āsādi, 近づくな）〉と。諸々の欲望に沈んでいるから心劣った女よ、心卑しい女よ、私のようなものに近づくな（mā āsādehi, 攻めるな）。〈炎《ほむら》（aggi-kkhandha, 火のかたまり）に蛾（pakkhimant）が〉とは、蛾、夜行性昆虫（salabha）が炎《ほむら》に近づくと不利益（不幸、災難）だけを得るように、「お前のこの〔行為〕はこのような結果になる（evaṃ sampadaṃ）」と、示す。

(1157)〈多彩にされた（citta-kata）〔身〕をば見よ〉云々という七偈（1057（a）―（f））は、〔Vri. その同じ〕遊女を見て心が顛倒した（vipallatta-citta）比丘たちに教誡を与えるために述べられた。それを聞いてその遊女は赤面して（maṅku-bhūtā）、やって来た同じ道を逃げて行った。（Th.769-775とその註、本巻七五―八〇頁参照）

(1158)〈そのとき、あった（tadāsi, PTS. tad āsi, それが、あった）〉云々という四偈は、尊者舎利弗上座の入滅（般涅槃）に関して述べられた。そこで、〈多くのあり方が具わった〉とは、多くの戒による防護などの類に満ちた。

(1160)〈その人たちは、微細なものを洞察する〉とは、彼等瞑想する人（yogin, 瑜伽者）たちは極めて微細なものを洞察する（paṭivijjhanti）と言われる。どのようにか。〈恰も毛端を矢で〔射抜く〕ように〉。ちょうど百に裂かれた毛の一本の糸の先を夜の暗闇の中で稲妻の光によって射抜くように、という意味である。「しかしその人たちとは誰か」というと、〔答えて〕言う。

（1161）〈誰でも五蘊（身心の諸要素の集合、色・受・想・行・識）を他と見て、また自己と〔見〕ないなら〉とは、そこで〈他と（parato）〉とは非自己（非我）と（anattato）〔見て〕、なぜなら、これはその〔五蘊〕を自己〔我〕と捉えることを拒けることを示すからである（atta-ggāha-paṭikkhepa-dassanaṃ）。それで〈また自己と〔見〕ない〉と言う。これによって、非自己（非我）から立ち上げられた（abhivuṭṭhita）聖道によって、「苦という真理（苦諦）」を了知し領解することを（pariññâbhisamayaṃ）言う。しかしそれ（苦諦）と不離であるから（tad-avinā-bhāvato）他の〔集・滅・道の〕領解もよく洞察されていることがもう述べられた、と見るべきである。しかし或る人たちは、不利益を作るものであるから「他のものは（pare）」というのは五取蘊である、として〈他と見る〉というこの〔句〕によって、特に全てもの〔蘊〕がもう正しく述べられたと言う。〈〔微妙なものを〕洞察した（paccabyādhiṃsu）〉とは洞察した（paṭivijjhiṃsu）。

169

（1162）〈刃物で触られたように（sattiyā viya omaṭṭho）〉とは、初偈はティッサ上座に関して言われた。第二〔偈〕はヴァッダマーナ上座に〔関して言われた〕。それらは先に述べた意味の通りである。（*Th.* 39, 40）

（1164）〈自己を修めた方から促されて（codito）〉という偈は「講堂震動経」（Pāsāda-kampana-suttanta, *S.* V. 263）に関して述べられた。そこで〈自己を修めて、最後の身を保たれる方から〉とは、世尊に関して言う。

（1165）〈それは、緩やかに励んで…ない〉云々という二偈は、精進の劣ったヴェーダという名のある若い比丘に関して述べられた。そこで〈緩やかに励んで（sithilam ārabbha）〉とは、緩やかに行なって、精進しないで。〈僅かな力では〉とは、僅かの精進の力では〈この涅槃は、達成すべくもない〉。しかしまさに大きな四種の正勤の精進によって（-samma-ppadhāna-viriyena）得べきである、という意味である。

(1167)〈〔電光が山の〕裂け目に沿って落ちる〉云々という二偈は自分が遠離していることに関していう。

(1168)そこで〈梵天から礼拝される（abhivandito）〉とは、大梵天によって、また神を含む世間によって対面してから称讃され、また帰命される。

(1169)〈静まり（upasantaṃ）、止息し（uparataṃ）〉云々という五偈は、王舎城に托鉢に入る大迦葉上座を見て、「黒耳の者（kāḷa-kaṇṇin, 不吉の者）を私は見た」と、その彼（大迦葉）を妨害するために（paṭighāt'atthaṃ）、人（大迦葉）を眺めてから立った、舎利弗上座の甥の邪見あるバラモンを〔目連が〕見た。それから、彼を憐れんで「このバラモンが滅びてはならぬ」と、聖者を罵るのを防ぐために「〔迦葉〕上座を礼拝したまえ」と、彼を促そうとして〔目連が〕述べた。

(1170)そこで、〈百の生まれに出あって〉とは、百の生まれに近づいて来ても、〈聖典に通じ（sotthiya）〉とは聖典に通じた類の、〈ヴェーダ（智）を具えて〉とは智を具えても、(1171)〈この〉とは、〔迦葉〕上座〔を礼拝することの、十六分の一にも値しない〕。なぜなら、これがここで簡略な意味だからである。即ち、どんな人物も、次々と高位の（uditoditā）混じらない（asambhinnā, 純血の）百のバラモンの生に順々に生まれることによって近づいて来ても、またそこでバラモンの諸々の学術（vijjā）において完成の域に達し、〈三ヴェーダの奥義に達した人〉であろうとも、またバラモンの務め（vatta）を満たしても、この〔大迦葉〕の明智などよりなる福徳の十六分の〈一にも値しない〉、礼拝よりなる福徳こそがそれよりももっと偉大である、と。

(1172)〈〔食前に〕八解脱〉とは、色〔を見る〕禅思などの八解脱〔に触れた〕（『パーリ仏教辞典』p.37b 参照）。なぜなら、修習によって得られた色〔を見る〕諸禅思が、反対の（障碍となる）諸法（心の要素）からよく解脱していることを愉しむこと（abhirati）によって、また対象に対して疑惑なく起こること（nirāsaṅkañ ca pavattiṃ, [Vri]nirāsaṅgañ〃執著なく〃）によって〔八〕解脱がある、と言われるからである。しかし滅尽定（nirodha-samāpatti）は反対の（障碍となる）諸法からすでに解脱しているから、またここでは禅思（静慮）のみであると知るべきである。〈順に逆に〉とは、初禅から始めて非想非非想処〔定〕にいたるまで順次に、非想非非想処〔定〕から始めて初禅にいたるまで逆次に〔禅思する〕。〈食前に〉とは、食事のずっと前に〔八解脱に〕〈触れた（aphassayi, 体験した）〉とは、多くのあり方の区別がある禅定に入った。〈それから托鉢に行く〉とは、その禅定から出て、或いはその禅定に入ってから後で、今度は托鉢に行く、と、その日に行われた上座の実践について言う。しかし上座は毎日毎日同じくそのように実践する。

170

（1173）〈そのような比丘を攻めるな（mâsādi, [PTS]mâhari, 取るな）〉とは、およそそのような人の諸々の徳が一部述べられた、〈そのような〉、そのような仏に従って覚った大漏尽者の比丘を攻めるな（mā āsādehi）。〈己《おのれ》を傷つけるな（mā attānaṃ khaṇi）。バラモンよ〉とは、また攻めることによって、バラモンよ、自分を傷つけるな。聖者を罵《ののし》ることによって自分の善法（徳、功徳）を根こそぎにするな。〈意《こころ》をば浄らかにせよ（abhippasādehi）〉とは、「ああ、この沙門は端正である」と自分の心を浄めよ。〈そなたの頭をば割られるな（mā te vijaṭi matthakaṃ）〉とは、そなたの頭をその方に対して行われた罪（aparādha）によって七つに割られるな（mā phali）。それゆえに、それを償うために（paṭikār'atthaṃ）もう速やかに〈合掌して礼拝せよ〉と。バラモンはそれを聞いて、恐れ畏れて（bhīto saṃviggo）身の毛がよ立って、もう直ぐに上座に許しを乞うた。

（1174）〈この人は〔正法を〕見ない〉云々という二偈は、ポーティラ（Poṭhila, [Vri]poṭṭhila）という比丘が、正しく実践しない間違った生活をしていることを（apaṭipajjantaṃ micchājīvakataṃ, [PTS]paṭipajjantaṃ micchājīvakaṃ, 実践しているのに間違った生活をしているのを）見て、叱責するために述べられた。そこで、〈この人は正法を見ない〉とは、このポーティラ比丘は善き仏などの教え（法）を、道の果である涅槃を見ない。なぜか。〈輪廻に導かれて（purakkhato）〉、輪廻に縛る無明などに導かれて、諸々の苦界に生まれる者だからである。〈下に行く〉、下方に行く、誑《たぶらか》し（māyā）、諂《へつら》い（sāṭheyya, 諂曲）に従って行ったから、〈曲がった路を（jimha-pathaṃ）〉、間違った道であるから邪道となった（kum-magga-bhūtaṃ）間違った生活を、〈辿って走る（anudhāvati）〉、辿っている（anuparivattati）。

(1175)〈糞に塗《まみ》れた（mīḷha-sallitta）蛆虫（kimi）のように〉とは、糞にすっかり塗れた糞溜めの蛆虫のように、煩悩の不浄と混じった〈ごみ芥《あくた》に（saṅkāre, [Vri.]saṅkhāre, 行に）執らわれて（adhimucchito）〉、罪を犯して（ajjhāpanno）、〈利得と尊敬に（lābha-sakkāre）沈み込み（pagāḷho）〉とは、利得と尊敬に渇愛によって押されるから（pakārato）沈み、潜る。〈空しく（tuccho）ポーティラは行く〉とは、増上戒学（adhi-sīla-sikkhā）がないので空っぽの、核心のない者となって、ポーティラ比丘は行く、動く。

(1176)〈またこの〔舎利弗〕を見よ〉云々という二偈は、尊者舎利弗を称讃しようとする〔目連〕によって述べられた。そこで、〈またこの〔舎利弗〕を見よ〉とは、尊者舎利弗上座を見てから、浄く信じる心で自分の心に語りかける。〈〔舎利弗は〕みめ美しい（sudassana）〉とは、無学の人たちの戒の集まりが円満しているとともに、声聞波羅蜜（最高の修行）の智が円満しているから、端正に見える。〈〔舎利弗は〕両方の部門で解脱した〉とは、両方の部門（心解脱と慧解脱）で解脱したから、両方の部門で解脱した。両方の部門によって、無色の禅定によって色身（rūpa-kāya, 肉体）から〔解脱し〕、道によって名身（nāma-kāya, 受・想・行・識）から〔解脱した〕、それぞれ適宜に、同じそれらの鎮伏〔捨断〕（vikkhambhana〔-pahāna〕）と正断〔捨断〕（samuccheda〔-pahāna〕）の〔両〕部門によって解脱した人を〔見よ〕、という意味である。

171

(1177) 全てに欲情（rāga, 貪）の矢などがないので〈矢を抜き去り〉、欲望などの束縛（yoga, 軛）がまさに正しく尽きているから〈結縛が尽き〉、きわめて清浄な三明〔Vri. を証得しているから〕〈三明を得て（te-vijja）〉、死王が破られたから〈死魔を捨てた方を〉、見よ、と繋がる。

(1178)〈これら数多《あまた》の〔神々〕〉云々という数偈は、尊者舎利弗上座が大目連上座を称《たた》えようとして言われた。

(1180) そこで、〈人と神によって供養され〉とは、人々と神々とによって最高の供養をもって供養された。〈〔この世に〕生まれ死に打ち勝ち〉とは、世間に生まれたものとなって、死に打ち勝っている。或いはまた、人の神、正等覚者によって供養されて、〔生まれる〕原因となったお方によって、〔大目連は〕聖なる生に生まれた。なぜなら、正等覚者は最初は業によって人に、人間になってから、後に聖なる生によって最上の神、天中天となったからである。それゆえに〔正等覚者が〕人の神（nara-deva, 人天）と言われる。人の神である世尊から供養された〔大目連〕は、称讃によって〔聖なる生に〕生まれて、死魔が打ち破られた世間に生まれたものとなってから、〈死に打ち勝ち（maraṇābhibhū）〉、死魔を捨てた方である。〈白蓮が水に〔汚されない〕ように〉、水によって白蓮が〔汚されない〕ように、ごみ芥に入っても（saṅkāra-gate）渇愛や見解の塗りにも〈汚れない（na upalimpati）〉。どこにも依存しない、という意味である。

(1181)〈およその方には（yassa）〉とは、およその方によって（yena）、〈寸時にして（muhutte）〉とは、刹那だけの時に（khaṇa-matte kāle）、〈千種に〉とは千類に、〈世間が〉とは、器世間（okāsa-loka、空間としての世間）が〔知られる〕。なぜなら、これがここの意味だからである。即ち、およその大神通ある尊者大目連によって千の世界はもう一刹那に、まさに正しく〈知られる（vidito）〉＝直接知覚として知られる、〈その方は梵天の如く〉、大梵天のように、傾注（āvajjana）など（傾注・確立・出定・省察）に自在であることを得る神通を具えることに〔自在であり〕、また死去と再生とに（cutûpapāte）〈自在で、時に見る（kāle passati）〉とは、それにふさわしい時に天眼によって神格（大目連）は見る、と。

（1182）〈舎利弗こそが〉云々という偈は、尊者大目連によって自分の徳を明らかにしようとして述べられた。そこで〈舎利弗こそが〉〔云々〕という偈の、これ（以下）が簡略な意味である。〈智慧により〉、智慧を具えることによって、〈戒により〉、戒を具えることによって、〈寂静によって（upasamena）〉、煩悩の鎮静によって（kilesa-vūpasamena）、およそ比丘が〈彼岸に達した（pāraṅ-gato）〉、彼岸に、究竟に（pariyantaṃ）、卓越に（ukkaṃsaṃ）達している〔という〕、その舎利弗は、声聞の智慧などの諸徳をもって第一の卓越に達している。なぜなら、智慧によって、戒によって、第一の卓越に達しているから。〈これほどに第一の方であろう〉、この方はまさに最高であり、それより上はない、と。

（1183）しかし、ここで〔大目連〕上座は、ちょうど舎利弗が智慧をもって最上者であるように、そのように私は禅定をもって最上者であることを明らかにするために〔以下の偈を〕述べた。それゆえにこそ〈百千億の〔自分の身を〕〉云々と言う。そこで、〈刹那に〔私は〕化作するであろう（nimmine）〉とは、もう一刹那に百千億の自分の身を化作するであろう、化作することが出来る。それを化作する時、私に負担はない。〈〔私は〕諸々の神変に（vikubbanāsu）巧みであり、神通に自在である〉とは、単に意よりなる諸々の神変においてだけではなく、全てもの〈神通に（iddhiyā）〉私は自在を得ている。

（1184）〈禅定と明智を自在にして最高の境地に達し（samādhi-vijjā-vasī pāramiṃ gato）〉とは、思い廻らし（sa-vitakka, 有尋）、考え廻らし（sa-vicāra, 有伺）などの諸々の禅定におけるとともに、前世の住処の智などの諸々の明知（vijjā, 三明＝宿命通、天眼通、漏尽通）においてもまた、自在であることによって最高の境地（pāramī, 波羅蜜）に、頂点（koṭi）に達した。〈依止することのないお方の（asitassa）〉、渇愛への依存などがない〔大〕師の教えのもとで、先述のような諸々の徳をもって卓越に達し、堅固心（dhiti）を具えているので〈賢者（dhīro）、目連姓の（Moggallāna-gotto）〉、目連は安定した感官を保っているから〈感官定まって（samāhit-indriyo）、恰も象（hatthi-nāga）が臭蔓《くさかずら》（pūti-latā）を〔断ち切る〕ように、結縛を（bandhanaṃ）〉もう容易に切る、そのように全ての煩悩の結縛をもう〈断ち切った〉と。

172

〈魔への警告、業の報い〉

（1187）〈▽地獄は、どんなだったのか〉と始まる〔三〕偈は、〔目連の〕胃（koṭṭha, 腹）に入ってから出て来ている魔を（Vri. ṭhita-māraṃ, PTS. ṭhita-mātaṃ）叱責しようとして〔目連〕上座が述べた（以下ここの最後偈まで、M. No.50 Māra-tajjaniya-sutta, I.pp.332-338,『中阿含』巻 30（131）降魔経、T.1.620b-623a 等参照）。

そこで〈どんな〉とは、どのような類か。〈およそそこでドゥッシンが〉とは、およそその地獄で（niraye）、ドゥッシンとは、そのような名の魔が、〈煮られた（apaccatha, 苦しめられた）〉とは、地獄の火で煮られた。〈ヴィドゥラ声聞を〉とは、ヴィドゥラという、カクサンダ世尊（二十四仏の第二十二、七仏の第四）の高弟を、〈攻めてから（āsajja）〉とは、打ってから、妨げてから、〈またカクサンダ・バラモンを〉とは、またカクサンダ正等覚者を攻めてから、という意味である。一童子に憑《つ》き入ってから（āvisitvā）魔が、世尊に向かって投げた石ころ（sakkharā）が上座の頭に落ちた。

（1188）〈百本の鉄杭《てつぐい》があり（āsi ayosaṅkū）〉とは、聞くところでは、その地獄に生まれた者たちの身は三ガーウタ（15 km.）ある。ドゥッシン魔の〔身〕も同じくそのようであった。さて地獄の獄卒たちはターラ椰子の幹の大きさの鉄串（ayo-sūla）が燃え焼け光をもっているのを百本も持って、「まさにこのところにあるお前の心臓で考えて、悪を為したのだ」と、石炭桶（sudhā-doṇī）の中で石炭を砕くように心臓の真ん中を砕いてから、五十人の人（獄卒）は〔心臓から〕足に向かって、五十人の人（獄卒）は〔心臓から〕頭に向かって砕きながら行く。そしてこのように〔砕いて〕行って五百年かかって両端（足の先と頭の先）に達してから再び戻りながら、五百年かかって心臓の真ん中に近づいて行く。それに関して「百本の鉄杭があった」と言われた。

〈全てがそれぞれ痛いのだ（paccatta-vedanā）〉とは、それぞれに（pāṭiyekkaṃ, Vri. pāṭiyekka-）苦痛を生ずる。聞くところでは、その痛みは（vedanā, 受）大地獄の痛みよりももっと苦しいのである。なぜなら、例えば〔蒔いた種子が土の中で〕湿り気を飲む（sineha-pāna）七日間よりも〔後で〕世話する（parihāra）七日間の方が行うことがより難しいように、そのように大地獄よりも小地獄で（Ussade）〔悪業の〕報いから立ち上がる痛み（vipāka-vuṭṭhāna-vedanā）がより耐え難い（dukkaratarā, Vri. dukkhatarā, より苦しい）、と〔人々は〕言う。

〈地獄はそのようなものだった〉とは、この場合、「天使経（Deva-dūta-suttanta, *M.* III. 178ff.）」によって、地獄が明らかにされるべきである。

(1189)〈およそ誰でも仏の声聞たる比丘は、これをよく知っている〉とは、およそ誰でも大神通ある者（mahābhiññā）は、またこの業の果報を手のひらに置かれたアーマラカ（āmalaka, 余甘子）のように目《ま》の当たりにしてから直接知覚から知る。〈仏の声聞たる比丘は〉とは、煩悩を破った比丘、正等覚者の声聞弟子は〔知る〕」。〈黒魔よ。お前は苦を受ける〉とは、一方的に黒い、悪い諸法（属性）を具えているから、黒い者よ、魔よ、お前は苦を見出すであろう。

(1190)〈海の真ん中に〉とは、聞くところでは、大海の中に水を土台にして現れ出た諸々の宮殿が（nibbatta-

173 vimānāni）、一劫存続するものである。それで〈一劫に亘る諸々の宮殿（vimānā kappaṭṭhāyino）〉と言う。それら諸々の宮殿には瑠璃（veḷuriya, 猫眼石）のような色彩がある。また山の頂で燃え輝く葦の火の束のようにそれら〔宮殿〕の光は輝いている。それでそれらの〔宮殿〕はきわめてよく輝く光明をそなえている。それで〈瑠璃色の輝く光があり清浄だ〉と言う。

(1191)〈多くの〔仙女たちが〕、さまざまな彩りで〉とは、青などによって種々の彩りの、沢山の仙女たちが（accharā）そこで、それらの宮殿で舞う。〈誰でも、これをよく知っている〉とは、およそこの宮殿の事を直接知覚して（paccakkhaṃ katvā, 目の当たりにして）知る。なぜなら、この意味は「天宮事」と「餓鬼事」で明らかにすべきことだからである。

(1192)〈仏に促されて（codito）〉、正等覚者から促され、急《せ》き立てられて（uyyojito）。〈比丘僧団が見ていると（pekkhato）〉とは、大比丘僧団が見ているのに。〈鹿母《ろくも》講堂を足の拇《おやゆび》で揺るがした〉とは、東園（Pubbārāma）の中にヴィサーカー大信女によって作られた千の房室に飾られた大講堂を私は足の拇で震動させた。なぜなら、或る時、東園の先述の講堂に世尊が住んでおられると、大勢のより新しい比丘たちが講堂の上階に坐って、〔大〕師をも思わないで畜生の話（tiracchāna-kathā）を語り始めた。それを聞いて世尊は彼等を畏れさせて〔彼等を〕自分の説法の受け皿となるものにしたいと欲して、尊者大目連に語りかけた。

「そなたは、目連よ、新米の比丘たちが畜生の話に耽《ふけ》っているのを見るかね」と。

それを聞いてから、上座は〔大〕師の意向を知って、神通（abhiññā, 通智）に基いた水遍（āpo-kasiṇa）を対象とする第四禅に入ってから、〔そこから〕出て、講堂が建っている場所に「水を出せ」と威力を加えてから（adhiṭṭhāya）、講堂の頂上にある小塔（thūpikaṃ）を足の拇《おやゆび》で打った。講堂は傾いて一方の側に立った。またもや打った。〔講堂は〕別の側に立った。

彼等比丘たちは恐れ畏れて講堂が倒落するのを怖れて、そこから出て世尊のそばに立った。〔大〕師は彼等の心内の意向を眺め渡して法を説いた。それを聞いて彼等の或る者たちは預流果に安立した。或る者は一来者の果に、或る者は不還者の果に、或る者は阿羅漢の境地に安立した。そこでこの意味は「講堂震動経」（S. V. 269）（cf. M. I. 253）によって明らかにされよう。

(1194)〈最勝殿（Vejayanta-pāsāda, 帝釈の宮殿）〉という、その最勝殿は三十三天の都で、高さが一千ヨージャナで数千の尖塔（niyyūha）・重閣（kūṭâgāra）に飾られ、神と阿修羅の戦闘で阿修羅たちに勝利して、神々の王である帝釈が都城の真ん中に立つと、立ち上がったものであり、勝利すると現れ出たから「最勝」という名を得た殿堂である。それに関して「最勝殿を」という。なぜなら、この上座はその〔殿堂〕をも足の拇で震わせたからである。

なぜなら、或る時、東園に住んでおられる世尊を神々の王・帝釈が訪れてから、渇愛の滅尽による解脱を質ねた。彼に世尊は答えた。彼はそれを聞いて得心して喜んで、礼拝し右廻りしてから、自分の天の世間にだけ帰った。時に尊者大目連はこのように思った。〔即ち〕この帝釈は世尊を訪れて、このように深遠な涅槃に関係した問いを質ねた。そして世尊によって問いは答えられた。一体〔彼、帝釈は〕知ってから帰ったのか、それとも、知らないで〔帰った〕のか。▽さあ私は天界に行ってその意味を知ろう、と。彼は直ちに三十三天に行ってから神々の王・帝釈にこの旨を質ねた。帝釈は天上の栄華に酔っていて〔心が〕散乱した（vikkhepaṃ akāsi）。上座は彼に畏れを起こすために最勝殿を足の拇《おやゆび》で揺るがした。それでこう言う。

(1194)その〔私〕はヴェージャヤンタ楼閣（最勝殿）を足の拇で揺るがした。

〔私は〕また、神通力によって支えられて、神格たちを畏れさせた、と。

しかしその意味は「愛尽解脱小経」(*M.* I. 251)によって明らかにされよう。震動の状況はすでに前に述べた通りである。

(1196)〈その〔私〕は帝釈天に質問する〉とは、先述の通りの上座の渇愛の滅尽による解脱に関する質問について言われた。それゆえに〈また、友よ、御身は渇愛の滅尽による諸々の解脱を知っているのか〉と言う。〈その〔私〕に帝釈天は答えた〉とは、これは上座によって宮殿の震動が行われると、畏れた心で放逸を捨て、根源から思念して、〔彼は自分の〕質問に世尊が答えられたことに関して述べた。なぜなら、〔大〕師によって示された決定によってのみ彼はその時語ったからである。それで〈〔帝釈天は〕質問されて、如実に〔答えた〕〉と言う。そこで、〈彼は帝釈天に質問する〉とは、神の王である帝釈天にかの目連上座は〔大〕師によって示された渇愛の滅尽による解脱が〔帝釈天によって〕正しく把握されているのかを尋ねた。なぜなら、〔質問する(paripucchati)という〕この〔語〕は過去の意味で〔用いられた〕現在形の語であるからである。〈また、友よ、あなたは知っているのか〉とは、友よ、またあなたは知っているのか。何をあなたは知っているのか。〈渇愛の滅尽による諸々の解脱を〉とは、ちょうど渇愛の滅尽による諸々の解脱が〔大〕師によってあなたに示されたように、その通りにあなたは知っているのか、と質ねた。或いは、渇愛の滅尽による諸々の解脱を、とは、「渇愛の滅尽による解脱という経」(Taṇhā-saṅkhaya-vimutti-sutta, 愛尽解脱経)の説示を問う。

(1198)〈梵天に〉とは、大梵天に、〈善法堂の衆会の前で(Sudhammāyaṃ abhito sabhaṃ, Vri. 〃ṭhito〃, 善法堂に立って集会に)〉とは、善法堂という衆会堂の中に立って、〔質問する〕。しかしこれは梵天界における善法衆会堂だけで(Sudhamma-sabhā'va)、三十三天にあるのではない。善法衆会堂のない天界というものはないのである。〈今日もなお、友よ、以前にあなたの見解であったのが、〔そのまま〕それが、あなたの見解なのか〉とは、「この梵天界に近づいて来ることが出来る、いかなる沙門、或いはバラモンもいない、というのが、〔大〕師がここに来られる以前の、あなたの見解であったが、今日もなお、今でもその見解がなくなって（vigatā）いないのか」ということである。

〈あなたは梵天界も光り輝くものが（pabhassaraṃ）越えて行くのを（vītivattantaṃ）見るか〉とは、梵天界において舎利弗・大目連・大迦葉などの声聞たちに囲まれて、火界〔三昧〕に入って坐っている、声聞を伴う世尊の光（obhāsa）が越えて行くのを（vītivattantaṃ,[Vri.] vītipatantaṃ）見るのか、見ないのか、という意味である。なぜなら、ある時、梵天界の善法堂という神々の衆会堂に〔[Vri.] 集まって来てから（sannipatitvā）〕一緒に坐っている〔梵天〕が（sannisinnassa）

「およそここへやって来ることができるような、そのような大神通のある、誰か沙門、或いはバラモンが、一体いるのかな。」

と思っている。すると（ti cintentassa）、世尊は、その梵天の心を知って、そこに行ってから、梵天の頭上の空
175
中に坐って、火界〔三昧という禅定〕に入って（tejo-dhātuṃ samāpajjitvā）光を放ちながら、大目連などがやって来ることを思ったからである。〔世尊の〕思いとともに彼等もそこに行ってから〔大〕師を礼拝して、〔大〕師の意向を知ってから、火界〔三昧〕に入って、それぞれの方位に坐って光を放った。全梵天界が一つの光になった。〔大〕師は梵天の心構えができていることを（kallacittataṃ）知って、四つの真理（四諦）を明らかにする法を説いた。説示の終わりに、数千の梵天が道や果に安立した。それに関して、〔梵天を〕促そうとして、「今日もなお、友よ、〔以前の見解と同じ〕それが、あなたの見解なのか」と偈を言う。またその意味は「バカ

梵天経」(Baka-brahma-sutta)によって明らかにされよう(M. I. 329 *ff.*)。なぜなら、こう言われている。

〔バカ梵天との対話〕

或る時、世尊は舎衛城における祇陀林の給孤独〔長者〕の園に住んでおられる。…比丘たちよ、なるほどまたその時、或る一梵天にこのような悪しき見解の類が生じている。〔即ち〕「およそここにやって来るような、そんな沙門、或いはバラモンはいない」と。すると、なるほど、世尊はその梵天の心の思い廻らしを(ceto-parivitakkaṃ)心で知ってから、例えば、いわば力ある男が、或いは曲げた腕を伸ばすように、或いは伸ばした腕を折り曲げるように、まさにそのように、祇陀林で消えて、その梵天界に現われた。

すると、なるほど世尊はその梵天の上空に結跏趺坐して、火界〔三昧という禅定〕に入った。

すると、なるほど尊者大目連はこう思った。「どこに一体、ね、世尊は今住んでおられるか」と。なるほど尊者大目連は、浄らかな超人的な天眼をもって、世尊がその梵天の上空で結跏趺坐して火界〔三昧〕に入っておられるのを見た。見てから、例えていえば力ある人が…乃至…梵天界に現われた。

すると、なるほど尊者大目連は東の方位によってその梵天の上空の世尊より低いところで、火界〔三昧〕に入ってから結跏趺坐して坐った。

すると、なるほど尊者大迦葉はこう思った。「どこに、一体ね、世尊は今住んでおられるか」と。…

なるほど尊者大迦葉は世尊を天眼をもって〔見た〕。…乃至…〔梵天界に〕現われた。

すると、なるほど尊者大迦葉は南の方位に…乃至…世尊より〔低いところに結跏趺坐して〕。…

すると、なるほど尊者大カッピナ(劫賓那)はこう思った。「どこに、一体ね、世尊はどこに〔住んでおら

176

れるのか〕」。…乃至…なるほど尊者大カッピナは世尊を〔見た〕。…乃至…〔火界三昧に〕入っておられるのを〔見た〕。見てから、例えば力ある人が…乃至…その梵天界に〔身を〕現わした。すると、なるほど尊者大カッピナは西の方位によって…乃至…世尊より〔低いところに結跏趺坐して〕。…

すると、なるほど尊者アヌルッダ（阿那律）はこう思った。「どこに、一体ね、世尊は〔住んでおられるのか〕」。…乃至…なるほど尊者アヌルッダは世尊を…乃至…〔火界三昧に〕入っておられるのを見た。見てから、例えば…乃至…現▽われた。時になるほど尊者アヌルッダは北の方位によって…乃至…世尊より〔低いところに結跏趺坐して〕。…

すると、なるほど尊者大目連はその梵天に偈をもって語りかけた。

(1198)「今日もなお、友よ、以前にあなたの見解であったのが、
〔そのまま〕それが、あなたの見解なのか。
あなたは梵天界を光り輝くものが越えて行くのを見るか」と。

(1199)梵天は問いを質《ただ》されて、その〔私〕に如実に答えた。
「友よ、以前に私の見解であったのが、それが〔今〕、私の見解ではない。

(1200)梵天界を光り輝くものが越えて行くのを私は見る。
その私が今日、どうして「私は常住で恒常である」と言うであろうかと。

すると、なるほど世尊はその梵天を畏れさせてから、例えば…乃至…祇陀林に現われた。

すると、なるほどその梵天は、或る一梵衆天に（Brahma-pārisajjam）語りかけた。

「行け。友よ、お前は尊者大目連の許に訪ねて行け。訪ねて行ってから尊者大目連にこう言え。『一体ね、

友、目連よ、他にもかの世尊の声聞たちで、このように大神通者で、このように大威力ある者たちがいるのですか。例えば尊者大目連、迦葉、カッピナ、アヌルッダのような』」と。

「はい、友よ。」

と、なるほど、その梵衆天はその梵天に答えて、尊者大目連の許に訪ねて行った。訪ねて行ってから尊者大目連にこう言った。

「一体ね、尊師目連よ。彼の世尊には他にも声聞たちで、…大威力ある者たちがいるのですか。…乃至…アヌルッダのような」と。

すると、なるほど、尊者大目連はその梵衆天に偈をもって語りかけた（ajjhabhāsi）。

「三明を得た、また神通を得た、他の心の在りように通じた（ceto-pariya-kovidā, Vri. 〃-pariyāya-〃）、煩悩（漏）が尽きた、阿羅漢たち、沢山の仏の声聞弟子たちが、います」と。

すると、なるほどその梵衆天は尊者大目連が述べたことを喜んで、随喜してから、その梵天のところに近づいて行った。そして近づいて行ってからその梵天にこう言った。

「友よ。尊者大目連はこう言う。三明を得た、…乃至…仏の声聞弟子たちが、います」と。

こう、その梵衆天は言った。意を得たその梵天は梵衆天が述べたことを喜んだ、と。

これに関して「しかしこの意味は「バカ梵天経」によって明らかにすべきである」と言われている。

(1202)〈〔私は〕大ネール（須弥山）の頂上に〔触れた〕〉とは、頂上を始めとして（kūṭa-sīsena）も全体のシネール（須弥）山王を言う。〔須弥山の頂上に〕〈解脱によって〔私は〕触れた（aphassayi）〉とは、禅思による解脱に依存することによって（jhāna-vimokkha-nissayena）、通智（abhiññāṇa）によって触れた、という趣旨で

177

ある。〈森に〉とは、ジャムブ洲（閻浮提《えんぶだい》、インド洲）に。なぜなら、その〔ジャムブ洲〕は森が多いから「森」と言われたからである。それで「ジャムブ樹の叢林（jambu-saṇḍa, インド洲）の自在者」（＝転輪王）と言う。〈東ヴィデーハ（勝身）〔洲〕の人たちに（Pubba-videhānan）〉とは、東ヴィデーハという場所に、東ヴィデーハ〔洲〕に〔触れ〕、という意味である。〈またおよそ地に寝る（bhūmi-saya）人たち〉とは、地に寝る人たちと呼ばれる西ゴーヤーナ（牛貨《ごけ》）〔洲〕の（Apara-goyānakā）〔人たち〕と北クル（倶盧）〔洲〕の（Uttara-kurukā）人たちである。なぜなら、彼等は家がないから地面に寝る人たちと言われたからである。それらの全てにも触れた、という繋がりである。しかしこの意味は「ナンダ・ウパナンダの調伏」（Nandôpananda-damana）によって明らかにすべきである。（*Vism*. 398 ; *MA*. II. 423）

〈ナンダ・ウパナンダ龍王を調伏〉

聞くところでは、或る時、給孤独《ぎっこどく》家主（長者）は世尊の説法を聞いて、

「尊師よ、明日五百人の比丘たちと共に私の家で施食をお摂り下さい。」

と招待してから出て行った。そしてその日、世尊が早朝に一萬の世間界を眺めると、ナンダ・ウパナンダ（難陀・優波難陀）という龍王が〔世尊の〕智の入口における識閾（āpātha, 知覚される境目）に入って来た。世尊は

「この龍王は私の智の入口の識閾に入って来る。一体、ね〔これは〕何になるであろうか。」

と思い廻らしながら、〔彼に三宝に〕帰依する機縁（upanissaya）を見てから、

「この者は邪見（間違った見解）を懐いて（micchā-diṭṭhiko）三宝に対して信じていない（appasanno）。誰が一体、この者を邪見から解放するであろうかな。」

と思い廻らしながら、大目連上座を見た。それから夜が明けそめる頃に身繕いを（sarīra-paṭijagganaṃ）してから、尊者阿難に語りかけた。

「阿難よ、五百人の比丘たちに告げなさい。『如来は神（天）の遊行に（deva-cārikaṃ）行く』と」。

そしてその日に、ナンダ・ウパナンダの酒宴の場（āpāna-bhūmi）を〔神々が〕設営した。彼は天上の宝の椅子に、天上の白傘を差し掛けられながら、また三種の踊り子や、また龍の衆に囲まれて、天上の諸々の容器に盛られた食べ物、飲み物の類を眺めながら坐っている。

すると、なるほど、世尊は龍王が〔世尊を〕見るようにそのようにしてしてから、彼（龍王）の宮殿のちょうど真上を通って、五百人の比丘たちと共に三十三天の世界を目指して出かけた（pāyāsi）。そしてその時、なるほどナンダ・ウパナンダ龍王にこのような〔Vri. 悪しき〕見解の類が生じている。

「なぜなら、これら坊主頭の似非《えせ》沙門（samaṇakā）というものどもが、我々の都城の上を通って三十三天の神々の都城に入りもし、また出てもくる。今やこれから以後は、こいつらが我々の頭の上で足の塵を撒き散らしながら行くことを許さないぞ。」

と、立ち上がってから、須弥山の山麓に行って、その自分の身を捨ててから、〔龍となって〕須弥山を七回りとぐろをもって巻いて、鎌首を上に挙げてから三十三天の都城を下に曲げた鎌首をもって（avakujjena phaṇena）〔Vri. 受け取らせて（paṭiggahetvā）〕見えないものにした。

すると、なるほど、尊者ラッタパーラ（護国）は世尊にこう申し上げた。

「かつては、尊師よ、私がこの場所に立つと須弥山一帯を（Sineru-paribhaṇḍaṃ）見ます。三十三天を見ます。最勝殿を見ます。最勝殿上の旗を見ます。何が一体ね、尊師よ、原因で、何が条件（縁）で、今、私が須弥山を見ない、…乃至…最勝殿上の旗を見ないのですか。」と。

「ラッタパーラよ、このナンダ・ウパナンダという龍王が、お前たちに腹を立てて、須弥山を七回りとぐろで巻いて、上は鎌首をもって覆い隠して暗闇を作っているのだよ」と。

「▽私が彼を調伏します、尊師よ」と。

178 世尊は許さなかった（na anujāni）。すると、なるほど尊者バッディヤ（賢善）が、尊者ラーフラ（羅睺羅）が、というふうに、順次に皆の比丘たちも立ち上がった。世尊は許さなかった。終わりに大目連上座が

「私が、尊師よ、調伏します」と言う。

「調伏したまえ、大目連よ。」と世尊は彼に許した。

上座は自分の身を捨てて巨大な龍王の姿を（nāga-rāja-vaṇṇaṃ）化作してナンダ・ウパナンダ〔龍王〕を十四回とぐろで巻いてから、彼の鎌首の頭に自分の鎌首を置いて、須弥山と共に大いに圧迫した（abhinippīḷesi）。

龍王は煙を吐いた。上座は

「お前だけが体に煙があるのではない。私にもあるのだ。」

と煙を吐いた。龍王の煙は上座を悩まさない。しかし上座の煙は龍王を悩ます。それから龍王は燃えた。龍王の火は上座を悩まさないが、しかし上座の火は龍王を悩ます。龍王は

「こいつは俺を須弥山と共に圧迫してから煙を吐くし、また火を噴く」と思って、

「やい、お前は誰だ」と尋ねた。

「私はね、ナンダよ、目連だ」と。

「お前、自分が比丘となって立ってくれ」と。

上座はその〔龍の〕身を捨てて〔小さくなって〕彼（龍王）の右の耳孔から入って、左の耳孔から出た。左の耳孔から入って右の耳孔から出た。同様に右の鼻孔から入って左の鼻孔から出た。左の鼻孔から入って右の鼻孔から出た。それから龍王は口を開けた。上座は口から入って腹の中を東へ西へと歩きまわる。世尊は「目連よ、注意したまえ（manasi karohi）、龍は大神通者だよ」と言う。上座は「尊師様、御存知のように私には四種の神通の基本（cattāro iddhi-pādā, 四神足）を修習し、多く行い、乗物とし（yānī-katā, 通暁し）、土台とし（vatthu-katā）、実行し、熟知し、よく努めております。尊師よ、ナンダ・ウパナンダに、〔いたずらを〕やめてもらいましょう（tiṭṭhatu）。私はナンダ・ウパナンダのような龍王たちなら百でも千でも百千でも調伏しましょう。」

と言う。龍王は思った。

「〔あいつが〕入る時にはまず私には見えない。出てくる時には今度はあいつを牙歯の間に（cāḷh'antare）投げ入れて噛み砕こう」と考えて、

「お前、出て来い。腹の中であちこち歩きまわりながら俺を悩ませるな」と言う。

上座は出て行って外に立った。龍王は「これがあいつだ」と見てから鼻の風を放った。上座は第四禅に入った。風はその〔上座の〕毛穴も揺らすことが出来なかった。聞くところでは、その他の比丘たちは始めから全ての神変を行うことが出来るようである。しかしこの場に到ってから、このように速かに注意する者（khippa-nisantin）となって禅定に入ることは（samāpajjituṃ）出来ないであろう、というので世尊は彼等に龍王を調伏することを許さなかった。▽龍王は

「俺は鼻の風でこの沙門の毛穴すらも揺らすことが出来なかった。この沙門は大神通力者だ。」

と思った。上座は自分の身を捨ててから金翅鳥の姿を（supaṇṇa-rūpaṃ）化作して、金翅鳥の風を示しながら龍王を追跡した（anubandhi）。龍王はその身を捨てて学童（青年）の姿を化作してから、

「尊師よ、あなた様に帰依いたします。」

と言いながら、上座の両足を拝んだ。上座は

「ナンダよ、〔大〕師がお出でです。来なさい。あなた。私どもは〔〔大〕師の許に〕参りましょう。」

と龍王を調伏して従順にしてから、連れて世尊の許に行った。龍王は世尊を礼拝して、

「尊師よ、私はあなた様に帰依いたします。」

と言う。世尊は

「安楽であれよ（sukhī hohi）、龍王よ。」

と言ってから、比丘僧団を従えて給孤独《ぎっこどく》〔長者〕の邸に（nivesanaṃ）行った。給孤独〔長者〕は

「尊師よ、何で日中過ぎにお出でになったのですか」と言う。

「目連とナンダ・ウパナンダとの戦いがあったのです」と。

「では尊師よ、誰の勝ち、誰の負けですか」と。

「目連の勝ち、ナンダの負けです」と。

給孤独〔長者〕は「尊師よ、世尊は七日間一続きで私が食を〔差し上げること〕をお許し下さい。七日間私は上座に恭敬（供養）致します。」と言ってから、七日間、仏を上首とする五百人の比丘たちに大恭敬（供養）を行なった。それで〔先に〕「ナンダ・ウパナンダ〔龍王〕の調伏によって明らかにすべきである」と言ったのである。

〈語句の註釈〉

1203〈およそ誰でも、このことをよく知っている〉とは、このことを先述の通りの解脱に触れることによって知る。1204〈火は「私は愚者を焼く」とはまったく思わない（na cetayati）〉とは、このように火は思わない（na abhisañceteti）し、焼くために用意も努力もしない。ただ〈愚者〉だけが「この〈火〉はゆっくり動く（manda-gati）」と、燃えていない（anijjalantaṃ）かのように〈燃えているその火を攻めて焼かれるのだ〉。

1205〈まさにそのように、魔よ〉、私を焼こうと欲して、しかし〈お前〉だけが、「そのように去られる（如去）」などの意味で（tathā-gamanâdi-atthena, Vri. tathā āgamanâ〃, 〃来られる〃）〔如来（如去）と呼ばれる〕〈如来を〉〔攻めて（āsajja）〕、炎《ほむら》（aggi-khandha, 火の塊）のような聖なる声聞弟子を〈攻めて、〔自分で〕自分を焼くであろう〉、焼かれる苦しみから解放されないであろう。

1206〈〔魔は、〕不幸（apuñña, 非福）を生み出す者〉とは、不幸を受ける〔者となる〕。〈私（如来）に対する悪〔業〕は報いられぬ〉（na vipaccati）とは、私に対する悪〔業〕の報いは出ないと、〈一体〉、魔よ、そのように〈お前は思うのか〉。〔Vri. これはない（na-y-idam atthi）〕

1207〈お前が悪を作っていると死ぬ（miyyate, M.Vri. cīyati, 〔悪が〕積まれる）〉とは、一方的にお前が悪を〈長期に亘って〉、長時にわたって作っていると、不利益に苦しみに近づいて死ぬ（upamiyyati, Vri. upacīyati, 近づいて〔悪が〕積まれる）。〈魔よ、覚った者から離れよ〉とは、四つの真理（四諦）を覚ったから〔その呼び名を得た〕仏の声聞弟子から離れよ（nibbinda, 厭離せよ）。厭離してから更に〔魔の〕行為を言う。〈比丘たちに願望（āsā）を懐いてはならぬ〉と。「私は比丘たちを妨げよう（virodhemi）、悩ませよう」と、こんな願望を懐くな。

1208〈そのように（iti）〉とは、このように（evaṃ）、〔比丘は〕〈魔を叱責した〉とは、「魔よ、離れよ、…

180 乃至…比丘たちに〔願望を懐くな〕」と〔叱責した〕。〈比丘は〉とは、尊者大目連は、〈ベーサカーラ林▽において〉とは、そのような名の森で〔魔を叱責した〕。〈すると〉とは、叱責を理由として〈その夜叉は落胆して〉とは、その魔は心憂える者となって、〈もうその場で〉、まさにその所で消え去せた。見えないところに行った。

そしてこの偈は法の結集の時に〔ここに〕置かれた。そしておよそここで、ところどころで（antarantarā）意味が解釈されなかったところは、それは先に趣旨が述べられているから、もう明瞭である。

このように、この大上座は魔を叱責してから、天界への遊行、地獄への遊行などによって、他の声聞たちとは共通でない、有情に対する利益の行（sattûpakāra）をなしてから、寿命の終わりにおいて入滅（般涅槃）した。また入滅する際に、アノーマダッシン世尊（二十四仏の第七）の足もとにおいて誓願を立ててから、それ以降に、そこここの生存において広大な諸々の福徳を作ってから、声聞の波羅蜜（最高の行、境地）の頂上に立っても、〔前世の〕途中で作った悪業（親を殺した業、*DhA.* III. 95ff.）によって起こった業の布紐（kamma-pilotikā）によって、外道たちに唆《そそのか》された盗賊たちによって迫害されて、少なからぬ体の疲労を得てから入滅した。

それで譬喩経には〔こう〕言う（*Ap.* I. 31[15-]）。

「アノーマダッシン世尊、世の最勝のお方、人の牛王は、
神の衆団に尊敬されて雪山に住まわれた。…乃至…。」

大目連上座の偈の註釈　終わる。

六十〔偈〕集の註釈　終わる。

註

（1）この上座は赤沼『辞典』にもMahāmoggallānaと出ている。漢訳には摩訶目犍連、摩訶毛伽利夜那、大目犍連、大目連、大目乾連、目連、目犍連、目乾連などと知られている。本註は*Ap.I.* pp.31^{14}-33^{6}［2.Mahā-Moggallāna］の同上座の説いたという二十三偈を引く。舎利弗の友人であり、舎利弗に次ぐ高弟、神通第一として著名。仏に先立って舎利弗と同じ頃に入滅したと伝えられる。ここで目連に帰せられる偈はPTS.本では六十二偈（*Th.*1146-1208）、Vri.本では六十七偈と数えられるように、両本の間に出入が認められるだけでなく、両本の間において一々の偈にも語句、語形の相違も少なくはない。それは註釈文においても両版の間における偈の本文の相違が受け継がれている。ここの最後の二十二偈（PTS.版*Th.*1187-1208）は、*M.* No.50 Māra-tajjaniya-sutta（魔が呵責されるという経, I. pp.332-338）の経末の二十二偈（pp.337^{18}-338^{31}）と等しいが、それぞれ語句、語形の相違がある。ただし本書ではその異読の精査は充分していない。註釈はこの経の趣旨を踏まえ、かつ主要な箇所を引用している。この経は漢訳にも次のような三種が知られている。僧伽提婆訳『中阿含』巻30（131）降魔経（*T.*1.620b-623a, 偈は六十二行、五言百二十四句、$622a^{25}$-$623a^{1}$）、支謙訳『弊魔試目連経（一名魔嬈亂經）』（*T.*1.867a-868c, 偈は四十九行、五言九十八句、$868a^{26}$-$0868c^{19}$）、失訳『佛説魔嬈亂經』（*T.*1.864b-866c, 偈は六十二行、五言百二十四句、$866a^{23}$-c^{26}）。またPTS.版*Th.*1157の次にVri.版は六偈（本書では（a）～（f））を掲げるが、この七偈は、二十偈集の第四、Raṭṭhapāla上座に帰せられる最初の七偈、PTS.版*Th.*769-775と同じである。

本註釈の最後は、目連は声聞の最高の境地（波羅蜜）の頂上に立っても、前世に作った悪業の報いを免かれず、外道に唆《そそのか》された盗賊たちに迫害され疲労して入滅した（死んだ）、と結んでいる。業報は阿羅漢にも私にも誰にも避けられないのである。

〔70. 大集（Mahā-nipāta）〕

七〇（1209—1279）、ヴァンギーサ（Vaṅgīsa）[1]

〈前生の因縁　蓮華上仏の許で、弁才（詩才）の第一人者となる願を立てる〉

七十〔偈〕集において、〈ああ、出離している私に〉云々とは、尊者ヴァンギーサ上座の偈である。聞くところでは、この人は蓮華上仏（二十四仏の第十）の時にハンサヴァティー都城の大富豪の家に生まれて、前と同じ趣旨で精舎に行って法を聞いていると、〔大〕師が一人の比丘を弁才ある者（paṭibhānavant）たちの第一人者の地位につけるのを見て、〔大〕師に奉仕行を行なってから、「私も未来に弁才ある者たちの第一人者になりたい」と願を立ててから（patthanaṃ katvā）、〔大〕師から授記をうけて寿命の限り善を行なった。

〈今生における出家学道の因縁、死者の運命を知る術を求めて仏に会って出家する〉

それから、神と人間の中に輪廻して、この仏（釈迦牟尼仏）が出現なされると、舎衛城のバラモンの家に生まれて、ヴァンギーサという名前を得た。それから三ヴェーダを学んだ。それから師匠を喜ばせて（ārādhetvā）、「死体の頭の呪（chava-sīsa-manta, 髑髏《しゃれこうべ》真言）」というのを学び、死体の頭を爪で叩いて、「この人はこれこれの胎に生まれた」と知る。バラモンたちは「これが我々の生きる道である」と知って、ヴァンギー

181

サを連れて覆いをかけた車に坐らせて、村・町・王都を巡り行く。

ヴァンギーサも〔死後〕三年たった頃にも〔死体の〕頭をもって来させて、爪で叩いて、「▽この人（satta, 霊魂）はこれこれの胎に生まれた」と言って、大衆の疑惑を断つためにその〔霊魂〕をそれ（頭蓋骨）に入らせて（āvisāpetvā）自分の行き先を語らせる。それによって大衆は彼を信じる。それによって大衆の手から百〔金〕も千〔金〕も得る。バラモンたちはヴァンギーサを連れて好きなように巡り行ってから、再び舎衛城に帰った。

ヴァンギーサは〔大〕師の諸々の徳を信じて、〔大〕師に近づきたく思った。バラモンたちは

「沙門ゴータマは幻術（māyā）によってお前を転向させるだろう（āvaṭṭessati）。」

と拒んだ。ヴァンギーサは彼等のことばを取上げないで、〔大〕師の許に行き、優しい（甘い）挨拶（madhura-paṭisanthāra）をしてから、一方に坐った。彼に〔大〕師は尋ねた。

「ヴァンギーサよ、君はどんな技芸を心得ているのか」と。

「はい、尊師、ゴータマよ、「死体の頭の呪」というのを知っています。それによって三年経っても死人たちの頭をも爪で叩いて再生した場所を知ります」と。

〔大〕師は彼に地獄へ生まれた人の頭を見せた。人間の中に〔生まれた人の〕一つ〔の頭〕、神々の中に〔生まれた人の〕一つ〔の頭〕、入滅（般涅槃）した人の一つの頭を見せた。彼は最初の者の頭を叩いて

「尊師、ゴータマよ、この人は地獄へ生まれました」と言う。

「よろしい、ヴァンギーサよ、君の見るところはよい。この人はどこに生まれたか」と質ねた。

「人間の世間にです」と。

「この人はどこにですか」と。

「天界にです。」

と三つもの再生の場所をも語った。しかし入滅した人の頭を爪で叩きながら、〔行った〕終点も頂点も見なかった。すると〔大〕師は彼に

「出来ないか、ヴァンギーサよ」と質ねた。

「まず考えましょう（upaparikkhāmi, 調べましょう）」と。

再び三たびひっくり返して叩いても外道の呪文で漏尽者の〔死後の〕行き先をどうして知ろうか。すると彼の頭のてっぺんから汗が出た。彼は恥じて黙って立った。すると〔大〕師は彼に

「疲れるか、ヴァンギーサよ」と言う。

「はい、尊師、ゴータマよ、この人の生まれた処を知ることが出来ません。もしあなた様が知っておられるなら、語って下さい」と。

「ヴァンギーサよ、私はこれをも知る。それ以上をも知る」と言ってから、

「およそ有情の死没と再生とを全て知った、

執われずして、よく行ける（善逝《ぜんぜい》）、覚者（仏）を、その方を私はバラモンと呼ぶ。（*Dh.* 419 ; *Sn.* 643）

およそその行く方《え》を神々やガンダッバ（音楽神）や人間たちは知らない、

その煩悩（漏）尽きた、阿羅漢を私はバラモンと呼ぶ。」（*Dh.* 420 ; *Sn.* 644）

と、これらの二偈を述べた。

ヴァンギーサは、

182

「それでは、尊師、ゴータマよ。その術（vijjā）を私に授けて下さい」

と敬意を表してから、〔大〕師の許に坐った。〔大〕師は
「我々と同じ〔出家の〕特相の者（samāna-linga）に我々は〔その術を〕与えるのだよ。」

と言う。ヴァンギーサは「どんなことでもして私はこの呪文を学び取るがよい」と〔考えて〕バラモンたちに〔こう〕言う。

「あなた方は私が出家するのに思い煩うな（mā cintayittha）。私は呪文を学び取ってから、全ジャンブ洲で最勝の者となるであろう。あなた方にも、それによってよいことだけがあるであろう。」

と呪文のために〔大〕師の許に近づいて行って出家を乞うた。またその時、ニグローダ・カッパ上座が世尊の許に立っている。彼に世尊は命じた。

「ニグローダ・カッパよ、この者を出家させなさい」と。

〔大〕師の命令によって彼を出家させた。すると〔大〕師は彼に
「呪文に附随するもの（manta-parivāra）をまず学び取りなさい。」

と三十二相の観念修行法（業処）と観〔法〕の観念修行法とを説いた。彼は三十二相の〔観念修行法〕を学びながらも、そのまま観〔法〕を確立させた。

バラモンたちはヴァンギーサに近づいて行って、

「友、ヴァンギーサよ、沙門ゴータマの許で技芸を学んだかね。」と質ねた。

「技芸の修学に何の用があろうか。あなた方は帰りなさい。私にはあなた方と一緒にすべきことはないのです。」

と。バラモンたちは

「お前も今や沙門ゴータマの支配下になって幻術によって転向させられた（māyāya āvaṭṭito）。我々はお前のもとで何をしようか。」

と、やって来た同じ道を去って行った。

ヴァンギーサ上座は観〔法〕を増大させて阿羅漢の境地を証得した。

〔それで譬喩経にはこう言う（Ap.II. 495[21-]）。

「蓮華上という勝者、一切諸法について眼をもつ、

導師が、今から百千劫前に、出現された。…乃至…」〕

そして阿羅漢となって、上座は〔大〕師の許に行きながら、眼の路（視野）から始めて月・太陽・空・大海・山の王の須彌山・獣王の獅子・象龍という、それぞれとともに〔〔大〕師を〕対比させながら（upamento）、数百句をもって〔大〕師をひたすら称讃しながら〔〔大〕師に〕近づいて行く。すると〔大〕師は僧団の真中に坐って、彼を弁才を具えた者（paṭibhānavant）たちの第一人者の地位に就けた。すると上座が阿羅漢となる前と後とに、それぞれ心に出会って説かれた〔偈〕、及び上座を指してアーナンダ上座などが述べた〔偈〕だけが〔以下の通り〕。

〔ヴァンギーサ上座が説いた偈と同上座に関して説かれた偈、都合七十二偈〕

（1209）ああ、在家者から家なき者へと出離している私に、

183

これら諸々の大胆な思いが走る。黒い〔魔だ〕からだ。（S.I.185^{22-}）

（1210）貴顕の子弟たちの、大弓取り、修錬した、強い持物（弓）をもつ、
逃げない千人が、周りから〔矢を〕射かけるとしよう。（S.I.185^{24-}）

（1211）たとえこれだけより多くの女たちが、やって来ようとも
決して私を悩ませないであろう。私は諸々の法に立っている。（S.I.185^{26-}）

（1212）なぜなら、目《ま》の当たりに私は、こう聞いたからだ。仏、日種のお方に
涅槃に行く道を〔聞いたから〕。そこに私の意（心）は愉しむ。（S.I.186^{1-}）

（1213）もし、このように住んでいる私に、悪しき〔魔〕よ、お前が近づくなら、
死〔魔〕よ、私はそのようにするであろう。お前は私の道を見ない。（S.I.186^{3-}）

（1214）▽愉しくないことと、また愉しいことを捨てて、
また全て家に依存した思いを〔捨てて〕、
どこにも欲林を作ってはならぬ。
その比丘は欲林のない、欲念のない者だ。（S.I.186^{22-}）

（1215）およそ何でも、ここにある地も虚空も、
色《しき》の類も、世界に潜んでいるものでも、何であれ、
老いていき、一切は無常である。
このように知って、自己を考えて行く。（S.I.186^{26-}）

（1216）諸々の〔生存の〕依処に人々は縛られている。見、聞き、

また触れ、また思ったことに〔縛られている〕。
ここで不動となって志欲を除け。なぜなら、およそここで
汚されないなら、その方を〔人々は〕聖者（牟尼）と言う。（S.I.186^{30-}）

（1217）すると、六十〔の見解〕に依存した思いをもつ、
凡夫であるがゆえに不法であり、執著している。
また、どんなことについても群に入ってはならぬ。
しかし、その比丘は重苦しい悪を懐かない。（S.I.187^{1-}）

（1218）有能で、長夜（時）に亘って心定まり、
欺かず、賢く、欲しがらない、
聖者（牟尼）は寂静の境地を証得して、〔有余依涅槃〕を
縁として安らぎに入って（般涅槃して）、〔入滅の〕時を待つ。（S.I.187^{5-}）

（1219）自意識（慢）を捨てよ、ゴータマ（ヴァンギーサ）よ。

また自意識への道を、残らず捨てよ。

〔お前は〕自意識（慢）への道で夢中になっていた。

長夜（期）に亘って後悔する者であった。（S.I.187^{21-}）

（1220）人々は隠蔽（覆蔵）に汚れて、自意識（慢）に害されて地獄に落ちる。

人々は長夜（期）にわたって愁い悲しむ。

自意識（慢）に害された人たちは地獄に再生した。（S.I.187^{25-}）

184

（1221）なぜなら、道の勝者であり、正しく実践する、
比丘は、いつも決して、愁えずに、
名誉と安楽とを享受する。
法（教え）を見る人であると、その人をその通りであると言う。（S.I.187^{29-}）
（1222）それゆえに、ここにおいて頑迷でなく、精勤を具えて、
〔五〕蓋の煩悩を捨てて、清浄だ。
また自意識（慢）を残りなく捨てて
明智によって〔苦の〕終わりを作り、鎮まっている。（S.I.188^{1-}）
（1223）「欲情によって私は焼かれる。私の心は焼き焦がされる。
どうぞ、ゴータマよ、憐れみをもって〔欲の火を〕消すことを説かれよ」（S.I.188^{15-}）
（1224a）「想念が顛倒するから、お前の心は焼かれる。
〔煩悩の〕起因を避けよ。欲情を伴う美しいもの（浄）を〔避けよ〕。（Vri. 欠）（S.I.188^{17-}）
（1224b）（諸行（心身の潜勢力）を別のものと見よ。苦と〔見よ〕。また自己と〔見る〕な。
大きな欲情を消せ。しばしば焼かれるな）。（Vri. 欠）（S.I.188^{19-}）
（1225）不浄によって、一頂点によく定まった心を修習せよ。
身に関する思念がお前にあれ。お前は厭離を多くする者であれ。（S.I.188^{21-}）
（1226）また無相を修習せよ。自意識（慢）の潜在的な気持ち（慢随眠）を捨てよ。
そうすれば自意識（慢）の止息から、お前は寂静となって行くであろう」（S.I.188^{23-}）

（1227）およそ自分を焼き苦しめないような、また他の人たちを傷つけないような、
その言葉だけを語るがよい。まさにそれこそが、よく語られた言葉だ。（*Sn*.451, S.I.189[18-]）

（1228）およそ相手に喜ばれる言葉を、愛される言葉だけを語るがよい。

およそ諸々の悪いことを取り上げない、他の人々に愛される〔言葉〕を語る。（*Sn*.452, S.I.189[20-]）

（1229）真実こそが甘露（不死）の言葉。これが永遠の法（きまり、理）。

真実に、また意義（利益）に、そして法に、善き人たちは立つ、と言う。（*Sn*.453, S.I.189[22-]）

（1230）涅槃を得るために、苦を終わらせるために、
およそ仏が述べられる安らぎの言葉は、それこそ諸々の言葉の最上である。（*Sn*.454, S.I.189[24-]）

（1231）深い智慧あり賢明で道と非道に詳しい
大智慧の舎利弗は、比丘たちに法を説く。（S.I.190[14-]）

（1232）簡略にも説き、詳細にも述べる。

九官鳥のような声が、弁才（雄弁の才）を顕した。（S.I.190[16-]）

（1233）その〔法〕を説いている、その方の甘美な声を聞く。
〔心に〕染みる、聞くべき妙なる声によって
心高揚し喜んで比丘たちは、耳を傾ける。（S.I.190[18-20]）

（1234）今日、十五日に、清浄の〔雨安居修了式〕に、
比丘たちが五百人が集まった。
しがらみの縛りを断ち切っている、

185

苦悩なく、再生が尽きた仙人たちだ。（S.I.191$^{32-35}$）

(1235) 恰も転輪王が大臣に囲まれて〔巡幸する〕ように、
〔世尊は〕この大地を海のはてまで、あまねく巡歴する。（S.I.192^{1-}）

(1236) このように戦いに勝った、隊商主の無上者を、
声聞たち、三明者たち、死魔を捨てた者たちが、囲んで侍る。（S.I.192^{3-}）

(1237) 皆が世尊の息子である。ここには〔中身のない〕籾殻《もみがら》はない。
渇愛の矢を破る日種族のお方を、私は礼拝する。（S.I.191$^{5-6}$）

(1238) 千人を越える比丘たちが、善逝を囲んで侍る。塵を離れた法を、
どこにも怖れのない悟り〔涅槃〕を、説いておられるお方に〔侍る〕。（S.I.192^{30-}）

(1239) 正等覚者が説かれる、離垢の法を〔皆は〕聞く。

ああ、正覚者は比丘僧団にかしづかれて輝いている。（S.I.192^{32-}）

(1240) 世尊よ、御身は龍の名をもつお方、諸仙人の最上（第七）の仙人
大きな雨雲のようになって、声聞たちに〔法の〕雨を降らせる。（S.I.192^{34-}）

(1241) 昼の休みから出て、〔大〕師にお目にかかろうと欲して、
御身の声聞弟子ヴァンギーサは、大勇者よ、〔御身の〕両の御み足を礼拝致す。（S.I.193$^{1-2}$）

(1242) 魔の邪道に打ち勝って、〔五つの〕頑迷を破って行く。
縛りから解放させ、〔何にも〕もう依存せず、
部分から分析しながら〔法を説かれる〕そのお方を見よ。（S.I.193^{12-}）

186

(1243) なぜなら、暴流を渡るために、種々に定めた道を御身は語った。
またその不死（甘露）〔の境地〕が語られると、
法を見る者たちは〔誰にも〕掠められずに立っている。（S.I.193[16-]）
(1244) 光明を作るお方は〔法を〕洞察して、一切の立場を超越したところ（涅槃）を見られた。
知ってから、また直証してから、そのお方は五人〔の比丘〕に最上のことを説かれた。（S.I.193[20-]）
(1245) このように法がよく説かれると、法を知る者たちの誰が放逸であろうか。なぜなら
それゆえ、かの世尊の教えの許で、常に不放逸に、帰命しながら従い学ぶがよい、と。（S.I.193[24-27]）
(1246) およそ仏に続いて覚ったコンダンニャ上座は、はげしく精励して、
安楽に住すること、諸々の遠離することを、しばしば得ている。（S.I.194[18-]）
(1247) およそ声聞によって、〔大〕師の教えを行う者によって、達せられるべき
そのことは、すべて不放逸に学ぶ〔その上座〕によって続いて達成された。（S.I.194[20-]）
(1248) ▽大威神力者であり、三明者であり、他人の心を知ることに巧みな、
コンダンニャは、仏の相続人として、〔大〕師の両足を礼拝する、と。（S.I.194[22-23]）
(1249) 山の麓に坐られた聖者、苦の彼岸に行かれたお方に、
声聞弟子たち、三明者たち、死魔を捨てた者たちは、囲んで侍る。（S.I.195[8-9]）
(1250) 大神通者である目連は、心によって観まわして行く。
解脱して、生存の依処のない彼等の心を探りながら。（S.I.195[10-11]）
(1251) このように一切の要件を具えられた聖者（牟尼）に、苦の彼岸に行かれたお方に、

多くのあり方〔の徳〕を具えられたゴータマに〔比丘たちは〕囲んで侍る。（S.I.195$^{12-13}$）
(1252) 恰も雲が過ぎ去った空における月のように、
曇りを離れて光輝ある〔太陽〕が輝くように、
そのようにも、アンギーラサ（放光者）よ、大牟尼よ、御身は
名声によって全世間にきわめてよく輝く。（S.I.196$^{1-4}$）
(1253) 詩歌に酔って私たちは、かつて、村から村へ、都から都へと巡り歩いた。
すると私たちは正覚者に、一切諸法の蘊奥を窮めたお方に、お会いした。（abc=S.I.196$^{11-13}$）
(1254) そのお方、苦の彼岸に行った聖者（牟尼）は、私に教え（法）を示された。
法を聞いてから私たちは信じた。確かに私たちに〔三宝が〕たち上がった。
(1255) 私はそのお方の言葉を聞いて、〔五〕蘊と〔十二〕処と
〔十八〕界とを知ってから、家なき者へと出家した。
(1256) ああ、如来たちは、誰でもそれら教えを行う、
多くの、女たちや男たちのために、出現なさる。
(1257) ああ、なるほど、誰でも決定の類を見る、それら比丘たちや
比丘尼たちのために、聖者（牟尼）は、覚りを証得された。
(1258) 眼あるお方によって、仏によって、日種族のお方によって
生類を憐れんで四つの聖なる真理（四聖諦）がよく説かれた。
(1259) 〔そのお方は〕苦と、苦の生起と、また苦の超越と、

187

また苦の止息に導く聖なる八支の道（八正道）とを〔説かれた〕。
1260 このように、これら（四聖諦）が、そのように説かれ、それらが私に如実に
見えた。自分の目的（利益）が私によって得られた。仏の教えが行われた。
1261 私が仏の許にいると、ああ、私によく来たもの（収穫＝体得）があった。
よく分析された諸法の中の、およそ最勝である、そのものに私は近づいた。
1262 神通の最高に達し、耳界（聴覚）が浄められ、三明者で、
神通を得た者となり、私は〔他人の〕心の動きに通じる。
1263 ▽小さくない（最高の）智慧ある〔大〕師にお質ねします。
まさに現実に諸々の疑惑を断ち切るお方に〔お質ねします〕。
アッガーラヴァで一人の比丘が命を終えました。
〔彼は世に〕知られ、名誉ある方で、自らは寂滅しました。（*Sn*.343）
1264 ニグローダ・カッパという彼の名は、
世尊よ、御身がバラモンにお付けになったのです。
彼は御身（世尊）を敬いながら解脱を求めて行きました。
精進に励む者です。堅固なる法を示すお方（世尊）よ。（*Sn*.344）
1265 釈〔尊〕よ。その声聞弟子について、私ども皆も
知りたいと望んでいます。一切を見る眼あるお方よ。
私どもの耳は聞くのを待っています。

御身は私どもの〔大〕師です。御身は無上のお方です。(Sn.345)

(1266) 私どもの疑いをまさに断ち切って下さい。これを私に話して下さい。
〔彼は〕入滅(般涅槃)したか、教えて下さい。広い智慧あるお方よ。
私どもの中でだけ説いて下さい。一切を見る眼ある方よ。
千の眼ある帝釈天が神々に〔説く〕ように。(Sn.346)

(1267) およそこの世で、いかなる繫縛(しがらみ)も、
迷い(愚癡)の道も、無知の類《たぐい》も、疑いの棲家《すみか》も、
それらは、如来に出会うと、なくなるのです。
なぜなら、このお方が人々の最高の眼ですから。(Sn.347)

(1268) なぜなら、恰も風が黒雲の層を払うように、もし
〔この〕御人がもう諸々の煩悩を〔払わ〕ないなら、
一切世間は覆われて、闇だけとなるでしょう。
光のある人たちも、輝かないでしょう。(Sn.348)

(1269) また賢者たちは、光を作る方々です。
賢者よ。私はその御身をまさに、そのようなお方と思います。
観察するお方のところに、知るお方のもとに、私どもはやって来ました。
衆の中で私どもにカッパ〔上座〕のことを明らかにして下さい。(Sn.349)

(1270) 速やかに妙なる、よき声を、お出し下さい。

188

白鳥が〔頸を〕さしのべて〔鳴く〕ように、ゆっくりと
よく整えられた玉の声をもって〔説いて下さい〕。
私どもは皆こぞって御身に素直になって聴きます。（*Sn*.350）

(1271) 余すところなく、生死を捨てたお方に、〔悪を〕洗い
浄めたお方に、無理にお願いして法を説いて頂きましょう。
なぜなら、凡夫たちは欲することをなし遂げることがなく、
如来たちには思慮してなし遂げることこそ、あるからです。（*Sn*.351）

(1272) ▽この、御身の、真っ直な智慧あるお方の、完全な説明（予言）は
〔御身によって〕把握されています。
この最後の合掌はよく手向けられました。御存知なのに、
〔私どもを〕迷わしてはなりません。智慧小さからぬお方よ。（*Sn*.352）

(1273) 勝劣の聖なる法を知っておられるのですから、御存知なのに
〔私どもを〕迷わしてはなりません。精進小さからぬお方よ。
恰も炎暑のもとに〔身を〕炎暑に焦がされた人が水を〔求める〕ように、
私は〔御身の〕言葉を待ち望みます。声（所聞）を雨と降らせて下さい。（*Sn*.353）

(1274) およそそのためにカッパーヤナが梵行を行なった、
その〔目的〕は空しくなかったのでしょうか。
彼は無余依の入滅（涅槃）をしたのですか。

*Th.*115[4]

〔彼が〕どのように解脱したのか、それを私どもは聞くのです。（*Sn.*354）
(1275)「〔彼は〕この世での名と色（名色、心身）への渇愛を断ち切った」〔と世尊は仰る〕。
「長い間潜在していた渇愛の流れを〔断ち切った〕。
余すところなく、生死を渡ったのだ。」
と、五者の最上者である世尊は仰った。（*Sn.*355）
(1276) これを聞いて私は御身の言葉を信じます。最上（第七）の仙人よ。
私が質ねたことは空しくなかった、ということですね。
バラモン（世尊）は私を欺きませんでした。（*Sn.*356）
(1277) 仏の声聞弟子（カッパーヤナ）は言う通りに〔身をもって〕行う人でした。
〔彼は〕魔術師の死魔が拡げた強固な網を、断ち切りました。（*Sn.*357）
(1278) 世尊よ。カッピヤ（＝カッパーヤナ）は取著の始めを見ました。
ああ、カッパーヤナはきわめて渡り難い死魔の領域を越えました。（*Sn.*358）
(1279) 神の中の神である御身を、御身の御子を拝みます。二足の最上のお方よ。
続いて生まれたお方、大雄者、龍、龍の嗣子を〔私は拝みます〕、と。

このように、まさしく尊者ヴァンギーサ上座が、諸々の偈を唱えた、と。

大集　終わる。

〔Vri. その目次〕

七十〔偈〕集において、ヴァンギーサは作詩の閃き（弁才）のあるただ一人の上座であり、他にはいない。〔その詩は〕七十一偈ある。

〔Vri. その目次〕

偈は千と三百六十、上座は二百六十四人と明かされ、獅子吼を轟かせて、煩悩（漏）のない仏子たちは、安穏に達してから、火群《ほむら》のように、鎮まった。と。

上座（長老）偈　終わる。

ThA.III.188[25]

これらの偈は結集の時に一箇所にまとめて輯録された（saṅgahaṃ āropitā）。

〔語句の註釈〕

（1209）そこで、〈ああ、出離している私に〉云々という五偈を、尊者ヴァンギーサが新参で出家してから間もない者であって、精舎を訪ねて来た〔身を〕飾り調えた大勢の女たちを見てから、欲情が起きて、それを除こうとして述べた。

そこで、〈出離している（nikkhantaṃ）〉とは、家から出離している、家なき者へと出家している私に、〈諸々
189
の思い（vitakkā, *pl.* 思い廻らし、尋）〉とは、欲望の思い（kāma-vitakkā）などの悪しき思いが、〈走る（upadhāvanti）〉とは、私の心に近よる（upagacchanti, 忍び寄る）。〈大胆な（pagabbhā,*pl.*）〉とは、大胆さを具えた（不敵の）強引な（pāgabbhiya-yuttā sāhasino,[Vri.] 〃vasino, 〃自在な）〔思いが走る〕。「この〔私〕は家から出て出家した。これを堕落させるのはよくない（na anuddhaṃsituṃ yuttā）」と、このように避けないから（aparihārato）恥じない（nillajjā）〔思いが走る。なぜなら、思いが〕〈黒〔魔〕だから（kaṇhato）〉とは、黒い（悪い）〔魔だ〕から（kāḷato）、劣るものであるからだ（lāmaka-bhāvato）、という意味である。〈これらの〔思い〕〉とは、それらの〔思い〕が自分で直接経験されたから（attano paccakkhattā）言われた。

1210）不浄な生き方をして、従者を従えた人たちが、高度な仕事をするから（ugga-kiccatāya）〈貴顕（uggā, *pl.*）〉と言われる。それらの息子たちが〈貴顕の子弟たち（ugga-puttā）〉である。〈大弓取り（mahissāsā）〉とは、偉大な弓取りたちである。〈修錬した（sikkhitā）〉とは、十二年間師匠の家で技芸（武術）を修錬した。〈強い持物をもつ（daḷha-dhammino）〉とは、強い弓をもつ（daḷha-dhanuno）。強い弓というのは二千〔人〕力と（dvi-sahassa-thāmaṃ）言われる。また二千〔人〕力とは、誰でもその〔弓〕に弦（jiyā）をつけ（āropita）、道具の銅の頭（bhaṇḍa-loha-sīsa-,[Vri.] bandho loha-sīsa-）などの荷（bhāra）をもち、矢柄を手に取って矢の長さ（kaṇḍa-ppamāṇa）まで〔引きしぼって〕空に向けて（ukkhitta）地面から放たれる。〈〔彼等が〕周りから射かけるとしよう（parikireyyuṃ）〉とは、周りから矢を射るとしよう（kaṇḍe khipeyyuṃ）。どれだけか、ともし〔問う〕ならば、〈逃げない（apalāyin）千人〉と言う。戦いにおいて他に顔を向けない（aparaṃ mukhānaṃ,[PTS.] param-mukhānaṃ, 他に顔を向ける）千人ほどという。こう言われているのである。〔即ち〕、修錬した手練《てだれ》の（katahatthā）強弓をもつ（daḷha-dhannuno）、大弓取り、貴顕の子弟たちが千人ほど、いつでも戦いにおいて敗けない、不放逸に周りに立って、力に任せて（thambhaṃ upanissāya）たとえ矢を雨と降らせようとも、そのような千人の弓取りたちによっても周りから矢が射かけられると（sare parikirīyante）、〔武術を〕よく修練した男は杖をもってあらゆる矢を自分の体に当たらないようにして、足もとに落とすであろう。そこで一人の弓取りも二本の矢を一度に射るというものはない。ところが女たちは色という〔感官の〕対象など（色・声・香・味・触）を、それぞれ五本ずつの矢を一度に射る。

(1211)このように〔矢を〕射る女たちが、たとえ〈これだけより多く〉とは、たとえこれらの女たちよりもより多くの女たちが、女の媚態や笑いがあることなどから（kutta-hāsa-bhāvâdito）、自分を滅ぼすであろうか（vidhaṃseyyun, [Th]n'eva byādhayissanti, 決して悩ませないであろう）、と。

(1212)〈なぜなら、目《ま》の当たりに（sakkhī）私はこう聞いたからだ〉とは、〔世尊と〕対面して私はこれを聞いた。〈涅槃に行く道が（nibbāna-gamanaṃ maggan）〉〔聞かれた〕とは、性を転換して（liṅga-vipallāsena）言われた。涅槃に行く道が（nibbāna-gāmī maggo）〔聞かれた〕という意味である。観〔法〕（vipassanā）に関して言う。〈そこに私の意（心）は愉しむ（nirato mano）〉とは、その観〔法〕の道に私の心は愉しむ。

(1213)〈もし、このように住んでいる私に〉とは、このように不浄〔観〕の禅思の修習と観〔法〕の修習に立って住んでいる私に。〈悪しき〔魔〕よ（Pāpima, 波旬よ）〉とは、煩悩魔（kilesa-māra）に語りかける。〈死〔魔〕よ（maccu）。私はそのようにするであろう。お前は私の道をも見ない〉とは、私が作った道をもお前が見ないように、そのように、死〔魔〕よ、私は終わりを作るであろう、という文脈である。

(1214)〈愉しくないことと〉云々という五偈は、自分の〔心身の〕相続の中で起きた愉しくないことなどを除

190

こうとして言われた。またそこで〈愉しくないこと（aratiṃ）〉とは、勝れて善い諸法や、辺鄙の臥坐所に対して厭うこと（ukkaṇṭhanaṃ, 失望）と、〈また愉しいことを（ratiṃ）〉とは、五欲楽の愉しいことを、〈捨てて〉とは、捨てて、〈また全て家に依存した思いを〉とは、家に依存した、子や妻などに関わった、また親族への思いなどや間違った思いを残らず捨てて、〈どこにも欲林を（vanathaṃ）作ってはならぬ〉とは、内と外との類別がある全てのこと（vatthu）に渇愛を作ってはならない。〈その比丘は欲林のない（nibbanatha）、欲念のない者（avanatho）だ〉とは、なぜなら、およそ全て一切に渇愛のない者（nittaṇha）は、まさにそれゆえに、どこにも喜びがないから欲念がない。なぜなら、その比丘とは輪廻の怖れをもう正しく見るから（ikkhaṇatāya）、また煩悩が破られているから（bhinna-kilesatāya）である、という意味である。

（1215）〈およそ何でも、ここにある地も虚空も（vehāsaṃ）、色の類（rūpa-gataṃ）も、世界に潜んでいるもの（jagat-ogadhaṃ）でも、何であれ〉とは、およそ何であれ、ここで地の類（paṭhavi-gata）＝地に依存するもの、〈虚空も〉＝虚空にあるもの、天界（神の世間）に依存するもの、〈色の類〉＝色《しき》の部類（rūpa-jātaṃ）＝変壊を本性とする（ruppana-sabhāvaṃ）、〈世界に潜んでいるもの〉＝世間的な三つの生存（欲界・色界・無色界）に属する為作されたもの（bhava-ttaya-pariyāpannaṃ saṅkhataṃ, 三界の有為）は、〈老いていき（parijiyyati）、一切は無常である（aniccaṃ）〉。というのは、その一切は（sabban taṃ）老に圧倒され、まさにそれゆえに無常であり、まさにそれゆえに苦で、非我である、と、このように〔無常・苦・非我の〕三つの特相に乗せることを（ti-lakkhaṇ'āropanaṃ）言う。これは上座の大観察（mahā-vipassanā, 大なる観法）である、と〔人々は〕言う。〈このように知って（samecca）、自己を考えて（mut'attā）行く〉とは、このように知って領解して（abhisamecca）、観〔法〕の智慧を伴う道の智慧によって洞察してから、自己を考えて、自分の身を了知して（pariññāta-bhāva）賢者たちは、〈行く〉、住む。

（1216）〈諸々の〔生存の〕依処に（upadhīsu）〉とは、蘊（身心の集合、色・受・想・行・識）という依処など（khandhûpadhi-ādīsu, 蘊・欲望・煩悩・心身の潜勢力）に、〈人々は〉とは、暗愚の凡夫たちは、〈縛られている（gathitāse）〉。というのは心が縛られている（paṭibaddha-cittā）。なぜなら、ここで、特に〔五〕欲の楽（色・声・香・味・触）という依処に対する志欲（chanda）を除くべきである（apanetabbo）と示そうとして、〈見、聞き、また触れ（paṭighe, 抵抗に）、また思ったことに（mute）〔縛られている〕〉と言う。〈見、聞き〉とは、諸々の見たことにと、また諸々の聞いたことに、色（眼に映るもの）と声（耳に聞こえるもの）に（rūpa-saddesu）、という意味である。〈触れるもの（抵抗に）〉とは、ぶっつかるべきものに（ghaṭṭaniye）、触れるべきものに（phoṭṭhabbe）。〈思ったことに（mute, 思われたことに）〉とは、先述以外の思われたことに、香や味にと言われたのである。『精義解明（*Sāratha-pakāsinī*）』（*SA.* I. 270）では、「触れるもの（抵抗）」という語によって（paṭigha-padena）香と味が言われ、「思われたもの」という語によって「触れられるべきもの（phoṭṭhabbaṃ, [Vri.] phoṭṭhabb' ārammaṇan, 〃対象）」が言われた、と言う。〈ここで不動となって（anejo）志欲を除け（vinodaya chandam）〉とは、この見たものなどの類別ある五欲楽に対する欲・志欲を除け。そのようであれば（tathā sati）あらゆるところでお前は不動で思い計らいなき者（avikappo）となる。〈なぜなら、およそここで汚されない（na lippati）なら、その方を〔人々は〕聖者（牟尼）と言う〉。なぜなら、およそここで〔五〕欲楽に渇愛という塗りによって汚されないなら、〔その方は〕牟尼（聖者）に属する法（徳）に立っているから（moneyya-dhamma-ṭṭhato）、賢者たちはその方を〈牟尼（muni, 聖者）〉と言う。

（1217）〈すると、六十〔の見解〕に依存した（atha saṭṭhi-sitā）〉という聖言（Pāli）は、［[PTS.] 趣旨として或る人

191

たちは〔色・声・香・味・触・法という〕第六番目の法という対象に依存した、という意味を述べる」。しかし〈六十八〔の見解〕に依存した思いをもつ（aṭṭha-saṭṭhi-sitā savitakkā）〉という聖言がある。なぜなら〔数が〕少ない、滅った、或いは余計だ〔というの〕は、数えることにならない（na gaṇanûpagaṃ）のである、と。〈六十八〔の見解〕に依存した〉とは、六十二の見解の類（diṭṭhi-gata）に依存した間違った思い〔をもつ〕（micchā-vitakkā）という意味である、と或る人たちは言う。また見解の類をもつ人たちは（diṭṭhi-gatikā）有情居（sattâvāsa, 九種の有情、『パーリ仏教辞典』p.982b 参照）は存在しないという見解（satt'āvāsâbhāva-laddhi）に到達した、と無因生論（adhicca-samuppanna-vāda）を除外して、その他の諸〔論〕によって〈すると、六十〔の見解〕に依存した思いをもつ〉と言われた。なぜなら、ちょうど渇愛の塗りつけ（汚れ）がないことによって「比丘」と言われるように、そのように〔邪〕見の塗りつけ（汚れ）がないことによっても〔比丘である〕ということをも示すために、〈すると、六十〔の見解〕に依存した思いをもつ〉云々と述べられた。〈凡夫であるがゆえに（puthu-ijjanatāya）不法であり執著している（adhammā niviṭṭhā）〉とは、しかしそれらの間違った思いをもつ者たちは、常など（常・楽・我・浄）の執らわれによって不法であり、〔正〕法から離れ、凡夫であることに暗愚に執著して、染み付いている。〈また、どんなことについても群に入ってはならぬ（na ca vagga-gat'assa kuhiñci）〉とは、およそどんな事がらについても（vatthusmiṃ）、また常住論などの邪見の群に入る者、その見解を懐く者で（taṃ-laddhiko）あってはならぬ（na c'assa）、あってはならない（na bhaveyya）。しかし一註釈書（SA. I. 270）では、〔本偈の〕〈すると、六十〔の見解〕に依存して思いをもつ、凡夫であるゆえに不法であり、執著している〉という語句を取り上げてから（uddharitvā）、「すると、六つの対象（色・声など）に依存した、多くの不法な思いをいだいて、民衆に（janatāya）執著している」と言っている。

同様にして、「またどんなことについても群に入ってはならぬ」とは、また、それらによって、どんなことについても煩悩の群に入る者(kilesa-vagga-gata)と「なってはならぬ」と言われる。〈しかし、その比丘は重苦しい悪を懐かない(na...duṭṭhulla-gāhī)〉とは、およそ諸々の煩悩によって汚されるから、また極めて重苦しく悪いから(duṭṭhullatā)、重苦しく悪い間違った諸論を採ることを習いとする者(gaṇhana-sīlo)であってはならぬ、ないようにするなら、それは比丘という、と見るべきである。

(1218)〈有能で(dabbo)〉とは、有能な類の、賢者である。〈長夜(時)に亘って心定まり(samāhita)〉とは、長い時から心が定まり、〈欺かず(akuhaka)〉、欺くことなく(kohañña-rahita)、狡《ずる》くなく(a-saṭha)、誑らかさない(a-māyāvin)、〈賢く(nipaka)〉聡く(nipuṇa)、巧みで(cheka)、〈欲しがらない(a-pihālu)〉、渇愛のない〔聖者(牟尼)は〕〈寂静の境地を(santaṃ padaṃ)証得して(ajjhagamā)〉とは、涅槃を証得した。牟尼(聖者)である法(徳)を具えたから(moneyya-dhamma-samannāgatato)〈牟尼(聖者)〉である。〈安らぎに入って(parinibbuto, 般涅槃して)〉とは、対象とすることによって、涅槃を〈縁として(paṭicca, によって)〉生存の依処の残余がある(sa-upādisesāya, 有余依の)涅槃界において安らぎ(悟りの境地)に入って(般涅槃して)、〈時を待つ(kankhati kālaṃ)〉とは、今や生存の依処の残余がない(anupādisesa, 無余依の)涅槃(入滅)のために時を待つ(kālaṃ āgameti)。「その方には、もういかなる為すべきこともない。およそそのようになるように、そのように自分を完成させる(sampādeti)」という趣旨である。

(1219)〈自意識(慢)を捨てよ〉云々という四偈は弁才(paṭibhāna, 閃き、詩才)を得たことによって自分に起こる自意識を除こうとして述べられた。そこで〈自意識(māna, 慢)を捨てよ〉とは、〔自分は相手より〕より勝れているという自意識など九種の自意識を捨てよ(九種とは相手にも勝・同・劣の三種が考えられ、自意識にも勝・同・劣の三種があり得るから３×３＝９となる。『パーリ仏教辞典』p.1510a参照）。〈ゴータマよ〉とは、ゴータマ姓の世尊の声聞弟子であるから（sāvakattā）、自分をゴータマ姓にして〔自分に〕語りかける。〈自意識への道を（māna-pathan）〉とは、自意識が起こる根拠（処）となり（pavatti-ṭṭhāna-bhūtaṃ）非合理な作意に取り込まれた（ayoniso-manasikāra-parikkhittaṃ）生まれ（jāti、家柄）などを、それに繋がる煩悩を捨てることによって、〈捨てよ（jahassu）〉、捨てろ（pajaha）。〈残らず〉とは、〔自意識への道を〕もう一切〔捨てよ〕。〈〔お前は〕自意識（慢）への道で夢中になっていた（samucchito, Vri.sa mucchito）〉とは、自意識の基礎に基く（māna-vatthu-nimittaṃ）昏迷（mucchā）に陥った。〈長夜（期）に亘って後悔する者であった（vippaṭisār'ahuvā, Vri.vippaṭisārīhuvā）〉とは、この自意識への道に従う刹那が過ぎ去るときに、ずっと前に、阿羅漢の境地に達していたであろう（arahattaṃ pāpuṇissa）。私は目的を持たない（nattho'ham asmi, Vri.naṭṭho〃, 私は失われた）、と後悔する者であった（ahuvā）、あった（ahosi）。

(1220)〈人々は隠蔽（覆蔵）に汚れて（makkhena makkhitā pajā）〉とは、勇気（sūra）などによって自分を持ち上げてから（ukkaṃsetvā）、他の人々を軽んじて（vambhetvā）、他人の徳を覆い隠すことを特徴とする隠蔽に損なわれて（pisitā, Vri.pisitattā, 損なわれているから）隠蔽する（makkhī, 覆蔵する）。なぜなら、人はそれぞれどのように他の人たちの徳を覆い隠しても、それぞれそれに応じて自分の徳を拭い清め（puñchati, Vri.puñjati）、〔他人の徳を〕無視する（nirākaroti）といわれる。〈自意識（慢）に害された人たちは（māna-hatā）〉とは、自意識（慢）によって徳が害された人たちは、〈地獄に落ちる（papatanti）〉。とは、地獄に再生する。

(1221)〈道の勝者（magga-jino）〉とは、道によって煩悩に打ち勝った〔比丘は、いつも決して、愁えずに〕、〈名誉と安楽とを〉とは、識者たちから称讃されることと、また身体的・心的な安楽とを、〈享受する

（anubhoti）〉とは、得る。〈法（教え）を見る人であると（dhamma-daso ti）、その人をその通りであると言う（tam ahu tathattaṃ）〉とは、そのようである、その正しく実践した人を、如実に（yathāvato）法（教え）を見る人、と賢者たちは言う。

192

（1222）〈頑迷でなく（akhilo）〉とは五種の心の頑迷（ceto-khila）がなく（五種とは、大師・法・僧団・学処・同梵行者に対して疑い信じないこと。『パーリ仏教辞典』p.682参照）、〈精勤を具えて（padhānavā）〉とは、正しい精勤・精進を具えて、〈清浄だ（visuddho）〉とは、蓋（nīvaraṇa）と呼ばれる〔煩悩の〕雲（valāhaka）が離れることによって意が清浄である（蓋とは五蓋、欲貪・瞋恚・惛沈睡眠・掉挙悪作・疑）。〈残りなく（asesaṃ）〉とは、九種もの自意識（慢）を最高の道によって捨てて、〈明智によって〔苦の〕終わりを作り、鎮まっている（vijjāy' antakaro samitāvī）〉。というのは、全てに煩悩が鎮まり三種の明智（宿命智、有情死生智＝天眼通、漏尽智）によって終わりに達した者であれよ（pariyosānappatto hohi, [Vri.] 〃hoti,〃である）、と、自分を誡める。

すると、或る日、尊者阿難が、或る一人の王の大臣から招待されて、尊者ヴァンギーサを随行沙門として伴い、午前中に彼の家に行って用意された席に坐った。すると、その家では皆飾りで装った（alaṅkāra-paṭimaṇḍitā）女たちが、上座に近づいて礼拝してから問を質し法を聞く。すると尊者ヴァンギーサは新しく出家しただけで、対象を受けとることが出来ないので、異性（女）という対象について（vi-sabhāg'ārammaṇe）欲情（rāga）が生じた。彼は信があり素直な気持のよい（uju-sātika, [Vri.] 〃uju-jātiko, 素直な生まれの）良家の息子であって、「私のこの欲情は増大してから、現在にも、また将来にも利益を失わせるであろう」と考えてから、坐ったままで〔阿難〕上座に自分に起きていることを明らかにしようとして、〈欲情によって〉という偈を言う。

（1223）そこで、たとい煩悩に染まる熱悩（kilesa-rañjana-pariḷāha）が身をも悩まし、また心を悩まし、より長い間悩ます、と示すために、〈欲情によって私は焼かれる（kāma-rāgena ḍayhāmi）〉と述べてから、〈私の心は焼き焦がされる（pariḍayhati）〉と述べた。〈〔欲の火を〕消すことを（nibbāpanaṃ）〉とは、欲情（rāga, 貪）を消す働きをする（rāga-nibbāpana-kārakaṃ,[Vri.] 〃-kāraṇaṃ, 〃原因である）、欲情の熱悩を消すことができる教誡をなされよ、という意味である。

(1224)〈想念が顚倒するから（saññāya viparíyesā）〉云々という偈は、彼に請われて尊者阿難上座によって述べられた。〈〔想念が〕顚倒するから（vipar̤yesā）〉とは、顚倒によって（vipallāsena）不浄（美しくない）に対して「浄（美しい）」と働く逆に捉えることによって〔お前の心は焼かれる〕。〈起因を（nimittaṃ）〉とは、煩悩を生み出す起因を、〈避けよ（parivajjehi）〉とは、捨てよ（pariccaja）。〈欲情を伴う美しいもの（浄）を〉とは、欲情を増大する対象である美しいもの（浄）を避けようとして、美しくないという想念（不浄想）をもって（asubha-saññāya）避けるがよい。全てに対して（sabbattha）愉しまない想念をもって（anabhirati-saññāya）〔避けるがよい〕。それゆえに、その両方（浄と不浄）をも示そうとして、〈不浄によって〉云々と言う。

(1225) そこで、〈不浄によって（asubhāya）〉とは、不浄を観察することによって（asubhânupassanāya）、〈一頂点によく定まった心を修習せよ〉とは、内に（anto,[Vri.] attano, 自分の）心の散乱（citta-vikkhepa）がないことによって、一頂点に（ek'aggaṃ）、諸対象について〔心を〕よく定まった（三昧に入った）ものとして集中させて（appitaṃ katvā）修習せよ。お前が不浄を観察することは容易である、と私は言っておく（akkhāmi）、と。〈身に関する思念がお前にあれ（sati-kāya-gatā ty-atthu）〉と、言われた身に関する思念の修習がお前によって修習され、多く行われることになれ、という意味である。〈お前は厭離を多くする者（nibbidā-bahula）であれ〉とは、自分の身に関し（atta-bhāve）、また一切に関してお前は厭離を多くする者であれよ。

193

（1226）〈また無相（animitta, 無特相）を修習せよ〉とは、常住の相など（常・楽・我・浄の相）を除くことによって（ugghāṭanena）、とりわけ無常を観察することが無相であるという。それゆえに〈自意識の潜在的な気持ち（mānânusaya, 慢随眠）を捨てよ（ujjaha）〉とは、それを修習しながら道の順序によって（paṭipāṭiyā）最高の道（阿羅漢道）の証得によって〈自意識の潜在的な気持ち（慢随眠）を〉断ち切れ。〔そうすれば〕〈自意識（慢）の止息から（mānâbhisamayā）〉と、自意識（慢）を見ることが止息するから、また〔自意識（慢）を〕捨てることが止息するから、〈寂静となって（upasanto）〉と、すべてに欲情などが静まったから（santatāya）寂静となって、〈お前は行くであろう〉、住むであろう、という意味である。

（1227）〈その言葉だけを〉云々という四偈は、世尊によって「善言経（*Subhāsita-sutta*）」（*Sn.* p. 78 ; *S.* I. 188）が説示されると、心に喜びが生じた上座が世尊の面前で称讃して述べたものである。〈およそ自分を焼き苦しめないような（yāy'attānaṃ na tāpaye）〉とは、およそその言葉が原因となって後悔することによって（vippaṭisārena）自分を苦しめないような、悩ませないような（na bādheyya）、〈また他の人たちを傷つけないような（na vihiṃseyya）〉と、また他の人たちを他の人々と話しながら困らせないような（na viheṭheyya）、〔その言葉だけを語るがよい〕。〈それこそが、よく語られた言葉だ〉とは、その言葉は一途によく語られた、という。それゆえに〈その言葉だけを語るがよい〉という繋がりである。この偈によって、人々を離間させない言葉のために（a-pisuṇa-vācā-vasena）世尊を誉め称える。

（1228）〈相手に喜ばれる（paṭinanditā）〉とは、対面している人によって喜ばれ愛され、現在（sampati）また将来に聞く人々によって受け取られる（sampaṭicchitā）〔言葉を語るがよい〕。〈およそそれを取り上げない〉とは、およそその言葉を述べながら、〈他の人々の諸々の悪いこと〉、愛されない（appiyāni）好まれない（aniṭṭhāni）

粗暴な言葉（pharusa-vacanāni）を取り上げず、取らないで、意味と語句のやさしい（attha-byañjana-madhuraṃ）愛される〔言葉〕だけを明らかにする、まさにその〈愛される言葉を語るがよい〉。と、愛される言葉のために〔世尊を〕誉め称えた。

(1229)〈〔真実こそが〕甘露（不死）〉とは、善いのであるから甘露と同じようである。なぜなら、こう言われているからである。

「真実こそは、諸々の味のより善いものである」と（*Sn.* 182）。

或いは涅槃・不死の縁であるから甘露（不死）〔の言葉〕である。〈これが永遠の（sanantana）法（きまり、理）〉（*Dh.* 5d）とは、およそこの真実の言葉というのは、これは昔からの（porāṇa）法であり、行いの伝統（cariyā-paveṇī）である。なぜなら、およそ偽りを（alikaṃ）語らなかったという、このことこそが昔の人たちが行ったこと（āciṇṇa）であるからだ。それゆえに〈真実に、また意義（利益）に、そして法に、善き人たちは（santo）立つ〉と言う。そこで、真実に立つからこそ、また自分と他の人たちの意義（利益）に立ち、意義（利益）に立つからこそ、法（きまり、理）に立つ、と知るべきである。或いはこれは真実の形容（Vri. sacca-visesanaṃ）だけである。なぜなら、こう言われるからである。〔即ち〕「真実に立つ〔PTS. また意義（利益）に立つ〕」とは、どのようなことに〔立つ〕のか。意義と法に〔立つのである〕。およそ他の人たちと意義（利益）から離れないから（anapetattā）意義（利益）に従う（anuparodha-karaṃ）のであり、法から離れないから法であり、法に叶うことだけが（dhammikam eva）意義（利益）を成就させる」と。このようにこの偈においては真実という言葉によって世尊を称えた。

(1230)〈安らぎの（khemaṃ）〉とは、恐れのない、災厄のない（nir-upaddavaṃ）〔言葉は最上である〕。何の理

194

由によってか、ともし〔問う〕ならば、〈涅槃を得るために、苦を終わらせるために〉である。なぜなら、煩悩を鎮めることを（kilesa-nibbānaṃ）得させ（pāpeti）、また輪廻の苦を終わらせることに資するから、それゆえに「安らぎの〔言葉〕」という意味である。或いはまた、〈およそ仏が〉涅槃を得るために、或いは苦を終わらせるために、という二つの涅槃界のために安穏の道を明らかにするから、〈〔仏の〕述べられる安らぎの言葉は（khemaṃ vācaṃ bhāsati）、それこそ諸々の言葉の最上である〉とは、その言葉は全ての言葉の最勝のものである、と、このようにここでの意味を見るべきである。この偈では聖典の言葉（manta-vacana）によって世尊を褒め称えながら、阿羅漢の境地の頂上をもって称讃を終わらせる。

(1231)〈深い智慧あり〉〔云々〕という三偈は、尊者舎利弗上座を称讃するために述べられた。そこで、〈深い智慧あり〉とは、深い〔五〕蘊や〔十二〕処などに対してはたらく聡敏な智慧をそなえているので深い智慧がある。智慧（medhā）と呼ばれる法を滋養とした（dhamm'oja）智慧を具えているから〈賢明で（medhāvin）〉、「これは悪道（悪趣）への道である、これは善道（善趣）への道である、これは涅槃への道である」と、このように道と非道について詳しいから（kovidatāya）〈道と非道に詳しい〉。偉大な声聞波羅蜜（最高の行）の智の頂点に達した智慧によって〈大智慧の〉〔舎利弗は〕、〈比丘たちに法を説く〉とは、まさに正しく〔修道の〕進退を（pavatti-nivattiyo）解明しながら比丘たちに法を説示する。

(1232) またその説示における〔修道の〕進転のあり方を（pavatti-ākāraṃ）示すために、〈簡略にも〉云々と述べた。そこで〈簡略にも〉とは、

「友よ、これら四つの聖なる真理（四聖諦）がある。どれが四つか。苦という聖なる真理（苦聖諦）。…乃至…これらが、ね、友よ、四つの聖なる真理（四聖諦）である。それゆえに、ここに、友よ、これは苦で

ある、と観行をなすべきである（yogo karaṇīyo）。」
と、このように簡略にも〈説く〉。
「またどれが、友よ、苦という聖なる真理（苦聖諦）か。生まれも苦である。」（M. III. 248）
云々という趣旨によって、同じそれら〔四諦〕を解明しながら〈詳細にも述べる〉。〔五〕蘊などを説く場合にもこれと同じ趣旨である。〈九官鳥のような声（sālikāy'iva nigghoso）〉とは、ちょうど甘美なマンゴーの熟した果実を食べて、翼で楽器の音を出して（tālaṃ datvā, Vri. vātaṃ〃, 風を立てて）甘美な鳴声を出す九官鳥の鳴声のように、このように法を語っている上座の声は甘美である。なぜなら、法将軍（舎利弗）には胆汁などによって妨げられない言葉があるからである。鉄棒で打たれた銅鑼《どら》（kaṃsa-tālako）のような音が出る。〈弁才（雄弁の才）を顕した（paṭibhānaṃ udīrayi, Vri. 〃udiyyati, が出る）〉とは、語りたいことがあると海洋から波が〔寄せる〕ように、次々と終わりなく弁才が現れる。

(1233)〈その方の〉とは、法将軍（舎利弗）の、〈その〉とは法を、〈説いている〔声を〕聞く〉とは、「およそ上座が我々に語る、そのことを確かに（ṇo）我々は聞こう」と尊敬〔の念〕が生じて（ādara-jātā）聞く。〈甘美な〉とは、好ましい〔声を聞く〕。〈〔心に〕染みる（rajanīyena）〉とは、愛される（kantena）、〈聞くべき（savaṇīyena）〉とは、耳に快い、〈妙なる（vaggunā）〉とは、滑らかな（maṭṭhena）、心を惹きつける（manoharena）〔声によって〕、〈心高揚し（udagga-cittā）〉とは、歓喜踊躍の悦び（odagya-pīti）によって心高揚して、心が落ち込まない、〈喜んで（muditā）〉とは、歓んで（āmoditā）、喜びをもって、〈〔比丘たちは〕耳を傾ける（odhenti）〉とは、耳を向ける、知るために（aññāya）心を励まして耳を導く。

(1234)〈今日、十五日に〉云々という四偈は「自恣《じし》経（Pavāraṇa-suttanta, 雨安居《うあんご》修了式という経）」（S. I. 190）の

195

説示において、〔大〕師が大比丘僧団に囲まれて坐っておられるのを見てから、〔〔大〕師を〕褒め称えようとして述べられた。そこで〈十五日に（paṇṇarase）〉とは、なぜなら、およそその時に、世尊は〔舎衛城の〕東園に坐りながら、夕方に到着した衆のために時に適し、時期に適した法を説いてから、水小屋で体に水を注いでから衣を着け（nivattha-nivāsano）、〔左〕肩に善逝の大衣を掛けて、鹿母《ろくも》講堂の中央の柱によって設けられた勝れた仏座に坐ってから、周りに坐った比丘僧団を眺めまわして、その日の反省会（布薩）に、〔雨安居の〕修了式（自恣）の日に坐っておられる、この十五日の布薩の日に、という意味である。

〈清浄の（visuddhiyā）〉とは、清浄のための、清浄の〔雨安居〕修了式に、〈比丘たち▽五百人が集まった〉とは、五百人ほどの比丘たちが〔大〕師をとり巻いて坐るために、また志向によって集まった。そして彼等は〈しがらみの縛りを断ち切っている（saṃyojana-bandhana-cchidā）〉とは、しがらみと呼ばれる〔心身の〕相続の縛りとなった諸々の煩悩を断ち切っている。それゆえにこそ〈苦悩なく（anīghā）、再生が尽きた仙人たちだ〉とは、煩悩の苦がないので、苦がなく、再生が尽きた、無学の者たちの戒の集まり（戒蘊）などを求めている〔と語源解釈される〕ので（esita-bhāvena）〈仙人たち（isī）〉である、と。

(1236)〈戦いに勝った（vijita-saṅgāman）〉とは、煩悩との戦いに勝ったから、魔の力に勝ったから、戦いに勝った、〈隊商主（sattha-vāhaṃ）〉とは、八支の聖なる道（八正道）という車に乗せて、導くべき人たちを運ぶ（vāheti）、輪廻の難路を渡らせる（uttāreti）というので、世尊は隊商主である。ゆえに娑婆主梵天（Brahmā Sahampati）は

「起て。勇者よ、戦勝者よ、隊商主よ。」（*Vin.* I. 6[3]）

と言う。その隊商主の〈無上者〉、〔大〕師を〈声聞たち、三明者たち（te-vijjā）、死魔を捨てた者たちが

（Maccu-hāyin）囲んで侍る（payirupāsanti）〉。このような声聞たちに囲まれて〔世尊〕は、〈転輪王が大臣に囲まれて〔巡幸する〕〉ように、地方を遊行するために〈あまねく巡歴する（anupariyeti）〉という文脈である。

1237〈籾殻《もみがら》（palāpo）〉とは、空っぽの（tuccho）、中に核心のない、戒がない、という意味である。〈日種族のお方を、私は礼拝する（vande）〉とは、「日種族のお方である〔大〕師、十力者を私は礼拝する」と言う。

1238〈千人を越える〉云々という四偈は、涅槃に対応した法話によって比丘たちに法を説いている世尊を褒め称えようとして述べられた。そこで、〈千人を越える（paro-sahassaṃ）〉とは、千人を越える、千二百五十人の比丘たちに関して、これは言われている。〈どこにも怖れのない（a-kuto-bhayaṃ）〉とは、涅槃にはどこにも怖れはない。また涅槃を得るとどこにも怖れはない、というので、涅槃はどこにも怖れない、と言われる。

1240「罪悪を作らない（āguṃ na karoti）」（*Sn*.522a）云々という上述の理由によって、世尊は〈龍（nāga）〉と言われるとは〈世尊よ、御身は龍の名をもつお方〉と、〈諸仙人の最上（第七）の仙人〉とは、声聞・辟支仏という諸仙人の最上の仙人である。或いはヴィパッシン正等覚者以来の諸仙人（過去七仏）の七番目の仙人（仏）である。〈大きな雨雲のよう〉とは、四〔大〕洲にわたる大雲のように〈なって〉〔声聞たちに〔法の〕雨を降らせる〕。

1241〈昼の休みから（divā-vihārā）〉とは、独坐（paṭisallāna）の場所から、〈御身の声聞（ヴァンギーサ）は、大勇者よ、両の御み足を〔礼拝致す〕〉とは、上座は阿羅漢の境地を得てから、自分がこの特別な境地（visesa）を証得したことを明らかにしようとして言う。

1242〈邪道に〉云々という四偈は、世尊から

「一体、ヴァンギーサよ、これらの偈はお前によって前もって考え廻《めぐ》らされていた（parivitakkitā）のか、それともまったく即座に（ṭhānaso'va）これらの〔偈〕が閃《ひらめ》き現われる（paṭibhānti）のか。」（*S*. I. 193[3]）

196

と、尋ねられて（pucchitena）、

「それらの〔偈〕は即座に閃き現われる。」

ということを示そうとして述べられた。しかしなぜ、このように世尊は彼に仰ったのか。聞くところでは、僧団の中で〔次のような〕話がもち上がった。

「ヴァンギーサ上座は務めを放棄した（vissaṭṭha-vatto, Vri. 〃-gantho, 繋縛を〃）。〔彼は〕提示においても（uddese, Vri. uddesena, 〃よっても）、質問においても（paripucchāya, よっても）、根源的な作意（思念）においても（yoniso-manasi-kāre, Vri. 〃-kārena, 〃よっても）、決して修錬（kamma, 業、行）をしない。偈を結びながら諸々の粉々な語句を（cuṇṇa-padāni, Vri. vaṇṇa-〃, 多彩な語句を）作りながら巡り歩く。」と。

すると、世尊は

「これらの比丘たちは、ヴァンギーサの弁才（閃く詩才、言語能力）の成就を（paṭibhāna-sampattiṃ）知らない。私は彼が弁才を成就していることを知らしめよう。」

と思って、「一体、ヴァンギーサよ、お前によって」云々と〔彼に〕質ねる。

〈邪道に（ummagga-pathaṃ）〉とは、多くの煩悩が浮び上がる諸道（kiles'ummujjana-pathāni, Vri. kiles'uppajjana-〃, 〃起こる諸道）である。そして輪廻を求める道であるから（vaṭṭa-ppasuta-pathattā, Vri. 〃-pathatāya）「道」と言われる。〈〔五つの〕頑迷を破って（pabhijja-khilāni）〉とは、欲情（rāga, 貪）などによる頑迷の五つ（仏・法・僧・戒・同梵行者を疑って信ぜず修行に向かわないこと）を断ち切って〈行く〉、〈そのお方を見よ〉とは、このように〈〔邪道に〕打ち勝って（abhibhuyya）〉、また〔頑迷を〕断ち切って行くその仏を見よ。〈縛りからの解放をする（bandha-pamuñca-karaṃ）〉とは、縛りからの解き放ちをする（bandhana-mocana-karaṃ）、〈〔何にも〕依存せ

ず（asitan)〉とは、依止しない（anissitaṃ)、〈部分から分析しながら（bhāgaso pavibhajjaṃ,[Vri.] 〃paṭibhajja, 分析してから)〉とは、思念の起こるところ（sati-paṭṭhāna, 念処）などの部分から（koṭṭhāsato）法を分析すべきものにして（pavibhajanīyaṃ katvā,[Vri.] paṭibhajanīyaṃ 〃)。〈分析してから（pavibhajja)〉とも誦む。提示などの部分から種類によって繰り返し解析してから（vibhajitvā）法を説示するお方を〔見よ〕と、いう意味である。

(1243)〈暴流を〉とは、欲望など（欲望・生存・見解・無明）の四つの暴流を〔渡るために〕、〈種々に定めた（aneka-vihitaṃ)〉とは、思念の起こるところ（sati-paṭṭhāna, 念処）などによって多種に、或いは三十八の観念修行法（kamma-ṭṭhāna）によって、多種類の不死（甘露）を齎す〈道を御身は語った（akkhāsi)〉、述べた。〈またその不死（甘露）〔の境地〕が語られると〉とは、そのお方によってその不死（甘露）と、不死（甘露）を齎すことが語られると、〈法を見る者たちは（dhamma-dasā)〉とは、法を見る者達、喜ぶ者達は（passitā rocitā,[Vri.] passitāro)、〈〔誰にも〕掠められずに立っている（ṭhitā asaṃhīrā)〉とは、誰にも掠められない者（asaṃhāriyā）となって、立っている。

(1244)〈〔光明を作るお方は〔法を〕洞察して（ativijjha)〉とは、洞察してから（ativijjhitvā)、〈一切の立場を（sabba-ṭṭhitīnaṃ)〉とは、一切の見解の立場（diṭṭhi-ṭṭhānaṃ）を、或いは認識の立場（viññāṇa-ṭṭhitīnaṃ）を、〈超越したところを見られた（atikkamaṃ acdā)〉とは、超越したところとなった（atikkama-bhūtaṃ）涅槃を見た。〈最上のことを（aggaṃ)〉とは、最上の法を〔説かれた〕。或いは〈最初に（agge)〉と読む。より第一に、という意味である。〈五人に（das'aḍḍhānaṃ, 十の半分に)〉とは、五人組〔の比丘たち〕に（pañca-vaggiyānaṃ）最高の法を〔説かれた〕。或いは、最初に最初から説かれた（desāyā,[Vri.] desayi)、という意味である。

(1245)〈それゆえに〉とは、なぜなら、「この法はよく説かれた」と知っているなら放逸が行われるはずがないから、それゆえに、〈従い学ぶがよい（anusikkhe）〉とは、三学（戒・定・慧）を観法の順序に、また道の順序によって学ぶがよい。

(1246)〈仏に続いて覚った（buddhânubuddha）〉云々という三偈は尊者アンニャー・コンダンニャ上座を称讃するために述べられた。そこで、〈仏に続いて覚った〉とは、諸仏に続いて覚った。なぜなら、諸仏が最初に四つの真理（四諦）を覚った（bujjhiṃsu）のであり、後で上座が皆の最初に〔覚った〕から、それゆえに仏に続いて覚った。強固な（thira）戒の集まり（戒蘊）などを具えているから〈上座（thera）〉であり、動揺しない属性がある（akuppa-dhammo）、という意味である。〈はげしく精励して（tibba-nikkamo）〉とは、堅く精進する。〈安楽に住すること〉とは、現在（現法）において安楽に様々に住むことを〔得ている〕。〈諸々の遠離することを（vivekānaṃ）〉とは、三つの遠離（身・口・意の遠離）を〔得ている〕。

(1247)〈およそ声聞によって、達せられるべき（pattabbaṃ）〉とは、およそ皆声聞たちによって達成されるべきことであろう、それはこの〔上座〕によって〔仏に〕続いて達成された。〈不放逸に学ぶ（appamattassa sikkhato）〉とは、不放逸になって学んでいる〔この上座〕によって〔続いて達成された〕。

(1248)〈三明者（te-vijja, 宿命通、天眼通、漏尽通を得た者）であり、他人の心を知ることに巧みな（ceto-pariya-kovida）〉とは、六つの神通（abhiññā）のうち四つ〔の神通〕を言う。他の二つ〔の神通〕（神足通と天耳通）は、たとえ〔ここで〕言われなくても、しかし上座はすでに六神通者（chaḷ'abhiñña）である。なぜならば〔コンダンニャ〕上座が雪山の六牙池（Chaddanta-daha）からやって来て、世尊に対して最高の五体投地の格好（nipacca-ākāra）を示して〔世尊を〕礼拝しているのを見てから、〔ヴァンギーサは〕浄く信じる心で、世尊の面前で〔コンダンニャ〕上座を誉め称えながら、これらの偈を述べたのであるから、それゆえに〈コンダンニャは、仏の相続人（dāyāda）として、〔大〕師の両足を礼拝する〉と述べた。

(1249)〈山の麓に〉云々という三偈は、もう皆阿羅漢の境地にある五百人の比丘たちと共に、世尊が黒石〔窟〕（Kāḷa-siḷā）に住まわれていると、尊者大目連が彼等比丘たちの心を探りながら（samanvesantc）阿羅漢果の解脱を見た。それを見て、尊者ヴァンギーサが世尊と上座たちとを称讃して〔偈を〕述べた。そこで〈山の麓に〉とは、〔王舎城外の〕仙呑山（Isigili-pabbata）の麓の黒石〔窟〕に、〈坐られた（āsīnaṃ）〉とは、坐った（nisinnaṃ）。

(1250)〈心によって（cetasā）〉とは、自分の、他人の心を知る智によって、〈彼等の心を探りながら（cittaṃ nesaṃ samanvesaṃ）〉とは、彼等煩悩（漏）が尽きた比丘たちの心を探りながら、〈観まわして行く（anupariyeti）〉とは、順次に決定する。

(1251)〈このように一切の要件を具えられた聖者（牟尼）に〉、〔Vri. 苦の彼岸に行かれた聖者（牟尼）〕と言われた〔大〕師が成就されたこと（sampatti）と、また〈三明者たち、死魔を捨てた者たち〉と言われた声聞が成就したことという一切の諸要件を具えられたお方に〔比丘たちは囲んで侍る〕。なぜなら、〈聖者（牟尼）〉というこの語によって寂黙（mona）と呼ばれる智（ñāṇa）によって〔大〕師が残らず知るべきことを覚っておられることが（anavasesa-ñeyyâvabodho）言われたと、無障碍の智（anāvaraṇa-ñāṇa）によって十力者の智などが纏められている。それによってそのお方（世尊）の智慧の成就（sampadā）を示す。〈苦の彼岸に行かれたお方に（dukkhassa pāraguṃ）〉とは、これによって捨断（pahāna）の成就を〔示し〕、またその両方によって〔大〕師の威神力（ānubhāva）などの成就が示されている。〈三明者たち、死魔を捨てた者たちは（1249d）〉とは、これによって声聞たちの智の成就を明らかにすることによって、また涅槃の境界の証得を明らかにすることによって

198

と、二語によって〔大〕師が声聞弟子を具えていることが示されている。なぜなら、そのように言われた通りの意味をより明瞭にするために〈聖者（牟尼）に、苦の彼岸に行かれたお方に、多くのあり方〔の徳〕を具えられたゴータマに〔比丘たちは〕囲んで侍る（payirupāsanti）〉（1251bcd）と言われた。そこで、〈多くのあり方を具えられた（anekâkāra-sampannaṃ）〉とは、多くのあり方を具えられたお方に、多くのあり方の徳を具えられたお方に（anek'ākāra-guṇa-samannāgatan）〔比丘たちは囲んで侍る〕という意味である。

（1252）〈恰も月〉〔云々〕という偈は、チャンパー都城のガッガラー蓮池の岸辺において、大比丘僧団と数千の神や龍に囲まれて、自分の容色と名声とによって輝いている世尊を仰ぎ見てから、心に喜びが生じて〔世尊を〕誉め称えようとして述べられた。そこで〈恰も雲が過ぎ去った空における（vigatava-lāhake nabhe）月のように〉とは、ちょうど秋の時期に雲が離れて行った（apagata-valāhake）、または雲のような別の霧（mahikā）などの曇りから離れた（upakkilesehi vimutte）虚空において満月が輝くように、〈曇りを離れて（vīta-mala）光輝ある（bhānumā）〔太陽の〕ように〉とは、まさにそれゆえに雲などの曇りが去って行ったので（upakkilesa-vigamena）曇りを離れた〈光輝ある〉太陽が〈輝く〉ように、〈そのようにも、アンギーラサ（放光者、世尊）よ、御身は〉と、このように光を放つ体によって輝ける方よ（jutimanta）、〈御身もまた、大聖者（牟尼）よ〉、世尊よ。〈きわめてよく輝く（atirocasi）〉、自分の〈名声によって〉神と共なる世間を超えて（atikkamitvā）輝く（virocasi）。

（1253）〈詩歌に酔って〉云々という十偈は、阿羅漢の境地を得て、自分の実践修道を省察してから、〔大〕師と自分との諸々の徳を明らかにしようとして〔ヴァンギーサによって〕述べられた。そこで〈詩歌に酔って（kāveyya-mattā）〉とは、詩歌によって、詩作（kabba-karaṇa）によって酔って、尊重され（mānitā）、尊敬された徳の増大に（sambhāvita-guṇodayaṃ）に至った。〈すると私たちは〔正覚者に〕お会いした（addasāma）〉とは、見奉った（addasimha）。

(1254)〈確かに（addhā）私たちに〔三宝が〕たち上がった（no udapajjatha）〉とは、三宝（ratana-ttaya）が確かに我々に役立つためにたち上がった（uppajji）。

(1255)〈言葉を〉とは、真理（四諦）に対応した法話を〔聞いて〕、〈〔五〕蘊と〔十二〕処と〔十八〕界とを〉とは、五蘊（身心の諸要素）、十二処（認識領域）と、また十八界（認識要素）とを〔知って〕。この場で蘊などの話を言うべきであるが、それは『清浄道論』（*Visuddhi-magga*, 436ff.）の中ですでに詳説されたから、そこで説かれた趣旨だけによって知るべきである。〈知ってから〉とは、色などの分析などから、また無常であることなどとして、前分の智によって知ってから、〔出家した〕。

(1256)〈誰でもそれら教えを行う（sāsana-kārakā）〉とは、誰でもそれらの人たちは如来たちの教えを行う、それらの〈多くの人たちのために、ああ、如来たちは〔世間に〕出現なさる〉。

(1257)〈誰でも決定の類を見る（ye niyāma-gata-ddasā）〉という、決定の類とは決定だけである（niyāmo eva）。誰でも、比丘たちや比丘尼たちは、正しいことの決定を（sammatta-niyāmaṃ, 正性決定《しょうしょうけつじょう》を）見た（addasaṃsu）＝証得した（adhigacchiṃsu）。〈その人たちのために、ああ、覚りを〉、正等覚を、〈聖者〉世尊が〈証得された（ajjhagamā）〉、という文脈である。

(1258)〈よく説かれた（sudesitā）〉とは、教導される人の意向に適する〈教え〉が、簡略に、また詳細によく説かれた。〈眼あるお方によって（cakkhumatā）〉とは、五つの眼（肉眼・天眼・慧眼・仏眼・普眼）をもって眼あるお方によって、自分の利益を欲する者たちが近づくべき（araṇīyāni）、なすべき（karaṇīyāni）、聖なることを作る（ariya-bhāva-karāni）〔諸真理（四聖諦）〕、或いは聖者である世尊の諸真理である、というので〈聖なる（または聖者の）諸真理（ariya-saccāni、四聖諦、聖者の四諦）が〉〔よく説かれた〕。

（1259）〈苦〉云々とは、それらの聖なる諸真理（四聖諦）にふさわしい説示（sarūpa-dassanaṃ）である。この場で聖なる真理の話（ariya-sacca-kathā,〔四〕聖諦論）を述べるべきである。その〔話（論）〕は、一切のあり方から『清浄道論』の中で（*Vism.* 461 ff.）、詳しく述べられている、というわけで、そこで説かれた趣旨だけによって知るべきである。

（1260）〈このように、これら（四聖諦）が、そのように〉とは、これらの苦など、聖なる真理（四聖諦）という諸法は（ariya-sacca-dhammā）、このように苦などの類として、そのように非実でなく（a-vitathā）、別様でなく（an-aññathā, ありのままに）〈説かれ、それらが私に如実に（yathā-tathā）見えた〉とは、〔大〕師が説かれた通りに、その通りに私によって見られた。

まず、それらが聖道の智によって洞察されたのであるから（paṭividdhattā）、〈自分の目的（利益）が私によって得られた（sadattho me anuppatto）〉。阿羅漢の境地が私によって証得された。それゆえにまた〈仏の〉、世尊の〈教えが行われた〉。教誡・教示に〔私は〕しっかりと立った（ovādânusiṭṭhiyaṃ anupatiṭṭho）。

（1261）〈ああ、私によく来たもの（収穫＝体得）が（svāgataṃ）あった〉とは、ああ、私によく来ることが（su-āgamanaṃ, よき収穫＝体得が）あった。〈私が仏の許にいると〉とは、私が等覚者、世尊の許に、おそばにいると〔私によく来たもの（収穫＝体得）があった〕。

（1262）〈神通の最高に達し（abhiññā-pārami-ppatto）〉とは、六つもの神通の最高に（pāramiṃ, 波羅蜜に）＝卓越に（ukkaṃsaṃ）到達した（adhigato）。なぜなら、この語句によって先述の意味を解明するために、「耳界

199

〔聴覚〕が浄められ」云々と言われているからである。

(1263)〈〔大〕師にお質ねします〉云々という十二偈は、自分の和尚が入滅（般涅槃）していることを質ねようとして〔ヴァンギーサ〕によって説かれた。なぜなら、〔彼の和尚〕尊者ニグローダ・カッパ上座の入滅（般涅槃）の時に、尊者ヴァンギーサは面前にいないものだったからである（SnA. II. 346）。また彼は〔和尚の〕手の不行儀（hattha-kukucca）など、かつての習慣（pubbâsevanaṃ, かつての癖）を先に見ていたからである。またそれと同じように尊者ピリンダヴァッチャが「ヴァサラ（vasala, 賤民）」という語で話しかける（samudācāro）ように、漏尽者たちにもそのような〔癖〕があるままである。

それで「一体、ね、私の和尚は入滅（般涅槃）したのか、それともそうでないのか」と、起こってきた不審の思いがあって（uppanna-parivitakko）、〔人〕師に質ねたのである。それで「和尚が入滅（般涅槃）していることを質ねようとして〔ヴァンギーサ〕によって説かれた」と言われた。

そこで、〈〔大〕師に〉とは、現世の（ciṭṭha-dhammika）〔利益〕などによって導かれるべき人たちを教誡するお方（veneyyānaṃ anusāsakaṃ）に〔質ねる〕。〈小さくない（最高の）智慧をもった（anoma-paññaṃ）〉という、小さい（omaṃ）とは、「少ない（parittaṃ）、劣った（lāmakaṃ）」、と言われる。小さな智慧の人に〔質ね〕ない。小さからぬ智慧の人に、大きな智慧の人に〔質ねる〕という意味である。〈まさに現実に（diṭṭh'eva-dhamme）〉とは、まさに直接体験して（paccakkham eva）、まさにこの身において、という意味である。〈諸々の疑惑（vicikicchā）を〉とは、諸々の疑念（saṃsaya）を、或いはそのような不審の思いを、〈断ち切るお方（chettar）〉、切る人（chedaka, Vri. 欠）である。〈アッガーラヴァで〉とは、アッガーラヴァ塔廟と呼ばれる精舎において、〔一人の比丘が命を終えた〕。〈〔世に〕知られた（ñāto）〉とは、〔世間に〕明らかである。〈名誉ある

（yasassin）〉とは、利得と尊敬をそなえた方が、〈自らは寂滅しました（abhinibbut'atto）〉とは、本性として静まった（upasanta-sabhāvo）、心に焦慮のわずらいがない（aparidayhamāna-citto）。

(1264)〈御身（世尊）がお付けになった〉とは、そのような木陰になった（chāyā-sampanne）ニグローダ樹の根元に〔彼（ヴァンギーサ）の師僧が〕坐っていたので、〈ニグローダ・カッパ〉と御身（世尊）によって名前が付けられた。と、このように彼は自分で思いつくままに言う。世尊はしかし〔カッパがそこに〕坐っていただけで、彼をそのように呼んだのではなくて、むしろ、ご存知のように（api ca kho）そこで〔カッパが〕阿羅漢の境地を得たからでもある。〈バラモンに〉とは、〔カッパの〕生まれに関して言う。聞くところでは彼はバラモン大家の家から出家した。〈〔御身を〕敬いながら（namassaṃ）行きました（acari）〉とは、敬いながら住んだ。〈解脱を求めて（muty-apekkho）〉とは涅槃に安立して（patiṭṭhito）〔行った〕。〈堅固なる法を示すお方よ（-dassi）〉とは、世尊に語りかける。なぜなら、「堅固な法を」とは不壊（abhijjana）の意味で、涅槃であり、またそれを世尊が見、そして示した（dassesi）からである。

(1265)〈釈〔尊〕よ（Sakka）〉というのも、同じ世尊に家の名をもって呼びかける。〈私ども皆も〉とは、残らず会衆を含めてから、自分を示そうとして言う。〈一切を見る眼あるお方よ（Samanta-cakkhu）〉というのも同じ世尊に一切を知る者であるという智をもって語りかける。〈〔私どもの耳は聞くのを〕待っています（samavaṭṭhita）〉とは、正しく安定している（avaṭṭhitā）、心構えをして（ābhogaṃ katvā）いる。〈私どもの（no）〉とは、我々の（amhākaṃ）、〔耳は〕〈聞くのを（savaṇāya）〉とは、この問いへの答えを聞くために〔待っている〕。〈耳は〉とは、耳界（sota-dhātu, 聴覚）〔は聞くのを待っています〕。〈御身は我々の〔大〕師です。御身は無上のお方です〉と、称讃の言葉によって言う。

200

（1266）〈私どもの疑いをまさに断ち切って下さい〉とは、疑いに対応するその不審の思い（parivitakka）に関して言う。しかし不善の疑いについては、上座はすでに疑いがない（nibbicikiccho va）。〈これを私に話して下さい〉とは、およそ御身が我々から請われた、そのことを私に話してください。「釈〔尊〕よ、私どもも皆、その声聞のことを知りたいのです」と〔御身は〕もう請われている。そのバラモンが〈入滅（般涅槃）したのか、教えて下さい（vedaya）、広い智慧あるお方よ（bhūri-pañña）、私どもの中でだけ説いて下さい〉とは、〔彼が〕入滅（般涅槃）したことを知って、大智のお方、世尊よ、私ども皆の中だけで説いて下さい、私ども皆が知ることができる（jāneyyāma）ように。〈千の眼ある帝釈天が神々に〔説く〕ように〉とは、しかしこれは誉め言葉に過ぎない。しかし、またここでもこれが趣旨である。〔即ち〕、ちょうど帝釈天、千の眼ある方が、神々の中で彼等にうやうやしく受け取られる言葉で述べるように、そのように私どもの中で私どもにうやうやしく受け取られる言葉で〔世尊は〕述べる。

（1267）〈およそ、いかなる（ye keci）〉というこの偈をも、世尊を称讃しようとしてだけ〔ヴァンギーサ〕が言おうと欲することを生み出すために説く。その意味は、すなわち、〈およそ、いかなる〉貪欲（abhijjhā）などの〈繋縛（gantha, しがらみ）〉も、それらが捨てられないでいると、迷い（愚癡）や疑いを捨てることがないから、〈迷い（愚癡）の道〉とも、〈無知の類《たぐい》（aññāṇa-pakkā）〉とも、〈疑いの棲家《すみか》（vicikiccha-ṭṭhānā）〉とも言われる、それらは一切、〈如来に出会うと（patvā）〉、如来の説〔法〕の力によって破壊されたことになり（viddhaṃsitā honti）、〈なくなるのです（nassanti）〉。なぜか。〈なぜなら、このお方が人々の最高の眼ですから〉。なぜなら、如来は一切の繋縛（しがらみ）を破壊する智慧の眼を生ずるから、人々の最高の眼である、と言われたのである。

(1268)〈なぜなら、もし…もう…ないなら〉と、この偈をも同じく〔世尊を〕さらに称えようとしてだけ、説きたい気持を（vattu-kāmataṃ）起こしながら〔ヴァンギーサが〕述べる。そこで〈もう（jātu）〉とは、「一途に」と言う（ekaṃsa-vacanaṃ）。〈〔この〕御人が〉とは世尊に関して言う。〈光のある人たち（jotimanto）〉とは、智慧の光を具えた、舎利弗などである。こう言われたのである。〔即ち〕、恰も東などの類の〈風が黒雲の層（abbha-ghana）〉を払う（vihanti）ように、そのようにもし世尊が説〔法〕の力で〈諸々の煩悩を〉払わ〔ない〕ならば、すると、たとえば黒雲に覆われた世間は〈闇だけとなり（tamo'va hoti）〉、一つの暗闇となるように、そのように〈一切世間〉も無智に覆われて闇だけとなるであろう。およそこれらは今〈光のある人たち〉と見えている（khāyanti）舎利弗など、その人たちも〈輝かないでしょう（na ppabhāseyuṃ）〉、光らないだろう、と。

(1269)〈また賢者たちは〉というこの偈も、先の趣旨によってだけ言う。その意味は、すなわち、〈また賢者たちは〉、賢明な人たちは〈光を作る方々（pajjota-karā）です〉、智慧の光を生みだす。それゆえに〈私は御身を（taṃ）、勇者よ（vīra, [Th.PTS] dhīra, 賢者よ）〉、精勤・精進をそなえた方よ、世尊よ、〈〔御身を〕まさにそのようなお方と思います（maññe）〉。また「賢者である」と、また「光を作る方（pajjota-kara）である」とのみ思う。私どもも観察する方（vipassin）のところに、一切諸法を如実に見る世尊のところに、〈知るお方のもとに（jānantaṃ, [Th.] jānaṃ）〉だけ〈やって来ました〉。それゆえに〈衆の中で私どもにカッパ〔上座〕のことを明らかにして下さい（āvikarohi）〉。〔[Vri.] どのように、もう般涅槃したのかと〕ニグローダ・カッパのことを明らかにして下さい、告げて下さい（ācikkha）、顕かにして下さい、と。

(1270)〈速やかに〉というこの偈も、先の趣旨によってだけ言う。その意味は、すなわち、世尊は〈速やかに妙なる、よき声を、お出し下さい（giraṃ eraya vaggu vagguṃ）〉、ゆっくりと（ataramāno, 急がずに）、妙なる心

201

を惹く（manohara）言葉を述べて下さい。〈白鳥が〉、ちょうど黄金色の白鳥が餌場から戻りながら自然の湖や林の繁みを見て、頸を〈さしのべて（paggayha）〉、翼を上にあげて（uddhunitvā）、赤いくちばしで〈ゆっくりと（saṅikaṃ）〉、急がないで（ataramāno）、〈妙なる〉鳴き声を囀る（nikūjati）、発するように、まさにそのように、御身はゆっくりと声を出して下さい。この偉大な人物の相《しるし》の一つである、〈よく整えられた（su-vikappita）玉の声（bindu-ssara）をもって〉、よく整えられ調整された（abhisaṅkhata）〔声〕をもって〔説いて下さい〕。この私どもは〈皆こぞって（sabb'eva）素直になって（uju-gatā）〉、散乱しない心となって、御身の声を〈聴きます〉と。

(1271)〈生▽死を捨てたお方に〉とは、この〔偈〕をも先の趣旨によってだけ言う。そこで、残さない、というので余さない。その〈余すところなく（asesaṃ）〉、預流者などのように何かも残すことがなく、生と死を捨てた人に、と言われている。〈無理にお願いして（niggayha）〉とは、よく乞うて、せがんで（nibandhitvā）、〈〔悪を〕洗い浄めたお方に（dhonaṃ）〉とは、一切の悪を払い除けられたお方に、〈〔法を〕説いて頂きましょう（vadessāmi）〉とは、私は〈法を〉語っていただこう。〈なぜなら、凡夫たちは欲することをなし遂げること（kāma-kāra）がない〉とは、凡夫の有学の者などの三種の人々には欲することをなし遂げることがない。彼等は何でも知ろうと、或いは言おうと望むこと、それができない。〈如来たちには思慮してなし遂げること（saṅkheyya-kāra）こそ、あるのです〉。しかし如来たちには思量して行うこと（vīmaṃsa-kāra）があり、智慧を先とするはたらきがある（paññā-pubbaṅgamā kiriyā）。その方々は、およそ知ろうと、或いは言おうと欲すること、それがもう出来るだけである、という趣旨である。

(1272)今度はその思慮してなし遂げること（saṅkheyya-kāra）を明らかにしようとして、〈完全な（sampanna）

説明（veyyākaraṇa, 予言、記）は〉と偈を言う。その意味は、すなわち、なぜなら、そのように、世尊よ。〈この、御身の（tava）、真っ直な智慧あるお方の（sam-ujju-paññassa）〉、あらゆるところで退けられないことによって真っ直に行く智慧あるお方（uju-gata-pañña）の〈完全な説明（予言）は〉、まさに正しく述べられ行われた。

「サンタティ大臣はターラ椰子七本ほど〔空中に〕昇ってから入滅（般涅槃）するであろう。」

「スッパブッタ釈迦〔王〕は（Suppabuddho Sakko）七日目に地（地獄）に入るであろう。」

と、このようなことを始めとする〔御身の予言は〕〈把握されています（samuggahītaṃ）〉。まさに正しく把握され、顛倒なく見られた。そしてよりよく合掌を手向けて言う。〈この最後の合掌はよく手向けられました〉と。これは後の合掌であるけれども、よりよく手向けられた。〈御存知なのに（jānaṃ）〔私どもを〕迷わしてはなりません〉とは、〈御存知なのに〉、カッパ〔上座〕の行き先を知っていながら、何も言わずに（a-vacanena）私どもを迷わせてはならない。〈智慧小さからぬお方よ〉と世尊に語りかける。

(1273)〈勝劣の（paroparaṃ）〉という、この偈を、しかし別の仕方によっても（aparena pi pariyāyena）、〔私どもを〕迷わせないことだけを乞おうとして言う。そこで〈勝劣の〉とは、出世間的と世間的とによって、勝れた・優れていない、或いは遠く、近く〔という意味である〕（*cf. SnA.* II. 350[12]）。〈聖なる法を〉とは、四つの真理という法（四諦）を、〈知っておられるのですから（viditvā）〉とは、洞察してから。〈御存知なのに（jānaṃ, 知りながら）〉とは、一切の知るべき要素（ñeyya-dhamma, 所知法）を知りながら、〔私どもを迷わしてはなりません〕。〈私は〔御身の〕言葉を待ち望みます（vācâbhikaṅkhāmi）〉とは、〈恰も炎暑のもとに（ghammani）〉、熱暑の時期に熱暑に焦がされた（abhitatto）人が疲れてのどが渇き〈水を〉〔求める〕ように、そのように御身の言葉を私は待ち望んでいる。〈声（suta, 所聞）を雨と降らせて下さい〉とは、声（所聞）と呼ばれる声の領域（sadda-āyatana）を雨と降らせよ、流出せよ、放出せよ、働かせよ（pavassa pagghara muñca pavatta）。或いは〔声を雨と降らせて下さい（sutaṃ pavassa）は〕〈声の〔雨〕を降らせて下さい（sutassa vassa）〉ともいう聖言がある。上述の類の声の領域の雨（vuṭṭhi）を雨と降らせよ、という意味である。

(1274) 今度は、どのような言葉を〔ヴァンギーサが〕期待するのか、それを明らかにしようとして、〈およそ そのために（yad-atthikaṃ）〉と偈をいう。そこで、〈カッパーヤナが〉とは同じカッパ〔上座〕を尊敬するために言う。〈どのように解脱したのか（yatt-ā vimutto）〉とは、生存の依処の残余がない涅槃の領域（無余依《よえ》涅槃界）で無学の（もう修学すべきことがない）者のように〔入滅した〕のか、それとも生存の依処の残余がある（有余依《うよえ》の）有学の（まだ修学すべきことがある）者のように〔亡くなった〕のか、と尋ねる。ここでその他はすでに明らかである。

202

(1275) このように十二偈をもって乞われて世尊は彼に解答しようとして、〈断ち切った〉云々と仰る。そこで〈〔彼は〕この世で名と色（nāma-rūpa, 名色、心身）への渇愛を断ち切った（acchecchi）〉とは、この名と色（名色、心身）に対する欲望・渇愛などの類は長い間捨てられなかった、という意味で潜在していた渇愛（anusayitā taṇhā）といい、その流れ（sota）とも言われる。その渇愛の流れとなって長い間潜在した（anusayita）名色に対する渇愛を、ここでカッパーヤナは断ち切った、〈と世尊は〔仰る〕〉。とは、これはしかし結集の作者たちの言葉である。〈余すところなく生死を渡った（atāri jāti-maraṇaṃ asesaṃ）〉とは、彼はその渇愛を断ち切って、残りなく生死を渡った。生存の依処の残余がない（無余依の）〔境涯〕において入滅（般涅槃）した、ということを示す。〈と、五者の最上者である世尊は仰った（icc-abravi Bhagavā pañca-seṭṭho）〉とは、尊者ヴァンギーサに尋ねられた世尊は、このように述べた。〔PTS. 五群の〔比丘たちの〕最上者である〕、或いは五つの信などの根（indriyāni, 信・勤・念・定・慧の五つの能力）をもっては、或いは他と共通でない〔五種の〕眼をもっては最上者である。或いはまた、〈五者の最上者である〉とは、五つの戒などの法蘊（dhamma-kkhandhā, 法のあつまり、戒・定・慧・解脱・解脱知見）をもっては、或いは五つの原因をそなえていることなどをもっては最上者であり、最高の方、最頂上の方（pavara）である、と。これも同じく結集の作者たちの言葉である。

（1276）このように言われると、世尊が述べたことに歓喜しながら、尊者ヴァンギーサは〈これを聞いて〉云々という偈を言う。そこで、最初の偈で、〈〔バラモン（世尊）は〕私を欺きませんでした（na maṃ vañcesi）〉とは、〔師匠カッパが〕入滅（般涅槃）したから、それゆえに彼が入滅（般涅槃）したことを望んでいる私を欺かなかった、偽らなかった（visaṃvādesi）、という意味である。その他はもう明らかである。

（1277）第二偈で、なぜなら〔カッパ上座は〕解脱を求めて（muty-apekkho）住んだから、それゆえに、そのことに関して〈言う通りに〔身をもって〕行う人でした〉と言う。〈〔魔術師の〕死魔が拡げた網を〉とは、三界の輪廻に拡げられた魔の渇愛の網を〔断ち切りました〕。〈魔術師の（māyāvino）〉とは、多くの魔術を有する。或る人たちは〔魔術師が拡げた〔網〕を（tataṃ māyāvino）〕〈そのように魔術師の（tathā māyāvino）〉とも読む。それらによると、「およそ多くの魔術をもって何度も世尊に近づいて行く、その魔術師のそのように〔拡げた網を断ち切る〕」という意味である。

（1278）第三偈で、〈〔カッピヤは取著の〕始めを（ādiṃ）〉とは根本原因（mūla-kāraṇa）を〔見ました〕。〈取著（upādāna, 執著）の〉とは、輪廻（vaṭṭa）の。なぜなら、輪廻は強固な諸々の業・煩悩によって取著されるべきであるという意味で（upādātabb'aṭṭhena）、取著と言われるからである。その取著の〈始めを〉、無明・渇愛などの類という原因を智の眼によって見た。「カッパは、すなわち、カッピヤは〔見た〕、と、このように言うのは

203

よろしい。世尊よ」という趣旨で〔ヴァンギーサは〕言う。〈ああ、〔カッパーヤナは死魔の領域を〕越えました（accagā）〉とは、ああ、越えて行った（atikkanto）。〈死魔の領域を（maccu-dheyyaṃ）〉とは、「死がここに置かれる（maccu ettha dhīyati, Vri. 〃 dhiyyati）」というので死魔の領域であり、三界の輪廻である。〈ああ、きわめて渡り難い〔死魔の領域〕を越えました〉とは、信受する心（veda）が生じた〔ヴァンギーサ〕が言う。

(1279) 今や〔大〕師と自分の和尚（ニグローダ・カッパ）とに対して、浄く信じる心で、浄く信じるあり方（pasannâkāra）を明らかにしようとして、〈神の中の神（deva-deva）である御身を（taṃ）〉と終わりの偈を言う。そこで〈神の中の神である御身を、拝みます〉とは、〔世尊は〕世俗の神（sammuti-deva, 王など）、再生する神（upapatti-deva, 天神・地祇）、清浄の神（visuddhi-deva, 阿羅漢、辟支仏など）という、それら一切もの神々の最上の神であるから（uttama-devatāya）、〈神の中の神〉である。〈二足の最上のお方よ〉、世尊よ。私は御身を拝みます。単に御身だけではなくて、更には、ね、御身の覚りによって、法（教え、真実）に従って生まれたのであるから（anudhamma-jātattā）、その〈続いて生まれたお方を（taṃ anujātaṃ）〉、魔に勝利することによって、大精進者（勇者）であるから（mahā-viriyatāya）〈大雄者を〉、罪悪（āgu）を作らないなどの意味によって〈龍（nāga）を〉、▽また御身の胸における精進によって生まれた生まれであるから（vāyāma-jātita-jātitāya, Vri. 〃-janita-jātitāya）〈嗣子（orasaṃ puttaṃ, 自分から生まれた子）〉、ニグローダ・カッパ〔上座〕を、私は拝みます。

〔仏弟子達のことば（長老偈）註における結びのことば〕

このように、スブーティ（須菩提）を最初とし、ヴァンギーサを終わりとする、これら二百六十四人の大上座がここで聖典に登場する（āruḷhā）。彼等は皆も、ちょうど正等覚者の声聞弟子に見做《みな》された者として（sāvaka-parikkhatāya [Vri.] sāvaka-bhāvena eka-vidhā, 〃であるとして一種である）、抜き出された者として（abbūḷhesikatāya）、閂《かんぬき》で閉ざされないものとして（nir-aggaḷatāya）、旗を降ろした者として（panna-ddhajatāya）、重荷を降ろした者として（panna-bhārena, [Vri.] panna-bhāratāya）一種である（eka-vidhā）。同様に、無学（もう修学すべきことがない阿羅漢）であるとして（asekkha-bhāvena）、障碍が除かれた者として（ukkhitta-palighatāya）、〔輪廻の〕濠を埋めた者として（[Vri.] saṃkiṇṇa-parikkhatāya, [PTS.] saṃkiṇṇa-bhāratāya, 重荷を散らした者として）、繫縛を離れた者として（visaṃyuttatāya）、また十の聖住を住し終わったものとして（vuṭṭha-vāsatāya）〔一種である〕。なぜなら、同様に彼等は五支（五蓋）を捨て、六支（六神通）を具え、一つ（思念）を護り（ek'ārakkhā）、四つ（生活用品、衣・食・住・薬）に依存し（caturâpassenā）、銘々の真実を排除し（panuṇṇa-pacceka-saccā）、等しく欠けることなく欲求を捨て（[Vri.] samavaya-saṭṭh'esanā, [PTS.] samaya-〃,?）、思いに濁りなく（anāvila-saṅkappā）、身の潜勢力（身行）が鎮まり（pasaddha-kāya-saṅkhārā）、心がよく解脱し、また智慧がよく解脱している、とこのような趣旨によって〔仏弟子たちは〕一種（eka-vidhā）である。

善来比丘（仏に「来たれ、比丘よ」と呼ばれて入門した比丘）となることによって（ehi-bhikkhu-bhāvena）入門を許された（upasampanna, 具足戒を受けた）者たち、及び善来比丘となることによらずに（na ehi-bhikkhu-bhāvena）入門を許された（具足戒を受けた）者たちとで二種である。

そこでアンニャー・コンダンニャ（阿若憍陳如）を上首（筆頭）とする五群の（pañca-vaggiya, 五人組の）上座たち、ヤサ上座、彼の友となったヴィマラ、スバーフ、プンナジー、ガヴァンパティという四人、他にも彼の友人（同行）となった五十人がいる。バッダ（賢善）の群の三十人、ウルヴェーラ・カッサパ（優楼頻羅迦葉）を上首とする千人の元結髪行者たち、二人の最高の声聞（舎利弗と目連）、彼等の徒衆であった千二百五十人の遊行者たち、盗賊のアングリマーラ（指鬘）上座と、皆で千三百五十人がいる。それでこう言われる。

「三百人と千人とまた他に五十人と、
これら上座たちは大智慧あり、もう皆が善来比丘たちである」と。

また彼等だけではなく、さらに、ご存知のように他にも多数の〔上座〕がいる。例えば、セーラ・バラモン、彼の内弟子であった三百人のバラモンたら、大カッピナ（摩訶劫賓那）、彼の徒衆であった千人がいる。浄飯大王が〔世尊の許に〕派遣したカピラヴァッツに住む一万人、バーヴァリヤ・バラモンの内弟子であった者たちがいる。アジタなど一万六千人を数える人たち、というだけである。なぜなら、他の人が言われる場合、善来比丘であることによって〔その人たちの〕具足戒があるのではないからである。しかし彼等は〔三〕帰依による具足戒・〔世尊の〕教誡を受ける具足戒・〔世尊の〕問いに答える具足戒・白四羯磨《こんま》による具足戒（ñatti-catuttha-kammûpasampadā, 表白＝提案に続き衆僧の同意を三返得てから決議する具足戒授与の作法[2]）と、これら四種の仕方によって具足戒を得た人たちがいる。なぜなら、最初に善来比丘となって〔世尊に〕近づいた上座たちがおり、彼等に対して世尊は出家と同様に三帰依だけによって具足戒をも許した。これが〔三〕帰依による具足戒（saraṇa-gamanûpasampadā）である。またおよそ

「それゆえに、カッサパ（迦葉）よ、ここでお前はこのように学ぶべきである（S. II. 220[20-]）。〔即ち〕、上座たちや新入の、中位の〔比丘〕たちの中に激しい慚愧の念（hir'ottappaṃ）が起ってくるであろう、と。な

ぜなら、このようにお前は、カッサパよ、学ぶべきだからである。それゆえに、ここで、お前は、カッサパよ、このように学ぶべきである。〔即ち〕、およそどんな善をそなえた法（教え）を私が聞くにせよ、その全てを目的として（atthi-katvā, Vri. aṭṭhiṃ katvā）注意し、全てを心で思念し、耳を傾けて法を聞く、と。なぜなら、このようにお前は、カッサパよ、学ぶべきだからである。それゆえにここでお前は、カッサパよ、このように学ぶべきである。〔即ち〕また喜悦を伴った身に関する思念は私を捨てるまい、と。なぜなら、このように、お前は、カッサパよ、学ぶべきだからである。」（S. II 220[28-],『南伝』13.322）。

と、この教誡を受けることによって大迦葉上座に許された具足戒、これが教誡を受ける具足戒（ovāda-paṭiggahaṇûpasampadā）というものである。

およそ東園において経行している世尊が

「ソーパーカよ、膨張想（uddhumātaka-saññā, 死体が膨張しているという観念）とか、或いは色想（rūpa-saññā, 色という観念・想念）とか、というこれら諸法（身心の諸要素、観想・観法の対象）は、種々の意味があるもの（nān'atthā）・種々の表現（言辞）があるもの（nānā-vyañjanā, Vri. 〃-byañjanā）か、それとも一つの意味がある（ek'atthā）が、表現（言辞）だけが種々であるのか。」

云々と、不浄〔観〕にもとづいた諸々の問いが問われると、世尊に近づいて行った七歳のソーパーカ沙弥が

「世尊よ、膨張想とか、或いは色想とか、というこれら諸法は、一つの意味があるが、表現（言辞）だけが種々である。」

云々と答えた。すると（vissajjitesu）、

「この者によって一切を知るものであるという智と一緒に合わせて（sabbaññuta-ñāṇena saddhiṃ saṃsandetvā）、

これらの問いが解答された（vyākatā, [Sri.] byākatā）。」と、心喜んだ世尊によって許された具足戒がある。これが問いに答える具足戒（pañhā-byākaraṇûpasampadā）というものである（*cf. KhpA.*pp.75-76, *ThA.*II.pp.201-202）。

白四《びゃくし》羯磨《こんま》による具足戒はすでに明らかである。

善来比丘となることによる具足戒と、善来比丘となることによらない具足戒という二種があるように、同じように〔世尊の〕面前（面受）であるか面前（面受）でないかという別から（sammukhā-parammukhā-bhedato）も〔具足戒は〕二種である。なぜなら、およそ〔大〕師が在世時に（dharamāna-kāle）聖なる生まれに生まれた（ariyāya jātiyā jātā）、彼らアンニャー・コンダンニャなどは面受の声聞たち（sammukhā-sāvakā）という。しかし誰でも世尊の入滅（般涅槃）から後に殊勝の境地を証得した者たちは、〔大〕師の法の体（dhamma-sarīra, 教えとしての体）は直接体験される存在であるけれども（sati pi … paccakkha-bhāve）〔大〕師の体は直接体験されない存在であるから（apaccakkha-bhāvato）、面受ではない声聞たち（parammukhā sāvakā）という。

同様にして倶分解脱者（心解脱と慧解脱を得た者）と智慧の解脱者であることによって（ubhato-bhāga-vimutta-paññā-vimuttatā-vasena, [PTS.] 〃-vimuttā vasena）、ここに聖典に出ているのは、しかし倶分解脱者たちだけである、と知るべきである。なぜなら、「譬喩経」にはこう言われているからである。〔即ち〕「また、これら八つの解脱も、六つの神通も〔私によって〕証得された。」と（at end of each *Apadāna*）。

同様にして、「過去因縁譬喩物語（前生物語、譬喩経）」をもつ者（sâpadāna）「過去因縁譬喩物語（前生物語、譬喩経）」をもたない者（an-apadāna）との別から〔二種である〕。なぜなら、およそ先世の正等覚者たちや辟支仏たちや、また仏の声聞弟子たちに対して、福徳を作ることによって起きた声聞波羅蜜（最高の行）と呼ばれる（sāvaka-pāramitā-saṅkhātaṃ）過去因縁譬喩物語（Apadānaṃ, 譬喩経）があるという、その彼らは過去因縁譬喩物語（譬喩経）」をもつ〔上座〕たちである。例えば聖典「譬喩経」に出ている（apadāna-pāḷiyaṃ āgatā）上座たちである。しかし、およそその〔過去因縁譬喩物語〕がない、彼らは過去因縁譬喩物語のない〔上座〕である。しかし皆が皆、宿因の成就（pubba-hetu-sampatti, 先世の因を得ること）なしに真理（真実）を覚えることが（saccâbhisambodho）あり得るのか、と〔問うなら、答える〕。あり得ない。なぜなら、機縁（機因）の成就（upanissaya-sampatti）を欠くと聖道の証得はないからである。それはまことに為し難く得難いものであるからである（sudukkara-durabhisambhava-bhāvato, [Vri.]-sabhāvato, 〃本性をもつからである）。〔即ち〕

「比丘たちよ、それをどう思うか。どれが、一体ね、より為し難いのか、或いはより得難い（durabhisambhavataram）のか。」（*S.* V. 454[1], *cf. Sn.* 429b *etc.*）云々

205 と言う通りである。もし▽そのようであるなら、なぜ

「しかし、およそそれ（過去因縁譬喩物語）がないという、その彼らは過去因縁譬喩物語のない〔上座〕である。」

と言われたのか、と。これは「およそその皆が皆、機縁の成就を欠いている、その〔上座〕らは過去因縁譬喩物語のない〔上座〕たちである」と、このように見てはならない。ここではそのような〔上座〕たちを意味していないからである。しかし、およそ甚だ優越に達した（atiukkaṃsa-gataṃ）過去因縁譬喩物語がないその〔上座〕たちは、ここで過去因縁譬喩物語のない〔上座〕たちと言われる。皆が皆、機縁を欠くだけではない。

なぜなら、同様に、これらの有情たちは諸仏が出現されると、希有・不可思議な徳の威力が広げられた（acchariyâcinteyya-guṇa-vibhūti-vitthataṃ, [PTS.]acchariya-cinteyya-〃, 希有の思念されるべき〃）諸仏の威神力を見なが

ら、四つ（色・声・質素・法）を基準とする世間（catu-ppamāṇika-loka）に、全てのあり方でも〔〔大〕師が〕浄信を齎すから、〔大〕師に対して信を得る。同様に正法を聞くことによって、また声聞たちの正しい修行を見ることによって、常に大菩薩たちの正等覚に対する心の志向を見ることによって、また彼等の許で教誡・訓誡を得ることによって、正法に対して信を得る。彼等はそこで信を得た者たちとなって、たとえ輪廻に過患（煩い）を見、また涅槃に功徳を見ても、しかし大きな汚塵に眼が染まったから（mahā-rajakkhatāya）軛からの安穏を得ないまま、〔輪廻の〕途中途中で脱輪廻の機縁となる善の種子を自分の相続の中に植えるだけである。善き人の機縁が多く援助することになるからである。そこでこう言う――

「もし、この世間の導師（燃燈仏）の教えを我々が失うであろうとも、
未来の時に我々はこのお方（釈尊）の面前にいるであろう。
例えば人々が河を渡ろうとして、対岸の渡し場を失っても、
下流の渡し場を捉えて大河を渡るように、
まさにそのように我々皆が、もしこの勝者（燃燈仏）を逸しても
未来の時に我々はこのお方（釈尊）の面前にいるであろう」と。

（『仏種姓経』（*Buddha-vaṃsa, Bv.*, II. Dīpaṅkara-Bv. 72-74））

このように脱輪廻（vivaṭṭa）を目指して生じた善心が四阿僧祇劫と百千劫の時の間に解脱を証得する機縁（upanissaya, 機因）とならない、と言うことは出来ないであろう。いわんや願（patthanā）によって奉仕行（adhikāra）を行なって起きた〔善心〕においておや。このようにこれら〔上座〕たちは二種であるけれども、第一（最高）の声聞たち（agga-sāvakā）、大声聞たち、普通の声聞たち（pakati-sāvakā）と三種となる。

206

彼等のうちで尊者アンニャー・コンダンニャ（阿若憍陳如）、ヴァッパ、バッディヤ、マハーナーマ（摩呵男）、アッサジ（馬勝）、ナーラカ、ヤサ（耶舎）、ヴィマラ、スバーフ、プンナジ、ガヴァンパティ（牛王）、ウルヴェーラ迦葉、ナディー迦葉、ガヤー迦葉、舎利弗、大目連、大迦葉、大カッチャーヤナ（摩訶迦旃延）、大コッティタ（摩訶拘絺羅）、大カッピナ（摩訶劫賓那）、大チュンダ、アヌルッダ（阿那律）、カンカー・レーヴァタ（狐疑離曰）、アーナンダ（阿難）、ナンダカ、バグ、ナンダ（難陀）、キンビラ（金毘羅）、バッディヤ、ラーフラ（羅睺羅）、シーヴァリ、ウパーリ（優波離）、ダッバ、ウパセーナ、カディラヴァニヤ・レーヴァタ（離曰）、プンナ・マンターニ・プッタ（満願子）、プンナ・スナーパランタカ、ソーナ・クティカンナ（億耳）、ソーナ・コーリヴィーサ（二十億）、ラーダ、スブーティ（須菩提）、アングリマーラ（央掘魔、指鬘）、ヴァッカリ（婆迦利）、カールダーイン（迦留陀夷）、マハーウダーイン、ピリンダヴァッチャ、ソービタ、クマーラ・カッサパ（拘摩羅迦葉）、ラッタパーラ（護国）、ヴァンギーサ（鵬耆舎）、サビヤ、セーラ（施羅）、ウパヴァーナ、メーギヤ、サーガタ、ナーギタ、ラクンタカ・バッディヤ、ピンドーラ・バーラドヴァージャ（賓頭盧）、大パンタカ、小パンタカ（周利槃特）、バックラ、クンダダーナ、ダールチィーリヤ、ヤソージヤ、アジタ（阿逸多）、ティッサメッテヤ、プンナカ、メッタグ、ドータカ、ウパシーヴァ、ナンダ、ヘーマカ、トーデヤ、カッパ、チャトゥカンニ、バドラーヴダ、ウダヤ、ポーサラ、モーガラージヤン、ピンギヤ、と、これら八十人が大声聞といわれる。

しかしなぜ彼ら上座たちだけが〈大声聞〉と呼ばれるのか、というと、志向（abhinīhāra, 決意）が大きいからである。なぜなら、同様に二人の第一（最高）の声聞（舎利弗・目連）も大声聞の中に含まれる（ant'ogadhā）。なぜなら、彼らは声聞の波羅蜜（最高の行境）の智の頂点に達したから、声聞たちの中で最高の法の証得によって第一人者の地位に就けられたけれども、志向の大きさは等しいので大声聞とも呼ばれるからである。しかし他の〔大声聞〕たちは普通の声聞たちよりも卓越した大きな志向をもつ。なぜなら、同様に彼等は蓮華上世尊の時に誓願を立てて、すでにその時から卓越して神通・定に住し、また無碍解が開けている。

もちろん（kāmaṃ）どの〔上座〕も皆阿羅漢であり、戒の清浄などを完成させて、四念処（身・受・心・法を思念すること）に心確立し、七覚支を如実に修し、〔修〕道の順序によって残らず諸煩悩を捨てさせてから（khepetvā）、最高の果（阿羅漢果）に立つ。また同様にしても、例えば信によって解脱した者よりも見解を得た者の方が、また智慧によって解脱した者よりも倶分解脱者（ubhato-bhāga-vimutta, 心解脱と慧解脱の両方を得た者）の方が前分の修習が勝れており、確かに勝れたことが望まれる。そのように志向が大きく前世との因縁（pubba-yoga）が大きいことによって自分の相続において卓越したすぐれた徳が完成されているので、戒など（戒・定・慧）の徳をもって偉大な声聞であるというので〈大声聞たちである〉。しかしまた彼等の中で、その〔舎利弗と目連の二人〕は諸々の菩提分法（bodhi-pakkhiya-dhamma, 三十七菩提分法）の第一人者であることによって（pāmokkha-bhāvena）、〔出家者の〕責務（dhura）となった正見・正定が卓越した別途の責務（kicc'antara）であることが完成する・原因となった・それより生じる志向によって心を向けたからって、業に従って智慧によって、また禅定（三昧）において卓越した波羅蜜（最高の行・境地）を得ることによって（tajjābhinīhārābhinīhatāya）、うやうやしく絶え間なく長い間〔禅定によって心が〕定まった正しい実践修道によって、特に一切の徳をもって頂上であることに立った。その舎利弗と目連上座は、大声聞であるけれども、声聞波羅蜜の頂点に〔立ち〕、全ての声聞たちの頂上であることに立ったから、志向が偉大であるから、また前生の因縁（pubba-yoga, 宿縁）が偉大であるから、〈最高の声聞〉とだけ言われる。

しかしおよそ聖なる声聞弟子たちは、最高の声聞のような、また大声聞のような〔上座〕とは、もう限られ
ない（na parimitā va）。時にはなるほど数百人、数千人もいる。その彼らは〈普通の声聞たち〉である。しかし
この聖典（『長老偈』）に登場する〔上座〕はもう限られている。偈によって採用されているからである。その
ようであるけれども、大声聞たちの中でも或る人たちはこの聖典に登場しない。
このように彼等〔声聞たちは、最高の声聞、大声聞、普通の声聞と〕三種類であるけれども、無相解脱
（animitta-mokkha）など（空、無相、無願の三解脱）の区別によっても三種類である。解脱の証得によって
（vimokkha-samadhigama-vasena,[PTS] 〃-samādhigama-〃,?）も三種類である。なぜなら、これらの〈解脱〉は三
〔種〕であるからである。〔即ち〕空としての解脱（suññato vimokkho,[PTS] 〃-vimokkhā, 〃諸解脱）、無相なる解脱
（animitto vimokkho,[PTS] 〃-vimokkhā, 〃諸解脱）、無願なる解脱（appaṇihito vimokkho,[PTS] 〃-vimokkhā, 〃諸解脱）であ
る。そしてそれらの諸解脱は空性などによって（suññatâdīhi）、無常を追観察することなど（無常・苦・非我の）
207
三種の追観察によって（anupassanāhi）証得すべきである。なぜなら、最初から無常などに関する何かのあり方
によって観察（観法）に集中すること（vipassanâbhiniveso）だからである。
しかし〔完全知が〕起ち上がることに導く観察（観想、観法）によって（vuṭṭhāna-gāminiyā vipassanāya）、無常
のあり方から諸行（心身の諸潜勢力）を感知する（sammasantiyā）〔観察〕によって道の起ち上がること（magga-
vuṭṭhānaṃ）があるとき、そのとき、観察が欲情の相などが根絶されていても、しかし行の相をそれは捨てな
い、というので、直接的に（nippariyāyena）無相という名称を得ないで、自分の道に無相の名称を与えること
が出来ないという。たとえ「論蔵（*Abhidhamma*）」において無相解脱が引用されなくても（na uddhaṭo）、「経蔵
（*Suttanta*）」ではしかし欲情などの諸相が根絶するので〔無相解脱は〕得られる、という。なぜなら

「また無相を修習せよ。自意識（慢）の潜在的な気持ち（慢随眠）を捨てよ。
そうすれば自意識（慢）の止息から、お前は寂静となって行くであろう。」（*Th.* 1226, *S*.I.188[23-24]）

云々と、観察に無相解脱があること、及び無上の無相解脱があることが説かれているからである。

起ち上がることに導く観察によって、苦として諸行（心身の諸潜勢力）を感知して、道の起ち上がりがあるとき、そのとき、観察は欲情への願（rāga-paṇidhi）などを根絶するので〔Vri. 無願（願われない）の名を得る（appaṇihita-nāmaṃ labhati）〕と、無願解脱（appaṇihita-vimokkha）という名がある、というので、それに直ぐ続く道が無願解脱である。しかし起ち上がることに導く観察によって非我のあり方（anattākāra）として〔諸行（心身の諸潜勢力）を〕感知して道の起ち上がりがあるとき、そのとき、観察は我見（atta-diṭṭhi）を根絶するので、空性という名を得る、というので、空性解脱（suññata-vimokkha）という名がある、として、それに直ぐ続く道は空性解脱という名がある。

これらの最高の道となった三つの解脱の中で、これらの上座たちの或る人たちは無相解脱によって解脱し、或る人たちは無願解脱によって、或る人々は空性解脱によって〔解脱した〕。それで「無相解脱などの別からすると三種である。解脱を証得することによっても三種である」と言われる。

〈修道（paṭipadā）〉は分類すると四種である。なぜなら、四つの修道があるからである。（1）苦しい修道・遅い通慧（dandhâbhiññā）、（2）苦しい修道・速かな通慧（khippâbhiññā）、（3）楽な修道・遅い通慧、（4）楽な修道・速かな通慧、という〔四種である〕。そこで、色を門とするなどの（rūpa-mukh'ādīsu）観察への集中において（vipassanâbhinivesesu）、およそ色を門として観察に集中してから（abhinivisitvā）、四つの大要素（地・水・火・風）をよく把握してから、〔身に〕取り入れた色（upādā-rūpa, 所造色）を把握する、無色を（arūpaṃ,

208

非色を）把握する、そして色・無色を把握しながら、苦しみ難儀して疲れながら把握することが出来ると、その人には〈苦しい修道〉という名がある。しかし色・無色を把握したにも拘わらず、観察に留まっていると（vipassanā-parivāse）、道が明らかになるのが遅いから（magga-pātu-bhāva-dandhatāya）〈遅い通慧（dandha-abhiññā）〉という名がある。しかもまた、およそ色・無色を把握してから、名色（心身）を確定させようと、苦しみ難儀して疲れながら確定させる。また名色が確定されると、観察に留まることに過ごしながら、久しくして道を生じさせることが出来るなら、その人にも、苦しい修道・〈遅い通慧〉という名がある。

別の人は名色（心身）を確定させてから、諸々の縁を把握しながら、苦しみ難儀して疲れながら把握する。また諸々の縁を把握してから、▽観察に留まることに過ごしながら、久しくして道を生じさせる。このようにも苦しい修道・遅い通慧という名がある。別の人は諸々の縁をも把握してから、諸々の特相（無常・苦・非我）を洞察しながら、苦しみ難儀して疲れつつ洞察する。また特相を洞察して観察に留まることに過ごしながら、久しくして道を生じさせる。このようにも苦しい修道・〈遅い通慧〉という名がある。別の人は諸特相をも洞察してから、観察の智において鋭く、神を信じて暮らしていると（sure pasanne vahante, [Vri.]sūre〃, 勇者を〃）、生じた観察への愛着（nikanti）を終息させようとして（pariyādiyamāno）、苦しみ難儀して疲れつつ〔愛着を〕終息させ、また愛着を終息させてから、観察に留まることに過ごしながら、久しくして道を生じさせる。このようにしても、苦しい道・〈遅い通慧〉という名がある。

まさに上述の通りの諸々の修道において、道が明らかになることが速かであるから、苦しい実践修道・〈速かな通慧（khippâbhiññā）〉である。しかしそれらの修道は成就するのに困難でないから（a-kiccha-siddhiyā）、道が明らかになることが遅いからか、また速かであるからか、欲するままに楽な修道・遅い通慧となるか、また楽な修道と速かな通慧（証知）となると知るべきである。

これら四種の修道によって、最高の道に達することによって上座たちが四種であることが（catubbidhatā）知られよう。なぜなら、諸修道なしに聖道の証得はないからである。そしてなぜなら、「論蔵」において

「その時に出世間の禅定を修習し、出離・還滅に導く…乃至…苦しい実践修道を、遅い通慧を…。」（*Dhs.* §277）

云々と、修道ともう一緒にして聖道が詳説（分類）されている。それで「修道の分類では四種である」と言われた。

感官を加えた分類によると（indriyâdhika-vibhāgena）〔上座たちは〕五種である。彼らに真理（真実）を覚るという共通性が（saccâbhisambodha-sāmaññe）あるにしても、或る一部の上座たちは信がより勝れている（saddh'uttarā）。例えばヴァッカリ上座である。或る一部〔の上座〕たちは精進がより勝れている。例えばソーナ・コーリヴィーサ（二十億耳）上座である。或る一部〔の上座〕たちは思念（sati）がより勝れている。例えばサーガタ（Sāgata, [Vri] Sobhita）上座である。或る一部〔の上座〕たちは定（三昧）がより勝れている。例えばチューラ・パンタカ（周利槃特）上座である。或る一部〔の上座〕たちは智慧がより勝れている。例えば阿難上座である。そしてなぜなら、彼は理解力があったから（gatimantatāya）、また八つの善巧などがあるので（aṭṭha-kosall'ādivantatāya）称讃されたからである。またこの分類〔修行の〕は前分で得られる特殊性によって述べられた。

しかし最高の道（阿羅漢道）の刹那においては、他の諸々の感官も一緒に起こる（eka-sambhavā, [Vri] eka-sabhāvā, 一つ本性がある）と認められる、という。同様に、波羅蜜（最高の行・境地）を得た者たち（pārami-

209

ppattā）、無碍解を得た者たち（paṭisambhidā-ppattā）、六神通者たち、三明者たち、乾観者たち（sukkha-vipassakā）、という五種がある。なぜなら、声聞弟子たちの中で、或る一部〔の者〕たちは声聞波羅蜜の頂上に達しているからである。例えば尊者舎利弗と尊者大目連のように。或る一部〔の者〕たちは意義の無碍解を得（attha-paṭisambhidā）、法の無碍解を得（dhamma-paṭisambhidā）、言語の無碍解を得（nirutti-p.）、弁才の無碍解を得た人たち（paṭibhāna-p.）であると、これら四無碍解によって無碍解を得た人たちである。或る一部〔の者〕たちは神通の類の智などの諸々の通智（abhiññā）によって六神通者たちである。或る一部〔の者〕たちは前世の住処を知る智などの三つの明智によって三明者たちである。しかし、およそ刹那的な定（三昧）だけに立って観〔法〕を確立させて最高の道を証得したその人たちは最初から、また途中途中で、定から生まれる禅思の支分を観法の内部でしばしば統合すること（paṭisandhānānaṃ）がないから、彼らの観〔法〕は乾いている（sukkhā）として〈乾観者たち〉と言われる。またこの分類は声聞たちに共通であると考察してから（sādhāraṇa-bhāvaṃ upaparikkhitvā）言われた。ここで聖典にはそこでと同じく乾観者たちが伝えられている。それで、いわく

「四無碍解と、またこれら八解脱と、
六神通とが作証され、仏の教えは行われた。」と云々（Ap.I.31, 33, 35, 37,…）。

このように波羅蜜を得た人などによって五種の〔上座たちが〕いる。無相〔解脱〕などによって六種の〔上座たちが〕いる。無相解脱者というのも信を荷う者、智慧を荷う者とで二種である。同様にして無願解脱者と、智慧解脱者とも〔それぞれ二種である〕。このようにまた無相解脱者などによって経典が説く（法門の）解脱の分類によれば（pariyāya-vimutta-bhedena）七種の〔上座たちが〕いる。なぜなら、四つの無色定において、

〔その〕一々の〔禅定〕を基礎として、観法に励んで阿羅漢の境地に達した四類の人々と、滅尽〔定〕から出て阿羅漢の境地に達した人とで五種であり、倶分解脱者たち（ubhato-bhāga-vimuttā, 心解脱と慧解脱を具えた者）、信を荷う者と智慧を荷う者とによる二種の慧解脱者たちと、このように解脱による分類によって七種となる。荷の修道（dhura-paṭipadā）の分類によると八種となる。なぜなら、およそ苦しい修道において、遅い通慧によって導かれる、その人は信を荷う者と智慧を荷う者とによって二種である。同様にその他の諸修道においても〔それぞれ二種で、合計八種となる〕と、このように荷の修道の分類によって八種である。解脱（vimutti）の分類によると九種となる。五種の倶分解脱者たち、二種の慧解脱者たち、慧解脱と心解脱とにおいて波羅蜜に達した二人の最高の声聞たちと、このように九種となる。解脱によるだけでも十種となる。四つの無色を行境とする禅思において（arūpâvacara-jjhānesu）、一々を基礎として阿羅漢の境地に達した四種と、乾観者とで五種の慧解脱者たちがいる。また上述の通りの〔解脱者〕と倶分解脱者と、このように解脱による分類によって十種となる。

彼等は上述の通りの荷〔の修道〕の分類によって分けられると（bhijjamānā）二十〔種〕となる。修道による分類によって分けられると四十〔種〕となる。しかし修道による分類と荷う者の分類とによって分けられる八十〔種〕となる。もし彼等が空性による解脱などの分類によって分けられると二百四十〔種〕となる。再び感官を加えた分類によって分けられると千二百〔種〕となる、という。

このように自分の徳によって多くの類に区分された、道に立つ・果に立つ・聖なる声聞弟子たちの中で、およそ自分の修道の経緯などを明らかにする。およそ「私の庵は葺かれ」（*Th.* 1）云々という偈をウダーナ（感懐）などとして述べた、その人たちこそ、ここに偈によって結集に登場したのである。それゆえに「獅子たち

210

が吼えるように…乃至…不死の道に触れて」（*Th.* p. 1）と言う。このようにここで雑論と知るがよい。

ヴァンギーサ上座の偈の註釈　終わる。

七十〔偈〕（大）集の註釈　終わる。

[PTS.▽ またここまでで、
およその方々は正法を具えており、法王である〔大〕師自身から生まれ、
口から生まれた息子たち、相続者たち、法によって化作された方々であり、
戒などの徳を具え、為すべきことを為し終えて、煩悩（漏）がない、
スブーティ（須菩提）などの上座たち、上座尼たち、長老尼などである。
完全知を解明するなどによって、その方々が述べたそれらの偈は、
それらを全部、一つにして『長老偈』として編集してから、
大上座たちが『長老偈』を載せた、ということに始まって、
それらの〔偈〕の意味を明らかにするために、往古の意味の
註釈の趣旨によって、その意味の註釈が私によって始められた。
そこで、その〔註釈〕は、第一義を、それぞれふさわしく、
明らかにするから、名からして『第一義を照明する』という。
〔註釈の〕混乱のない〔意味の〕決定は完成し、

聖典の誦分からすると九十二の分量をもって完結した。

このようにその福徳を作っている私によって、その〔福徳の〕
威力によって、およそ世間の師主の、その教えは証得された。
清浄な戒などの実践修道によって照らしてから
体をもつ者たち皆も解脱の味を分け持つ者であれよ。
正等覚者の教えは世間において、とこしなえに存立せよ。
その〔世尊〕を、生き物たち皆も、常に尊奉するものであれ。
大地の主である神も、時に応じて、正しく雨を降らせておくれ。
正法を愛するお方は、法によってのみ世間を教導したまえ、と。」

以上、バダラ渡し場の大精舎に住む阿闍梨・ダンマパーラ上座によって作られた
長老偈の註釈　終わる。(2)

註

（1）この上座は赤沼『辞典』にも Vaṅgīsa と出ている。漢訳には婆耆舎、傍耆舎、鵬耆舎、凡耆などと知られる。本註は Ap.II. pp.495^{20}-498^{25}［541.Vaṅgīsa］には同上座の説いたという四十六偈を引く。ヴァンギーリは詩人として著名で、彼が詠った詩（偈）と彼に因む詩が PTS 版では都合七十二偈（1209～1279, 1224a）、Vri.（＝CSCD）版では一偈だけ少ない七十　偈（1218～1288）もあって、どの上座よりも多い。彼は、彼の偈とともに、『相応部経典』（*Saṃyutta-Nikāya*, *S.* と略記）第1巻「有偈品」（Sagātha-Vagga）第8「ヴァンギーサ上座相

応」（Vaṅgīsa-Thera-saṃyutta, *S.*I. pp.185-196）及び『小部経典』の『経集（スッタ・ニパータ）』（*Sutta-nipāta*, *Sn.* と略記）第2章第12経「ヴァンギーサ経（ニグローダ・カッパ経）」（Vaṅgīsa-sutta, *Sn.*pp.59-62, *Sn.*343-358偈）に登場している。その両方については、ブッダゴーサ（五世紀前葉）が書いたと伝える註釈が、現存している。それは*Sāratthа-ppakāsinī*（*SA*.I.pp.268-287）と*Paramattha-jotikā* II.（*SnA*.pp.344-351）とである。両註釈にも本註釈と共通した物語や解釈も少なくはないけれども、微妙な相違も多く、また両者を纏めて一体と見る視点はない。しかしそれに対して本註釈の作者ダンマパーラは、巧みにこれらの経説と註釈説とを総合したように見える。

（2）白四羯磨とは、有力な比丘が僧団に向かって「甲が乙より具足戒を受けたいと望んでいる。もし宜しければ僧団は乙を和尚として甲に具足戒を授けるべし」と、一回表白＝提案し、三度衆僧に諮って三返同意を得てから議決するという具足戒授与の作法である。それは*Vin.* I. p.56（『南伝』三、98-99頁）の要旨である。

（3）［PTS Iti］Badara-tittha-Mahāvihāra-vāsinā Ācariya-Dhamma-pāla-ttherena katā / Theragāthā-vaṇṇanā niṭṭhitā.「バダラ渡し場」（Badara-tittha）は、どこか。バダラ（Badara, 意味は棗、なつめ）は、Padaraともいい、南インド、ドラヴィダ国（Damiḷa country）にある、という（G. P. Malalasekera, *Dictionary of Pāli Proper Names*, *DPPN*, II.p.130, Padaratittha-vihāra）。渡し場（tittha）は、船着場であり、川の岸、特に河口に近い港を意味するであろう。よって「バダラ渡し場」は渡し場か港の名であろう。そこにある精舎において、ダンマパーラが本註釈を書いた、というのである。それはどこか。玄奘（602-664）は七世紀中ほど近く（629-645）唐土からインドに修学の旅をして記録を残している。その『大唐西域記』巻十（*T.* 51. 931bc, 水谷真城訳注『大唐西域記』3、平凡社、1999, pp.265-268）と『大慈恩寺三蔵法師伝』巻四中（*T.* 50. 241c-242a, 長沢和俊訳『玄奘三蔵』講談社学術文庫、1998, pp.187-190）には、ドラヴィダ国（Draviḍa, 達羅毘荼国《だらびた》）とその都（Kāñcīpuram, Kanchipuram, 建《けん》志補羅《しふら》城）に言及し、百余の伽藍に万余の僧徒が上座部の法を学び、神社（天祠）が八十余あると伝えている。玄奘のこの伝記は彼の門弟の慧立が著した本に彦悰が増補したものという。それには特に建志補羅城は海港で舟旅三日でスリランカ（シンハラ、僧伽羅《そうぎゃら》国）に行けることと、当時スリランカ国内の乱と飢饉を避けて同国の学僧・比丘たち三百余人がインドに来ており、彼らとの対話にも触れている（長沢『玄奘三蔵』p.188）。また同地は唯識の大論師、護法（Dharma-pāla）の生誕地であったといい、彼が婚礼の夕べに仏像に祈願すると神助によって出家することが叶ったという伝説が両書に語られている。玄奘はこの護法がナーランダー（Nālandā）学問寺の大学者であったこと（『大唐西域記』巻九、*T.* 51. 924a）、また後で婆毘吠伽《ばびべいか》（Bhāviveka, 清辯）論師が護法の名声を聞いて訪ねようとして使者を遣わしたが、菩提樹のところにいた護法から、いまだ談議する遑《いとま》がないと伝言されて会見することが叶わなかったと出ている（同巻十、930c-931a）。護法は年僅かに三十歳で死んだと伝えられ、それが西暦560年頃という（水谷『大唐西域記』3、p.168注一）。この護法の年齢については二十九歳で菩提樹の辺に引退し、年三十二にして大菩提寺（ブッダガヤ）で卒《な》くなった（年齢は数え年が通例）、と玄奘の弟子である窺基が伝える（『成唯識論述記』巻一本、*T.* 43. 231c,『成唯識論掌中枢要』巻上本 *T.* 43. 608ab）。これは玄奘が伝えたものであろう。玄奘は護法の弟子戒賢（Śīla-bhadra）について護法の学説を学んで帰国してから『成唯識論』等を訳し護法の唯識学説を伝え、それを窺基が解釈して法相宗の教学を構築し、それが程なく我が国にも及ぶのである。

　パーリ註釈家ダンマパーラは、この護法とは別人であろうか。しかし彼は奇しくも護法の故郷に住み、その年代も互いに近いように思われる。同一人ならば窺基が伝える三十二歳死去説では都合が悪い。次巻の「まえがき」でも触れるように、ダンマパーラは唯識説を否定しているなど、他の理由からも別人と考えられる。

　その古都は、現在はタミールナド Tamil Nadu 州の州都チェンナイ Chennai= 旧名 Madras の南西約 70km.、Polar 河北岸にあり、中には創建が七世紀に遡るともいう由緒のある多くのヒンドゥー寺院の神殿がある。そこのヴィシュヌ派の大寺院ワラダラージャ（Sri Varadaraja）の百柱殿は多くの石彫に飾られており，その入口の階段脇の基壇の上層部には、ヴィシュヌ神の権化たちの諸像が並んでいる。その十三番目の坐像がブッダであると案内人（バラモン）がいう。一尺余ほどの浮き彫り石像は、石質も荒く摩滅しかけてはいたが、確かに坐仏像の

七〇（1209—1279）、ヴァンギーサ

ように見えた。その神殿の彫刻には鉄砲を撃つ外国兵の姿もあるから、十六世紀以降のものであろうと思われる（二〇〇三年一〇月一日に同地訪問）。そうだとしても、その神域はもっと古い伝統があったのであろう。

このダンマパーラについては次巻の「まえがき」と巻末註とにおいても、触れることにしたい。

〈訳註者紹介〉

村上真完（むらかみ しんかん）
昭和 7 年、青森県に生まれる。昭和 32 年、東北大学文学部印度学仏教史専攻卒業。昭和 38 年、東北大学大学院文学研究科博士課程印度学仏教史学専攻退学。東北大学名誉教授、文学博士（東北大学）。

及川真介（おいかわ しんかい）
昭和 7 年、東京都に生まれる。昭和 32 年、東北大学文学部印度学仏教史専攻卒業。昭和 36 年、東京大学大学院人文科学研究科修士課程印度哲学専攻修了。文学博士（国際仏教学大学院大学）。

仏弟子達のことば註 (三)
―パラマッタ・ディーパニー―

二〇一五年一月二三日　第一刷発行

訳註者　村上真完
　　　　及川真介
発行者　澤畑吉和
発行所　株式会社春秋社
〒一〇一―〇〇二一　東京都千代田区外神田二―一八―六
電話〇三―三二五五―九六一一　振替〇〇一八〇―六―二四八六一
印刷・製本　萩原印刷株式会社
定価は函等に表示してあります
2015 © ISBN978-4-393-11323-3
http://www.shunjusha.co.jp/

長老偈註(ThA.I, II, III)パーリ語彙
Pāli Glossary to the Theragāth'aṭṭhakathā

以下はパーリ原典*ThA*.I, II, IIIとその訳註に出るパーリ語の語彙集で，語意と訳語や例文を含む．*Th.*はPTS.版の偈の番号(i~iii; 1~1279)で示す．*ThA.*の頁と行等をI.10^{13}のように記す．原典の頁と行等の確認には及川の協力を仰いだ。電子版Vri.の誦(よ)みはPTS.版の相当箇所に括弧を加えてI.84^{5}($^{Vri.}$…)のように示す．訳語と訳文は意味が通るように適宜に変更し簡略化したが，なるべく本訳註の巻(①②③)と頁を①101のように添える.『パーリ仏教辞典』を継ぐ意味で表記法も踏襲し，見出し語の反復には～を，他には〃などを用いる．Vri.版の検索とPTS.*ThA*.III巻末の索引に多く依存したが，固有名詞は省略し配列も適宜に改めた.

A

a-kaṭhina-citta *a*. III.76^{28}心が頑なでない(→a-taddka-mānasa 頑固な心なく)③169.

a-kāpurisa *a*.邪(よこしま)でない人．**~sevitan** ti, kāpurisehi nīca-janehi asevitaṃ, **~ehi** Buddh'ādīhi sevitaṃ brahmaṃ seṭṭhaṃ niddosaṃ (^{PTS}niddesaṃ) mett' ādi-vihāraṃ bhāvemi vaḍḍhemi II.274^{12}～に親しまれるとは，邪な人達，劣る人々によっては親しまれない，～人達，仏などによって親しまれる，崇高な最勝の無過失の(示す)慈等(慈・悲・喜・捨)の瞑想を私は修習し増大させる②555.

a-kāma *a*. Āvatteti **~an** ti anicchantam eva nisedhanato nivatteti II.151^{33}($^{Vri.}$)**欲しない**〔象〕を転向させるとは欲しないままなのを抗うことから戻らせる②313.

a-kicca *a*. **~n** ti patta-maṇḍanṃ…II.269^{18-}**為すべきでないこと**とは鉢を飾ること…②544. **~āni**…nisevare, karonti III.78^{23}〃ことに，…親しむ，行う③174.

a-kiñcana *a*.無所有者．**~ssā** ti… apariggāha-kassa …I.107^{7}～とは所有物のない①235.

a-kujjhana-sīla *a*. II.211^{30}怒らないことを慣い(戒)としている②432.

a-kuto-bhaya *a*.何も畏れぬ(仏)II.122^{14}, 215^{11}, III.50^{1}, 195^{21}.

a-kuppa *a*.動揺しない．tam pi hi **~bhāvato** acalan ti vuccati II.109^{26}なぜならそれ(涅槃)も～ので不動と言われる②227. **-tā** *f*.動揺(揺るぎ)なきこと．**~an** ti arahattaṃ pappuyya II.153^{30}～をとは，阿羅漢の境地を得て②317. **~aṃ** arahatta-phalaṃ II.183^{31}～を＝阿羅漢果を〔証得し〕②376.

a-kuha-ka *a*.欺かない．**~o** kohañña-rahito a-saṭho amāyāvī III.191^{9}～ず，欺くことなく，狡(ずる)くなく，誑らかさない③412.

a-kkamana *n*. **~m** adās'ahaṃ II.114^{10}(*Ap*. II.404^{13})私は**履物**を差し上げた②237.

a-kkodha *a*.怒らない．**~ssā** ti kodha-rahitassa maggena samucchinna-kodhassa, kuto kodho II.186^{6}～者にとは，怒りがない，〔修〕道によって怒りが根絶された者に，何で怒りがあろうか②381.

a-kkodhana *a*. **~o** ti akujjhana-sīlo II.211^{30}**怒らず**とは，怒らないことを慣い(戒)としている②432.

a-k-khaṇa *m*.仏法が聞けない境遇，非刹那，難処，難，不適時，不時．II.62^{16}aṭṭhahi **~ehi** vajjitaṃ navamaṃ khaṇaṃ labhitvā八**難**を避けた第九の適時(刹那)を得て②133,*134* (3).aṭṭhahi **~ehi** vivajjito ayaṃ navamo khaṇo mā tumhe atikkami III.104^{7}八**難**を避けたこの第九の刹那にあなた方を過ぎ行かせるな③228.

akkhāti<*ā-khyā*語る．°**hi** *2 sg.ipv.* maggam ~ II.44^{12}道を**告げよ**②94. mayhaṃ ~ III.82^{18}私に〃③182.

akkhāna *n*. Ⓢ*ākhyāna*物語，語り物，〔物〕語ること．na sukaraṃ **~ena** pāpuṇituṃ yāva sukhā saggā I.27^{14-}どれほど諸天界が楽なのか，**物語ること**によって達することは容易でない①50.

akkhi *n*.Ⓢ*akṣi* 眼，目．**-koṭi** *f*.目頭(めがしら，目の片端)．I.77^{-4}①164. **-roga** *m*.眼の病．I.207^{7-}①452.

a-khila *a*頑迷でない．III.191^{36}③414.

a-gandha-ka *a*.II.137^{34}香りがない〔花〕②283.

a-garu *a*.重んじない．**~ū** dhamme III.84^{35}法

を～③189.

a-gacchaṃ *1sg.aor.* <***gam***. ariya-magga-paññāya ahaṃ ~ paṭivijjhissaṃ adhigamissaṃ III.152[19]聖道の智慧によって私は**行ったで**あろうか, 洞察するであろうか, 証得するであろうか③331. **a-gañchissaṃ** *1sg.* nirayam ~ II.106[32]地獄に行った②221. **a-gamaṃ** *1 sg.* **~n** ti…**agañchiṃ** upapajjiṃ II.107[2]〔亡者の世界＝餓鬼界にpeta-lokan〕 行ったとは行った生まれた②221. **a-gā** *3 sg.aor.* nadiṃ Nerañjaraṃ ~ ti …**āgañchi** II.143[31]N.河に**来られた**とは…来られた②297.

a-gāra *n.*(→geha) I.126[12], II.13[6] 14[11].家①278, 家屋②31, 在家32.

a-gārava *a.*重じない. III.84[36],87[25]③189,195.

agārin *a.* <agāra在家の, 在家者III.104[21]**~isu** ③229.

agāriya *a.*在家I.126[14]①278.

agiddha *a.*~ā gedhaṃ anāpannā…abhuñjiṃsu III.76[10]貪らずに貪りにおちいらないで…食べた③168.

agga *a.n.*Ⓢ*agra*, *agrya*最上, 最高, 極上, 最良, 最初, 真っ先, 第一〔の, のもの〕, 頂点, 尖端, 頂上, 始め, 初め. ~ṃ II.149[26],181[15]最高の方を, III.196[23]最上のことを②309,370, ③424. °**ena** (複合語の後分として)最初に, 初(始)めとして, 以来. yad~ena…tad~ena I.35[33-]およそ**最初**に…それを**始め**として①70. °**ṭ-ṭhāna** *n.* <Ⓢ*sthāna*第一〔人者〕の位. I.31[21]①62. °**dakkhiṇeyya** *a.*最上の供養せらるべき〔人〕. I.10[21]①22. °**dhamma** *m.*最高の法. **~o** ti aggo uttamo nava-vidha-lokuttara-dhammo I.206[11]～とは最高の最上の九種の出世間の法(四向・四果と涅槃)①450. °**patta** *a.*最高(上)に達した方(仏) I.206[10], II.121[31]①450, ②251. °**phala-kkhaṇa** *n.* I.9[33]最上の〔阿羅漢〕果の刹那①21. °**magga** *m.* <Ⓢ*mārga*最上(高)の〔修行〕道(阿羅漢道). I.9[32],I.10[18]①21,22. °**mahesī** *f.* <īsī<***īś***王妃. III.130[2,4]第一夫人③284. °**sāvaka** *m.*最高の声聞I.11[17],III.3[3],92[1,8-], 203[17],205[27]-6[30-]①23, ③6,204-5,439,443-5.

agga-tā *f.* 第一であること. **~aṃ** patto I.54[25]～を得た①109.

aggala *n.*閂(かんぬき). ~ṃ vuccati avijjā II.220[30]**閂**とは無明が言われる②449.

aggahī̆ *aor.*<*grah* **~ī** ti vicinitvā asuci-makkhitam pi …gaṇhi III.69[9]**取った**とは、選んで不浄な汚れた〔布〕でも…摑んだ③153. ~iṃ mattikā-pattaṃ I.212[26]私は土鉢を**携えた**①663.

aggi *m.*Ⓢ*agni*火I.36[22].十一火II.178[26],III.152[26] ①72, ②365, ③331. °**kkhandha** *m.*II.189[28-]火の塊(死・病・老)②388. °**hutta** *n.* **~ṃ** juhiṃII.144[5]私は**火祭り**を行なった②298.

agghāpana-ka *a.m.*<agghāpeti<agghati<***arh***評価鑑定する, 鑑定者(官).

agghāpani-ya *a. m.*(＝-ka)〃. mahā-Kosala-rañño **~ssa** brāhmaṇassa putto I.78[12-]大コーサラ王の〃であるバラモンの息子①167.

agha *n.m.*罪禍. **~n** ti ca vadhan ti ca…vipassa III.155[35]〔身心を〕**禍い**と又殺し屋と…観よ③338. °**mūla** *n.* **~ṃ** vamitvāna I.242[22]**罪過の根**(輪廻の苦の根元)を吐き出してから①529. °**gata** *n.*罪禍の類. abbūḷhaṃ **~ṃ** vijitan ti… aghā nāma rāgâdayo aghāni eva **~ṃ ~ānaṃ** vijitaṃ saṃsāra-ppavatti II.137[22]**~**が引き抜かれ征服されたとは…諸罪禍と呼ばれる欲情(貪)などは諸罪禍だけであり, ～であり, 諸々の罪禍の類に征服されたのが輪廻の転末である②282.

aṅkusa *m.*鉤(かぎ, 象を制御する用具, 修行への鞭, 畏れ, 刺戟, 契機). I.74[16],77[20],92[7],96[7], 180[30], II.65[13],112[1],142[18],195[23]①157, 165, 202, 211, 395,②139, 232, 294, 400. **-g-gaha** *a.* 鉤を執る〔象師〕I.181[8], II.151[32], III.158[20], 160[25] ①395,②313,③344, 349.

aṅga *n.*＝Ⓢ支分, 部分, 分. navasu sāsana' ~su I.2[29]九分教の中で①6.

aṅgāra *n.m.* 炭火. **~āni**-ratta-pavāḷa-vaṇṇāni rukkhānaṃ puppha-pallavāni II.223[14-]樹々の花や若芽が**炭火**の赤い珊瑚(さんご)の色②453. °**in** *a.* **~no** ti aṅgārāni viya II.223[14-]〔樹々は〕**炭火をもつ**とは炭火のよう②453.

aṅgīrasa *m.*放光者. **~ssā** ti aṅgī-kata-sīl'ādi-sampattikassa II.226[26]～(仏)のとは支分を有する全体となった戒などを具えた方の〔息子〕. **~ṃ** passa virocamānaṃ 236[34]輝く～(世尊)を見よ②459,478.

acala *a.*不動だ. saddhā … **~ā** II.212[19]信が…〃②434. **~o** suppatiṭṭhito 274[33],III.103[28]**動かず**(**不動で**)よく屹立(安定)している②556, ③227. **~ṃ** sukhan ti nibbāna-sukhaṃ II.109[26]**不動の**楽をとは、安らぎ(涅槃)の楽を〔願いつつ〕② 227.

a-cavana-dhamma-tta *n.*<cavana<***cyu***死去す

る性質がないこと，不滅の性質があること．Tañ hi sayaṃ **~ā** adhigatānaṃ accuti-hetu-bhāvato ca n'atthi ettha cuti I.18[12-]なぜなら，それ（涅槃）は自ら〜から，〔涅槃を〕証得した人々が不死の因となるから，ここに死去はない①35.

acāri *3 sg.aor.<car*. **~ī** ti vicari I.181[2]**行ったと**は廻り行った①395.

a-cetana *a.*＝Ⓢ意識がない，心のない，感じない，非精神的な．**~ṃ** udakam pi manussā icchit'icchita- ṭṭhānaṃ nayanti, tathā **~ṃ** vaṅkam pi sara- daṇḍakaṃ ..ujuṃ karonti, tathā **~ṃ** kaṭṭha- kaḷiṅgarâdiṃ …ujuñ ca karonti I.77[9-]**心のない**水さえをも人々はそれぞれ思い望む所へ導く．同様に〜曲がった矢柄でも…真っ直にする．同じく〜木材･木片などを…また〃①164. rukkhâdayo ~ā utu- sampattiyaṃ vaḍḍhiṃ pāpuṇanti 232[3]樹木なども意識がないのに季節が到来すると生長を遂げる①506.

accagā *sg.aor.<ati-**gam***. suduttaraṃ ~ III.202[29]きわめて渡り難い〔死魔の領域〕を**越えた**③437. **accagū**〃. taṇhaṃ agga-maggâdhi-gamena ~u atikkamiṃsu II.278[29]渇愛を最高の道（阿羅漢道）の証得によって**越えた**，越えて行った②565.

accanta *a.* Ⓢ*atyanta*究極的，絶対的の．**-ruci** *a.*究極の輝きある（仏）III.10[1]③22. **-visiṭṭha** *a.*究極的に優れた．**~ssa** sahanâdi-atthassa theresv eva labbhanato I.6[18]〜忍耐などの意味は上座達にのみ得られるから①15.

accayati, acceti*<ati-i*. **~antī** ti atikkamanti II.23[16], **~entī** 〃92[5]〔昼夜，諸刹那が〕**過ぎ去って行きとは**，過ぎて行く②52,193.

accāraddha *a. pp.<ati-ā-**rabh***励み過ぎた．**~mhi** viriyamhi II.270[6]精進が過度に励まれると②545. **~viriya-tā** c'assa II.270[8]又彼が過度に精進に励むことは〔述べた〕②545.

acci *f.* Ⓢ*arci*火焔，光，光線．**~yo** jotanti III.172[33]〔宮殿の〕光は輝いている③375. **~manto**'va pabhāsayanti II.223[29]焔（ほのお）を出すように輝く②454. **~manto** pabhassarā III.172[35]〔宮殿に〕**光があり**清浄だ③375.

a-ccuta *pp.<**cyu***不死の，不滅の．**~ṃ** padan ti nibbānaṃ I.18[11], II.78[11]不死の道（境）をとは涅槃を〔観察し，に触れよ〕①35, ②164.

a-ccuti *f.<**cyu***不死，不滅，死去しないこと．adhigatānaṃ ~hetu-bhāvato ca n'atthi ettha cutī ti accutaṃ I.18[12]〔涅槃を〕証得した人々が〃の因となるから，ここに死去はないというので不死である①35.

acchati*<**ās***. **~ī** （[Vri.]atiacchatī）ti …visuṃ yeva nisīdati anallīyati III.78[35]**居直る**とは…銘々でだけ坐る，従属しない③174.

accharā-saṅghāta-matta II.173[6]弾指の間ほど僅か②354.

acchera *a.*希有な．**~ṃ** vatā ti acchariyaṃ vata III.142[26]ああ〜**こと**だと，ああ希有だ③309.

acchôdikā*<accha-udaka*. **~ā** ti acchaṃ abahalaṃ sukhumaṃ udakaṃ etesū ti **~ā** I.237[27]**澄んだ水**とは，澄んだ厚くない細い水がこれらにある，というのが〃①519.

a-jara *a.*不老な．**~n** ti jarā-rahitaṃ nibbānaṃ sandhāy' āha I.98[7]〜とは，老いることのない涅槃に関して言う①217

a-jaḷa *a.*痴呆でない．**~o** jaḷa-samāno III.108[28]痴呆に等しく〜③238.

aja *m.*山羊．eḷakā nāma **~ā** yeva III.85[36]羊たちというのは山羊たちに他ならない③191.

a-jānana *n.* **~ā** guṇānaṃ II.10[15]諸々の徳を知らないから②24.

a-jigucchitbba *gdv.*III.86[32]嫌われるべきでない③193.

a-jeguccha *a.*嫌悪されない．**~n** ti ajigucchitab-baṃ III.86[32]〜とは嫌うべきでない③193.

ajeḷaka *m.* <aja-eḷaka山羊や羊III.85[36] ③191.

ajja *adv.* Ⓢ*adya* 今．**~ā** ti etarahi I.181[5]**今や**とはこれから①395. **-d-agge** II.203[13]今日を始めとし②415. **-divasa** *m.*今日の日．Tvaṃ pubbe kata-kammaṃ yāv' **~ā** jīrāpetuṃ na sakkosi I.68[11]君は前〔世〕になした業を〃に到るまで衰滅させることが出来ぬ①142.

ajja-tana *a.*今日の．nâyaṃ **~o** dhammo II.235[17]これ（生死の本性）は**今日の法**（定め）ではない②476.

ajjhagamiṃ *1sg.aor.<adhi-**gam***. **~n** ti adhi-gacchiṃ I.244[12]〔三明を〕**証得したとは**〃①532. °**gā** *3 sg.aor.* na tena suddhim ~ III.68[28]それ（欲望享受）によって清浄を**得なかった**③152. °**gamā**〃. santaṃ padaṃ ~ III.191[10]寂静の境地を**証得した**③412.

ajjhatta *a.* Ⓢ*adhy-ātman*内心の，自分の，内の．**~ṃ** 内心にII.112[25],142[12],198[3],III.10[28],29[28], 78[33],167[6]. °**rata** *a.* **~o** ti gocar'ajjhatte kamma-ṭṭhāna-bhāvanāya abhirato III.98[30]**内心に愉しみ**とは，行動範囲内で観念修行法

の修習を愉しむ③217. °**sambhava** *m.* **~o** attani sambhūto hutvā'pi III.157[32]**内心に起こること**は自分に起こったのであっても③343.

ajjhāpanna *pp.<adhi-ā-**pad***罪を犯した, 罪に堕ちた. saṅkāre adhimucchito **~o** III.170[19]ごみ芥に執らわれて〜③370

ajjhupekkhati *<adhy-upa-**īkṣ*** 極無関心である.

ajjhupekkhana *n.* (-ā *f.*) *BHS. adhyukekṣaṇa*極無関心であること. sattānaṃ kata-vippakāresu **~ṃ** ayaṃ upekkhā I.12[35]人々が加える諸々の侮蔑(悪意)に対しても〃. これが無関心(捨)である①25.

ajjhottharati<*adhi-ava-**stṛ***敷く, 拡げる, 覆う, みなぎる. uparûpari ~ II.175[27]上へ上へと〔お前を〕覆う②359. °**ranīya** *gdv.* oghehi an**~ṃ** … sudīpaṃ attano karohi II.175[27]暴流によって**覆われてはならない**…自分のよき洲(依所)を作れ②359.

ajjhosati<*adhi-ava-**sā*** 固執する. °**sa** *ger.* tañ ca ~ tiṭṭhati III.43[36-]又それに**固執している**③95. °**sāya** *ger.* rūp'ārammaṇaṃ ~ sukhaṃ sukhan ti abhinivissa III. 43[36]色という対象に**固執して**快い快いと執著し③95.

añchati<āñch 曳く. **~āmī** ti ākaḍḍhāmi III.28[25]〔それ(縄)を〕曳いているとは、引きずっている③62.

añjana *n.*青黒膏(眉墨, 黛). Nettā ~makkhitā III.36[7]眼には〜が塗られている③79 (→añjita).

-nāḷikā *f.*青黒膏の筒III.36[10]③79.

añjanī *f.*青黒膏入れ〔の壷〕. **~'**va navā cittā pūti-kāyo alaṅkato III.36[9]新しい彩られた〜のように,〔女の〕臭い身が飾られると③79.

añjali *m.*＝Ⓢ合掌. **~ṃ** paggayha aṭṭhāsi II.38[21]〔大師に見えて〕**合掌を捧げて立った**②83.

añjali-ka *a.*合掌の. paggahita**~ā** sā vesī II.194[35]**合掌を捧げた**その遊女は②399.

añjasa *a.n.* ＝Ⓢ真直ぐな, 道. I.105[4],II.44[14], 52[16],156[33], 205[6]. **anila'°***n.*風の道(空中, 空). buddhaṃ gacchantaṃ **~e** I.77[18]仏が〜を行くのを〔私は見た〕①164.

añjita *a. pp.<añj*眉墨を塗られた. ubho pi nayanāni anto dvīsu antesu ca yathā añjana-cchāyā dissati evan **~'**añjanāni III.36[-8]両方の眼も,〔その〕内側と両〔眼〕にも青黒色の影が見えるように, そのように青〜③79.

añña *a.pron.*他, 他の, 別の. **-titthiya** *m.* **~ā** II.21[18]他の外道たち②47. **-vādin** *a.* puthu~ I.193[25]多くの他の論者①423.

aññathā-bhāva *m.*〔人間以外の〕別様の状態. III.73[13]③162.

a-ññāṇa-mūla *n.*II.178[8]無知の根②364.

aññāya *ger.<ā-**jñā*** II.161[22],mama saṅkappam ~ III.70[1]〔世尊は〕私の心の思いを**知って**③155.

aṭṭāla *m.*見張り塔. daḷha-m**~**koṭṭhakeIII.54[19-]堅固な見張塔のある門屋に〔住んだ〕③122.

aṭṭita *a.*悩まされていた. **~o** pīḷito vibādhito II.33[9]〜圧迫され害されていた②71.

aṭṭha *num.*Ⓢ*aṣṭa*八つ〔の〕. **-dhamma-samodhāna** *n.*八つの法(因縁)が一緒に集まること. **~ā** abhinīhāro samijjhati I.11[24]〜から,〔覚りへの〕志向(誓願)は成就する①23. **'-aṅgika** *a.*八支の(ある). **~ ariya-magga** *m.*I.167[4],III.195[8]八支の聖なる道(八支聖道, 八正道)①364,③421. **ariya ~ magga** I.193[27],II.42[30]①423,②*91*(5).

-saṭṭhi-sita *a.* **~ā** savitakkā III.190[26]六十八〔の見解〕**に依存した**思いをもつ③411.

aṭṭhā-pada-kata *a.***~ā** ti aṭṭha-pad'ākārena katā sañcitā III.36[4]〔女の髪の毛は〕八房にされてとは, 八房の形にして纏めて③78.

aṭṭhi *n.*Ⓢ*asthi*骨. I.75[22],III.35[18,22]①161,③77. **-kaṅkāla- kuṭika** *m.* III.167[10]骨や骸骨の小屋③364. °**taca**骨と皮. **~ena** onaddhaṃ sobhati III.35[27]〜に覆われた〔体〕は輝く③78. °**saṅghāta-ghaṭita** *a.* II.244[29]骨の筏に組まれ②493. °**saññā** *f.* I.75[20-]骨の想(想念)①161. **-ka-bhāvanā** *f.* I.75[21-]骨〔想〕の修習(修行)①161.

aṇu *a.*微細な. **~ṃ** I.41[12]〜〔涅槃nibbānaṃ〕①81. III.11[10]〜〔絆をbandhanaṃ切って〕③25.

aṇḍa *n.*＝Ⓢ卵. **-sambhava** *a.* **~o** aṇḍa-jo kāko II.256[22]**卵から生まれる**卵生の烏②517.

a-tandita *a.*Ⓢ*a-tandrita*怠らない, 倦まない, iicd,I.16[14,25],II.102[2,13,15],148[24],149[27],III. 160[14]①3, 31-2,②212-3,307,309, ③348.

ati-uṇha *a.* **~ṃ** II.91[29]暑過ぎて②191.

ati-kkanta *a.pp.<ati-**kram***過ぎ去った. **~ā** bhayā sabbe III.14[26]恐怖は一切〃③32.

ati-kkama *m.*Ⓢ*atikram.* **~m** addā III.196[20]**超越したところを**見た③423.

ati-tula *a.*比類なき. **~o** ti tulaṃ atīto nir-upamo III.49[34]**比類なく**とは, 比類を超え比喩がない③110.

ati-deva *m*.神を越えるお方(仏)II. 204[29]②417. devānaṃ **~o** III.9[4]神々を**越えた神**③20.

ati-bhāra *m*.過度の重荷. mathito **~ena** II.277[29]～によって倒れて② 563.

ati-maññati<*ati-man*. Saṅghikaṃ na**~eyya** cīvaraṃ II.90[18]僧団の衣を**ないがしろにし**てはならない②189. na ~277[36]智慧の劣る人たちを**軽蔑しない**②563. III.117[36]**優越すると思う**(軽蔑する)③257.

ati-māna *m*.~hato II.181[6]**過度の高慢**(過慢、過大自意識)に害され②370.

ati-rocati<*-ruc*. ~si III.197[38]御身は**極めてよく輝く**③426.

ati-vattate<*-vṛt*. taṃ ~II.175[26]〔生と老が懈怠に負けた〕お前を**圧倒する**②359.

ati-vāha *m*.運送者. vāheti sampāpetī ti **~o** yānaṃ …sīlaṃ seṭṭhaṃ **~o** II.260[25]〔戒は〕運んでくれる到らせる, というので～乗り物である…最勝の戒は～である②526.

ati-vijjhati<*ati-vyadh*貫く, 洞察する. **°jjha** *ger*. **~ā** ti ativijjhitvā III.196[19]〔法を〕洞察しては〃から③423.

ati-vela *a*.＝Ⓢ過分な. na**~ṃ** sambhāseyyā ti **~ṃ** ati-kkanta-pamāṇaṃ na bhāseyya II.249[7] ([Vri.])**余り**に語らぬがよいとは**時限を過ぎ**限度を越えて語るな②502.

ati-saya *m*.Ⓢ*atiśaya*.卓越さ, より優れていること, 過剰. **ñāṇa°** *m*.智の卓越さI.37[22-]①43. **sa°** *a*.優れた, 卓越した, 過分の. I.40[31-]〔聖人達は〕**過分**に称讃されるから①80.

ati-uṇhaṃ II.91[29]暑過ぎて②192.

ati-sāyaṃ II.91[30]夕方になり過ぎて②192.

ati-sītaṃ II.91[28]寒過ぎて②192.

ati-hita *a.pp*.<*dhā*. **~ā** vīhī II.164[14]米は**運ばれた**②337.

atīta *a.pp*.<*ati-i*越えた, 過ぎた. sabba-saṃyojana'~ III.9[27]一切の結縛を越えた(仏). ~gata-satthuno III.120[2]〔大〕師に去って行かれた者(阿難)には③21, 262.

a-tula-dassana *a*.無比の容姿の方(仏). II.122[2]②251.

attan *m*. Ⓢ*ātman*我, 自分, 自分自身, 自身, (霊, 魂, 自我). I.94[2],196[19,26], II.17[19-],36[6,23]①206, 429,②40,77. **atta-** 〔*Cf*. **私とcitta(心)との対話**②168,314,③352〕. **-danta** *a*.自己を調御されたIII.9[6]③20. **-diṭṭhi** *f*.自分の見解III.16[8]③36. **-paccakkhatāya** I.181[1]〔この心が〕自分が直接経験したものとして〔言われた〕①489. **-bhāva** *m*.自分の存在(身). **~o** hi āhito ahaṃ-māno etthā ti **attā** I.8[11]～はここに私(我)という意識(慢)が置かれているというので自己という. 29[5]身①18,54. **-bh.-kuṭikā** *f*.自分の身である小屋. I.29[14]①54. **-vaṇṇa** *m*.自分の称讃. na c'**~ṃ** vyāhare II.76[6]～を語るな②160. **-samuṭṭhāna** *a*.自分から生起するIII. 32[20]〔煩悩の矢〕③70. **-sambhava** *a*.自分に生成する. saṅkhatassa sabhāvaṃ **~ṃ**…viditvā II.108[2]有為の本性が～と…知って②223. **'atthiya** *a*.自分の目的を求めるIII.152[14]〔私〕③330. **'ûpanāyika** *a*.自分に因む([Vri.] atth'°利益〃). **~ā** id, I.5[11],8[10],13[28](偈)①3,14,18, 26.

a-t-tāṇa *a*.救護所のない. haññati niccam **~o** II.189[23]**逃げる処なく**常に殺される②388.

attha *m*.(aṭṭha) Ⓢ*artha*知られ求められるもの・こと(1)意味, 意味内容, 意義, 義, (2)対象, 認識対象, 感官の対象、欲求の対象, (3)目的, 目標, 理想、(4)益, 利益, 実利, 実益, 用, 必要, 役に立つこと, ため, (5)実体, 事柄, よきこと・もの. I.2[5,12],3[7],5[1,3,4,14,30-2],6[18,26], 7[4,6,22],8[5,6,17,26,29],10[4],14[1], 15[18,21,2628, 31,33],… II.3[15,26],6[2,5],7[24],…III.3[29],4[10],5[15],7[8,10],10[4,11],11[17], … **意味**①5-7,13-9, 21,27,30,…②8,13,18,…③8,9,11, 15,16,25,... I.11[31]意味内容①22. II.14[11],50[15],234[2]目的②33, 107, 472. II.96[21],186[29]利益201, 382. II.210[29]必要429. yesaṃ **~o** tahiṃ gacchatha nāriyo…**~o** ti payojanaṃ I.142[19-] 誰でも〔貴女達に〕**用**があるその方々の許に行きな, 女達よ. …**用**とは必要(目的)①313. **~e** sampanne II.210[31]**必要**が生じると②430. **~n** ti…gāthāhi vuccamānaṃ att'ūpanāyikaṃ par'ūpanāyikaṃ lokiya-lok'uttara-paṭisaṃyuttaṃ **~ṃ** I. 18[34]-19[2]**意味**をとは…諸々の偈によって言おうとしている, 自分に関する〔と〕他人に関する世間・出世間に結びついた**意味**を〔述べた〕①36. att'~'ādi-bhedaṃ **~ṃ** aviparītato passantī ti ~dassino I.41[3-]自分の**目的**(利益)などの類の**目的**を([Vri.])顚倒なく見る, というので**目的**を見る方々①80. aviparīt'atthena vā param'~sabhāvattā **~ṃ** I.41[13]或いは顚倒のない**意味**で第一**義**を本性とするから**目的**(意義, 四諦, 滅諦)を〔…証得する〕①81. Sata-liṅgassa **~ssa**, sata-lakkhaṇa-dhārino, ek'aṅga-dassī dum-medho, sata- dassī ca paṇḍito, I. 226[15-]**対象**

が百の標相を持ち百の特相を保つのに愚者は〔その〕一部を見，又賢者は百を見る①491-2. sata-liṅgassā ti līnam **~ṃ** gamentī ti liṅgāni, **~esu** saddassa pavatti-nimittāni, tāni pana sataṃ anekāni liṅgāni etassā ti sata-liṅgo I.226[17-]百の標相を持ちという〔対象〕には隠れ潜んでいる**対象**に導く（**意味**＝**内容**を理解させる），という諸々の標相（目印）がある．諸々の**対象**には語の働く諸々の徴表（言語表示の諸契機・起因）がある．そしてそれらの百の多くの標相がこれにはある，というので〔対象は〕百の標相をもつ①492-3….**~ssā** ti ñeyyassa, ñeyyañ hi ñāṇena araṇīyato **~o** ti vuccati I.226[22-]**対象**がとは，知るべきものが〔百の標相を持ち百の特相を持つ〕．なぜなら，知るべきものは智によって近づかれるから，対**象**（目的）と言われるからである．So ca eko pi aneka-liṅgo, yathā sakko purindado maghavā ti, paññā vijjā medhā ñāṇan ti ca. Yena liṅgena pavatti-nimittena tāvatiṃsâdhipatimhi inda-saddo pavatto, na tena tattha sakk'ādi-saddā pavattā, atha kho aññena. Tathā yena sammā-diṭṭhimhi paññā-saddo pavatto, na tena vijjâdi-saddā I.226[23-]またその〔対象〕は一つであっても多くの標相（目印，名称）をもつ．例えば〔インドラ神が〕，帝釈〔天〕（Sakka），城の破壊者，恵みをもつ者といわれるように。また〔智慧が〕慧（pa((ā)，明，聡明，智といわれるように．およそ或る標相によって＝〔語の〕働く徴表（表示の契機）によって，三十三天の王者という〔意味〕で天帝（インドラ）という語が働く（表示される）ならば，その〔徴表（表示の契機）〕では帝釈などという諸語が働かない（表示されない）からである．すると周知のように他の〔標相〕でも〔同じである〕．同様にしておよそ正しい見解（正見）という〔意味〕において慧という語が働く（表示される）ならば，その〔徴表（表示の契機）〕では明（明知）などという諸語が働かない（表示されない）①493．… paccaya-bhāvino **~ssa** attano phalaṃ paṭicca paccaya-bhāvo I.226[30-]「その特相がその」縁（助縁）を有すべき**対象**自体の結果によって縁（助縁）である①493. tena hi so ayaṃ imassa kāraṇan ti lakkhīyati I.226[31-]([Vri])なぜなら，それ（特相）によって「この〔対象〕がこの〔特相の〕原因である」と特徴付けられるからである①494. So ca ekasseva **~ssa** anekappabhedo upalabbhatiI.226[32-]またその〔縁（助縁，特相）〕はただ一つの**対象**に多種類あると認められる．… **~ssa** lakkhaṇ'([Vri.] saṅkhatat')ādayo pakāra-viseso I.227[2-]それぞれの**対象**の特相など（[Vri.]〔心身の諸要素等が〕為作されたものであることなど）は，特殊な様態（在り方）である．te pana **~to** avatthā-visesā veditabbāしかし**意味**からすれば，特殊な諸状態であると知るがよい．Te ca pana tesaṃ aniccatâdi-sāmañña-lakkhaṇaṃ liṅganti ([Vri.] -genti) ñāpentī ti liṅgānī ti ca vuccanti. Tass'ime ākārā, yasmā ekassâpi **~ssa** aneke upalabbhanti I.227[4-]しかし又，それら（対象の特殊な諸状態）は，それらが無常であることなどという一般的特相を特徴付け知らしめるというので，諸標相と言われる．その〔対象の〕これらの諸様相（在り方）は一つの**対象**にも多くが認められる①494. attano ca paresañ ca **~ṃ** hitaṃ vicintetuṃ samatthaṃ II.103[19]自分と他人との**意義**＝利益を考察することが出来る〔私〕を②215. diṭṭha-dhammikaṃ **~ṃ** III.24[29]現実の**利益**を〔摑んで〕③53. d.-dh.ika-samparāyikaṃ …**~ṃ** I.103[4]現在と将来の**利益**を〔失わせ〕①227. d.-dh.ika-ṃ samparāyikaṃ …**~ṃ** II.210[6], III.116[13]〃②428, ③254. d.-dh.ika-samparāyika-ppabhedena **~ena** hitena saṃyuttaṃ III.25[-1]現在・将来の別がある**意義**＝利益に結びついた③53. d.-dh.ika- samparāyika-param'~ I.106[24], II.122[12],177[23]([Vri.]), 181[16], 215[14], 226[23], III.17[29]現在と将来と最高（第一）の**意義**（義，勝義，利益）①235, ②252, 363, 370,439,459, ③39. d.-dh.ik'ādi-bheda~ II.19[11],123[33],III. 116[13]現在（現法：心身の諸要素＝法が見られた現実，現世）等（現在・将来・〔第一義〕）の類の**意義**（目的，利益）を〔聞こうと，知る，齎す〕②43, 255, ③254. lokiya-lok'uttara-bhedaṃ d.-dh.'ādi-vibhāgaṃ dukkh'ādi-vibhāgañ ca **~ṃ** yathā-bhūtaṃ pajānāti ca paṭivijjhati ca II.19[29]また世間出世間の類別ある現在（現法，現実，現世）など（現世・来世・第一義）の区分があり，また苦など（苦・集・滅・道）の区分がある**意義**（意味）を如実に知り，かつ洞察する②44. no ca **~to** ti … d.-dh.ik'ādi-bheda-hita-nimittaṃ dhammaṃ

na desenti III.80[3]また利益のため〔法を説か〕ないとは，…現在などの類（現在・将来）の利のためには法を説かない③177. dhamma'~saṃhitaṃ dhammato **~to** ca anapetam etan ti kattabbaṃ… ti-vagga'**~ṃ** anuyuñjeyya III.24[21-]〔在家者は〕法と**実利**を具え，法からも，また**実利**からも離れないで，これを行うべきである…〔人生の〕三部門（法と実利と性愛）の**目的**に専念するがよい③52. **-cintā-vasa-anuga** *a.*III.76[31]利益の思案の支配に従う③169. **-dassin**目的を見る. att' atth' ādi-bhedaṃ atthaṃ aviparītato passantī ti ~ino I.41[4]自分の目的（利益）等の類の目的を顛倒なく見るというで～方々①80. **-vasin** a. **~ī** II.229[2]**目的**（沙門法）に自在にして②463. **-pucchana** *n.*I.106[22]〔現在と将来と最高（第一）の〕意**義**を問うこと①235. **'-ûpanāyi-ka** *a.*利益に因む（[PTS.]att'°自己〃）id, I.5[11],8[10],13[28]（[Vri.]）（偈）①3,14,18,26. **-vat実利**を有する. so ~vā so dhamma- ṭṭho so dakkho so vicakkhaṇo III.24[16-]彼は**実利を有し**彼は法に立ち彼は有能で彼には明眼がある③52. 村上［2014］「Dharma（dhamma，法）・artha（attha，義）・もの・こと―仏典和訳の語彙体系の構築試論」『印仏研』62-2, pp.841-833参照.

a-tthaddha-mānasa *a.* III.76[27]頑固な心なく（=a-kaṭhina-citta 心が頑なでない）③169.

atthi-ka *a.* etena **~o** I.221[16-]これを**求める**①482. III.99[27]必要な〔衣〕③219.

atthi-ya *a.*役に立つ. yad**~n** ti atthato anapetaṃ **~ṃ** I.60[11-]何でもその～とは役に立つこと（目的）から離れない～①126.

atthu *3 sg.ipv.*< ***as***有れ. namo te ~ I.127[20-]御身への帰命（帰依）~（＝hotu 127[27]）①281.

atha *conj.* 時に. **~ā** ti adhikār'antara（[PTS.]adhikāratta）-dīpane nipāto II.264[24] ～とは別の主題を示す不変化詞②535.

atho *adv.* ~ sīdati saṃyuttan III.24[28]もし（＝yadi）相応しい〔こと〕に沈潜していると③53. ~ ti atha 152[31]**するとは**，それでは③332.

a-danta *a.*調御されない. **~n** ti adamitaṃ II.151[31]～とは調教されていない②312.

a-daḷidda *a.*貧しくない. **~o**…danānaṃ attitāya **~o** II.212[33-] ～…〔信・戒等〕財があるから～②434.

a-dissatha *3 sg.aor.*<***dṛṣ*** tuccho kāyo ~ II.45[32],47[22]虚な身が**見えた**②97,101.

a-dissittha 〃 ~ II.45[32] 〃 ②97.

a-dīna *a.* **~o** ~mānaso alīna-cittoII.49[3]**臆することなく意臆せず**気落ちせずに②104. **-mānasa** *a.* **~o** …alīna-citto akusīta-vutti II.98[12]**意臆しない**…心沈滞せず行いに怠らない②205.

a-dutiya *a.*伴（連れ）なく. I.135[27],II.229[11], III.69[6]①300, ②464,③154.

addakkhiṃ *1 sg.aor.*<*dṛś*見た，見(まみ)えた. II.215[10]〔大師に〕～②439. maggam ~ nāvāya abhirūhanan III.32[12]船に乗る道を私が**見た**③70. **addasāsiṃ** 〃 **~n** ti addakkhiṃ II.121[24],264[24]～とは見た②250,535. **addasaṃ** 〃 na'~ pubbe II.204[26]〔病気をrogaṃ〕曽て私は**見**なかった②417. **addasāma** *1 pl.aor.* ~ addasimha III.198[4]私達は〔正覚者に〕**お会いしたとは**見奉った③427. **addakkhi** *3 sg.aor.* dukkhaṃ ~ sallato III.100[12]苦を矢と見た③219. **addā** 〃 ~ ti addasa III.100[8]〔楽を苦と〕見とは見た③220. atikkamaṃ ~ 196[20]〔見解の立場を〕超越した所を見た③423.

addita *a.pp.*<***ṛd.*** **~o** （[Vri.]aṭṭito）ti pīḷito abhibhūto II.173[11]〔欲情に〕**責められ**とは悩まされ征服された②354.

a-ddutiya *a.* **~o** ti nittaṇho III.151[1]**伴なく**とは渇愛のない③327.

addhan *m.*Ⓢ*adhvan.*旅路，時，世，経過. anāgata' **~ānan** ti anāgataṃ **~ānaṃ** anāgate kāle III.89[21]未来の**世**にとは未来である**世**に未来の時に③199.

addhā *adv.*＝Ⓢ. 確かに，真に~ ekaṃsena na jānanti II.58[21] ～一向に知らない②124. ~ no udapajjatha III.198[5]～我々に〔三宝が〕立ち上がった③427.

a-d-dhuva *a.*恒常でないIII.158[26]〔蘊〕③345.

a-dhamma *a.m.*非法II.128[5,30],279[15]②265,566. nicc'ādi-gāha-vasena **~ā** III.190[34]〔凡夫達は〕常等（常・楽・我・浄）の執らわれによって**不法**であり③411.

adhi-karaṇa *n.*＝Ⓢ suvinicchitaṃ **~ṃ** II.68[20]案件（妊娠女の出家の件）はよく判定された②146.

adhi-kāra *m.*＝Ⓢ奉仕，奉仕行，勝れた行（行為），資格，資質，素養，支配，支配語，論題，話題，主題. I.11[23]勝れたことを行うこと①23. ~vasena …vuttaṃ（katan）II.191[30],192[22]**話題**のせいで…言われた（とり上げられた）②193, 392. ~'antara-dīpane nipāto

II.264[24] ([Vri.])別の主題を示す不変化詞② 535. patthanā-vasena **~ṃ** katvā pavattitaṃ III.205[26]願によって**奉仕行**を行なって起きた〔善心kusala-cittaṃ〕③443. **kata°** *a.*奉仕行を行なった者. purima-buddhesu **~o** I.82[23],93[8],II.1[6],6[19],III.7[17],12[4],18[18],26[6],54[30]…先の諸仏の許で〜①177,180,…②4,16,… ③ 17, 27,41,124…**kata°-tā** *f.* <*kṛ*すぐれた修行(素養, 奉仕行)を積んだ(行なった)者であること. ayaṃ thero〔[Vri.]tattha〕 **~āya** ciṇṇa-vasī-bhāvena ca paṭisambhidā-pattānaṃ aggo jāto I.32[31-]この上座は, それ(無碍解)について([Vri.])**〜者として**, また自在に達した者として無碍解を得た方々の第一人者となった①64. So satthu pada-cetiyāni disvā purima-buddhesu **~āya** …pūjaṃ katvā cittaṃ pasādesi I.84[-16-]彼は〔大〕師の足〔跡〕の諸霊跡を見て先の諸仏の許で**奉仕行を行なった者なので**, …供養を捧げ心を浄めた①64,180. **-kamma** *n.*奉仕行(業). ahaṃ iminā **~ena** aññaṃ sampattiṃ na patthemi… aggo bhaveyyan I.34[28], 38[14],144[9]私はこの〜によって別の成就(栄華, 得達)を望みません. …第一人者となりたい①68,76,318. **~ṃ** katvā I.42[7].II.101[10],231[1],246[14],奉仕行の仕事(≒資格を得る業・資質を研く業)をして(行なって)から①84,②211, 467,497. **-sampatti** *f.* I.12[24]〜を成就する事①25. **-sampanna** *a.*〜(功徳, 資質)を具えたI.76[18] ①163.

adhi-gacchati<***gam*** 得る, 証得する. samādhiṃ na **~nti** I.220[4]定(三昧)を得ない①544. **°eyya** *3.sg.op.* ~ sukhaṃ nirāmisan I.192[24]汚れなき楽を**証得するであろう**①421. ratiṃ na~ tattha II.20[14]そこに愉しみを**得ないなら**②45. na~ 137[18]〔不当なことをayoge〕得ないであろう②282.

adhi-citta *n.*＝*BHS.*勝れた心, 心統一, 増上心, 沈思瞑想する心. **~e** ca āyogo ti samatha-vipassanāsu anuyogo II.252[36]また増上心(禅定)に努めることとは止と観に専心すること②509. **-anuyoga** *m.*増上心に専念すること. **~ena** samatha-vipassanā-abhivaḍḍhana-cittānaṃ I.8[3]〜によって止・観を増大させる心の人たちが①18.

adhi-ceta[s] *a.*専心した, 心凝る. **~so** ti adhicittavato sabba-cittānaṃ adhikena arahatta-phala-cittena samannāgatassa I.164[16]**心を凝らし**とは, 凝らした心(増上心)をもつ, 一切の心を越えた阿羅漢果の心を具えた人には①359.

adhicca *a.*無因の, 偶然〔発生〕の. **-tā** *f.*偶然性, 自然なこと, 無因なこと. **~āya** pabbata-sānum eva gantu-kāmo I.83[24]**たまたま訳もなく**山の背にだけ行きたく思い①178.

adhi-ṭṭhahati<*sthā* 決意する, 神秘力を加える. **°hi** *3sg.aor.* me lokam imaṃ ~ III. 158[23]〔大師は〕この世間を私に**見せた**③344.

adhi-ṭṭhāna *n.*Ⓢ*adhiṣṭhāna.*決定, 確立, 加持, 加護. acala-samādhāna**~ṃ** idaṃ **~ṃ** I.12[33]不動の受持の**決定**, これが**決定**〔波羅蜜pāramī〕である①24. **~iddhi** III. 70[6] **加持**の神通③155.

adhi-ṭṭhita *a.pp.*<*sthā.*決意した, 依存した. catu-bbipallāsa-vasaṃ **~n** III.161[20]四種の顛倒(錯倒)の支配に依存した〔私〕を③350.

adhi-ppāya *m.*Ⓢ*abhiprāya*意向, 趣旨. ti **~o** II.5[25]という**意味**②12. **~o** ajjhāsayo yevaIII.82[15]**意向**は志願に他ならない③183.

adhi-muccati<***-muc***心を向ける, 志向する, 信解する, 領解する, 確信する, 信頼する. **°cci** *3 sg.aor.* satthari nibbāne ca ~ I.81[15]〔大〕師が入滅された時に信解(領解)した①174. **°ccassu** *2 sg. ipv.* **~ū** ti adhi-mokkhaṃ kara III.49[30]**信じよ**とは, 信解をせよ③109. **°ccitvā** *ger.* guṇānaṃ attani labha-mānataṃ ~ II.76[15]諸徳が自分に得られていることを**確信して**②161. **°ccita** *a.pp.*

adhi-mucca-na *n.*<***muc***心を向けること, 志向, 信解, 勝解, 領解, 信頼. aṭṭhī ti **~vasena** patthari I.75[22]「骨である」と**心を向けること**によって〔想念を〕拡げた①161.

adhi-mucchita *a.pp.* **~o** ti adhimutta-taṇhāya mucchaṃ āpanno III.22[4]**夢中になって**とは, 渇愛に心が向かって昏迷に陥った. na**~ā** na ajjhositā 76[10]**夢中にならず**に執著せず. saṅkāre **~o** ajjhāpanno 170[19]ごみ芥に**執らわれて**, 罪を犯して③48, 168, 370

adhi-mutta *a.pp.* yathā~ā I.15[34]信じる通りに(心を向けるままに)①31. II.271[2]〔欲望からの遠離に〕志向し(信解し, 傾倒し)②547. ~tanha,III.22[4]渇愛に**心が向かった**③48.

adhi-mutti-ka *a.*yādisa**~ā** I.15[34]どのような信(心)を向けても① 31.

adhi-mokkha *a.m.*<***muc***心を向けること, 志向, 信解, 勝解, 信頼. ~ṃ kara III.49[30]〔信じよ

adhimuccassu〕**信解をせよ**③109.

adhivāsana *n.* 忍, 忍受, 承認, 承諾. upāsako satthu ~ṃ viditvā III.122[4]信士は〔大〕師が承諾したのを知って③267. **-khanti** *f.*忍受・忍耐~yaṃ ṭhatvā kopassa anuppādakoII.211[31]～に立って怒気を発生させない. ~viriy' ārambha-vivekâbhirati-kittana- II. 98[16]～・精進・努力・遠離の愉しみを述べること. ~m eva vadantānaṃ III.61[20]～のみを説く②205,432,③138.

adhivāsanā *f.*忍, 忍受. paccavekkhaṇa-balena ~ kātabbā II.2[13]省察の力によって**忍受**しなければならない②5.

adhi-vāseti*cs.<vas*忍ぶ, 忍受す, 承認す, 許す. satthā **~sesi** III.122[3]〔大〕師は**承諾した**③267. **~setha** *2pl. ipv.* 122[3]承諾して下さい③267. °**saye** *3.sg.op.* ~ adhivaseyya I.97[18]虻などとの接触が生じても**忍ぶがよい**, 〃ろしい①215.

adho *adv.* Ⓢ*adhas.* ~ ti yathā nābhito ~ heṭṭhā II.169[7]**下で**とは, ちょうど臍(へそ)から下, 下方で. ~ ti heṭṭhā yāva udaka-sandhāraka-vāyu-kkhandhā III.159[7]**下方**とは〔大地の〕下に水の集り・風の群がりまで. **~gamaṃ** heṭṭhā-gāmiṃ…micchâjīvaṃ anudhāvati III.170[15]**下に行く**, 下方に行く…間違った生活を辿って走る②346, ③346, 369.

an-agāriya *a.* ~ṃ〔…〕pabbajjaṃ I.126[13], II.14[11]**家なき者**へと, 出家生活へと〔出家した〕①278, ②33.

an-aṅgana *a.* rāgâdi-aṅgaṇâbhāvā **~ssa** II.275[7-]貪などの曇り(汚れ)がないから**曇り**(**煩悩**)**なく**②557.

an-aṇa *a.* ~'dāni te mayaṃ II.16[3-]今や我々は, お前に**借りはない**②37. **~o** bhuñjāmi bhojanaṃ III.41[16]負債なしに私は食を頂く③88.

an-atta[**n**] *a.<attan* <Ⓢ*ātman*我ではない, 非我の, 我を有しない, 無我の. sabbe dhammā **~ā** III.5[3]一切の諸法は**非我**である(我ではない)③10. **~ā** ti III.155[34]〔身心の諸要素が〕～と〔見よ〕③338. **-saññā** *f.*非我(無我)の想. **~an** ti sabbe dhammā anattā atta-suññā ti pavattaṃ **~añ** ca bhāvaye II.253[13]～とは一切の諸法は非我(無我)で, また我を欠くと起こって来る～を修習すべし②510.

an-attha *a.* mā'**~e** maṃ niyojayi II.79[22]**無用**(**不利**)**なこと**に私を唆すな②167. **-neyya** *a.* **~m**([Vri.]anatta-〃) etaṃ III.140[32]これ(新築監督等)は**不利益に導く**③306. **-sahita** *a.* na tv evâ~ṃ vase vāsaṃ I.225[8-]しかし**意味の伴わない**住処には住まぬがよい①490.

an-atthi-ka *a.*loke **~o** ti anapekkho III.15[22]世間に対して**求めない**とは期待しない③34. bhaven'amhi **~o** 16[32]私は生存を**求める者**ではない37. hiri-manā **~ā** 85[26]恥の心があって求めない③190.

an-anu-buddha *a.pp.<anu-budh*〔他に〕随って覚ったのでない. **~o** I.8[28]〔辟支仏(独覚)の正覚は〕〃①19.

an-anta-ka *a.* **~ṃ**…saṃsāre jāti-ādi-dukkhaṃ na ppavattati II.206[4]**終わりがない**…輪廻における生等の苦が起こらない②420.

an-apadāna *a.* III.204[32],205[1,3,4]過去因縁譬喩物語のない〔上座達〕③442→apadāna, sâpadāna.

an-apekkhavat *a.* vatthu-kāmesu **~vā** II.256[37]事物としての諸欲を**顧みず**②518.

an-appa-ka *a.* pahāy'**~e** bhoge II.31[4]**少なからぬ**財を捨て②67.

an-a-ppameyya *a.* **~o** ti pamāṇa-kara-kilesâbhāvato aparimāṇa-guṇatāya ca **~o** III.143[13]**量り知れない**とは量(尺度)を作る煩悩がないから又限量のない徳があるから〃③311.

an-abhi-rati *f.* lokamhi ca **~n** ti … saṅkhāresu **~saññaṃ** II.253[18]また世間に**愉しまないこと**とは…諸行(心身の諸潜勢力)に対して**愉しまない想**を〔修習するがよい〕②510-.

a-naya *n.*不運. 不当. na-y-idaṃ **~ena** jīvitan II.5[20]この命は**不当**ではない②12.

an-alasa *a.* atandito **~o** hutvā II.149[28]怠らずに**怠惰でなく**なって②309.

an-allīyati<*ā-lī*密着しない. visuṃ yeva nisīdati ~ III.78[37]銘々だけで坐る〃③174.

an-avajja *a.* bhuñjati **~āni** III.11[5]**罪のない**〔衣食住〕を召され③24.

an-avassuta *a.*taṇhâvassuti-abhāvena **~o** II.30[9]渇愛の漏出がないので煩悩(漏)を**漏らさず**②66.

an-a-vosit'atta *a.* **~o** ti anurūpaṃ avosit'atto I.218[12]〈**自ら**〔**修行を**〕**全うせず**〉とは, ふさわしく自分が完成していない①476.

an-ākiṇṇa *a.* **~ā** ti asaṅkiṇṇā asambādhā III.140[18]**群れ集まらない**とは一緒に集まらない雑踏しない③305.

anāgata *a.* **~n** ti na āgataṃ abhāvitan II.234[1]**未来の**とは来ていない〔事を見ると〕②472.

~'addhānan ti ~ṃ addhānaṃ ~e kāle III.89[21] **未来の世**にとは，未来である世に，未来の時に③199.

an-ātura *a.* vijānanti ca ye dhammaṃ āturesu **~ā** II.115[12]また誰でも法を認識するなら病む人達の中の**無病の**人達だ②239.

an-ādara *a.* **~o** ti ādara-rahito II.181[13]**敬意のないとは**尊敬を欠く〔私は誰にも挨拶しなかった〕②370. III.89[1]尊敬の念なく，100[31]敬意なき③198,221.

an-ādāna *a.* **~ā** ti anupādānā appaṭisandhikā II.205[20]**取著なくとは**執著なく，結生をとる者ではない②419.

an-ādi-mat *a.*<ādi. **~i** saṃsāre I.6[29]**始めのない**輪廻の中で①16.

an-ādīnava-dassāvin *a.* **~ī** III.21[26]**過誤(危険)を見ないなら**〔…苦から解放されない〕③47.

an-āmantetvā *ger.* ~ ti anālapitvā purāṇa-dutiyikaṃ I.103[11]**語りかけることなくとは**，以前の妻に話しかけないで①228-.

an-āyāsa *a.* **~o** ti aparissamo kilesa-dukkha-rahito III.104[14]**悩みなくとは**煩わしくない，煩悩の苦がない③228.

an-āvaraṇa-dassāvin *a.* **~ī** II.198[35]**覆われずに見る**〔聖者たちの諸々の徳を見，知る〕②406.

an-āvila *a.* ~saṅkappato **~ṃ** II.185[4]思惟に**濁りがないから濁りのない**〔浄い心〕②379.

an-āsanna-vara *a.* **~ā** I.102[28]〔女たちは〕近くに坐らないとよい①227.

an-āsava *a.*煩悩なく，無漏の(阿羅漢である). I.128[3], 217[5],II.10[6],38[11],72[6],122[6],246[6],III.11[25],15[17],69[34]①282, 473, ②23, 82, 251,496, ③26,34,155.

an-āhāra *a.* **~o** ti anindhano III.11[17]**食料がないとは**燃料がない③25.

a-niketa-vihāra *a.* **~o** I.106[17]棲家(漏＝煩悩の棲む処)なしに住まう①234.

a-nicca *a.*無常な(常住でない；心身の諸要素＝諸法は常なし：瞬間的である). II.55[28], 100[22],253[10], III.4[20], 151[2],155[30-], 158[25],190[8]② 118,209,510,③10,327,338, 345, 410. **-tā** *f.*無常である事，無常性. yuttaṃ cintetuṃ satatam **~aṃ** I.234[33]常に**無常**と思うが正しい①512.

an-iñjita *a.* 〔心〕動揺しない. **~o** viharanto II.165[28]**不動**に(怒らず揺がずに)住まいつつ②339.

a-nibbisaṃ *prp.*<nibbisati<-*viś*. **~n** ti tassa nivattaka- ñāṇaṃ avindanto I.182[19]**得るところなくとは**，その〔輪廻〕を停止させる智を見出さないで①398.

a-nimitta *a.* **~ṃ** I.202[32]〔欲情などの相がないので，また行(心身の潜勢力)の相がないので〕**無相**①443. ~ñ ca bhāvehi III.192[32]また〃を修習せよ〔とは常住の相等(常・楽・我・浄の相)を除くことによって特に無常を観察すること〕③415. -**vimutta** *a.* III. 209[12]〃解脱者③450. **-vimokkha** *m.* **~o** I.202[33]〃の解脱①443. III.206[34](Vri)〃なる解脱③446.

anila *m.n.*＝Ⓢ 風，空気，空. **-'añjasa** *n.* 風の道(空中，空). Addasaṃ virajaṃ Buddhaṃ gacchantaṃ **~e** I. 77[18]塵垢を離れた仏が～を行くのを私は見た①164.

an-issara *a.* sabbaṃ **~n** etan III.15[30]一切これは**自在ではない** ③35.

a-nissaraṇa-dassāvin *a.* **~ī** III.21[31]出離を見ない③47.

a-nissita *a.* āhāre ca **~o** I.202[24]又食物に**依存しない**①442.

anīgha *a.* **~o** niddukkho III.25[31]**苦悩なく**苦なく〔…無余依の般涅槃に行く〕③ 55. **~ā** khīṇa-punabbhavā isī 195[4]**苦悩なく**再生が尽きた仙人たち③420.

an-ītiha *a.* sacchi-kato sayaṃ dhammo **~o** II.140[30]**伝聞でない**法(理，真実)が自ら作証された②289.

anu〔PTS.**-anu**〕**-paccakkha** *a.* magga-ñāṇena **~to** dassetā II.178[27-]〔修〕道の智によって**繰り返し直接知覚して**から説き示す②365.

anu-anu-seti<*śī* santāne **~entī** ti anusayā II.245[10]〔心身の〕相続の中に**ずっと続いて寝ている**というので潜在する煩悩(随眠)である②494.

anu-kampa-ka *a.*amhaṃ **~o** … anuggāhako III.121[4]私らを**憐れんで下さる**…愛護して下さる(大師)③264.

anu-kampati<***kamp*** sabba-pāṇâ~ II.94[37]一切の命を**憐れむ** ②198.

anu-kampā *f.* amhākaṃ **~ya** ti anuggaṇhanena II.50[14]我々を憐れんでとは愛護をもって② 107.

an-uk-kaṃsana *n.*<uk-kaṃsana<Ⓢ*utkarṣaṇa* 誉め上げないこと. attano **~to** na uddhato I.33[16]自分を～ので浮つかない①65.

anu-gati *f.*従うこと，随従，従属. diṭṭhâ~**ñ** ca āpajjanto samāna-vāso bhaveyya I.41[1]またその見解に**従うこと**になって，共に住む者

であれよ①80.

anu-giddha *a.pp.<gṛdh.* madhurâdi-rasesu **~o** gedhaṃ āpanno III.138[34]甘い等の味を**貪り求め**貪求に陥る③302.

anu-jāta *a.pp.<jan.* **~o** Tathāgatan III.48[32]如来に**従って生まれた**〔舎利弗〕③107. anudhamma-jātattā **~ṃ** III.202[35]法(教え, 真実)に従って生まれたのであるから, **続いて生まれた**方を〔拝む〕③437.

anu-ṭṭhubhā *f.<Ⓢanuṣṭubh*アヌシュトゥップ調(8音節4句の詩). Gīyatī ti gāthā, **~ādi**-vasena isīhi pavattitaṃ catu-ppadaṃ cha-ppadaṃ vā vacanaṃ I.8[6]歌われるというので偈であり, ～などで仙人達によって説かれた4句, 或いは6句からなる詩①18.

anu-tappati *<-tap*悩ます, 悔ませる；悩む, 後悔する.

anu-tappin *a.*anutappa *gdv.<-tap* (*cf.*anutāpin) 悩む, 後悔する. mā pacchâ**~ino** ahuvattha I.42[15]後で**悩み苦しんで**はならぬ①85.

anu-tāpa *m.*＝Ⓢ　悩み, 後悔.

anu-tāpin *a.*＝Ⓢ<anutāpa悩む, 後悔する.

an-uttara *a.* attano uttaritarassa kassaci abhāvato **~ṃ** I.98[17]自分より上の何物もないので**無上の**〔安らぎ〕①217. **~ṃ** uttara-rahitaṃ nibbānaṃ arahattañ ca pappuyya II.176[16]**無上の**＝より上がない清浄＝涅槃を, また阿羅漢の境地を得て②360.

anu-ddhaṃsa-na *n.* 誹謗, 叱責. khīṇâsavassa **~vasena** katena pāpa-kammena I.45[1]漏尽の〔上座〕を**誹謗すること**によって犯した悪業によって①89.

anu-d-dhaṃseti cs.*<dhvaṃs*邪魔する, 堕落させる, 汚染する, 誹謗する, 叱責する. °**sesuṃ** *3 pl. aor.* pārājikena dhammena ~ I.45[6]波羅夷の法(僧団追放罪の罪状)をもって〔彼を〕誹謗した①89.

an-uddhaṭa *a.*(＝°ta). attano anukkaṃsanato na uddhaṭo **~o** I.33[16]-自分を誉め上げないので浮つかないというので**浮つかない**. **~o** ti uddhacca-rahito uddhaṭassa hi vacanaṃ nâdiyanti II.76[8]〃とは心の浮つき(掉挙)がない. なぜなら浮ついている者の言葉を〔人々は〕受け容れないから①65,②161.

an-uddhata *a.*(＝°ṭa). **~o** III.142[2]〃③308.

anu-dhamma-cārin *a.* dhammassa hoti **~rī** II.159[1]法について**法に従って行う**ものである②327.

anu-dhāvati<*anu-dhāv*従い走る, 従う, 追う. micchâjīvaṃ ~ anuparivattati III.170[17]間違った生活を**辿って走る**, 辿っている③370. °**vita** *pp.* **~ā** ti mahicchatâdīhi pāpa-dhammehi **~ā** vositā III.79[28]**追い駆け**とは, 大欲であることなど諸悪法(習性, 性分)をもって**追い駆け**励んだ③176.

anu-patati <*anu-pat*. vivaram **~nti** vijjutā I.114[25]〔山の〕裂け目に**沿って諸雷光が落ちる**①253.

anu-pad-ika *a.*<anupada後をつける, 追いかける. **pada°** *a.*足跡を追いかける, 足の後をつける. therassa **~ā** gumbato nikkhantā I.66[2]〔女が〕上座の足跡を**追いかけて**茂みから出て来て①138.

an-upanāhin *a.* **~ī** ti na upanāhako…kodhassa anupanāyhana-sīlo II.211[31](Vri.)**恨まず**とは恨みがあるものではない…怒りに恨まないことを慣い(戒)としている②432.

anu-papajjati <*anu-upa-pad*繰り返し再生する(往生する). (→anūpapajjati).

anu-pari-yeti<*yā* **~ī** ti anukkamena paricchindati III. 197[14]**観まわして行く**とは, 順次に決定する③425.

an-upalitta *a.* sabbesu dhammesu **~o** I.57[7]一切の諸法(認識対象)に**汚されない**①115.

anu-passa-ka *a.* bhavaṃ aṅgārakāsuṃ va ñāṇena **~o** II. 178[25]火坑のような生存を智をもって**観察する**②365.

an-upādāna *a.* catūhi pi upādānehi **~o** III.15[16]四つもの取著(欲・見解・戒や掟・自論への取著)による**取著なく**. **~o** ti sabbaso pahīna-kāmûpādānâdiko 51[32]**執らわれのない**とは, 総じて欲望の取著などが捨てられている③34, 115.

an-upāhana *a.* **~o** vicaranto III.80[38]**履物なし**で歩いて行こうとすると③179.

anu-pubba *a.*Ⓢ*ānupūrva.*次第, 順序. evaṃ **~ṃ** anukkamena paricitaṃ āsevitaṃ bahulī-kataṃ abhijānāmi II.273[32]このように**順を追って積まれた**, 習熟され, 多くなされた〔慈等四梵住を〕私は知る②554. kim **~n** ti **~ṃ** anukkamo III.20[17]いかなる順序でとは, **順次**, 順序である③45.

anu-pubbī *f.* ＝ānupubbī, Ⓢ*ānupūrvī*順次, 次第. **~kathā** *f.*順々に導く語り, 次第説法I.243[28] ①531.

anu-pekkhaṇa *f.<anu-pra-īkṣ*観察, 考慮, 考察,

熟慮すること.

an-upekkhā *f.*<*upa-īkṣ*無関心(捨,公平)でないこと,関心,顧慮. viveka-sukha**~āya** I.49[10]遠離の楽に**無関心でない**ために①98.

anu-ppatta *pp.*<-*pra-āp*.I.85[21],249[4],II.14[14],50[15],140[29], so me attho **~o** sabba-saṃyojana-kkhayo 162[31]私のその目的は**達成され**一切の結縛は尽き果てた②334.

anu-buddha *a. pp.*<*anu-budh*. buddhâ**~o** ti buddhānaṃ **~o** III.5[14]仏に**従って覚った**とは,諸仏に**従って覚った**③11. Sammā-sambuddhānaṃ hi sayambhū-ñāṇatāya sayam eva pavattamāno pi sacca-abhisamayo ti sa**~o** I.8[31]なぜなら正等覚者達には自存者の智があるから,自分だけで動きつつも,〔その〕真理の領解というのは**随って覚る者**を伴う①19.

anu-byañjana *n.*随相→anuvyañjana.

anu-brūhayati, -heti <-*bṛh* 大きくする,増す,強くする,増修する. **-brūhayat** *prp.* vivekaṃ **~yan** 23f, 27d, I.84[5](Vri.), 90[25]. 遠離心を**増大させようとして**①177, 179, 遠離を**広げて行きながら**194,196.

anu-bhoti(=°bhavati)<*anu-bhū*享受する,感じる. geha-nissitaṃ sukhaṃ **~onti ~avissanti** te aviddasū III.162[2]家に依存した楽(快)を**享受する**,享受するであろう,彼等無知の人たち③352. kāyika-cetasika-sukhañ ca **~ī** ti paṭilabhati 191[33]また身体的·心的な安楽を**享受する**とは得る③413.

anu-maññati<-*man* 承認(同意)する,認める. **°ñña** *2sg.ipv.* anānītāya eva bhariyāya ~ maṃ I.172[15]妻を連れないまま私を**認めよ**①376.

anu-yāti,-yāyati<-*yā*従う,随従する,訪ねる. **°anta** *prp.* **~ā** ti anugāmino sevakā III.47[28]従う者たちとは,従って行く奉仕する者たちである③104.

anu-yuñjati<-*yuj*. **~jetha** tattha anuyogaṃ ātappaṃ kareyya II.71[15]**専念せよ**. そこに専念·熱望するがよい②151. samathaṃ **~jeyya** …**~janto**… vipassanaṃ **~jeyya** 249[26]〔寂〕止に**専心するがよい**…〃**しながら**…観〔法〕に〃**するがよい**②503. pamādam **~nti** III.63[12]放逸に**ふける**③141. atta-bhāvassa alaṅkaraṇaṃ **~jisan** ti **~jiṃ**(*1 sg.aor.*) II.33[4]自分の身を飾ることに,**ふけった**とは耽った②71. **°yutta** *pp.a.* na**~ā** ti samaṇa-kārakehi dhammehi an**~ā** III.80[16]**専念しない**とは,沙門を作る諸法(徳,行)に〃**しない**③178. citta-sama-dhānaṃ **~o** III.101[1]心を平静に保つことに〃するなら③221.

anu-rodha *m.* ubhayattha ~paṭivirodho III.157[21]両者に対する〔愛するものへの〕**好感**·〔愛さないものへの〕反感③342.

anu-lok-ika *a.*<*anu-lok*見まわす. sīsa~o gantvā I.40[15]前方を〜して行って①79.

anu-loma *a.* **~ṃ** paṭiloman ti paṭhama-jjhānato paṭṭhāya yāva nevasaññānāsaññ'āyatanā **~ṃ** …III.169[32]**順に**逆にとは,初禅から始めて非想非非想処〔定〕に到るまで**順次**に,〔非想非非想処定から始めて初禅に到るまで逆次に禅思する〕③369.

anu-vattana *n.*<Ⓢ-*vartana*<-*vṛt* 従い行くこと,従うこと. sattānaṃ attano vase **~to** … maccu-rājā I.51[9]諸有情が自分の支配の下に**従うから**…死神の王である①101.

anu-vattāpana *n.*従い行かせること,従わせること. **~to** I.51[9](Vri)〔諸有情を自分の支配のもとに〕**従わせるから**〃 ①101.

anu-vadati <*vad*叱る,叱責する,非難する.

anu-vada-nā *f.* <*vad*叱ること,叱責,非難.

anu-vasati <*vas*共に住む,暮す.

anu-vassa *a.m.n.*雨安居を済ませた〔者〕;年毎の,毎年の. I. 85[11,14] ①181. **~ṃ** *adv.* 年毎に,毎年.

anu-vassi-ka *a.*<vassa〔出家後に一回だけ〕雨期(安居)を過ごした. I. 84[11] ①180. **~o** ti anugato upagato vassaṃ anuvasso, anuvasso vā **~o** 85[10]〔一〕**雨期を過ごした**とは,雨期(雨安居)に従って入ってきた,雨安居を済ました. 或いは雨安居を済ませた者が**雨期を過ごした**者である①181.

anu-vāda *m.*=Ⓢ非難,責めること. **atta°** *m.*自責,自分を責めること. **~ādikaṃ** pañca-vīsati-vidham pi bhayaṃ I.81[1]~など25類もの恐れ(怖畏)①173.

anu-vi-gaṇeti考慮する. na~ na nūnan ti na cinteti maññe, nânuyuñjatī ti vitakketi I.230[32]〔世尊の教えを〕**考慮し**ないというのではないかと,思うに考えないのか,尋ねないのか,といぶかる①503.

anu-vi-cinati<*ci* vimutti-dhammaṃ **~nanto** III.28[4]解脱の法を**追求しながら**③60.

anu-vi-cinteti<*cint* dhammaṃ **~tayaṃ** III.28[2],119[14]法を**追思しつつ**③60, 260.

anu-vi-dhīyati *ps.*<*dhā*. tañ ca **~yantu** III.61[23]

そしてそれ(法)を**遵守してくれ**③138.

anu-vyañjana *n.*随相. battiṃsa-vara-mahā-purisa-lakkhaṇa-asīti~〔Vri. anub°〕ādi-paṭimaṇḍita-rūpakāyatā II.121[35]優れた大人の三十二相と八十**随相**などに飾られた色身を有する. asīti ~saṅkhātā ca rūpa-guṇā III.47[1]〔三十二の大人物の相と〕八十の**付随的相好**(随好相, 随行相)と呼ばれる容姿の諸美点(色の諸徳)②251, ③102.

anu-satthi *f.* (=Vri. anusiṭṭhi)Ⓢ*anuśāsti*訓誡. sammā-sambuddhassa sāsanam ~ ovādo anupaviṭṭho I.85[23]正等覚者の教え・**訓誡**・教誡は習い窮められた①182.

anu-saya *m.* santāne anu-anusentī ti **~ā** kāma-rāgâdayo **~ā**… ~jālā-m-otthato II.245[10]〔心身の〕相続の中に続いて寝ているというので**潜在する煩悩(随眠)**であり欲求・欲情などの諸々の〃である…潜在する煩悩の網に覆われた②494. **~e** chetvā III.51[29]**潜在的諸煩悩**を断ち切って③114.

anu-sāsati<*śās*. **~seyyā** ti…anāgatam uddissa vadanto ~ III.102[19]**-訓誡するがよい**とは…未来について論じながら**訓誡する**③224. °**sāsi** *3 sg.aor.* **~ī** ti… anusiṭṭhiṃ adāsi I.160[17]**教誡した**とは…教訓を与えた①351.

anu-sāsanī *f.*教誡. II.276[1]②558. **~iṃ** katvā III.25[36]**教誡**となして③55.

anu-sikkhati<*śikṣ*. **~e** ti tisso sikkhā vipassanā-paṭipāṭiyā ca magga-paṭipāṭiyā ca sikkheyya III.196[25]**従い学ぶがよい**とは, 三学(戒・定・慧)を観法の順序に, また道の順序によって学ぶがよい③423.

anu-siṭṭhi *f.* (→anusatthi)Ⓢ*anuśāsti*訓誡. I.85[23], II.276[2]①182, ②558.

anu-ssarati<*anu-smṛ*.追憶(憶念, 随念)する. Buddham appameyyaṃ **~ra** pasanno II.164[28]量(はか)り得ない仏を浄(きよ)く信じて, **追憶(随念)し給え**②337. **~ran** ti … taṃ taṃ rasaṃ anuvicintento III.22[6]**想い出して**…それぞれの味を追い思う③48.

anūpapajjati(anupapajjati)<*anu-upa-pad*繰り返し再生する(往生する). **~āmi** devattaṃ atha mānusaṃ *Ap.*II.383[19]私が神(天)または人に**繰り返し再生して**も①185.

an-ūhata *pp.a.*<*ud-han*. taṇhā-salle …**~e** anuddhate II.87[3]渇愛の矢が…**抜かれない**うちは引き出されないうちは②182. na nisīde muhuttam pi taṇhā-salle **~e** 216[17]渇愛の矢が**抜かれない**と寸時も坐るまい441.

an-eka *a.*=Ⓢ一つでない, 多くの. **~ jāti-saṃsāraṃ**…sandhāvissaṃ I.182[15]**多くの生の輪廻を**…走り廻ってきた①393. **-vihita** *a.* **~n** …maggaṃ akkhāsi III.196[13]**種々に定めた**…道を御身は語った③423. **'-ākāra-sampanna** *a.* ~e III.168[23]**多くのあり方が具わった**〔舎利弗が入滅した時に〕③366. **~n** …payirupāsanti 197[26]〃お方〔大師〕に…〔比丘達は〕囲んで侍る③426.

an-eja *a.* **~o** so Gavampati I.110[32]そのG.は**不動だ**①244. eja-saṅkhātāya taṇhāya abhāvato **~o** III.71[7]動揺と呼ばれる渇愛がないから**不動**③157. vinodaya chandam **~o** 190[20]**不動**となって〔欲楽への〕志欲を除け411.

an-o-ggata *a. pp.*<*gam*. **~smiṃ** sūriyasmin II.200[19]太陽が**没しない**うちに②409.

an-odissa-ka *a.*<odissa特定しない, 普遍化した, 偏頗のない. **~ṃ** katvā I.24[33]〔人を〕特定せずに(偏頗なく法を説く)①45.

an-odhi-so *adv.* <odhi制限なく.

an-oma *a.*小さくない(*cf.*oma小さい) **-pañña** *a.* **~ṃ** …**~ṃ** mahā-paññan III.199[8]**～智慧をもった**という…**小さからぬ智慧の人**に大きな智慧の人に〔質ねる〕③429.

anta *m.* vaṭṭa-dukkhassa **~n** ti pariyosānaṃ… karissati I.191[6]輪廻の苦の**終わり**とは終焉(しゅうえん)を…作るのだろうか①418.

antar'antarā *adv.* 処々, 時々, 途中で, 中間で. yaṃ…**~**atthato na vibhattaṃ III. 162[9]**処々**で意味として解釈されなかった所③352.

antara-vassa *n.*tatiye **~mhi** II.9[5]三年目の**途中**で②21.

ant-ika *a.* tav'**~e** ti tava samīpe II.140[34]あなたの**許**でとは, あなたの近くで②290.

ante-pura-gopaka *a.m.* I.220[18]王の**内宮の守衛**①481.

ante-vāsin *a.m.* **~i**'mhi sikkhito II.141[4]私は学んだ**内弟子**である②290

antevāsi-ka *a.m.*内弟子I.20[15], II.34[32],94[3], III.45[19], 91[14],92[4],95[5], 203[24]①39,②75,197,③99,203,204,210,439. **-jaṭila** *m.* **~ānaṃ** arahattûpanissayaṃ I.20[20]**内弟子の結髪者達**に阿羅漢となる機根を〔見た〕①39.

anto *adv.*Ⓢ*atas*内, 内部に. **~** vaṅka-gato āsiṃ III.28[17]私は**内部の**釣針に引っ掛かっていた③61.

andha *a.* **~o**'haṃ hata-netto 'smi I.208[22]私は**盲**

で眼を害ねている①454. II.135[22-4], 210[22]②278,429. **-kāra** *m.* ~e tamo byagā II.45[33]**暗黒**において闇は離れ去った②98. **-bhūta** *a.* **~o** puthu-jjano II.81[4],144[8]**盲であった**凡夫②170, 298.

anv-akāsi *aor.*<anukassati<***kṛṣ***. **~ī** ti anu-akāsi III.58[31]〔武器を〕**捨てた**とは放った③133.

anv-agū<***gam***. ye ca ghosena ~ II.198[13]また誰でも声によって**従う**②405.

aṃv-aḍḍha-māsaṃ *ac.sg.m.*<Ⓢ*ardha-māsa*半月毎に. **°mās-ika** (＝anv-addha-)*a.*半月毎の. **~o** uposatho I.65[16]**半月毎の**布薩(戒経を唱える反省会)①138.

anv-attha *a.*意味に従う. ~sammuti II.204[12]〃俗説(世間の言葉遣い)②416.

anvaya *m.*従うもの, 繋がり, 連関. sāvako satthu-r- **~o** 826b〔誰が〕師に**従う**声聞弟子ですか③106. **dhamm°**法(教法)の**繋がり**. api ca me, bhante, **~o** vidito I.36[2]しかもまた私には, 尊師よ, ～が分かりました①70. mahā-matī ti **~vedita-** (PTS., **~āya** veṭhita-) saṅkhātāya mahatiyā naya-ggāha-matiyā samannāgato III.105[17]大きな思慮ありとは～によって知られ(包まれ)たと呼ばれる大きな趣意を捉える思慮を具えた③231. **~veditatā** pan'assa Sampasādanīya-suttena dīpetabbā III.108[25]しかしこの〔舎利弗〕には～が知られたことは,「自歓喜経」(*D.* III. 99)の中で明らかにすべきである③238.

anv-ā-gacchati<***gam***付随して来る, 従って来る. **-gata** *pp.* sukhen'**~ṃ** sukhaṃ I.155[17]楽は楽に**つき従って来た**①339.

anv-eti<***i***付いて行く, 付き纏う. dukkhaṃ ~ III.22[25]苦が付き纏う. micchā-gāhe **~ntā** anugacchantā 78[19]誤った諸執見に**従い行き**ながら, ついて行きながら③49,173.

apa-gata *pp.*<***gam***. n**~n** ti na **~ṃ** na durāgataṃ I.55[3,6]**離れて行った**のではないとは離れて行ったのではない, 悪しく来たのではない①110.III.63[22],③142.

apa-cita *a.pp.*<*apa-ci*. khīṇâsavehi **~o** II.57[16]漏尽者たちから**敬われた**②121.

apa-citi *f.* dhamme ~ yathā-bhūtan II.252[17]〔教〕法を如実に**敬うこと**②508.

apa-cināti<***ci***敬う. **°ceyya** *gdv.* **~ānaṃ** … apacito II.57[15]敬われるべき方々に…敬われた②121.

apaccatha *3 sg.aor.med. ps.*<pacati<***pac***煮られた(苦しめられた). **~ā** ti niray'agginā **apacci** III.172[4]〔魔が〕**煮られた**とは, 地獄の火で**煮られた**③373.

a-paṇḍara *a.* **~o** kāḷa-vaṇṇo…kāko II.256[22]白くない黒い色の…烏《からす》が②517.

a-paṇṇa-ka *a.*疑いない, 無過失の, 堅実な, 確かな. **~n** ti aviraddhanakaṃ sāmaññam III.41[11]**確かな**(純真の)とは間違いない沙門たること③87. **-jātaka** *n.*無過失(無戯論)本生

apa-dāna *n.*過去因縁譬喩物語, 教え(譬喩). tuyhâ**~e** vihāraṃ viharāmi…**~e** ovāde gata-magge paṭipatti- cariyāya viharaṃ I.127[31-]御身の**教えに**住まいつつ…**教え**に教誡に, 〔貴方が〕行かれた道において実践修行を行うために住まいつつ①ix-x, 281-2. yesaṃ …sāvaka-pāramitā-saṅkhātaṃ atthi **~ṃ** III.204[31]福徳を作ることによって起きた声聞波羅蜜(最高の行)と呼ばれる過去因縁譬喩物語(譬喩經)を有する〔上座達〕③442.→sa°, ana°.

apa-raddha *pp.* dukkha-rāsi **~o** I.182[23]苦の集積が**なくなった**①399.

apara-bhāga *m.* 別の領分, 後分, 後半, 後年, 後日, 後刻, 爾後. ~e I.23[24]而後に①43.

a-parājita *pp.*<*parā-ji*. parājitâbhāvena **~o** II.11[23]〔どこからも〕敗《やぶ》られないので**敗られない方**. vihāsiṃ **~o** 216[10]**敗れないもの**として住んでいた②27,440.

a-pari-paccana *n.*完熟(完成)しない, 熟さないこと. ñāṇassa ~to I.11[32],12[12]智が**熟さない**から①24.

a-pari-mita *pp.*<***mā*** 無量, 無限の. **-dassin** *a.* ~inā Gotamena buddhena desito dhammo I.201[23]**無限を見る**G.仏によって法(教え)が示された①439.

apa-viddha *pp.*<***vyadh***. **~ṃ** anapekkha-bhāvena cattaṃ II.135[16]**放られ**顧みられることがないことによって棄てられた〔死体を見た〕②278.

apa-harati <***-hṛ***捨て去る, 奪う, 除去する. **-ri** *3 sg. aor.* ~ apekkhaṃ I.56[30-] (Vri.)期待(愛著)**を捨てた**①114.

a-paṭu-ka *a.*明瞭でない, ずるい, 陰険な. **~a** ti vāmakā asaṃyata-vuttī III.79[24]**狡い**人達とは逆の身振りをし行為に抑制がない③176.

apānudi *3 sg.aor.*<*apa-**nud***.除いた. ~

parijahāpesi III.32[32]〔仏は私の煩悩を〕**取り除かれた**，捨て去らせた③71.

api *ind.* **~ī** ti sambhāvane nipāto II.10[4]**ともと**は尊敬〔の意〕の不変化詞である．**~saddo** samuccaye 248[14]**にも**という語は加上〔の意味〕である②23,500.

a-pihālu *a.* ~ nittaṇho III.191[10]**欲しがらない**，渇愛のない〔聖者〕③412.

a-purakkhata *pp.<puras-**kṛ**.* **~o** ti micchā-vitakkehi taṇhâdīhi vā na purakkhato I.108[27]**引かれず**にとは間違った諸々の思いによって或いは渇愛などによって先導されない①240.

a-purekkhata *pp.* **~o** ti na purekkhato taṇh'ādīhi kutoci purekkhāraṃ apaccāsiṃ-santo hutvā vihareyya II.102[23]**気にせず**とは気にしない，渇愛などによってどこも顧慮せず期待しなくなって住むがよい②213

apekkhā *f.* Ⓢ*apekṣā* I.56[29,30]期待① 114. kāye **~aṃ** jaha III.155[11]身に対する**顧慮**を捨てよ③337.

apekkhavat *a.* II.90[16]期待をもって，239[27]②189,483.

apeta *pp.<apa-**i***無くなった，離れ去った．**-bherava** *a.m.* **~o** ti pañca vīsatiyā bhayānaṃ sabbaso apetattā apagata-bheravo abhayûparato I.45[26]**惧れを離れ**とは，二十五の畏れ(Nd² § 470)を全て離れたので惧れを去って無畏に止どまっている①90. **-loma-haṃsa** *a.m.* 身の毛がよだつことがなくなった．**~o** I. 49[4],53[8]①97,106.

appa *a.*Ⓢ*alpa.*,小さい．I.185[3]少ない，III.76[8], 169[6]僅かの①404,③168,367. **-kasira** *a.m.* **~ena** I.72[6]難儀少なく①152. **-nigghosa** *a.* II.247[26]音の少ない(臥坐所)②499. **-pañña** *a.m.* **~o** bālo III.40[20]**智慧乏しい**愚かな③86. **-buddhi** *a.*覚知少ないII.279[20]②567. **-ssuta** *a.*少聞な，聞くことの少ないIII.100[30],117[17]③221,256. **'-iccha** *a.*少欲なII.248[23](niriccho)，III.69[23], 157[9]②504,③154, 341. **'-iccha-tā** *f.*少欲〔であること〕III.157[8]③341. **'-ābādha** *a.*少病の者II.87[29]②184

a-p-paññāta *a.* **~o** ti naṃ bālā avajānanti II.10[10]愚者達は，それを**名が知られていない**と軽んずる②24.

a-p-paṭi-kūla *a.***~ānī** ti manoramāni iṭṭhāni III.22[13]**嫌でない**とは，心楽しい好ましい〔諸感触〕③48.

a-p-paṭima *a.*比類のないI.115[6], II.226[28],260[7]①254, ②459,525.

a-ppaṭivāṇa *n. a.*(＝appaṭivāna)無障碍，反対(妨げ，矛盾)がない．

a-ppaṭivāna *n. a.*〃. **-viriya** *n.*無障碍の精進. **~ṃ** adhiṭṭhāya vipassanaṃ vaḍḍhetvā arahattaṃ pāpuṇi I.76[5] ~にしっかりと立って観法(観察)を増大させて阿羅漢の境地に達した① 162.

a-ppaṇihita *a.pp.<pra-ṇi-**dhā***向けていない，誓願を立てていない，願わない，無願の. sammā ~'attano I.17[8-]自己を正しく**向け(誓願を立て)ていない**人には〔信に従い法に従う人の氏姓(良き家柄)をそなえ得ていることはあり得ない〕．rāgâdi-paṇidhīnaṃ abhāvena ~ṃ 203[1-]欲情(貪)などの願いがないので**無願である**①33, 443. **-vi-mutta** *a.* **~o** III.209[11]無願解脱者③451. **-vi-mokkha** *m.* **~o** I.202[29]無願解脱①442. III.206[38], 207[16]無願〔なる〕解脱③446,447.

a-ppatta-mānasa *a.* II.86[29], III.121[2]**意(願い)が達成されていない**③264.

a-ppa-majjat *prp.<**mad*** **~to** ti na ppamajjato I.164[18]**放逸ならず**とは，放逸にしていない人には〔…憂いはない〕，165[4]①359,160.

a-ppamaññā *f.* catasso **~yo** II.165[21]四無量(慈・悲・喜・捨)②339.

a-p-pamatta *a.pp.<pra-**mad***不放逸な(注意深く怠らない)I.41[21], 120[9], 135[19], 143[21,23], III.51[2], 63[19], 98[28].

a-p-pamāda *m.*不放逸II.172[11], 275[34], III.90[18]②352,558, ③201.

a-p-pavattā *f.* **~āya** ti …pāpa-dhammānaṃ appavattiyā III.32[25]これらが**活動しない**ようにとは…諸悪法(諸煩悩)が〃よう③70.

a-p-pahāna *a.* anudiṭṭhīnaṃ **~ṃ** III.29[19]〔私の心は他に〕随従する邪(謬)見を捨てず③64.

appāsi *3 sg.aor.<as* **~ī** ti adhunā pahāsi III.104[12]〔悪法を〕**取り払った**とは今捨てた③228.

a-phala *a.* subhāsitā vācā **~ā** hoti akubbato II.138[6]よく語られたことばも**果実がない**．行わないから②238.

a-phari *aor.<sphar.* aṭṭhi-saññāya ~ phaṭaviṃ imaṃ I.75[20]骨の想で全てこの大地(身)に**遍満した**①161.

a-phassayi *aor.<spṛś.* **~ī** ti anekâkāra-vokiṇṇa-samāpattiyo samāpajji III.169[35]〔八解脱に〕

触れた(体験した)とは多くのあり方の区別がある禅定に入った. vimokkhena ~176[31]〔須弥山の頂上に〕解脱によって〔私は〕**触れた**③369,381.

a-phusita *pp.<spṛś.*~**ṃ** aphuṭṭhaṃ anadhigataṃ jhāna-vipassanaṃ phusituṃ III.80[30]**まだ触れない**, まだ触れられていない, まだ証得されていない禅思や観法に触れる③178.

abbuyha *ger.<ā-bṛh.* taṇhaṃ ~ II.126[6], 197[13]渇愛を**引き抜いて**②259,403.

abbūḷha *pp.<ā-bṛh.* ~**ṃ** agha-gataṃ vijitaṃ II.137[22]罪禍(貪等)の類が**引き抜かれ**征服された②282.

abbha-chādita *pp.<abhi-ā-chad.* gaganā'v'~ā III.140[16]雲に**覆われた**空のように③305.

abbhatīta *pp.<abhi-ati-i* 過ごした, 過ぎ去った, 死去した, 超越した. te ~**ā** kāla-katā II.96[31]彼等は**過ぎ去り**死んだ②202. **-sahāya** *a.* ~**ssa** ti apagata-sahāyassa kalyāṇa-mitta-rahitassa III.120[1]**友が去り逝き**とは友が去って逝った, 善き友がいなくなった③262.

abbhāhata *pp.<-han.* maccunâ~**o** loko II.189[7]世間は死神によって**打ちのめされ**②387.

abbhuta *a.* II.260[11]〔戒は〕**未曾有の**鎧である②525. **-dhamma** *m.* I.2[28]希法(未曾有法, 九分教の一)①6. catuhi acchariy'~**ehi** samannāgato III.112[31]〔阿難は〕四つの希有の**未曾有の諸法**(徳性)を具え③247.

abbhun-nadita *pp.<-ud-nad.* ~**ā** sikhīhi III.140[11]孔雀たちによる**啼き声が響く**③304.

abbhussahana *n.*大いに努力すること(敢行). puñña- sambharaṇe ~**ṃ** I.12[30]福徳を積み蓄えることに~①25.

abbhokās-ika *a.*露路住者. ~'aṅga-samādānena ~**o** III. 54[12]~の条項を受持するので~ ③122.

a-byabhicaraṇa *n.<*vyabhicaraṇa*<vi-abhi-car* 不確定でないこと, 不確実でないこと, 確定, 確実. aniccassa dukkhânattatānaṃ ~**to** I.235[5]無常なるものは苦・非我であることが**不確定でないから** ①512.

a-byāpajjha *a.n.gdv.* =avyāpajjha<*vi-ā-pad*害されない, 妨げられない, 悩まされない, 害しない, 怒らない, 悪意のない〔こと〕. ~**e** I.27[12]〔楽とは〕妨げられ(悩まされ)ない〔の意味〕①50.

a-byāseka *a.* ~**ā** ti sati-vippavās'abhāvato kilesa-byāseka-rahitā III.76[28]**汚**《けが》**されず**とは, 思念の不在がないから, 煩悩による汚染がない③169.

a-byosita-tta *n.*終わらないこと. ~**ā** ti anadhigata-niṭṭhattā III.40[14]**終わらないから**とは終局(涅槃)が証得されないから③85.

abravuṃ *3 pl.aor.<brū.* etam atthaṃ ~ pucchā-vasena kathesuṃ bhāsiṃsu III.17[14]この意味を述べ, 質問によって語った, 言った③38.

a-bhaya *a.n.* ~**ānī** ti cora-bhayâdīhi nibbhayāni I.187[32]**恐れのない**とは, 泥棒の怖れなどによる恐怖がない〔ところへ行け〕①411.

a-bhāvita *a.* ~**ṃ** cittaṃ pi rāgo samativijjhati II.13[8]**修められていない**心にも欲情(貪)が等しく貫く②31.

abhi-kīrati<*kṛ* cittaṃ viveka-paṭisanyuttā saññā ~**nti** II. 256[21]心を遠離に適応した想いが**引きつける**②517.

abhi-jappā *f.*欲求, 願い, 希求. °**a-ppadāraṇa** *n.* ~**n** ti icchitâlābhâdi-vasena hi taṇhā sattānaṃ cittaṃ padālentī viya pavattati III.29[9]〔心が〕**欲求に引き裂かれる**とは, なぜなら欲したものを得ないことなどによって渇愛が有情たちの心を引き破るように起こるから③63.

abhi-jānāti<*jñā.*知る, 悟る. ~**mī** ti abhi-mukhato jānāmi II.273[26]**知る**とは対面して知る②554. ~**jānissaṃ** III.72[31],172[25]~**tī** ti③161,374. ~**tī** ti…vimokkhaṃ phusana-karaṇa-vasena jānāti 179[21]**よく知る**とは…解脱に触れることによって知る③387.

abhi-jigīsati *des.<ji.* paresaṃ ~**ī** ti paresaṃ santakaṃ āharituṃ icchati III.25[9]他人達のものを**貪り求める**とは他人達の所有物を持って来ようと欲する③54.

abhi-jjhā *f.* ~ ca vihesā ca cittaṃ assûpahaññati III.44[2]**貪欲**により, 又加害するにより彼の心は害される③96.

abhi-ññā *f.*証知, 神通, 悟り知ること. **khippa°** III. 208[12]速い通慧, **dandha°** 208[5]遅い通慧③448. ~**pārami-ppatto** ti … abhiññānaṃ pāramiṃ ukkaṃsaṃ adhigato III.198[35]神通の最高に達しとは…神通の最高(波羅蜜)－卓越に到達した③428.

abhi-ññāta *pp.<jñā.* abhiññeyyaṃ ~**ṃ** III.49[11]証知すべきことは**証知した**③108.

abhi-ññeyya *gdv.<jñā.* ~**n** ti cattari saccāni… III.49[4]証知すべきこととは, 四つの真理(四

諦)…③108.

abhiṇhaso *adv.* I.86[29]. ~ ti bahuso na kālena kālaṃ II.52[28]**絶えず**とは, 多く, 時々にではなく②112.

abhito *adv.*周囲に, 近くに. Sudhammāyaṃ ~ sabhaṃ III.174[23]〔梵天界の〕善法堂の衆会の**前で**③ 377.

abhi-nadati <-*nad* 〔孔雀がケー・カーと〕音を出す, 鳴く, 鳴る, 鳴り響く. 22b, I.82[7]①175.

abhi-nandati<-*nand*. **nâ~āmi** maraṇan II.64[6],257[17]私は死を喜ばない②136, 518. **°dita** *pp.* bālānaṃ **~n** II.168[20]愚者たちの喜ぶ〔身を見よ〕②345.

abhi-nibbut'atta *a.*~o ti upasanta-sabhāvo III.199[13]**自ら寂滅した**とは, 本性として静まった③429.

abhi-nīhāra *m. BHS. abhinirhāra*志向, 誓願. **~o** samijjhati I.11[24]〔八法(因縁)が一緒に集まるから覚りへの〕~は成就する①23. **mahā°** *m.*〔仏になろうという〕大志向, 大誓願. I. 10[4-],11[27-]①21,23. **-kamma** *n.* **~ṃ** katvā taṃ ṭhān'antaraṃ patthesi II.221[6]〔そのために〕**心を向ける業**を作ってから, その別の位を願った②450. **-kāraṇa** *a.* I.12[4]志向を原因とする[-karaṇa(志向をなしとげる) と読む] ①24.**-sampannatta** *n.* **~ā** II.225[27]〔仏の父は浄い〕**志向を具えていたから**②457. **-sampannatti** *f.* **~yā** pana ayam eva thero etam akāsi II.241[11]**意向の成就によって**, この上座だけがこれ(自分の身の化作)を行なった②486. **-anurūpa** *a.* attano **~ṃ** saṅkhāre parimaddantā… pacceka-sambodhiṃ abhisambujjhanti I. 10[16]自分の**志向(誓願)にふさわしく**諸行を砕き, …辟支〔仏〕の正覚を覚る①22.

***abhi-nuda** *a.* ~ena dukkhena akata-ññunā… iminā kāyena ukkaṇṭhāmi III.16[29]**逼迫する**, 苦しい, 恩を知らない…この体を厭う③37.

abhi-pattheti<-*pra-arth*. **~ayanti** paccā-siṃsanti III. 39[15]**希い求め**待望する③83.

abhi-patthita *pp.* cetaso ~o ti mama cittena icchito II.216[15]心から望んだとは私の心に欲した②440.

abhi-ppasādeti *cs.<abhi-pra-sad*. **~ehi** manan ti …attano cittaṃ pasādehi III.170[5]意を**静め浄めよ**とは…自分の心を浄めよ ③369.

abhi-bhavana n.<*abhi-bhū*克服、征服、圧倒、打ち勝つこと. ~'aṭṭhena tathāgato I.36[12]**克服する**意味によって如来である①71.

abhi-bhāsana *n.* **~n** ti tosanaṃ II.260[2]〔戒は心を〕照らすとは満足させる②524.

abhi-mana *a.*思い. nibbānam evâ**~o** carissan ti … nibbānam eva uddissa abhimukha-citto viharissaṃ III. 156[33]涅槃にだけ**意を向けて**行こうとは…涅槃だけを目指して心を向けて住もう③341.

abhi-yuñjati <-*yuj* 努める, 努力する, 専念する. **°yutta** *a.pp.* 努めた, 努力した, 専念した, 専心従事した. **sata~o** I.60[10](Vri.satata°)思念に**よく努めている**(Vri.つねに〃)①126.

abhi-rati *f.*=Ⓢ喜び, 愉しむこと. **viveka°** *f.* attano **~ṃ** (Vri.-kataṃ) I.64[5]自分が遠離を愉しむ者であることを〔…知らせよう〕①135.

abhi-rādhita *pp.* mānuso pi ca bhavo'**~o** II.107[12]また人間の生存も**成就された**②222.

abhi-ruta *pp.* sippikâ**~ehi** I.130[1]シッピカ達が**叫び声を立てても**〔私の心は震えない〕①287. mayūra-koñca~mhi III.155[7]孔雀や鷺たちが鳴き声を上げる時③336.

abhi-ropeti *cs.* <abhi-rūhati<*ruh*上らせる, 植える, 捧げる, 敬意を払う. **°payiṃ** *1 sg. aor.* …pupphaṃ …Buddhassa ~ I.52[24]…花を仏に**捧げた**①105.

abhi-vaṭṭa *pp.<vṛṣ*. **~ṃ** bīraṇaṃ II.171[17]**雨を得た**b.〔草〕 ②350. **~ā** ti mahā-meghena atippavaṭṭā (Vriabhippavuṭṭhā) III.140[8]**雨が注いだ**とは大雲によって雨が降り注いだ③304.

abhi-vaḍḍhana *n.*増大, 生育する(させる)こと. samatha-vipassana~cittānaṃ I.8[3]止・観を**増大させる**心のある人達が①18.

abhi-vandita *pp.<vand*. Brahmunā **~o** III.169[11]梵天から礼拝される③368.

abhi-vassati<*vṛṣ*. jaṇṇuke na ~ III.99[34]膝には**激しく雨は降らぬ**③219.

abhi-vuddhi *f.* Ⓢ*abhivṛddhi* 増大, 増加. **hita°** *f.* 利益の増大. I.55[7] ①110.

abhi-sandahati<*dhā*.ともに置く. **°hitvā** *ger.* esā nisinnā ~ II.28[13]**一緒に置いて**, この女は坐った②62.

abhi-samaya *m.* sacca**~o** I.8[29-]真理を**領解すること**, 真理の**領解**. na hi sacchi-kiriyā**~ena** vinā bhāvanā**~o** sambhavati, sati ca bhāvanā**~e** pahāna**~o** pariññā**~o** ca siddho yeva 9[5-]なぜなら作証の**領解**なしには修習の**領解**は生じない. また修習の**領解**がある

と捨断の**領解**と了知の**領解**とが正に成就する①19-20. saccānaṃ **~o** ti dukkhâdīnaṃ ariya-saccānaṃ pariñña~ ādi-vasena paṭivedho II.253[7]諸真理(諦)の**領解(現観)**とは，苦〔諦〕等の聖なる真理(四聖諦)を了知**領解する**などによって通達する②510.

abhi-sambhoti(＝-bhavati)<***bhū***. lūkham pi **~onto** … paccaya-lūkhaṃ ~avanto adhivāsento II.149[4]貧しさにも**打ち勝って**…生活用品の貧しさにも**打ち勝ち**耐え忍んで② 308-9. **°bhutvā** *ger.*yassa ete ~ III.139[21]誰でもこれら(生活用品)を**手に入れて**③303.

abhi-sāpa *m.* **~m** āgato III.156[1]**呪い(罵り)**者になった③339.

a-bhīta *a.pp.*<***bhī***畏(恐)れない，無畏の. **°nāda** *m.* 〔獅子，仏，上座比丘の〕〃吼え声. I.6[22,23],7[-15] ①16.

a-bhutvā *ger.*<*bhuj*. ~ ti cattāro vā pañca vā ālope kabale abhuñjitvā III.99[14]**食べずに**とは四か或いは五口の食，飯の塊を〃③218.

a-mata *a.n.*甘露(不死)I.105[12],167[5]①232,364. III.193[12]〔の言葉〕③417. phuseyya ~ṃ padaṃ nibbānaṃ adhigaccheyya III.81[10]不死(甘露)の境地に触れるがよい，涅槃を証得するがよい③179. **-ogadha** *a.* **~ṃ** II.44[15], 52[29]**不死(甘露)に深く入る〔道を〕**②94,112. ko patto **~n** ti nibbāna-patiṭṭhaṃ vimokkha-maggaṃ ko patto III.28[12]誰が**不死(甘露)の堅固なる地盤**を得たのかとは，涅槃の基礎である解脱の道を誰が得たか③61. **-ddasa** *a.* **~o** nibbānassa dassāvī II.125[24]**甘露(不死)を見る**とは安らぎ(涅槃)を見た. nibbānaṃ sacchikatattā **~o** 142[9]涅槃が作証されたから不死を見た者である②258,294. **-mada** *a.* tā'~saṅgha-suppahīṇā II.131[27]**甘露に酔いしれる**〔蛇〕群からよく逃れたあの〔蛙達〕②270.

a-manussa *m.a.*非人(鬼神). ~bhayan I.136[10]~の恐れ〔…が発生した〕①301.

a-mama *a.*我執がない**~o** ti kule vā guṇe vā mamatâbhāvena **~o** III.151[17]〜とは，家に対し，或いは徳に対して私のものであるということがないので〜③328.

a-mara *a.*iriyanty **~ā** viya II.115[8]-**不死の者達**のように振舞う②238. aho vatā no **~ā** III.39[26]ああ真に，私らに**不死**があれば③84. **-tapa** *m.n.* pabbajitvā **~ñ** caranto II.83[21]出家して**不死の苦行**を行いながら②176.

a-māya *a.*偽りがない，誑かさない. santa-dosa-paṭicchādana-lakkhaṇāya māyāya abhāvato **~o** II.211[35]存在する欠点(過失)を隠すことを特徴とする偽りがないから偽らず②432.

a-mita *a.pp.*<*mā*. **~e** ti ñāṇena **~e** aparicchinne apariññāṭe III.152[20]**無量の(量り知れない)**とは智によっては**量られない**，限られない，よく知られない〔諸色を見るであろうか〕③331.

a-mukhara *a.* **~ā** ti na mukharā na mukhena kharā III.76[30]**饒舌ならず**とは，おしゃべりでない，口によって激しくない③169.

a-mogha a.II.71[7],190[1],212[36],III.51[1], taṃ me **~ṃ** savaṇaṃ 103[1]その聴聞は私には**空しくない**③226.

amba *m.* Ⓢ*āmra*マンゴー，菴婆. **-pallava-saṅkāsa** *a.* II.65[20]〃の若芽のような〔上衣を着て〕②139. **-vana** *n.*〃林. I.159[31],II.62[9], 241[13]①350,②132,486.

ambila *a.*Ⓢ*ambla.*酸い. **~n** ti **~rasaṃ** III.22[5]**酸っぱい**ものとは酸っぱい味③48.

ambu *n.*水. muḷāli-pupphaṃ vimalaṃ'va **~nā** III.143[14]蓮華が**水**によって汚れないように③311. **-ja** *m.* *n.*水に生まれる魚. baḷisen' eva **~n** II.192[13]釣針によって**魚**を〔捕まえる〕ように②393. **-sevāla-sañchanna** *a.* **~ā** I.238[4]水草に覆われた①520.

a-yoga *a.* **~e** ti ayuñjitabbe asevitabbe anta-dvaye II.137[14]**不当なことに**とは，熱中してはならぬ，親しんではならぬ〔楽苦〕両極端に②281.

a-yoni *a.adv.* **~ī** ti **~so** anupāyena II.84[7]**不正に**とは非如理に間違った手段で〔求め〕②177. **-saṃvidhāna** *n.*II.123[28]理に叶う処理をしない②254. **-so manasi-kāra** *m.* **~ā** ti anupāya-manasi-kārato II.33[1]**不合理に思念したから**とは誤った手だて(方便)で思念したから②71.

ayo-saṅku *m.* satam āsi **~ū** III.172[9]〔地獄に〕百本の**鉄杭**があった③373.

ayya-ka *m.* **~o** 'si II.226[34]貴方は〔私の〕**祖父**です②459.

arañña *n.*森，荒地，空閑処I.97[3],III.101[20]①215, ③222. **~m** āgammā ti **~to** āgantvā I.103[9]森から来てとは森から来て①227. **-saññin** *a.* I.232[21]森を想う①507.

arañña-ka *a.* **~ānaṃ** agga-ṭṭhāne

ṭhapiyamānaṃ disvā I.115[22]〔一比丘を〕**森林住者**達の第一の位に就けるのを見て. 117[3]**森林住**の比丘達①255,256.

araṇa-vihārin *a.*いさかわない, 無諍住者. I.24[34], 25[4]① 45. **-vihārī-aṅga** *m.* 無諍住者の要件. I.22[22] ①41.

a-rati *f.a.* **~n** ti adhikusalesu dhammesu … ukkaṇṭhanaṃ III.189[32]**愉しくないこと**をとは, 勝れて善い諸法…に対して厭うことを〔捨て〕③409.

arahat *prp.*Ⓢ*arhat<arh*阿羅漢(供養に値する聖者, 応供, 悟って煩悩が尽きた行者). I.164[28],II.57[16], 72[24],142[7],III.9[24-]①369,②121,154,293,③21. **°d-dhaja** *m.n.* III.86[34]阿羅漢の旗(袈裟)③193.

araha-tta *n.* Ⓢ*arhattva.*阿羅漢である(となる)こと, 阿羅漢の境地. tāpasā **~ṃ** pāpuṇiṃsu I.22[29]苦行者達は～を得た. vipassanaṃ vaḍḍhetvā **~ṃ** pāpuṇi 24[32],彼は観察(観法)を増大させて～に達した. vipassanaṃ ussukkāpetvā **~ṃ** 〃 39[4] ①42,45,77(他は省略. 本註釈の上座も上座尼も皆阿羅漢となる).

ariya *a.* I.40[30]聖人, 105[4]聖なる, II.178[35],208[21]聖者, 278[27]聖人①80,231,②365,525,565. **~ tuṇhī-bhāva** *m.*聖なる沈黙の状態 II.274[24],III.103[24]. **-kanta** *a.* **~n** II.212[20]聖者に愛された〔戒〕②434. **-gaṇa** *m.*聖人の衆, 聖衆, 聖者の集団I.44[27],117[1],III.52[25], 66[7],95[30],112[27]①88,256,③117,148, 211, 247.**-dhamma** *m.*聖なる法III.201[24]③434. **-vatta** *n.*聖なる掟(戒等)II.141[4]②290. **-sacca** *n.* **~āni** II.205[27],III.**198**[22]聖なる(聖なることを作るariya-bhāva-karāni, [又は]聖者の)諸真理(四聖諦)②419,③**428**.

aru *a.n.*痛む, 傷, 傷痕, 創痍. **-kāya** *m.*痛む身 III.35[9]③77.

aru-ka *a.*創痍の, 痛む. **~ṃ** ([Vri.]arūnaṃ) kāyaṃ III.35[10]痛む(痛む人達の)身を〔見よ〕③77.

a-rūpa *a.*色(形)がない, 見えない. rūpâbhāvato ~ III.156[19]色(形)がないから**目に見えない**〔心, 無色〕よ③339. **-dhātu** *f.*無色界. II.107[19]②222.

alaṃ *ind.*充(十)分だ, 沢山だ. ~ bālassa III.35[33]愚か者には～. sukha-vihārāya ~ 99[18]安楽に住まうには～. 140[12]〔私には〕～. agāra-vāsena ~n nu te154[8]あなたが家に住むのは～(不要)ではないか. nâhaṃ ~ tuhya vase nivattitun158[34]私はお前の支配下に戻ることは**できない**. yaṃ labbhati tena pi hotu me ~160[10]何であれ得られても, それによっても私には**十分である**としよう③78,218,304,334, 345,348.

a-lakkhin *a.* nâhaṃ alakkhyā ti **~ī**-katāya nissirī-katāya nâhaṃ gehato nikkhamin III.156[36]私は不運のためでなくとは, **不運**であるから, 幸運でないから, 私は家から出離したのではない③341.

alaṅ-kata *pp.a.*飾られた. II.110[23],194[21]②229,398.

alattaka *m.* Ⓢ*araktaka.*紅, 赤い塗料.

-kata *a.* II.194[27],III.35[29]紅(べに)がつけられた②398, ③78.

a-lattha *2,3 sg.aor.*<labhati<*labh* **°ṃ** *1 sg.* samaṃ cittassa n'~ III.28[4]心の平静を〔私は〕**得なかった**③60. **a-labhitthaṃ** *1 sg.* Buddha-gataṃ saññaṃ ~ II.82[24]仏に関する想いを**得た**②173.

alam-attha-vicintaka *a.* **~n** II.103[18]**意義の考察ができる**〔私を迷いが落としめた〕②215.

alasa *a.* mā taṃ **~n** ti II.175[19]**怠惰な**お前には〔死王が勝っては〕ならぬと②358.

a-lābha *m.*不利得(損失)II.278[35-] ②555.

a-leṇa-dassinī *f.* II.131[18]洞穴(塒)を見出せない②270.

a-lobh'ajjhāsaya-tā *f.*貪欲を志向しないものであること. I.12[18] ①24.

alla *a.* III.99[4]濡れた〔食べ物〕③217.

ava-kkanta *a.pp.* = okkanta<-kamati, *ava-kram* 現れた, 出てきた, 来た, 負けた, 圧倒された, 克服された. **sukha°**楽には**圧倒され**(負け)るI.27[10] ①50.

avacāsi *3 sg.aor.<vac.* I.64[9]言った①135.

ava-ṭ-ṭhā-na *n.*Ⓢ*avasthāna*立っている所, 安定, 留まること. I.72[3] ①152.

ava-ṭ-ṭhi-ti *f.* Ⓢ*avasthiti*

a-vaṇa *a.* **~o** ti vaṇena vinā …hadayaṃ nissāya ṭhitaṃ III.30[8]**傷なし**にとは, 傷なくして, …心臓に依って留まっている〔矢を誰が引き抜くのか〕③65.

a-vaṇṇa *m.* II.259[25]不評②523.

ava-tiṭṭhati *<-sthā*とどまる, 停まる, 住む, 安立する. Yattha bhayaṃ na~, tena maggena vajanti bhikkhavo 21cdどこにも恐れが**停まらない**、その道によって比丘たちは行く. 〃 **na~ī** ti yasmiṃ nibbāne yathā-vutta-bhayaṃ na tiṭṭhati okāsaṃ na labhati…

attānuvādādikaṃ pañca-vīsati-vidham pi bhayaṃ **na~** patiṭṭhaṃ na labhati I.80[25]-81[2] 〃とは，およそその寂滅（涅槃）には前述の如き恐れは停まらない機会を得ない…自責の痛みなど二十五類もの恐れ（怖畏）は**停まらない**根拠を得ない①173. *pp.* avaṭṭhita.

avadāta-ka *a.*白い. **~ṃ** seta-vatthaṃ dhāres-santi III.87[24]〔外道達の旗印となった〕**白い**白衣を受持する（着る）であろう③195.

a-vanatha *a.* nibbanatho **~o** sa bhikkhū ti … nittaṇho…nandiyā abhāvato **~o** III.189[38]-その比丘は欲林のない**欲念のない**者とは…渇愛のない者は…喜びがないから〃③409.

ava-patita *pp.* <*pat*. II.62[27]落ちた②133.

ava-bujjhati <***budh*** hadayaṃ na**~ī** ti … pabbajjâdi-kkhaṇe uppannaṃ cittaṃ na jānāti III.22[9]心情を覚らないとは，…出家の最初の刹那に生起した心情を知らない③48.

ava-mukhaṃ *adv.* 顔を下にして〔落ちた〕II.62[27]②133.

ava-loketi, -ayati<***lok*** 眺める，観る，観察する（→apaloketi）.

a-vasa *a.*Ⓢ*a-vaśa*. 力がない. **~e** ti **~e** aserike katvā III.12[30]**必ず**とは**必ず**止むを得ずに（自在でなくして）〔死の恐れがmaraṇa-bhayaṃある〕③29.

a-vasamāna *prp.*<*vas*. vase **~esu** I.180[1]〔皆〕住んでいないなら，住むがよい①382.

avasara *m.* ＝Ⓢ機会，隙(すき). So tassa **~ṃ** adatvā I.171[30]彼はその〔還俗の誘惑に〕**機会**を与えず①376.

a-vassi-ka *a.m.* 〔具足戒を受けてから〕一年未満の者（一年を経ない者），法臈（法臘，法齢）一歳未満の者. I.85[16]①182.

ava-ssuta *a.pp.*<*BHS. avasruta*, *-śruta*<***-sru***〔水，汚物，煩悩が〕漏れ出る. **~e** II.117[16]〔**液**〕**漏らす女よ**②243. rāgâdīhi ~欲情などが**漏れ出る**. I.29[16]①54.

a-vi-kappa *a.*<Ⓢ*vikalpa*思い計らいなき. tathā sati sabbattha anejo **~o** bhavasi III.190[22]そのようであれば，あらゆる処でお前は不動で〜者となる③410.

a-vighatavat *a.* **~va** III.69[26]困惑なく③154.

a-vijjā *f.*Ⓢ*avidyā*. aññāṇa-sabhāvā ~ II.118[6]（[Vri.]）無知を本性とする**無明**，ādīnava-paṭicchādikā ~ III.157[18]〔渇愛にある〕煩いを覆い隠す**無明**②244,③342.

a-vitakka *a.*II.274[17]巡る思いのない（無尋）②555.

a-viddasu *a.*<*vid* II.144[16]無知な，218[27]知らない，III.154[37]無知の，162[2] ②444,③336,352.

a-vippavasat *prp.*<*vas*. **~to** ti avippavasantassa（[Vri.]）I.245[18]**離れない**とは離れないでいる（容色）①535.

a-virodha-pasaṃsin *a.*III.61[21]抗争なきを称讃する③138.

a-visaṃvādana *n.*欺くことがないこと. yaṃ dāna-sīlâdi-samādāna**~ṃ** idaṃ saccaṃ. I.12[32]施・戒などの受持に〜，これが真実①25.

a-vi-ssajjent *prp.cs.*<vissajjati<***sṛj***放棄しないで，離れないで，忘れないで. kāla-vādī-ādi-bhāvaṃ **~nto** yeva bhaṇati I.33[12]時に語るなどであることを決して**離れ**（**忘れ**）ないで語る①65.

a-vi-hiṃsā *f.* **~ā** ti karuṇā III.10[11]**不殺生**とは悲心③23.

a-vīta-taṇha *a.*~**ā** ti avigata-taṇha III.39[22]〔人々は〕**渇愛から離れず**とは渇愛から離れて行かない③84.

a-vuṭṭhi-ka *a.*<vuṭṭhi, Ⓢ*vṛṣṭi*雨が降らない，旱魃の. **-bhaya** *n.m.*雨が降らない恐れ. **~ṃ** vidhamitu-kāmo I.25[21]〜を鎮めようと欲して①46.

a-vūpasanta *a.* **~ā** ajjhattaṃ III.78[33]内心には**静かでない**③174.

a-vedi *3 sg.aor.*<*vid*. attā ca naṃ yathā'~ II.209[24]また自分が彼を知ったように②427.

a-vyāpajjha（abyāpajjha）*a.n.gdv.*<***pad***害心がない. **-rata** *a.* **~o** II.274[6]無害心を愉しむ②555. **-adhimutta** *a.* **~ssa** II.271[9]無害心（無悪意，無瞋恚）に志向した②548.

a-saṃyata *a.*I.108[11]. **~ā** ti sīla-saṃyama-rahitā III.87[13]**抑制なく**とは戒による抑制（自制）を欠いて③194.

a-saṃsaṭṭha *a.*II.248[31]〔世に〕交わらぬ②501.

a-saṃhīra *a.*~**ṃ** ti …rāgena anākaḍḍhanīyaṃ II.274[9]**掠められない**とは…欲情（貪）によって引かれない②555. ṭhitā **~ā** III.196[17]**掠められず**に立っている③423.

a-sakkhiṃ *1 sg.aor.* ~ ti sakkosiṃ I.196[21]**私は出来た**とは私は出来た①429.

a-saṅkuppa *a.* **~n** ti…vyāpādena akopanīyaṃ II.274[10]**揺れない**とは…瞋恚（害心）によって乱されない②555.

a-saṅkhata *a.n.*na kenaci paccayena saṅkhatan ti **~ṃ** II.219[27]いかなる縁によっても作られないというので**作られない(無為の)**〔寂静の境地〕②446.

a-saṅkheyya *a.* **~esu** ti gaṇana-pathaṃ vītivattesu mahā-kappesu II.69[31]**数えられぬ(阿僧祇)**とは計算の道を越えた諸大劫に②148.

a-sajjamāna *a.*執らわれない. **~o** iddhiyā kadā nu patareyyan III.153[24]**ためらわずに**神通によって,いつ一体私は渡るだろうか③333.

a-saññin *a.*想がない. n'eva-saññīsu **~īsu** ṭṭhitan II.107[19]諸非想処に**諸無想処**に留まった②222.

a-sattha *a.* **~o** ti sattha-virahito III.30[8]**刀**(メス)**なしで**とは刀(メス)を除いて③65.

a-santuṭṭha *a.* **~o** ti nissantuṭṭho yathā-lābha-santosâdinā santosena virahito III.69[17]**満足せず**とは,満足しない. 得たままで満足するなどの満足(知足)を欠いている③154.

a-sabbha *a.*<*sabhya* <*sabhā*. **~ā** cā ti akusalā dhammā ca nivāraye III.102[24]また**無作法**からとは、また不善なる諸法から防ぎ護るがよい③225.

a-samāhita *a.*II.36[6]心統一していない. sīlesu **~o** 260[34]III.86[5]諸戒に心定まらぬ②77, 526, ③192.

a-sammissa-bhāva-tā *f.* <Ⓢ*sammiśra* 混じらないものであること. I.18[14]〔涅槃は有為の諸法とasaṅkata-dhammehi〕~ ①35.

a-sammoha *a.*〔心の〕迷妄がないII.271[18]②548.

a-sayha *a.*堪(こら)えられない. **-sāhin** *a.*II.226[17]堪(こら)えられないことを堪える②458.

a-sallīna *a.* **~ena** ti alīnena asaṅkupitena vikasiten'eva cittena III.71[13]**怯**(ひる)**まぬ**とは萎縮しない,憤激しない,もう開かれた心をもって③157.

a-sādhu *a.* **~ū** III.104[25]善くない人達③229.

a-sāra *a.*sukha-sārâdīnaṃ abhāvato **~to** III.158[26]安楽な核心などが存在しないから**核心がない**と③345.

°**ka** *a.* II.107[33]〔生存は〕堅実でない②222.

[1]**asi** *2 sg.*<*as*. **~ī** ti bhavasi III.46[26]**です**とはである③102.

[2]**asi** *m.*剣,刀. III.58[27], 151[34]. ③132,329.

asita *a.*I.110[28]執らわれず,II.280[20]依存しない,III.171[33]依止しない,196[9]依存せず①244, ②569, ③373,422.

asitā *f.*鎌. **~āsu** mayā ti lavittehi mayā muttan I.119[26]私は**鎌から**とは私は鎌から解放された①264.

a-siloka *a.*<Ⓢ*śloka*名声がない,汚名. II.259[26]不評②524. **-bhaya** *n.*汚名の怖畏.

a-suci *a.*不浄の. II.168[14], 192[1]不浄で② 345,392.

a-subha *a.*不浄の. III.192[26] ③415. **-saññā** *f.*不浄想II.253[15] ②510. **-anupassanā** *f.*不浄を観想することIII.192[26] ③415.

asura *m.*阿修羅III.173[29] ③376.

a-seyya *a.*より優れていない. **~o** hīno samāno aññena seyyena uttamena samānaṃ sadisaṃ attānaṃ katvā bālo manda-buddhī bāla-bhāven'eva maññati III.141[15]~で劣っていても,他のより優れた最上の人と自分を同等であるとして,愚かな覚知の鈍い者は〔自分が〕愚かであることによってだけ,〔そう〕思う③307.

a-seri-ka *a.*<serin<Ⓢ*svairin*自在でない. avase **~e** katvā III.12[31]必ず**止むを得ずに**(自在でなくして)〔死の恐れがmaraṇa-bhayaṃある〕③29.

a-sesa *a.*残りなくII.142[16], III.191[22]残らず, 201[2]余すところなく②294,③413,433.

a-soka *a.*憂いのないII.89[18], 219[26] ②187,446.

a-soka-tā *f.*憂いのないことIII.17[13]③38.

asmi-māna *n.* II.181[37]私であるという自意識(我意識)②372.

assa *3.sg.op.*<*as* II.158[24]あろう, 252[3]あるなら.

assattha *m.* Ⓢ*aśvattha* II.82[15]~樹(菩提樹)② 173.

a-s-saddha *a.* II.96[19]信のない②201.

assama *m.*Ⓢ*āśrama*.庵,草庵I.177[15],191[24], 228[2],239[30], II.16[19],29[7],34[19],38[19],41[18],43[11],84[15],113[33],143[33],145[7], 184[9],III.45[22]①387,419,496, 524,②38,64,74,83,88,92,177,236,296,300, 377,③99.

assāsa *m.*入息,安息. nâhu ~passāso III.70[34]入息・出息はなかった③157. **-rata** *a.*安息を愉しみIII.10[27]③24.

assita *a.* II.26[16]依存する②58.

a-ssutāvin *a.*聞いてない. III.85[17]無聞(無知)の③190.

assosiṃ *1 sg.aor.*< *śru*聞いた. **~n** ti suṇiṃ II.11[20]②27.

a-hattha-pāsa *a.*〔魔の〕罠の手が届かないIII.64[1]③143.

aham-māna *n.*私(吾,我,俺)であるという意

識, 自我意識. atta-bhāvo hi āhito **~o** etthā ti attā ti vuccati I.8[11]なぜなら, 自己の存在(身)は, ここに～(慢)が置かれているというので自己と言われる①18.

a-hāriya-raja-mattika *a.* **~e** III.30[25]〔私が〕運び出せない塵や泥土の中にいるのに③66.

a-hiṁsaṃ *prp.<**hiṃs*** III.30[10]害わないで③65.

a-hita *a.* **~āya** III.20[36]不利益〔になる〕③46.

ahi-mūsika-sobbha *a.* II.90[23]蛇が鼠の穴に〔親しむ〕②189.

a-hiri-ka *a.*恥もないIII.80[13] ③ 178.

a-hiri-ka-tā *f.* **~āya** III. 156[37]自分に恥じないから(無慙, 破廉恥だから)③341.

ahu *sg.aor.*(ahū)<*bhū*あった, なった, 興った I.75[8、13],140[1],II.53[6],69[33], 86[33],100[5,12],204[5,12], 268[19],III.20[8],70[34,36].

ahuvā *2 sg.aor.<bhū* vippaṭisār'**~** III. 191[24]〔お前は〕後悔する者で**あった**③413.

aho *intj.* II.69[17]ああ(希有の意味)②147.

aho-rattā II.23[17]昼と夜とは②52.

ahosi *3 sg.aor.<bhū* あった, いた, なった, 興ったIII. 56[7,8,12],87[36],142[34]③126-7,196,316.

Ā

ākappa *m.*Ⓢ*ākalpa*行儀, しぐさ. III.82[16]威儀③183.

ākāra *m.*＝Ⓢあり方, 在りよう, 仕方, 方法, 方式, 法式, 行相, 形相, 様相, 資質. sama-paṇṇāsaº I.57[14]〔五蘊の〕まさしく五十の**在り方**(**行相**)①116. →paññāsa. anupada-dhamma-vipassanā-vasena anek'**~**vokāra-saṅkhāre sammasanto I.9[27]語句に従う法の観察によって多くの**様相**や区別のある〔身心の〕諸潜勢力(諸行)を熟考し. nisinne satthari satthu **~ṃ** ñatvā bhikkhū attano attano pattāsane nisīdiṃsu 22[10]〔大〕師が坐った時, 〔大〕師の**しぐさ**(**姿勢**)を知って比丘たちはそれぞれ自分の得た座席に坐った. vutt'dassanaṃ 64[10]前述の**状況**を示す. sayit'**~ena** sarīsapo viya sarīsapanto I. 64[20]横たわった**形**(**格好**)で爬虫類のように這って行って. ①21,41,135.catūhi **~ehi** laddhûpasampadā III.203[31]四種の**仕方**(**方式**)によって具足戒を得た人たち③439.

ākāsa *m.*虚空, 空I.20[27],47[21],70[11],91[20],111[24],137[28], 154[17], 170[2],188[23]-,228[4],II.1[8]-,4[12],24[12],38[20], 40[1],56[23],60[18],96[2-],126[29],148[3],150[10],182[26], 206[26],226[7]-,232[33],III.37[1],64[35], 91[15]-,125[26], 128[32],133[32],174[37],182[19]①39,95,145,201,246, 304,338,371,413,414,496,②4,6,10,54,83, 85,120,129,200, 261,306,310,373,422,458,470, ③80,145,203,206,274,282,292,378,394.
-cārin *a.* vijjāya **~rī** I.54[4]呪術によって**空を行く者**となり①108.

ā-k-khyāta *a.n.pp.*<ākhyāti<*ā-**khyā***語られた, 言われた, 呼ばれた; *n.*動詞. Suṇāthā ti **~padaṃ** I.4[29]聞きたまえとは動詞の語①13.

ā-gata *pp.*I.37[1]やって来た, 117[22]来ている, III.9[29]近づいて行った, 156[1]なった①72,258, ③22,339.

āgu *n.*III.10[10]罪悪③22.

āghātana *n.*II.178[6]殺し場, III.15[14]刑場②364, ③34.

ā-carati<*car*. pāpam **~ran** II.259[22]悪を行いながら②523.

ācariya *m.*Ⓢ*ācārya*先生, 師匠, 阿闍梨I.21[9…19], 149[8], III.55[5…34],91[23],180[29]①39,40,326,③124,126,203,390.
-pūja-ka *a.m.* III.95[3]師匠を尊敬する③210.

ā-cāra *m.*＝Ⓢ行儀. **-gocara** *m.* **~e** yuttoII.252[21]行儀(正行)と行処(托鉢等に行く範囲)に従い②508.

ā-jañña *a.m.BHS.ājanya*生まれの良い, 高貴な, 駿馬, 良馬, 優良種. **~o** ti ājānīyo jātimā kāraṇa-akāraṇānaṃ ājānanako. So ti-vidho usabh'**~o** ass'**~o** hatth'**~o** ti I.71[-28]**生まれの良い**(**優良種**)とは良い生まれの, 良い生まれをもつ, 因(理)と非因(非理)とを悟る. それは牛の**優良種**と馬の〃と象の〃という三種. II.152[3]駿馬, 277[26]①151,②313,562.

ājānana-ka *a.<ā-**jñā***悟る, よく知る, 了知する. kāraṇâkāraṇānaṃ **~o** I.71[28]因(理)と非因(非理)とを**悟る**①151.

ājāniya *a.* II.183[25]生まれよき(人)②175.

ājīva *m.* **~o** sodhito II.252[26]**生活**は浄化され②509. **-hetu** III.157[3]生活のため③341.

āṇā *f.*命令, 威令. **-cakka** III.48[14]〔仏の〕威令の輪③106.

āṇi *m.*楔. **-dvāra** *n.* II.151[8]楔(くさび)のついた門②311.

ātāpin *a.*I.28[18]-熱く励んでいる, 143[21,23]熱心に, III.28[1]①52,316,③60.

ātura *a.*病むII.115[12],168[13],III.35[11]②239,345,③77.

ā-dapeti *cs.<**dā**.*受け取らせる. ye santā sap-purisā kusala-dhammam eva, uttari-manussa-

dhammam eva, nibbattita-lok'uttara-dhammam eva **~enti** samā-dapenti gaṇhāpenti III.61[18]およそ善き, 善き人士たちで, 善き法だけ, 超人的な法だけ, 生起した出世間法だけを～, 受持させ, 把握させる, 〔その人たちに交わってくれ〕③138.

ādi *m.n.a.* = Ⓢ始め〔とする〕, 等. I.169[13,15]最初, II.259[2…32]云々と, III.202[23]始め①369, ②522,524, ③436.

ādicca *m.*Ⓢ*āditya*太陽. **-bandhu** *m.*日種族 I.88[24,27], II.177[28,31],III.195[16]①191,②363,③421.

āditta *pp.a.*燃えているIII.15[23], 41[19-],152[25-]③34,88,331.

ā-disati III.28[37]告げる③62.

ādīnava *m.*煩い, 過誤, 過患II.3[18],30[7],111[9],192[34,36],III. 21[29],41[5], 84[38]②8,66,230,394,③47,87,189.

āna *n.* II.234[11]入息②473(→assāsa). **-apāna-sati** *f.* II. 234[11] 入出息の思念(入出息念, 安般念, 数息観)①*200*, ②473.

ānupubbī-kathā *f.* 因縁物語, 順々に導く語り, 次第説法. yāsaṃ attho duviññeyyo, **~ṃ** 〔[Vri.]anu-〕vinā I.2[5]およそ**因縁物語**なしには, それらの意味が理解し難いので①5.

ānisaṃsa *m.* II.128[24]功徳②265.

āpadā *f.* II.158[16]災難②326.

āpo-paggharaṇin *a.* II.244[14]水が滲み出る〔身〕②492.

ābādha *m.*病, 病気. I.63[22],95[21],II.1[26],9[15]①134,210,②4,22.

ābādhita *pp.*II.57[19]病んでいる②122.

āmalaka *m.n.*阿摩勒(スグリ様の小果). hattha~ṃ I.151[28], hattha-tale ~ṃ 194[16],II.162[22]掌中の～〔のように見る, 示す, 知る〕①151,424,②334. **~āni** III.79[12]～を〔在家者に与える〕③175.

āmisa *n.*Ⓢ*āmiṣa*.財, 財物, 贅沢, 贅, 食, 味, 利益, 物欲, 汚染, 汚れ, 生餌. ~lābhena paccaya~rasena nâhaṃ atthiko I. 221[17-]**贅沢(贅)**を得, 生活用品の贅沢という味を私は求めるのではない①483. macchaṃ ~baddhena baḷisena viya II.192[14]魚を**生餌**をつけた釣針によって〔釣る〕ように②393. maccho' va ghasam ~n III.28[20]**生餌**に食いつく魚のように. **~ṃ** paribuñjare 940d**贈られた物**を享受する. ~kiñcikkha-hetu… bhaṇḍare 78[14]僅かばかりの**財利**を理由に…争論する. te loka**~ena** asaṃsaṭṭhā 131[32]彼等〔二人〕は世間の**味**と交わらずに③61,166,173,288. **-chakkhuka** *a.*III.102[27]理財に眼が利き〔生活のために出家した〕③225. **-dāyāda** *m.* I.26[21]財の相続者①48.

ā-modeti *cs.*<modati II.274[12]喜ばせる②555.

āyatana *n.*処, 認識領域(十二処)III.198[8] **'-uppāda** II.271[20]～(処)が起こる②548.

āyasmat *a.m.*Ⓢ*āyuṣmat*尊者, 具寿, 長老I.30[28]

āyāga *m.* II.241[19]奉げ物を受ける方②487

āyācana *n.* **-ā** *f.*勧請II.200[10]祈願②409.

āyu *n.*寿命. **-k-khaya** *m.* III.15[18]寿命が尽きること③34. **-saṅkhaya** *a.* I.174[11]寿命が尽き①380. **-vat** *a.*長寿のII.93[10] ②195.

āyoga *m.* II.252[36]〔禅定心に〕努めること②509.

ārakā *adv.*遠く, 離れてII.115[30],153[17],III.167[36]②240,316,③365.

ārañña-ka *a.*森林住者II.94[12],99[17],III.166[34-]②179,207,③363. II.252[38]森の中にある②509.

ā-raddha *pp.*<*rabh*励んだ. **-bala-vīriya** *a.* II.42[19]力と精進を起こす②90. **-vĭriya** *a.*精進に勤(いそ)しむ, 励むII.31[12],149[20],266[14], III.69[29],90[5]②, 308,538,154, 200.

ā-rabhati<*-rabh*. **~tha** II.105[18]励め②219. -**rabbha** *ger.* III.169[4]励んで③367.

ā-rambha *m.*努力II.105[19]②219.

ārammaṇa *n.*Ⓢ*ālambana*所縁, 〔認識〕対象. I.28[12],57[8], 60[9],II.171[11],172[8],189[16],III.160[38]①52,115,126,②350,352, 388,③349. buddha**~ṃ** **~ssa** eka-jātiyattā ekaṃ… saññaṃ… alabhiṃ II.82[25-]([Vri.])仏を**対象**とする―**対象**が一種であるから一つの…想い(想, 想念, 観念)を…得た②173. **°'ūpanijjhāna** *n.* II.78[4]**対象を思念すること**②164. jhāyassu **~ṃ** II.176[11]対象についての思念を静慮せよ②360. anubhūta**~e** … sahasā kileso uppajji II.191[10]苦しんでいる相手(旧妻)に対して…急に煩悩が生じた②391.

ārā *adv.*遠く(離れて)III.44[10] ③96.

ā-rādheti *cs.*<*-rādh*会う, 得る. **~dhetvā** II.215[25],②439. **~dhayi** III.101[10],**~dhayitvā** 153[34]③222,334.

ārāma *m.*園林, 園I.78[17],II.118[19],III.119[12]①168,②245,③260. **-gopaka** *m.* 〃の守衛II.60[18],97[4]②129,203.

ā-ruyha *ger.*<ā-rŭhati<*-ruh*.〔経行処に〕上ってII.112[23]②233. pādukā ~ II.194[31]〔遊女はvesikā〕履物を**履いて**(〃に上って)②398.

āropamāna-ka *a.*II.79[9]〔串に刺し〕付けようとしている②167.

ālaya *m.n.* II.131[10-]逃げ場(巣,塒)②269-.

ā-lepa *m.* =Ⓢ<*-lip*塗り込むもの,塗り薬,軟膏. kilesānaṃ mada~cittassa vipphanditaṃ indriyānaṃ avūpasamanañ ca cintetvā vadati I.45[14-]諸煩悩の自惚れ(憍慢)を**塗り込む**心のもがきと,諸官能(感官根)が鎮まっていないこととを思って言う①90.

ā-loka *m.*光,光明I.167[28]①367. **-da** *a.*〃を与える. aggi yathā pajjalito nisīthe; **~ā** cakkhu-dadā bhavanti, ye āgatānaṃ vinayanti kaṅkhan 3bd恰も夜中に火が燃えるように,〜え眼を授け,およそ〔如来〕はやって来た者達の疑いを取り除く. desanā-vilāsena sattānaṃ ñāṇa-mayaṃ ālokaṃ dentī ti **~ā** I.36[-32]〔諸仏は〕説示の自在な遊び(遊戯《ゆげ》)によって人々に智より成る光を与えるというので〜①72. **-dassana** *a.*II.179[7]〔諸法を〕光として示す②366.

ālopa *m.*III.99[14]〔一口の〕食③218.

ā-lopati *cs.<lup* III.25[11]掠奪する③54.

ā-vajjana *n.* āvajja *m.*<ā-vajjeti<*-vṛj*考察,反省,回想,省察,傾注,専念. so ca tehi appamāda-bhāvanāya ~(Vri.anavajja)-bhāvanāya bhāvito sammad eva guṇa-gandha-gāhāpito I.8[12]またその〔自己〕は彼等の不放逸の修習によって,**傾注**の(Vri.非難されない)修習によって修められて,もう正しく徳の香りとして受け取られている①18.

ā-vatta (āvaṭṭa) *m.n.* Ⓢ*āvarta*返る,戻ること,渦巻,円周. Naṅgalaṃ vā āvattayati etthā ti naṅgala**~ṃ** I.72[1](Vri.)或いは,ここで犂を牽き回すというので犂を**牽き回す**①152.

ā-vattana (āvaṭṭana) *n.* Ⓢ*āvartana*牽き回すこと. naṅgal'āvattanī ti, naṅgalassa phālassa **~to**(Vri.-ko) I.71[32]〔牛の優良種はusabh'ājañño〕犂を牽き回すという. 犂・鋤先を〜からである(Vri.牽き回す)①151.

ā-vattana-ka *a.*<āvattana牽き回す(→上記)

ā-vattani *a.m.n.* -ī *f.* 戻らせる,牽きまわす. naṅgala**~ī** ti I.71[31]犂を**牽き回す**と. khette naṅgala-patho, tasmiṃ naṅgala**~ī**. I.72[2]田畑に犂の道があり,そこに「牛が」犂を〃①152.

ā-vatteti, -ayati *cs.* <āvattati<*-vṛt*戻らせる,返す,牽き回す. naṅgalaṃ ito c'ito ca **~etvā** khette kasanako(PTS.-to) ... Naṅgalaṃ vā **~ayati** etthā ti naṅgal'āvattaṃ I.71[32](Vri.)犂をあちこちと**牽き回して**田畑を耕す(PTS.耕すから)…或いはここで犂を**牽き回す**という. ~ akāman II.151[33]欲しない〔象〕を**転向させる**①151, ②313.

ā-vamati<*vam* III.157[26]〔嘔吐を〕呑込む③342.

āvaraṇa *n.* III.24[10]防止(防護)③52.

ā-vasati<*vas* III.39[19]占める③84.

ā-vasana *n.*III.72[2]住むこと③159.

ā-vahati <*ā-vah* II.128[21]〔楽を〕齎す②265.

***āva-hiyyase** *2 sg.ps.<hā* ~ ti … avahiyyase I.240[17]見捨てられる①525.

āvāsa *m.* III.72[2]住まい③159.

āvi-karoti <*kṛ* III.200[26]明らかにする③432.

ā-visati<*viś* III.77[31]〔煩悩が人に〕入る③172.

ā-vudha *n.*武器II.260[8],III.18[2],58[17,27]②525,③40,132-3.

ā-sajja *ger.<-sad* I.86[32]付け入って(=viheṭhetvā), III. 172[5-]攻めて(ghaṭṭayitvā bādhayitvā) ①187,③373.

āsana *n.*座〔席〕I.131[8],II.45[15],III.93[8],109[27,31]①290,②97, ③206,241.

āsandi *f.* I.137[1]高椅子①302.

āsava *m.*漏(煩悩)I.202[21-3],214[24,29],II.142[15],254[1]①442, 467,②294,511. **-k-khaya** *m.*〜が尽きる事,漏尽I.242[26-],249[6], II.3[27],37[34],83[1]①529,543,②8,81,174. **°ñāṇa** *n.*漏尽智I.85[20]①182.

ā-sasāna *a.prp.<śaṃs* II.224[6]希っている②455.

āsā *f.*Ⓢ*āśā* I.140[7], II.224[19]願い①309,②455.

ā-sādā *3 sg.aor.<-sad* na**~ā** ti na saṅghaṭṭesi III.36[15]**近づかなかった**とは接触しな〃③79.

āsi *3 sg.aor.<as.* あった(=ahosi). II.216[15], 239[19], III. 87[36],198[32]. **āsiṃ** *1 sg.* (=ahosiṃ) II.33[8],III.28[17].

ā-sīna *pp.<sad* III.197[12]坐った(nisinna) ③425. **-sayana** *a.* ~ssa II.190[13]坐るも臥すも②389.

āha *pf. 3 sg.<ah*=Ⓢ言う(言った)III. 10[14-5,39],87[31],88[4-],140[33(vri.)]③22-4,196,306.

āhu *3 pl.*III.99[1],190[23]③217,410.

ā-harati<*hṛ* mā **~ri** (*aor.*) III.168[15]**取りつく**な③366.

ā-havanīya *gdv.<hu*奉献される(火)II.144[24]②299.

āhāra *m.*食物,食I.202[24,28],II.5[8,28]①442,②11,12. **-ṭṭhiti-ka** *a.*II.5[34-]〔身は〕食によって存立す②13. **-hatthaka** *a.*食物を〔多く食い〕手〔を借りて起つ〕人. ~alaṃ-sāṭaka-tatra(Vri.

tattha)-vaṭṭaka-kākâmāsaka($^{Vri.}$kāka-m^{o})-bhutta-vamitakānaṃ aññataro viya I.73^{24} 〜・〔腹が脹み〕服〔を着ること〕が出来ない人・その場で転げ回る人・〔食物を詰め込んだ口を〕烏が啄む人・吐き出す人達の誰か一人のよう①156.

āhu *3 sg.aor.<bhū*(=ahosi)あったI.140^{1}, II.40^{23,24}

āhuti *f.*=Ⓢ II.241^{21}供物②487.

I,Ī

ikkha-ṇa *n.*<ikkhati, Ⓢ*īkṣaṇa*<***īkṣ***見ること. saṃsāre bhayassa **~to** bhinna-kilesatāya ca bhikkhu I.48^{28}≒II.30^{10}輪廻の恐れを**見るので**, また煩悩が破られているので比丘である①97,②66. aṭṭh'aṅgikena ariya-maggena satthu ovāda-kārakā bhikkhū saṃsāre bhayassa **~to** ($^{Vri.}$-nakā)ti I.80^{31}八支がある聖道(八聖道)によって〔大〕師の教誡を行う比丘達は, 輪廻の中に恐怖を**見るから**である($^{Vri.}$**見る**)と①173.

icchati<*iṣ* II.183^{33}望む, III.80^{21,23}

icchā *f.*望み, 欲, 欲求, 主張. **-dhūpāyita** *pp.* <*dhū* II.189^{16}〜によって薫じられた②388.

ijjhati<***ṛdh***. **~iṃsu**(*3pl.aor.*) I.150^{6}〔それら思いは〕成就した①327.

iṭṭhakā *f.*煉瓦I.205^{13}①448. **iṭṭhikā** 〃 II.206^{32} ②422.

iti *ind.*と, という, とは. I.194^{2},II.5^{34},74^{19,25},92^{1}, III.69^{34}, 179^{37}. **-kira** *adv.* ītiha, **~ā** ti pavattiyā ītiha-saṅkhātaṃ saṃsayaṃ samucchindanto II.140^{31}伝聞と**こう聞くところ**と行れるので伝聞と呼ばれる惑いを切断して②290. **-kattabba-tā** *f.* I.203^{29}あれこれ為すべきこと①444.

Iti-vuttaka *n.* I.2^{27}如是語〔経〕①6.

iti-hāsa *m.*<*iti-ha-āsa* (こうであった)古伝説. **-pañcama** *a.*II.34^{16} 〃を第五とする〔ヴェーダ〕②74.

ito *ind.*これより, これから.
~ bahiddhā I.193^{24}これ(仏道)以外①423.

ittha *ind.*ここに. **-bhāva** *m.* III.73^{12}ここでの状態③162.

itthaṃ *adv.* I.30^{26}, 34^{14}このように①56, 66.

itthi *f.*Ⓢ*strī*女II.15^{17},135^{13}(thī, mātu-gāma)②35,277. **-kutta** *n.a.*女の媚態. divā-vihāra-ṭṭhānaṃ gantvā ~ādīni dassetuṃ ārabhi I.52^{29}昼の休息の場所に行って〜などを示し始めた①105. **-gandha** *m.* III.23^{32}女の諸々の匂い(香)③51. **-phoṭṭhabba** *a.* III.23^{30}女の感触③51. **-bhāva** *m.* II.226^{1}女であること②458. **-rasa** *m.* III.23^{24}女の味③51. **-rūpa** *n.* II.192^{21}, III.23^{14}女の色②393, ③50. **-sara** *m.* III.23^{19}女の声③51. **-sota** *n.* III.24^{8}女〔への渇愛の〕流れ③52.**-liṅga** *n.*Ⓢ *strī-l.*〔文法上の〕女性. pul-liṅga-vasena āgatānaṃ, liṅgaṃ pana parivattetvā "sīhīnan"ti-ādinā ~vasenâpi attho veditabbo I.5^{14}〔獅子と〕男性〔名詞〕で出ているが性を転換して牝の獅子達というなど**女性**〔名詞〕でも意味を知るべし①14.

idāni *adv.* II.223^{17}今や②453.

iddhi *f.*Ⓢ*ṛddhi*神力, 神通力I.42^{21},44^{16},69^{30}, 110^{25}, 169^{1}-, 222^{22},II. 16^{27},70^{22},162^{1-},182^{21}, 202^{3},226^{6},270^{12},III.70^{6}, 92^{6},103^{7}①85,88, 144,244,161,485,②38,149,333,373,412, 458,546,③155,204,226. **-pāṭihāriya** *a.n.*神通神変(奇蹟)I.92^{5}, 222^{23},228^{4}①202,485, 496. **-pāda** *m.*〔四〕神足II.253^{26}②511. **-bala** *n.* I.110^{18},II.39^{37}神変力, 91^{14}神通力①244,②85,191. **-maya** *n.* ~patta-cīvara- II.160^{27},207^{15}, 263^{3}, III.95^{13}神通力でできた鉢と衣②330,423, 532,③211. **-mat** *a.*I.222^{14},II.162^{27}神通力をもち. III.162^{29}神通を具えた①484, ②334, ③354.

idha *adv.*ここにI.56^{32},60^{22},169^{17},II.10^{23}, 245^{1}, 258^{35},**~m eva** I.120^{2}ここだけでも(mは連声をする)②264.

inda-gopa-ka *m.a.* Ⓢ*indra-gopa,-gopaka*赤色甲虫, 赤い虫, 臙脂《えんじ》色, 赤い草. ~sañchannā ti ~ nāmakehi pavāḷa-vaṇṇehi ratta-kimīhi sañchāditā ...Keci pana ~nāmāni ratta-tiṇānī ti vadanti. Apare kaṇikāra- rukkhā ti I.62^{13}**赤い甲虫**に覆われた〔岩の山々selā〕とは, 〃という名の珊瑚色の赤虫たちに覆われた. …しかし或る人たちは〜という赤い草であると言う. 別の人たちは黄華樹であると〔言う〕①131.

indriya *n.*=Ⓢ根, 感官、器官, 能力, 機根. II.149^{12}(五根), 216^{3}②, 308,440. **~āni** II.72^{16-}, III.20^{34},21^{6-},155^{16}諸感官(六感官, 六根)②153,③45,46,337. pātimokkha-saṃvara~**saṃvara**-sīla II.216^{7}戒経による防護と**感官の防護**との戒② 440.

ibbha *a.*Ⓢ*ibhya*卑賤, 卑俗の, 王の従僕, 奴隷, 賤奴. **-kula** *n.*I.107^{20},129^{20},131^{11},230^{5}-, II.78^{29},80^{14}, 82^{3}賤奴の家①238,286,290,501,

②166,169,172. Magadha-raṭṭhe **~e** nibbatto Gosālo nāma nāmena I. 83[3]マガダ国の～に生まれた．名をG.（牛舎）という①177.

iriya *n.*（＝iriyā）III.75[30]〔行住坐臥の〕振舞い（姿勢, 威儀）③167.

iriyati<*īr* II.115[8]〔不死の者のように〕振舞う②238. °**māna** *prp.*III.9[9]〔梵の道で〕行き③20.

iriyā *f.*Ⓢ*īryā*〔行住坐臥の〕姿勢（威儀）

-patha *m.* III.77[3]姿勢（振舞い, 威儀路）③170.

-pathiya *n.*II.252[34]〔麗しい〕起居動作②509.

isi *m.*Ⓢ*ṛṣi*仙人, 仙I.217[19],III.18[1],82[3],151[38],195[5···26]①474,③39, 182,330,420-1.**-gaṇa** *m.*仙人の衆I.181[29], II.45[2]①397,②96. **-pabbajjā** *f.*仙人としての出家I.20[14],181[29],217[18],II.45[1],87[21],94[2]. 150[9],160[13],III.91[7]①39,397,474,②96,184,197,310,330,③202. **-ppayāta** *a.* III.153[1]仙人が進んで行った〔道〕③331. **-saṅgha-nisevita** III.31[33]仙人衆に親しまれた③68.

issara *m.* III.79[19]権力（自在力）③176.

issariya *n.*主宰権III.79[19]③176.

issā *f.*嫉妬III.84[30]③188.

issukin *a.* ~ī III.84[29]嫉妬し③188.

īti-ha *a.m.* ~ iti-kirā ti pavattiyā ~saṅkhātaṃ saṃsayaṃ samucchindanto II.140[31]**伝聞**と, こう聞くところと行われるので**伝聞**と呼ばれる惑いを切断して②290.

U,Ū

uk-kaṃsa *m.* Ⓢ*utkarśa*卓越, 優秀, 最大, 最勝, 称讃, 賞讃. **-gata** *a.*卓越に達した, 優れた者となった. **~ena** ca catu-pārisuddhi-sīlena, dhuta-dhamma- saṅkhātehi vatehi ca upapanno samannāgato I.60[6] ～四つの清浄な戒と〔煩悩を〕払い除ける生活法（頭陀の法）と呼ばれる諸の掟とを具え持っている①126. **-gata-tta** *n.*優れた者となったこと. sad-dhamme ~ā sātisayaṃ pasaṃsiyattā（PTS.-satāya）ca visesato "santo sappurisā"ti ca vuccanti I.40[-31]（Vri.）正法において～のであるから, また過分に称讃されたから, とりわけ善き方々, 善き人々と言われる①80.

ukkaṭṭha *pp.a.*<ukkaṃsati<*ud-kṛṣ* II.268[21]優れて②542.

uk-kaṇṭhati <-*kaṇṭh*.待望する, いらいらする. **~āmi** sarīrena III.16[29]体を**厭う**③37. °**ṇṭhita** *pp.*I.224[27]不満で①489.

ukkāra *m.*II.243[28]大便（母胎）②491.

uk-kuṭṭhi *f.*<-*kruś*叫び, 叫び声, 鬨《とき》の声. Manussā avuṭṭhitāya upaddutā rañño nivesana-dvāre **~m** akaṃsu I.25[-14]人々は雨が降らないので悩まされて、王の住所の戸口で**呼び声**をあげた①46.

uk-khipati <*ud-kṣip* na **~pe** II.75[32]**高ぶるな**②160.

ukkhepa *m.n.*持ち上げ, 載せること. **-kata-vaccha** *m.*（上座）. **~ssā** ti kata-ukkhepa-Vacchassa bhikkhuno I.158[21]. ～のとは〔聖教を三蔵に〕**配分する**V.比丘の①346.

ugga *a.m.*高級の, 烈しい. **~ā** III.189[3]貴顕③407. **-kiccatā** *f.* III.189[3]高度な仕事をすること③407. **-teja** *a.* III.151[37]烈しい威力をもつ③330. **-putta** *m.*III.189[4]貴顕の子弟③407.

ug-gacchati<*ud-gam*昇る, 上に行く. vimuc-camāno **~in**（1 sg. aor.）II.54[23]私は解脱しながら**上に昇って行った**（=utthahiṃ）②116

ug-gharati <-*kṣar*滲み出す. II.168[18]漏れ②345.

ug-ghaṭana *n.*<ugghaṭeti<*ud-ghaṭ*開けること, ほどくこと, 取り除くこと. kilesa-vassa-pidhāna-mukhena niccâdi-nimitt' ~dīpanato I.30[-10]煩悩の雨を**防ぐ**（**遮ぎる**）ことによって常恒などの形相を取り除くことを明らかにするから〔無相住animitta-vihāra〕①55.

ucca *a.*Ⓢ*udya*上の, 高い. III.54[18]高い〔所に〕③122. **-avaca** *a.*高い低い, さまざまなII.144[4]〔供犠〕, III.25[8]いろいろな〔手段〕②298, ③54.

uccā *adv.*高く, 上に. **-kulika-saṃvattanika** *a.* III.52[10]上流の家から出た者にする業③116.

ucchinna *pp.* II.142[16]〔煩悩＝漏が〕**断ち切られた**②293.

uccheda *m.* III.29[25]断〔見〕（断滅論）③64.

uju *a.*Ⓢ*ṛju*真っ直なI.105[4-]〔道〕, III.47[8]〔肢体〕①231,③103. **-bhūta** *a.* II.212[30]〔見方が〕～**である**②434. **-magga** *m.* II.269[33]～な道②545.

uj-jahati<-*hā*. mānânusayam **~haṃ** I.150[8-]自意識と潜在煩悩を**捨て去った**①327.

uj-jhati<-*hā*捨てる, 放棄する, 投げ出す. **~itvā** II.126[3]〔欲望を〕捨てて. na sabbaṃ **~ituṃ**210[18]一切を捨てるが〔よく〕ない②429.

ujjhāna *n.*嫌責, 不満. **-saññin** *a.*～の想いあるIII.86[3]③192.

ujjhita *pp.*<*ud-hā* 捨てられた, 放棄された. II.135[15]投げ棄てられた〔女の死体〕②278.

uñchā *f.*落穂(残飯). **-patta-āgata** *a.*〃の鉢が来るII.31[7], III.53[33],167[2]②68,③120,363.

uṭ-ṭhahati,-ṭhāti<-*sthā*起き上る. vodāna-dhamma-savaṇena **~hin**(*1 sg. aor.*)II. 54[24]白浄な法を聞くことによって私は立ち上った(=uggachin)②116.

uṭ-ṭhāna-ka *n.*<***-sthā***元気な, 生産する,産の. Anāthapiṇḍiko seṭṭhi Sāvatthiyaṃ ~bhaṇḍaṃ gahetvā…Rājagaha-seṭṭhino gharaṃ gato I.24[-17-]給孤独長者は舎衛城産の財物を携えて…王舎城の長者の家に行った①44..

utu *m.n.*季節II.224[9],III.77[20]②455,③171. ~sap-pāya-lābhena II.78[1]〜の快適さを得て②164.

uttama *a.*最上の, 最高のII.78[10],121[30],261[17], III.15[19], 32[26], 193[29]②164,251,528,③34,70, 418.**-puggala** *m.*II. 109[22]最上の人②227. **-vaṇṇin** *a.*III.47[16]最高に麗しい③103. **'-attha** *m.* II.240[13]最上の目的(arahatta)②484.

ut-taraṇa *n.a.* **~o** II.178[2]〔輪廻の暴流を〕**渡り**②363.

uttari *a.adv.* その上, 更に. I.70[20], III.70[10]

uttāna *a.*上を向く, 明らかな. **-seyya-ka** *a.m.* III.78[26]上を向いて〔眠り〕③174.

uttiṭṭha *a.*Ⓢ*ucchiṣṭha*残り物の(又は立って得る). **-piṇḍa** *m.*残り物の(又は立って得る)托鉢食. **~o** ti uttiṭṭhitvā paresaṃ ghara-dvāre ṭhatvā gahetabba-piṇḍo III.139[18]〃とは,〔戸口に〕立って, 他人達の家の戸口に立って受け取られるべき托鉢食③303.

ut-tiṇṇa *pp.* <***tṛ***. **~ā** paṅkā-palipā I.198[5]泥水泥沼は**越え渡り**①432.

uda *n.*=Ⓢ水. **-bindu** *m.*水滴II.279[5]②566.

udaka *n.*=Ⓢ水I.196[28]. **-āsana-bhojana** III.79[3]水・坐席・食事を〔与える〕③175.

udagga *a.*Ⓢ*udagra*歓喜の, 踊躍するII.165[1]高揚し②338. **-citta** *a.* III.194[24]心高揚し③419. **-megha** *m.*I.232[15]**昇る**雨雲①506.

ud-a-bbahiṃ *1sg.aor.*<ubbahati<***-bṛh***,***-vṛh***. bhave cittaṃ ~ II.33[23]生存に〔沈んだ〕心を**引き上げた**②72.

udaya *m.*=Ⓢ 生起, 興起. **-bbaya** *m.*(-vyaya)生・滅I.57[11], 84[1] ①115,179.

udara *n.*胃, 胃袋, 腹. **-paṭala** *n.*胃膜, 腹の膜. mata-sarīraṃ susānaṃ netvā dāru-citakaṃ āropetvā aggiṃ adaṃsu. Tassā aggi-vega-santattaṃ **~ṃ** dvedhā ahosi I.43[-12]〔人々は〕死体を墓地に運び、火葬の薪積みに載せて火をつけた。 急激な火に熱せられて彼女の**腹の膜**が〔裂けて〕二つになった①86. **-ava-dehakaṃ** I.190[19]腹一杯に, III.78[25]腹が下半身に〔下がる〕程〔食べ〕①417,③174. **-ābādha** *m.*腹(胃)の病気 II.87[24]②184.

udāna *n.*自ずと催す感懐, 感興, 感動の言=詩(偈). I.2[27],18[5],119[9],149[24],193[19],201[1],210[17], 212[18], 222[29],228[21],236[5],242[9],II.33[27],59[24],155[2], III.52[29],66[11],209[33]①6,34,263,327,423,438, 458,485,497,515,528,②72,127,319,③117,148, 451.

ud-ikkhati<***-īkṣ*** 視る, 観察する, 期待する, 羨む, 待つ. II.257[22]〔日が終わるのを〕**期待する**②519. **°kkhisaṃ** *1 sg aor.* naṃ ~ II.110[30]彼女を**見た**② 229.

***udicca** *a.* III.64[3]高貴の(=udita)③143. **-brāhmaṇa** *m.*〜のbr.I.187[17], II.250[23]①410, ② 505.

udīrayi *3 sg.aor.*<udīreti< *ud-**īr***. paṭibhānaṃ ~ III.194[18]弁才(雄弁の才)を**顕した**③419.

ud-disāpeti *cs.*<uddesati<***-diś***指定させる, 指定する. evaṃ senâsanaṃ **~tvā** tassa iddhiṃ passantā gacchanti I.44[19]〔比丘達は〕このように臥坐所を**指定して**, 彼の神力を見ながら行く①88.

ud-dissa *ger.*<ud-disati<***-diś***.〔*ac.*を, に〕名指して,〔目〕指して, 対して, ついてI.2[21],II.182[26], 183[15],III.80[11], 102[21],116[29],117[35],120[34]①②6, 373,375,③177,225,255,257, 263.

ud-desa *m.*要説, 寸言, 説戒. 招待, 別請食II.120[3]②247.

ud-desa-ka *a.m.*〔食事を〕差配する者.
bhatt'° *a.m.*<bhatta食事を差配する者(典座).
bhatt'°tta *n.* 〃であること. Satthā tassa sādhukāraṃ datvā senāsanaṃ paññāpakattañ ca **~ñ** ca sampaṭicchi I.44[-8]〔大〕師は彼に承諾を与え〔彼が〕臥坐所を設営する者であることと, 〜とに同意した①88.

uddhacca *n.*心の浮つき, 掉挙(じょうこ), I.176[6], III. 86[11]①384, ③192. **-megha-thanita** *a.* III.30[35]〜(躁状態)の雲が轟き③67.

uddhaṭa *pp.*<uddharati引き出された, 引かれた, 切り離されたII.33[5]浮ついて②71.

uddhata *a.*浮ついた, 掉挙の, 軽躁な. III.6[27],86[11]③15, 192. **~o** ti vikkhitta-citto 69[19]〜とは心散乱した③154.

un-nata *a. pp.*<*nam* (=uṇṇata) II.278[15]高ぶり②564.

un-naḷa *a.*高慢な, 尊大な, 不遜な. II.269[68],III.86[6]

②543, ③192.
upa-kaṇṇa-ka *a.*耳の近くII.67[14]②143.
upa-ghāta *m.*加害, 悩ますことII.249[12]②502.
upa-cināti <-***ci***集める, 積む, 観察(注意)する. °**nant** *prp.* puññāni **~nto** II.112[32]諸福徳を**積み**②235. °**cīyati** *ps.* nô~ III.44[31]〔煩悩は〕積み上げられない③97.
upaccagaṃ *1 sg.aor.*<*upa-ati-**gam***. kāma-dhātuṃ ~ II.54[25]欲界を私は**越えて行った**②116. °**ccagā** *3 sg.aor.* khaṇo'va (ve) mā ~ II.275[22],III.104[7]刹那をこそ逃げ去らせるな②558, ③228.
upajjhāya *m.*和尚, 親教師, 師僧I.64[4-],II.50[3]①135,②106.
upa-ṭ-ṭhahati<-***sthā***. taṃ **upaṭṭhahiṃ** III.139[5]彼に**近づいて立った**③302.
upa-ṭ-ṭhāti (upaṭṭhahati)<-***sthā***奉仕する, 仕える, 現れる, 〔観念の力によって, 又は業の力によって〕見える. Tassa puna purima-kamma-nissandena sā annesaṃ ~ I.67[28]が彼の前〔世の〕業の相似の結果として彼女は他の人々には**現れる(見える)**①140.
upaṭṭhā-ka *m.*侍者, 奉仕する者, 随侍. II57[1],110[5], 163[6], 182[13],III.111[38-]②373,③245.
upa-tthambha *a.*Ⓢ*upasthambha*<***stambh***支える, 支持する, 援助する. ayaṃ thero rājānaṃ **~ṃ** ([Vri.]**~kaṃ**) labhitvā …chaḷ-abhiñño ahosi I.70[-2-]この上座は王たちの**支持者**を得て…六神通者となった①145..
upa-dduta *pp.*<upaddavati<-***dru***悩まされた, 困らされた. ti-bhavā **~ā** III.159[10]三つの生存(世界)は**悩まされている**③346.
upa-dhāvati <-***dhāv*** 近くを走る, 囲む. pāpa-vitakkā **~nti** III.188[31]悪い思いが**走る**③407.
upadhi *m.* II.28[17,22], III.51[32]. **~īsu** 190[13]諸々の〔生存の〕**依処**に〔縛られている〕③410.
upa-nayhana *n. a.* (=**~ā**)恨む〔こと〕. **-sīla** *a.*恨む習性があるIII.84[22]③188.
upa-nāmeti *cs.*<***nam***. sīlaṃ sabba-sampattiṃ ~ II. 259[6]戒は一切の成就を**齎す**②522. **~mayuṃ** *3 pl.aor.* II.200[13]〔母と父は私を仏に〕**差し上げた**②409.
upanāyika *a.* =*BHS.*に関係している, 因む. att°° *a.* 自分に関係している, 自分に因む. Suṇātha bhāvit'attānaṃ gāthā **~ā**([Vri.]atth' ūpanāyikā) icd自己を修めた方々の〔唱える〕**自分**([Vri.]利益)**に因む**諸の偈を聞け①3.
upa-nāha *m.*恨み, 怨恨. apara-kāliko **~o** … aneka- kkhattuṃ pavatto **~o** III.84[24-]**恨み**は後時にある…数回起こるのが**恨み**③188.
upa-nāhin *a.*恨む. III.84[22-]③188.
upa-ni-kkhamati<***kram***. vihārā … **~min** (*1 sg.aor.*)II.112[19]住まいから…**出かけた**②233.
upa-ni-dhāya *ger.*<***dhā*** na parass'**û~** kammaṃ maccassa pāpakan II.209[11]他の人間(死ぬ者)の悪業に**近づかないで**②426.
upa-niyyati *3 sg. ps.*(=upanīyati)<***nī***齎される, 導かれる. Att'atthâdi-ppabhede([Vri.]-bhede) atthe upanenti tesu vā **~ntī** ti att([Vri.]atth) ûpanāyikā I.8[9-]自分の利益などの類の利益を導く, 或いはそれら(利益)に〔自己が〕**導かれる**というのが自分に因む①18.
upa-nissaya *m. BHS.upaniśraya*機根, 能力, 機縁, 因縁, 依存, 依拠. Na hi appatirūpe dese vasato **sappuris'ū~**rahitassa ca tādiso guṇa-viseso sambhavati I.17[12]なぜなら, ふさわしくない土地に住む人と, また正しく善き人に**近づき頼ること**のない人には, そのような特別な徳はあり得ないからである. So...bahuṃ vivaṭṭ'ū**~ṃ** kusalaṃ upacinitvā… Vana-vaccha-ttherassa bhāgineyyo hutvā nibbatto I.63 [-12-]彼は…脱輪廻の**機縁**となる多くの善〔業〕を積み…V.上座の妹の子となって生まれた①33, 133. **-sampanna-tā** *f.*機根(機縁)を具えたこと. So **~āya** na-cirass'eva vipassanaṃ vaḍḍhetvā arahattaṃ pāpuṇi I.54[20-]彼は〜たのでもう程なく観法(観)を増大させて阿羅漢の境地に達した①109.
upa-patti-deva *m.*再生天(神), 再生して神となった本来の神. →uppatti-deva生起天. Cātu- mmahā-rājikā devā vaṇṇavanto sukha-bahulā ti ādīsu **~esu** I. 27[32]四大王天の神々は容色うるわしく楽が多い, というなどの〔文〕では〜達〔の意味〕である①51. II.204[28], 209[26], III.142[8], 202[32]②418,427, ③308,437.
upa-pari-kkhati <*upa-pari-**īkṣ*** III.118[25]〔意味を〕考察(吟味)する③259.
upa-bbajati<***vraj*** na kulāni **~je** III.138[31]牟尼(聖者)は家々に**近づいては**ならぬ③301.
upa-meti <-***mā***比較する, 比べる, 喩える. **-meyya***gdv.*比べられる, 喩えられる〔もの〕. pajjalito ti **~ena** sambandha-dassanaṃ I.36[24]燃え上がったとは**比べられるもの**との関連を示す①72.
upa-rata *pp.*<-***ram*** I.33[9]〔心〕安らいで①65.
upa-rujjhati *ps.*<-***rudh*** jīvitaṃ ~ II.23[17]命は止

められる②52.

upa-rundhati <*upa-rudh* II.22[3]〔人々を〕**虐げる**. vitakke **~dhiy'**attano 220[21]自分の巡る思い(尋思)を**抑えて**②48,448. mano-vicāre **~a** cetaso III.155[36]心の意の動きまわりを**抑えよ**③338.

upa-labbhati *ps.*<*-labh* gāravo **nû~** II.115[28], 166[31]尊敬が認められぬ(**見られない**)(=na vijjatiない)②239,341.

upa-vi-jaññā *f.gdv.*<*-jan*臨月の女, 出産近い女. Tassa mātā ~ kālam akāsi I.43[10]彼の母は**臨月になるや**死んだ①86.

upa-visati<*upa-viś*〔に*ac.*〕近づく, 坐る, 対坐する. **°āvisiṃ** *1 sg.aor.* II.136[9], 173[31]〔一隅に, 寝台に〕**坐った**②279, 355. pallaṅkena ~ 216[29]足を組んで**対坐した**(坐った)②441.

upa-santa *pp.*upasamati<*-śam*寂静となった, 静まった, 平静なI.33[18], 165[11],II.186[14], III.192[36]①65,360,②381,③416.

upa-sama *m.*Ⓢ*upaśama*寂静III.171[20] ③372.

upa-sam-padā *f.*具足戒II.119[18],143[10],155[29],193[8], 200[24-], 246[19], 263[2], III.203[28-]②246,296,320, 396,409,497, 532, ③439. **Buddh'°** II.199[25]仏による～②408.

upa-sam-panna *pp.*具足戒を受けたIII.203[13]③438.

upa-sammati *ps.*<*-śam*静まる. ubhinnam atthaṃ…~ II.186[29]平静でいる者は…〔自他〕両方のためになることを〔行う〕②382.

upa-haññati *ps.*<*han*. cittam ~ III.44[3]心は**害される**③96.

upa-hanti <*-han* cakkhuṃ sarīraṃ ~ II.236[4]〔泣くと〕眼や体を**損なう**②476.

upā-gacchati<*upa-ā-gam* 近づく, 近づいて行く. **upāgā** *3 sg.aor.* sītavanan…~ I.48[25]寒林に…～**いた**①97. **upāgamiṃ** *1 sg.aor.* seṭṭhaṃ…~ I.55[19]最勝であるものに…〃①110.

upā-dāna *n.* III.202[23]取著(執著)③436.

-kkhaya *m.* II.271[11]～が尽きること②548.

-ppamocana *n.* II.178[23]～から解放し②365.

upāya *n.*方便(手段)III.25[8],79[30]③54,176. **-kusala** *n.* II.33[11]手だて(方便)に巧みな〔仏〕②71.

-kosalla *n.a.* *BHS.upāya-kauśalya*方便(手段)に巧みな(こと), 方便善巧(ほうべんぜんぎょう). **~ssa** visada-nipuṇa-bhāvena nacirass'eva pāramiyo pāripūriṃ gacchanti I.11[6-]～**者**は明瞭で聡敏であるから, もう久しからず諸波羅蜜(最高の行) は成満に達する①22.

upārambha *m.*非難, 攻撃, 論詰.

-citta *n. a.* **~o** II.153[16]**難詰する心**で②316.

upāsaka *m.* III.121[34]-信士(優婆塞)③266.

upāsati<*upa-ās*. **~eyya** III.118[6]〔多聞の人に*ac.*〕近づく(近侍する)がよい③257. **°āsita** *pp.* ~ā II.52[21]近侍(給仕)された②112.

upekkhā *f.*Ⓢ*upekṣā*捨(中立無関心)I.12[36]①25.

-seta-dantavat. **~vā** III.10[18]〔仏には〕捨という白い歯がある③23.

upeta *pp.* **~o** 970c,III.88[22]〔調御と真実とを〕具え③197. tuṇhī-bhāvena **~o** 650cd, III.103[25-]沈黙の状態を具え②553,③227.

uposatha *n.*斎戒, 布薩(戒に関する反省会) I.65[21]①138. **-kicca** *a.n.* II.115[21]布薩の務め②239. **-divasa** *m.*布薩の日II.101[30],116[25], 188[4],III.121[29]②212,241,385,③266. **-aṅga** *n.*III.121[30],128[22]斎戒(布薩)の条項③266,281.

-āgāra *n.*布薩堂I.66[23],II.88[5]①139,②185.

up-pajjati <*ud-pad*起る, 生じる, 生起する. II.3[12-]②7. **~issanti** III.85[1]～であろう③189.

up-pajjana-ka *a.* <uppajjati<*ut-pad*生じる, 起こる, 出現する. sīhā… attano dassanena **~ssa** khuddaka-miga-santāsassa pariharaṇ'atthaṃ gocara-gamane sīha-nādaṃ nadanti I.7[10]獅子たちが…自分の〔姿を〕見せることによって**生ずる**小獣の恐怖を取り除くために餌場に行く時に獅子吼する. aham pi… anāgate ~buddhassa sāsane pabbajitvā paṭisambhidā-pattānaṃ aggo bhaveyyan I. 32[-11-]私も…未来に**出現なさる**仏の教えの許に出家して, 無碍解を得た方々の第一人者となりたい①16,63.

up-patati, up-pate<*ud-pat*飛び上がる, 起こる. **~pantesu** nipate nipatantesu **~pate** 76ab〔皆〕上がっているなら伏せるがよい. 伏せているなら**上がる**がよい. **~pate** ti uṇṇameyya I.179[22]～とは高まるがよい①391-2. **-patita** *pp.* rāg'ādi-paṭicchanna-parissayā ca **~ā** uppannā …na kkhambhayante na kampenti II.158[18]…と欲情など隠された危難が**起こって生じて**〔もその人を〕挫(くじ) かせない動揺させない②326.

up-panna *pp.*<*ud-pad*生じた, 発生した. **~o** I.156[24]〔アンバという母から〕**産まれた**①343.

uppa-sibbita *a.pp.*= upa° <sibbati<*sīv*縫いあわされた. Aṭṭhi-kaṅkala-kuṭike, maṃsa-nhār'**~e**([Vri.] upasibbite); Dhir atthu pūre dug-

gandhe para-gatte mamāyase 1150,I.26[28-]骨の集まりの小屋にして肉と腱(筋)とで**縫い合わされ**,厭わしいかな，あふれる悪臭がする他の体をば君はわがものと思う①49,③355.

ubbhamⓈ*ūrdhvaṃ*. ~ āhu sahassadhā II.40[23]**高**さは千倍であった②87.

ubbhata *pp.<ud-dhṛ* I.123[1]引き上げられ①270.

ubbhijja *ger.<bhid.* ~ tiṭṭhati III.31[10]**芽生えて**いる③68.

ubhato *adv*. udicco ~ III.64[3]**両方とも**高貴で③143. °**bhāga** vimuttaṃ **~e** III.170[27]〔心と慧の〕**両方の部門**で解脱した③370. °**mukha** *a*.bhastaṃ **~ṃ** III.159[18-]**二つの口ある**鞴(ふいご)③346.

ubhaya *a*.両方，二つの．**~ena** II.125[10], III.103[38]両方にも②304, ③227. **'antarena** III.100[18]両方の中間に③220.

um-magga *m*.隧道，傍道，邪道．

-patha *m*.III.196[4]邪道③422.

ummā *f*.Ⓢ*umā*亜麻．III.140[15]③305.

uy-yamati<*ud-yam*. na **~e** II.208[8], III.140[30]齷齪(あくせく)努めるな(励むな)②424, ③305.

ura-gaṇḍa-pisācinī *f*. III.167[23]胸に腫物(乳房)ある鬼女③364.

uḷāra *a*.Ⓢ*udāra*大きい，広い．II.149[1],158[18]②307,326. **-pāmojja** *a*. I.159[6]大いに喜んで①347. **-pūjā** *f*.広大な供養I.200[13], II.12[15]

uḷuṅka（＝ulumka）*m*. Ⓢ*udaṅka*匙(さじ)．ayaṃ eko yāgu**~o** tumhākaṃ, eko imissā amhākaṃ（tumhākaṃと読む）sahāyikāyā ti I.67[-30]この一本の粥の**匙**は貴方の，一つはこの貴方の連れの女のですと①141.

usīra *m.n*.I.90[18]茅根香①196.**'attha** *a*. **~o** 'va bīraṇaṃ II.171[30]〃を求める人がb.草を〔掘る〕ように②351.

usu *m.f*.Ⓢ*iṣu*矢，箭I.89[6-], III.168[26] ①192,③366. **-kāra** *m*. 矢作り，矢師．~ā namayanti tejanaṃ 19b～達は矢を曲げる．aññataraṃ **~ṃ** usu-daṇḍakaṃ usu-yante pakkhipitvā akkhi-koṭiyā oloketvā ujuṃ karontaṃ disvā I.77[3-]或る一人の～が矢の柄を矢を〔作る〕道具(しかけ)に掛けてから,〔片方の〕眼頭で眺めて真っ直ぐにしているのを見て．**~o** 'va tejanaṃ cittaṃ ujuṃ karitvana avijjaṃ chinda I.94[7-]～が矢を〔矯める〕様に心を真っ直ぐにして無明を破れ①163-4,207. **-daṇḍa-ka** *m*.矢柄，矢幹．I.77[3]①164. **-yanta** *m*.矢を作る道具(しかけ)I.77[3]①164.

usūyā *f*.（＝usuyyā）嫉妬，妬み．para-sampatti-asahana-lakkhaṇā ~ III.30[30]他人の栄達に耐えないことを特徴とする**嫉妬**③66.

ussada-tā *f*. *m.a.BHS. utsada* 隆起，突起，増大する，増〔地獄〕．III. 172[22]**小地獄**③374, sa~esu aṭṭhāsu nirayesu III. 41[24-]〃を含む八大地獄で③88. 増大すること，増すこと，高まること．**tej°** *f*.〔獅子，上座比丘の〕威光(威力)が増大すること，増すこと，高まること．**~āya** ...abhīrū acchambhī abhibhavati I.5[21-]〔獅子の〕威光が**増大して**いるので...恐れず怖れなく征服する．kesara-sīho attano **~āya** eka-cārī viharati, … ete pi **~āya**…eka-cārino.I.6[2-]獅子がおのれの威光の**増大**によって一人行く者として住し…これら〔上座達〕も威光の**増大**によって…一人行く①14-5.

-bhāva *m*.増大していること，増すこと，高まること，増勢になること．ete pi mahā-therā … parissayānaṃ sahanato, rāg'ādi-saṃkilesa-balassa abhibhavitvā hananato pajahanato **~ena** kutoci pi abhīrū acchambhī jhānâdi-sukhena viharanti.I.5[27]これら大上座たちも…危難に耐えるので貪欲などの汚れ(漏)の力を克服して殺し捨てるので威光が**増勢になる**のでどこからも恐れず怖れなく禅定などの楽をもって住まう①14.

ussita *pp*.<usseti.掲げた．**-d-dhaja** *a*. II.181[8]〔高慢の〕旗を掲げた②370

us-suka *a*. Ⓢ*utsuka*熱心な，齷齪(あくせく)励む，切望するII.208[9], III.76[15], 138[33]②424,③168,301.

ussukkati *denom*.<ussukkaⓈ*utsuka*励む，熱心になる．°**kkāpeti** *cs*.熱心にさせる，努めさせる，励ませる，励む．paṭipattiṃ anutiṭṭhantā ghaṭentā vāyamantā vipassanaṃ **~tvā** I.10[25]実践修行を実践し努め励み観察に**熱心になって**．dhīrā catu-sacca-kamma-ṭṭhāna-bhāvanaṃ **~tvā** sammad eva adhigacchanti I.41[20]賢者達は四諦の観念修行の修習を**励まして**もう正しく証得する．pabbajitvā kamma-ṭṭhānaṃ gahetvā araññe vasamāno na ciren'eva vipassanaṃ **~tvā** arahattaṃ sacchākāsi I.61[20]出家して観法(業処)を把握し森に住みながら，もう間もなく観察を〃阿羅漢の境地を証得した①22, 81, 130.

ūna *a*.足りない，少ないII.190[4-],III.39[22]②389,③84. **'ûdara** *a*.空腹な．99[13]腹を減らし③218.

ūmi *f.* Ⓢ*ūrmi*波III.6[30]③15.

ūhata *a.pp.<ud-**hṛ***, ud-***ghṛ*** rajaṃ **~ñ** ca vātena III.4[12]また風に吹き上げられた塵を〔静める〕③9.

E

eka *num.* =Ⓢ一つ，一．I.48[28],II.98[29],III.69[5],98[32]. **°e** *nom.pl.m.*或る人達は．**~** ti ekacce III.80[17]～とは一部の人は．139[28], 168[3] ③178,303,365. **-ṭṭha-tā** *f.<sthā*～のことに立つ者であること．**tad°** *f.* その〃．uddhaccâbhāva-vacanena **~ya** nīvaraṇa-ppahānaṃ dasseti I.34[1-]浮つきがないということでその〔清いという〕～あるから〔五〕蓋〔という煩悩〕（貪，瞋，惛沈睡眠，掉挙悪作，疑）の捨断を示す①66. **-cārin** *a.* III.156[24-]一人行く者（心）③340.

-nipāta *n.*一〔偈〕集．I.3[1],II.30[17],272[4]①7,②67, 551. **-pāda** *m.* **~ena** aṭṭhāsin II.120[1]**一本足で**立った②247. **-putta** *m.*I.100[28]一人子①222.

-puppha *n.* I.210[21]一輪の花①458. **-vassi-ka** *a.m.*一回雨安居を済ました者（一年生）．pabbajito ti pabbajjaṃ upagato, pabbajito hutvā upagata-vassa-matto **~o** I.85[13]出家者とは出家生活に入り出家者となってから〔一回〕雨期（安居）に入ってきただけ～①181. **-sesa** *m.*Ⓢ*eka-śeṣa*〔2語以上を併記する代わりに〕1〔語〕を〔複数形にして〕残すこと（文法の原則）．**~vasena** vā sīhā ca sīhiyo ca sīhā I.5[15]或いは～によって牡獅子達と牝獅子達とが獅子達である①14.

'-agga *a.*一点，一頂点I.189[6], III.192[27]①414, ③416. **°citta** *a.* II.169[24]一境に集中した心で②347. **°tā** *f.* **~āya** I.130[13]心一境であるゆえに①288. **'-aṅga-dassin** *a.*I.227[11]〔愚者は〕一部を見る①494. **'-āsana** II.95[10]独り坐ること②199. **'-āsan-ika** *a.* III.54[6]一座食者③121.

eka-ka *a.* III.20[11]一人ぼっち③44.

ekatiya *a.* = ekacca<*BHS.ekatya.* III.104[19]或る一部の③229.

eka-tta *n.*Ⓢ*ekatva.* 一つであること．**-nirata** *a.* I.130[10]〔心が〕一点集中を愉しむ①288.

ekikā *a.f.* = ekekā <eka + eka一々の，一人一人の．aṭṭha nipātato paṭṭhāya yāva soḷasanipātā **~**([Vri.]ekekā) theriyo taṃ-taṃ-nipāta-parimāṇā gāthā I.4[8]八〔偈〕集から以後十六〔偈〕集までは**各々一人ずつの**上座尼がおり，それぞれに集篇の分量を満たす偈がある①9.

ekodi *a.*専一の，一点の．

-bhāvita *a.*III.73[3]専一に修習された③161.

etad *pron.*これ．**-agga** *a.*この第一の位，〃第一人者I.32[10],III.95[32],112[30],121[17],162[31]①63,③211,247,264, 354.

etarahi *adv.*Ⓢ*etarhi*今，現在．ariyā ~ upasampajja viharanti I.150[1]今聖人達が達して住している①327. na ca me ~ vijjati II.53[4]また今私にはない②112.

etādisa *a.*Ⓢ*etādṛśa* このようなII.69[21], 120[5],III.120[5]②147,247,③262.

etāva-parama *a.* III.171[22]これほどに第一の方③372.

edisa *a.*Ⓢ*īdṛśa* II.120[15]このような②248.

edhati<***ṛdh*** sukhaṃ ~ II.93[28]**楽を得る**②196. III.25[37]③55. **-ita** *pp.* sukh'~ II.200[13]楽に育った②409.

ereti *cs.<**īr**.* pāragatan…na **eraye**([PTS.]vāraye) II.76[6]彼岸に到った人を…**動かすな**([PTS.]妨げるな)②160. giraṃ **eraya** III.200[29]**声を出して下さい**③433. **erita** *pp.*tūlaṃ iva **~ṃ** mālutena I.223[26]風に**ゆれ動く**綿花のよう①487. sad'**~ā** II.107[36]常に動かされる②223.

eḷaka *m.*羊．aj'**~n** ti **~ā** nāma ajā yeva III.85[36]山羊や羊という羊たちというのは山羊たちに他ならぬ③191.

evaṃ *adv.*このようにI.124[26], II.51[15], 175[24], 189[2], 277[33], III.80[25], 89[20], 104[20]

esati <*ā-**iṣ*** III.31[29]nibbānaṃ **~to**涅槃を求めると．69[7]〔糞掃衣を〕**求める**③69, 153.

esanā *f.* II.6[1]〔私は食を〕**求め**に行く②13.

essati *ft.*<eti<***i***. dukkham ~ II.61[16]苦がやって来るであろうか②131.

ehi *2sg.ipv.* <eti<***i***来い，来たれ．~ bhikkhū ti āha I.244[2]〔世尊は〕「来たまえ，比丘よ」と言う①531. **-bhikkhu-bhāva** *m.*〔世尊に〕「来たまえ，比丘よ」と言われて入門を許された比丘となること，善来比丘であることI.244[5],II.143[10],222[3],263[1],III.50[27],59[1],95[11],203[12,28,31]①531,②295,451,532, ③112,133,210,439.

O

o-gāhati<*ava-**gāh***沈み込む，潜る，入る．**°ayha** *ger.* I.137[16]（= ogahetvā）入り①303. **°āhiṃ** *1 sg.aor.*II.146[3]〔水に〕潜った②301. **°āḷha**（= ogăḍha）*pp.* rahade…**~o** III.30[24]沼の中に沈

み込んで③66. °**eti** *cs.*潜りこませる, 深く入らせる；沈潜させる, 沈思させる, 沈思する. °**hetvāna** *ger.*taṃ avalambitvā ~ I.2[1]それ（先師達の決定）に依って**沈思して**①5. °**hetabba** *gdv.*Tāsaṃ gambhīra-ñāṇehi, ~bhāvato I.1[20]それら（偈）についての深い智をもって**沈思しなければならない**から①5.

ogha *m.*＝Ⓢ暴流（洪水）I.198[18],III.196[13].四暴流II.269[4], III.5[25]②543,③12. °**tiṇṇa** *a.*暴流を渡ったI.70[26] II.269[4] ①146,②543. °**pāsa** *m.*暴流の縛り縄III.5[24]③12. °**saṃsīdana** *n.a.* II.245[8]〔身は〕暴流に沈み②494.

ociṇāti *<ava-ci*積む. **ocetuṃ** *inf.* jhānāni ~ II.67[4]禅定を**積むために**②142.

oja-vant *a.*<ojā,Ⓢ*ojas*食素を含む, 滋養ある. jaṭilā paṇīta-paṇītāni **~ntāni** phalāphalāni gahetvā ācariyassa santikaṃ sampattā I.21[-8-]結髪者達が勝れた極妙の～種々の果実を携えて師の許に着いた①39.

oṭṭha *m.*Ⓢ*oṣṭha*唇. **-ppahaṭa-matta** *a.*III.141[4]唇をパクパクさせただけ③306.

oḍḍeti仕掛ける. **oḍḍesi** *3 sg. aor.*（＝odahi）III.36[14]〔罠を〕**仕掛けた**③79. °**ita** *pp.* maccu-pāsaṃ va **~n** II.110[32]死神の罠が**仕掛けられた**ように②230.

o-tarati<*ava-tṛ* udakaṃ **~riṃ** II.146[2]私は水に**入った**②301. °**iṇṇa** *pp.* taṇhā-sallena **~o** II.189[12]渇愛の矢によって**悩まされ**②387.

otthata *pp.*<ottharati<*ava-stṛ* anusaya-jālā-m**~o** II.245[11]潜在する煩悩の網に覆われている②494.

odaka *n.*水. II.23[24]②52.

odana *m.n.*〔御〕飯II.225[25], III.53[24]②24 ③120. **-pāka** *m.* oraṃ ~mhā II.136[3]飯が炊ける前に②279.

odar-ika *a.*<udara I.218[20]食を貪り①476.

o-dahati<*ava-dhā*置く,〔耳を〕傾ける, 適用する. **odahi** *sg.aor.*（＝oḍḍesi）. III.36[14]〔罠を〕**仕掛けた**③79.

odāta *a.*Ⓢ*avadāta*白い, 善い. **~esu** samucchitā III. 86[35]**白衣**（在家）達に夢中になった③194. **~mana-saṅkappo** III.88[33]心の思いが白い（善い, 清い）③198.

odheti （odahati） <*ava-dhā*. **~entī** ti avadahanti III.194[26]**耳を傾ける**とは〃③419. °**esiṃ** *1 sg.aor.* （＝odahiṃ）. sotam ~ atthiko III.102[37]〔法を〕求める私は〃③225.

o-nandhati<*ava-nah*結ぶ. **onaddha** *pp.*aṭṭhiṃ tacena **~n** III.35[22]皮で覆われた骨③77.

opiya *ger.<upa-i.* nibbānaṃ hadayasmiṃ~ I.247[6]安らぎ（涅槃）を心に**入れて**①539.

o-bhāsa *m.*Ⓢ*avabhāsa*光明, 光, 照明. **~ṃ** vissajjento …gāthaṃ vatvā II.147[32]〔大師は〕光を放って…偈を述べ②305. **-gāthā** I.218[1]〃説く偈①475. **-jāta**光が生じたI.86[23] ①187.

oma *a.*Ⓢ*avama.*小劣な. **an**°小さくない. **~ṃ** …parittaṃ lāmakaṃ III.199[8]小さいとは少ない劣った③429.

o-masati<*ava-mṛṣ*触れる, 叱る. **omaṭṭha** *pp.*〔刃物で〕打たれたI.111[28]（＝pahata）①247.

omāna *m.*Ⓢ*avamāna* II.181[35]劣等意識（自分が劣るという意識, 卑下意識）②371.

ora *a.*Ⓢ*avara*こちら側の, 此岸の. °**ṃ** *ac.adv.* II.136[3]前の時に②279. ~ samuddassa III.39[19]海の**此岸に**③84.

o-rata *a.pp.*<oramati<*ram*中止した, 止めた. Uparato ti sabbasmā pāpa-karaṇato **~o** virato I.33[10]安らいでとは一切の悪を作ることを**止めて**離れている①65.

orasa *a.<uras.* **~ṃ** puttaṃ III.203[1]〔仏自身から生まれた〕嗣子を〔拝む〕③437. **-putta** *m.* **~o** amhi II.146[31]〔仏の〕**生みの子**です②303.

o-ruhati （orohati）<*ava-ruh*下りる. °**hitvāna** *ger.* pādukā ~ II.194[34]履物を**脱いでから**（履物から**下りてから**）②399.

oropana *n.*除くこと, 取り去ること,〔髪を〕剃り下ろすこと. sabba-kesānaṃ pana **~ñ** ca arahatta-phala-sacchi-kiriyā apacchā apure ahosi I.43[30-]そして全ての髪を**剃り下ろすことと**, 阿羅漢果の証得とは〔同時で〕後でも先でもなかった① 87.

oropiyati *ps.*<oropeti除かれる, 取り去られる,〔髪を〕剃り下ろされる. katâbhinīhāro satto paṭhama-kesa-vaṭṭiyā voropana-kkhaṇe sotâpatti-phale patiṭṭhahi. dutiyāya kesa-vaṭṭiyā **~mānāya** （[PTS]voropiyamānāya） sakadāgāmi-phale I.43[-29-]志向（願）を立てた〔この〕有情は最初に髪の房を**剃り下ろす**瞬間に預流果に安立した. 二度目に〃と来果に,〔二度目に不還果に〃〕① 87.

o-laggeti cs.<*ava-lag*. **~essāmi** II.151[5]〔お前を〕繋(つな)ぎ止めよう②311. °**gga** *pp.* tvaṃ **~o** II.151[23]お前は**～られた**②312.

o-likhati <*ava-likh*. kese me **~issan** （*1sg.ft.*）

II.45[26]私の髪を**剃り下ろそう**②97.

o-vadati<*-vad*. **~eyya** III.102[18]教誡するがよい③224.

o-vassati <*vṛṣ* 雨水が漏れ落ちる, 雨漏りする. yathā na vassati vassodaka-patanaṃ na hoti na ~, evaṃ sammad eva chāditā I.26[9]雨が降らない(漏らない)ように雨水が落ちてくることなく**漏ら**ないようにと, そのように正しく〔屋根が〕覆われている. Kassapassa Bhagavato bhaginī kuṭī ~ I.26[32]姉様, K.世尊の庵は**雨漏りします**①48,49. kadā nu **~e** III.153[4]いつ一体, 雨を降らすのか③332.

ovāda *m*. **~e** c'assa tiṭṭheyya II.109[24]そして彼の**教誡**に立つがよい②227.

o-sakkati<*ava-ṣvaṣk*退く, 衰退する, 衰微する. **-māna** *prp.* Kassapassa Bhagavato sāsane **~e** kuṭumbiya-kule nibbattitvā pabbajitvā samaṇa-dhammaṃ katvā I.56[9]K.世尊の教え**が衰えていく時に**資産家の家に生まれ出家して沙門法を行い①114.

osakkana *n*.<~ti衰退. **sāsan'°kāla** *m*.教えが衰える時. Kassapa-dasabalassa **~e** pabbaji I.42[9]迦葉十力〔尊〕の～に出家した①85.

o-sāraṇǎ *n. f.* Ⓢ*avasaraṇā* (1)〔罪の嫌疑があるukkhitta比丘の〕復権, 解罪, 〔罪の嫌疑の〕解除 ; (2) *n*.〔戒経の〕読誦, 復唱. pātimokkhassa **~a**-[PTS.desanā-]kāle disāvāsikā dve sahāyakā bhikkhū uposathaṃ karissāmā ti gacchanti I.65[20]戒経の**復唱**〔説示〕の時に, 地方に住む二人の仲間の比丘が布薩を行おうと行く①138.

o-sarati <*ava-sṛ*退く, 入る, 到る.

o-sāreti *cs.*(1)〔罪の嫌疑がある比丘を〕復権させる, 解罪する, 〔嫌疑を〕解除する ; 入らせる, 入れる. (2)〔戒経を〕読誦させる, 復唱させる. **-si** *3.sg.aor.* Kassapa-dasabalo pana chaṭṭhe chaṭṭhe māse pātimokkhaṃ ~ I.65[19-]迦葉十力者はしかし六箇月ごとに戒経を**復唱させた**①138. **-rita** *a.pp.*〔罪の嫌疑を〕解除された, 復権された.

o-hāya *ger.*<ojahati<*ava-hā* II.26[27]捨てて②59.

o-hita *pp.*<odahati<*ava-dhā*. **~o** oropito...khandha-bhāro II.257[15] 肩の荷は**降ろされ**下に降ろした②518.

K

kaṃ. **kan** ti hi udakaṃ tena dāritaṃ… kandaraṃ II.229[7]～とは**水**, その〔水〕によって裂けた…洞窟②464.

kaṃsa *m*. = Ⓢ青銅〔の鉢〕I.212[24]①463. **-pāti**銅鉢. bahu~pātiyo sappi-maṇḍassa pūretvā III.64[25]沢山の～に醍醐(極上の乳酪製品)を満たして③145.

kaṅkhati<*kāṅkṣ*. kālaṃ ～III.191[13]時を**待つ**③412. 〃 **~etha** I.60[21]〔死の〕〃 **期すべし**①127.

kaṅkhā *f*.疑いI.37[1], 178[3], II.11[22], III.49[21]①72,338, ②27. **~an** ti vicikicchaṃIII.49[29]疑いをとは疑惑を〔おさめよvinayassu〕③109. **°pakata-citta-tā** *f*. 心が本來疑いを宿していたこと. pubbe dīgha-rattaṃ attano **~aṃ** ([PTS.]k.-p.-aṃ cittataṃ) idāni sabbaso vigata-kaṅkhatañ ca paccavekkhitvā I.35[21]〔この大上座は〕以前に長期に亘って自分の～と, 今は全て疑いが取り除かれたことを省察し①69. **°bahula-tā** *f.*疑いが多いこと. thero puthu-jjana-kāle kappiye pi kukkuccako hutvā **~āya** Kaṅkhā-Revato ti paññāto([PTS.]aññāto) I.37[26]上座は凡夫の時に〔戒律で〕許容されたものについても惑う者であって～いので疑うR.と知られた①73.

kacci *ind*か ? **~ī** ti pucchāyaṃ nipāto I.92[11]～とは質問の意の不変化詞である①202.

kañcana *n*.Ⓢ*kāñcana*黄金. muttaṃ selā'va **~n** III.9[31]岩石から出た黄金のようなお方を〔拝む〕③22.

kañjika ***n.*** = kañjiya, Ⓢ*kāñjika*米の粥、酸っぱい粥. dadhito **~ṃ**([Vri.]kañjiyaṃ) vāhetvā ([Vri.]gahetvā) I. 146[1-]ヨーグルトから酸い粥を〔作って〕得て①322.

kaṭa-ggaha *m*. ubhayattha **~o** II.195[16]両方で**勝ち目**(幸運)**を摑む**②400.

kaṭacchu-bhikkhā-hetu III.78[21]一匙の施食のため③173.

kaṭasī *f.*vaḍḍhenti **~iṃ** II.192[26]**墓場**を増大させる②394.

kaṭu-ka *a*.辛いII.23[34], III.23[6]. kāmā **~ā** maha-bbhayā 156[30]諸々の欲望は**つらく**大層恐ろしい③340.

kaṭṭha *n*. Ⓢ*kaṣṭha*薪木III.152[32]③332.

kaṇi-kāra *m.n.*(= kaṇṇikāra,kanikāraⓈ*karṇikāra*迦尼迦樹, 黄華樹(の花), 白桐, 喬木, 芳香ある金色か純白の花をつける(和久『仏教植物辞典』No.76). Apare **~rukkhā** ti I.62[17]別の人たちは**黄華樹**であると〔言う〕①131. **~ṃ** va jotantaṃ, nisinnaṃ pabbat'antare, Addasaṃ…Buddhaṃ I.64[1-]〃

のように輝いて山の間に坐っておられる…仏に見えた①134. **~ṃ** va jotantaṃ… addasaṃ loka-nāyakaṃ I.71[17-]輝く〃のような…世間の導師に見えた①151.

kaṇṭaka *m.*＝Ⓢ刺, 荊棘, 茨. **~ṭṭhānamhi** III.80[36]茨(いばら)のある所に. **~nicite** padese 80[38]茨が茂る処に③179.

kaṇṇikā *f.*(＝kaṇikā)*karṇikă*房, 蓮の果皮, 屋根の頂. **kadali-phala°** *f.* バナナの実の房①137.

kaṇha *a* .Ⓢ*kṛṣṇa*黒い〔魔〕I.86[33],II.18[14],III.189[1] ①187, ②41, ③407. **-abhijātika** III.50[12]黒の種族の者〔も信じよう〕③111.

kata *a.pp.*<karoti<***kṛ***行われた, 作られた, 為された, 所作, 有為. **-kicca** *a.* **~o** III.15[17]為すべきことを為した③34. **-pada** *n.* **~ṃ** jhānāni ocetuṃ II.67[4]諸々の禅定を積むために**足跡が作られている**②142. **-paricaya-tta** *n.*親しくなった, 親密になったこと, 熟知したこと. Soṇena pana Koṭikaṇṇena **~ā** tassa pabbajita-bhāvaṃ sutvā I.83[4]そしてS. K.(億耳)と**親交したので**彼が出家となっていることを聞いて①177. **-adhikāra** *a.*奉仕行を行なった者. **-adh.-tā** *f.*すぐれた修行(素養, 奉仕行)を積んだ(行なった)者であること. **~āya** **~者として**①64. purima-buddhesu **~āya** …pūjaṃ katvā cittaṃ pasādesi I.84[16-]先の諸仏の許で**奉仕行を行なった者なので**…供養をして心を浄めた①180→adhikāra. **°'-anta** *a.*I.18[16,27]所作の極み①36. **°'-indriya** *a.* III.18[8]感官が〔よく調御〕された③40.

katipaya *n.a.*僅か, 多少, 若干〔の〕. vutta-paricchedato paraṃ **~e** eva kappe atikkamitvā pacceka-sambodhiṃ abhisambujjhanti I.11[-15-]前述の〔期間の〕限度以上の更に**多少**の劫を越え過ぎて辟支〔仏〕の正覚を覚る①23. **~**dhamma-kkhandha-saṅgahaṃ gatā I.2[34-]〔長老偈と長老尼偈とは〕**若干の**法蘊に纏められることになった①7.

kathaṃ *adv.* III.57[12]どうして③129.

kathā *f.*＝Ⓢ話, 論, 語り. **-vatthu** *n.*話題 I.39[17,26]①78.

kadali-phala-kaṇṇikā *f.* バナナの実の房 I.65[-10-] Padumuttarassa bhagavato …nisinnassa mano-silā- cuṇṇa-piñjaraṃ mahantaṃ **~aṃ** upanesi I.65[-10-]蓮華上世尊が…坐っておられる時, 砒石(雄黄)の粉末のような赤色をした大きな〜を差し上げた①137.

kantati *3 sg.* <***kṛt***紡ぐ, 編む, 切る, 切断する.

kantana *n.*紡ぐこと. yathā **~'atthena** ādi-anta-vipallāsato takkaṃ vuccati, evaṃ hi sahan'([Vri.]hiṃsan')aṭṭhena sīho veditabbo I.5[30-]例えば〜という意味をもって最初(ka)と終わり(ta)を逆にすると推論と言われるように, まさにそのように殺す([PTS.]耐える)という意味で獅子は知るべし①14.

kantāra *a.n.*難儀〔な〕. ~'addhāna pakkhanno I.209[1]**難儀な**道に踏み込んで①455.

kandati <*krand* **~nti** naṃ III.39[25]彼を泣く③84.

kandana *n.* **~ṃ** karoti III.39[26]**悲泣**をする③84.

kapi *m.* ＝Ⓢ猿. III.141[36]〔獅子の皮を纏った〕猿③ 308.

kapiṭṭha (kapittha) *m.*蜜柑. -phala 〜の実 III.79[9]③175. **-ārāma** *m.*蜜柑園I.78[17]①168.

kappa *a.n.*(＝kappiya)相応しい, 許容できる. **-akappa** *a.* **~esu**...kusalo II.102[22]適・不適に…通じ②213.

kappate *ps.*(kappati)<***kḷp***. na mayhaṃ ~ II.204[14]私には**ふさわしくない**②417.

kappanā *f.* Ⓢ*kalpanā* 考え, 見做すこと, 想定. yathā Tathāgate sadisa**~ya** āgato, evaṃ idhâpi sadisa ~vasen'eva veditabbo I.4[26-]如来と同等なものと**想定する**ために出ているように, そのように, ここでも,〔如来と〕〃にのみ〔獅子sīhaというと〕知られよう①12. dāṭhā viyā ti dāṭhā ti sadisa**~vasen**'eva veditabbo I.7[3]〔獅子の〕牙のようにというのは, 牙と等しいものと**見做すこと**によってのみ知るべし①16.

kamma *n.*Ⓢ*karman*業(身・口・意の行い, その影響力), 修行, 作業, 作法. II.22[10...19],209[7,11], III.79[34]仕事②49, 426, ③176. **ñatti-catuttha°** 白四羯磨(びゃくしこんま→ñatti). **-kāraṇa** *n.* II.22[5],260[33]([PTS.]-karaṇa)刑罰②48, 526. **-ja-vāta** *m.*業から生じた風. Tassa mātā paripakka-gabbhā… araññaṃ pavisitvā vicarati, tāvad ev'assā **~ā** calimsu I.61[-19]彼の母は臨月の腹を抱えて…森に入ってめぐり歩く. もうたちどころに彼女の〜が動いた(産気づいた)①130. **-ṭ-ṭhāna** *n.*業処, 観念修行法I.10[16], 43[26], 47[22], 54[20], 56[19], 75[3], 83[7], 100[18], 102[12], 104[3], 148[7]-.186[14], 200[24], II.54[9-],197[26], 243[17], III.95[18], 162[21], 182[6] ①22, 87, 94, 109, 114, 160, 177, *200*, 221, 226, 229,

324, 408, 438,②115, 404, 491, ③211,352,393. **-dāyāda** *m.* II.22[20],209[15]業の相続人②49, 427. **-pilotikā** *f.*業の布の繋がり(宿業の布紐, 絆). tāya eva **~āya** codiyamānā Mettiya-Bhūmajakā bhikkhū iminā mayaṃ Kalyāṇa-Bhattikassa gaha-patino antare pari-bheditā ti duggahīta-gāhino I.45[3-](Vri.)同じその〔悪〕 ~に促されたM.とBh.〔という〕比丘が, この男によって我々はK.(善飯)家主との間を引き裂かれたと謬見を懐いて①89. **-bandhu** *m.* II.209[15]業の縁者②427. **-yanta** *n.* II.245[24]業の仕掛②495. **-y.-vighāṭana** *m.* II.178[13]〃を打ち破る②364. **-vipāka** *m.* phuṭṭho **~ena**III.62[31]**業の報い**(異熟)に触れた③141. **-ssaka** *a.* II.22[20] 業が自分のものである②49. **-ss.-tā** *f.* II.22[14]〃こと②49. **'anta** *m.*II.22[4]行為, III.132[2-]仕事場(農場)②48, ③289.

kammi-ka *a.m.*仕事をする者, 作業人, 執行人, 商人. **vana°** *a.m.*森の(で)仕事をする者(猟師, 狩人). **~o** pure āsiṃ, pitu-pitā-mahen'ahaṃ, para-ruhireṇa jīvāmi, kusalaṃ me na vijjati I.85[6-]昔, 私は父や祖父と共に森で仕事をする者だった. 他の〔生き物〕の血によって生きる. 善は私にはない①181.

kayirā *3 sg.op.ps.<**kṛ***.upadhiṃ na ~ II.28[21]依処(よるべ)を**作ってはならぬ**. yaṃ hi ~ II.89[10]何でも**なされることのみを**〔語れ〕. amoghaṃ divasaṃ ~ 190[1]空しくない日を**送る(作る)がよい**②63,186,389.

karaṇīya *gdv.<kṛ*なす(される)べきII.89[1], 271[29]②186,548.

kara-ja a.<kara<Ⓢ**kṛ**行為から生まれた, 業生の. **°-kāya** *m.*業生の身. Kuṭikā ti pana mātu-kucchi pi **~o** pi tiṇâdi-cchadano patissayo pi vuccati I.26[22-]庵(小屋)とは, しかし母の胎も~も, 草などで覆った住居も〔小屋〕と言われる. kesâdi-samūha-bhūto **~o** I.26[31]髪などが集合体となった~が〔小屋〕①49. II.245[18]業所生身②494.

karati (=karoti)<*kṛ*作る, する, 為す. **°aṃ** *nom.sg. prp.* **~n** ti karonto II.92[9]為すならとは行うなら②193. **°assu** *2sg.ipv.* kāmaṃ ~ rūpāṇi I.126[23]好きなように諸々の色を作れ①278. **°ritvāna** *ger.* II.120[5]〔業〕を造って. nīcaṃ manaṃ ~ 248[6], 264[20]心を低くしてから②247,500,535. kiṃ...~ III.17[12]何をなして ③38.

karavīka-sakuṇa II.116[14]迦陵頻伽(かりょうびんが, 郭公)鳥②241.

karīsa *n.*カリーサ(広さの単位, 1町歩＝1h.ほど). aṭṭha~ppamāṇaṃ Jetassa rāja-kumārassa uyyāna-bhūmiṃ koṭi-santhārena kiṇitvā tattha Bhagavato vihāraṃ kāretvā adāsi I.24[24-] 八~の広さのJ.王子の遊園の土地を一千万〔金〕を敷きつめて買い入れ, そこに世尊の精舎を建立させて奉献した①45.

kareri-mālā-vitata *a.* III.140[4] k.樹の花綱が伸びた③304.

kalaha *m.*＝Ⓢ喧嘩, 争論, 諍い, 不和. **-abhirata** *a.* III.86[8]諍論(喧嘩)を愉しむ③192.

kali *m.*＝Ⓢ賽子(さいころ)の不利玉II.79[16],137[29] ②167,282

kaliṅgara II.79[12]〔磔(はりつけ)〕柱②167.

kalita *a.pp.*< kalati, -eti囀る. Te sīta-vāta**~ā** (Vri.-kīḷitā), suttaṃ jhāyaṃ nibodhenti 22cd それら〔鳥たち〕は涼しい風に**囀り**(Vri.嬉々として遊び), 禅思して眠る〔私〕を目覚ます. sīta-vāta**~ā** (Vri.-kīḷitā) ti sītena megha-vātena sañjāta**~ā** (-kīḷitā) madhura-vassitaṃ vassantā I.82[10-]〔孔雀たちが〕涼しい風に囀り(Vri.嬉々として遊び)とは, 冷たい黒雲の風によって〔声が〕出て囀り(Vri.嬉々として遊び), 甘美な鳴声をあげて①176.

kalya-tā *f.*嬉しさI.232[28]①507.

kalyāṇa *a.n.*＝Ⓢ善い, 美しい, 善. **-dassana** *a.* III. 47[15] 容姿麗しい③103. **-pañña** *a.* II.212[10]よい智慧ある②433. **-mitta** *m. a.*善き友, 善知識II.212[4],III.7[3]②433,③15. **–sīla** *a.* II.212[4]戒よろしき②433. **'-iriyā-patha** *a.* II.183[20]身のこなし(行住坐臥の威儀)がよろしい②375.

kalla-tā *f.* (kalyatā)健全となること. Bhojana-sappāya-lābhena kāya-cittānaṃ **~āya** samāhito I.83[-15]食事が適切であることを得たので身心が~によって心統一した①178.

kaḷiṅgara *m.n.* (＝kal-)Ⓢ*kaḍaṅkara, kaḍaṅgara* 木片, 丸太. acetanaṃ kaṭṭha~ādiṃ tacchakā nemi-ādi-vasena vaṅkaṃ ujuñ ca karonti I.77[12-]心のない木材・~などを大工たちは車の外輪などのために曲げたり, また真っ直にする①164.

kaḷīra *m.* I.172[1]筍(たけのこ)①376.

kasana-ka *a.*耕す. naṅgalaṃ ito c'ito ca āvattetvā khette **~o**(Vri.)I.71[-33]〔牛の優良種はusabh'ājañño〕犁をあちこちと牽きまわして田畑を**耕す**①152.

kassāmi *1sg.ft.<kr̥.*taṃ tâhaṃ ~ ...su-madditaṃ III.160[14]お前（心）よ…私はお前（心）をよく鞣(なめ)されたものに**しよう**③348. kathaṃ ahaṃ **~ssaṃ** II.164[22]私はどう**しよう**②337.

kassate *med..<kṛṣ.* ~ khettan II.224[20]田を**耕す**②455.

kahāpaṇa *m.*Ⓢ*kārṣāpaṇa*貨幣, 金一両I.145[1]①320. III.85[31]金貨③191.

kānana *n.* =Ⓢ森III.159[31],160[1]③347. **~e** vane ti ~bhūte vane II.148[28]-**森**に林にとは**森**となった林に②307.

kāpañña-tā *f.*哀れなこと. daḷiddayâdinā **~aṃ** pattā II.278[19]貧乏などによって〜に至る②564.

kā-purisa *m.*劣悪人III.116[1]③253.

kāma *m.* =Ⓢ欲望I.122[21],174[21],204[23...34],III.156[30-]①269,381,446,③340. **~n** ti yathā kāmaṃ ekaṃsato vā II. 133[23]**むしろ**とは好きなように, 或いは一方的に②274. **kilesa°** *m.*煩悩欲I.122[22],III.40[32]①269,③87. **vatthu°** *m.*事欲, 欲望対象I.122[22],III.40[32]①269,③87. **-kāmin** *a.* II.96[34]欲することを欲して〔喜ぶ〕②202. **-kāriya** *a.* III.88[28]欲望のままに行う③197. **-koṭṭhāsa** *m.* II. 192[18]欲望の部分（色・声・香・味・触）②393. **-kopa-pahīna** *a.*II.280[17]欲望と怒りを捨てた②569. **-guṇa** *m.*欲楽, 欲望の対象（楽）,〔五〕欲の楽II.103[21],225[34], III.157[23]②215, 457,③342. **-cchanda** *m.*I.175[26]貪欲（欲望, 欲求）①383. **-jāla** *n.*II.151[17]欲望の網（心）②312. **-dhātu-purakkhato** II.162[9]欲界を優先した②333. **-bhava** *m.*II.187[20]欲界の生存②383. **-mayikan** II.279 [32]欲望からなる〔楽（快楽）〕②568. **-rati-santhava** *m.* mā **~n** III.63[17]**欲望の愉しみに親しむ**勿れ③142. **-rāga** *m.*欲望・欲情, 欲・情I.75[15], II. 33[9], 103[2],135[21-]①160,②71,214,278. **-saññā**. III.120[29]欲望の想い③263. **'-andha** *a.*II.125[29]欲望に盲目で②258.

kāma-na *a. n.* **-ā** *f.*欲望すること, 願望, 欲求. sabbaṃ vā **~'aṭṭhena** kāmo, rajjan'aṭṭhena rāgo ti ca laddha-nāmaṃ taṇhaṃ agga-maggena pajahissati I.76[1-]或いは〜という意味では欲望といい, かつまた染まる（惚れる, 染着）という意味では欲情（貪染）という名を得た一切の渇愛をば, 最上の道（阿羅漢道）によって捨てるであろう①161.

kāya *m.* =Ⓢ身, 身体, 衆, 集合体I.135[11],222[30-], II.47[18-], 133[24],168[23],244[6,14-],III.151[23]①298, 485,②101,274,345, 492,③329. **-gatā sati**身に関する思念, 身至念I.47[17],49[5-],135[13],II. 196[28-],III.120[4],192[29]①94,97,298,②402,③262,415. **-daḍḍhi-bahula** ([vl.]-daḍhi-, [Vri.]-daḷhi-) *a.*〔自分の〕身の強健を多とする（身を養うのに汲々とする, 壮健を大事にする）①*236*(3). **~e** ([Vri.]-daḷhi-) bhikkhū disvā te ovadanto I.106[8], 239[6]〜比丘達を見て彼等を教誡しようとして①234,522. anissaraṇa-ppañño hutvā kāya-posana-ppasuto **~o** ([Vri.]-daḷhi-) I.239[-13]自在な智慧がない者となって身を養うことを追い求め〜①523. tiracchāna-kathikehi **~ehi** ([Vri.]-daḷhi-bahula-) puggalehi sannisajja tasmiṃ saṅgaṇike rato ([Vri]-jjā saṅgaṇiko) I. 191[1]畜生の話をする, 〜人達と共に坐って, その衆の集まりを愉しむ①417. **-duṭṭhula-garu** *a.* I.239[10]身の難渋（不調）を重く見る①522. **-macchera-garu** *a.* III.119[21]身を慳(お)しみ重んじ③261.

kāra *m.* **~ṃ** katvāna II.96[28]〔比丘達に対して〕**務めを**果たして②202.

kāraṇa *n.* =Ⓢ因, 原因, 事由, 理由, 訳(わけ), 懲罰, 刑罰. **~ṃ** vibhāveti I.13[27]**理由**を解明する①26. kena nu kho **~ena** devo na vassati I.25[15]一体**なぜ**神は雨を降らせないのかな. Satthā idam eva **~ṃ** atth'uppattiṃ katvā I.44[26]〔大〕師は同じこの**理由**を意味の由来となして. kin nu kho **~n** ti ca cintentānaṃ I.50[14]一体どうした**わけ**か, と考えていると. ①46,88,100. Yan-ti-ādi sv-āgata-bhāvassa **~dassanaṃ**II.121[23] ([Vri])なぜならなどとは, よく来ていることの**理由を示す**. Rājā avassana **~ṃ** sallakkhetvā 138[34]王は雨が降らない**訳**を考えてみて. **attha~**sīl'ādi attha-jānana-mattam eva upani ssayaṃ katvā paṇḍito hoti 159[16]意味の**理由**や戒など意味を知ることのみを機縁となして賢者である. paṇipātaṃ nâkāsiṃ. **kiṃ~ā**? issā-mānena vañcito 161 [17]〔私は世尊に〕ひれ伏すことをしなかった. **なぜか**. 嫉妬と自尊心（慢）に騙されて②250,285,327,332. sīla-sampadā'dīnaṃ **~bhūtaṃ** vīriya-sampadaṃ dasseti I.16[20]戒をそなえていることなどの**原因**となる精進をそなえていることを示す. attanā paṭiladdha-sampattiyā **~bhūtaṃ** garûpanissayaṃ viveka-vāsañ ca kittento II.19[1-]自分が成就することを得る**原因**とな

った「師に頼ること」と「遠離して住むこと」とを褒め称えようとして①32,②42. ajānana~**ā** guṇānaṃ ajānanam eva tattha **~n** ti II.10^{15}〔愚者達はその人の〕諸々の徳を知らない**から**である. 或いは知らないことこそがその**原因**であると. Dukkhā jāti puna-ppunan ti idaṃ gaha-kāraka-gavesantassa **~vacanaṃ** 56^{1-}再三再四, 生まれるのは苦しいとは, これは家(生＝atta-bhāva自分の身＝存在)を作る者を求めている**原因**(理由)を言う. parivattanassa **~m** 81^{3}転廻の**原因**. saññāya **~bhāvena** taṃ upanissayaṃ katvā, patto me āsava-kkhayo II.82^{33}〔その無常〕 想が**原因**であるから, それを機縁となして私の煩悩(漏)の尽きることが得られた. pathavī-kampa**~ṃ** 94^{7}地震の**原因**. upādāna-kkhandha-pañcakassa mūlaṃ **~ṃ** 129^{21}五取蘊の根・**原因**②24,118,170, 174,197,267. **~bhūtena** kas' ādīhi tāḷan'ādi-vasena haññati III.40^{24}**懲罰**となる鞭等で打つ等によって殺される. pañca-vidha-bandhana-kamma**~'**($^{PTS.}$-karaṇ')ādi-vasena bādhiyyati40^{28}五種の殺しや縛りの**刑罰**等によって苦しめられる③86

kāruka *m.*工匠, 職人. sabba~sippānī ti sabbehi vesâdīhi **~ehi** kattabbāni chatta-tāḷavaṇṭa-karaṇâdīni hattha-sippāni III.78^{31}一切の**工匠**の技芸とは, 一切の衣装などの**工匠**たちが行うべき傘や多羅葉扇を作るなどの手芸③174

kāruṇika *a.*悲(あわ)れむ〔仏〕III.90^{4},161^{25} ③200,351.

kāla *m.* 時. kaṅkhetha (kaṅkhati) **~ṃ** I.60^{21}時を待つべし. III. 191^{13}〃待つ①127, ③412. **~ṃ** kareyya II.173^{22}〔死の〕時を作るとよいのか②355. **~ena** II.249^{28}, III.61^{22}時に応じて②503, ③138. **-vasa** *m.n.* **~ṃ** pattā II.278^{6}時の支配を受けた②563. **-vādin** *a.*＝Ⓢ時を弁えて語る, 〔ふさわしい〕時に語る. **~ī**-ādi-bhāvaṃ avissajjento yeva bhaṇati I.33^{12}〔ふさわしい〕**時に語る**などであることを決して離れ(忘れ)ないで語る①65.

kālā, kāḷā *f.*蔦(樹), 又は蔓草(dantī-latā)II.98^{7} ②205.

kāḷa-pabh'aṅga-saṅkāsa *a.m.* 肢体はカーラー樹の瘤のよう. **~o**(93a)ti maṃs'ûpacaya-vigamena kisa-dus-saṇṭhita-sarīrâvayavatāya dantī-latā-pabba-sadis'aṅgo II.98^{7}〜にとは, 肉の厚みがなくなって, 痩せて体の諸部分が悪く納まっているのでダンティー蔓草の瘤のような肢体である②204.

kāveyya *n.*Ⓢ*kāvya*詩, 詩歌.

-matta *a.*詩歌に酔った. III.198^{1}③426.

kāsa *m.*葦, 咳(せき), 喘息. I.90^{16}茅の類(kusa天竺吉祥草)①196, *199*(5).

kāsāya(kāsāva) *a.*Ⓢ*kaṣāya*渋色の, 袈裟III.132^{34}③291.

kāsumārĭ *f.* Ⓢ*kāśmarī, Gmeria arborea*キダチヨウラク(木立瓔珞), クマツヅラ科の高木, 花は幅25mm, 橙黄色(渡辺清彦『図説熱帯植物集成』760右)°**i-ka** *m.a*<kāsumārĭ(上記). **-phala** *n.*k.の果実. mano-harāni **~āni** disvā tāni gahetvā Bhagavato upanesi I.63^{7-}美しい〜を見つけて, それを取って世尊に差し上げた①133.

kāhati *3 sg.ft.*<karoti<***kr̥*** na **~mi** I.221^{27}致すまい①483. gehaṃ na **~si** II.56^{7}お前は家を作るまい②118. kiṃ **~si** III.159^{15}お前はどうしようとするのか③346.

kiṃ-chanda *a.* III.82^{10}どんな意欲の③183.

kicca *gdv.n.*II.44^{1-},269^{17},III.24^{29}為すべきこと②93,545, **-kārin** *a.n.* III.20^{21}行うべきことを行う③45. **-akicca** *a.n.* III.79^{16}為すべきこと、為してはならぬこと③175.

kiccha *a.*Ⓢ*kr̥cchra* **~ā** vutti I.234^{26}身過ぎ世過ぎは**困難だ**①512.

kiṭṭha *m.*Ⓢ*kr̥ṣṭa*<***kr̥ṣ*** 苗芽, 稲田, 穀物.

-ada *a.* II.187^{22}穀物を食らう〔家畜〕②383.

kittana *n.*称讃. para-mmukhā ~e patthaṭa-yasatāya II.278^{37}他人の口から**称讃されることに**, 名声が広まることに〔塗れない anulepanaṃ〕②565.

kitti *f.*Ⓢ*kīrti*称誉, 称讃, 名声;陳述, 報告, 述べることI.104^{31-}称讃. II.259^{26}称誉. 278^{37}称讃. III.191^{32}称讃①231, ②523,565, ③414. **-siloka-vaḍḍhanī** *a.f.*称讃や名声を増大する. ~ ti kittiyā sammukhā pasaṃsāya silokassa patthaṭa-yasa-sabhāvassa vaḍḍhanī II.235^{10}〔智慧はpaññā〕~とは称讃に直面し, 賞讃によって, 称誉によって広まった名誉を本性とする名声を増大する②475

kinnara *m.* I.188^{22}緊那羅(人非人)①413.

kimi *m.*Ⓢ*kr̥mi*蛆虫II.135^{17},III.167^{21},170^{18}②278, ③364,370.

kilamati ***<klam***. kāyo ~ III.140^{34}身は**疲れる**③

306.

kilesa *m.*煩悩Ⓢ*kleśa* I.162[16],III.77[20]①355,③171. **-vatthu** *n.* III.78[2]煩悩の基礎③172.

kileseti *cs.*<kilissati<***kliś***. saddhammaṃ **~sissanti** III.85[4]正法を**汚染する**だろう③189.

kisa *a.*Ⓢ*kṛśa*痩せたII.98[9]②204.

kīṭa *n.* =Ⓢ昆虫，蛆虫. **-siriṃsapa** *m.*昆虫や蛇. III.152[11]③330.

kī-disa *a.*Ⓢ*kīdṛśa.* **~o** ti kim-pakāro III.172[2]**どのような**ものかとはどのような類か③373.

kīrati *ps.*<karoti<***kṛ***. tatth'eva **~nti** II.22[5]同じ処で〔懲ら〕**される**②49.

kukkucca *n.BHS.kaukṛtya*後悔，悪作，悔疑 I.176[9]①384.

kukkucca-ka *a.*惑う，疑う. thero puthu-jjana-kāle kappiye pi **~o** hutvā kaṅkhā-bahulatāya Kaṅkhā- Revato ti aññāto I.37[25-]上座は凡夫の時に〔戒律で〕許容されたものについても**惑う者**であって、疑いが多いので「疑うR.」と知られていた①73.

kukkuḷa *m.*Ⓢ*kukūla*熱灰（地獄）. I.122[30]①269.

kuñjara *m.*＝Ⓢ象. II.62[28], 105[30]②133,219. **-abhiruda** *a.* III.140[6]象のなき声③304.

kuṭi-kā *f.*庵（いおり，小屋）I.26[22-],28[25],134[4-],137[1-],143[5-],II.8[5-],138[34]①49,53,295,302,315,②19,285.

kuṭī *f.*庵（いおり）I.140[6-]①309.

kuṭimbika (kuṭumbika) *m.*資産家，地主I.24[27],84[21], 203[27],206[25],III.1[18], 64[10], 121[27]①45,180,444,451,③4,144,266.

kuṭumbiya *m.*（＝°bika,kuṭimbika）資産家，財産家I.56[9], II.211[5], 213[14] ①114,②431,436. **°geha** *n.*資産家の家. eko Bāhira-([Vri.]Bāhiya-) raṭṭhe **~e** nibbatto I.43[6-]一人はB.国の〜に生まれた①86.

kuṭṭha-roga-tā *f.*<*kuṣṭhā* 癩病，癩病であること. aṭṭhi-gata° *f.* III. 139[8]骨に達した〜③302

kuṭṭhi-roga *m.*癩病I.186[7]①408. ③301.

kuḍḍa-mūla *n.*III.139[10]垣根③302.

kuṇṭha *a.m.*＝Ⓢ鈍い，切れない，鈍感な，怠ける；〔手・足等〕不具な，畸形な，足（脚）または手（腕）に障害がある，片足（脚）が畸形な I.67[33]fn.9（嘲笑，侮蔑の意を含む→koṇḍa, kuṇḍa）.

kuṇḍa *a.*＝*BHD.* Ⓢ*kuṇṭha*鈍い，切れない，鈍感な，〔手・足など〕不具な，畸形な（嘲笑，侮蔑の意を含む→koṇḍa）. sāmaṇerā c'eva daharā bhikkhū ca… Dhāno koṇḍo jāto ti pari hāsaṃ karonti. Ath'assa ten'eva kāraṇena ~dhāna-tthero ti nāmaṃ jātaṃ I.68[1-]沙弥達や若い比丘達が…Dh.は**鈍く**なったと嘲笑をする. すると彼に対してその同じ理由で**鈍い**Dh.上座と名前がついた①141, *146-7*(1).

kuṇḍa-ka *n.*籾糠（もみぬか），米屑. ~ādinā sūkara-bhattena puṭṭho bharito I.73[29-]〜など豚の食い物で養われ育てられている①156.

kuṇḍala *n.*耳環. III.35[21]③77.

kuthita *pp.*<kuthati<**kvath.** 煮えた，料理した，膿んだ. uppakkena ~ena III. 139[9] 腐爛し**膿んだ**〔手で〕③302.

kudāssu *adv.* I.190[25],191[3]一体いつ①417.

ku-d-diṭṭhi *f.a.* III.31[3]悪い見解をもつ③67.

kuddha *pp.*<kujjhati<***krudh***. **~ṃ** paṭikujjhati II.186[18-]怒った者に怒り返す②381.

kun-nadī *f.* **~īnaṃ** va odakaṃ II.23[24]諸々の**小川**の水のよう②52.

kuppati <***kup***.怒る~nīye …na ~ II.61[13]怒りたいことに…怒らない②130.

kuminǎ *n.f.*魚網，網. **-mukha** II.125[35]魚網の口②258.

kumbha *m.*壷，瓶，甕. **-kāra-kule** nibbattitvā II.18[23], 89[29]瓶作りの家に生まれて②42,188.

kumbhila *m.*（＝kumbhīla）〔ガンガー河の〕鰐. **-bhaya** *n.*鰐の怖畏①*92*(3)

kuraṇḍa *m.*Ⓢ*kuranṭa, kuraṇḍa*（→kūraṇḍa, koraṇḍa, koarṇḍaka）クランダ〔花〕.

kuraṇḍa-ka *m.*Ⓢ *kuranṭaka,kuraṇḍaka*（→koraṇḍaka, kŭraṇḍa, koraṇḍa）クランダカ〔花〕. Barleria prionitis Linn. Acanthaceaeキツネノマゴ科，和名トゲバレリヤ，低木，刺あり，花黄，葉は苦く，腸炎に内用，根は解熱薬，垣根に作る. ラッパ形の花，艶やかな茶黄色の五弁に分かれる. 漢字表記は黄花假杜鵑（コーナー・渡辺『図説熱帯植物集成』p.818右，Wikipedia）. So satthu pada-cetiyāni disvā …~ ([Vri.] koraṇḍaka-) pupphāni gahetvā pūjaṃ katvā cittaṃ pasādesi I.84[-18-]彼は〔大〕師の足〔跡〕の諸霊跡を見て…諸々の〜の花を採って供養を捧げ心を浄めた①180.

kula *n.*＝Ⓢ家，良家III.138[31-],154[22]③301,335. **-ppasādaka** *a.* II.221[5],227[17]家〔人〕を浄く信じさせる②450,460.

kulā-kulaṃ *adv.*II.248[10]家から家へ〔托鉢に行くがよい〕②500.

kusa *m.*Ⓢ*kuśa*クサ草, 天竺吉祥草I.90[16]①196.

kusala *a.*Ⓢ*kuśala*善, 善い, 通じた, 明るい. I.100[33]①222. **~ā** dhammā III.77[11]**善なる**諸法. ~aṅkusa-ggaho 160[25]**巧みな**鉤を執る〔象師〕③170,349.**~in** *a.*善い, 善さがある, 優しいI.100[33]①222.

kusīta *a.*Ⓢ*kuśīda*怠惰な, 怠けてI.218[21],III.87[4], 100[29]①476, ③194,221.

kusumâkula *a.* II.220[10]花が乱れ散る〔川〕②448.

kuha *a.* III.86[14]欺(あざむ)き③192.

kuha-ka *a.* III.86[14]欺き③192.

kuhanā *f.*詐欺, 欺瞞. **~a**-vatthu III.86[14]欺瞞事③192.

kuhiñ-ci III.189[37]-どこにも③409.

[1]**kūṭa** *m.n.*II.192[11]罠②393. III.176[30]〔須弥山の〕頂③381. **-agāra** *n.* II.86[8]重閣②180. III.134[9], 173[28]③293,376.

[2]**kūṭa** *a.*偽る, 詐欺の. **-sakkhin** *a.* III.79[23]偽証する③176.

ke-kā *f.* = Ⓢ〔孔雀の鳴き声〕ケー・カー. **-sadda** *m.*ケー・カーという声II.77[23], III.153[8] ②163, ③332. pāvusa-kāle megha-gajjitaṃ sutvā **~ṃ** karontā… nadanti I.82[-8-]〔孔雀たちmorāは〕雨期に黒雲が雷鳴したのを聞いて, ~を上げて…叫ぶ①175.

ketu *m.*旗I.157[3]①343. °**hā** *a.*旗を捨てる. ~ ti māna-ppahāyī I.157[2] ～てとは自意識(憍慢, 驕り)を捨て切る①343.

keli, keḷi *f.*Ⓢ*keli*遊び, 戯れ, 冗談, 戯言, 嘲弄, 皮肉. So…tehi kariyamānaṃ **~ḷiṃ** sahituṃ asakkonto I.68[-2-]彼は…彼等から浴びせられる**嘲弄**に耐えることが出来ない①141.

kevala *a.* = Ⓢ**~n** I.75[21]全て, **~ā** II.74[25]**専ら**①161, ②158. °**lin.** brahma-cariyassa **~ī** III.5[19-]梵行を**専らとする**③11.

kesa<Ⓢ*keśa* *m.*髪. II.45[27]②97. **-dhātu** *f.*〔仏の〕髪舎利, 崇拝記念の品としての髪. manthañ ca madhu-piṇḍañ ca Bhagavato datvā dve-vācika-saraṇaṃ gantvā **~yo** labhitvā agamaṃsu I.50[23-]〔二人は〕麦菓子と蜜団子とを世尊に差し上げて,〔仏と法とに帰依する〕二言の帰依を行なって,〔世尊の〕**髪舎利**を得て出かけて行った①101.

koṭṭhaka *n.*小屋. **dvāra**°II.239[26]門小屋②483. daḷha- m- aṭṭāla~ III.54[19]堅固な見張塔のある門屋のある③122.

koṇḍa *a.m.* <kuṇḍa〔手・足など〕不具な, 畸形な, 鈍い, 切れない, 鈍感な, 怠ける, 愚かな, 阿呆な, ならず者(嘲笑, 嘲弄, 侮蔑, 不満の意を含む). Dhāno **~o** jāto I.67[33]ダーナさんは**鈍く**なった. tumhe **~ā**, tumhākaṃ upajjhāyā **~ā**, ācariyā **~ā** I.68[3-]お前たちは**鈍感だ**, お前たちの和尚たちは**鈍感だ**, 阿闍梨たちは**鈍感だ**①141, *146-7*(1).

kodha *m.*忿, 忿怒, 憤怒, 怒り. **~**ppatta-mana-tthaddhan III.29[8]怒りを得た意が強情③63.

kodhana *a.* III.84[16], 115[25]怒る(＝kujjhana-sīla怒ることを習性とする)③187,253.

kopita *pp.cs.*<*kup.* na me'si **~o** III.157[30]お前(心)は私によって**怒られていない**③343.

koraṇḍa *m.* [koraṇḍakaも同じ. *Barleria prionitis L.*(トゲバレリヤ). →前記kuraṇḍa [ka]. コーランダ〔花〕(黄花假杜鵑) ①183. **~ṃ** pupphitaṃ disvā, sa-mūlaṃ pūjitaṃ mayā *Ap.*I.206[16]花咲ける～を見て, 私は根ごと〔仏足跡に〕供養した. **~ṃ** pupphitaṃ disvā, pāda-paṃ dharaṇī-ruhaṃ; ... *Ap.*I. 283[12]足(根)をもって〔養分を〕吸い大地に生え花咲ける～を見て①185. **vana**° *a.m.*森の～〔の花, 木〕. Siddh'atthassa bhagavato… **~m** ādāya, buddhassa abhi-ropayiṃ *Ap.*II.404[-23]S.仏世尊に～を採って植えた①185. **-pupphi-ya** *a.m.* ～の花の〔供養をした〕āyasmā **~o** thero imā gāthāyo abhāsitthā ti. ~ttherassa apadānaṃ *Ap.*I.206[23], II.383[26], 435[10] 尊者～上座は偈を述べたと, ～上座の譬喩①183. **-vaṇṇa-ka** *a.m.* ～花の色をした. Yaṃ yaṃ yo'nū(Vri.u)papajjāmi, devattaṃ atha mānusaṃ; **~o** yeva, sa-ppabhāso bhavām'ahaṃ *Ap.*II. p.383[-20]およそ私がそれぞれどんな神(天), または人に繰り返し再生しても, **～色のままで**, 輝いている①185.

-ka *m.*(koraṇḍaに同じ. →kuraṇḍaka). ～〔の花〕. **~chavi** homi, sappabhāso(Vri.sup°) bhavām'ahaṃ *Ap.*II.435[4] 私は～〔**花**〕**の肌色をして**, 輝いている①185.

kolāhala *n.*II.99[5]叫び声②206.

kovida *a.*citta-nimittassa **~o** I.192[14]心の在りようについて明るい①420. yoga-kkhemassa pathassa(y.-kkh.- °esu) **~o** I.167[7], II. 176[14]軛からは安穏である諸道について**明るい**(**熟知している**)①364,②360.

kosa *m.n.*蔵, 庫. **-ārakkha** *m.* III.119[6]〔法〕蔵守り(＝阿難)③250,260. **dhamma**°112[31] 〃 ③247.

ky- *pron. nom. ac.sg.n.*<kiṃ〔母音aの前での形. 後のa-はā-となる〕何〔を〕. **Ky**-āhaṃ tena cchanno pi karissāmi I.26[2]私はそれ(衣服)を纏っても**何を**しようか①47.

Kh

khaṇa *n.*Ⓢ*kṣaṇa*利那, 瞬間, 適時, 好機. II.92[4],**172**[5],**275**[22],III.104[6]②193,**351**,**558**,③228. khaṇika-nirodha-vasena… **~e ~e** II.23[18]利那滅によって…利那利那に〔生まれ老い死し…〕②52. **~atīta** *a.* II.172[5]利那に過ぎ去られた者②351→ak°(八難, 不適時).

khaṇika *a.* Ⓢ*kṣaṇika*,利那的, 瞬間的. **~nirodha** *m.* II. 23[18] 利那滅②52. **~samādhi-matte** ṭhatvā利那的な定だけに立ってIII.208[38]③450.

khaṇati <***khan***掘る. taṇhāya mūlaṃ **~tha** II.171[28]渇愛の根を**掘れ**②350.

khaṇi *2 sg.aor.*<***kṣan***. mâttānaṃ ~ III.170[3]自分を**傷つけるな**③369.

khattiya *m.*Ⓢ*kṣatriya*士族, 王族III.47[27]③104. **-vaṃsa** *m.* II.177[29]〃の系統②363.

khanti *f.* Ⓢ*kṣānti*忍辱, I.12[31], III.118[27]忍受①25,③259. **-vāda** *a.* III.61[20]忍耐を説く③138.

khandha *m.*Ⓢ*skandha*蘊, 陰(集合), I.84[1], 195[12-], II.3[9-], 37[18-], III.155[25], 198[7]①179,426, ②7,80,③338,427. **-pañcaka** II.47[23], 204[25], III.151[23]五〔取〕蘊(身心の諸集合＝色・受・想・行・識)②101,417,③329.

khambheti(＝°bhayati)<***skambh***. na **k~ayante** II.158[19]**挫(くじ)かせ**ない②329.

khaya *m.*Ⓢ*kṣaya*尽きること, 滅尽. **-gāmin** *a.* III.17[32]滅に導く〔法(教え)〕③39. **'-ogadha** II.205[20]滅尽に入られた②419.

khala *m.*打穀, 脱穀, 打穀場. II.164[15]②337. **-gata** *a.* **~ā** sālī II.164[17]精米は打穀場にある②337.

khalati<*skhal*転ぶ, 倒れる, 吃る, 途切れる. °**litvā** *ger.* ~ patiṭṭhati I.124[19-]**転んでも**しっかり起つ①274.

khaluṅka *m.*III.89[17]未調教馬(＝暴れ馬duṭṭh'assa)③199.

khalu-pacchā-bhattika *a.* III.54[9]時後不食者③121.

khippa *a.*Ⓢ*kṣipra*速やかな, 速い, 急な. **~ṃ** I.75[26]速やかに①161. II.187[21-],III.29[31]②383, ③64. **-abhiññā** *f.* III.207[27-]8[12-],速かな通慧③447-8 .

khīṇa *a.pp.*<*kṣī*尽きた. **~ā** ti khayaṃ pariyosānaṃ gatā II.14[4]〜とは尽滅・終局に至った②33. **-punab-bhava** *a.* III.195[4]再生が尽きた③420. **-saṃyoga** *a.* III.170[32]結縛が尽き③371. **-saṃsāra** *a.* II.129[23]輪廻が尽き②267. **-āsava** *a.* III.116[26]煩悩(漏)尽き③255.

khīyati *ps.* <***kṣī***〔煩悩が〕尽きる, 亡ぶII.23[23-], 250[13], III.44[30] ②52,504, ③97.

khīra *n.*Ⓢ*kṣīra*牛乳. **-bhojana** *n.*牛乳の食事. Bahūni vassāni bhikkhu-saṅghaṃ **~ena** upaṭṭhahiṃsu I.50[-4]〔両人は〕多年比丘僧団に〜をもって仕えた①100.

khujja *a.* Ⓢ*kubja*〔背の〕曲がった. **~sabhāva** *a.*曲がった本性の. **~ākāra** *a.*曲がった格好のI.119[19]①263.

khujja-ka *a.*曲がり物(鎌, 鋤, 鍬)I.119[18]①263.

khudā *f.* Ⓢ*kṣudh*飢え. III.152[11] ③330.

khudda *a.*Ⓢ*kṣudra*小さい. **-kuddāla** I.120[1]小鍬①264.

khura *n.*Ⓢ*kṣura*剃刀II.173[30]②355.

khetta *n.* Ⓢ*kṣetra*田, 畑. III.85[34]田畑③191. **-gopa-ka** *a.* **~vaṇṇena** II.163[28]**田守の姿をして**②336. **-pālaka** *m.* I.138[8]畑の番人①305.

khepeti*cs.*<*kṣip*投げ捨てる, 放り投げる. °**etvā** II.153[29]〔煩悩(漏)を〕**投げ捨て** ②317.

khema *a.n.*Ⓢ*kṣema*安穏〔な〕, 安らぎのII.89[19], 193[1], III.90[18], 193[24] ②187, 394, ③201,417.

kho *ind.* ~ ti avadhāraṇe I.117[22],II.10[22],**ね,** とは確認の意, 21[30](nipāta-mattaṃ)①258,②24,48.

G

gagana *n.* ＝Ⓢ空, 天空III.140[16-]③305.

gacchati＝Ⓢ<***gam***行く. pāripūriṃ **~nti** II.269[6]成満に達し(yanti) ②543. **agacchaṃ** *1 sg.aor.*解したであろうか(paṭivijjhissaṃ) III.152[19]③331. **gañcisi** *2 sg.aor.* na ~ II.151[23]出なかった(na labhissasi)②312.

gaja *m.* ＝Ⓢ象. III.88[11], 160[25] ③196,349.

gajjati*3sg.* Ⓢ*garjati*<***garj***〔獣, 獅子が〕吼える, 〔雷が〕ゴロゴロ鳴る, 雷鳴する. °**nt** *prp.* Nadantānan ti **~ntānaṃ** (*gen.pl.m.*) I.6[20]〔獅子が〕吼えるとは**雷鳴を轟かす**①16. °**ita** *pp.*雷鳴した. pāvusa-kāle megha**~ṃ** sutvā kekā-saddaṃ karontā I.82[-7-]([Vri.])雨期に黒雲が〜したのを聞いて〔孔雀達は〕ケー・カーという声を挙げ①175.

gaṇa *m.*＝Ⓢ衆, 集団. III.138[18-]③301.

-pāmokkha III.45[8]衆の棟梁③99. **-ācariya** II.121[29]衆の師②251.

gaṇ-ikā *f.* = ⓈIII.79[18]遊女③175.

gaṇḍa *m.*腫物, 癰(よう). **-mūla** *n.* II.129[17]腫物の根(avijjā)②266.

gata *pp.*<***gam*** II.205[16]行かれた. III.76[36]行き②415,③170.

gati *f.*道, 趣, 境涯, 〔輪廻の〕行方II.81[9], 239[19]知力②171, 483. pañcasu **~īsu** II.106[31]五道(地獄・餓鬼・畜生・人・天)に〔輪廻し〕②221. °**mat** *a.*理解〔力〕ある **~ā** III.112[28],121[9]③247,264.

gatta *n.*Ⓢ*gātra*体, 肢体. **~āni** parimajjitvā II.112[22]肢体(からだ)をうち払って②233.

gathita *a.pp.*<gathati<***gath***. **~āse** III.190[14]縛られている(=paṭibaddha-cittā) ③410.

gantha *m.* I.198[18]結縛①433. III.32[30]縛り, 200[7]繫縛, しがらみ③71,431.

ganthita *pp.*<***ganth***. ganthena **~o** II.245[7]縛りによって縛られる. rase **~o** III.22[7]味に縛られ(=baddho) ②494,③48.

gandha *m.*香〔り〕, 匂い. I.92[20-], II.260[13] ①208,②525. °**kuṭī** *f.*香室(仏の居間) I.84[22],215[7],II.136[19],199[16], III.45[9],109[20]①180,468,②19,407,③99,241. °**cuṇṇa** *n.*香粉I.171[18]①375. **'odaka** *a.*香水I.131[7], 168[2], 171[18], II.104[16]①290,367,375, ②217.

gandhabba *m.*Ⓢ*gandharva*乾達婆, 音楽神II.41[1],56[19]

gandhārā *a.f.*ガンダーラ(g.)の. cūḷa**~ṃ** nāma vijjaṃ sādhetvā tāya vijjāya ākāsacārī paracittavidū ca hutvā .I.54[3-]小**g.**という呪術を成就して, その呪術によって空を行く者となり, また他人の心を知る者となり①108. **-vijjā** *f.* **g.**〔の〕呪術(呪, 呪文, 呪法). yattha mahā~ dharati, tattha cūḷa~ na sampajjatī ti I.54[10]大~が行われる処では, そこでは小~は効かない. nissaṃsayaṃ samaṇo gotamo mahā~aṃ jānāti I.54[13-]疑いなく沙門G.は大~を知っているに違いない①111.

gandhārī *a.f.* g.(ガンダーラの). ~ nāma vijjā *D.*I. 213[14] ~という呪術(『長阿含』巻16:*T.*102a5:乾陀羅咒)①*111*(3).

gabbha *m.*Ⓢ*garbha*母胎, 子宮, 腹, 胎児. yathā-paricchinna-kāla-vasen'eva vuḍḍhiṃ virūḷhaṃ(Vri.-iṃ) vepullaṃ āpajjantaṃ **~ṃ** gaṇhantaṃ paripākaṃ gacchati I.12[-1]覚者(仏)達の智は期限の定まった通りの時によってのみ増大・増隆・増広に達して受胎して成熟に達する. mahā-bodhi-sattānaṃ dānâdi-pāramī hi paribrūhitā paññā-pāramī anukkamena **~ṃ** gaṇhantī paripākaṃ gacchantī Buddha-ñāṇaṃ paripūreti. evaṃ dānâdīhi paribrūhitā anupubbena yathârahaṃ **~ṃ** gaṇhantī paripākaṃ gacchantī pacceka-bodhi-ñāṇaṃ sāvaka-bodhi-ñāṇañ ca paripūreti I.12[14,16]なぜなら大菩薩達において施などの波羅蜜が増大して, 般若(智慧)波羅蜜が次第に受胎し, 成熟に達し覚者(仏)の智を成満させる. このように施などをもって〔波羅蜜が〕増大して順次にふさわしい受胎をなし, 成熟に達し辟支仏の覚りの智や声聞の覚りの智を成満させる. **~ṃ** upeti I.74[8]母胎に近づく①24,156.

gambhīra *a.*深いI.41[9], 234[20], III.142[27-]深遠で①81,511. ③309. **-pañña** *a.* III.193[33]深い智慧あり③418.

garahati<*garh* II.36[16]非難する. III.87[20]罵り②77,③195.

garu *a.m.*Ⓢ*guru*重い, 尊い, 師, 尊師II.158[2],181[8], 252[13]②325,370,508. **-gārava-sa-ppatissa-vacana** *n.*尊い方(師)を尊重し敬聴する気持ちを伴なう語. Āyasmā ti piya-vacanam etaṃ **~m** etaṃ I.30[-29]尊者とは, これは敬愛語である. これは~である①56. **-sammata** *a.* II.181[13]尊いと思われる方②370.

garu-ka *a.* II.257[16]重い〔荷〕②518.

garuḷa *m.*Ⓢ*garuḍa* 金翅鳥(こんじちょう)II.56[19], 182[24]②120,343.

gaḷati<*gal.*meghe **~ntamhi** II.220[17]雨雲が雨を降らせると②448.

gavesati<***gaveṣ***.求める. gaha-kārakaṃ **~santo** II.55[30]家を作る者を求めて②118.

gaha *n.*Ⓢ*gṛha*家. **-kāraka** *a.* II.55[30]家を作る者(=taṇhā)②118. **-ṭṭha** *a.* I.159[2]在家の人①347. °**sīla** *a. n.* II.212[22]在家者の戒②434.

gaha-ka *a.* II.55[28]小さな家②118.

gahaṇa *n.*Ⓢ*grahaṇa*(PTS.*ThA.*-gahanaとも混同)摑むこと, 把握, 言及. gahana(PTS.gahaṇa) -g**~ena** nivāta-bhāvena vāta-parissay-âbhāvaṃ jana-sambādhâbhāvañ ca dasseti I.247[3]茂みということによって無風であることによって危難がないことと, 人々の繁雑(雑踏)がないこととを示す①539.

gahana *a.n.* = Ⓢ深い, 厚い, 密な, 難所, 茂み, 叢林, 密林. rukkha-mūla**~ṃ**($^{PTS.ThA.}$-gahaṇaṃ)pasakkiya 119a樹の根元の**茂み**に到り. rukkha-mūla**~n** ti rukkha-mūla-bhūtaṃ **~ṃ**(^{PTS}gahaṇaṃ)I.246^{30}樹の根元の**茂み**とは樹の根元になっている**茂み**①537,538.

gāthā *f.*偈(頌, 詩)I.2^{27,29}諷誦, 5^{11},8^{6},161^{27}①6,13,18,254.

gādha *a.m.n.*Ⓢ*gāḷha,gādha*深い, 深み, 底, 足場, 堅固なところ. a~bhāvato gambhīra-ñāṇa-gocarato ca gambhīraṃ I.41^{8}〔目的は〕底が無いから, また深い智の行境なので深い①81.

gāma *m.* Ⓢ*grāma*村 II.65^{16}-, III.101^{15}-②139, ③222. **-dāraka** *m.*村の童子III.161^{23}③351. **-bhoja-ka** *a.*II.23^{2}荘園長, 62^{3}村長②51,132. **'anta** III.87^{6}村の隅③194.

gā-maṇḍala *m*(=90°)II.161^{22}牧童〔牛群を飼う〕③351.

gārava *m.*II.115^{28},166^{30}尊敬(garu-karaṇaṃ)②238, 341.

gāhāpita *a.pp.*< gāhāpeti *cs.*<gaṇhāti<***grah***持たせられた, 受け取らされた. so ca tehi appamāda-bhāvanāya āvajjana($^{Vri.}$anavajja)-bhāvanāya bhāvito sammad eva guṇa-gandha**~o**($^{Vri.}$-gandhaṃ **~o**) I.8^{13}又その〔自己〕は彼等の不放逸の修習によって傾注の($^{Vri.}$非難されない)修習によって修められ, もう正しく徳の香りと**受け取らされる**①18.

gini *m.*Ⓢ*agni*火(= aggi) III.11^{17} ③25.

giddha *a.* I.155^{2}貪る者①339.

giri *m.* =Ⓢ山. **~nā** ti selena I.240^{22}**山**とは岩山①525.**-kandara** II.229^{7}山窟②464. **-gabbhara** *n.* I.5^{9},7^{4}山の洞窟①13,16. **-bbaja** *n.*III.152^{13}山に囲まれた処③330.

gīyati *ps.*< gāyati<***gai*** 歌(唱)われる. **~ī** ti gāthā, anuṭṭhubhâdi-vasena isīhi pavattitaṃ catu-ppadaṃ cha-ppadaṃ vā vacanaṃ. Aññesam pi taṃ-sadisatāya gāthā vuccanti I.8^{6}-～というので偈であり, アヌシュトゥッブ調(Ⓢ*anuṣṭubh,* 8音節4句の詩)などで仙人達によって説かれた4句或いは6句からなる言葉で, その他〔の詩〕も, それと類似しているので偈と呼ばれる①18.

guṇa *m.*徳(善い属性). **-hīna** III.85^{12}-徳がない. **°vat** III.85^{22}徳がある③190.

gutta *pp.*<*gup*護られた. **-dvāra** *a.*I.242^{16}〔感官の〕門を護り①528. II.212^{3}, 248^{12}②433, 500.

guhā-geha-gata a. III.159^{32}洞窟という家に入った③347.

gūtha *m.* = Ⓢ糞. **-kūpa** II.244^{12}-糞坑②492. **-ṭṭhāna** III. 167^{36}糞溜め. **-bhasta** 167^{22}糞袋(女体)③364,365.

geha *n.*Ⓢ*gṛha*家. ~sita vitakka III.189^{34}**家**に依存した思い③409.

go *m.* =Ⓢ牛. **-naṅgula-migâyuta** *a.* I.238^{2}牛の尾をもつ獣と混じる①520. **-pāla-ka**牛飼いI.50^{2}, 109^{18}, II.81^{25}牛の番人, III.56^{28} ①100,242,②172, ③128. **-p.-seṭṭhi** *m.*牛飼い長者. Kassapassa Bhagavato kāle **~ssa** puttā bhātaro hutvā nibbattā I.50^{2}-迦葉世尊の時に～の息子に兄弟となって生まれ①100. **-maṇḍala** *n.* I.109^{18}牛の群れ①242.

go-cara *n.*牛の牧場, 餌場, 行乞する範囲. III.142^{27}対象領域③309.

gotta Ⓢ*gotra* I.30^{20}氏姓①56.

Gh

ghaṭṭeti<*ghaṭṭ.* **~ayanto** II.7^{9}-叩きつつ②17.

ghatvā III.44^{13}嗅いで(= ghāyitvā)③96.

ghamma *m.*Ⓢ*gharma*.炎暑, 猛暑. **~ni** III.201^{26}-炎暑のときに③434.

ghasati<*gras*食う. **ghasam** āmisaṃ III.28^{20}〔釣針の〕生餌に食いつく(魚のようにmaccho viya)③61.

ghāta *a.n.m.* = Ⓢ殺す, 破る;殺害, 打撃, 破壊. bhayassa setu**~ena** pahitattā II.203^{8}畏れの隔たりを**破ること**によって自ら励み②414.

ghāsa-hāraka III.72^{20}食糧運び③160.

ghuru-ghuru *m.*グウグウ, 鼾《いびき》の音.

ghuru-ghuru-passāsin *a.*グウグウ鼾をかく. Dhamma-ssavana-kāle pi ekaṃ koṇaṃ pavisitvā parisa-pariyante nisinno **~sī** niddāyat'eva I.73^{-19}(^{Vri})法を聞く時にも一隅に入って会衆の周辺に坐って～かいて眠るだけである①155.

ghora *a.*kaṭasi ~ II.192^{26}-**恐ろしい**墓場, 245^{36} ②394,

ghosa *m.*Ⓢ*ghoṣa* .**~ena** anvagū II.198^{13}**声**によって従う②405.

ghosaṇā *f.* sa-saṅgāma° III.78^{5}自分の戦争の**布告**③173

ghosita *pp.*<*ghuṣ* III.78^{5}自分の戦争が**布告された**時に③172.

C

ca *conj.*＝Ⓢと，及び，そして（文頭に来ない．「aとb」はa b ~，又はa ~ b ~とする）．ca iti nipāta-mattaṃ III.4[12],167[31]また（とca）とは不変化詞だけである③9, 365.

cakka *n.*Ⓢ*cakra*輪，車輪．dhammena **~ṃ** vattemi III.48[12]法（教え）によって〔法〕輪を転す③106. **-ratana** *n.*III.47[17]輪宝③103. **-vattin** *m.*転輪王I.20[30],47[2],131[21], III.47[17-]①39,94,290,③103. **-vattī-rājan** *m.*転輪王I.22[25],24[8],52[8],53[28],56[7],57[31],65[13],III.45[32],195[13]①42,44, 107, ...③100,421. **-vāka** *m.*Ⓢ*cakravāka* I.56[4]鴛鴦①113. **-vāla** *m.n.*（＝-vāḷa）Ⓢ*cakravāla*鉄囲山III.133[30]③292. **-anuvattaka** *a.* III.105[8]〔法〕輪を〔大師に〕続いて転す（＝Sāriputta）③230.

cakkhu *n.*Ⓢ *cakṣu*眼、目．**-dada** *a.*眼を授け（与え）る．aggi yathā pajjalito nisīthe; ālokadā **~ā** bhavanti, ye āgatānaṃ vinayanti kaṅkhan 3bcd恰も夜に燃え上がっている火のように，光を与え～，およそ〔諸仏〕はやって来た者たちの疑いを取り除く．Paññā-mayam eva cakkhuṃ dadantī ti **~ā** I.36[-33]〔諸仏は〕智慧よりなる眼だけを授けるというので～①68,71. **-mat** *a.* II.125[20-]眼がある，177[26-],210[21-], III.51[15],71[9]具眼者，198[20] ②258,363,439, ③113,157,427.

caṅkama *m.*Ⓢ. *caṅkrama* II.112[23]経行処②233.

cajati <*tyaj*. **~issāmi** III.58[12]〔悪さを〕捨てよう③132. **°itvāna** *ger.* I.122[21]捨てて，210[22]奉げて①269,458.

catu- *num.*四〔つの〕．**-gantha** II.245[6-]四つの縛り②494,*496*（2）．**-p-padika-gāthā**四句の偈I.161[24],II.239[18], 241[29] ①353,②483,487. **-b-bipallāsa** III.161[20]四種の顛倒（常・浄・楽・我と見る錯倒）③350. **-r-aṅgula** III.160[1]四指の長さ③347.

canda *m.*Ⓢ*candra* III.197[29-]月③426.

candana *m.n.*＝Ⓢ梅檀．**-gandha** *m.*梅檀香I.188[28], III. 126[13]①412③276. **-vedikā** I.209[26]梅檀の欄楯①457. **'-ussada** *a.*梅檀香る．**~ā** ti candanânulepa-litta-sarīrā II.110[25] ～とは梅檀の塗香を身に塗った女②229

candanikā II.243[31]どぶ池②491.

capala *a.*＝Ⓢ II.33[6]動揺し，III.6[28], 86[27]軽躁な②71,③15,193.

camma *n.*Ⓢ*carman*皮．**-kañcuka-sannaddha** II.244[24]皮膚という肌着を着けた（身kāyo）②493.

carati ＝Ⓢ<***car***.行う，行く，行ずる，走る．I.132[2], II.6[1], 20[30-],190[12]①291,②13….III.44[32-], 108[31],138[20],156[8-*], 190[10-],192[37]③97,…. **acari** *3 sg.aor.* 199[20]③430.

carita-ka *n.* sādhu **~ṃ** I.106[10]善く行い（…caritaṃ）①234.

carima *a.*Ⓢ*carama*最後の．**~ā ratti** II.190[15]～夜②389.

cariyā *f.* Ⓢ*caryā* 行，行為，実行，所行，修行．**-anukūla** *a.*〔自分の〕実行（行）に適した（ふさわしい）．pabbajitvā **~ṃ** kamma-ṭṭhānaṃ gahetvā I.81[21],83[7]出家し～観念修行法（業処，観法）を〔学び〕取って①174,177.

cala *a.* ~ā saddhā II.100[22]信は動きやすい．III.154[29-]動揺する，156[16-] ②209,③336, 340.

calati<*cal*動揺する，動く，揺らぐ．

°lita *pp.* saṅkhatattā eva uppāda-jar'ādīhi pakārato **~ā** anavaṭṭhitā（[PTS-]anuvaṭṭhitā）II.107[35]〔諸生存は〕ただ作られたものであるから生起・老化などによる有り方であるから、揺ぎ安定しない②223.

cavati <*cyu* II.3[12]死去する②7.

cātu四つの．**-ddisa** III.139[23]四方に居れる（catudisā- yogya）③303. **-r-anta** III.47[22]四辺を有する③104.

cāpalla *n.*軽薄さ．patta-cīvara-maṇḍanâdi° III.6[28]鉢や衣の飾りなどの～③15.

cāraṇika III.158[9]旅芸人（＝caraṇâraha）③344.

cārika *a.m.n.* I.181[4]廻り行くところ①395.

cāru *a.*美しい．**-dassana** *a.*III.46[22-]見目（みめ）麗しい③102.

ciṇṇa *pp.*<***car***行われた，行じられた．**-vasin** *a.*自在に達した．**~sī** I.32[28],35[13], II.41[27]行ずること自在で①64,69,②88.**-vasī-bhāva** *m.*（vasin<vasa Ⓢ*vaśa*）自在に達した者である（となる）こと．ayaṃ thero ［[Vri-]tattha］ katâdhikāratāya **~ena** ca paṭisambhidā-pattānaṃ aggo jāto I.32[31-]この上座はそれ（無碍解）について勝れた修行（素養）を積んだ者として，また～者として，無碍解を得た人々の第一人者となった①64.

cita-ka *a.* I.99[29]火葬の薪II.104[17],106[5]①221,②217,200. **dāru°** I.43[11]火葬の薪積み①86. **-pūjā** II.108[12]火葬の薪への供養②224.

[1]**citta** *a.n.*Ⓢ*citra.*多彩な，絵．**-kata** III.35[6],168[19]

多彩にされた③76,366. **-kathika** II.68[7]多様に語る者②145. **-kathin** II.93[4]多彩に語り②195. **-paṭa** *m.*I.211[26-]彩色の布①461.

[2]**citta** *n.* =Ⓢ心, こころ〔*cf.*私と心との対話② *168, 314*,③*352*〕I.86[28],126[20-],134[30-], II.78[33-]-79[28],150[24]-2[13],252[28], III.144[32]-62[1]① 187,278,297,②166-7,310-14,③315-52. **~ṃ** susamāhitaṃ I.28[11-]心よく定まり①52. **~ss'uppāda-kovida** II.249[20]心を発(お)こすのに巧みで②502. **~ss'ûpasama** III.9[14]心の寂静③20. **-kali** II.151[23]心の不利玉②312. **-dubbhaka** II.79[18]心を欺く者(-dubbhin)② 167. **-nimitta** *n.*心の在りよう. **~ssa** kovido I.192[14]～に明るく①420. **-bhaddaka** II.74[7]心めでたき者②157. **-ruci-ka** *a.*<ruci心に好む, 気に入った. aññam-aññaṃ ovaditvā ~esu ṭhānesu nisīditvā samaṇa-dhammaṃ kātuṃ ārabhiṃsu I.42[17-]互いに誡めて**心に好きな**場所に坐って沙門法を行い始めた①85. **-vūpasama** II.95[10]心を鎮めること② 199. **-samādhi** I.160[3]心の統一(三昧, 禅定) ①350. **-hetu** III.156[38]心(気紛れ)ゆえに③341.

cittī-katvā III.78[32]尊重して③174.

cittī-kāra II.252[19]尊重すること②508.

citra *a.* III.4[4]種々の, 40[35]多彩で③8,87. **-chada** III.154[17]多彩な尾羽根ある(孔雀)③335.

cintā *f.* III.20[8]思案(心の思い), 74[9]③44,164.

cira *a.* =Ⓢ久しい, 長い. **~ṃ** II.107[8]久しく, III.157[33]永く②221,③343. **-rattāya** III.179[33]長い間(時)③387. **-rattaṃ** III.28[1]長期にわたって③60. **-r.-samāhita** *a.*III.191[8]長夜(時)に亘って心定まり③412.

cirassaṃ *adv.* III.58[8]久しく③131.

cirāyati *denom.*<cira遅い, 遅くなる. Tasmiṃ **~nte** thero "sāmaṇero ~, kiṃ nu kho kāraṇan ti I.63[23-]彼〔の帰り〕が**遅い**ので上座は沙弥は**遅い**, 一体何のわけかと①134.

ciha-ciha *interj.a.*チハチハ(擬声音, 鳥の声). **~ā** ti abhiṇhaṃ pavatta-saddatāya **~ā** ti laddha-nāmānaṃ vaṭṭakānaṃ([PTS.]parillak°) abhinādana- nimittaṃ virava([PTS.]vira-virāva)-hetu I.129[29-]～と終始声を出すので～と名を得た鶉達の鳴き声に因んでヴィラという鳴き声を因とし①287,288.

cīvara *n.* =Ⓢ衣. **-dhārana** *a.*III.89[10]衣の受持③198.

cuṇṇa *pp.* *a.n.*Ⓢ*cūrṇa*粉, 粉末. **cuṇṇa-ka** *a.n.*粉, 白粉(おしろい). **-makkhita** *pp.* III.35[30]白粉(おしろい)が塗られている③78.

cuta *pp.a.*<*cyu*死去した, 死者I.154[2,31]① 237,238. **'-ûpapāta** III.72[13]死と再生③160.

cūḷa *a.*(=culla, cūla)Ⓢ*kṣulla,kṣudra*小さい, 小. **-gandhārā.** ~ nāma vijjā I.54[3]小g.という呪術①108.

ce *conj.*Ⓢ*ced*もし. I.135[3],II.10[4](parikappena 仮定によって)①297,②23.

cetas-ika *a.*心の. **~ dukkha** III.14[23]～苦③32.

cetiya *n.*Ⓢ*caitya*塔廟I.109[16],200[12],II.38[33],196[9], III.1[14-],126[2…29],129[27] ①242,437,②83,401,③ 4,276,284. **puḷina°** II.34[22]砂の～②74. **suvaṇṇa°**黄金の~(別記).

ceto *n.*Ⓢ*cetas*心. **-pariya-kovida** *a.* III.197[1]〔他人の〕心を知ることに巧みな③424. **-pariyāya** III.103[6]〔他人の〕心の動き③226. **-samatha** *m.*III.100[38],141[28]心の寂止〔集中〕③221,307. **-s.-kovida** *a.*心を落ち着けること(止, 専注)に通じているI.236[16]①516.

codeti *cs.*<*cud*.codesi II.161[31-]呵責した(-niggaṇhi) ②332.°**dita** *pp.* II.96[26]促された, III.173[5] ②202,③375.

cora *m.*=Ⓢ*caura*泥棒, 盗賊, 盗人II.1[30],255[6],272[15-], III. 12[18-],17[9-],56[15],180[13-], 203[18]②4,514,552,③ 28,38,127,388, 439. **-vosāpaka** *a.*泥棒取り締り掛り.〔[Vri]gāma-〕 bhojakassa ~ssa([Vri.]-vosāsakassa)putto hutvā nibbatti II.22[31] 荘園長・～の息子となって生まれた②51

coḷa *m.*(=cola)布II.46[5]②98.

Ch

cha *num.*Ⓢ*ṣaḍ* 六つ〔の〕. **-phass'āyatana** *n.*六触処(六感官と対象と触れる領域) I.242[10], ~kāyo III.29[30]～ある身①528,③64.

chaj-ja *a.m.*Ⓢ*ṣaḍ-ja*〔インド〕音階の第一という. しかし今は一説に従って第四(中音調)と見る. morā sikhaṇḍino ~saṃvādī kekā-saddaṃ muñcantā nadanti ravanti II.77[22]冠毛ある孔雀達は, ～で囀るケーカーという声を出しながら鳴き騒ぐ②163.

chaḍḍeti<*chṛd* II.181[23]吐き出し, 215[29]捨てた ②371,439.

chatta *n.* Ⓢ*chattra*傘蓋I.109[16]傘, II.110[1], 231[12] ①242, ②228,467 . **~e** adhivattha devata III.65[7]傘に住む神③145. **-ati-chatta** *n.* I.199[5] 重ね傘蓋①434.

chanda *m.* =Ⓢ意欲II.128[32-], III.82[14-], 190[20-]志欲②265, ③183,411.

chadana *n.*覆い. **~ṃ vippahāyā** ti purāṇa-paṇṇāni pajahitvā saṃsīna-paṇḍu-palāsā ti attho II.223[27] ～を捨ててとは,古い葉を捨てて黄色の葉が落ちたという意味②454.

chandi-kata *pp.a.* III.118[27-]意欲した(chanda-jāta)③259.

channa *a.pp.*<chādeti<***chad***覆われた,〔屋根が〕葺かれた,覆われた,纏う,着る,似合う,ふさわしい. **~ā** me kuṭikā sukhā nivātā 1a 私の庵は**葺かれて**快く風もない. **~ā** sā kumārikā imassa kumārassa I.25[29]あの少女はこの少年に**お似合いだ**na **~ṃ** na patirūpan I.25[30]**似合わ**ない,ふさわしくない. Ky-āhaṃ tena c**~o** pi karissāmi 26[2]私はそれ(衣服)を**纏っても**何をしようか. **~ā** ti chāditā pihitā 28[25-]**葺かれた**とは覆われた,閉ざされた①46,47,53.II.188[26]②386.

chab *num.* cha, Ⓢ*ṣaṭ, ṣaṣ*六,六つの〔b(v)が続くと→chaḷ,saḷ〕. °**bass'antara** *a. n.*<*vassa*, Ⓢ*varṣa*六年間隔,六年毎. Vipassissa bhagavato **~e~e** uposatho ahosi I.65[17-]V.世尊には～～に布薩があった①138.

chaḷ *num.* (cha) Ⓢ*ṣaṭ, ṣaṣ*六,六つの(母音が続く際の形. āy-が続くとsaḷ-となる).

-abhiñña *a.*<abhiññā〔神足通・天耳通・他心通・宿命通・天眼通・漏尽通を得た〕六神通者. saṃvega-jāto pabbajitvā ghaṭento vāyamanto na-cirass' eva **~o** ahosi I.52[21]畏れが生じて出家し〔自分を〕励まし努力して,もうほどなくして～となった①105.

chamā *f.*Ⓢ*kṣamā* papatiṃ ~ II.112[20]**地**に倒れた②233.

chava *m.*Ⓢ*śava*死体. **-sīsa-manta** II.53[20]死体の頭の呪文,III.180[29-]②114,③390.

chavi *f.*肌,表皮. **-pāpa-ka** II.74[6]皮膚悪しき者②157.

chādeti *cs.* <*chad*覆うIII.99[25-] ③219.

chindati<***chid*** 〔煩悩等を〕切る,絶つ. pañca **~de** I.70[14]五〔下分結〕を絶つがよい①145. **checchati** *ft.* (＝chindissati) III.31[13]断つであろう③68.**chettuṃ** *inf.* II.58[23]断ち切る〔力〕,173[34]切るため②124,355. **chetvā** *ger.* II.126[4]断ち切って,178[6],III.5[32],51[29],161[8] ②364,299,③12, 114,350. **chetvāna** bandhanaṃ III.11[11]絆を断ち切って③25. **chijjati** *ps.* 断たれる I.178[3-]①388. aṅguli p'ettha **~tha** III.139[9-]指もここで切れた③302. **chinna** *pp.*切られた. **-mūla-ka** *a.*I.199[33]-,249[1]〔五取蘊の,無明・渇愛等の〕根を絶たれ(切られ)た①436,543. **chettar** *m.* **~ā** III.199[11]断ち切るお方③429.

J

jagat *n.*＝Ⓢ世界,生物界. **-ogadha** *a. n.* III.190[4-]世界に潜んでいるもの③409.

jagatī *f.* ＝Ⓢ<jagat大地,基壇.

jaṅghā *f.* ＝Ⓢ II.133[27-]脛(satthi) ②274.

jañña *ger.<jñā*(＝jānitvā)知ってI.57[11],III.167[34]知るなら①115,③365. *op.*mā maṃ **~ā** II.183[32]私を知らないように(＝mā jāneyya)②276.

jaṭila *m.*結髪者(外道,苦行者) I.20[21-],71[15], III.45[21-],91[21], 94[9]-,203[17]①39,151,③99,203,208,439. **-bhūta** II.162[1]結髪行者であった②333.

jaṇṇu-ka *m.*膝III.99[34-] ③219. **-sandhi** II.133[27]膝の関節②274.

jana *m.*＝Ⓢ II.22[4]衆(sattā), 26[13], III.140[29-]人々, 167[34],190[13] ②48, ③305,365,410.

janeti *cs.<jan* I.232[25]生み出す(uppādeti) ①507.

jambu II.131[25]j.(紫蒲桃,閻浮)〔樹〕②270,*271*(2).

jaya *m.*＝Ⓢ II.261[21]勝利②528.

jayā *f.* (＝jāyā)妻. **jayam-pati-kā** *m.pl.*(jāyam°) <jayā＋pati夫婦. putta-maṃsaṃ **~ā** yathā kantāra-nittharaṇ'attham eva khādiṃsu II.187[15]例えば子供の肉を～が曠野を越えるためにだけ食った②383.

jara-ggava III.168[5]老いた牛③365.

jarā *f.*老,老いII.189[9-],218[25-]②388,444. **-maccu-nivāraṇa** II.178[32]老と死を遮り②365.

jaḷa-samāna *a.*III.108[28]痴呆に等しい③238.

javana *n.*＝Ⓢ速さ. **-paññā** *f.*III.106[22-]速さの智慧③233.

jahati<***hā*** pañca **~e** I.70[17-]五〔上分結を〕**捨てるがよい**①145. kāye apekkhaṃ **~a** III.155[11]身に対する顧慮を**捨てよ**. **~ssu** 191[22]〔自意識への道をmāna-pathan〕**捨てよ**(＝pajaha)③337,413.

jāgara *a.* II.71[6]覚醒している②150.

jāgarati<*jāgṛ*警寤する. **~ssu** *ipv.* II.175[18]目を覚ましていよ②358.

jāta-ka *n.* I.2[28]本生〔経,物語〕①6.

jāta-rūpa *n.* II.127[6]黄金, III.41[20], 85[32] ②261,③88,191.

jāti *f.*生まれ,出生,誕生,血統,種類I.186[28],

II.14[4], 105[32] ①409,②33,219. **-bhūmaka** *a.*(=°ika)〔生まれ〕故郷にいる(例文下記). **-bhūmi** *f.*生まれた地方, 生まれ故郷. ko nu kho, bhikkhave, **~iyaṃ** jāti-bhūmakānaṃ bhikkhūnaṃ··· evaṃ sambhāvito I.40[2-]一体ね, 比丘達よ, **生まれ故郷において**故郷にいる比丘達から···このように尊敬されている人は誰ですか①79. **-mada** II.180[29]生まれの自負(憍慢, 憍)②369. **-saṃsāra** *m.* I.162[26]生の輪廻①355.

jātu. na ~ III.61[26],159[20],200[13]決して···ない③138,346,432.

jānāti<*jñā*.**jānissaṃ** *1 sg.ft.* II.44[16]私は知るだろう②94.

jāla *n.*網. **-saṅkhāta** II.14[6]網と呼ばれるもの, **-sañchanna** *a.* II.125[31]網に覆われ②33,258.

jigīsati *des.* <***ji*** III.154[32]勝ち得ようと願う③336.

jigucchati *des.* <***gup*** II.135[18]嫌う②278. **°ita** *pp.* II.264[17]厭われた②534.

jiṇṇa *pp.*Ⓢ*jīrṇa*<*jṝ*老いたI.174[5] ①380.

jina *m.* II.121[34]勝者, III.17[26], 77[17], 158[27] ②251, ③39,171, 345. **-sāsana** II.14[5]勝者の教え, III.41[15] ②33, ③88.

jināti<***ji***勝つ. mā **~tu** II.175[21]勝つな②358.

jimha *a.*Ⓢ*jihma*曲がった. **-patha** III.170[16]〃路③370.

jiyyate *ps.* (=jīyati,jiyyati)<***ji*** II.100[29]敗れる②209.

jīrati *ps.*<jarati<***jṝ***老いる, 老衰する, 亡ぶ, 消化する. III.117[21-]③256.**~māna** *prp.*老い行く〔身〕I.98[9]①217.

jīrayati(=jīrati)老いる. **~āpeti** *cs.*老化させる, 衰滅させる, 亡ぼす, 消化させる. Tvaṃ pubbe kata-kammaṃ yāv'ajja-divasā **~uṃ** na sakkosi, puna evarūpaṃ pharusaṃ mā vadi I.68[-11-]君は前〔世〕になした業を今日の日に到るまで**衰滅させる**ことが出来ない. 再びそんな粗暴なことを言うな①142.

jīvati <***jīv*** II.234[35]-生きる②474.

jīvikā *f.*生活, 生計. **'-attha** *a.* II.133[9]生活のため, III.79[29]②273,③176.

jīvita *n.*II.5[10]命, 23[17], 280[1]生命②12,52, 568.

juhati<***hu*** aggi-hutam **~hiṃ** II.144[5]火祭りを行なった②298.

joti *m.n.*光. **-mat** *a.* **~anto** III.200[15]光ある人達③432.

Jh, Ñ

jhāna *n.*Ⓢ*dhyāna*.禅, 瞑想(静慮, 禅思) II.67[4],III.155[15-] ②142, ③337. **-parikamma** *n.*禅思(静慮)の準備修行. **~ṃ** karonto jhāna-lābhī hutvā jhānaṃ pādakaṃ katvā arahattaṃ pāpuṇi I.35[9-] ~を行なって禅思を得た者となり, 禅思を基礎として阿羅漢の境地を得た①69. **-rata** I.60[9]禅思を楽しみ①136. **-sokhumma- sampanna** II.184[32]禅思の精妙なることを具え②374. **-abhirata** I.34[25] 禅思(静慮)を愉しむ①68.

jhāpita *a.pp.* I.162[18]〔諸煩悩が〕火葬にされた①355.

jhāyati<***dhyai***瞑想(禅思, 静慮, 沈思)する I.82[13],108[26-], 115[4-],120[6-],192[21-],247[8-], III.53[35],63[20],68[23],103[20-]①176, 240, 254,264, 420,539,③120,142,152,227.

jhāyana *n.*Ⓢ*dhyāna*禅思すること, 静慮, 瞑想, 沈思すること. **-sīla** *a.*〃を慣いとする. samatha-vipassanā-jhāne ~bhāvanânuyuttaṃ nibodhenti I.82[14]止・観の禅思において~し修習に専念している私を目覚ます①176.

jhāyin *a.*禅思するI.34[30-],III.6[3],10[27],20[13]①68,③13,24,44.

jhiyāyati<***dhyai*** II.197[15]禅思する(=jhāyati)②403.

ñatti *f.*Ⓢ*jñapti*表白, 白, 表明, 提案. **-catuttha-kamma** *n.*提案(白)に続き衆僧の同意を三返得ての決議: 白四羯磨(びゃくしこんま), 具足戒授与作法III.203[30]③439,454(2).

ñatvā *ger.*<***jñā*** 知ってIII.44[14] ③96.

ñāṇa *n.*Ⓢ*jñāna*知〔ること〕, 智II.178[25]②365. **pubbe-nivāsa°,dibba-cakkhu°,āsava-kkhaya°**I.85[20]前世の住処の智, 天眼の智, 漏尽の智①182. **sabbaññuta°-vara** *a.*I.166[28-]一切を知る勝れた知ある①544. **-cakkhu** II.81[5]智の眼②170. **-vajira-nipātana** II.178[18]智の金剛杵を打ち下ろす②364. **-āloka** III.47[13], 118[2]智の光明③103,257.

ñāta *pp.* <***jñā***知られたII.20[3],III.199[12]②44, ③429.

ñāta-ka *a.m.* I.92[6]親族, 97[2],99[28],II.40[5],96[1],104[31], 130[16], 191[3],214[6],250[31]①202,221,②86,200,217,268,391,437,505.

ñāti *f.*親族, 親戚II.96[5],105[9],130[15]②201,218,268. **-samāgama** *m.*親族の会合(衆, 集まり) I.154[12],166[6], 215[11],II.32[10],64[30],106[8],110[3],172[21],III

.7[20]①337,362,468, ②69,138,220,228,353,③17.

Ṭh,Ḍ

ṭhāyati<***sthā***. **~āmi** III.63[36]私は立つ(tiṭṭhāmi)③143. **ṭhita**-*pp.*立った, 居た, 止どまった, 久しく住する, 定まった. **-'atta** *a.*<attan,Ⓢ*ātman*自ら安立している(自身が確立した). Dabbo so parinibbuto **~o** 5dそのD.は全き安らぎに到り~. **~o** ti ṭhita-sabhāvo acalo iṭṭhâdīsu tādi-bhāva-ppattiyā loka-dhammehi akampanīyo I.46[7-]~とは自分の在り方(自性, 本性)が安定している. 欲しいものなどに対してそのような方であることを得ているので動揺せず, 諸々の世の慣い(世間法)に動揺するはずがない①91.

ḍaṃsa *n.*虻. ḍaṃsana-sīlatāya **~ā** ti I.97[9]咬む習性があるから虻という①214.

ḍayhati *ps.* <ḍahati<***dah*** III.39[29]焼かれる③84. °**māna** *prp.*燃え(焦がれ)ている I.112[8],III.139[35]①247,③304.

ḍahati <***dah*** III.179[23-]焼く③387.

T

takkara *m.* Ⓢ*taskara* II.189[25]盗人(cora)②388.

taca *n.*Ⓢ*tvac*皮, 皮膚. III.35[26-]. **-pañcaka** *a.*皮に終る五(髪・毛・爪・歯・皮)の, 皮膚を第五とする. **-p.-kamma-ṭṭhāna** *n.*〃観念修行法. **~ṃ** ācikkhi I.43[26]~を説いた. **~e** yutta-ppayuttoI.56[19]~に努力し専念し①87,114. **'-onaddha** *a.*III.167[22]皮膚に覆われた③364.

taccha *m.* Ⓢ*takṣan*大工, 木匠. °**ka** *m.*<taccha Ⓢ*takṣaka*〃,車大工, 舟大工. ara-nemi-nābhi-ādike ratha-cakkâvayave tacchante **~e** disvā I.77[-6]車の輻《や》・外輪・轂《こしき》等車輪の部品を作っている車大工達を見て. acetanaṃ kaṭṭha-kaliṅgarâdiṃ **~ā** nemi-ādi-vasena vaṅkaṃ ujuñ ca karonti I.77[12-]心のない木材・木片などを大工達は車の外輪等のために曲げたり, 真っ直にする①78.

tacchati <*takṣ*木で作る, 建設する, 工作する.

tajjeti *cs.*<*tarj* °**ita** *pp.* II.131[8]脅《おび》えた②269.

taṇhā *f.*Ⓢ*tṛṣṇā*愛, 渇愛, 渇望, 渇き, 妄執. II.37[25-],126[5], 187[14],253[37],III.157[17],202[2-]②80,259,383,511,③342,435. **-kkhaya-adhimutta** *a.*II.271[15]渇愛の尽きるのに志向(傾倒, 信解)し②548.**-k.-vimutti** III.174[11]渇愛の滅尽による解脱③377. **-chadana-chādita** *a.* II.125[33]渇愛という蓋いに蓋われ②258. **-jāla** II.129[21]渇愛の網②267. **-dhanu-samuṭṭhāna** *a.*III.29[12]渇愛の弓から放たれる〔邪(謬)見の矢〕③63. **-mūla-visosana** II.178[3]渇愛の根を枯らし②364. **-mūlena anugata** II.245[15]渇愛の根に従って行き②494. **-latā** III.151[31]渇愛という蔓草③329. **-saṅkhaya-vimutti** III.174[10,17,20]渇愛の滅尽による解脱③377. **-salla** II.87[2]渇愛の矢189[11],216[17]②182,387,441.

tata *pp.*<*tan.* Maccuno jalaṃ **~ṃ** III.202[18]死魔が拡げた網を〔断ち切った〕③436.

tato II.156[25]それから, 195[21]それだから(taṃ nimittaṃ), 216[13],III.76[10](tasmā)②322, 400,440,③168. **-nimitta** III.152[29]それをきっかけに③332.

tattha II.131[25]そこで(tasmiṃ ṭhāne), III.17[5]②270,③37.

tatha *a.n.*<tathāそのような, その通りの, 実の, 真, 真実〔の〕. **~āya** āgato ti tathāgato, **~āya** gato ti tathāgato **~āni** āgato ti tathāgato… **~ehi** āgato ti tathāgato I.36[13-]**真実**に来たというのが如来. **真実**に行ったと〃. **諸々の真実**に来たと〃. …**諸々の真実**によって来たと〃. °**dassi-tā** *f.*<dassin, Ⓢ*darśin* I.36[10]そのように(真実に)見る者であること→下記. °**lakkhaṇa** *a.n.***そのような(真実の) 特相**. **~ṃ** āgato ti tathāgato, tatha-dhamme yāthāvato abhisambuddho ti tathāgato, tatha-dassitāya tathāgato, tathā-vāditāya tathāgato I.36[9-12]~に来たというのが如来. そのような(真実の)諸法(心身の要素, 属性) をおよそある限り現に覚ったというのが如来. **そのように(真実に)**見るので如来. 〃に説くので如来. 〃に為すので如来①71.

-tta *n.* **~n** III.191[34]その通りであること(tathā-bhāvaṃ)③414.

tathā *adv.*そのようにIII.80[16]③178. **~ hi** I.231[1]なぜなら(ten'eva kāraṇena) ①503. °**kāri-tā** *f.*I.36[11]そのように(真実に)為すこと. **-gata** *a.m.* tathā gato ti **~o** I.36[8]そのように行ったというのが**如去**(如来). **-āgata** *a.m* tathā āgato ti hi **~o** I.36[7-]なぜなら, そのように来たというのが**如来**①71.**'ûpama** III.156[13]その喩えのように③339.

tad-ācāraṃ. **~n** ti tad-atthaṃ ācaranto I.104[28-]それを行いつつとは, それを目的として行

いつつ①231.

tandī *f.* III.152[10]倦怠③330.

tapo *n.*(tapa)Ⓢ*tapas.* **~ena** II.265[20]苦行によって②536. **amara°** II.83[21]不死の苦行②176. **pañca°** II.21[9]五〔火に身を焼く〕苦行②47. **-kamma** III.17[12]苦行の業③38.

tappati *ps.<tap.*妬かれる. 苦しむ. **~māna** I.98[11] 焼き苦しめられる〔身〕①217.

tap-parāyana *a.* III.76[18]それを依り所として③168.

tappeti *cs.<tṛp*満足させる, 饗応する. **°ita** *pp.* **~o** I.221[21]〔法の味に〕満足である①483.

tama-gata *n.<*Ⓢ*tamas*闇の広がり(類). nisīthe rattiyaṃ…andha-kāre vattamāne unnate ṭhāne pajjalito aggi tasmiṃ padese **~ṃ** vidhamantaṃ tiṭṭhati I. 36[28-]夜中に夜に, …暗闇がある時に高くなった所で燃え上がる火はその場で～を破っている①72.

tamo *n.* II.46[4]闇(=avijjā) ②98. **-k-khanda** II.9[6]闇黒の集まり(蘊, avijja'nusaya)②21.

tarati<***tvar***. dandha-kāle ~ II.123[20]緩っくりする時に急ぐ②254. **taraṇīya** *gdv.* **~e** dandhaye II.123[24]〃べき時緩っくりする ②254.

tasa *a.*Ⓢ*trasa*震える, 戦く, 動揺する. **-thāvarā** III.61[30]動く(弱い)もの, 動かない(強い)もの達③138.

tāṇa *n.*Ⓢ*trāṇa* III.31[29]救護所, 39[30]救護③69,84.

tāta II.255[36]息子よ②516.

tādin *a.*そのような人(方). I.165[9], II.205[24], 271[32], III.89[4], 141[26], 152[5] ①360, ②419,549, ③198,307,330.

tādisa *a.*そのような. I.86[31], II.118[1], III.62[30], 77[9], 102[12], 170[1]①187,②244,③141,170,224,369.
-ka *a.*そのようなII.94[38], 211[36] ②198,432.

tāpasa *m.*苦行者I.20[21],22[7-], 79[26],105[24],194[25],II.16[19], 34[24-],III.33[10],81[28],91[36]①39,…②38,74,③73,… **-gaṇa** *m.*II. 34[18]苦行者の衆②74. **-pabbajjā** *f.*苦行者としての出家I.61[9],71[14],78[16],79[21],150[31],167[24],177[1],202[11],205[19],228[1],II.16[17],29[6],34[18],38[19],41[17],43[10],73[18],143[7], 145[6-],184[6], 201[6],203[29]①129,…②38,64,74,83,88,92,296,300,377,411,416 **-parivāra** *m.*II.16[18],73[18]苦行者の衆徒②38,156.

tāpeti *cs.*tapati<***tap*** III.193[1]悩ませる ③416.

tāla *m.*ターラ〔椰子〕. **-patta** II.8[24]〃の葉②20.

tāvade III.103[23]忽ちに(tāvad eva)③227.

tâhaṃ (taṃ ahaṃ)II.162[2]それを私は, III.160[14] そのように私は(ta iti nipāta-mattaṃ 160[20] ta(=taṃ)とは不変化詞だけ)②333, ③348.

ti *num.*Ⓢ*tri.*三〔つの〕. **-bhava** *m.*〔欲界・色界・無色界の〕三つの生存III.159[9]③345 **-bh.-abhinissaṭa** *a.* III.143[17]〃から逃れた③311. **-vagga** *m.*三部門(法・実利・性愛). **~'tthaṃ** anuyuñjeyya… ayañ ca nayo yesaṃ paṭipatti-avirodhena ~'tthassa vasena vattati III.24[24-] ～の目的に専念するがよい. …この趣旨はどんな人達の実践とも矛盾なく～の目的のために行われる③53.

tikicchati *des.<cit* ubhinnaṃ **~antan** ti II.186[34-]〔自他〕両方を癒すと②382.

tikicchā *f.*癒し. III.29[34]治療③65. **kodha-vyādhi°** 怒りの病を癒すことII.186[35]②382.

tikkha *a.*Ⓢ*tīkṣa*鋭い, 切れる. **-pañña** *a.* III.106[37]〃智慧③234-.

tikhiṇa *a.*(=tikkha, tiṇha)Ⓢ*tīkṣṇa*鋭い, 切れる, 鋭利な. Taṃ kathaṃ sutvā tassa lajjī ([Vri.]-i-)-bhikkhuno hadayaṃ **~**sattiṃ gahetvā viddhaṃ viya ahosi I.66[10-]その古鉾を聞くと, その恥を知る比丘の心臓は鋭い剣をもって貫かれたようであった①139.

tiṭṭhati<*sthā*立つ, 止どまる. **°āhi** *ipv.* ~ mama sāsane II.195[6]私の教えに立て②399.

tiṇa *n.*Ⓢ*tṛṇa*草III.152[32],159[36]③332,347. **-kaṭṭha-sama** *a.*III.16[23]草や薪木と同じ(世間)③37. **-pupphaka- roga** *m.* II.88[1]草花の病気②184.

tiṇṇa *pp.*Ⓢ*tīrṇa<tṛ* III.6[2]〔暴流を〕渡り, 51[30]③13,114.

titta*pp.*Ⓢ*tṛpta<tṛp* II.277[35]満足する②563.

tittha *n.*Ⓢ*tīrtha*渡場, 船着場, 沐浴場III.32[15-]③70. **-nāvika** *m.* I.115[17]渡守(船頭)①255.

titthiya *m.*Ⓢ*tīrthya*外道I.55[17],193[26],II.136[23], 251[30], III.87[22-],180[12]①110,423,②280…③195,388. II.21[8]〃達の園林ārāma②47. **-vāda** *m.* II.158[28]〃の議論②326.

Ti-diva *m.* **~mhi** II.225[31]三十三天で(=Tusita-deva- loke兜率天で) ②457.

tibba *a.*Ⓢ*tīvra*激しい. **-nikkama** III.5[17], 196[32] 激しく精励し③11,424.

tiracchāna *m.*畜生. **-yoni** II.107[5]～の胎②221.

tiro-越えて, 横切って, 遮る, 外の. **-karaṇī** *f.*(遮る)幕, 覆い, カーテン. Tassa mātā … araññaṃ pavisitvā…assā kamma-ja-vātā calimṣu, **~iṃ** parikkhipitvā adaṃsu I.61[-19-] 彼の母は…森に入って…彼女の業から生じた風が動いた(産気づいた). 〔人々は〕

幕を囲って与えた①130.

tīra *n.*岸. **-gocara** III.84[32]岸をうろつく③188.

tuccha *a.* II.45[32]虚ろな(身), 47[22],168[28]虚しい, III.170[21]空しく②97,101,345, ③370.

tuleti<*tul* III.118[30-]秤にかける, 152[35]量る③259, 332. **tulayitvāna** *ger.* I.228[24]比べ考えて〔出家した〕①497.

tussati<*tuṣ*満足するII.90[29], III.154[24]②190,③335.

tūla *n.*=Ⓢ I.223[26]木綿. **-picu** *m.*I.223[23-]〃の綿①487. **-sannibha** III.160[4]〔臥床は〕木綿のよう③348.

te I.127[21](=tuyhan)御身へ①281.

tekiccha *m.*治療者, 医者. III.29[34]医師③65.

te-cīvarika *a.* III.54[4]三衣者③121.

teja[**s**] *n.*(=tejo) Ⓢ*tejas*(複合語の前分でteja-, tejo-) 火, 熱,〔獅子, 仏, 三宝, 上座等の〕威光, 威力. ratana-ttayehat'antarāyo sabbattha hutvâhaṃ tassa **~sā** I.1[12] 三宝のその**威光**によって私はあらゆる処において障碍が除かれた者となって①4. **°'ussada-tā** *f.* <ussada, *BHS.utsada*〔獅子, 上座の〕威光(威力)が増大していること. **~āya** …sādike samāgantvā abhīrū achambhī abhibhavati I.5[21-]〔獅子は〕 ～ので…, それ(象)を始めとする〔獣〕たちと出合っても恐れず怖れなく征服する. kesara-sīho attano **~āya** eka-cārī viharati, na kañci sahāyaṃ paccāsiṃsati, evam ete pi **~āya** vivekâbhiratiyā ca eka-cārino I.6[2-]鬣(たてがみ)をもつ獅子がおのれの～によって一人行く者として住し如何なる同行も求めない. …〔上座達も〕 ～によって又遠離を好むことによって一人行く①14,15. **°'ussada-bhāva** *m.*〔獅子, 上座の〕威光(威力)が増大になること. **~ena** kutoci pi abhīrū achambhī jhānâdi-sukhena viharantī ti sahanato hananato ca sīho viya I.5[27-]**～なる**ので, どこからもも恐れず怖れなく, 禅思などの楽をもって住まうというので, 耐えるので, また殺すので獅子のよう①14.

tejana *n.* 矢, 矢幹(やがら). usukārā namayanti ~ṃ 19b矢作り達は～を曲げる. **~n** ti kaṇḍaṃI.77[28]～をとは矢柄を. usukārā pi tāpetvā **~ṃ** namayanti ujuṃ karonti I.77[30]矢作り達も熱して～を曲げ(矯め)真っ直にするI.94[7], III.62[1]①163,165,③139.

te-piṭaka *n.a.*三蔵(経・律・論)〔の〕. I.22[26]〔仏語〕, 225[33],三蔵法師, II.237[30] ①42,491

tela *n.*Ⓢ*taila*油, 胡麻油. **-cuṇṇa** III.79[2]油・〔洗い〕粉③174. **-dhārā** III.77[1-]油の流れ③170. **-saṇha** III.86[26]油で柔らかな(髪)③193.

te-vijja *a.*三明の. I.236[8-]三明(Veda)を具える, 三種の明知(三明: 宿住智・天眼智・漏尽智)を具えるII.10[8],85[8-], 142[8],158[14],III.170[33],195[12], 197[1],208[32]①515-, ②23,… ③371,…

toya *n.*=Ⓢ III.153[3]水(vassodaka), 171[8] ③332,371.

Th

thaddha *pp.<**stambh*** III.86[16]頑固な③192.

thambha *m.*柱. III.84[27]強情, **ālāna-t-°**杭柱 III.161[1]③188,349. **°bhin** III.84[28]強情な(頑固な) ③188.

thala *n.*Ⓢ*sthala*陸. nibbāna~ I.196[29]涅槃という陸, III.30[22]①439, ③66.

thāma[**s**] *n.*Ⓢ*sthāmas*力. appena **~sā** III.169[6]僅かな力で③367. **°vat** *a.* **~ā** II.158[21]力ある(dhitimā)②326.

thī *f.*Ⓢ*strī*女II.135[13](mātu-gāma,itthī)②277.

thīna *n.*Ⓢ*styāna*惛沈(こんちん, 欝状) I.176[2],III.30[31]①384.③67.

thūṇira *m.* II.56[8]破風(はふ, 切妻)②119.

thūpa *m.*Ⓢ*stūpa*塔〔廟〕. I.53[26],199[5],202[5], II.56[20], 242[16]①107,434,441,②120,489. **kanaka°**黄金の塔I.209[29],III.64[25]①457,③144. **puḷina°** II.16[27]砂の塔②38. **-pūjā** *f.*塔の供養I.163[17], II.34[28]①357,②74. **-maha** *m.n.* I.206[21]塔廟の祭礼①451.

thera *m.*Ⓢ*sthavira*長老, 上座I.1[15]. **mahā°**大〃 III.203[4-] ①4,③438-. **therī** *f.*Ⓢ*sthavirī*長老尼, 上座尼I.1[15],①4.

thoma-nā *f.*=thomana<thoma Ⓢ*stoma*称讃, 讃美. Paṇḍiteh'attha-dassībhī ti tesaṃ ~I.41[2]賢者達と意義を見る人々とは彼等への称讃である①80.

D

dakkha *a.n.* III.24[18]有能である③52.

dakkhati<*dṛṣ*. **~ṃ** III.152[27]見るだろう(dakkhan ti…dakkhissaṃ)③331.

dakkhiṇeyya *gdv.* II.125[24],142[7]供養されるべき②258, 293. **-aggi** *m.* II.144[24]～火②299.

daṭṭhu *inf.<dṛṣ.* II.193[1]見て(disvā) ②394.

***ḍaḍḍhi-**(daḷhī, daḍhi)<daḷha<Ⓢ*dṛḍha a.*堅い, 堅固な, 強い, 強健な. **kāya°-bahula**([Vri.]-

daḷhi-) *a*.〔自分の〕身の強健を多とする（身を養うのに汲々としている，壮健を大事にする） I.106[8], 191[1],239[6,13]①234, *236*(3), 522,523, 417→kāya.

[1]**danta** *m*.歯. **-poṇa**楊枝III.79[8]③175. **-vaṇṇaka-pāruta** *a*. III.86[30]象牙色の衣を纏う③193.

[2]**danta** *pp.a.*<*dam*.調御され（調え修められ）た. I.45[16-],53[7], II.149[27], 186[8]①90,106,②309,381.

dantī-latā-pabba-sadis'aṅga *a*. II.98[8] d.蔓草の瘤のような肢体で ②204.

dandha *a*.II.239[18]遅く（manda）②483. **-kāla** II.123[20]緩（ゆっ）くりする時②254. **-abhiññā** III.207[34]-遅い通慧③448.

[1]**dabba** *m*. 樹木の類. °**t-thambha** *m*. ダッバの杭. Dārako attano puñña-balena uppatitvā ekasmiṃ **~e** nipati I.43[-14]〔腹の〕子は自分の福徳力で飛び出し一本の～に落ちた①86.

[2]**dabba** *n*. 茅の類. °**tiṇa** *n*. I.90[15-]d.草（茅）①196,*199*(4)

[3]**dabba** *a*.<Ⓢ*dravya*実ある，有能な. na kho, Dabba, **~ā** evaṃ nibbeṭhenti I.45[20]いいかねD.よ，**実ある者**達はこのように言い逃れはしない①90. **~o** ti **~jātiko** paṇḍito III.191[8]有能でとは有能な類の賢者③412.

Dabba *m. npr*. Dabba Malla-putta, *BHS.Darva Malla- putra*（比丘） **~o ti** drabyo, bhabbo ti atthoI.45[19]～とは**実ある**能あるという意味である①90. **-kumāra** I.43[-19] D.童子①87.

dama *n*.調御，調伏，訓練，〔心身を，自己を〕調え修めることI.45[15],53[7],II.265[21]①90,106,②537. **dud**° *a*.調御し（調え修め）難いI.45[12]①89. **-sacca** III.88[16]抑制と真実③197.

damaya *a*.（＝damiya）Ⓢ*damya*<***dam***調え修められる，調御される，修められる. **dud**°*a*.調御し難い. **~o** ([Vri.]-damiyo) damena danto 5a〔自らは〕調え修め難いのに，調え修めて調え修めた. **~o** ([Vri.]-damiyo) ti duddamo, dametuṃ asakkuṇeyyo I.45[12]調え修め難いとは調御しにくい調御できない①84,90

dameti *cs*.<*dam*.調御（調教）する. **~** ājaññaṃ ājānīyaṃ assa-dammaṃ desa-kālânurūpaṃ saṇha-pharusehi **~** vineti nibbisevanaṃ karoti II.152[3-]駿馬を調御する. よい種の馬，調御されるべき馬を，場所・時にふさわしい柔軟さと荒々しさをもって調教し教導し，反抗しないものにする②315. *pp*. danta.

daḷidda *a.m.* Ⓢ*daridra*貧しい. II.264[8]②534.

daḷha *a*.Ⓢ*dṛḍha*堅い，堅固な，強いIII.32[1],161[1-]③69,349. **-khīla** III.5[26]頑固な意固地③12. **-dhamma-dassin** *a*. **~ī** III.199[21]堅固な法を示すお方③430. **-dhammin** *a*. **~ino** daḷha-dhanuno III.189[5]**強い持物をもつ**とは強い弓をもつ者達③407. **-parakkama** *a*. II.31[15]堅く勇猛に，149[21]強く勇猛な，III.90[8]堅固に努力して②68,308,③200. **-viriya** *a*.II.44[1-]堅固な精進，133[17]堅固に精進し②93,274. **-salla-samappita** *a*. II.103[30]強固な矢を受け②216.

***daḷhi** （daḷhī,daḍhi,daḍḍhi）*a*.<daḷha<Ⓢ*dṛḍha*堅い，堅固な，強い，強健な. **kāya**°**-bahula** *a*.([PTS.]-daḍḍhi-)*a*.〔自分の〕身の強健を多とする（身の壮健を大事にする）I.106[8],191[1],239[6,13]([Vri.])①236(3)→kāya.

dasa *num*.Ⓢ*daśa*十. **'-aḍḍha**. **~ā** III.196[22]十の半分（五人）③423.

dassati *ft*.<***dā***. na ~ III.112[5]下さらないなら③246.

dassana *n*.Ⓢ*darśana*見（まみ）えること I.177[23],II.212[30]見方①387,②434.

dahara *a*.＝ⓈII.70[6]若い（taruṇa），III.59[28]②150,③134.

dāṭhin *a*.<dāṭhā,Ⓢ*daṃṣṭrā*.牙ある〔獅子など〕. Sīhānaṃ va nadantānaṃ **~īnaṃ** I.4[15]牙ある獅子達が吼えるよう. **~īnan** ti dāṭhāvan-tānaṃ. pasaṭṭha**~īnaṃ** vā atisaya-dāṭhānan I.6[25]([Vri.])牙あるとは牙をもつ，或いは称讃された極めて良い牙がある①12,16. II.220[18]②448.

dāni *adv.*＝idāni今やIII.71[27]（etarahi）③158.

dāyāda *m*.相続者I.75[10],II.22[18]受け取る者，146[30]相続人①160, ②49,303. **-ka** *m*. III.161[19]（orassa-putto）③350.

dāra *m*.妻，女. **-pariggaha** *m*.妻を娶ること. kārite **~e** I.52[18]～をして①105.

dāḷeti（dāleti）<*dal*破る. °**emu** III.167[4]〔死魔の軍を〕破るであろう③363.

dāsabya, dāsavya *n*.<dāsa奴隷であること. **~vyaṃ** ([Vri.]**~byaṃ**) atītattā sāmino hutvā paribhuñjanti *Vism*. p.44[20-]〔阿羅漢達〕は〔渇愛の〕~を超えたのであるから，主人となって受用（享受）する①128.

dāsī *f*.召使い女，下女. **-gaṇa-purekhata** *a*. II.127[8]召使い女の衆に引き立てられ②361. **-dāsā** III.85[30]婢や奴③191.

di-ja *a*. III.153[6]二度生まれる（＝鳥）③332.

diṭṭha *pp. a*.<***dṛś***. I.195[16]見えた，II.100[25], 204[27-]①426-,②209,418. **~e dhamme** III.14[30]法が見られると. 199[9]現実に③33,429.

-**dhammika** *a.* III.199[7]現世の③429. -**suta** *a.* ~**e** III.190[16]見, 聞き③410.

diṭṭhi *f.*Ⓢ*dṛṣṭi*見, 見解. -**gatāni** III.78[15]諸見解類③173. -**gahana** *n.* II.144[11-3]〔邪〕見の藪②298.

ditta *a.*Ⓢ*drpta* II.65[31-]傲慢な②140.

di-pāda-ka *a.*II.191[30]二足の者②392.

dibba *a.*Ⓢ*divya*天上の, 天的な. ~**ehi** kāmehi II.225[32-]天上の諸欲を〔具え〕②457. -**cakkhu**天眼II.162[23]天的な眼(天眼), 177[26],III.64[12-],73[5]②334,363,③144. -**c.- ñāṇa** *n.*天眼の(未来を知る)智I.85[20],III.64[21]①182,③144. -**cakkhu-ka** III.66[8]天眼者③148. -**puppha** I.231[22]天上の花①505. -**sota** II.162[29]天的な耳(天耳)②334.

divā *adv.a.*I.190[30]昼(日中)には①417, III.159[8]天の(deva-lokā)③346. -**vihāra** III.195[29]昼の休(paṭisallāna-ṭṭhāna独坐の場)③421.

disvā *ger.*<***dṛś***見てI.214[11](gahetvā), III.41[6,19-], 43[30] (upalabhitvā)①466,③87-8,95. **disvāna** 〃 II.5[34](ñatvā), 161[10], III.138[28](oloketvā) ②13,331,③301.

disā *f.*Ⓢ*diś,diśā.*方角, 〔八〕方. II.158[27],〔四〕方III.119[31], 128[7], 159[6]②326, ③261,280,346.

dīgha *a.*Ⓢ*dīrgha*長い. ~**m** addhānaṃ II.80[32]長い間(cira-kālaṃ)②170. -**ratta-anusayita** *a.* III.32[28]長期に潜在した(煩悩)③70.

dīpa *m.*＝Ⓢ燈明. -**pūjā** *f.* III.64[22]〃供養. -**kapallikā** *f.* 64[20]〃用の皿-**rukkha** *m.*〃用の木台, 燭台③144.

dīpana *n.* sīla-saṃvar'ādīhi samaṅgī-bhava° I.17[1]戒による防護などを具えていることを明らかにする①32.

dukkha *a.n.*苦, 苦しい(み)I.87[2],140[9],182[21], 191[5],204[7], II.107[3],205[10…36],216[35],268[27], 278[10],III.4[28-],7[4],21[35],41[22], 44[7],100[7-],138[27],151[5], 155[31],193[25-]①188,...②221,..③9,10,... ~**ss'āvahanī** II.219[3]苦しみをもたらす〔執著visattikā＝taṇhā〕②445. -**kkhandha** I.182[14,22],III.44[9]苦の集まり(苦蘊)①398,③96. -**kkhaya** I.249[4],II.205[1]苦の滅①543,②418. -**jāta** *n.* I.182[14,20]苦の類①398. -**dhamma** *m.*II.278[17]苦しい諸法(心身の諸要素) ②564. -**paṭipadā** *f.*III.207[27]苦しい修道③447. -**parijānanā** *f.* III.4[29]苦をよく知る(了知)③10. -**adhivāhinī** II.219[10]苦を運ぶ〔渇愛〕②445. -**anupassanā** *f.* III.100[11]苦を観ずること③220. **'-anta** *m.* II.250[4]苦の終わり②504. -**āvaha** III.151[31]苦を齎す(渇愛) ③329. -**uppatti** *f.*III.138[22]苦が生じること③301. -**ûpasamana** II.179[1]苦を鎮める〔道〕②365.

dukkhita *pp.* I.174[6-]苦しむ, III.141[1]①380,③306.

dukha *a.n.*(dukkha)苦III.22[16], 24[4]③48,52.

dug-gata *pp.*<*gam*貧しい, 不運な. **uppanna°-paṇṇ' ākāra** *m.*不運に生まれた者の贈物. ~**o** I.146[7]①321.

dug-gandha *a.*悪臭あるII.117[12-],192[2]②242,392.

duc-carita *a.*II.100[19-]落ち度(悪行)①209.

duc-channa *a.*II.13[6-]悪く葺か(覆わ)れた②31.

duj-jaha *a.*II.6[13], 208[25]捨て難い②31,425.

duṭṭha-citta *a.n.*III.89[1]心が汚れて③198.

duṭṭhulla-gāhin III.191[4]重苦しい悪を懐く③412.

dutiya *a.*第二の. -citta-vāre kāmâvacara-deva-loke nibbatti III. 93[15]〔死ぬ時の心の次の〕第二心の時に欲界の天界に生まれた③206.-**abhisecana** *n.* I.213[4]〃灌頂①463.

dud-damaya *a.*調御し(調え修め)難いI.45[9],53[3-]①89,106.

dud-dasa *a.*I.41[10]見難い, III.152[17]①81,③331.

dun-nikkhama *a.*I.172[4]取り出すのが難しい①376.

dup-padāliya *a.*III.5[30]砕き難い(心の頑迷ceto-khila)③12.

dup-pabbajja *a.*I.234[7]難儀な出家の身①511.

dub-bacana *a.*III.152[29]悪い言葉で言われ③332.

dub-bala *a.*II.210[27]力弱い, III.85[25] ②429,③191.

dubbhati<*dabh*欺くIII.158[5-] ③344.

dub-bhida *a.* III.5[35]砕破し難い(岩:無知)③12.

duma *m.*Ⓢ*druma*木, 樹. ~pattaṃ va māluto, yathā nāma ~**ssa** rukkhassa pattaṃ paṇḍu-palāsaṃ māluto vāto dhunāti, bandhanato viyojento nīharati I. 33[27-]嵐が木の葉を〔払う〕ように. 譬えていえば木の葉, 黄色の葉を, 嵐＝風が払い〔葉の〕結びつきを離して取り去るように①66. ~ā ti rukkhā II.223[17]木とは樹木. -**p-phala** *n.* III.41[7]木の実③87. -**vhaya** *a.* I.156[30]樹と呼ばれる(母)①343.

dum-mati *a.* ~ī III.85[8]劣慧の者達(＝nippaññā) ③189.

dum-mana *a.* II.239[27]沈む心で. 260[28]心地悪い. III.180[1]落胆し②483,526, ③388.

dum-mantita *pp.*<manteti *den.*<Ⓢ*mantra*悪く

詮議したI.55[8], III.63[25]①110, ③142.

dum-medha *a.*智慧鈍い(劣る)I.191[5],227[11], II.117[36],153[17],279[31],III.85[38],88[26]①417,494, ②244,316,567, ③191,197.**-medhin** III.63[5]智の劣る③141.

dur-adhigama *a.*得がたいI.234[23]①511.

dur-adhivāsa *a.*住み難いI.234[18]①511.

duve *nom.num.*二, 二の. Yathā devo tathā ~ ti yathā devānaṃ antarantarā citta-ppakopo pi siyā, tathā dvinnaṃ bhikkhūnaṃ saha-vāse ghaṭṭanā'pi bhaveyya II.98[32-]二人でおれば神のようとは, 例えば〔～の〕神々には時には心の憤怒もあるように, そのように～の比丘が共住すると衝突もあろう②206

dussa-koṭṭhâgāra *n.*衣料倉庫. ~ṃ vivarāpetvā I. 32[6-]～を開けさせて①63.

dūra *a.*遠い, 離れている. ~ṃ II.152[15-]②314. **-kantana** *a.* III.157[2]遠く切り離す③341. **-ṅ-gama** *a.* III.156[21]遠くに行く(心)③340.

deva *m.*神(天)I.27[28],111[4],123[20],II.209[25], III.9[22],142[8]①51,245,272,②427, ③21, 308.天(神＝雨雲megha)I.134[20-],II.60[1], 220[17]①296, ②127,448. **~ānaṃ atideva**神々を越えた神(＝仏)III.9[4]③20→atideva. **nara°** III.171[5]人の神(＝仏) ③371. **sammuti°** I.27[31-]世俗神(天, 王侯). **upapatti°**27[32]再生神(天). **visuddhi°**28[1]清浄神(天, 仏・阿羅漢・辟支仏)①51. **-atideva** III.171[5]天中天③371. **-kāya** *m.* III.71[36-],142[33]神の衆③159,309. **-deva** *m.* II.225[16]神の神, III.202[32](＝仏)②457, ③437. **-naṭa** *m.* II.41[4]天の踊子②87. **-putta**天子(神の子) I.231[21], 233[12], II.171[35]①505,②351. **-loka** *m.*天の世界(天界)I.89[16], 102[1],105[27],II.7[30],III.1[28],72[28-]①194,226,233, ②19,③4,160. **-saṅgha** II.92[31]神の衆②194. **-s.-purak-khata** *a.*II.265[11] 〃 に尊ばれる②536. **-asura-saṅgāma** III.173[29]神と阿修羅の戦闘③376. **-samūha** III.72[1]神の群③159. **-iddhi** *f.* III.142[10]神の神通力③308.

deva-tā *f.*神格, 神I.21[25],50[15],53[22-],78[18],139[31-], 148[7], 153[7],241[28],243[20],II.58[27],92[32],138[33],III.12[17],65[7-],91[36], 112[33],123[11]①40,…②124,... ③28,... vana-saṇḍe adhivaṭṭhā ~ I.152[22]林の藪に住む神格①334. vane adhivaṭṭhā ~ I.75[5]林に住む神(神格)①160. **bhumma°** I.65[15-]地の神①138. **rukkha°**樹神I.118[10],161[11],178[27], II.126[12]①261,353,390,②260. **-viggaha** I.99[29]神の異論(Vri.-anubhāva神の威神力) ①221.**-samāgama** *m.* I.178[28]神格の集会①390. **-āyācana** *n.* II.199[7]神格に願うこと②407.

devattana *n.*III.158[1]神の身分(Vri.deva-bhāva)③343.

desita *pp.cs.*deseti<***diś***. **~o** dhammo II.205[21-]法は説かれた②419.

doṇi *f.*Ⓢ*droṇī*桶, 水槽, 舟, 樋, 溝. **rukkha°** *f.*木の桶(水槽, 樋). mātikaṃ vā katvā **~ṃ** vā ṭhapetvā I.77[26]或いは水路を作って, 或いは～を設置して①165.

dosa *m.*憎しみ, 過失. II.118[6]怒り②244. **-saṃhita** *a.*I.129[4]過失を伴う〔思惟saṅkappa〕①284.

dosinā *f.*Ⓢ*jyotsnā*月夜, 月明り. **-puṇṇa-māsī** III.156[9]明るい満月③339.

dohaḷa *m.* Ⓢ*dohala,dohada*妊婦の異常嗜好, 願望. **sañjāta°** *a.* **~ā** *f.*熱望が生じた. mātā paripakka-gabbhā araññaṃ dassan'atthāya **~ā** I.61[-18]母は臨月の腹を抱え森を見るため～①130.

drabya *n.a.*Ⓢ*dravya n.*実〔ある〕. Dabbo ti **~o**, bhabbo I.45[19]D.とは実ある能ある①90.

dve *num.*(＝dvi)2つ, 二. **-catur-aṅga-gāmin** II. 219[18]二類四支(四向四果)に導く〔道〕②446. **-vāc-ika** *a.*〔仏と法に帰依し奉ると唱える〕二言の. **-v.-saraṇa** *n.* 〃 帰依. **~ṃ** gantvā I.50[22]～を行なって①101.

Dh

dhaṃsate <***dhvaṃs*** II.89[6]〔楽な処から〕落ち. 94[30]〔両世間から〕脱落する, 259[22]離れる(apeti)②186,198,523.

dhaṅka *m.*Ⓢ*dhvāṅksa*烏(からす). **-rūpa** *a.* II.28[7]烏(からす)のような格好で②62.

dhaja *m.*Ⓢ*dhvaja*旗III.87[21]③195. **-ālu** *a.* II.40[27]旗物あり②87.

dhana *n.*財. saddhā**~ṃ** sīla**~ṃ** suta**~ṃ**, cāga**~ṃ** paññā**~n** ti imesaṃ suvisuddhānaṃ ~ānaṃ atthitāya adaḷiddo II.212[34-]信という財, 戒という財, 聞という財, 施捨という財, 智慧という財という, これらよく清浄な諸々の財があるから貧しくない, III.39[31-]②434,③84. **-sampanna** *a.*III.39[9] 財を具えた③83. **'-attha** *a.* **~n** III.12[28]財産のため②28.

dhamani *f.* II.173[33]血管②355. **-santhata** *a.*II.98[9]〔肢体は〕青筋に蔽われ(kaṇḍara-sirāhi vitata-sarīra)②205.

dhamma *m.* 法, 正しさ, 真実, 道理, のり, 徳,

属性, 性質, 持物〔身心・生存・存在の〕構成要素, 主義主張,〔仏の〕教え(仏法, 主に単数. それは複数の法によって示される), 心(意)で思い考えること・もの, 修行法, 犯戒, 仏法を語る用語が意味する諸事項. I.57[7-]-,160[6-], 166[7-],189[3-], 234[4-], II.11[7-],69[11-], 121[2-],125[19],128[15-],143[35-],159[1-],165[7-],193[5-], 205[21-],226[14-],253[4-],III.5[3],44[14],52[5],71[28-],85[2-], 116[29],152[22-] ①115,… ②27,…③10,... **~'attha-saṃhitaṃ ~to** atthato ca anapetam etan ti kattabbaṃ…ti-vagga'tthaṃ anuyuñjeyya III.24[21]-法と実利を具え法からも, 又実利からも離れずに, これを行うし…三部門(法・実利・性愛)の目的に専念すべし③52 (→attha). **~to** III.79[35]〔仏〕法のために(=-nimittaṃ)③177. sabba**~āna pāragū** *a.*I.160[22]一切諸法の蘊奥に達した方①351. **adhipaññā~vipassanā** II.253[6]増上慧の法の観察②510. **uttari-manussa°** II.11[13]上人法(超人間的な徳)②26. **catu-sacca°**四つの真理の法(四諦:苦・集・滅・道)I.166[23],II.11[20], 125[20]①263,②27,258. **ñeyya° ~ā** I.160[23]知られるべき諸法①351. **paricchinna°** II.205[27]〔四つに〕限定された法②419. **pariyatti°** II.69[19],159[12]教法②147,327. **rūpa°**色法. amite **~e** III.152[34]量られない色という諸要素を〔等く量る〕③332. **loka°** I.57[9].世間の慣い(法:利不利・毀誉褒貶・楽苦)①115. **lokiya-lok'uttara°** II.166[34]世間と出世間の法②342. **lok'uttara°**出世間の法I.189[24]①415., nava **~ā** II.69[19], nava~159[3]九つの出世間法(四向四果と涅槃)②147,327. **sad°** II.166[16-]正法②341. **samaṇa°**沙門法 I.47[5,7],166[8]①94,362. **samatha-vipassanā°** I.189[24]止観の法①414. **sammuti°**. saṅkhata-asaṅkhata**~ā** II.11[28]〔因縁によって〕作られた要素(有為法)と作られない要素(無為法, 涅槃)という世俗の〔表示可能な〕諸法②27. **sampayutta°**. **~e**…sevato III.44[29]それ(感受)に対応した〔心の〕諸要素(諸法)とに…親しんでも③97. **sāsana°** II.205[22]教えとしての法②419. **sīl'ādi°** II.166[28]戒などの法②341. **su-carita°**. lokiya-lokuttaro **~o** II.128[15]世間・出世間のよく行われた法②264. **-kata-magga** *m.* II.67[7]法で作られた道②142. **-kathā** *f.* **~aṃ** suṇantu III.61[13]法話を聞いてくれ③138. **-kathika** *m.* I.38[9], 40[22], 87[11]法を語る者①77,80,189. II.141[17], III.52[12],80[1]説法者②292,③116,177. **-kāya-tā** *f.*法身であること. dasa-bala-catu-vesārajj'ādi-guṇa-paṭimaṇḍita**~ya** II.122[1],十力・四無畏などの徳に飾られた法身を有するから〔無比なる容姿の世尊に見えた〕. **~āya** dhamma-sabhāvehi 205[23]法の身であるから法を自性とする〔諸仏〕によって〔説かれた法〕②251,419. **-kos'ārakkha** *a.* III.112[31]法蔵を守る者(=阿難)③247. **-k-khandha** *m.*〔八万四千の〕法蘊I.2[34]①7. **-gata** *a.* **~ā** rati III.24[35]法に関する喜び③53. **-garu** *a.* III.152[5]法を重んずる③330. **-guṇa** *m.* II.69[26]法の徳②147. **-cakka** *n.* **~ṃ** ... vattemi III.48[15]法輪を転ずる③106. **-cārin** *a.* II.128[17]法を行う②264. **-ṭṭha** *a.* II.96[17], III.24[17]法に立ち②201,③52. **-dasa** *a.* III.191[34], 196[16]法(教え)を見る③414,423. **-dhara** *a.* II.159[7], III.118[11-]-法を保つ②327,③258. **-nimmita** *a.* **~ā** III.210[3]法によって化作された方々(上座達)③452. **-p-pati** *m.*III.30[17-]法主③66. **-bhaṇḍâgārika,-ya** *a.m.*法蔵を守る者(=Ānanda阿難). **~kena** paṭiññātesu catur-āsītiyā dhamma-kkhandha-sahassesu I.2[32-]〜によって公言された八万四千の法蘊(法の集り)の中で. **~kassa** upajjhāyo I. 71[21]~尊者の和尚(Belaṭṭhasīsa). **~ya**(Vri.~ka)-bhāva-pāramī-pūraṇ'atthaṃ III.112[15-]〜であるという最高の行(波羅蜜)を満たすために①7,151,③246. **-bhūta** *a.* **~ehi** II.205[23]法となられた〔諸仏〕によって〔説かれた法〕②419. **-maṇḍapa** *m.*III.52[11]〔聞〕法堂③116. **-yutta** *a.*III.58[12]法に叶う〔偈〕③132. **-rata** *a.* III.119[13]法を愉しみ③260. **-rati** *f.* II.31[16]法の楽しみ②68. **-rasa** *m.* I.221[21]法の味①483. **-rājā**法王 I.47[2],II.166[32], III.48[7],210[2]①94,②342,③105,452. **-saṅgīti** *f.*法の結集〔会議〕I.158[4]II.193[10](第二結集), III.112[34],116[30]①346,②395,③247,255. **-sabhāva** *m.*~o II.60[11]在りよう(法)の本性。**~ehi** 205[23]法を自性とする〔諸仏〕によって②128, 419. **-samuppāda** *m.*III.16[17-]法(身心の要素)の生起③ 36. **-sampatti-** kittana *n.* II.69[27] 法の成就を誉(ほ)め称(たた)えること②147. **-sarīra** *n.* II.198[11]法体(心身の属性としての体)②405. **-savaṇa** *n.* III.52[10]聞法③116. **-sāmaggi** *f.* sati-ādi-satta-vidha~ II.253[23]念など七種の法(念・択法・精進・喜・軽安・定・捨)の総合②511. **-sāra-maya** *a.* **~ṃ** vipassanā-

mayaṃ sopānaṃ III.32[1]法(教え)という心材より成る観〔法〕によってできた梯子を〔給わった〕③69. **-sudhamma-tā** *f.* I.85[17]法がよい法であることII.84[27] ①182,②178. **-senā-pati** *m.*法の将軍(＝Sāriputta舎利弗). Tenâha āyasmā ~ I.36[1]それで尊者~は言う①70. **'-attha-saṃhita** *a.* kiccaṃ **~n** III.24[20]法と実利が具わる為すべきこと③52. **-'anvaya** *m.*〔三世の諸仏の〕法の繋がり(教法の伝統). **~o** vidito I.36[2]~が分かりました①70. **-ādāsa** *m.*法の鏡,法という鏡II.47[12],168[22]②100,345. **-ārammaṇa** *n.* **~m** vijānitvā III.44[14]法という〔意の〕対象を識って③96. **-ārāma** *a.* III.119[11]法を園林とする③260. **-āvaha** *a.* II. 279[16]法を齎す②567. **-āsana** *n.* III.124[4]法座③271.

dhamma-tā *f.*法性(法＝在りようの決まりであること)II.60[8], III.15[19]②128,③34.

dhamm-ika *a.*法をたもつ,法に叶う,如法のI.47[2],II.279[16]① 94,②567.

dhammin *a.m.*属性(持物)を持つ,有法. **daḷha°**強い持物(弓)を持つIII.189[5]③407.

dharati<*dhṛ*受持する,保つ,存続する,行われる. mahā-gandhāra-vijjā ~ I.54[10]大g.術が**行われる**①108. **°e.** *Ā.* 取る,受持する,保つ,存続する. Saha-saṃvaṇṇanaṃ…~ satthu-sāsanaṃ I.1[22]詳註と共に大師の教えが**存続する**①5.

dharaṇī *f.* I.131[30]大地①291.

dhātu *f.* **rūpa°** II.107[18]色界②222. aṭṭhārasa**~yo** III.198[8]十八界(認識要素)③427.

dhārā *f.* 流れ,〔雨の〕流れ.
-ākula *a.*II.220[8]〔雨の〕流れが乱れ②447.

dhāreti *cs.*<*dhṛ*. **~reyya** II.248[4]〔粗衣を〕着けるがよい②500. **~rayi** III.69[11]〔衣を〕着た(＝dhāresi)③154.

dhāvati<*dhāv*. ~ … cittaṃ II.187[19]心が走るなら②383.

dhi(dhī)厭《いと》わしいII.117[8]. **~ī-r-atthu** III.159[21], 167[16]厭わしいとせよ③346,364.

dhiti *f.*Ⓢ*dhṛti*堅固な心. **-para** *a.* III.159[14]堅固を専らとする③346. **-mat** *a.* I.49[7],III.121[10]堅固心を持っている①97, ③264.

dhīra *a.m.*賢者(堅実な人)I.41[19],II.158[4-],210[17-], 261[1], III.40[2-], 171[34], 200[21-]①81, ②325, 429,527, ③85,373,432.

dhuta(dhūta) *pp.*<*dhū* III.156[12]頭陀(少欲知足の行)③339. **-guṇa** *m.*III.143[5],156[12]頭陀の徳③310,339. **'-aṅga** *n.*II.134[18]頭陀の項目(少欲知足の条件,頭陀支)②276. **~dharo** III.121[33],135[26]~を受持する者③266...

dhunāti<*dhū*.追い払う,払い去る. I.33[28], II.105[27], III.167[8]①65,②219, ③363.

dhura *m.* *n.*Ⓢ*dhur*重荷,荷. II.49[5], 277[27]②104,562. **-ssaha** *a.*II.277[27]〜に耐える②562.

dhuva *a.*Ⓢ*dhuva*恒常な. **~**npayāto maraṇassa II.244[35]死へ**常に**向かう. **-bhāvo** III.35[14]**恒常な**こと②493,③77.

dhota *pp.*<*dhāv*洗われた,洗い浄められた. **-hattha-pāda** *a.*手足を洗い浄めた. udaka-phāsuka-ṭṭhānaṃ gantvā **~o** hutvā I.65[27]水の快適なところに行って,〜**身**になって①138.

dhona *pp.*<*dhāv* III.201[4]〔悪を〕洗い浄めた③433.

dhovati(＝dhopati)<*dhāv*洗う,浄める. **~i** *aor.* III.69[10]〔汚れを〕洗った(＝vikkhālesi)③153.

N

na nūnaṃ I.230[26]ないのではないか①502.

nakkhatta *n.*Ⓢ*nakṣatra*星祭II.53[18],120[31-], 146[6],III.126[16] ②114,249,302,③276. **-yoga** *m.*III.55[2]星宿の関係③124.

naga *m.* ＝Ⓢ 山I.232[11],III.140[9],159[3],197[7-]①506, ③304, 345,425. **'-agga** *m.*峰I.232[12]①506. **'-antare** *loc.sg.*山の中で,山間にII.220[24],III.160[2]②448,③347. **-vivara** *n.* II.220[25]山の裂け目(＝pabbata-guhā, pabbhāra) ②449. **-v.-gata** *a.*I.115[3]山の裂け目に行って①254.

nagga *a.*Ⓢ*nagna*裸の.
-pabbajjā *f.* II.119[33]裸行者の出家②246.

naṅgală *n.f.*Ⓢ*lăṅgala* I.119[25]犂①264. **-āvatta** *n.*I.72[1]犂を牽くこと①152. **-āvattanin** I.71[31-]犂を牽く①151.

naṅgula *n.*Ⓢ*lāṅgūla*尾. I.237[32](＝naṅguṭṭha)①520.

nacca *n.*Ⓢ*nṛtya*踊り,舞踊. **-gīta** *n.*III.68[25]舞や歌③152. **°kī** *f.*([Vri.]naṭṭakī) naccati ~ II.110[26]舞女が踊る②229.

naccati<*nṛt* II.110[26-]踊る②229.

naṭa *m.*＝Ⓢ **~kula** III.143[36-]役者(舞踊師)の家③313.

nadati<*nad*〔雷,獅子,孔雀,上座が〕吼える, I.6[20-],II.51[14-]〔獅子〕吼する,77[17-] ①16,②109,163.

nandati<*nand*喜ぶ. °**māna** *prp*. **-āgata** *a*. **~ṃ** cittaṃII.79[6]心は喜びながら来た②167.

nabha *n*.空, 天I.132[2],II.115[34], 220[6](ākāsa)①291,②239,447.

namana *n*.=Ⓢ<*nam*傾くこと, 曲げること. **~vasena** tacchakā nemi-ādīnaṃ atthāya tacchantā dāruṃ namayanti I.77[30-]**曲げること**によって大工達は車の外輪などのために工作し木材を曲げ(矯め)る①165.

namayati<*nam*曲げる(例文→上記)

namassati<*namas*礼拝するII.265[8],III.142[21]②536,③309.

namo *n*.帰命, 南無. I.127[21],206[1-](namakkāra)①281,449.

naya *n.m.*=Ⓢ導き方, 仕方, 方法, 趣旨, 理趣, 意趣, 原則, 体系, 公正, 推理, 推論法, 理由, 誘因, 理由, 智. Sesesu pi es'eva **~o** I.119[28]その他の〔語〕においてもこれと同じ**趣旨**である①264. evam-ādinā **~ena** vuttaṃ bāhu-saccaṃ II.19[20]このような**仕方**で説かれた多聞②44. vipassanā-ñāṇena sammā upāyena **~ena** passa III.155[27]〔五蘊を〕観〔法〕の智によって正しく手段(方便)により**方法**によって見よ③338. iddhimā ayyo ti **~to** ñatvā II.238[12]聖人は神通力者だと**推論法**から知って②481.upāyehī ti **~ehi** III.25[9]手段によってとは**仕方**によって③54. **āgata~ena** I.90[6],121[15]〔に〕出ている趣旨で①195,267. **ti-ādi-** °**ppavatta**…など(云々)というふうに(趣旨で)起こった(働く, 行われる). **~o** āghāto I.176[2]〜怨恨. **~ena** mānena I.219[24]〜自意識(驕慢)によって①384,479. **~ṃ** kamma-phala-saddhañ ca…anussaranto II.71[9]〜業と〔その〕果報に対する信と…を追憶し②151. **~ṃ** buddhânussati-sahagataṃ saññaṃ… pati-ssato II.82[26] 仏についての追憶(仏随念、念仏)を伴う想い(想念、観念)を…②173. **dinna**°授けられた仕方. satthārā **~ena** appamattassa appamāda- paṭipattiyā II.81[13]〔大〕師に**〜によって**,不放逸に怠慢なく実践修行すること②170. **nānā**° 種々の方法(趣旨). **~ehi** palobheti I.171[29]いろいろな方法で誘惑する①376. **~ehi** thometvā I.173[14]種々の趣旨で〔世尊を〕称讃し①379. **paccay'uppādana~ena** III. 79[31]生活用品を得る**方策**をもって③176. **purima- ~ena** I.126[5],III.200[21]先の趣旨で(によって)①277,③432. **vutta**°**前述の趣旨**(意趣). sesaṃ **~m** evaその他は〜の通り(と同じ) I.113[27],236[26],244[13],II.138[14]①250,517, 532,②284. **~ena** 上述(先述)の(説かれた, 述べた)趣旨(理屈)で(仕方によって)I.73[12],136[11], 137[4], II.101[2],198[31]①155,301,302,②210,406. **~ttā** uttānam eva I.249[12],III.54[24],162[10]に趣旨が述べられているのでもう明らかである①544,③122, 352. °**ggāha** *m*.**論旨**の捉え方III.108[26]③238. dhamm'anvaya-vedita-([PTS.]'anvayāya veṭhita-)saṅkhātāya mahatiyā **~matiyā** samannāgato III.105[17]法の連関によって知られた(包まれた)と呼ばれる大きな**趣意**を捉える思慮を具えた③231. °**vasena誘因**によって. āvajjento ~ asañña-bhavo bhavissatī ti niṭṭhaṃ agamāsi II.42[1]思惟しながら, 〜無想者の生存となるのであろうという結論に達した. evaṃ**~**anussarantassa anussaraṇa-kosallaṃ disvā 42[5]このように〜追憶する〔ソービタが〕追憶にたくみなことを見て②89. °**sampanna** *a*.**趣意**を具えた. sahassa**~e** sot'āpatti-phale patiṭṭhāsi III. 94[24]千の〜預流果に安立した③209.

nayati<***nī*** I.77[24]〔水をudakaṃ〕導く①165.

nara *m*.=Ⓢ人II.94[32](=satta), 98[13](=purisa), III.46[32]②198,205,③102. **-deva** *m*. III.170[36-]人と神③371. **-sārathi** *m*. II.161[31]人間の調御者(仏)②332.

naraka *m*. =Ⓢ III.58[28]地獄③133.

naḷa *m*.(=nala)Ⓢ*naḍa*葦II.269[9-] ②543. **-agāra** *n*. II.105[27]葦の家②219. **-setu** *m*. I.51[23]葦の堤①102.

[1]**nava** *a*.=Ⓢ新しいII.102[11]新人, III.120[9]②212, ③262. **-g-gaha** *n*.II.151[31]新たに捕まえた(=acira-gahita象)②313. **-pabbajita** *a*. II.102[10]新たに出家した②212.

[2]**nava** *num.*Ⓢ*navan*九つ. **-lok'uttara-dhammā** I.51[25]九つの出世間法[預流・一来・不還・阿羅漢の四道と四果, 及び涅槃(無為界)]①102, 103. **-sota-sandani** *a*. 九つの孔から〔汚物を〕流す. dhir atthu pūraṃ **~in** ti nāna-ppakārassa asucino pūraṃ navahi sotehi vaṇa-mukhehi asuci-sandaniṃ savantiṃ III.159[21]厭わしいかな,〔不浄の〕満ちた〜〔身〕とは種々の不浄が満ち九つの孔から, 諸々の傷口から不浄を流し漏す③346

nahāta(=nhā°)*pp.*Ⓢ*snāta*<***snā***. °**ka** *a.m.*Ⓢ

*snātaka*沐浴者II.85[13],184[6]②179,377.

nahāru *m.*(＝nhā°)Ⓢ*snāyu*筋(腱)III.35[18]③77. **'-upasibbita** *a.*III.167[12]筋(腱)に縫い合わされ③364. **-sutta- nibandhana** *a.* II.244[30]筋の糸で繋ぎとめられ②493.

nāga *m.*＝Ⓢ龍, 象(龍象)I.96[17-],II.56[19],98[19-], III.9[34],195[24-],202[36]①213,②120,205,③22,421,437. **-rājan** *m.*龍王I.243[5], II.91[4],130[4],182[22]①530,②191,268,373.

nāṭaka *m.n.*＝Ⓢ舞子, 踊り子II.266[34],III.65[31],177[17]②535,③147,383.

nâtisīta-nâtiuṇha-tā *f.*<na-ati-sīta＋na-ati-uṇha寒む過ぎず暑過ぎないことI.27[20]①51.

nāna-tta *n.*Ⓢ*nānātva*.種々であること, 種々性. **-vaṇṇin** *a.* ~**ī** III.173[1]種々の色どりで③375.

nānā *adv.*種々の(に), さまざまな(に). **-kuṇapa** *m.*II.192[3]さまざまな汚物②392. **-jana-pada** *m.* I.108[7]さまざまな地方①239. **-jana-saṅgaha** *m.* III.138[26]種々の人々を纏めること③301. **-ppayāta** *a.*III.80[26]種々に経過したところ③178. **-bhāva** *m.* II.245[30]別れ(＝vinā-bhāva)② 495. **-vidha** *a.* ~**ā** III.84[30]種々の人達(Vri.-vādā論者達)③188. **-ākula-mala-sampuṇṇa** *a.*II.243[26]さまざま溢れる垢穢(くえ)に充ち②491.

nānārajja *n.* ~**ena** rajju-sadisa-saṅkhātāya esani-salākāya pavesetvāna III.30[3]**探り針で**, 紐と同様のものと呼ばれる探り篦(へら)で差し込んで③65.

nāma *n.*Ⓢ*nāman*名, 名前. **-rūpa** *n.*名色(心身)I.9[26],18[6],III.151[26],207[35]①21,34,③329,448.

nāra *m.*＝Ⓢ(*a.*人の, *m.*水, *etc.*)光, 光線.

nikati *f.*Ⓢ*nikṛti*詐欺. **nekatikā** ti ~**yaṃ** niyuttā III.79[21]〔彼等は〕〜しとは〜に従う③176.

nikanti *f.*願い. ~**ī** ti apekkhā I.79[3]〜とは期待①169.

nikāya *m.* ＝Ⓢ部. pañca ~**ā** I.2[25]五部経典①8.

ni-kūjati<***kuj***. giraṃ ~ nicchāreti III.200[32]〔白鳥が〕鳴き声を**囀る**, 発する③433.

niketa *m.*＝Ⓢ棲家. ~**sārī** I.106[21]〜に従い行く①235. **-cārika** *a.*II.256[23]〔墓を〕塒(ねぐら)とする②517.

ni-kkhamati<***niṣ-kram*** II.105[20]. ~**miṃ** III.157[4]出離した③341. **-mitūna** *ger.* I.174[14]出離して(＝°mitvā)①381. **-mma** 〃 II.63[28] 〃 ②136. **-mma** *gdv.*出離すべき. °**-ninna** *a.* 〃 に傾き. ~**o** abhinikkhamma-ninno…ti-bhavâbhinissaṭo bhava-ttayato vinissaṭo III.143[16-] 〜出離することに傾き…三つの生存から逃れた③311. **-kkhanta** *pp.* ~**ntaṃ** III.188[29]出離した〔私に〕③407.

nikkhipati<***ni-kṣip***.dukkha-bhāraṃ ~**pissāmi** I.79[7]苦の重荷を**捨てる**であろう①169. °**ppa** *ger.* III.18[2]〔剣と武器を〕抛って(＝pahāya)③40.

nikkhepana *n.*bhāra~**e** III.14[32]重荷を降ろすと③33.

ni-gacchati<***gam***. dukkhaṃ ~ I.87[2],291d, 〃 ~**si** III.172[28]苦を受ける①188,②254,③374.

nigaṇṭha *m.* II.118[33]ジャイナ教徒②246.

nigamana *n.*I.178[16]結論①388.

nigāḷhika *a.* gūtha-kūpe ~**o**(Vri.-kūpena gāḷito) II.244[12]糞孔に**漏れ出ている**②492.

nig-gacchati<***nir-gam***.tato na ~**nti** II.126[1]そこ(網)から**出て行かない**②258. **-gata** *pp.*III.78[21]出て行き③173.

nig-gaṇhāti<***grah***抑える, 叱る. **-gayha** *ger.* II.96[24]制して, III.161[12]抑えて, 201[3](suṭṭhu yācitvā)**無理に願って**②202,③350,433. °**vādin** *a.*~ī III.102[6]叱責して言う③224. **-gahissati** *ft.* ~**āmi** I.181[15]〔心を〕抑えよう①396. **-gaṇhissati** *ft.* III.89[5]抑えるだろう③198.

nigguṇḍi *f.*(＝nigguṇṭhi)Ⓢ*nirguṇḍī*. Vitex Negundo. 青い花咲く低木, クマツヅラ科, 台湾人参木(渡辺『図説熱帯植物集成』769b). sindhuvāra- puppha-sadisāni ~**pupphāni** gahetvā Bhagavantaṃ pūjesi I.52[-5-] s.樹の花のような〜の花を採って世尊に供養した. ~**pupphaṃ** paggayha Buddhassa abhi-ropayiṃ I.52[24]〜の花を採って仏に**捧げた**①104,105.

nicca *a.*Ⓢ*nitya*.n'atthi koci bhavo ~**o** II.3[1,5]いかなる生存(有)も**常住ではない**②7. ~**ṃ** *adv.*常に I.102[30]いつも, II.149[21], 189[23], III.90[7]①227,②308,388,③200.

niṇhāta(Vri ninhāta) *pp.*<***ni-snā***.洗い浄められた. ~sabba-pāpa *a.*II.146[24]一切の悪が〜②302.

niddā *f.*Ⓢ*nidrā*睡眠. **-bahula** *a.* II.175[17]眠り多い②358.

niddāyati *denom.*<*nidrā*眠る. **-āyitar**まどろむ. ~**ā** ti supana-sīlo I.73[26] 〃 とは眠り癖がある①156.

nid-dhāreti <***nir-dhṛ***確定する, 選別する, 特定する. yathārahaṃ ~**etvā** yojetabbā I.34[-11]

適宜に〔それら実践行を〕**選定して**結びつけるべきである①66.

niddhunāti<*dhū* Māraṃ **~hi** II.176[26]**魔を払え**②361.

nidhi *f.* = Ⓢ III.101[30],153[34]隠れた宝③223,334.

nindā *f.* = Ⓢ非難（= garaha）II.260[28],278[38]②526,565.

nipaka*a.m.*I.192[23]賢い, III.7[1]（= nipuṇa）191[9]③15,412.

ni-patati<*pat* I.179[19]伏せる, 245[6]倒れる①281,534.

nipāta *m.* I.3[1]集篇①7;I.46[8], II.264[24]不変化詞①91②536.

nipuṇa *a* = Ⓢ I.41[11], 89[1]微妙な, II.78[9] ①81,191

nip-papañca *a.*<nis-prapañca妄想（戯論《けろん》）なきIII.70[11], 101[9]妄想のない③156, 222.

nip-phajjana *n.*<nip-phajjati<*niṣ-pad*成就, 成功, 完成, 収穫〔すること〕, 実り. **~bhāvaṃ** disvā …byākaritvā pakkămi I. 34[33-]〔その願が〕**成就する**ことを見て授記（予言）して出て行かれた①68

nip-phādita *a.pp.*<nipphādeti cs.<*niṣ-pad*完成した, 達成した, 実った, 実をつけた. Paricchinna-kāle **~ṃ** viya hi sassaṃ Buddha-ñāṇaṃ I. 11[33-]なぜなら期限の定まった時が来て始めて穀物が**実る**ように覚者（仏）の智〔も同様〕. paccayehi katattā **~ttā** katā nāma saṅkhata-dhammā, I.18[19]諸縁によって作られたのであるから**達成されたの**であるから, 所作というのは為作された（有為の）諸法である①24,35.

ni-bandha *m.* =Ⓢ繋縛, 束縛, 繋がり, 付属, 愛着, 執着, 連続. mātā-pitūhi **~vasena** kārite dāra-pariggahe I.52[18]母と父とに**せがまれて**妻を娶ると①105.

ni-bandhati<***ni-bandh*** satiyā taṃ **~issan** II.152[7]思念でお前（心）を縛ろう②313.

ni-bodhati <***ni-budh***仕える, 世話する, 待つ, 取る. °**dheti** *cs.*目覚めさせる, 〔眠っているのを〕起こす. Te … suttaṃ jhāyaṃ **~nti** 22dそれら〔鳥達は〕禅思して眠る〔私〕を**目覚ます**. **~ntī** ti pabodhenti I.82[15]~とは, はっと目を覚まさせる①174,176.

ni-bbacana *n.*Ⓢ*nirvacana*語源解釈, 解説, 発言, 語.

nib-bajjeti*cs.*<*vṛj*. subbaṃ nimittaṃ **~ayaṃ**III.153[30]美しい様相を**避け**ながら（= vajjento）③334.

nibbattana-ka *a.*現れ出てくる. **-sampatti** *f.*〜幸運. Bhagavā tassa puññassa phalaṃ etarahi 〜ñ ca byākaritvā pakkāmi I.61[-7]世尊はその福徳の果と今に〜とを予言して立ち去った①129.

nib-banatha *a.*<nir-vanatha. **~o** II.220[31]欲念のない（nittaṇho）, III.189[38]②449,③409.

nib-bāna *n.*Ⓢ*nirvāṇa*涅槃, 寂滅, 安らぎ I.202[30],247[6], II.166[32-],250[5-],III.44[10]①442,539,②342,504,③96. **-gama** *a.* **~o** I.193[28]〔八聖道は〕涅槃へ行く①423. **-dhātu** *f.* I.217[7]涅槃の境界①473. *ThīA.*に用例が多い. →nibbuta.

nibbāpana *n.* III.192[16]消すこと（= rāga~kāraka）③415.

nib-bitakka *a.*<vitakka,Ⓢ*vitarka*分別しない, 詮索しない, 深く考えない. tumhe imesaṃ dvinnaṃ kāraṇā **~ā** hothā'ti I.145[-28]あたな方はこれら二つの〔品〕について出所からは**詮索しない**でほしい①321.

nibbidā *f.*Ⓢ*nirvid* 厭離II.111[13]②230.

-bahula *a.*III.192[30]〜を多くする③415.

nibbindana *n.*厭離すること. II.111[14]②230

nib-bisati<*nir-viś*.稼ぐ. **~an** ti **~anto** II.257[20]給金を受けるとは〃ながら②519.

nib-bi-sevana *a.*<*vi-sev*親しさに反しない, 親近を止めない, 我侭でない, **素直な**, 従順な, 柔和な, 優しい. mana-cchaṭṭhānaṃ indriyānaṃ upasamanena **~bhāva-karaṇena** upasanto I. 33[-9]意を第六とする諸感官が静まることによって, **素直に**なることになるので静まっている①65.

nibbuta *pp.*Ⓢ*nirvṛta*涅槃に達した, 寂滅した, 鎮まった, 安らぎに達した, 幸せだI.183[32], 211[1],II.126[7], III.108[31], 139[36],143[27]①402,459,②259, ③238,304,311.

nibbuti *f.*寂滅（涅槃）I.98[12],II.178[7]①217,②364.

nib-beṭheti Ⓢ*nirveṣṭayati*<*-veṣṭ*ほどく, 解明する, 排除する, 言い逃れる. na kho, Dabba, dabbā evaṃ **~nti** I.45[-21]いいかねD.よ, 実ある者たちはこのように**言い逃れ**しない①90.

nibbedhaka *a.* （°ikā *f.*）洞察する.

°**ika-paññā** *f.* III.107[11-]洞察する智慧③235-.

nimitta *n.* =Ⓢ相, 様相, 姿, 徴表, 兆し, 目印, 合図, 誘因, わけ, 理由, 動力因, 原因. ti-vidha-duccarita**~ṃ**（[Vri.]-tta-）uppajjana-kassa uddhaccassa abhāvato anuddhato I.33[20-]三種の悪行の**誘因**を起こす浮つき（掉挙）がな

いから〔心〕浮つかない①65. kilesa-janaka~ṃ parivajjehi III.192[21]煩悩を生み出す起因を避けよ③415.

nimitta-tā *f.*誘因(動力因)であること. **mahatta°** *f.*偉大性(大我, 偉大な魂)の〃. ariya-bhāva-karattā **~āya** mahantaṃ I.41[14]聖者となることを作り出すから〜あるので大きい〔目的を証得する(atthaṃ samadhigacchanti)〕①81.

ni-mināti交換する. nibbānaṃ **~missaṃ**(*1 sg.ft.*)I.98[13]涅槃に取り換えよう①217.

nim-makkhika *a.*<makkhikāⓈ*makṣikā*蜂のいない. naṅgala-sīsa-mattaṃ **~ṃ** daṇḍaka-madhuṃ disvā I.144[27-]鋤(すき)の頭ほどの〜棒状の蜜を見て①319.

nim-mala *a.*II.146[26](rāga-malâdīnaṃ abhāvena)無垢②303.

nim-mināti<***nir-mā.***化作する. khaṇena **~ne** (＝neyyaṃ)Ⅲ.171[26]利那に〔私は身を〕化作するであろう③372.

niyāma *m.*決定. **sammatta°** III.198[16]正しいこと(正性)の〜③427. **-gata-ddasa** *a.*III.198[15]決定の類を見る③427.

ni-yuñjati<***yuj*** III.155[13-]促す③337.

ni-yojeti *cs.*<***yuj***. mā'natthe maṃ **~jayi** II.79[22-]無用(不利)に私を唆(そそのか)すな②168.

niyyāna *n.* II.178[1],III.155[21]出離②363, ③337.

niyyānika *a.*出離する(の) II.178[1], III.155[21]②363, ③338.

nir-aggaḷa *a.* II.220[30]遮るもの(閂＝avijjā)なく②449.

niraṅ-karoti(＝nirā°)<*nir-ā-**kṛ***捨てる, 見離す, 無視する. **°kata** *pp.*III.155[2]見捨てられる(＝nirākata)③336.**°katvā** *ger.*II.162[3]捨てて, 200[22]止めて(＝vuṭṭhāya)②303,409.

ni-rata *pp.*<***ram***. ekatta~I.130[10]集中を**愉しむ**①287.

nir-atisaya *a.*Ⓢ*niratiśaya*越えるものがない, より勝れたものがない. samma-ppadhāna-parakkamo ca **~o** I.6[16]また正しい精勤・勇猛(努力)は〔それを〕**越えるものがない**①15.

nir-attha-ka *a.*無益な, 無意義なII.244[26]III.24[29]. ②493.③53.

niraya *m.*地獄. I.185[26-], II.23[33],97[18],106[32],118[32], III.41[23], 153[19],172[23],181[15]①408,②53,…245, ③88,… ussada°小〃. kukkulâdika soḷasa-vidha ~ II.106[33] 熱灰など十六種の〃②221. gūtha~ II.118[31]糞〃②245. **mahā°**大〃. Sañjīvâdika aṭṭha-vidha ~ II.106[33] 等活などの八種の〃②221. aṭṭha ~ III.41[24]八〃③88.

nir-assāda *a.*~ā bhavā III.15[11]諸生存は**味がない**③33.

nir-āmisa *a.*Ⓢ*nirāmiṣa*肉のない, 報酬を求めない, 汚染のない, 無染汚の, 物欲のない. kilesa-dukkhâbhāvato ~sukha-samaṅgitāya ca sukhā sukha-ppattā I.29[19-]漏(煩悩)の苦しみがないから, 又**無染汚の**楽を具えているので, 〔自分の身＝小屋はatta-bhāva-kuṭikā〕快適であり楽を得ている. sukha ~I.72[14],192[24]〜楽①54,152,421.

nir-āsa *a.* III.151[18]希求することなく③329.

ni-rujjhati<***rudh***.vaṭṭa-dukkhaṃ ~ II.89[20]輪廻の苦が**滅する**②187.

nirutti *f.* Ⓢ*nirukti*言語, 辞, 語言論. **-pada-kovida** *a.* III.118[21]言葉や語句に詳しい③258.

nir-upadhi(＝nirū°) *a.*II.216[24]依処(よりどころ)がない②441.

nirodha *m.* **~o** II.205[36]滅(＝nibbānaṃ)②420. III.65[14]滅尽〔定〕③146. **~ṃ** samapaji... satta-ahassa accayena **~to** vuṭṭhāya 92[14-9]〔大師は〕滅尽〔定〕に入った. …七日間が過ぎて〃から出定して 205. Sāriputto sabbaso n'eva-saññānâsaññā-āyatanaṃ samatikkammasaññā-vedayita**~ṃ** upasampajja viharati 108[11]舎利弗は全て非想非非想処〔定〕を越えて行って, 想念によって感受されたことが滅する〔定:想受滅定, 〃〕 を具えて住する237.**-dhamma**106[24]滅する性質がある234.**-sacca**-dukkha-saccāni49[8]〔苦の〕滅という真理(滅諦)・苦という真理(苦諦)108.**-samāpatti** *f.*滅尽定(心や心の諸作用が滅して無くなる境地＝三昧)I.22[14], III.54[23],64[34],169[30],209[14]①41, ③122,145,369,450.→phala-samāpatti(果定).

nilīna *a.* II.192[11]**潜んだ**獣(鹿)②393.

ni-vattati<***vṛt***. mā **~tha** II.269[37]**戻るな**②545.

ni-vāta *a.*I.27[23],134[25]風もない①51,296. **°vutti** *f.*<Ⓢ*vṛtti*謙虚な(波風を立てぬ)振舞い. nihata-māna-mada- thambha-sārambhatāya **~kā** I. 29[21-]慢と憍慢と頑迷と憤激が打ち破られているから〜. **~nā** ti sabrahma-cārīsu **~nīca~ka**([Vi1.]vattana)-sīlena 170[20-]〜とは同行達の中で〜に, 遜(へりくだ)って振る舞う習慣(ならい)を保ち①54,373.

nivāpa *m.*撒き餌, 餌III.36[16]③79. **-puṭṭha** *a.* I.73[29]餌で養われている〔豚〕①156.

nivāsa *m.*住まい，居所．III.72[31]所在（宿住）②161.

ni-vāseti *cs.*<nivasati<***vas***着る．°**samāna** *prp.* bhumma-devatā...itthǐ hutvā…sāṭakaṃ saṃvidhāya **~ā** viya I.66[-2]地の神は…女になり（変身して），…衣を整えて**着ようとしているか**のように①138.

ni-visati<*ni-****viś***入る，止まる，固定する，執著する．°**viṭṭha** *pp.*III.76[22]安定した，190[34]執著した③169,411.

ni-vuta *pp.*<***vṛ***.avijjāya **~o** II.245[5]無明に**覆われ**②494.

ni-veseti *cs.*<***viś***入らせる，止める，固定させる．°**siya** *ger.* pathe ~ III.161[13]道に確立させて③350.

nisada *m.*（-ā *f.*）Ⓢ*dṛṣad*砥石（といし），挽臼（ひきうす）．°**-silā** *f.* 〃．gahanaṃ chindituṃ **~āyaṃ** pharasuṃ nisedentoI.9[21-]密林を伐るため**砥石**で斧を研ぐ①20.

nisītha *n.* Ⓢ*niśītha*夜，夜分，真夜中．aggi…pajjalito **~e** 3b**夜**に燃え上がっている火①68. **~e** rattiyaṃ catur-aṅga-samannāgate andha-kāre vattamāne I.36[26]**夜**に夜中に〔月の後半の十四日・夜半・密林・黒雲という〕四条件が具わった暗闇がある時．aggi **~e** ratti-bhāge pajjalito 37[10]火が**夜中**に夜分に燃やされて①72. **~e** II.220[16]**中夜**に（＝rattiyaṃ）②448.

ni-sīdati<***sad***坐る，座に着く．na **~īde** muhuttam pi taṇhā-salle anūhate II.216[16]渇愛の矢が抜かれないと寸時も坐るまい②441.

nisedent *prp.*（＝nisent）研ぐ，砥ぐ．nisada-silāyaṃ pharasuṃ **~nto**（[Vri]nisento）I.9[22]砥石で斧を**研ぐ**①20.

nisent *prp.*<*ni-****śi***研ぐ，砥ぐ（例→nisedent）．

ni-sevati<*ni-****sev***親しむ．°**vita** *pp.*.III.31[32]〔仙人衆に〕親しまれた．76[37]親しんだ③69,170.

ni-sevana *n.*III.77[1]〔托鉢の領域に〕親しむこと③170.

nis-saṭa *pp.*<nissarati<***sṛ*** II.193[2]逃れて（visaṃyutta）②394.

ni-ssāya *ger.*<nissayati<*ni-****śri*** III.139[10], 142[23]に（*ac.*）近寄って，依って③302, 309.

ni-ssita *pp.*<*śri.* rāga~ III.31[2]欲情（貪）に**依存する**③67.

nis-sukka *a.*白くない，不浄な，不善の．III.88[31]③197-8.

ni-hīyati *ps.*<***hā***捨てられる．II.236[9]失われる②476.

nīca *a.*＝Ⓢ低い．**~e** ti lāmake sabba-nihīne II.264[6]**下級な**とは劣悪な全てに劣る〔家に生まれ〕，III.76[21]謙虚だ②534,③169.

nī-yāni-ka *a.*（＝niyyānika）*BHS.niryāṇika*〔俗世からの〕出離に関する（至る）．kāci parinibbāna-samaye sāsanassa ~（[Vri.]niyyānika-）bhāva-vibhāvana-vasena abhāsiṃsu I.2[18]或る〔偈〕は入滅の時に〔仏〕教が**出離**であることを解明するものとして述べた①6.

nīla *a.*＝Ⓢ青い．nīla-vaṇṇatāya **~ā** I.82[2-]青色なので青い．**~ā** sugīvā I.81[33]青い美しい頸の〔孔雀〕達①175. **-cīvara-pāruta** *a.* III.86[12]青い衣を纏う③192.'-abbha-vaṇṇā I.62[7]青い雲の色に〔光輝く山々〕①131.

nīhāra *m.* Ⓢ*nirhāra*，追い出し，離縁．Sā eten'-eva **~ena** sattasu ṭhānesu paṭinivatti（[Vri.o]ttitā）III.125[36]彼女は同じこの～によって七処で出戻った（[Vri.]出戻された）③275.

nudati<***nud***．II.256[20]〔雲を風が〕除く（＝khipati）②517.

nūnaṃ *adv.*ないか．**~n** ti parivitakke I.230[27]～とは訝（いぶか）る意①503.

nekati-ka *a.* III.79[21]詐欺する③176.

nekkhamma *n.*II.192[36], 271[1-]出離②．**-rata** *a.* III.9[30]〔諸欲からの〕出離を楽しむ③22.

netara *a.*<na-itara. **~ā** pajā I.92[28]他の人〔が薫るの〕でない①203.

netta *n.*Ⓢ*netra*眼III.36[6]③78.

netti-ka *a.m.*導く，導くもの（綱），水を導く（引く）者，水路工．udakaṃ hi nayanti **~ā** 19a〔水〕**引く者**達はまさに水を導く①163. te nenti **~ā** I.77[27]彼等は〔水〕引く**水路工達**だ①165. **~ā** attano ruciyā udakaṃ nayanti III.62[2] 〃は自分の好みで水を引く③139.

nemitta-ka *m.*II.254[28]占相者②513.

nerayika *a.*地獄に堕ちた者I.153[18]①335.

nelaṅga *a.*<na-eḷa-aṅga 各部分が欠けない．**~o** seta-ppacchādo ekâro vattatī ratho ti ādīsu ratho ti āgato I.29[1-]～白い蓋いがあり一本の輻（や）がある車が転るという等では〔自分の身は〕車という〔意で〕出ている①53.

n'eva-saññin. **~īsu** II.107[19]諸**非想処**〔天〕に②222.

nesajj-ika *a.*常坐不臥者III.54[15],70[27]③122,156.

nesāda *m.*猟師I.241[16], II.25[19], 192[12], III.87[37]①527,②57,393,③196.

no[1] *adv.*ない. ~ ti paṭisedhe I.92[11]ないとは否定の意①202.

no[2] *ac.instr.dat.gen.pl.*~ ti amhākaṃ II.50[14]**我々を**とは〃. ~ amhehi anupatto 50[17]**我々に**我々によって達成された. ~ satthu**我々の**〔大〕師の69[20] ②107,147.

nhāru *n.*(=nahāru) Ⓢ*snāyu*腱,筋. Aṭṭhi-kaṅkala-kuṭike maṃsa ~'uppasibbite 1150 ab, I.26[28-]肉と〃に縫い合わされ骨や骸骨の小屋に①49.

P

paṃsu *m.*土,塵,ゴミ. **-kūla** *n.*糞掃衣 II.8[32], III.142[1]②21,③308. **-kūlika** *a.*〜者 III.54[2] ③121.

pa-kaṭa *a.pp.*(=°ta)<*pra-kṛ*自ずから作られた, 自然に出来た, 自然の, 本来の. **~e**([Vri.] pakate)'va sundare ti pakaṭiyā([Vri.]pakatiyā) eva sundare atitti-manohāre III. 159[28]**自然の**ままの美しいとは, 自然のままで美しい飽かす心を惹く所で③347.

pa-kaṭi *f.*(=pakati) 自然(例文→上記).

pa-kata *a.pp.*(=°ṭa). mayā **~ṃ** kammaṃ I.184[28]私が**作った**業①404. middhena pakato ti kāy'ālasiya-saṅkhātena asati-vighāta-sabhāvena middhena abhibhūto II.112[19]眠気に**取り付かれ**てとは身の怠惰と呼ばれる失念・困惑を本性とする眠気に負けて②233. **kaṅkhā°**-citta-tā *f.*心が本来疑いを宿していたこと. ayaṃ mahā-thero pubbe dīgha-rattaṃ attano ~aṃ ([PTS.]k.-pakataṃ cittataṃ) idāni sabbaso vigata- kaṅkhatañ ca paccavekkhitvā I.35[21-]この大上座は以前に長期に亘って自分の心が〜と, 今は全て疑いが取り除かれたこととを省察して①69.

pa-kati *f.*(°ṭi)Ⓢ*prakṛti* 本性, 自然, 本然, 自性, 原質, 根本物質, 生まれつき. **-sāvaka** *m.*普通の声聞 III.206[33]③446.

pa-kampati<*pra-kamp*震える. paṭhavī ca ~pittha I.186[18]また大地は震動した①408.

pakāra *m.* Ⓢ*prakāra*あり方, 仕方, 方法, 様態, 様式, 為す(作る, 押す)こと, 趣旨, 準備, 類, 種類. I.35[26-]あり方(様態)①70, 201[3]類①438, 227[3,17]種類①494. lābhe ca sakkāre ca taṇhā-vasena **~to** gāḷho ogāḷho III.170[20]利得と尊敬に渇愛に**押されるから**沈み潜る③370.

pakāsa *m.*Ⓢ*prakāśa*明, 光, 輝き. ~paññāta-bhāvaṃ dasseti I.16[17]明らかに知られていることを示す①32

pakāsa-ka *a.*(°sikā *f.*)闡明(明瞭)にする. ariya-dhamma-p**~ikā** I.1[17]聖法を~〔偈〕①5.

pakāsana *a.n.*Ⓢ*prakāśana* 明らかにする〔こと〕, 闡明, 顕示, 明示. **-nāma-tā** *f.* 名前を〃. tesaṃ **~aṃ** dasseti I.17[6]彼等の〃を示す. **~aṃ**([PTS.]pakāsana- nāma-mattaṃ) yeva dasseti I.17[7]彼等の〃だけを示す①32-3.

pakāsanī *a.f.* 闡明(明瞭)にする. sammā-paṭipatti**~hi** gāthāhi I.19[6]正しい実践修行を明らかにする諸々の偈をもって①36.

pakāseti *cs.*<*pra-**kāś***闡明(明瞭)にする. attano guṇe **~nti** I.30[35] 自分の徳を**明かにする**①57. attano nekkhammâbhiratiṃ **~si** ([PTS.]~eti) I.172[-18]自分の出離の喜びを〜した①377. attano ajjhāsayaṃ **~nto** I.171[30]自分の意向を〜しようと①376. atth([Vri.] aṭṭh)'uppattiṃ **~tvā** I.20[4]〔偈の〕由来を〜して①38. **°sita** *pp.*〔264人が〕〜されている I.3[32]①8.

pakopa *m.*憤怒. ekako citta-**p-**~rahito… sukhito viharati II.98[28]一人では心の憤怒がなく…楽に住す②205.

pakka *a.n.m.*Ⓢ*pakva*<*pac* 煮えた, 熟した. III.139[8]腐爛した〔手〕③302.

pakkamati<*pra-**kram***出て行く, 出掛ける, 立ち去る. tato na ~ I.224[15]その〔食が得難い〕ところから出て行かない①488. ramamāno pi **~me** 224[32]楽しんでいても立ち去るがよい①489. gocarāya **~anto** pi I.5[21]〔獅子が〕餌場に出掛けても①14

pakkosati<*pra-**kruṣ***呼ぶ, 召す. tumhe satthā **~tī** ti II.238[13]〔大〕師があなたを呼んでいます, と②481. Kassapaṃ ~satha II.68[24] K.を呼んで来なさい②146.

pakkha *m.*Ⓢ*pakṣa* 側, 脇, 翼, 党, 宗徒, 分, 半月. saṃkilesa**~to**…vimuccamāno II.54[23] 煩悩にまみれた側から…解脱しつつ. kosajja **~to** nikkhantattā…tad-uttariṃ vīriyaṃ karotha II.105[20]懈怠の側から出離するので…それより上の精進をなせ②116, 219.

pa-k-khandati<*pra-**skand***跳び込む, 跳び立つ(上る). ākāsaṃ **~di** I.23[20]〔世尊は〕虚空に**跳び上がった**①43. III.125[26]〔辟支仏は〕〃. **~a** maṃ citta jinassa sasane ti… Bhagavato sāsane **~ehi** anupavesehi .158[27]心よ, 私を勝者の教えに**跳び込ませよ**とは…世尊の教えに〃入り込ませよ③274,345. **°khanna** *pp.*踏み(跳び)込んだ, 陥った. Kantār'

addhāna **~o** ([Vri.]-do) ti kantāre vivane dīgha-maggaṃ anupaviṭṭho I.209[1]難儀な路に**踏み込んで**とは難儀な曠野の長い道に入り込んだ①455. **~o** ti anupaviṭṭho II.103[27]〔魔の領分にMāra-visaye〕**陥った**とは入った. taṃ **~o** anupaviṭṭho ti diṭṭhi-gahanaṃ **~o**144[11-] それに**跳び込み**入り込みというので〔邪〕見の藪に〃②215,299.

pakkhi-ka *a.n. m.*仲間, 支分, 味方, 半月〔の〕, 半月食. samādhi … sīla~o … paññā~o vā II.261[28-]定(三昧)が戒の**仲間**である…或いは〔定は〕智慧の**仲間**である②529. kusalā magga-pariyāpannā bodhi~**ā** dhammā honti III.69[32]善い道に含まれる覚りの**支分**である諸〔行〕法がある③155.

pakkhima *m.*翼ある, 鳥, 蝶. **~ā** II.17[15-]鳥, III.168[16]蛾②40, ③ 366.

pa-gabbha *a.*Ⓢ*pra-galbha*大胆な. **~ā** ti pāgabbhiya-yuttā sāhasino([Vri.]vasino) III.188[31]〜とは大胆さを具えた(不敵の)強引な([Vri.]自在な)(vitakkā)③407.

pa-gāhati<***gāh***沈み込む. **-gāḷha** *pp.* **~o** lābha-sakkāre ti lābhe ca sakkāre ca taṇhā-vasena pakārato gāḷho ogāḷho III.170[19]利得と尊敬に**沈み込んで**とは, 利得と尊敬に渇愛によって押されるから沈み潜る③370.

pa-g-gaṇhāti<*pra-**grah***差し伸べる, 捧げる, 受け止める, 策励する. °**ggayha** *ger.* haṃso… gīvaṃ ~ III.200[31]白鳥が…首を差しのべて③433. °**gghahita** *pp.* ~añjalikā sā vesī mam … abhāsatha II.194[35]合掌を**捧げた**その遊女は私に…語った②399.

paṅka *m.*＝Ⓢ泥, 泥地I.198[6-],II.6[5-],208[20],III.168[5] ①432,②13,425, ③365. **-palipa** *m.*泥のぬかるみ, 泥濘, 泥沼I.198[6]①432.

pacalati<*pra-**cal***居眠りする, 舟をこぐ. mā **~lāhi** mā niddaṃ upagacchi II.67[12]([Vri.])居眠りするな. 眠りに堕ちてはならぬ②143.

pacalāyati,pacāleti *cs.*<*pra-**cal***.居眠りする, 舟をこぐ. mā kho **~esi** mā pacalāyamāno niddhaṃ upagacchi II.67[12]いいか, お前は居眠りするなとは, 居眠りしかけて眠りに堕ちてはならぬ. saṅgha-majjhamhi **~māno** mattaṃ pamāṇaṃ na vā aññāsi II.67[19]お前は僧団の中で〜しながら程度・分量を知らなかった. So caṅkamanto niddāya abhibhūto **~māno** paripatitvā 174[17]彼は経行しながら眠りに負けて〜しながら倒れて②143,375.

°**lita** *pp.* 動揺する. **~ā** ti saṅkhatattā eva uppāda-jar' ādīhi pakārato calitā anavaṭṭhitā II.107[35]〔生存は〕〜とは, ただ作られたものであるから生起・老化などによる有り方であるから揺ぎ安定しない②223.

pacura *a.* Ⓢ*pracura* 多くの, 種々の. ceto-khilo ca. ~janehi padāletuṃ asakkuṇey-yatāya duppadālayo III.5[30]また心の頑迷(心栽)は, **多くの**人達によっても破壊することができないので砕き難い③12.

paccakkha *a.*Ⓢ*pratyakṣa* 直接知覚(経験)できる, 現に眼にする, 実感される, 現量の. naya-ggāhato **~ṃ** viya upaṭṭhitaṃ gahetvā iman ti vuttaṃ I.35[32]趣旨を捉えるから, **直接知覚される**ように見えてきたのを捉えて〈この〔智慧〕〉と言われた. atthaṃ ([Vri]atta-) **~to** upagañchiṃ sacchākāsiṃ I.55[25]〔究極〕目的を([Vri]自ら) **直接経験して**近づいた・体験(現証)した. āsanna~vacanaṃ I.140[1]〔これは, とは〕身近に**直接見える**ものを示す①70,111,309. taṃ nibbānaṃ phusāhi atta**~karaṇe** sammā-paṭipattiyaṃ ([Vri.]-yā) sacchikarohi II.78[11]その安らぎ(涅槃)に触れよ, 自分で**直接知覚**して正しい実践修行において〔その境地を〕証得せよ. evaṃ bhūtā sā saddhā mayā tayi diṭṭhā **~to** viditā II.100[25]このようになったその信が私にはあなたのところに見えた, **有りありと**知られた. sammāsambuddhassa sammukhā **~to** abhāsi II.156[30]〔義品の十六経を〕正等覚者の御前で目の前で語った. atītāsu jātīsu nibbatta-kkhandhe khandha- upanibaddhe ca pubbe-nivāsa-ñāṇena hattha-tale āmalakaṃ viya **~to** jānāmi II.162[22]過去の諸々の生まれにおいて生じた〔五〕蘊(身心)と〔五〕蘊に結びついたものとを, 過去世の住まいを知る智(宿住智)によって, 恰も掌(てのひら)にあるアーマラカ(阿摩勒)〔果〕のように**直接知覚して**私は知る. anu[[PTS.]-anu] **~to** dassetā II.178[27]**繰り返し直接知覚して**から説き示す. atta**~ṃ** katvā II.183[30]〔安らぎ(涅槃)を〕自分の**直接知覚**となしてから. nibbānaṃ **~ṃ** [[Vri.]kataṃ] ahosi II.234[28].安らぎ(涅槃)が**直接知覚されていた**. na pasaṃsāyā ti **~to** guṇâbhitthavane II.278[38]称誉にとは**直接に**徳を褒められるのに〔塗れ〕ず②164,209, 322,334, 365,474,565.

°**bhūta** *a.* **~ṃ** manussalokaṃ sandhāya III.4[6]

直接知覚されるものとなった人間の世間に関して③8. °tā *f.* **現量性, 直接知覚されること. idan** ti vuccamānassa cittassa atta**~āya** vuttaṃ I.181[1]このとは〔今〕言われている心が自分が**直接経験したものとして**言われている. ayan ti tassa dhammassa attano **~ya** vadati.I.206[9] このとはその法を自分が**現に眼にしているので(直接体験するので)**言う①396,449.

pacca-k-khāti<*prati-ā-khyā*捨てる, 放棄する. °**aṃ** *nom.sg.prp.* adhisīla-sikkhaṃ **~n** ti paccā-cikkhanto pariccajanto II.173[19]増上戒学を**捨てながら**とは放棄し捨て去って②355.

paccakkhāna *n.*捨てること, 放棄. sikkhā**~ṃ** II.173[22]学(戒)を〜②355.

paccati *ps.*<pacati<*pac*煮られる. kāyo yathā khippaṃ sīghaṃ ~ ḍayhati III.29[31]身は急に速やかに〜ように焼かれる. **apaccathā**(*3 sg.aor.*)ti niray' agginā **apacci** (*aor.*)III.172[4]〔魔が〕**煮られた**(苦しめられた)とは, 地獄の火で**煮られた**③64, 373.

paccatta *a.*Ⓢ*praty-ātman.* 各自, 各々, それぞれ. **-vedana** *a.* sabbe **~ā** ti pātiyekkaṃ([Vri.] pāṭi°)vedanā-janakā III.172[19]**全てがそれぞれ痛い**とは〃に苦痛を生ずる③374.

pacc-a-pādi *3sg.aor.*<*prati-pad*. ~ dhammassânu-dhammaṃ I.48[19]法に随う法を**実践した**①96.

pacc-a-byādhiṃ,°**vyā**°.*1sg.aor.*<paṭivijjhati <*prati-vyadh*.貫いた, 洞察した. **~n** ti paṭivijjhiṃ I.89[1]〔微妙なところをnipuṇaṃ〕〜とは貫いた. **~iṃsū**(*3 pl.*)ti paṭivijjhiṃsu III.168[36] 〃とは洞察した①191,③367.

paccaya *m.*Ⓢ*pratyaya*縁, 因縁;資具. anāgate **~ṃ** kusalaṃ na karotha III.128[17]([Vri.])未来の縁となる善を貴方はしない③281. II.35[10,20], 203[11],266[21]生活用品②76,415,539. **gilāna**° II.203[11], III.76[14]病人の必用品(薬) ②415,③168.

pacc-avekkhati<*praty-ava-īkṣ*観察する, 省察する. °**iṃ** *1 sg.aor.* II.168[27]〔身を〕**観察した**②345. °**isaṃ**. sati-pathāna-pāsādaṃ āruhitvā 〃III.32[7]思念の起こる処(念処)という殿堂に登って私は**省察した**③69.

paccācikkhati*intens.*<paccakkhāti<*prati-ā-khyā*.斥ける, 拒む. sikkhaṃ …**~anto** II.173[20]学(戒)を…**放棄し**ながら②355.

paccupādi *3 sg.aor.* <*praty-ut-pad*歩いて来た. Mahā-vanaṃ samaṇo **~ī** ti … paṭipajji III.58[11]沙門が大林に**〜とは**…歩いて来た③132.

pacceka *a.*単独の, 独自の, 孤独の. °**buddha** *m.*辟支仏, 独覚, 縁覚. I.82[25],99[21],167[26-], 185[25],II.38[30],116[16], 122[8],134[2],139[32],154[22], 262[6],266[21],III.52[16],64[34-], 111[8],125[6],128[29]-① 177,… ②83,… ③116, … °**bodhi** I.10[9]辟支〔仏〕(独覚)の覚り①21. °**bodhisatta** *m.*辟支菩薩 I.10[9-]①21. °**sambuddha** *m.* 辟支等覚者 I.10[20], 229[5]-., 246[5], II.75[7]. °**sambodhi** *f.* 辟支〔仏〕(独覚)の正覚. Paccekaṃ sayam eva bodhī ti ~ I.8[28]単独に自分だけで〔覚る〕覚りであるというので〜①19. Pacceka-bodhisattā pi pacceka-bodhiyā katâbhinīhārā anupubbena sambhata[[PTS.]sammā vā] ~sambhārā I.10[10]辟支菩薩達も辟支〔仏〕(独覚)の覚りをもって志向(辟支仏になるという誓願)を成し遂げて, 或いは次第に〔正しく〕〜の資糧を具える①21. magga-paṭıpāṭıyā agga-maggaṃ adhıgacchanta **~ṃ** sayambhū-abhisambujjhanti nāma I.10[19]修道の順によって最上の道に達しつつ〜を自存者として覚るという①22.

pacchato *adv.* 後から. ... ~ ti mama vasanaka-mahā-leṇassa ~ pacchā-bhāge II.131[22] …〜とは, 私の住む大きな洞穴の〜, 後のところに②270.

pacchā *adv.*以後に. yathā pure tathā ~II.169[16]以前のように, **以後**もそうだ②346.

pacchanna *pp.*<*pra-chad*.覆われた. jāta-rūpena **~ā** ([Vri.]sañchannā)ti…paṭicchādita-sarīrā II.127[6]黄金に〜とは…体を包み②261.

pacchi *f.* 籠, 駕籠. **bīja**° *f.* I.146[24]種子籠①322.

pacchima *a.* Ⓢ*paścima*最後の. **~o** kālo ti … atīta- satthuko carimo kālo III.81[8]最後の時とは...すでに〔大〕師が去られた最後の時③179. **-bhava** *m.*最後生, 最後の生存. III.50[26]③112. **-bhavika** *a.*最後生の. ~bodhi-satta I.131[14]~菩薩①221. **-bh.-tta** *n.* 最後生であること. **~ā** I.100[1], 204[1] ~から(ので)①221,445. **-yāma** *m.* 後夜. I.9[16]①20.

pacchima-ka *a.*最後の, 最終の. mama samussayo atta-bhāvo antimo sabba**~o** I.249[11]私の集積(身), 自分の身が最後であり一切の**最終**である①543.

pa-jahati<*pra-hā*. taṇhaṃ **pajaheyyā** (*3.sg.op.*) ti …samucchindeyya II.253[37]渇愛を**捨てるがよいとは**… 断ち切るがよい②511.

kāma-vitakkaṃ …~ III.106[38] 欲望の思い廻らしを…捨て．mānaṃ **pajahassū**（*2sg. ipv.*）ti … pariccaja III.191[-18]自意識（慢）を捨てよとは…捨てよ③234,413.

pajā-pati *f.* 主婦，妻，官女II.193[32]②261.

pajjalita *pp.<jval* 燃え上がった．**~o** ti upameyyena sambandha-dassanaṃ I.36[24] 〜ている〔火〕とは比べられるもの（如来の智慧）との関連を示す①71.

pajjunna *m.* Ⓢ*parjanya* 雨雲，雨神．Devo ca kālena kālaṃ na sammā dhāraṃ anupavecchatī ti ādīsu（*A.*I. 160[14]）meghe **~e** vā. Idhâpi meghe **~e** vā daṭṭhabbo I.28[5]そして神（天）は時に応じて正しく水流を与えないというなどの〔文〕では〔神とは〕雨雲，或いは**雨神**〔の意味〕である．ここでも雨雲，或いは**雨神**の〔意味〕で見られよう①52.

pajjota *m.* Ⓢ*pradyota* 光，燈光，光明 **-kara** *a.m.*光明を作る．**~o** ti **~o**（[Vri]pajjotiṃ karo）padīpo II.176[21] 〜とは〜燈火である①52.

pajjoti *f.* 光明（→上記）

pañca- *num.* =Ⓢ五つ〔の〕．**-kaṭuka** *n.* 五種の辛いもの，五味の香辛料．madhu-paṭalaṃ pīḷetvā ~cuṇṇena yojetvā I.146[2]蜜の膜を砕いて~の粉を加えて①321．**-kkhandā** *nom. pl. m.* 五蘊、五陰（身心の要素の集合：色・受・想・行・識）I.199[30], 248[28-], II.69[32], 156[32] ①434, 541,②148,322. **-tapa** *n.m.*〔太陽と四辺の焚き火との〕五〔火に身を焼く〕熱苦行II.21[9]②47. **-vaggiya-** *a*五群（五人組）の．II.160[19], III.2[23], 203[14]②330, ③5,438. **-saṅgâtiga** *a.*五つの執著を越えて行った．rāga-dosa-moha-māna-diṭṭhi-saṅgānaṃ atikkamanena pahānena ~o I.70[25]欲情（貪愛）・憎悪（瞋）・迷い（癡）・自負心（慢）・〔邪〕見への執著という五つを越え行くことによって，捨てることによって〜①146. II.269. **-seṭṭha** *a.*五者の最上者である〔世尊〕．bhagavā **~o** ti … pañcahi saddhādīhi indriyehi vā anañña- sādhāraṇehi cakkhūhi vā seṭṭho… III.202[7] 〜世尊とは…五つの信等の根（信・勤・念・定・慧）をもって，或いは他と共通でない〔肉眼・天眼・慧眼・仏眼・普眼という五種の〕眼をもって最上者である…③435. **'-aṅgika** *a.*五種の，五支分がある（器楽，禅定）．**~enā** ti ātatâdīhi pañcahi aṅgehi yuttena tūriyena parivāriyamānassa III.140[19]**五種の**〔器楽〕をもってとは，片面張りの鼓など五種をそなえた器楽によって囲まれている③305. **~ena turiyenā** ti ātataṃ vitataṃ ātata-vitataṃ ghanaṃ（[Vri.]-n-）susīran ti **~ena** pañcahi aṅgehi samannāgatena turiyena paricariya-māna- II.169[21-]五種の器楽によってとは，太鼓・片面太鼓・両面太鼓・鐃鉢・喇叭という（*SA*.I. 191）五種の〔楽器〕によって五部門をそなえた器楽（楽団）によってかしづかれて②347. **~e samādhimhī** ti abhiññā-pādaka-catuttha-jjhāna-samādhimhi. So hi pīti- pharaṇatā sukha-ph. ceto-ph.āloka-ph. paccavekkhaṇā-nimittan ti imehi pañcahi aṅgehi samannāgatattā **~o** samādhī ti vuccati III. 72[37-]73[2] **五支がある**禅定（三昧）でとは，通達知を基礎とする第四禅の禅定でなぜなら(1)その〔禅定〕は悦びが満ちていること，(2)楽が満ちていること，(3)心が満ちていること，(4)光明が満ちていること，(5)観察の起因があるという，これら五つの支分を具えているから，**五支をもつ**禅定と言われるからである③161.

pañjara *m.n.* 籠，枠，柵．**sīha°** 窓II.39[5]②84.

pañjali *a. BHS.prāñjali*合掌し．**-ī-kata** *a.*合掌した．**~ā** ti paggahita-añjalikā sā vesī II. 194[35]〜とは合掌を捧げたその遊女②399.

pañjali-ka *a.* 合掌し．so…vanditvā **~o** satthu samīpe aṭṭhāsi II.199[24]彼は…礼拝して〜〔大〕師の傍らに立った．tassa paṭikār'atthaṃ khippam eva **~o** vanda III.170[8]それ（罪aparādha）を償うためにもう速かに合掌して礼拝せよ②408, ③369.

paññatta *pp.< prajñapayati cs.<pra-***jña**知らしめられた，設（しつら）えられた，設けられた，用意された，制定された．Sikkhāpadā no **~ā**, Gotamena … amhākaṃ satthārā sikkhāpadaṃ **~ṃ** II.204[15-] G. によって私共の学処（戒）が**設けられ**（**制定され**）**た**…〔大〕師によって学処が私達に対して〃②417. **su~ṃ** mañca-pīṭhaṃ katvā viharati I.123[28]**よく設えられた**寝台や椅子を揃えて住む①272. bhagavatā ~sikkhā-pada-saṅkhātena sājīvena ca samannāgato II.215[36-] 世尊によって制定された学処と呼ばれる共同の生活を具え②440. ~vara- buddh'āsane III.2[33], 111[27],194[35]設けられた勝れた仏座に③6, 245,420.

paññatti *f.* Ⓢ*prajñapti* 名前，名称，概念，仮名（けみょう），仮設（けせつ），施設（せせつ），制定．

sīho senā-pati … ti-ādīsu ~iyaṃ I.4[22]〔獅子s.は〕獅子将軍…というなどでは**名前**〔の意味〕である. āyasmā Channo…ti ādīsu **~iyaṃ**26[4]〔Ch.は〕尊者Ch. 〃①12,47. **jana°** 人々の語りごと. biḷibiḷikā parisā-~ … **~ṃ** pahāya sad-attha-pasuto hohi I.247[17-]べちゃべちゃ放談する会衆の～だ. …～を捨てて正しい目的(利益)を追求する者であれ①539.

paññā *f.*Ⓢ*prajñā* 智慧, 慧, 叡智. I.11[5],14[12],35[25-], 126[15], II.7[20],19[21-], 235[6],III.25[27],31[30],117[31],152[27], 171[19],208[27]① 22, 27-8,… ②18,43,476,③55, …. **ariya-magga°** 聖道の智慧III.152[18]③331. **magga°** 道の智慧II.7[20],III.152[28]②18,③331. **vipassanā°** 〔観〕法の智慧II.235[12], III.152[28]② 475,③331. **-cakkhu** *n.*慧眼, 智慧の眼II.177[27], 251[30]②363, 507. **-paṭipatti** *f.*智慧の実践修行 I.14[14]①28. **-pāramitā** *f.* 智慧(般若)波羅蜜. **~taṃ** patto ti sāvaka-ñāṇassa pāramiṃ pārakoṭiṃ patto III.105[14]〔舎利弗は〕～に達してとは, 声聞の智波羅蜜(最高の行)に＝彼岸の極点に達し③231. **-bala** *n.* 智慧の力 I.60[5],II.236[15] ①126,②477. **-balin** *a.*智慧の力ありI.60[3] ①126. **-maya** *a.* 智慧よりなる. taṇhā-saṅkhāta-lataṃ. **~n** ti magga**~ṃ** sunisitaṃ asiṃ khaggaṃ vīriya-paggahitena saddhā-hatthena gahetvā samucchinditvā III.151[33]渇愛と呼ばれる蔓草を～という道の～極めて鋭い剣を刀を精進に励まされた信の手に執って断ち切って③329. **-vibhava** *m.* 智慧の威厳. paṇḍitānaṃ **~ena** paññā-balena II.236[15]賢者達の～で, 智慧の力で②477. **-sampadā** 智慧を具えていることI.14[3,23-], III.171[19]①27,③372. **-sīsa** *a.*智慧を頭とする. Guṇa-sarīrassa uttam'aṅga-bhāvato paññā sīsaṃ etassā ti **~o** III.143[24]徳という体の最上の支分であるから, この〔仏〕にあっては智慧が頭であるというので～③311. **-āvudha** *a.*智慧を武器とする. kilesa-samucchedanī paññā āvudho etassā ti **~o** III.31[30]煩悩を断ち切る智慧という武器がこのお方にあるという～〔大師〕③69.

paññā-vat *a.*智慧あるII.42[16],210[25],235[11], 261[17,22]②90,429,475,528. **~ā** ti ñāṇa-sampanno I.169[17] ～とは智を具えた①369. **~vatā** ti udaya-bbaya[Vri.'attha-] gāminiyā nibbedhikāya paññāya vasena paññā-sampannena III.116[9] ～〔人〕とは生滅に導く洞察する智によって智慧を具えた〔人と交わるべしsakhitaṃ kareyya〕. **~vantan** ti agga-phala-paññā-vasena **~vantaṃ** 141[25] ～とは最高の果(阿羅漢果)の智慧によって～〔人を賢者達は称讃す〕③254, 307.

paññāṇa *n.*(＝paññāna) 叡知, 慧知, 知識, 慧の働き. sīla**~to** jayan 70d＝619d戒と**知識**(**叡知**)から勝利がある①369,②528. sīla~hetu paṭipakkha-jayo kāma-kilesa-jayo hoti I.169[22]戒と**知識**という因によって反対者(敵)に勝つこと, 欲望や煩悩に勝つことがある. pajānan'aṭṭhena ~ṃ(PTS.paññavā), 〔Vri.sīlato〕**~to**〔ca〕paṭipakkha-jayoII.261[23] 知ること(知解)という意味で**叡知**(智慧ある人)である. 〔戒と〕**叡知**から対治(敵対要素)への勝利がある①369,528.

paññāta *pp.*< *pra-jñā*. **pakāsa°-bhāva** *m.*明らかに**知られていること** I.16[17]①32.

pa-ññāpa-ka *a.m.*〔臥坐所などを〕設営する者. **senāsana°** *m.*〔僧団の〕臥坐所設営係(者). satthāraṃ ekaṃ bhikkhuṃ **~ānaṃ** aggaṭṭhāne ṭhapentaṃ disvā I.42[-6]〔大〕師が一人の比丘を～達の第一人者の位に就けるのを見て. Tassa ~bhāvo sabba-disāsu pākaṭo ahosi I.44[13]彼(ダッバ)が～であることは全ての地域で明らかとなった. etad-aggaṃ bhikkhave mama sāvakānaṃ bhikkhūnaṃ **~ānaṃ** I.44[-29]比丘たちよ, 私の声聞弟子の比丘たちの中で, ～達の中でこの者が第一人者である①84, 88. **senâsana°tta** *n.* ～であること. Satthā tassa sādhu-kāraṃ datvā **~ñ** ca bhatt'uddesakattañ ca sampaṭicchi I.44[8]〔大〕 師は彼に承諾を与え〔彼が〕〃と食事を差配する者(典座)であることとに同意した①88.

paññāpeti *cs.*<*pra-jñā*設ける. āsanaṃ **~tvā** I.175[5], III.91[19]座を**設け**①382,③203. pallaṅkaṃ **~tvā** I.215[7]座席(椅子)を〃①468.

paññāyati *ps.*<*pra-jñā*知られる. **°yittha** *3 sg.aor.* Subhūtī ti ~ I.30[33] S.と知られた①56.

paññā-vat→paññā-vat(前記)

paññāsa *num.*＝paṇṇāsa, Ⓢ*pañcāśat* 50, 五十. **sama°**(＝-paṇṇāsa), Ⓢ*-pañcāśat*まさしく五十. yo sakalassa khandhâdi-lokassa ~âkārehi(Vri.sama-paññāsāya âkārehi)udaya-bbayaṃ jānitvā vedagū yatatto katthaci anupalitto I.57[14-]およそ誰でもまさしく五十の在り方(行相)によって, 全ての蘊など

の世間の生・消滅を知って，聖智に通じ自己を抑御しどこにも汚されない．*Pṭs.* 55[19]-57[20]①*116-120*(4)．

pañha *m.*Ⓢ*praśna*　問い，質問．~ṃ pucchi I.32[31]質問した①64．**~e** vyākāsi II.114[5]質問に解答した②237．

paṭāka *n.*(＝patāka)旗，幟，幢．yaṭṭhi-dhaja~［[Vri.]dhajâdi-］dhajehi sampanno II.40[28]竿につけた旗や**幟**〔[Vri.]旗などの〕旗を備えた②87．

paṭi-kaṅkhati <*prati-**kāṅks***待つ，期す．Kālañ ca **~āmī** ti parinibbāna-kālaṃ va āgamemi II.257[19]<そして私は時を**待ちうける**〉とは、入滅(般涅槃)の時だけを待つ②519．

paṭi-kacca *ger.* 予(あらかじ)め，前もって．Anāgataṃ yo ~ passati 547a**予め**未来を見ると②471．**~ā** ti putetaraṃ yeva II.234[1]**予め**とは，もう前もって②472．

paṭi-kara *m.*　懺悔(さんげ，告白)，修復．satthu ovāda~([Vri.]~ṇa-)bhāva-dassanena I.161[3]〔大〕師の教誡によって**懺悔**していることを示すことによって①351．

paṭi-karaṇa *n.* 懺悔(告白)，修復，対策(上記)．

paṭi-karoti<*prati-**kṛ***懺悔(さんげ)(告白，修復)する．vivareyya([Vri.o]tha) āvikareyya, yathā-dhammaṃ **~eyya** II.189[1-]〔自分の罪を〕暴くがよい、顕わにするがよい，法(決まり)の通りに～がよい②387．āvikatvā yathā-dhammaṃ **~ontassa** phāsu hoti II.188[8]〔自分の罪を〕顕わにして法の通りに～なら，安らぎがある②385．

paṭi-kāra *m.* 対治(退治)するもの．kāma-guṇassa jarāya ca ~abhāvaṃ vatvā III.39[33]欲望の楽が老を～ではないことを(jarāya paṭikārâbhāvaṃ)述べてから③85．tassa ~'atthaṃ khippam eva pañjaliko vanda III.170[8]それ(罪 aparādha)を償うためにもう速やかに合掌して礼拝せよ③369．

paṭikujjati<*prati-**kubj***曲げる，蔽う，呑む．**°ita** *pp.* 呑まれた．Saṃsīdati mahoghasmiṃ, ūmiyā **~o** ti …saṃsāra-mah'oghasmiṃ paribbhamanto kodh' upāyāsa-ūmiyā **~o** otthaṭo … saṃsīdati III.6[30-]波に～て大暴流の中に沈むとは…輪廻の大暴流の中でよろめきながら怒りや悩みの波に～覆われると…沈む③15．

paṭi-kkhipati<*prati-**kṣip***拒む，拒否する，反対する．mogham aññan ti itaraṃ ~I.227[15]「他は虚妄である」といって，他を**拒否する**①494．tehi upanīte paccaye na ~II.17[6] 彼等がもたらす生活用品を**拒まない**②39．

paṭi-kkhepa *m.*Ⓢ*pratykṣepa*拒否，反対，否定，嘲弄．taṃ **~vasena** dassento I.247[12]それ(阿難の放逸)を**嘲弄すること**によって示そうとして①539．dukkhamato sukha**~to** ([PTS.]~nato) ca dukkhā III.5[2]〔一切の諸行(心身の諸潜勢力）は〕苦痛をもつから，また安楽の**反対**であるから苦である③10．

-kkhepana *n.* 反対．（例文上記）

paṭi-gacchati<*prati-**gam***向かって行く．**-gamissati** *ft.* ～こう．Sānuṃ **~āmi**, vivekam anubrūhayan ti 23ef.遠離を増大させて私は山の背に～と①177．Sānuṃ **~āmī** ti pubbe mayā vuttha-pabbata-sānum eva uddissa gacchissāmi I.84[4-]私は山の背に～とは私が前に住んでいた山の背だけを目指して行こう①179．

paṭi-gha *a.m. n.*Ⓢ*pratigha*怒，瞋恚，反感，抵抗，触れるもの．Kuppanīye ti ~ṭṭhānīye, sabbasmim pi āghāta-vatthusmiṃ na kuppati II.61[13]怒りたいことに対してとは，**反感**に対当すべきことに対して，全てもの嫌悪(嫌恨)の基に対して怒らない②130．dosa-saṃhitaṃ ~sampayuttaṃ…vyāpāda-vihiṃsâdi-ppabhedaṃ pāpa-saṅkappaṃ udditaṃ([Vri.]uppāditaṃ) nâbhijānāmi II.257[10-]憎しみを伴う**怒り**に対応した，…瞋恚(害心)、 害意(悩害)等の類の悪い意の思いが起こされたのを私は知らない②518．diṭṭha-sute **~e** ca mute cā ti. …**~e** ti ghaṭṭanīye phoṭṭhabbe. … ~saddena gandha-rasā gahitā III.190[15-]見，聞き，また**触れ**，また思ったことに〔縛られているgathitāse〕と言う…**触れるもの**(抵抗に)とは，ぶっつかるべき，触れるべきものに．　…**触れるもの**(抵抗)という語によって，香と味が言われた③410．

paṭi-ghāta *m.*Ⓢ*pratighāta* 防衛，防御，反応．sajjukaṃ khudā~mattaṃ karoti II.5[24]今の飢を**防ぐ**だけをなす②12．**-ghātana** *n.*防衛，防御，反応．sīt'ādi~'atthañ c'eva III.99[29]〔衣は〕寒さなどを**防ぐ**ためと，〔陰部を覆うためになる〕③219．

paṭicca-samuppanna *a.* 縁によって生じた①*389,402*．**~dhammānaṃ ~esu** dhammesu kammaṃ kamman ti vipākañ ca vipākato ñatvāna II.179[5-]～諸々の法を〔示して〕，～諸法について，業を業として〔知り〕，また〔業の〕報い(異熟)を報い(異熟)として知

り②365.

paṭicca-samuppāda *m. BHS.pratītya-samutpāda* 縁起,因縁生,縁生. I.9[20],170[24], 211[27], II.158[30], III.105[25]①20,*37*(4),*60*,*75*(5),***117-20***, 372,461-2, ②326,③231.

paṭicchati<*prati-**iṣ***受け容(入)れる,受領する. Kassa dhammaṃ **~āmī** ti kassa samaṇassa vā brāhmaṇassa vā ovāda-dhammaṃ paṭigganhāmi paṭipajjāmi III.28[14]誰の法を私は**受け容れる**のかとは,どの沙門,或いはバラモンの教誡である法を受け取り実践するのか③61.

paṭi-cchanna *pp.*<*prati-**chad***隠れた,覆いをかけた. nesādena ~ṭṭhāne ṭhatvā visa-pītena sallena viddho III.88[1]〔六牙象＝菩薩が〕猟師によって**隠れた**場所に立って,毒に浸した矢で射られ③196. Vaṅgīsaṃ gahetvā **~yāne** nisīdāpetvā gāma-nigama-rājadhāniyo vicaranti III.180[32]V.を連れて**覆いをかけた**車に坐らせ,村・町・王都を巡り行く③390-1.

paṭicchādana *n.* 隠蔽,被服,衣服. Sarīra-pabhāvaṃ vā mālā-gandh'ādīhi **~vasena** rakkhitabba-cittatāya rakkhitabbā II.15[26]或いは〔女は〕体の体裁を(Vri.-sabhāvaṃ,本性を)花環や香料などをもって**被うことで**守られなければならない,という心をもっているので,守られねばならない②36. Santa-dosa**~lakkhaṇāya** māyāya abhāvato amāyo 211[34]存在する欠点(過失)を**隠すこと**を特徴とする偽りがないから偽らず②432.

paṭi-cchādeti *cs.*<*prati-**chad***覆う. °**etvā** *ger.* ayaṃ ~ vicarati I.185[26]こいつは〔身を〕**被って**行くのだ①407. °**etuṃ** *inf.* puppha-gandh'ādīhi'ssa jeguccha-bhāvaṃ ~ vāyamantānam pi taṃ vāyāmaṃ nipphalaṃ katvā II.192[5]花や香などによってその〔女体が〕厭わしいものであることを**覆い隠そう**と努めても,その努力を効果ないものにして②393.

paṭi-jaggati<*jāgṛ.***~ituṃ** II.62[19]**寝ないで励むため**②133. **paṭi-jaggi** *3 sg.aor* .**警護した**. Ayaṃ kira ito eka-navute kappe Vipassissa bhagavato vasana- āvāsaṃ paṭijaggi I.52[4]聞くところでは,この人は今から九十一劫前にV.世尊の住居を～①104.

paṭijānāti<*prati-**jñā***自認(自称,公言,約束)する. °**nant** *prp.* Sakya-puttiya-bhāvaṃ **~antā** eva titthiyānaṃ seta-vatthikānaṃ dhaja-bhūtaṃ avadātakaṃ seta-vatthaṃ dhāressanti III.87[23]釈子であることを**自認しながらも**,外道たちの白い衣で旗〔印〕となった白い,白衣を受持する(着る)であろう③195. °**nitvā** *ger.* ām'āvuso amataṃ adhigatan ti ~III.94[36]「友よ,そうです,不死を証得した」と**自認してから**③210.

paṭiññā *f.* Ⓢ*pratijñā*自認,自称,誓言,主張,約束. na tāv'imaṃ pallaṅkaṃ bhindissāmi, yāva na me anupādāya āsavehi cittaṃ vimuccissatī ti **~aṃ** katvā I.9[11]取著なく私の心が諸々の漏(煩悩)から解き放たれない間は,この結跏趺坐を解かないぞと**誓いを立てて**①20. **~aṃ** katvā …arahattaṃ pāpuṇi II.86[12], 132[29]**誓言をして**…阿羅漢の境地に達した②181,272. mayā pesite … āgacchathā ti **~aṃ** gahetvā III.110[9]私が〔使者を〕送ったら…来て下さいと**約束をとりつけて**. Amhākaṃ yāva-jīvaṃ idha nivasaya **~aṃ** dethā ti **~aṃ** kāretvā 129[3]〔あなた方が〕寿命の限りここに住むと**約束を**私どもに下さいと〃③242,282. **kata°** *a.* mayhaṃ sahāyakassa ~aṃ mocetvā III.94[31]私の友と**交わした約束**を果たして③209.

paṭiṭṭhahati, paṭitiṭṭhati→patiṭṭhahati, patitiṭṭhati

paṭi-tittha *n.* 対岸の渡し場. manussā nadiṃ tarantā, **~ṃ** virajjhiya;Heṭṭhā-titthe gahetvāna, uttaranti mahānadiṃ III.205[19-]人々が河を渡ろうとして～を失っても下流の渡し場を捉えて大河を渡る③443.

paṭi-nandati<*prati-**nand***歓迎する,対応して喜ぶ. °**dita** *pp.* **~ā** ti paṭimukha-bhāvena nanditā piyāyitā sampati āyatiñ ca suṇantehi sampaṭicchitā III.193[7]**相手に喜ばれる**とは,対面している人によって喜ばれ愛され,現在また将来に聞く人々によって受け取られる〔言葉を語るがよい〕③416.

paṭinivattati<*prati-ni-**vṛt***出戻る,引き返す,帰る,戻って行く(来る). Takkasilaṃ gantvā sippaṃ uggahetvā **~ttento** antarā-magge II.70[14] T.に行って技芸を学んでから**帰る**途中の道で②149. °**tti** *3 sg.aor.* Sā eteneva nīhārena sattasu ṭhānesu ~ III.125[30]彼女は同じこの追い出し(離縁)によって七処で**出戻った**(Vri.出戻された) ③275. °**ttitvā** *ger.* tato va ~ divā-ṭṭhāne nisinno vipassanaṃ ārabhi I.93[29]もうそこから**引き返して**昼の

〔休息〕場所に坐って観法を始めた①206.

paṭi-niddesa *m.* 指示, 指定. Te ti niyamato eva **~o** II.21[29]彼らとは〔人を〕ただ特定して**指示する**②48.

paṭi-ni-ssagga *m.* 捨離, 捨遺. sabbûpadhi**~ṃ** nirodhaṃ nibbānaṃ sacchikatvā vihareyya II.254[4]一切の〔心身の〕依処の**捨離**, 滅尽, 涅槃を作証して住まうがよい②512.

paṭi-ni-ssajjati<*prati-ni-**sṛj***. 捨て去る.

-ssaṭṭha *pp.* vippātito (Vri.vipphoṭito) ti vidhuto, magga-ñāṇena **~o** II.129[16]〔腫物の根＝無明が〕破れとは, 除かれた, 道の智によって**捨て去られた**②265.

paṭi-pakkha *a.m.* Ⓢ*pratpakṣa*対当する, 敵, 反対, 反対者(物, 要素), 対極, 対治, 退治〔の〕. I.6[27],7[1]敵①16. II.137[17]**対極(対治)**②282. III.3[27], 25[16], 90[14]反対(対極)③8, 54, 201. tattha me［Vri.anek'ākāra-ādīnavo］doso pātur ahosi. tap**~to** ca nibbāne ānisaṃso II.111[13]そこ(身心)に私には多くの様相のある煩い(過患)＝欠点が顕わになった. またそれの**対治(対極)**として安らぎ(涅槃)における功徳(利益)が〔顕かになった〕②230. adhammo ti dhamma**~o** duccaritaṃ II.128[30]非法(悪)とは法の**対極(対治)**＝悪行である②265. **~ehi** acalanīyattā daḷhaṃ, vipassanā-mayaṃ sopānaṃ …satthā pādāsi III.32[1]**反対者**達によって動揺すべくもないから堅固な観〔法〕によってできた梯子を…〔大〕師は下された③69. Sante ti **~vūpasamena** aṅga-santatāya ca sante III.73[3]寂静でとは**対治(反対要素)**が鎮まることによって, また肢体が寂静であるから寂静である③161.

paṭi-pajjati<*prati-**pad***歩む, 踏み行う, 実践する. kalahānaṃ vūpasamāya **~anti** II.114[29]論争を鎮めるために実践する②238. **~atha** sammā**~atha** sammā-paṭipattiṃ pūretha III.104[4]〔あなた方は〕実践修道したまえ. 正しく〜せよ. 正しい実践を満たせ③228. **°jjissaṃ** *1 sg.aor.* (＝°jjiṃ). Sutvāna ~ añjasaṃ amat' ogadhan ti …ariyaṃ aṭṭhaṅgikaṃ maggaṃ **~jjiṃ** pāpuṇiṃ II.52[29-]〔法を〕聞いて私は不死(甘露)に入る真っ直な〔道〕を**歩んだ**とは…聖なる八支の道を**歩んだ**, 得た②112.

paṭi-patti *f.* Ⓢ*pratpatti*行, 実践, 実践行, 実践修行. taj-jaṃ **~ṃ** anutiṭṭhantā ghaṭentā vāyamantā vipassanaṃ ussukkāpetvā I.10[24]そこ(聞法)から生じた**実践修行**を実践し努め励み観察に熱心になって①22. Catūhi gāthāhi attano ~kittana-mukhena aññaṃ byākāsi II.110[22]四偈をもって自分の**実践行**を語ることによって〔自分の〕完全智(悟り)を解き明かした②229. Atha nesaṃ tāya **~yā** tato medhagā sammanti II.114[29]すると彼等のその**実践**によって, それから確執は静まる②238.

paṭipadā *f.*Ⓢ*pratipad* 実践修道. ~ vibhāgena catu-bbidhā. Catasso hi ~: dukkha~ dandhâbhiññā, dukkha~ khippâbhiññā, sukha~ dandhâbhiññā, sukha~ khippâbhiññā ti III.207[26-] 〜は分類すると四種である. なぜなら四つの〜があるからである. (1)苦しい〜・遅い通慧, (2)苦しい〜・速かな通慧, (3)楽な〜・遅い通慧, (4)楽な〜・速かな通慧という③447-.

paṭi-passati よく視る. **~a** yoniso III.155[25]根源から**しっかり視よ**③338.

paṭi-pa-ssaddhi *f.* (paṭippa-)Ⓢ*pratipraśrabdhi* 安息, 止息, 止滅, 鎮静, 除去. I.13[32],28[16],84[5] (Vri).

paṭi-pa-ssambhati<*prati-pra-**śrabh***安息にする, 止息する, 止滅する, 鎮静する, 解消する. Manussesu bhesajjaṃ karontesu pi na **~bhi** I.63[23]人々が薬を作っても〔病は〕静まらなかった①134. **~etvā** *ger.cs.*kammaṃ ~ I.113[13]〔拒絶の〕所作を**解消させて**①250.

paṭi-pa-ssambha-nā *f.* 安息, 止息, 止滅, 鎮静, 除去. bhatta-sammada-vinodan'atthaṃ sayitaṃ kāya-kilamatha- **~āya** vā anuññāta-velāyaṃ supantaṃ...nibodhenti I.82[12-] 食後の睡気を除去するために横たわる〔私〕を, 或いは身の疲労を**止息させる**ために許された時間眠っている〔私〕を…目覚ます①176.

paṭi-pākati-ka *a.* abbudaṃ sodhetvā **~ṃ** ṭhapentaṃ ekaṃ theraṃ disvā II.190[29-]垢濁を浄めて**修復**を確立させている一人の上座を見て②391.

paṭi-pādeti *cs.*<*prati-**pad***歩ませる, 差し上げる. samataṃ **~esiṃ** II.270[33]平衡を**歩ませた**②547. **~esin** ti paṭimukho hutvā pādāsiṃ, pasādena abhimukho hutvā āhāra-dānaṃ adāsin III.72[22]〔食を〕**捧げた**とは、対面してから捧げた. 浄信をもって対面してから食べ物の施与を私は与えた③160.

paṭipīḷana *n.*圧迫. sappaṭibhayato udaya-bbaya-sap-**~to** dukkhamato sukha-

paṭikkhepato ca dukkhā III.5[1]恐怖を伴うから生滅による圧迫を伴うから苦痛をもつから，また楽の反対であるから苦③10. udaya-bbaya**~to** sappaṭibhayato dukkhato〃155[32]生滅によって**圧迫する**から怖れを伴うから苦であるから或いは〃③338.

paṭipīḷita *pp.*圧迫された. Āturan ti nānappakārehi dukkhehi abhiṇhaṃ **~ṃ** II.168[14]病んでとは種々の類の苦によってしばしば～②345.

paṭi-pesita *pp.<-iṣ.*向けた. pahit'attā ti nibbānaṃ **~cittā** III.90[7]自ら励みとは涅槃に**心を向け**③200.

paṭi-ppassaddhi *f.*止息. ~laddhamhi ti kilesānaṃ **~yā** laddhe, dibba-cakkhu visujjhi me III.73[4]～が得られるとは，諸煩悩の～が得られると，私の天眼は清まった③161. **-vimutti** ～解脱（阿羅漢果を得た刹那に諸煩悩が～して解脱する）II.185[3]②379.

paṭi-ppassambhati（＝paṭipa-）*<prati-praśrabh*静まる. bhesajjaṃ karontesu pi na **~mbhi** I.63[23]([Vri.])人々が薬を作っても〔病は〕**静まらなかった**②134.

paṭi-ppharati*<prati-sphar* upasammati khamati na ~ II.186[32]平静でおり耐える，**打ち返さない**②382.

paṭi-baddha *pp.<prati-bandh.* sitā **~ā** allīnā II.218[28]〔凡夫達は五取蘊に〕依存し縛**られ**執着している②224. ākaṅkhâyatta**~vuttino** anāvaraṇa-ñāṇassa adhigamena III.17[17]期待に依存し**結びついて**はたらく・覆われない智を証得することによって③38-9.

paṭi-bandha *m.* atta～'aṭṭhena…sak'attho I.236[22]([Vri.])自分に**結びつく**意味で…自身の目的だ①516.

paṭi-bhāga *m.* dibba-p**~āni** pi ārammaṇāni III.101[16]天上に**対比される**諸対象も③222.

paṭi-bhāti*<prati-bhā* dhamma-desanā ~ II.13[1]説法が閃(ひらめ)く②30.

paṭi-bhāna *n.* 弁才，弁舌の閃き. **-vant** *a.* **~vantānaṃ** aggo bhaveyyan III.180[25]**弁才ある者**達の第一人者になりたい③390.

paṭi-bhāna-ka *a.* **~ānaṃ** aggo II.12[33]**弁才者**達の第一人者②30.

paṭi-bhāneyya-ka *a.*etad-aggaṃ…**~ānaṃ** II.13[2] **応答の弁才ある者**達の第一人者②30.

paṭi-maṇḍita *pp.<prati-maṇḍ* sabb'ābharaṇa~o va … arahattaṃ pāpuṇi II.39[8]〔あなたの息子は身が〕装身具で**飾られた**まま…阿羅漢の境地に達した②84. satta-mahā-purisalakkhaṇa**~ṃ** III.134[29]〔大迦葉の体は〕七つの大人物の相好に**飾られていた**③294.

paṭimā *f.*Ⓢ*pratimā*. suvaṇṇa° III.130[36]黄金の〔乙女〕**像**③286.

paṭi-māneti（patimāneti）*cs.<prati-man*仕える，給仕する，世話する，尊敬する，敬意を表す. tāya devatāya vutta-vacanaṃ **~nto** ([Vri.]pati-) tam eva gāthaṃ udāna-vasena abhāsi I.76[-11]その神格が述べた言葉に**敬意を表そう**と同じその偈を感懐として述べた①162. taṃ āhārena **~etha** I.50[19-]その方に食事を〔差し上げて〕**敬意を捧げなさい**①100.

paṭi-yatta *a.pp.<prati-yat*用意された，準備された，身なりを整えた. ekā alaṅkata**~ā** itthī tasmiṃ gāmaṃ pavisante saddhiṃ yeva gāmaṃ pavisati I.67[-24-]一人の身を飾り**身なりを整えた**女が，彼が村に入ると，まさに一緒に村に入る①140.

paṭi-yādeti*cs.<prati-yat.* kādanīyaṃ bhojanīyaṃ ~ ([PTS.]paṭisādesi) III.45[23]([Vri.])硬い食べ物や軟らかい食べ物を**用意する**③99. **°dita** *pp.* attano **~ssa** nānagga- rasassa bhojanassa pattaṃ pūretvā dinne II.227[2]自分に**～された**種々の上等な味の食べ物を鉢に満たして〔上座に〕与えると②459. maṇi-ādhārake **~etvā** III.111[10]宝珠の容器を**～して**③244.

paṭi-yādāpeti *cs<prati-yat*用意(準備)させる. bhojanīyaṃ **~etvā** I.31[30-]食べ物を**用意させて**①62.

paṭi-rūpa *a.*~**ṃ**II.252[3], 254[7] 相応しいこと②507, 512.

paṭi-rūpa-ka *a.* mitta**~o** sapatto III.158[6] 友に**相似た敵**③344. vicikicchā~ṃ taṃ parivitakkaṃ199[31]疑いに**対応する**その不審の思いに〔関して〕③431.

paṭi-laddha *a.pp.* *<prati-labh*得た，懐いた. **-saddha** *a.<saddhā*信を〃. I.32[25],35[8] II.110[4], III.144[29],205[12]①64,69,②228,③315,443 .

paṭi-loma *a.* 逆らう，逆の. anulomaṃ **~ṃ**… III.169[32-]順に**逆に**（初禅から非想非非想処定までとその**逆に**）〔禅思する〕③369.

paṭi-vacana *n.*Ⓢ*prativacana.*返答. ~dānamukhena dhammaṃ desento III.13[11]**答え**を与えることで，法を説き示そうと③30.

paṭi-vatta *n.pp.* *<vṛt*後片付けなどの関連する仕事（務め），付随業務. **vatta°** *n.*作務（仕事）と付随する作務（仕事），上げ下ろしの

仕事, 種々の務め. kusīto hīnavīriyo hutvā na kiñci **~ṃ** karoti I.73[16-]彼は怠惰で精進が劣る者となって如何なる〜もしない①155.

paṭi-vāna *n*. 障碍, 反対, 妨げ, 矛盾. →appaṭivāna.

paṭi-vijjhati<*prati-vyad*貫く, 射抜く, 洞察(理解)する. III.4[30],106[17-],168[25-], lakkhaṇāni **~anto** dukkhena kasirena kilamanto **~anto** III.208[3-]諸特相(無常・苦・非我)を**洞察し**ながら, 苦しみ難儀して疲れつつ**〜する**③448. °**ituṃ** *inf*. atisukhumam pi visayaṃ ~ samatthā III.142[31]〔我々は〕極めて微小な的(対象)でも射抜くことができる③309.

paṭi-vijjhana *n*. sacca-paṭicca-samuppādâdi-atthassa **~ena** II.158[30]真理(四諦)や縁起などの意味を**洞察すること**によって②326.

paṭi-viddha *pp*.<*prati-vyad*. ~lakkhaṇo vipassanā-parivāsaṃ vasanto III.208[4]特相を**洞察して**観察に留まることに住しつつ③448.

paṭi-virodha *m*. ubhayattha anurodha**~o** III.157[21]両者に対する〔愛するものへの〕好感・〔愛さないものへの〕**反感**③342.

paṭi-saṃyutta *pp*.<*prati-saṃ-yuj*相応(対応, 即応, 関係)した. I.106[12] II.143[35], 235[16], III.3[11],34[22],61[14],100[30,35],173[38]. putta-dārâdi~189[35]子や妻らに**関わる**〔思い〕. sacca~198[7]真理(四諦)に**対応した**〔法話〕③409,427.

paṭi-saṃ-vedana *n*. vimutti-sukhaṃ ~ I.143[12]解脱の楽を**感受すること**①316.

paṭi-saṃ-vedin *a*. vimutti-sukha[ṃ]~ī I.50[17], III.66[10]解脱の楽を**感受して**①100, ③148.

paṭi-saṃ-vedeti *cs*.<*-vid*感受する, 感じる. pīti-somanassaṃ **~di** II.60[21]欣喜と悦意を**感じた**②129. °**desi** I.138[4], 159[26],190[11], III.60[3]. °**desiṃ**: sukhaṃ …~ II.149[8]楽を…**感受した**②308. °**deyyāsi**: pīti- somanassaṃ ~ II.165[3]喜悦を感受するであろう②338. °**dento** I.33[2],101[28],110[9],136[30],149[23],241[22],II.132[33],262[36], vimutti-sukhaṃ ~ III.59[9]解脱の楽を**感じながら**③133. pīti-somanassaṃ **~dentā** I.50[20]嬉しさと心の喜びを**覚えて**①100.

paṭi-saṅ-kharaṇa *n*. khaṇḍa-phulla~ II.208[3],III.140[28] ([Vri.])〔精舎等の〕破損・破壊の**修復(修理)**②424,③305.

paṭi-saṅ-kharoti<*-kṛ*. kuṭikaṃ na **~otha** II.204[1]庵を**修理し**ないのか②416. **~issati** 204[33].

paṭi-saṅkhāti<*-khyā*省察(考察, 思量, 観察)する. **~ayantan** ti **~āyamānaṃ** II.158[19-]〔対策を〕**思量〜とは〜している**②326.

paṭisaṅkhā na *n*.省察, 観察. **-bala** *n*.II.158[20]思量の力②326.

paṭi-sam-bhidā *f*. *cf*.*BHS*.*pratisaṃvid*. 無碍解(むげげ, 分析知能)I.14[24], 32[30]①28,34. aṭṭha~ dhamma~ nirutti~ paṭibhāna~ III.208[34-]意義の〜を得, 法の〜を得, 言語の〜を得, 弁才の〜を得た人々③450. **-patta** *a*.無碍解を得た. I.14[26], 31[23], 32[32]①28, 62-34, III.208[36]四無碍解によって〃人々③450.

paṭi-sallāna *n*.*BHS*.*pratisaṃlayana*. 独坐, 黙坐. **-kāraṇa** *n*. **~ā** II.247[31]独坐するために②499.

***paṭisādeti** *cs*.<*prati-svad*. kādanīyaṃ bhojanīyaṃ **~desi** ([Vri.]paṭiyādeti)III.45[23]硬い食べ物や軟らかい食べ物を**用意した**③99.

paṭi-sedha-ka *a*. jarāya maccuno ca **~o** II.178[33]老と死を**遮止する**②365.

paṭi-ssata *a.pp*. <*-smṛ*注意した, 思念した, 憶念した, **念慮した**, 思慮した, 想起した, 記憶した. sampajāno sati-vepulla-ppattiyā **~o** nikkhipissāmi I.79[-10]意識(正知)しつつ憶念(念慮)の拡大を得るから**憶念(念慮)して**〔身を〕私は捨てるだろう①169. I.143[21],192[23], II.82[24-],III.44[17-]①316,421, ②173 ③ 96.

paṭi-ssati *f*. 注意深さ, 思念, 想起, 記憶, 憶念. °**ka** *a*. **~ā** ti paṭissatā I.117[22]**よく思念**(こころ)**してとは**思念して①258.

paṭi-ssaya *m*. 傾聴, 従順, 同意. **-dāna** *n*. uposathâgāre **~n** III.52[12]布薩堂で**傾聴**を与えること③116.

paṭi-ssava *m*. kato ca te citta **~o** mayā III.157[5]また心よ, 汝と私とは**合意**ができた③341.

paṭi-ssā *f*. (patissā)従順, 尊敬. *°**vatā** *f*. itthiyā kiṅkāra~ādi-vasena assava-raso III.23[25]女が何をするにも**従順であること**などによって従順の味③51.

paṭi-ssāvin *a*. 従順な, 言うことを聞く. °**vitā** *f*. 従順であること III.23[25] ([Vri.])③51.

paṭu *a*. =Ⓢ 鋭い, 鋭敏な, 賢い, 明るい, 強い. °**tara** *comp*. より鋭い, 鋭敏な, 賢い, 明るい, 強い. aggi nisīthe ratti-bhāge pajjalito **~jālo** samujjalo I.37[-11-]火が夜中に, 夜分に燃やされて, **より明るい**焔が燃え上がり①73.

paṭṭaka, pattaka *n*. 布切れ, 帯, 板切れ. **suvaṇṇa~e** ([Vri.]) I.211[30]黄金の板に①461.

pa-ṭṭhapeti *cs*.<*pra-sthā*〔心, 心統一, 観察, 思

念を〕立ち上がらせる, 前面に立たせる, 立ち向かわせる, 起こす, 設けさせる, 用意させる, 〔河を〕せき止める. phala-samāpattiṃ pana samāpajjituṃ vipassanaṃ **~ento** I.84[-4] 更に〔阿羅漢〕果としての心統一(果定)に入るために観法(観)を**立ち上がらせよう**と①179. nava-kammaṃ na **~eyya** II.208[3] 普請(ふしん)を**立ち上げさせる**な②424. **°esi** *3 sg.aor.* **~ī**([Vri.]aṭṭhapesī)ti sandituṃ adento sotaṃ…ṭhapesi I.110[26]〔河を〕**せき止めた**というのは, 流れることを許さないで流れを…留めた①244. vipassanaṃ ~ II.148[8]観法を**確立させた**②306. patthanaṃ ~ III.125[15,25]**願を立てた**③273. **°etvā** *ger.* vipassanaṃ ~ II.114[7],134[33],196[27],216[22],237[26], 240[15],III.81[27],112[36]観法を**確立させて**②237,276, 402,441,479,484,③181,248. **pa-ṭṭhapita** *pp.* yathā**~ṃ** naccaṃ karoti II.110[28] **用意された**ような舞をする②229.

pa-ṭṭhāna *n.*Ⓢ*prasthāna, upasthāna<-**sthā***〔念, 思念が〕 立ち上がるところ, 立ち向かうところ, 起こること, 用意, 発趣, 出発, 発起. **sati°** *n.m.BHS.smṛti-upasthāna* (自分の身kāya・受vedanā・心citta・諸法dhammāをありのままに観察・思念する行法)念処, 念住. III.69[31],105[33],143[18-]③155,232,311.

paṭṭhāya *adv.ger.<pra-**sthā***. III.56[7], 65[11], 69[34], 70[24-], 89[23-],93[37], 124[26]〔それito〕以来③272.

paṭhati誦(よ)む**°nti** I.7[5], II.76[4], 79[20], 102[21],203[20], 240[3], 259[14], III.12[31]([PTS.°]enti), 20[10],22[8],28[26]…

paṭhama *a.*第一の, 最初のI.213[4], II.8[8]. **-divasa** *m.* II.4[10]最初の日②10. **-yobbana** *n.* I.244[28] 思春期①534

paṭhavī *f.*Ⓢ*pṛthivī* 地, 大地. **~in** ti atta-bhāva**~iṃ** I.75[23]**大地**にとは自分の身という**大地**に〔骨の想を遍満した〕①171. **~v'**āp'aggi samāno III.105[11]**地**・水・火と同じく〔心定まった〕③230. **-kampa[na]** *m.n*地震. I.159[21], II.94[6], III.133[35-]①349,②197,③293. **-maṇḍala** *m.*地の円輪(人間界). **~e** III.4[6]〜に③8.

paṇava *m.* 鼓, 小鼓. II.197[21],III.23[21]②403,③51.

paṇāma *n.*礼拝, 敬礼. namo ti ~kittanaṃ, te ti ~kiriyāya sampadāna-kittanaṃ I.127[21] 帰命(帰依)とは, **敬礼**を示す, 御身へとは, **敬礼**を行うための与格(*dat.*)を示す①281.

paṇāmana *n.* 追放. bhātu **~to** patthāya attano paṭipattiṃ pakāsento II.238[30]兄から**追放されたこと**以来の自分の実践修行を明らかにしようと②482.

paṇāmeti *cs.<pra-**nam***追い出す, 礼拝(敬礼)する. bhātā maṃ bhante ~ II.237[15]尊師様, 兄が私を**追い出す**のです②479. **°mesi** *3 sg.aor.* 557c, II.97[25], 239[22]. **°miṃ** *1 sg.aor.* sirasi añjaliṃ karonto ~ II.264[23]〔私は〕頭に合掌をして**敬礼した**②535. **°ment** *prp.* tajjento **~o** daṇḍa-kammaṃ karonto sikkhāpeti III.102[8]叱責しながら(脅しながら), **追い出そうとして**, 刑罰を科しながら学ばせる③224. **°metvā** *ger.* suṭṭhutaraṃ añjaliṃ ~ āha III.201[18]よりよく合掌を**手向けて**言う③434. **°meyya** *op.* siriṃ sayane upagataṃ hatthehi ca pādehi ca koṭṭento ~ nīhareyya so II.215[24]吉祥天が寝床に近づいて来たのを, 両手と両足で叩いて**追い出す**ような, 追い払うような, そんな者②439. **°mita** *pp.*558a, II.97[26]([Vri.]), 147[27], 237[6]. Ayam añjali pacchimo sup**~o** ti ayaṃ aparo pi añjali suṭṭhutaraṃ **~o** III.201[19]この最後の合掌はよく**手向けられました**と。これは後の合掌であるけれども, よりよく〃③434.

paṇidhāna *n.*Ⓢ*praṇidhāna*願, 誓願. I.89[22],II. 31[30], 68[8], 73[3],87[30],116[12],124[21],147[9],154[16],159[33], 195[34], 206[24], 213[25],216[15],266[16],III.1[12],33[23],52[8], 64[15],92[35],93[11],111[1], 180[10]①194, ②69,…, ③4, …. tad-atthaṃ **citta~mattam** pi n' eva ahosi III.103[6]そのために心の**誓願**だけも決してなかった③226. **kata°***a.* I.11[26],12[8], II.12[16], III.206[13]〜を立てた①23-4,②29, ③445.

paṇidhi *f.*Ⓢ*praṇidhi* 願, 誓願. II.86[33], III.103[9-] ②182, ③226. **~ī** ti paṇidhānaṃ II. 216[14-]② 440.

pa-ṇi-patati*<pra-ni-**pat***. na tāvâhaṃ **~atin** II.161[13]まず私は**ひれ伏さ**なかった②331.

paṇīta *a.* Ⓢ*praṇīta* 勝れた. I.21[7,22],31[2,30], II.118[23], 149[3], III.76[6,7,9], 91[22,33]

pa-ṇudati *<pra-**ṇud***取り除ける, 除き去る. **°ṇunna** *a.pp.*(＝panuṇṇa, panunna)除き去った. **-pacceka- sacca** *a.m.*銘々の真実を排除し(十の聖住dasa ariya-vāsāの一). **~o** (panuṇṇa) III.203[9]③438.

paṇḍara *a.* 白い, 黄ばんだ. **-ketu** *m.*I.156[32]白旗〔と呼ばれるBimbisāra〕①343.

paṇḍā *f.*＝Ⓢ**賢**, 智慧. **~** vuccati paññā, sā imesaṃ [[Vri]sañ]jātā ti **paṇḍitā** I.41[2] **賢**は智慧と言われる。それ(智慧)がこの人達に生じたというので賢者達である①80.

paṇḍita *a.m.* 賢者I.41[2-], 227[18], II.103[17], 158[23]-, III.62[6],105[22]-①80,495,②215,326,③139,231.

paṇṇa *n.*Ⓢ*parṇa*〔木の〕葉. siniddha~cchāyā ([Vri.])II.131[25]柔らかな葉陰がある②270. **-kuṭī** *f.* I.25[17]草葺きの庵①46. 167[25]木の葉葺きの小屋①366. **-sālā** *f.* 草庵 I.79[20],207[6], 209[16], II.203[35], 266[20], III.111[9], 129[4]①171,452, 456,②416,539, ③244,282.

paṇṇa-rasa *num.*Ⓢ*pañcadaśa*. **~e** III.194[28]十五日に③420. dve ca **~āyutan** III.29[14]二倍の十五を具えた〔邪(謬)見③63.

paṇṇa-vīsati *num.*(paṇṇuvīsaṁ,pañca-vīsati) Ⓢ*pañca- viṁśati*二十五. **~vassāni** III.120[22]二十五年間③263.

paṇṇāsa *num.*Ⓢ*pañcāśat*. 五十 pañca paṇṇāsa vassāni III.70[26,29]五十五年間③156.

paṇṇāsa-ka *a.* 五十からなる. **upari°** I.90[6]〔中部経典の〕後分五十〔経篇〕①195.

patati<***pat***. cutā **~nti** I.154[31]死者達は〔地獄に〕堕ちる①338.

pa-tarati<*pra-***tṛ**. **~reyyaṃ** *1 sg.op.* 1104c, III. 153[13]([Vri.])〔河を〕私は渡るであろう③333.

patāpa *m.* Ⓢ*pratāpa*輝き, 熱, 光, 威力. **vīriya°**. pūti-kāyo iminā **~ena**([PTS.]viriyûpatāpena) bhijjati ce bhijjatu II.133[24] 臭い身がこの精進の熱苦によってもし破れるなら破れよ②274. **°vat** *a.* jutimantatāya **~vā**, … **~vantataṃ** ādiccûpamāya vibhāvento III.47[9]〔世尊は〕光輝きをもっているので輝きあり, …〔その〕輝きがあることを太陽の喩えをもって明らかにしようとして③103.

pa-tāreti *cs.*<*pra-***tṛ**.渡す, 渡らせる. **-tuṃ** *inf.* na sakkā imaṃ kāmesu ~ II.193[7]この男を諸々の欲望に渡すことは出来ない②395.

pati *m.* =Ⓢ 主, 主人, 夫. **jayam°-kā** *m. pl.*(jāyam°)夫婦(別記).

pati-ṭṭhati(=patiṭṭhahati)<*prati-***sthā**. ~ ti patiṭṭhahati I.124[19-20]〔牡牛が〕しっかりと起つとは〃①274.

pati-ṭṭhā *f.*Ⓢ*pratisthā*. ~ ti adhiṭṭhānaṃ II.259[31]〔戒は〕足場でありとは基盤(立つところ)である①254.

pati-ṭṭhāpeti*cs.*<*prati-***sthā**.置く, 立てる. **°pesi** *3 sg. aor.* Kokilo Dasabalassa patte amba-pakkaṃ ~ II.196[6]杜鵑は十力者の鉢にマンゴーの熟した実を置いた①401.

patita *pp.*<***pat***. **~ā** ti cavana-vasena bhūmiyaṃ **~ā** I.155[1]堕ちてとは死没によって地に落ちて①339.

pati-tiṭṭhati<*prati-***sthā**. khalitvā'pi ~([PTS.]paṭi-) 173b, I.124[25]〔牡牛が〕転げて倒れても〔また〕しっかりと起つ①274.

patissa *a.* (→paṭissa) 従順な.

patissata *a. pp.*(paṭi°)<*prati-***smṛ**思念(憶念, 記憶)した. 20d=607d意識し憶念しつつ①167,②515.

[1]**patta** *pp.*<*pra-***āp**得た, 達した. **~o** me āsava-kkhayo II.3[27-],37[34]私は漏(煩悩)の滅尽を得た②8, 81. ko **~o** amat'ogadhan III.28[12]誰が不死(甘露)の堅固なる地盤を得たか③61.

[2]**patta** *m.n.*〔乞食用の〕鉢. **-piṇḍika** *a.* **~'aṅga**-samādānena **~o** III.54[7]一鉢食者の条項を受持するので一鉢食者である③121.

pattiya *a.n.*(paccaya)Ⓢ*pratyaya* 信じる, 依存する, 信用, 信頼.

pattiyāyati*denom.*<pattiya信用する, 依存する. **°yasi** *2 sg.* sace me na ~ II.195[14]もしあなたが私を信用しないなら ②399.

patthaṭa *pp.*<*pra-***stṛ**. pāpa-dhammā **~ā** III.30[32]悪法(悪い心の要素、煩悩)が拡がった③67.

pa-tthaddha *a. pp.*<*pra-***stabh**硬直した. II.181[8]高ぶる②370. **-gīva** *a.* **~o** carati III.141[11]首を硬直させて(昂然として)行く③306. **-mānasa** *a.* **~ṃ** thambhit'attaṃ naraṃ viññū paṇḍitā na pasaṃsanti III.141[18]こころが硬直した強情な人を識者達・賢者達は称讃しない ③307.

pa-tthayati,°eti <*pra-***arth**. 欲求する, 求める. 望む, 願う. atha ce **~si** I.135[3]さあ, もし望むなら〔雨を降らせよ〕①279. aññaṃ **~se** navaṃ kuṭin I.140[3]別の新しい庵屋を君は求めるのか①309. nâñña **~e** rasaṃ bahuṃ II.248[16]他の多くの味を求める な ②500. yaṃ **~yāno** …**~yanto** ākhaṅkhanto II.140[24-]何でも願う…願い期待している②289. **~yāno** ti icchanto II.259[11]〔楽を〕求めながらとは欲しながら ②523. **~ento** ti ākaṅkhanto II.109[25]願いつつとは期待しつつ②227.

pattharati<*pra-***stṛ**. 拡げる, 拡大する. ñāṇa-jālaṃ **~ritvā** I.100[10]〔世尊は〕智の網を広げて①221. **°ri** *3 sg.aor.* I.75[23]〔骨の想念を〕拡げた①161.

patvā *ger.*<pāpuṇāti<***āp***.paramaṃ santiṃ nibbānaṃ ~ II.183[29]最高の寂静=安らぎ(涅槃)に達して ②376.

patha *m.* 道, 路 I.167[7,12],III.101[9],153[1],161[13]①365,

③222,…. **ummagga**° III.196[4]邪道③422.

pada *n.* 足, 足跡, 足場, 処, 境, 句, 単語. accutaṃ **~n** ti nibbānaṃ I.18[11]不死の**道**をとは涅槃を〔観察し〕①35. **~ṃ** santan ti nibbānaṃ sandhāya vadati I.58[28]寂静なる**境界**とは寂滅(涅槃)に関して言う①123. accutaṃ **~n** II.78[5]不滅の境②164. santaṃ **~m** ajjhagamā ti nibbānaṃ adhigato III.191[10]寂静の境地を証得したとは涅槃を証得した③412. **nipāta**° I.4[28]不変化詞の語①13. **-cetiya** *n.* **~āni** disvā I.84[15]〔大〕師の足跡の諸霊跡を見て①180. tīṇi **~āni** dassetvā pakkāmi II.25[21]三つの足跡という霊跡を示して立ち去った②57. **-ccheda** *m.* I.230[27]語句を区切る①305.

pa-dakkhiṇa *a.* 右回り, 右繞の〔礼拝〕. I.83[28] ①178. **-kamma** *n.*I.106[28]右まわり〔の礼拝〕行①235.

padāleti<*pra-****dal***破る, 裂く, 砕破する. samūlake āsave **~eyya** II.254[1]根もろともに諸煩悩(漏)を破るがよい②511. **~aye** … **~eyyaṃ** bhindeyyaṃ III.153[27-]〔欲望の楽に対する欲を〕**破るだろうか**…**破るであろうか**断つであろうか③334. °**lita** *pp.* bhavā sabbe **~ā** I.195[19]一切の生存は**破られた**. tamo-kkhandho **~o** II.9[6]闇黒の集まりは**破れた**①426, ②21.

[1]**padesa** *m.* 地方, 国, 部分. **-rājan** *m.* **~ā** I.24[8], 58[1]①地方の王①44,121.

[2]**padesa** *m.* Ⓢ*pradeśa*<***diś***示すこと, 表わすこと, 開示, 明示. gottā Gotamo Kassapo ti ādinā nayena kula- [PTS.p-]**~ena** … paññātā [PTS.samañ°] I.15[-28]姓が, 瞿曇, 迦葉というような家系を**示すこと**によって正しく知られた. ayaṃ therassa aññā**~ena** aññā-byākaraṇa- gāthā pi hoti I.33[31-]これは上座の開悟を**示す**ことによって開悟を説き明かす偈でもある①30, 66. °**vattin** *a.*<vatta, Ⓢ*vartin*<*vṛt*開示(明示)を行なった *D.*II.151[29].

pa-dhaṃsati<*pra-dhvaṃs*. 破る. °**sayi** *aor.* mahā-ketuṃ ~ I.157[8]〔魔の〕大旗を破った①344.

pa-dhāna *n.* Ⓢ*pradhāna* 根本物質, 原質, 根本原因, 勝因, 主要なもの, 初因; 精勤, 精励, **努力**. Tad-ubhayam pi kaṅkhā-vinaya**~ṃ** ([Vri.]-pada-ṭṭhānam) I.36[33-]〔諸仏が光を与え眼を授ける〕その両方とも疑いを取り除く(調伏する)ことを**初因**([Vri.]足場)としている①72. **-vat** *a.* **~vā** ti sammap-padhāna-viriya-sampanno III. 191[36]精勤を具えているとは, 正しい精勤・精進を具えた ③ 414. **-aṅga-kittana** *n.* 精励の構成部分を称讃すること. ubhayathā pi **~m** ev'etaṃ sikhī ti I.72[6-]この〔牛に〕頂点があるとは, 二通りにも〔その〕**~する**①152.

pa-nassati<*pra-****naś*** 消え去る. 無くなる. na hi kammaṃ ~ II.22[10-]なぜなら業は**消え**ないから②49.

pa-nādeti<*pra-****nad***吠え出す. 声を立てる. **~ayanti**…vassitena ninnādayanti II.131[30]〔蛙達は〕**唸り出す**. …鳴声で響かせる②271.

panudati<*pra-****nud***除き去る. yo **pānudi** ti yo apānudi khipi pajahi viddhaṃsesi I.51[7]誰でも〔死神の王の軍勢を〕**押しのけた**者はとは, 誰でも**押しのけた**投げた捨てた打ち砕いた者は①101.

panta *a.* II.252[38]僻遠の〔森〕②509.

papajjaṃ *1 sg. aor.*<*prati-****pad***. **~n** ([Vri.]papajjin) ti paṭipajjiṃ I.167[4]〔道を〕進んだとは実践した①364.

papañca *m. n.* Ⓢ*prapañca* 妄想, 戯論, 障碍, 障り. te…āhāra-sampādanaṃ **~n** ti mañña-mānā manthañ ca madhu-piṇḍikañ ca bhaga-vato datvā I.50[21-]彼等は…〔通常の〕食事を摂ることは〔断食後のお体に〕**障り**になると考えて麦菓子と蜜団子とを世尊に差し上げ①100. tumhehi saddhiṃ sallāpa-mattam pi **~o** II.113[12]あなた様と共に会話するだけでも**障碍**です②235. paṭisanthāra-karaṇam pi **~ṃ** maññamāno III.3[6]〔在家者出家者達と〕交際することも**障碍**と考えて. nâyaṃ dhammo ~ārāmassa ~ratino…~ā nāma rāgâdayo kilesā, tesaṃ vūpasamatāya .., lokuttara-dhammā nip**~ā** 70[12-]これは**妄想**(**戯論**《けろん》)を喜ぶ者の, **妄想**を愉しむ人の法ではない. …**妄想**(戯論)とは欲情(貪)等の諸煩悩である. それらが鎮まるから…出世間の諸法は**妄想**がない. **~m** anuyutto … taṇhâdi-bhedaṃ **~m** anuyutto… taṇhā**~ṃ** pahāya tad-abhāvato nip**~ssa** nibbānassa pathe…rato 101[3-]**妄想**にふけり…渇愛(渇望)等の類の**妄想**にふけると〔涅槃から遠い〕. …渇愛の**妄想**を捨てて, それ(渇愛)がないから**妄想**のない涅槃の道において…愉しむなら〔涅槃を得た〕③6, 155-6, 221-2. **-saṅghāta-dukkha-adhivāhinī** *a.f.* **~nin** ti

satta-santānaṃ saṃsāre papañceti vitthārentī ti papañcā rāgâdayo mānâdayo II.219[10]**迷妄(戯論)の集積という苦を運ぶ**〔渇愛を〕とは有情の〔心身の〕相続を輪廻において**拡げる**，撒き拡げるというので諸迷妄(諸戯論，妄執)であり欲情(貪)等や自負心(自意識，慢)等である②445.

papañcana *n.* pavattiyā ~aṭṭhena taṇhâdi-bhedaṃ papañcam anuyutto III.101[4]行動することを**妄想(妄執)する**意味で渇愛などの類の妄想にふける③221.

papañceti〔心身の相続を〕拡げる．II.219[11](上記)

papatati<*pra-pat*. nirayan **~nti** III.191[31]地獄に落ちる③413. °**patiṃ** chamā II.112[20]私は地に**倒れた**. ubho jaṇṇuka-sandhīhi, jaṅghāyo °**patantu** me 133[28] 私の両の膝の関節から両の脛は**落ちよ**②233,274.

papāta *m.*Ⓢ*prapāta*崖. **~e** ti ekato chinna-taṭe III.58[28] **断崖に**とは一方から切り込まれたところに③132.

pa-ppuyya *ger.*<pappoti, pāpuṇāti<*-āp*. 得て(＝pāpuṇitvā) II.153[30],156[34],176[17], 280[26] ②317,. 322, 360,569. ~ paramaṃ santiṃ III.61[28]最高の寂静を**得て**③138.

pa-ppoti<*pra-āp* kittiñ ca ~ I.104[31]また称讃を**得る**①321. garahitabbataṃ **pappoti** pāpuṇāti II.124[3]非難されるべきことを得る，うける. dukkhaṃ **~ntu** pāpuṇantu 257[9]苦に遭わせよ，堕とせよ②255,518.

pa-bujjhati <*-budh* 目覚める，醒める.

pa-bodhati <*-budh* 〃.

pa-bodheti *cs.*<*-budh* 目覚めさせる，〔眠っているのを〕起こす. nibodhentī ti ~nti I.82[15-]目覚ますとは，**はっと目を覚まさせる**①176.

pabbajati<*pra-vraj*出家する. °**jiṃ** *1 sg. aor.* **~n** ti ［satthu sāsane］ pabbajjaṃ upagato (upagacchiṃ) I.174[16],229[25]私は**出家した**とは〔大師の教えの下で〕出家生活に近づいた①381,500. °**jitvā** *ger.***出家して**I.20[14]①39. **pabba°jita** *pp.a.* 出家した，出家者. I.85[9-], 126[9-], 129[2-], 172[16-], II.14[12]①181,278, 376-,②33. **-sīla** *n.* II.212[22]出家者の戒 ②434.

pabbajjā *f.*Ⓢ*pravrajyā* 出家〔すること，生活，状態〕I.11[23] ①23. **isi°** 仙人としての出家. **~aṃ** pabbajitvā I.20[14]〃に出家して①39→isi. **tāpasa°** 苦行者としての出家. **~aṃ** pabbajitvā I.61[9]〃に出家して①129→tāpasa. **paribbājaka°**遊行者としての出家. **~ṃ** pabbajitvā I.54[2]〃に出家して①108→paribbājaka.

pabbata *m.*Ⓢ*parvata* 山. I.240[10-], III.5[31]①525, ③12. **-kandarā** *f.* **~āsu** III.150[37]山々や谷々において③327.

pabbhāra *m. n.* 傾斜，坂，洞窟，山窟. **-kūṭa** *m. n.* **~e** III.159[27]**山窟や山頂に**おいて ③347.

pa-bhaṅguṇa *a.*(＝°gura)Ⓢ*prabhaṅgura*<*pra-bhañj*壊れやすい〔こと〕. **~n ti** pabhañjanaṃ kilesānaṃ viddhaṃsanaṃ III.28[37]〜は諸々の煩悩が破れ砕けることを〔告げる〕③62.

pa-bhañjana *a.* 破れる，壊れる〔こと〕III.28[37]③62.

pa-bhassara *a.*Ⓢ*prabhāsvara*. 光り耀く，清浄な. accimanto **~ā** III.172[35]〔宮殿は〕光り**清浄だ**③375. passasi vītivattantaṃ Brahma-loke **~n** III.174[30]君は梵天界で**光り輝く**ものが越えて行くのを見るか③378.

pabhā *f.* 光，光明. vyāma-p~ādi-obhāsa (Vri. byā-) II.181[19]一尋(ひろ)の**光明**などの光照②370. sarīra-p~āya ñāṇa-p~āya ca samannāgataṃ II.121[28]身の〜と智の〜とを具えた方に〔見えた〕②251.

pa-bhāta *a.n.pp.*<*bhā* 明けた，暁の. **~āya** rattiyā II.210[10]夜の明ける頃に ②428.

pabhāva *m.*Ⓢ*prabhāva* 力，勢力，権勢，威厳，体裁. Sarīra**~ṃ** vā mālā-gandh'ādīhi paṭicchādana-vasena rakkhitabba-cittatāya rakkhitabbā II.15[26]或いは〔女は〕体の**体裁**(本性)を花環や香料などをもって被うことによって守らねばならないという心をもっているので守らねばならない②36.

pa-bhāsa *m.* Ⓢ*prabhāsa*輝き，光，光輝. **sa-p°** *a.*輝いている，光る. yo 'nūpapajjāmi, devattaṃ atha mānusaṃ; koraṇḍa-vaṇṇako yeva, **~o** bhavām' ahaṃ *Ap.*II.p. 383[19-] 私が神，又は人に繰り返し再生してもk.〔花〕の色のままで**輝いている**. 〃koraṇḍa-chavi homi, 〃*Ap.*II.435[3-] 〃,k.の〔花〕の肌色をして〃①185. **su°** *a.*よく輝いている，よく光る(例文→上記).

[1]**pa-bhāsati** <*pra-bhās*輝く，光る. °**seti** *cs.*輝かせる，光らせる，照らす，語る. so'maṃ lokaṃ ~ II.234[20]彼はこの世間を**照らす**②473. te pi na **~seyyuṃ** na dīpeyyun III.200[20]その人達も**輝か**ないでしょう，光らないだ

ろう③432. °sayanti accimanto 'va ~ II.223[29]〔樹々は〕焔を出すように輝く②454.

[2]**pa-bhāsati** <*pra-bhāṣ*話す, 語る. nâtivelaṃ **~seyya** II.249[7]余りに**語らぬがよい**②502.

pa-bhindati<*pra-bhid*破る. **-bhijja** *gdv.* **°khila** *a.* **~ānī** ti rāgâdi-khilāni pañca chinditvā carati III.196[6]**頑迷を破って**とは, 欲情(貪)等の頑迷の五つを断ち切って行く③422.

pa-majjati<*mad*. na te kālo **~ituṃ** II.190[19]そなたに**怠る**(放漫になる)時はない②389. *cf.*I.247[11]① 539. **-matta** *pp.*~**ssā** ti sati-vossaggena pamādaṃ āpannassa II.269[10]**放逸**(放漫)でとは思念を留守にすることによって**放逸**になって②543-4. **°cārin** *a.*II.170[17-]放逸に行う人②349. **°bandhu** *m.* II.125[34]放逸者の親族②258.

pa-māda *m.* **放逸**(放漫). **~o** rajo…~anupatito rajo II.172[8-]放逸は塵垢だ…塵垢は**放逸**に従って生じる②352. III.63[6], 90[9]③141,200. mā **~o** ti adhikusalesu dhammesu ma **~ṃ** āpajji I.247[11]放逸であるなかれとは, 極めて善い諸法に関して**放逸**に陥るな①539.

pa-muñcati<*pra-muc*. asakkhiṃ Maccu-rājassa aham pāsā **~uccitun** II.103[32]私は死王の罠から**放たれることが**できた. purimāni **~uñca** bandhanāni 176[3]以前の諸々の結縛(きづな)を**手放せ**②216,359.

pa-yata *a. pp.*<*yam*. 抑制した, 洗浄された. II.146[27]〔身の行いが清浄であるから〕**洗われた**②303.

payojana *n.*Ⓢ*prayojana*. I.13[29]**動機**(契機)①26. I.142[20],II.255[36],270[36]**必要**(目的)①313,②516,547. attano saddhi-vihārinā kiṃ me **~ṃ** III.7[9]私にとって自分の共住者に何の**意味**があるか. iminā sarīrena **~ṃ** 16[38]この〔私の〕身に**用**があるなら. pariyāya-vacane **~ṃ** 21[16]同意語に関する**用法**③15,37,46.

para *a.*=Ⓢ 他の, 彼方の, 上の. **~mhā** II.94[30]**他の**〔世〕から〔…脱落する〕, **~e** ti seṭṭhe adhike visiṭṭhe 197[6]**かなたの**とは最上の超えた殊勝の. upeti gabbhañ ca **~ñ** ca lokaṃ III.40[16]母体にまた**他**の世間に近づく. **~to** no ca attato …**~to** ti anattato III.168[29-]〔五蘊を〕**他**と見て自己と〔見〕ないなら…**他**とは非自己(非我)と〔見て〕②198,403,③86,367. **-gatta** *n.*他人の体. **~e** mamāyase III.167[18] ～に対しお前は吾がものと思う③364. **-citta-ññu** *a.* II.162[29]他人の心を知り②334. **-pāṇa** *n.* **~āni** hiṃsati II.94[29]**他の命**を危める②198. **-porisa** *m.* II.235[34]他の人②476. **-lābhôpajīvanta** *a.*~**tā** III.80[10]他人の所得に依存して生活し③177.

para-kkama *m.*Ⓢ*parākrama*. passa viriya~**n** II.44[7-], 87[11]精進・**努力**を見よ②93,182.

parama *a.sup.* 最高, 最上, 第一の. **~ṃ** uttamaṃ nibbānaṃ sukhaṃ pāpuṇāti III.63[20]**最高**, 最上の涅槃を, 楽を得る③142. **~ṃ** cakkhuṃ III.200[10-]〔如来は一切の繋縛を破壊する智慧の眼を生ずるから人々の〕**最高の**眼である③431. **~ā santi** *f.* 最上の寂静(=涅槃) I.98[14], II.153[30], 156[34], 183[29], III.61[29]. **-hita-anukampin** *a.*I.230[28]最高の利益をもって憐れむ〔仏〕① 503. **'-attha** *m.* 第一義, 勝義, 第一の意味(意義, 利益). **~to** 第一義からすれば(して) I.236[12]①515. II.69[32], 84[32], 85[15]②148, 178-9. III.78[17]③173. ~nahātako II.146[36]第一義の沐浴者②303. ~sabhāvattā atthaṃ I.41[13]第一義の本性があるから目的を〔証得する〕①81. ~vijānanan III.28[15] 最高の意義(第一義)を認識させる〔法〕③61.

parā-bhavati<***bhū*** 敗れる, 打ち勝つ. tvaṃ citta **~vissasi** III.161[34]心よ汝は**敗れよう**③351.

parāmasana *n.* **~to** II.144[13]〔これだけが真実であると〕**妄執する**から〔迷った〕②298.

parāmāsa *m.* Ⓢ*parāmarṣa*.執著. II.144[12]妄執②298.

pari-kappa *m.* bahūhi **~ehi** III.79[24]多くの**企み**によって〔…贈り物を享受する〕③176.

pari-kappanā *n.f.* Ⓢ*parikalpanā* 分別、考想、工夫. sīhānan ti-ādīnaṃ padānaṃ **~āya** vinā mukhya-vasenêva attho veditabbo I.7[22-]獅子たちの云々という諸の語句を**思案する**ことなく, 本旨のみで意味を知るべし①17.

pari-kirati<*pari-kṛ*. samantā **~eyyuṃ** III.189[9]周りから**射かける**としよう③407.

pari-k-khaya *m.* 衰尽, 尽滅. Ⓢ*parikṣaya* **~ā** III.77[13]〔善法と智慧が〕尽きるから③171.

pari-kkhipati<*pari-kṣip*.囲う, 見下す, no ca **~e** pare II.75[33]また他の人たちを**見下す**な②160. **°kkhita** *pp.* **~o** jarāya II.189[21]老によって**囲われ**②388.

pari-kkhīyati *ps.*<*pari-kṣī*. **-kkhīṇa** *pp.* sabbam etaṃ **~n** I.185[6]この一切(業)は**すっかり尽きた**. āsavā **~ā** 202[22]諸々の煩悩(漏)が**なくなった**①405,442.

pari-ggaha *m.*所有, 執著. viññāṇānaṃ **~e**

II.178[15]諸々の認識の**執著**に対して〔金剛杵を落とす〕②364.

pari-cāra-ka *a.m.* II.200[14]召使い②409.III.116[20]侍者③254.

pari-cāreti *cs.<-car.* **~tvā** I.210[29]〔身を〕**のびのび過ごさせ**（悠々自適させ）て. accharāhi… attānaṃ ~tvā 211[1]天女達を自分に**かしづかせて**①459.

pari-ciṇṇa *pp.<-car.*奉仕されたII.51[24], 257[14-], III.108[33], 121[20]②110,518, ③238,265.

pari-cita *pp.<pari-ci.* II.273[32]〔慈・悲・喜・捨が〕積まれた②554.

pari-cchada *m.* 覆うもの. I.240[27] ①525.

pari-jānāti<*jñā.* **~antī** ti …paricchijja jānanti na bahu-maññanti II.89[11]よく知る（遍知, 了知する）とは…限定して知る, 過大に考えない②187. **°ññāta** *pp.* **了知**されたI.199[2,30], 248[28-],II.37[23]. **°ññāya** *ger.* pañca- kkhande ~II.156[32]五蘊（身心）を**了知して** ②322.

pari-jiyyati（＝-jīyati）<*jṛ.* ~ sabbam aniccaṃ III.190[7]〔三界の有為は〕**老いていき**一切は無常である③409. **°jiṇṇa** *pp.a* Ⓢ*parijīrṇa* 老いた, 老いぼれた.

pariññā *f.* Ⓢ*parijñā*了知, 遍知, よく知ること. ~ādi-soḷasa-vidhaṃ kiccaṃ I.18[26-]〔四諦の〕**了知**など16種のなすべき事（務め）①35,*37*(5).

paritta *a.* 小さい, 少ない. **~ṃ** dāruṃ II.24[32]**小さな**〔流〕木に. therā **~ā** III.77[9]上座たちは**少なく** ②55,③170. **-raṃsa** II.176[21]小さな光 ②360.

parittikā *a.f.* II.162[2]〔成就siddhi[PTS]iddhi, 神通は〕**わずかながら** ②333.

pari-dahati<*-dhā.* **~hissati** III.88[15]〔袈裟衣を〕着けるであろう ③197.

pari-nibbāna *n.*Ⓢ*parinirvāṇa*般涅槃（完全な寂滅, こよなき安らぎ）. dve **~āni** kilesa**~ṃ** ca … khandha**~ñ** ca I.46[2-]二つの～がある. 煩悩の～と〔五〕蘊（身心）の～と①91.

pari-nibbāyati （°bbāti）<*-vā* 般涅槃（入滅）する, 安らぎに入る, 悟境に入る. **-nibbissati** *ft.* I.217[5-], II.156[35], III.11[25]①473,②322.入滅されるであろう③26. **-nibbāhisi** *2.sg. ft.* ~ vārinā'va joti II.176[18]火が水によって〔消える〕ように, お前は**全き安らぎに至る**（**般涅槃する**）であろう ②360.

pari-nibbuta *pp.* I.46[2]全き安らぎに入った（寂滅した） ①90. III.71[9]入滅（般涅槃）した. 191[11]悟りの境地に入った③157, 412.

pari-neti<*nī.* **~si** citta man III.161[23]心よ, お前は私を**導いた** ③351. **°nīta** *pp.* II.173[33]〔剃刀が首に〕**ずうっと引かれた**②355.

pari-pakka *a.* II.243[33]熟れた〔どぶ池〕②492.

pari-paccana *n.*成熟, 完成, 熟すること. Ñāṇassa **a~to.** I. 11[32],12[-12] 智がまだ完全に**熟**さないから〔途中で覚者（仏）たちの智, 辟支仏の正覚, 声聞の正覚を, 証得することはない〕①24.

pari-puṇṇa *a. pp.*満ちた, 満ち足りた, 円満した. **-kāya** *m.* III.46[19]身満ち足り ③101.

pari-bandha *m.* **~n** ti sammā-paṭipatti~bhūtaṃ III. 167[28]**縛るもの**とは正しい実践道を～となった〔お前の体を避ける〕③364.

pari-bāhira *a.m.* saṅghato **~ā** III.80[9]僧団の**部外者たち**③177.

pari-bbajati<*pari-vraj.* **~je** II.30[11],III.99[11]遊行するがよい②66,③218.

pari-bbājaka *m.*遊行者I.103[32],III.94[10-],203[18]①229,③208,439. **-ārāma** *m.* III.94[10,33]遊行者の園林 ③208. **-pabbajjā** *f.*遊行者としての出家I.54[2],185[29],194[32],235[26],II.53[23],55[14],83[21],113[31],①108,408,425,515,②114,117,176, 236, 348.

pari-bbājikā *f.* 女遊行者 I.43[6], II.113[23]①86,②236.

pari-brūhati <*-bṛh*増大する, 増加する, 囲む.〔*pp.*pari-brūhita, paribbūḷha, *cs.*paribrūheti〕 **-brūhita** *a.pp.<-bṛh*増大（拡大）した. mahā-bodhi- sattānaṃ dānâdi-pāramī hi **~ā** … buddha-ñāṇaṃ paripūreti evaṃ dānādīhi **~ā** …pacceka-bodhi-ñāṇaṃ sāvaka-bodhi-ñāṇañ ca paripūreti I.12[-13-]大菩薩達において施などの波羅蜜が**～て**…覚者（仏）の智を成満させるように, そのように施などをもって〔波羅蜜が〕 **～て**…辟支仏の覚りの智や声聞の覚りの智を成満させる①24.

pari-brūha-na *n.<-bṛh*増大〔させること〕, 増加. kāyârammaṇaṃ satiṃ kāya-gatā-sati-kamma-ṭṭhānaṃ **~vasena** avissajjento I.49[7]身を対象（所縁）とする思念を, 身に関する思念の観念修行法（業処）を, よく～によって棄てないでいる. tassa vā ~hetu gamissāmi I.84[5]([Vri.])或いはその〔遠離心vivekaを〕**拡大させる**因がある〔処〕へ行こう①97, 179.

pari-brūheti, -hayati *cs.*<paribrūhati<*-bṛh*増大（拡大）させる. mayhaṃ vivekâbhiratiṃ **~enti** I.62[-20]私の遠離の愉しみをよく**増大**

させてくれる①132. paṭi- passaddhi-vivekaṃ phala-samāpatti-kāya-vivekañ ca **~ayanto**, tassa vā paribrūhana-hetu gamissāmī ti I. 84[5](Vri.)〔煩悩が〕鎮まる(止息する)遠離心と〔阿羅漢〕果としての心統一(果定)における身についての遠離心とを**拡大させようとして**, 或いはその〔遠離心を〕拡大させる因がある〔処〕へ行こう①179.

paribhaṇḍa *m.*漆喰の床. gandha-kuṭiṃ mah'aggha-gosīsa-(Vri.gosita-)candanaṃ piṃsitvā tena **~ṃ** katvā patthanaṃ paṭṭhesi I.84[-23-]香室を, 高価な牛頭栴檀を砕いて, それで～を作ってから願を立てた①181.

pari-bhāvana *n.* =Ⓢ広く成り立たせる, 生み出すこと. dānādi-paṭipadā tesaṃ bodhisattānaṃ santānassa bhāvanato **~to** bhāvanā nāma I.13[-4-]施などの実践修行は彼等菩薩たちの〔身心の〕相続を成り立たせ**遍満させる**ので, 修習と呼ばれる①25.

pari-bhuñjati<***-bhuj***.受用する, 食べる, 用いる. gūtha-mutta-paribhogena vaḍḍhanto vaya-ppatto pi tadeva ~ II.119[5]糞尿を食らい飲んで成長し成人しても, それだけを**食う**. cattāro paccaye antim'antena abhiramitvā ~ III.139[22]四種の生活用品を最後の最後まで喜んで**受用する**②246,③303. imaṃ piṇḍa-pātaṃ **~tha** I.42[22]この托鉢食を**食べよ**①85. **°bhutta** *pp.* yaṃ may'ajja **~n** I.201[11]私が今食べた〔食〕①439.

pari-bhuñjana *n.*受用, 食べること. Yathā paccaye paribhuñjantassa **~ṃ** atthiyaṃ hoti, tathā bhojanaṃ bhuñjamāno I.60[-13-]例えば生活必需品(資具)を受用しようとしている者の**受用**に役に立つように, そのように食物を食べながら①127.

pari-bhūta *pp.*<***-bhū*** II.239[20], 264[18]侮られた②483, 534.

pari-majjati<***-mṛj***. gattani **~itvā** II.112[22]肢体を**うち払って**②233.

pari-maddati<***mad*** samayaṃ **~itvā** tattha sāraṃ adisvā III.94[1]〔サンジャヤの〕教義を**吟味して**, そこに核心を見ないで③208.

pari-mita-bhāṇi-tā *f.* <pari-mita<***-mā*** 量られ(制限し)て語ること. catunnaṃ vacī-duccaritānaṃ appavattiyā ~āya manta-bhāṇī I.33[-20]四種の語の悪行(妄語・両舌・悪口・綺語)が起こらないので～ので考えて語り①65.

pariyatti *f.*学得, 聖典. I.158[5], III.118[14]教法①346,③258.

pari-y-ā-dā-ya *ger.*(pariyādiyitvā) <pariyādiyati <*pari-ā-**dā***捕らえて, 執らわれて.

pariyāya *m.* Ⓢ*paryāya*.言い換え(同意語). **~e** ti pac cayesu **~ssa** yoge III.79[26]～をとは諸々の生活用品に関して～を用い③176.

pariyesati<*pari-iṣ*. **~ī** ti maggati II.131[17]〔洞穴を〕**求めまわる**とは探す②270.

pariyosāna *n.*Ⓢ*paryavasāna*.終わり, 最終. **-bhadda-ka** *a.* **~o** II.179[12]最終が吉祥②366.

pari-y-osita *pp.*<*pari-ava-**sā***終わった, 完結した. **-osāpita** *pp.*<pariyosāpeti cs.<***-sā***終わらせられた, 完結された. pariññâdi-soḷasa-vidhaṃ kiccaṃ agga-phale ṭhitena nipphāditattā **~ttā**(PTS.**°osita°**) kataṃ nāma I.18[27-]〔四諦の〕了知など16種のなすべき事(務め)が, 最高の果に立った人によって達成され～から〈為された〉という①35.

parillaka *m.*Ⓢ*parili,parilli*. **~ānaṃ**(Vri vaṭṭakānaṃ)I.129[30]鶉達の〔鳴き声〕①267.

pari-ḷāha *m.*<***-dah***焦熱の苦しみ、熱悩, 苦悩.

pari-vajjeti *cs.*<***-vṛj***.避ける. **°eyya** janan II.208[4], III.140[29]〔不善の〕人々を**避ける**がよい. 167[36]〔女体を〕**避ける**であろう. kilesa-janaka-nimittaṃ **~ehi** 192[22]煩悩を生み出す起因を**避けよ**②424,③305, 365,415.

pari-vattati<***-vṛt***. **~tisan** ... **~ttiṃ** II.81[1]私は**転**(ころ)**げ廻った**…〔死去と再生とに〕〃②170.

pari-vārita *pp.*<*-vṛ*.囲まれた. jarāya **~o** II.189[9]〔世間は〕老によって～. **~ā** 225[37]〔神の衆に〕～②387,458.

pari-vitakka *m.* *BHS.parivitarka*思いつき, 不審の思い(念). II.49[28]②106.

pariveṇa *n.*僧房, 住房I.123[27],II.231[5],III.109[30], 111[27],112[21]① 232,②467, ③241,245,247, .

parisā *f.*Ⓢ*pariṣad*会衆(聴衆), 衆. I.7[19],31[25], 38[11],155[28], 246[23], II.27[20],45[5],68[18],76[7],97[28],134[16], 145[16],158[1](四衆), 179[24],227[9],232[27],268[22],III. 79[32-], 85[25],95[10],102[16],200[26]①17(人々), ...538, ②61,...542, ③177,...432. **khatthiya°** II.76[8]クシャトリヤの会衆②160. **deva°**I.110[22], II.127[23]神の衆①244,②263. **nāga°** III.177[18]龍の衆③383. **bhikkhu°** II.121[20]比丘の会衆②251. **mahā°** II.159[35]大会衆②329. **sa°** II.160[25-6]衆徒と共に ②**sampatta°** III.194[32]到着した衆③420. **°sa-pariyanta** *m.* 会衆(聴衆)の隅(端). dhamma-desanā-kāle…

vihāraṃ gantvā **~e** nisīditvā dhammaṃ suṇanto I.38[-8] 説法の時…僧院に行き～に坐って法を聞いていると①76.

pari-siñcati<*-sic*. attāno gattāni **~citvā** II.229[9] 自分の体に**水をかけてから**②464.

pari-sussati<*-śuṣ* II.153[24]〔正法の中で〕干上がる②316.

pari-s-sama Ⓢ*pariśrama* 疲れ, 疲労, 面倒なこと, 根絶やし, 根絶, 絶滅. bhaddo usabh'ājānīyo kasane niyutto …parivattento gacchati, yāva kasana-tiṇānaṃ **~ṃ** dasseti I.72[-12]立派な生まれの良い牛が耕耘をゆだねられて…〔犁を〕ひき回そうとして, 耕耘される諸々の草が**根絶**を示すまで行く①152.

pari-hariya *ger*.<*-hṛ*. **~ā** ti dhāretvā II.225[29]〔菩薩を〕**守り**とは〔胎中に〕保持して②457.

pari-hāyati<*-hā*. ~ saddhammā II.153[22]正法から退く. nava-vidha-lokuttara-dhammā na ~ III.119[17]九類の出世間法(四向四果と涅槃)から**退かぬ**②316, ③ 260.

pari-hāsa *m*.<*-has*笑い, あざ笑うこと, 嘲笑. "Dhāno koṇḍo jāto"ti **~ṃ** karonti I.67[33]「ダーナさんは鈍くなった」と**嘲笑**をする①141.

pari-hīrati *ps*.<*-hṛ*. duggandho ~ II.192[2]〔女は〕悪臭ながら**愛護される**②392.

pare *nom.ac.pl.m*.<para 他の者たちが(又はを) II.35[30],75[23-],114[23],197[6]かなたの, 209[29-]② 76,160,238, 403,428.

paropara *a*. **~n** ti…sundarâsundaraṃ dūre-santikaṃ vā III.201[23]**勝・劣の**とは…勝れた・優れていない, 或いは遠く・近く③434.

paropari-ya *a*.<para + apara, *cf*.parovara〔能力の〕上下(優劣)がある.

paro-sahassa ~n III.195[18]千人を越える③421.

palipă *m. f.* paṅkā**~ā**…**~ā** ti gambhīra-puthulo mahā-kaddamo(Vri. paṅka-palipā) I.198[6]泥水・**泥沼**…**泥沼**(ぬかるみ)とは深い広い大泥土である①432.

palehiti*ft*.<palāyati.II.131[10]逃げようとしている②269.

pallaṅka *m.n.* **~ena** nisīdi I.25[19]結跏趺坐して坐った①46. ***~n*** vuccati samantato ūru-baddhâsanaṃ III.99[32]結跏趺坐は, すべて腿を組んだ坐り方が言われる③219. I.215[7]座席(椅子)①468. aparājita~e nisinno III.2[21]不敗の牀座に坐った③5.

pa-vati<*pra-vā* **~**nti II.224[4]薫ってくる②454.

pavattin *a*. ime dhammā **~ino** III.117[12]〔法を〕転ずる方のこれら諸々の法③256.

pavana *n*.Ⓢ*pravaṇa*.山腹, **林叢**. ~gato vihassan III.151[18]～に行って住もう③329.

pavara *a*.Ⓢ*prava*.最もすぐれた. sārathī ~o II.152[2] ～御者②313.

pavassati<*pra-vṛṣ*. **~ā** ti siñca udakaṃ I.135[4]**雨を降らせよ**とは水を注げ①297. sutaṃ **~a** III.201[28]声(所聞)を雨と降らせて下さい③434.

pavāhana *a*. kilesa-visa-dosaṃ **~o** III.32[32]煩悩という毒や病素を運び去る〔仏〕③71.

pavāheti *cs*.<*pra-vah*. **~mi** apanemi II.146[11]〔悪業を水垢離で〕**除き去る**取り除く②302.

pa-vicaya *m*. dhammānaṃ **~o** yathā-bhūtan II.253[4]諸法をありのままに**選択考察**すること②510.

pa-viṭṭha *pp*.<*pra-viś*. bhikkhāya **~o** ti nagaraṃ **~o** II.110[29]乞食に**入った**とは都城に**入った**②229.

pa-viddha *pp*.<*-vyadh*.捨てられた, 投げ落とした. **-gocara** *a*. II.148[29]捨てられた〔行乞の〕領域②307.

pa-vi-bhajati<*-bhaj*. 分析する, 配分する. bhāgaso **~jjan**…**~jjā**(*ger*.) ti pi pāṭho III.196[9]〔法を〕部分から**分析し**ながら. … **分析してから**とも誦む③423.

pa-vi-vitta *pp*.<*-vic*.遠離(独居)したII.25[5-], 248[29], III.20[12]②55, 501, ③44 .

pa-viveka *m*.遠離, 独居II.256[14],271[6-],279[34-], III.20[12],69[27]②517,547,568, ③44,154. **-rata** *a*. **~o** III.69[27]遠離を愉しみ③154. **-rasa** *m*. **~ṃ** vijāniya I.192[18]**遠離の味**を識り①420.

pavivekiya *a*. dukkhaṃ **~n** II.279[33]**遠離における**苦②568.

pa-vedhati<*-vyath*.震える, 怖れる. tena viddho **~āmi** III.29[23]それ(見解)に射抜かれて私は**揺れ動く**③64. °**eti** *cs*. cittaṃ na p**~nti** II.271[33]心を**動揺させ**ない②549.

pa-saṁsati<*pra-śaṃs*.称讃するII.35[25-], III.141[18]②76-7, ③307 . **-sita** *pp*. II.212[21]称讃されている②434.

pa-saṃsā *f*. 称讃. II.259[13], 278[38]称誉②523,565.

pa-sakkati<*ṣvaṣk*.出て行く, 去る, 到る. °**kkiya** *ger*. **~ā** ti upagantvā I.247[5]**到り**とは近づいて行って①539.

pa-saṭṭha *a*. *pp*. = pasattha<pasaṃsati<*pra-śaṃs*褒められた, 称讃された. III.152[31]③ 332. °**atisaya-dāṭha-tā** *f*. 称讃されすぐれた

牙があること．**~āya**…sīhānaṃ miga-rājūnaṃ viya I.7[23-]～あるので…獣王の獅子達のような〔上座達〕①17.

pasanna *a.pp.*Ⓢ*prasanna*澄んだ，浄く信じる．II.164[28-] ②337. **-netta**. **~o** III.47[6]〔仏〕眼は清らかに澄み③103.

pa-savati<*-su*. ~ puññaṃ II.94[38]福徳を生み出す②198.

pasavin *a.* 産む．apuññaṃ **~ī** ti apuññaṃ paṭilabhati III.179[30]〔魔は〕不幸(非福)を生み出す者とは不幸を受ける③387.

pasākha *m.n.* 小枝，肢節．**-jāta** *a.* **~o** I.172[5]〔竹の〕小枝が生えると①376.

pasāda *m.* 澄浄，浄信，清明II.71[12],212[28-]②151,434. ~āvaha-ākappa-sampatti 252[35]〔他の人たちに〕浄信を齎す威儀を具えること ②509. **'-aññatha-tta** *n.*浄信が別様になる(変わる)こと．na **~ṃ** bhaveyyā ti …thero aññaṃ byākāsi I.46[13-] ([Vri])～はあってはならぬと…上座は〔自分の〕開悟を解明した①91.

pasādanīya *gdv.* iriyā-pathiyaṃ **~n** II.252[34]麗しい起居動作において ②509.

pa-sīdati<*pra-sad*. bhiyyo vaṇṇo ~ III.13[5]ますます顔色は澄んでいる ③29.

passati<*paś*. 見るI.36[2],151[13],II.84[27], 87[6-], 168[15], 234[2], III.16[26], 141[8]①71,331, ②178, 183,345,472,③37, 306.

passāsin *a.*<passāsa 息をたてる，いびきをかく．**ghuru-ghuru**° *a.* グウグウいびきをかく．Dhamma-ssavana-kāle pi … nisinno **~sī** niddāyat'eva I.73[-19] ([Vri.])法を聞く時にも…坐って～かいて眠るだけ①155.

pa-hata *pp.*<*pra-han*. omaṭṭho ti **~o** I.111[28]撃たれたとは打たれた．sokā **~o** 188[2]愁いに負けて①247,411.

pa-hatvāna *ger.*<*pra-hā*. taṇhaṃ **~ā** ti ariya-maggena samucchinditvā II.219[15]渇愛を捨ててとは，聖道によって切断して ②446.

pa-harati<*pra-hṛ*打つ，叩く．°**reyyan***1sg.op.* III.153[13] ([Vri.])〔河を〕打つであろうか③333.

pa-hāya *ger.*<*hā*.捨ててI.174[17].**~ā** ti pajahitvā III.68[18], 189[34]〔母と父(愉しみ)を〕～とは捨てて③152, 409.

pahāra *m.* 打撃．cattāro **~ā** I.111[28]四種の打撃①247.

pa-hita *a.* *pp.*<*dhā* 励んだ，努めた．**'-atta** *a.*II.31[13]. **~ā** ti nibbānaṃ paṭipesita-cittā III.90[7]自ら励みとは涅槃に心を向け③200.

pa-hissati (＝pajahissati)*ft.* <pajahati<*hā*捨てるであろう．Khippam eva na-cirass'eva kāma-rāgaṃ ~ ([PTS.]pahīyati) pajahissatī ti maññe I.75[-14] 欲望・欲情を捨てるであろう([PTS..] 〃 捨てられている)，捨て去るであろう，と私は思う①161.

pahīna *pp.*<*pra-hā*棄てられた，捨てた，断じた．I.183[25-],II.14[8],131[29]逃れた，144[33-]①401, ②33,270,299. **-jāti-maraṇa** *a.* **~n** III.201[1]生死を捨てた方に③433. **-bhaya-bherava** *a.* **~o** III.139[34]恐れや怖さを捨て〔禅思する〕304. **-māna** *a.*II.72[18]慢(自意識)を捨て②153.

pahīyati (＝pahiyyati) *ps.*<pajahati<*hā* 捨てられ〔てい〕る．maññe'haṃ kāma-rāgaṃ so khippam eva pahīyatī ([Vri.]pahissatī) ti 18ef 私は思う．欲望・欲情を彼はもう速やかに捨てられていると①159, 160.

pa-hona-ka *a.*<pahoti<*pra-bhū*できる，可能な，充分な．uttamaṃ ticīvara-p**~ṃ** sukhuma-vatthaṃ buddhassa pāda-mūle ṭhapetvā I. 32[7]最上の三衣〔を作るの〕に充分な精妙な衣地を仏の足許に置き①63.

pākaṭa *a.* (＝pākata) 自然の，普通の，本能的の，明らかなdussīlo ayan ti **~o** pakāso vikkhitt'indriyatāya vā ~'indriyo III.88[27]これは破戒者だと明らかな明白な，又は感官が散乱しているから本能的な感官のまま③197.

pākata *a.* 〃．**'-indriya**自然の(本能的)感官のまま．**~o** ti mana-cchaṭṭhānaṃ indriyānaṃ yathā-sakaṃ visayesu vissajjanato sabhâvabhūta-indriyo asaṃvuta-cakkhu-dvār'ādiko I.231[2] 〃 とは意を第六とする諸感官を自分の好きなように〔感官の〕諸対象に放つから～になっている，眼の門などが防護(制御・調整)されていない①503.

pāṭibhāti<*bhā*. dhammā na **~nti** man III.119[32]諸法が私に閃かない ③261.

pāṭihīra *n.*神変(奇蹟)．disvāna **~āṇī** ti…**~ṃ** pāṭiheraṃ pāṭihāriyan ti hi atthato ekaṃ vyañjanam eva nānaṃ II.161[10]諸～を見てもとは…～，**~hera**，**~hāriya**とは意味としては一つであり表記だけが種々である②331.

pāṇa *m.*Ⓢ*praṇa* *m.*生物，生命．I.101[1], II.94[37] ①222, ②198. tuvañ ca **~esu** asaṃyato'si III.57[27]そしてお前は生き物たちに対して抑制がないのだ③130.

pāṇin *a.* **~ino** sattā…haññantu II.257[7]生き物た

ち有情たちが…殺されよ②518.

pātāla *m. f.* **~ā** I.198[13],**~ṃ** III.153[14]深渕①449, ③333.**-khitta** *a.* **~ṃ** III.153[14]深渕に落とされた処③333.

pāti-mokkha *n.*(＝pāṭiᵒ)*BHS.prātimokṣa.*波羅提木叉(出家者の護る戒の本文, 戒本, 戒経, 戒条). I.65[20],II.211[9],249[13]①138, ②431,502. **-saṃvara-sīla** *n.* II.249[13] 〃の防護戒. **'-uddesa** *m.* **~samaye** II.101[30] 〃を説示する時②212.

pātu *adv.*(pātur)Ⓢ*prādur.* 明らかに, 顕わに. ādīnavo **~r** ahu II.111[9]煩い(過患)が顕わになった. kāma-rāgo 〃 135[21]欲情が顕わになった②230, 278. **-karaṇa** *n.* 顕わにする, 顕かにすること, 顕示, 明示. Bhagavā sitaṃ **~apadesena** I.80[4]世尊は微笑を**顕かにすることを**示して①172.

pāteti *cs.*<*pat* 落す, 落しめる. **pātayiṃsū** ti vīra-bhāvato **pātesuṃ** II.103[24]**～しめた**とは勇者であることから〔私を〕**～した**②215.

pāto *adv.* Ⓢ*prātar*早く, 朝早く. ~ suriyass' uggamana- velāyaṃ II.145[35]早朝に＝太陽が昇る時刻に②301.

pāda *m.* **~ā** ti caraṇā III.35[30]**両足**とは歩く足③78. **-pa** *a.m.***~e** ti rukkhe II.82[23]**樹**の下とは木の下で②173.

pādāsi *aor.*<*pra-dā.* III.32[2]〔観法の梯子を大師は〕与えて下された③69.

pādukā *f.* ~ āruyha II.194[31]〔遊女はvesikā〕**履物**を履いて(履物に上がって) ②398. **ᵒārūḷha** I.243[20] 〃 ①531.

pāna *n.* **~n**(Vri.apānan) ti passāso,II.234[12]**出息**とは息を出すことである②473.

pānudi *aor.*<*pra-nud.* yo **~ī** ti yo apānudi khipi pajahi vidhaṃsesi I.51[7]誰でも〔死神の軍勢を〕**押しのけた**者はとは, 誰でも押しのけた, 投げた, 捨てた, 打ち砕いた者は①101.

pāpa *a.n.* ＝Ⓢ悪い, 悪I.186[24-],209[7],II.18[14],151[16] ①409,455, ②41,312. **'-iccha** *a.* asanta-guṇa-sambhāvan' icchāya ~o III.100[28]ありもしない徳を生み出すことを望むので**悪欲な者**③221. **-citta** *a.* mā **~e** āhari(Vri.āsādi) III.168[15]**悪心ある**〔鬼〕女よ, 近づくな③366. **-dhamma** *m.a.* **~o** ti lāmaka-dhammo II.10[24] **悪徳(悪法)ある**とは劣悪な性質(法) がある者②24. **-mitta** *m.* **~e** ti akalyāṇa-mitte asappurise hīna-viriye II.109[21]**悪い友**たちをとは, 不善の友たち＝不良の人たち＝精進劣る者たちを〔避けて〕②227.

pāpa-ka *a.*悪い. **~ dhamma** *m.* 悪法(要素, 心, 行). I.34[6](心)①67. **~ānañ** ca **dhammānan** ti kāya- ducaritâdīnaṃ pāpa-dhammānaṃ III.77[19]また**悪い諸法**とは身の悪行など諸悪法③171.

pāpana *n.* Ⓢ*prāpaṇa*<*āp* 得させること, 獲得させること, 到達, 達成. paṭipadā-ñāṇa-dassana-visuddhiyā matthakaṃ **~vasena** vipassanaṃ ussukkāpetvā I.18[-10]修道の知見の清浄の頂点を～で観察を励まして①34.

pāpimat *a.* **~ā** ti kilesa-māraṃ ālapati III.189[27] **悪しき〔魔〕**よとは煩悩魔に語る③408.

pāpuṇāti <*pra-āp.*得る, 到る, 達する. dibba-sotañ ca **~ṇin** II.162[30]また天耳を**得た** ②334.

pāmojja *n.BHS.prāmodya* 喜悦, 悦び. **-bahula** *a.* **~o** I.58[20-]悦ぶことの多い①122

pāra *a.n.* 彼岸, 彼方, 他の. **~ṃ** nibbānaṃ esato gavesato III.31[29]**彼の岸**を涅槃を求め探すと③69. **-gata** *a.* **~n** …na vāraye II.76[4]**彼岸に到った人**を…妨げるな②160. **-gavesin** *a.* no ca **~no** III.36[1]しかし〔化粧した女も〕彼岸を求める人には否③78. **-gū** *a.* I.111[4],160[25],II.268[27]①244,351, ②542. sabba-dhammāna pāragun III.9[16]一切諸法の**彼岸に達せられた(奥義を窮めた)**お方を〔礼拝し〕③21. **-ṅ-gata** *a.* ko so **~o** III.28[10]**彼岸に達した**その方は誰か③61.

pāramī *f.* 最高の行(境地, **波羅蜜**)I.11[7], II.34,[7,13] III.171[32],206[9]② 73, 74,③372,444. dhamma-bhaṇḍ'āgārik(PTS.y)a-bhāva~pūraṇ' atthaṃ III.112[16]法蔵の蔵守(くらもり)であるという～を満たすために246-7. **sāvaka**ᵒ声聞の～III.95[15],208[32],211,450(後記). **-i-ppatta** *a.*～を得た者. III. 208[31],209[9]449,450. **-iṃ gata** *a.* **~o** … **~iṃ** koṭiṃ pattoIII.171[31] ～に達した…～に頂点に達した372.

pāvacana *n.* avalokeyyātha **~ṃ** II.251[27]聖言を照見するがよい②507.

pāvusa *m.*(＝pāvussa)Ⓢ*prāvṛṣa* 雨, 雨期II.256[19] ②517. gūtha-ṭṭhānaṃ 'va **~e** III.167[36]雨期に糞溜めを〔避ける〕ように③365. **-kāla** *m.* 雨期, 雨の時期. ratta-kimīhi sañchāditā. **~vasena** evam āha I.62[15-]〔岩の山々はselā〕赤虫たちに覆われた. ～なのでこう言う①131. **~e** megha-gajjitaṃ sutvā kekā-saddaṃ

karontā 82[7-]～に黒雲が雷鳴したのを聞いて，〔孔雀たちは〕ケー・カーと声を上げて①175. **-sitta-kānana** *n.*nav'ambhunā **~e** III.159[30]新しい雨水によって雨が注がれた森の中で③347. **-abbha-mālin** *a.* rammaṃ giriṃ **~inan** III.161[30]雨雲と華鬘を頂いた楽しい山に〔到って〕③351.

pāvussa-ka *a.*雨の，雨降り，降雨.

pāsa *m.* **~n** ti daṇḍa-vāguraṁ III.36[14]罠にとは棒の罠に〔近づかなかった〕③79.

pāsāda *m.*高殿，殿堂II.40[2-]，266[34],III.65[31], 128[12],173[9]②86,539, ③147,281,375. **-cchāyā** *f.* **~yan** ti gandha- kuṭi-cchāyāyaṃ II.203[1]～の蔭でとは香室の蔭で〔仏を拝した〕②414.

pāsād-ika *a.*端正な，麗しい，美しい． I.129[24], II.183[19]. **~n** ti … pasād'āvahaṃ III.76[34]～とは…浄信を齎す. **~e** ti attano paṭipattiyā pasādârahe 82[1]～とは自分の実践行によって浄信に叶う〔人達を見て〕③170,182.

piṭaka *n.*＝Ⓢ籠，〔三〕蔵（聖典，経典・経・律・論）I.2[23],II.21[5]三蔵①6,②47. **~esu** pakkhipitvā II.262[24]〔ゴミなどを〕両の籠（かご）に投げ入れて②531.

piṇḍa *m.* na ca labhe **~n** II.164[21]でも**托鉢食**を得ない②337. **~āya** gacchati III.169[36]**托鉢**に行く ③369. **-pāta** *m.* **~m** atikkanto III.69[4]**托鉢**から戻って. **~e** ca sampanne79[11]又贅沢な**托鉢食**を〔与える〕③153,175. **-pātika** *m.* III.54[3]托鉢食者，167[1]托鉢者 ③121, 363.

piṇḍa-ka *m.* 食べ物，行乞の食，集団. kacci bhante **~ena** na kilamathā I.68[31-]尊師よ，**行乞の食**で疲れ（苦労し）ませんか①142.

piṇḍikā *f.* **~yā** ti bhikkhāya II.110[29], 248[11]**托鉢**にとは乞食（托鉢食のため）に〔入った〕② 229,500.

pithīyati *ps.*<*api-dhā*. ~ thakīyati III.59[26]〔悪業は…〕閉ざされる，覆われる③134.

pi-dhāna *n.*＝pidahana 覆うこと，覆蔽，防ぐ（遮ぎる）こと. kilesa-vassa~mukhena nicc'ādi-nimitt' ugghāṭana-dīpanato I.30[10]煩悩の雨を**防ぐ（遮ぎる）こと**によって，常恒などの形相を取り除くことを明らかにするから〔無相住animitta-vihāra〕である①55.

pibati (pivati)<*pa*. 飲む. **pitvā** *ger.* visaṃ ~'va chaḍḍitaṃ III.15[12]飲んでから吐き出された毒のよう③33. **pitvāna** *ger.* ~ ras'aggam uttaman I.221[24]最上最高の味を飲んでから①483.

piya *a.*Ⓢ*priya* 愛する，いとしい，かわいい. **~smin** ti piyāyitabbatāya…pema-karaṇa-ṭṭhāna-bhūte I.100[31]愛しいとは，愛されるべきであるから…愛情を懸けるところとなった〔子〕に対する〔善き母〕①222. **-nibandhana** *n.a.*piya-bhāva-nibandhanena **~ṃ**… dukkhaṃ III.23[8]愛しいことと結びつきによって**愛しいものと結びついて**…苦しい③50. **-nimitta** *n. a.* **~ṃ** manasi-karoto I.214[16],III.43[31]愛すべき容姿（様相）を心に思うから（と）〔…思念が失われる〕①467, ③95. **-manāpa** *a.*愛し意に叶う（愛しく快い）. etad-aggaṃ…mama sāvakānaṃ bhikkhūnaṃ devatānaṃ **~ānaṃ** yad-idaṃ Pilindavaccho I.54[-32]私の声聞比丘達の中で神格達が**～者達の中で**，この者が第一人者である． 即ちこのP.である①109. satthāraṃ ekaṃ bhikkhuṃ devatānaṃ **~bhāvena** agga-ṭṭhāne ṭhapentaṃ disvā I.53[-22-]〔大〕師が一人の比丘を，**神々の～者であることによって**第一の地位に就けるのを見て①107. **-manāpa-tā** *f.* 愛し意に叶う（愛しく快い）者であること. thero devatānaṃ **~āya** aggataṃ patto I.54[-25]上座は神格達の**～において**第一であることを得た①109. **-rūpa** *n.a.*~e II.63[25]愛すべきあり方の〔…欲望を捨て〕②136. **-apiya** *a.* **~n** II.280[21], III.157[19]愛する・愛さないこと②569, ③342.

piyāy-itabba *a.gdv.*<piyāyati愛せらるべき. devatāhi ativiya **~bhāvato** imaṃ theraṃ bhagavā devatānaṃ piya-manāpa-bhāvena agga-ṭṭhāne ṭhapesi I.54[29-]神格達に殊のほか**～者であるから**，世尊はこの上座を，神格達が愛し意にかなう者であることによって〔その〕第一の位に就けた①109.

piloṭikā *f.* 布切れ，布紐. **kamma°** *f.*業の布の繋がり（業の布紐，業の絆）. ~āya codiyamānā … bhikkhū … pārājikena dhammena anuddhaṃsesuṃ I.45[3-]〔悪〕~に促された…〔両〕比丘が…波羅夷（僧団追放罪）の法で〔ダッバを〕誹謗した①89.

pisuna *a.* （＝pisuṇa） *a.*Ⓢ*piśuṇa*.中傷する，離間（仲違い）させる，両舌. ~nenā ti **~āya** vācāya III.115[23]両舌の（不和離間を図る）人とは両舌の（不和離間を図る）言葉を〔語る人と友になるな〕③253.

pihayati<***spṛh***. tādino devâpi **~nti** II.72[19]そのような人を神々もまた**羨む** ②153.

pīti *f.*Ⓢ*prīti*. 喜び，喜悦. **-vega** *m.*喜びの衝動.

udāna-vasena ~vissaṭṭhaṃ (PTS.vissiṭṭhaṃ) sabbhir eva samāsethā ti gāthaṃ abhāsi I.40[27-] 感懐として～からほとばしり出た「善き方々とだけ共に坐れ(交われ)」という偈を述べた①80. **-sukha** *a.n.* I.223[2]① 486. **~ena** II.148[35-]喜びと楽をもって②307.

puggala *m.*Ⓢ*pudgala.*人, 人物. II.10[21],III.78[16] ②24,③ 173.

putta *m.*Ⓢ*putra* 子, 息子. I.100[5…30], 115[6], II.125[18], 226[16]①221,254, ②258,459. **°ka** *m.* 息子. I.188[1]①411.

puthu *a.*Ⓢ*pṛthak, pṛthu.*個々の, 別々の, 広い, 多い. I.193[25], 237[30],III.173[1]①423,520,③375. **-j-jana** *m.*凡夫. II.81[8], 144[9-], III.154[37-] ②170,298, ③336. **-paññā** *f.* III.105[38]広い智慧③232. **°silā** *f.* I.237[31]広い岩①520.

puthuvī *f.*(＝paṭhavī)Ⓢ*pṛthivī.*地, 大地II.115[35] ②240.

-maṇḍala *m.* III.4[6]地の円輪（世界）③8.

puna *adv.conj.*Ⓢ*punar.*また, 再び,それから, しかし,ところで. **~r** āgacchate idha I.122[24] 再びここ(俗界)にやって来る①269. **~r** āgatā I.155[2-]〔貪る者達は〕再びやって来た①399. **-p-punaṃ** *adv.* 度々,しばしば, 再三, 再三再四II.107[3],151[28](aparāparaṃ), 224[29-]-②221,312,456. **-b-bhava** *m.*再びの生存, 再生I.163[2-],185[10],II.46[9]①355,405, ②98.

puneti *denom.<punar.*〔世代を〕繰り返す. II.225[14]②456.

puppha *n.*Ⓢ*puṣpa* 花. III.79[9], 140[5] ③175, 304. **agandha°**.香りのない花 II.137[37]②238. **ajjuna°**. **~ehi** pūjaṃ akāsi II.122[30]〔辟支仏に〕～の花々をもって供養を行なった ② 253,255(1). **asoka°**. **~ehi** pūjaṃ katvā I.237[4]〔仏に〕～(無憂樹)の花々を持って供養を行い ①518. **ākulī°**. **~ehi** (Vri.aṅkola-) pūjesi II.78[27]〔辟支仏に〕～の花々をもって供養した②166, 168(2). **udumbara°**. II.45[3] 無花果の花(優曇華)②96. **ummā°**. 亜麻の花I.206[21], III.140[15]③305. **kaṇavera°**. **~āni** I.220[20]**夾竹桃の花**々を〔とって僧団を伴う世間の導師に供養した〕①481. **kaṇikāra°**. **~ehi** pūjaṃ akāsi I.127[5]〔仏に〕～(黄華樹)の花々をもって供養をした①280. II.1[12], 27[14], 206[28]②4,61,422. **kadamba°**. I.230[2]〔辟支仏に〕 ～の花々〃①501. **kiṅkirāta°**. I.233[13]〔仏に〕～の花々〃 ①509. **kiṅkhaṇi°**. I.114[6]〔仏に〕 ～の花々〃①252. **kiṃsuka°**. I.91[18]〔仏に〕 ～の花々〃①201. **kuṭaja°**. I.93[11]〔辟支仏に〕～の花々〃①205. II.126[14] ②260.**kuraṇḍaka°**. I.84[18]〔仏の足跡に〕～の花々〃①180. **keṭaka°**. I.87[28],184[12], II.66[6]〔仏に〕～の花々〃①190,403,②141. **koraṇḍa°**. I.123[19]〔仏に〕 ～の花々〃II.25[23]①272,②57. **khaṇḍa-sumana°**. **~ṃ**…cetiye pūjaṃ karonto I.209[31]一輪の砕けたジャスミンの花を…塔廟に供養を行い①457. **campaka°**. 金香木の花. **~ena** pūjam akāsi II.80[12]〔辟支仏に〕 ～をもって**供養をした**. **~ehi** citakaṃ pūjesi 106[5]〔仏の〕火葬の薪に〃 III.79[9] ②9, 220,③175. **jalaja-thalaja°**. 水生・陸生の花. ~ehi pūjaṃ katvā II.4[7]〔仏に〕～花々をもって供養を行なって②9. **jāti-sumana°**. **~ehi** pūjam akāsi I.185[21]〔仏に〕～(ジャスミン)の花々をもって供養をした①407. **tiṇa-sūla°**. I.229[6]〔辟支仏に〕～(ジャスミン)〃①499. **dibba°**. I.231[22]〔仏に〕天上の花々〃①505. **nāga°**. **~ehi** pūjitvā I.89[15]〔仏に〕 ～の花々をもって供養して. **~kesarehi** 152[7]〃花糸をもって供養した. pūjetukāmo **~āni** ocināpesi 228[5]〔仏に〕供養しようと欲して～の花々を集めさせた①194,333,496. **nigguṇḍi°**. I.52[5]～の花々を…世尊に供養した①104. **paduma°**. I.241[21]〔仏の仮屋を〕蓮華の花々をもって覆い①527. **pun-nāga°**. **~āni**… bhagavantaṃ pūjesi I.225[25]～(龍華樹)の花々を…世尊に供養した II.52[6]①491,②111. **bandhu-jīvaka°**. **~ehi** pūjaṃ akāsi I.216[12]〔仏に〕～の花々をもって供養をした①471. **~vaṇṇāni** II.266[31] ～の花の〔赤い〕 色②539. **muḷāli°**. **~ṃ** vimalaṃ'va ambunā III.143[14] 蓮華が水によって汚れないように③311. **salaḷa**. **~pupphehi** pūjaṃ akāsi I.213[17]〔仏に〕～(芳香樹)の花々をもって供養をした. ~mālāhi…〃 I.244[21]〃の花環 〃①465,583. **savaṇṭa°**. I.125[9]〔仏に〕茎のついた花々を…供養した①276. **sāla°**. **~ṃ**…pūjaṃ akāsi I.56[5]沙羅の花を……供養をした. I.79[29], II.29[12]①113,172,②64. **sindu-vāra°**. ~sadisāni niggunḍi-pupphāni… bhagavantaṃ pūjesi I.52[4-]～のようなn.の花々を…世尊に供養した①104.

°cchatta *n.* 花の傘. I.22[20],II.213[35], III.92[16]① 41, ②437, ③205. **°chaḍḍaka** *m.* II.264[14-]花捨て屋(便所掃除屋)②534. **°kula**

n.II.262[12-]花捨て業(糞尿掃除)の家②530. °**pūjā** *f.*花の供養 I.181[31], 209[30], 231[23]① 397,457,505. °**āsana** *n*.花の座〔席〕. I.22[4],187[13],III.92[5]①41,410, ③204.

pupphi-ya *a.m.* <puppha〔複合語の後分で〕花の, 花に関係のある, 花を捧げた, 花を供養した. **koraṇḍa**°*a.m.Ap.*I.206[13],II.383[8],434[20] コーランダの花の〔供養をした上座〕① *182-3.*

pubba *a.*前の, 以前の, 予め, 昔の, 東の. **~e**かつて, 先には, 以前に. I.186[27], II.17[19], 89[1]① 409,②40,186. **-karaṇa** *n.* 前行, 予め行うこと, 前作業, 下準備. 特に〔僧団の月例反省会(布薩)の会場を〕予め整備する作業:箒〔掛け〕, 灯火・水・座席を用意すること. 箒〔掛け〕と灯火と水と〔の準備と〕, 座席〔の設営〕とが, 四種の**前作業**と言われる①117. **-kicca** *n.m.a.gdv.* <Ⓢ*kṛtya* 前に(予め)なすべきこと(務め, 作務, 仕事, 義務, 儀式). ~sampanno taca-pañcaka-(Vri.catu-sacca-) kamma-ṭṭhāne yutta-payutto vipassanaṃ ussukkāpetvā arahattaṃ pāpuṇi I.56[19-]**予めなすべき仕事**を果たして, 皮膚〔に終わる〕五項目(髪・毛・爪・歯・皮膚; Vri.四諦)の観念修行法において努力し専念して, 観察を励ませて阿羅漢の境地に達した①114. **-ciṇṇa** *a.* tvaṃ gacchasi **~ṃ** III.157[13]お前は〔逆に〕**かつて行った**〔道〕を行く②342. **~e-nivāsa** *m.*昔(前世)の住処(宿住) II.82[6],162[19-],III.103[3]②172,333, ③226. **~e-n.-ñāṇa** *n.* 〃〔を知る〕智(宿住智). I.85[20],II.41[12-], III. 208[37]①182,②88-9, ③450. **-apara-ññū** *a.*前後を知るIII.118[16]③258.

pura-kkhata *pp.* III.138[19]祭り上げられて, 155[8]かしづかれて, 170[14]〔輪廻に〕導かれて③ 301, 337, 370.

purāṇa *a.*古い, 旧の, 昔の. **~ā** ti porāṇā III.120[8]昔の人達とは往時の人たち③262. **-dutiy-ikā** *f.* 昔(前)の伴れあい(旧妻). theraṃ ~ uppabbājetu-kāmā I.52[27-]上座に対して〜が還俗させようと欲して①104.

purāṇa-ka *a.* na te idaṃ,citta,yathā **~n** III.158[32] お前には, この〔私〕は, 心よ, 昔のようではない③343.

purāṇiya *a.* **~yā** ti purātanā(Vri.°ī) addha-gatā I.140[3]古いとは古ぼけ年数経た〔庵〕②309.

purima *a.sup.*<pura最も先の, 遥か昔の. **-buddha** *m.* **~esu** katâdhikāro I.82[23], 84[16], 91[16], 93[8], 96[14]…II.1[6], …III.7[17],… 先の諸仏の許で奉仕行を行なった者で①177,140,201, 206, 213,②4,… ③17,…

purisa *m.* Ⓢ*puruṣa* 男, 人, 家来, 下男. **-kicca** *n.* **~ānī** ti vīra-purisena kātabbāni atta-hita-para-hitāni II.92[9]**人のなすべきこと**とは勇者である人がなすべき自利利他〔行〕②193.

pul-liṅga *n.* <Ⓢ*puṃs*+*liṅga*〔文法上の〕男性. sīhānaṃ nadantānaṃ dāṭhīnan ti **~vasena** āgatānaṃ I.5[13]牙ある獅子たちが吼えると**男性**〔名詞〕で出ている①14.

pūjā *f.* 供養. I.182[1],209[27],231[23],235[21],II.81[31],108[12], III.64[22]①397,457,505,514,②172,224,③144. **-vacana** *n.*供養のことば, 献辞. Itthaṃ sudaṃ āyasmā Mahā-koṭṭhito ti idaṃ **~ṃ** I.34[14]実にこのように尊者M.は〔述べた〕というこの〔語句〕は**献辞**である①66.

pūjita *pp.* **~o** II.51[27-]〔法と僧は〕**供養された**② 110.

pūti *a.* ~n ti duggandhaṃ II.168[15]**臭い**とは悪臭の②345. **-kāya** *m.* II.244[25], III.36[9]臭い身② 493,③79. **-mutta** *n.* III.139[20]腐尿(薬) ③303.

pūti-ka *a.* II.153[26]腐った. 244[14]**臭い汁**②317,493.

pūra *a.* II.117[10]〔不浄に〕満ち②242. **~e** III.167[16]〔不浄に〕満ち〔悪臭ある身に〕③364.

pekkhati<*pra-īkṣ* **~ato** III.173[6]見ているのに ③375.

pecca *adv.* II.212[1], 259[16]-死後に②433, 523.

peta *a. m.* Ⓢ*preta* 餓鬼, 亡者. **-loka** *m.* II.107[1] 亡者の世界(餓鬼界)②221.

pema *n.* janayetha ~n II.158[5]**愛情**を生じるなら②325.

***peraka** *m.*Ⓢ*preraka*<*īr*.動かすもの. sutta~ samavāyena (Vri.sutta-m-eraka-〃) II.244[33] 糸と**動力**との和合によって ②493.

pesala *a.*Ⓢ*peśala* III.116[8]温和な(愛すべき人) ③254.

pokkhara *n.*Ⓢ*puṣkara* II.197[20]楽器, 279[5]蓮の葉②404,566.

poṭakila *m.* ポータキラ草(葦類)I.90[13]①196.

posita *pp.* <***puṣ*** 育てられた, 養われた.

posiyati *ps.*<***puṣ*** 育てられる, 養われる(*cf.* poseti). Ghara-sūkaro hi bāla-kālato paṭṭhaya **~amano** I.73[-31]なぜなら家〔で飼う〕豚は仔の時以来**育てられ**①156.

plavati(pila°, pala°)<***plu***. so ~II.171[7]彼は**漂う** ②349.

Ph

phandati<*spand* na me taṃ ~ cittan I.130[6]それに私の心は震えない①287.

pharati<***sphur***, ***sphar*** 広がる, 満ちる, 満たす. °**māna** *prp.* **~o** samussayan II.149[2]身(集積)を満たしながら②307. °**āpeti** *cs.* rūpehi sakalaṃ kāyaṃ ~ento II.149[3]容色をもって全身に行きわたらせ②307.

pharusa *a.* 粗なる,粗暴な,荒々しい. **'-ûpakkama** *m.* II.22[3]荒々しく攻めたてる②48.

phala *n.* =Ⓢ 果物, 果, 実, 果実,〔業の〕結果, 報い. **sāmañña~** III.32[6],107[8]〔四種の〕沙門果③69,235. sot'āpatti~e, sakad-āgāmi~e, anāgāmi~e, arahatta~e ([PTS.]arahatte) patiṭṭhahiṃsu173[23]預流果, 一来果, 不還果, 阿羅漢果に安立した376.**-ga** *a.*果に向かう. **~n** ti phalaṃ gataṃ upagataṃ agga-phala-ñāṇa-sahitanI.86[23,27]〜とは最高の〔阿羅漢〕果の智を伴う果に達した, 近づいた①187.**-samāpatti** *f* 果定(果等至). ~nirodha-samāpattiyo III.54[22]〔修行道(不還道や阿羅漢道)の果としての〕〜である諸滅尽定③122.

-ā-phala *n.*<phala + phala (See Geiger 33.1, *PTSD*)いろいろな果物, 種々の果実. jaṭilā …**~āni** gahetvā ācariyassa santikaṃ sampattā I.21[-8-]結髪者たちが…〜を携えて師の許に到着した①39. pacceka- buddhassa pasanna-citto **~ṃ** datvā I.49[21-]辟支仏(独覚)に信じる(浄い)心をもって〜を捧げて①98.

amba°. **~āni**(**~ṃ**) adāsi(datvā) I.72[28], 113[7], II.12[19], 43[14], 143[3]〔仏に〕マンゴー果を差し上げた①154,249, ②29,296. **ambātaka**° ~ṃ adāsi II.134[4]〔辟支仏に〕〜果〃②275. **āmoda**° 〃 I.248[7], II.11[2], 14[22]〔仏に〕〜の実〃①542,②26,34. **udumbara**° **~āni**… upanāmesi II.85[28]〔仏に〕無花果(いちじく優曇華)の諸々の果実を…〃②181. **kadali**° **~kaṇṇikaṃ** upanesi I.65[10]〔仏に〕バナナの実の房を〃②137. **~ṃ** adāsi 246[6]〔辟支仏に〕バナナを〃②437. **kapiṭṭha**°. **~ṃ** adāsi I.78[9], II.63[13]〔仏に〕蜜柑の実を〃①167,②135.**kāsumārika**°. **~āni** … upansi I.63[7],〃 adāsi II.20[26]①167, ②135. **kurandiya**°. **~ṃ** Satthuno adāsi II.62[1]〜の果を〔大〕師に〃②132. **chatta-paṇṇi**° **~ṃ** adāsi II.76[26]〔仏に〕〜の果実を 〃②165. **tāla**°. **~ṃ** adāsi I.74[25], II.59[6], III.79[12]椰子の実を 〃①159, ②126, ③175. **dāḍima**°. **~ṃ** adāsi II.166[3] 柘榴(ざくろ)の果実を〃②340. **nāḷikera**°. **~ṃ** adāsi I.76[19],II.60[19], III.79[12]〔仏に〕ココ椰子の実を〃①163, ②129, ③175. **panasa**°. **~ṃ**… adāsi I.219[7]〔仏に〕〜(パン)の果実…を〃①478. **piyāla**°. **~ṃ** upanesi I.197[19]〔仏に〕〜の実を〃①431. **pilakkha**°. **~ṃ** adāsi II.70[10], 95[25]〔仏に〕菩提樹の実を〃②149,200. **bīja-pūra**°. **~āni** Satthu upanesi I.99[15]種が多い果実を〔大〕師に〃①220. **mātuluṅga**°. **~ṃ** adāsi I.71[9], II.13[19]〔仏に〕シトロン果を差上げた①150, ②32. **labuja**°. **~ṃ** adāsi II.97[6]〔仏に〕パンの実を〃② 203. **valli**°. **~ṃ** adāsi II.75[8]〔辟支仏に〕蔓草の実を〃②159. **valli-kāra**°. 〃II.50[24]〔辟支仏に〕〜の実を〃②108. **vāra**°. **~ṃ** adāsi II.71[23]〔仏に〕〜の実を〃②152. **'esin** *a.* **~sino** II.223[25]〔樹々は〕実を求める②454.

phassa *m.*Ⓢ*sparśa* 接触, 触感. **~ṃ** bālo ca dhīro ca tath'va phuṭṭho III.40[2]愚者も賢者ももう同じように接触に触れる③85. **-pañcama** *a.* 71[27]触感を第五とする(諸法)158. **-phuṭṭha** *a.***~o** 40[8]接触に触れても85.

phāsu *a.* ~ citta-sukhaṃ II.228[23]楽で心が楽で②462. **-vihāra** *m.* III.99[17]安楽に住まうこと③218.

phāsukā *f.* te ~ bhaggā II.56[7]君の垂木は折れた②119.

phuṭa *a.* khajjantiṃ kimihī **~n** II.135[17]蛆虫どもにたかられ喰われる〔女を見た〕②278. **-sarīra** *n.* *a.*pītiyā **~o** 164[34]喜びで身満ち338.

phuṭṭha *a.pp.*<*spṛś* 触れ〔られ〕た, 障られた. I.97[8-], 223[1-], III.40[3-], 62[31-]①214,486,③85,141.

phusati<***spṛś*** 触れる, 接触する, 身体で感じる. I.18[10], II. 165[19-], III.18[9],40[1]〔嫌な接触に〕触れる①35, ②339, ③40,85. nibbānaṃ **~āhi** II.78[11]涅槃に触れよ②164. **~eyya** amataṃ padaṃ III. 81[10]不死(甘露)の境地に触れるがよい. 〃nibbānaṃ **~antā** 90[22] 〃涅槃に触れながら. **~sa** pāpuṇāhi 155[19] 〔三明智に〕触れよ, 到達せよ③179,201,337. *pp.***phuṭṭha**(上記). °**sita** *pp.*(phassita)触れられた, 達せられた. III.80[31]既に触れた〔法〕③178.°**'-aggaḷa**. **~ṃ** pihita-kavāṭaṃ II.165[17]閂閉じた扉を閉ざした〔臥坐所に親

しみ〕②338. °'-aggaḷa-pihita-vāta-pāna-tta *n.*閂がかけられ窓が閉ざされていること. **~ā** vāta-parissaya-rahitā I.27[23-]〔庵はkuṭikā〕〃いるので風の危難がない①51. °**sitabba** *gdv.* **~e** ti phoṭṭhabbe III.152[21]感触されるべきとは触れて感じられるべき③331.

phusāyati *cs.* <*pruṣ*〔少し〕雨を降らせる. devo thokaṃ thokaṃ ~ na sammā-dhāraṃ anuppavecchati I.25[20-]神は少しずつ〜て, 正しい〔水の〕の流れを与えない①46.

phussa *ger.*<*spṛś*. **~ā** ti **phusitvā** III.44[13]触れてとは〃　③96.

phoṭṭhabba *gdv.* III.22[14],152[21]触感されるもの③48,331.

B

bandhati<***bandh***. **esa ~āmi** sannāhaṃ II.229[35]この〔私〕は〔精進の〕甲冑を着ける②465.

bandhana *n.*＝Ⓢ gihi**~āni** kāma-guṇa**~āni** pamunca II.176[1]在家者の諸結縛, 欲望の束の諸結縛を手放せ. kilesa**~ṃ** chinditvā III.11[12]煩悩の絆を断ち切って. ~pamuñca-karan 196[8]縛りからの解放を行う〔仏を見よ〕②359, ③25, 422.

bala *a n.*力. II.189[32]②388. II.149[13-],152[5], III.155[16-]五力(信・勤・念・定・慧)②308,313, ③337. °**vat** *a.*強力な, 力ある, 深い, 激しい, 甚だしい. **~vā** *nom. sg.m.*II,151[32],210[26], III.25[20]②313,③54. ~vanto III.85[16]③190. **balava-**. 大いに, 極めて. °**paccūsa-velā** *f.* 極めて早い暁(未明)の時刻. divasa-bhāgaṃ vītināmetvā ratti-bhāge **~yaṃ** āha I.63[-26]〔上座は〕日中を過ごし夜分に〜に言う①134.

balākā *f.* II.131[6]鶴②269.

balivadda *m.* III.117[21]牡牛③256.

baḷavā-mukha *n.* III.153[14]鯨海③333.

bavha-(＝bahva-, bahu-)多い.
°'**-odaka** *a.*II.167[4]水の豊かな②342.

bahiddhā *adv.*Ⓢ*bahirdhā*　外に, 外側 II.142[14],198[22]②294,405-6.

bahu *a.*＝Ⓢ多い, 多くの, 大勢の. I.185[27], II.95[1],III.82[1]①185,②198③182. **-kuṭaja-sallakika** *a.*I.240[19]多くの夾竹桃や乳香木のある〔山〕①525. **-vidha-anuvattanin** *a.*III.151[31]　多くの類の〔渇愛に〕続いて出る〔蔓草〕③329. **-saṅkappa** *a.* III.35[13]多く思い計らう〔身〕③77. **-ssuta** *a.*多聞の, 博識な II.93[7-],158[35],III.100[35-],112[28],116[10-],121[8]②195,326,③221,247,254,264. °**ttara** *a.*ākaṅkhantā **~n** III.79[4]より多くの上等のものを期待しながら③174.

bādheti *cs.*<*bādh* na **~ayissanti** III.152[12]悩まさないであろう③330.

bāla *a.*愚かな〔者〕II.123[30],181[7](manda-buddhika), III.40[2-],63[4],86[4],141[15-]②254, 370,③85,141,192, 307. **-p-pasaṃsanā** II.279[31]愚者の称讃③567.

bālya *n.* 愚. **~ā** vadhito III.40[5]愚かさに撃たれた③85.

bāḷha *a.* Ⓢ*bāḍha* 激しく III.29[16]③63. **~ṃ** *ac. adv.* III.76[16], 99[6]激しく(甚だしく)③168, 218.

bāhira *a.*外の, 外部の. **-āsa** *a.* II.269[10]外に願望のある②544.

bāhusacca *n.*多聞, 博識. *BHS.băhuśrutya* II.253[1] (bahussuta-bhāva)②509.

bi-naya *n.*<vinaya(複合語の後分に出る形) 律, 戒律, 律すること, 制すること, 調伏, 〔悪・煩悩: 疑いなどを〕取り除くこと. vinaya-kukkucca-saṅkhātā pana kaṅkhā **tab-~en'** eva vinītā honti I.37[7-]しかし〔悪・煩悩:疑い等を〕〜(調伏, 律)をめぐる悔疑(後悔)と呼ばれる疑いは, それを〜によってのみ取り除かれる①73.

bimba *n.*＝Ⓢ III.35[7]現(うっ)し身(atta-bhāva)③77.

biḷāra *m.*Ⓢ*biḍāla* 猫. **-bhasta** *n.* III.160[14-]猫皮③348.

biḷibiḷikā *f.* I.247[15]喋喋たる放談①539.

bi-sesana *n.* ＝visesana Ⓢviśeṣana 特質, 特殊性, 形容. dāṭhīnan ti tab**~ṃ** I.5[8]牙あるとはその〔獅子sīhaの〕形容. att'ûppanāyikā([Vri.]atthu-)ti tab**~ṃ** I.5[12]自分に因むとはそ(偈)の形容①13,14.

bīraṇa *m.*Ⓢ*vīraṇa* II.171[30]b.草(香草)③351.

bujjhati<***budh***覚るII.23[29-],III.5[15]②53,③11 . °**itvā** *ger.* III.49[19]③108.

bujjhana-ka *a.* 覚るII.23[32]②53.

buddha *a.pp.*<***budh***仏, 覚者. I.97[16],115[9],127[25], II. 143[19,31],III.48[36-]①215,254,281, ②297,③107. **-kappa** *m.* II.85[29]([Vri.]bhadda-,賢劫)②180. **-kicca** *n.* I.159[20],II.226[24]仏の〔なすべき〕務め①349,②459. **-kkhetta** *n.* III.142[37]仏の国土③310. **-gatā saññā** *f.* II.45[6],82[24]仏についての(関する)想い②96,173. **-gatā sati** *f.* II.4[9]仏に関する思念②10. **-guṇa** *m.*仏の〔諸〕徳I.58[7],91[19], 248[13],II.34[21,27],46[19],81[27-], III.46[2], 49[16]①122,201,542,②74,99,172, ③

100,108. **-cakkhu** *n.* 仏眼II.177[27], 203[31], 262[17] ②363,416,530. **-ñāṇa** *n.* 覚者(仏)の智(知) I.11[33],191[29]①24, 419. **-dāyāda** *m.* III.197[6]仏の相続人 ③425. **-nāga** *m.* III.10[9,13]仏の龍象③22-3. **-pitā** *m.* II.225[26]仏の父②457. **-pūjā** *a.* 仏に供養I.235[20]①514. **-ppavedita** *a.* I.58[23]仏が説き明かされた(法)①122-. **-bhāva** *m.*覚者(仏)であることIII.49[20],91[15]③109, 203. **-bh.-ppatti** *f.*<Ⓢ*prāpti*覚者(仏)となることを得ること. yathā-vutta-kāla-paricchedaṃ asampatvā antarā eva ~ nāma n'atthi I. 11[31-]前述の通りの期限に達しないで，まだ途中で〜はない①24. **-raṃsi**(=rasmi)*m.*仏の光線 II.1[10],232[19-], III.124[31]②4, 469,③272. **-rasmi** *m.* 〃 III.34[10]③293. **-līlā**(līḷā) *f.*仏の遊戯(ゆげ) II.154[11](PTS.līḷhā), III.3[12]②318,③7. **-vacana** *n.*仏の言葉 II.68[29],141[17],171[36], III.92[24] ②146, 292,351,③205. **-visaya** *m.* III.92[26]仏の領域③205. **-vīra** *m.* 仏なる勇者I.127[2,20]①280. **-vesa** *m. a.* III.134[7]仏の装い③293. **-sāvaka** *m.*仏の声聞(弟子) I.13[20]①26. **-sāsana** *n.*仏の教え I.234[27],II.71[28], 105[21-], III.155[19]①512,②151,219,③337. **-sīlin** *a.* saṃsevita~ I.170[30]仏の戒に親しむ①373. **-suñña** (loka) *m.*仏が不在の〔世間〕I.167[22], 229[3], II.9[13], 16[15], 38[30], 79[23], 122[28], 126[12], 133[37], 139[31], 154[21], 262[4], III.49[32], 55[19]①366,499,②22,38,83,168,253, 260, 275,288,318,530,③109,125. **-seṭṭha** *m.* II.156[29]最勝なる仏②322. **°'-antara** *n.* ~ṃ I.43[3], 47[8], 58[3], 67[16], 89[24] 無仏期に①86,94, 121,140,194··· **-anubuddha** *a.* III.5[14], 170[2], 196[27-] 仏に従って(続いて)覚った③11, 369, 424. **-anubhāva** *m.*仏の威〔神〕力 I.54[7], 80[11], 125[17], 131[16],136[14],151[30]-,156[15]①108,172, ···. **-anussati** *f.* II.82[7,19,30],165[2]仏を追憶したこと，仏についての追憶(仏随念) ②172-4,338. **-ārammaṇa** *n. a.* I.156[2],203[23],II.29[13], 82[25],94[9], 165[2], III.7[28]仏を対象とする〔喜び〕①341, 444,②64,173,197,338,③17. **-araha** *a.*仏にふさわしい(値する)I.141[6]〔坐具〕, 215[7]〔座席(椅子)〕①311,468. **-āsana** *n.*仏座 II.238[21],III.2[33], 93[7], 109[29],111[27]②481,③6,206,241,245. **°'upasampadā** *f.* II.199[25]仏による具足戒②408. **°'uppāda** *m.* ~e I.32[22], 47[9],52[14],59[20],97[33], 127[8],II.177[4],203[27]仏(釈尊)が出現された時①64,94,105,...②363,416.

buddhi *f.*覚知，知性，意識. I.178[11], III.105[16]①388,③231. **-ka** *a.*〔Vri.para-neyya〕**~e** satte anukampanto I.46[13]〔他人によって導かれる〕**意識をもつ**有情達(人々)を憐れみ①91.

budha *a.* II.102[18]賢い②213.

bojjhaṅga *n.*<bodhi-aṅga〔七〕覚支，覚りの支分，菩提分. II.37[29],149[14-],253[22]②81,308, 511... **-samādhi-bhāvanā** *f.* III.155[17]〔七〕覚支・定の修習③337.

bodha *m.* II.102[18]~ñāṇatā-sukusalo覚る智があることによく通じて②213.

bodhi *f.* 覚り，菩提. **paṭhama°** *f.* III.111[22]最初の悟り(成道)③245. **-pakkhiya-dhamma** *m.*I.9[3],58[24], 164[26],221[22],II.43[1],149[17],176[15](Vri.), 253[29](Vri.), III.119[16]〔37〕覚支(菩提分)法①20,123,359,483,···②91,308,··· ③260. **-pūjā** *f.* II.81[31]**菩提**〔樹〕に供養すること②172. **-maṇḍa** *m.*〜道場I.9[9],243[11],III.2[23]①20,530, ③5. **-rukkha** *m.* 〜樹. I.131[7], 205[13], 237[2], II.81[31]-,116[12], 118[16],221[12],III.2[21]①290,448,518,②172-3,241,245,450,③5. **-vandana** *n.* II.82[7]〜〔樹〕を礼拝したこと②172. **-satta** *m.*菩薩(覚りを求める有情) I.9[1],13[4],61[21],II.94[4], 160[17],221[8],III.2[4],111[13]①20,25,130, ②179,330,450, ③5,244. **pacceka°** I.10[9]辟支(単独な)〜①21. **sāvaka°** I.11[16] 声聞〜①23.

bodheti *cs.*<***budh***.覚らせる. **bodhaneyya** *a.gdv.* 覚らせ〔られ〕るべき. ~bodhan'attho hi balesu vasī-bhāvo I.8[26-] なぜなら〜**人を覚らせる**という意味が諸々の力に自在であること. taṃ loka-nātho ~ajjhāsaya -vasena ··· attano guṇe pakāseti I.31[5-]世間の師主がそれを**覚らせよう**という意向によって…自分の諸々の徳を明らかにする①19,57.**boddhuṃ** (=bodhuṃ) *inf.* kiccaṃ ~ icchatā II.44[3] 覚ることを欲して為すべきこと②93.

by-agā *aor.*<***gam***. tamo ~ II.45[33]闇は**離れ去った**②98.

byaggha(=vyaggha)*m.* III.155[8]虎③337.

by-añjana(=vyañjana)*n.* III.46[35]相好③102.

byadha-na *a. n.* Ⓢ*vyadhana*<***vyadh***刺す，貫く，傷つける，害する，**屠ること**. **miga°***n.* 獣を〜(獣狩り). So ... **~ena**(PTS.miga-byasanena)araññe vica-rati I.84[-14]彼は…〃で森において歩きまわる①180.

by-ākaraṇa *n.*=vyākaraṇa=Ⓢ<*vi-ā-**kṛ***解答，解明，解き明かすこと，〔死後来世に関す

る〕予言, 授記. **aññā°** *n.* **完全智(開悟, 悟り)を解き明かす(解明する)こと**, 〃の解明. therassa **~gāthā** hoti I.31[8]上座の〜す偈. 〃aññā-padesena〃33[31]-〃完全智(開悟)を示すことによって〜す偈. sāsanassa niyyānika-bhāva-vibhāvan'atthaṃ ~vasena …gāthaṃ abhāsi 80[18-]〔仏の〕教えが出離を目指すことを明示するため,〔自分の〕〜によって…と偈を述べた①57,66,172.

by-ākāsi *3sg.aor.<vi-ā-**kṛ***解答した, 解(説)き明かした, 授記(予言)した. anāgate ito kappa-sata- sahassa-matthake… tava patthanā samijjhissatī ti ~ I.32[-17]未来に今から百千劫の末に…君の願は成就するだろうと**授記**(予言)**された**. thero aññaṃ ~ I.81[5]上座は〔自らの〕完全智(開悟)を**解き明かした**①63,173.

byādheti(°dhayati)cs.<*vi-ā-**dhā***. n'va maṃ **~ayissasi** I.126[25]お前は決して私を**悩ませ**ないだろう①278.

byādhita *a. pp.*I.174[7]病に罹った(病人)①380.

byāpāda *m.* (＝vyāpda) 悪意, 怒り, 瞋恚I.176[1] ①384.

brahatī *nom. sg. f.* II.28[7]大きい(女)②62.

brahā *nom.sg.m.* III.47[8]〔身は〕大きい③103.
-vana *n.*I.97[13]広い(大)林, II.98[18,25]①215,②205.

brahman *m.* 梵天. **~mā** *nom.sg.m.* II.265[5]②536. **~mānan** *ac.sg.m.*〜に III.174[23]③377.

brahma- *m.a.* 梵天, 梵, 崇高な. **-kappa** *a.* III.171[13]梵天の如く③371. **-kāyike deve** dlsvā.III.142[4]梵身天の神々を見て③308. **-koṭi** *f.* III.2[26]〔十八〕億の梵天③5. **-cariya** *n.*(＝~ā *f.*) 梵行(宗教生活, 仏道修行, 童貞行)II.265[21],III.5[18-],15[4],118[9]②537,③12,33,258. **-c.-anuciṇṇa** *a.*II.93[26]行われた梵行②196. **-jacca** *a.*III.64[3]バラモンの生まれ(brāhmaṇa-jātiko)③143. **-patha** *m.* III.9[10]梵(崇高)の道(＝br.-vihāra-patha)③20. **-pārisajja** *m.*III.176[22]梵衆天③380. **-bhūta** *a.* III.49[33]崇高なもの(梵)となり③110. **-loka** *m.*梵天界I.23[25],II.16[30],34[33-],80[15],87[26]-, 113[35], III.93[16],129[35],174[24]-①43,②38,75,169,236,③206,284,378. **-vihāra** *m.*〔四〕梵住(慈・悲・喜・捨)II.273[25-],III.9[10],93[16]②554,③20,206. **-āyu** *m.* I.128[19](有名なバラモン)①283.

brāhmaṇa *m.* バラモン(br.). II.85[1-],265[24-], III.172[6], 199[19]②178,537, ③373,431. **-manta** *m.* br. の真言(マントラ)I.175[2],239[31]①382,524. **-vijjā** *f.* br. の学(術, 明呪, 呪文)I.56[15], 202[10], 235[24], 238[15]-,II.1[18] ①114,441,514,521,②4. **-sippa** *n.* br. の技芸I.32[24],47[11],58[6],167[23],175[1],187[9], II.147[13],III.18[23],45[16]①64,94,122,366, 382,410, ②304, ③41,99.

brāhmaṇī *f.* br. 女(妻)I.115[28], II.18[28], 246[17],III. 55[28]-,93[19-],123[13-]①256,②42,497,③125,207,269.

Bh

bhagavat *m.*世尊 **~ā** I.194[5]①424.

bhagin *a.* **~ī** II.223[31-]福分ある②454.
~inī *f.*姉, 妹. II.142[23],III.12[8]②294,③27.

bhajati<***bhaj*** **親しむ**. **°eyya** II.102[12-],109[22-]〔善友に〕〜がよい②212, 227. **°antu** III.61[15]〃交わってくれ。**°issanti** 87[12]〜るであろう, **°e**102[12]〜るがよい, **°etha**118[42]〃(seveyya)③138,194,224,260.

bhañjati<***bhañj*** II.204[9]〔葦を手で〕折る②417.

bhaṇa *n.* ＝bhaṇana<***bhaṇ*** **語ること**. **manta°** *n.*<mantāya<Ⓢ*mantrayate denom.<mantra* 考え(熟慮し)て〃. ~([Vri.]-bhaṇana-)vasena vā bhaṇatī ti manta-bhāṇī I.33[13-]或いは〜によって語るというので考えて語り①65.

bhaṇana *n.* ＝bhaṇa<***bhaṇ*** 語ること. **manta°** *n.*考え(熟慮し)て語ること(例文→bhaṇa).

bhaṇḍati<***bhaṇḍ***.争論する. **°re** III.78[13-](-kalahaṃ karonti), **°nti** 80[7]③173,177.

bhaṇḍana *n. BHS. bhāṇḍana*<***bhaṇḍ***議論, 争い, 喧嘩, 争論, 訴訟. Kosambikā bhikkhū **~jātā** ahesuṃ I.58[11-]K.の比丘達に争論が生じていた①122.

bhadante 尊師よII.223[17-]②453.

bhadda *a.*Ⓢ*bhadra*立派な, めでたい, 賢い, 善い, 吉祥なる I.71[27],II.125[16],197[15],223[17-], III.53[27-],116[11]①151,②257,403,257, ③120, 254.**°'eka-rattā** *f.* I.89[22]めでたき一夜(賢善一夜). **~a-paṭipadā** *f.* 89[19]〜の実践修行. **~a-sutta** *n.* 89[20]〜経(*M*.131)①194,*198*.

bhaddante III.31[15]尊師よ③68.

bhamati<***bhram*** III.87[10]迷う③194.

bhaya *m.*恐れ, 恐怖I.78[30]-,136[9-],II.60[4-],131[7], III.12[23-],14[26-],90[18]①168,101,②128,131, ③28,32,201,I.45[27]〔二十五の〕畏れ①90,*92*(3). **-jananin** *a.*III.151[29]恐れを生じ③329. **-jāta** *a.*III.31[26-]怖れが生じ③68.

bhava *m.*生存(有) I.162[20],195[18],II.3[1],33[23-],104[4], III.15[11] ①355,427, ②7,72,216, ③33. **arūpa°**

II.3[2]無色〔界〕の生存②7. **kamma°** 業による生存I.162[23],195[19],II.3[1], 104[5]①355,427, ②7,216. **kāma°** II.178[26]欲〔界〕の生存②365. **rūpa°** II.3[2]色〔界〕の生存②7. **-cakka** *n.* II.178[12]生存の車輪②364. **-nibbatti** *f.* II.14[4]生存に生まれること②33 . **-niyata-viññāṇa-ṭṭhiti** *f.* 178[17]生存で決定した認識が留まること②364. **-netti** *f.* II.14[9]生存に導くもの②33. **-n.-pabhāvita** *a.* III.32[23] 〃によって増大した③70. **-taṇhā** II.144[34]生存への渇愛 ②299. **-mūlôpagāmin** *a.*I.214[24]生存の根に近づく①467. **-rāga** *m.* I.113[17],II.52[34],53[3]**生存への欲〔念〕**①250,②112-3.. **-r.-hata** *a.* II.52[34]〜に損われた②112. **-abhava** *m.*II.278[8]生存の有無. III.40[15]種々の生存②564,③85. **-abhinandin** *a.*III. 162[3] 生存を喜ぶ③352.

bhavissare *ft.*<*bhū* III.82[18](＝bhavissanti)いるであろう③183.

bhasta *m.*III.159[19]-鞴（ふいご）③346. gūtha° 167[22]糞袋③364.

bhāga *m.* III.196[9]部分③422-3.

bhāgin *a.*<bhāga 分け前がある, 福分がある. **~ī** rasānaṃ II.223[31-]味の**福分ある**②454.

°inī *a.f.* Bhagavā sitaṃ-pātukaraṇâpadesena tassa **~iṃ** sampattiṃ pakāsento dhammaṃ kathetvā I.80[-4-]世尊は微笑を顕かにすることを示して, 彼の**福分ある**成功を明らかにしようと法を語って①172.

bhānu *a.n.* 輝き, 輝く. **°-mat** *a.* **~mā suriyo** III.197[35]光輝ある太陽③426.

bhāra *m.* 重荷. khandha° II.257[16]肩の**荷**②518. **-nikkhepana** *n.* **~e** III.14[32]**重荷**を降ろしたとき③33.

bhāri-ka *a.*<bhāra<***bhṛ*** 重い, 重大な.

bhāriya *a.n.*<***bhṛ***重い, 重大な, 重罪. bhumma-devatā **~ṃ** mayā kammaṃ katan ti I.66[27] 地の神は「私はえらいこと(**重大な**業)をした」と〔思って〕①139.

bhāva *m.*＝Ⓢ有ること. **atta°** 自分の身. idh'evā ti …**~e** III.155[29]ここでこそとは…〃において③338.

bhāvana *n.*＝Ⓢ有らしめること. dānâdi-paṭipadā tesaṃ bodhisattānaṃ santānassa **~to** paribhāvanato bhāvanā nāma I.13[-4-]施などの実践は彼等菩薩達の〔身心の〕相続を**成り立たせ**遍満させるので修習という①25

bhāvanā *f.*修習. **~** ti ca sambodhi-paṭipadā I.8[16]また〜とは正覚への修行道. **sīla~ citta~ pañña~** ti tisso ~15[6]戒の〜・心の〜・智慧の〜という三〜①18,29.

bhāveti *cs.*<***bhū***修習する(有らしめる) I.70[20],105[4],189[25],II.149[11],219[31],253[9-],274[1]①146,231,415,②308,447, 510, 555. **°vita** *pp.*修習し(され)た II.37[19-],61[14-], III.49[13]②80,130, ③108. **-citta** *a.*I.7[32]**心を修めた**(＝°'-atta)①17. **°'-atta** *a.*自己を修めたI.5[10],7[32]-,13[26],15[6]①13,17,26. III.82[2](＝°citta)③182. **°tabba** *gdv.* ~ṃ bhāvitaṃ III.49[13]**修習すべきこと**は修習した③108.

bhāsati<***bhās***述べる, **abhāsisuṃ** *aor.* (kathesuṃ)I.19[2]. **abhāsittha** *aor.* (kathesi) 30[34]. **abhāsi** *aor.* II.142[20]述べた①26,56,②294.

bhiṃsā *f.*Ⓢ*bhīṣā* 恐ろしさ, 恐怖, 怖畏.

bhiṃsāpana *n.*恐れさせ, 恐怖させること, 脅迫. Māro Bhalliya-ttherassa **~'atthaṃ** bhayānakaṃ rūpaṃ dassesi I.51[4-]魔がBh.上座を**〜せる**ために怖い姿を示した①101.

bhikkhu *m.*比丘(男の出家行者)I.48[27-], II.30[10-], 42[10-],70[25-], III.20[10],99[1],140[13],172[27],190[1]①97, ②66,90,150, ③44,217, 305,374,409. **~ū** ti saṃsāre bhayaṃ ikkhanto bhinna- kileso vā 167[29]〜とは輪廻に恐れを見る者, 或いは煩悩が破られた者③365. bhikkhatī ti ~ II.70[31]乞食するというのが〜②150. **°-ovāda-ka** II.230[34],233[8]比丘を教誡する者②467, 471.

bhikkhunī *f.* 比丘尼, 尼II.141[19]②292. **°'-ovāda-ka** *a.* II.116[10,26]([PTS]bhikkhūn°)比丘尼を教誡する者(比丘)②241.

bhijjana *n* <bhijjati *ps.*<***bhid***破れること, 壊れること. **°a°bhāva** *m.*壊れるか壊れないこと. mayā…daḷhakā ([Vri.]daḷhā) nu kho imesaṃ therānaṃ metti… **~ṃ** olokentena taṃ kammaṃ katan I.67[5-]私は…一体これら上座達の友情は固いのか…〔友情が〕 〜か眺めようとあの行為をした①140.

bhinna *pp.*<***bhid***破れた, 壊れた. **-paṭan-dhara** *a.* III.151[14]破れた布を纏う③328. **-siro** *a.* II.28[24]頭を砕かれて②63. **-kilesa** *a.* III.140[13],167[29],172[27],190[2]煩悩が破られた〔比丘〕③305,365,...

bhiyyo *a.adv.comp.*ますますI.232[26],~so-mattāya II.49[4] ①507,②104.

bhīta-tta *a.* III.13[4]恐れたところ(＝bhīta-bhāva,〜ていること)③29.

bhuñjati<*bhuj*.食う. **~māne** III.139[17]食べている③303. **bhutta** *pp.* III.76[37]用いた③170.

bhutvā *ger.* III.78[25]食べて（＝bhuñjitvā）③174.
bhutvāna *ger.* 〃 I.83[27], III.99[19]①178,③218.

bhumma *a.*地の．**-devatā** *f.*〜神I.65[15]-①136.

bhūmi *f.* 地．**-saya** III.176[35]-地に寝る③382.

bhūri *a.*広い．**-pañña** *a.* II.225[12]広慧の者②456.

bhūsana *n.* 飾り, 飾ること, 装飾．**-rata** *a.*飾りを喜ぶ I.92[15]①202.

bhūseti *cs.*<***bhūṣ***飾る, 装飾する．

bheka *m.* II.131[2,6]蛙（＝maṇḍūki）②270.

bhetvā *ger.*<***bhid*** II.28[8]〔腿をsatthiṃ〕砕く②62. **bhetvāna** III.29[17]心臓を（hadayaṃ）破って③63.

bheda *m.*<***bhid***.破〔れ〕ることII.178[10], 206[7]②364,420.

bheda-ka *a.*<***bhid***破る,割く,仲違いを起こす,離間させる．imesaṃ dvinnaṃ bhikkhūnaṃ metti ativiya daḷhā, kiṃ nu kho, ~e sati bhijjeyya, na bhijjeyyā"ti I.65[-23-]この二人の比丘の友情は甚だ堅い．一体ね, **仲違いを起こすもの**があると〔友情が〕壊れるだろうか, 壊れないだろうか①138.

bhesajja *n.*Ⓢ*bhaiṣajya*薬II.9[16],87[25]-, 163[7],III.76[13], 79[15]②22,184, ③168,175.

bhoga *m.*＝ⓈI.234[23-]糧．II.31[4]食物．III.47[27]富める（bhogiya）①511,② 127, ③104. **-issariya** *n.* II.180[16,31]財富と権力②369.

bhojana *n.*I.60[14], II.249[15], III.62[36]受用物（食, 食べ物）①127, ②502, ③141.

bhotvā *ger.* <***bhuj*** III.44[13]食べ（＝sāyitvā）③96.

M

maṃsa *n.*III.117[25-]肉は〔増えるvaḍḍhanti〕③257. **-cakkhu** *n.* 肉眼II.177[26]（五眼の一）②363. **-pesī** *f.* II.133[25-]肉片は〔溶けよvisīyarun〕②274. **-lepana-lepita** *a.* II.244[22]肉の塗りで塗り込められた（身）②493.

makasa *m.*Ⓢ*maśaka*蚊 I.97[9]①214. **-pakkha** *m.* 蚊の羽根．maṃ palobhetu-kāmā Sineruṃ **~vātena** cāletu-kāmā viya I.52[31-]私を誘惑しようと欲する女は須弥山を**〜の風**で動かそうとするようなもの①105.

makkaṭa *m.*Ⓢ*markaṭa*. 猿II.7[16-],III.154[34]②18, ③336.

makkha *m.* *BHS.mrakṣa* III.191[27]隠蔽（覆蔵）③413. **-ppahāna** *n.* III.157[9]〔他人の徳の〕覆蔽を捨てること③341.

makkhati<*mṛkṣ*. paresaṃ vijjamāne guṇe **~nti** III.84[25]他人達にある諸々の徳を**塗り隠す**（覆い隠す）③188.

makkhana *n.* III.84[26]蔽い隠すこと（隠蔽）③188.

makkhin *a.* III.84[27]〔他人の徳を〕覆い隠す③188.

maga *m.*Ⓢ*mṛga* 獣．~sadisā III.86[9]獣に似て（migā viya）③192.

magga *m.*Ⓢ*mārga* 道 I.105[11],167[14],193[26],II.178[38], 205[15-],III.4[31-],90[21]①232,364,423,②365,419, ③10,201. **ariya°** 聖なる道I.167[4],III.32[16] ①364,③70. **vipassanā°** III.32[27]観〔法〕の道 ③70. **-jina** *m.* III.191[32]道の勝者③413. **-ñāṇa** *n.* II.178[12-] 道の智②364.**-phala** *n.* I.2[15]道果（修行道の果＝sāmañña-phala沙門果＝預流果・一来果・不還果・阿羅漢果）①G, *103*（9）. **-sacca** *n.* II. 37[33],253[33], III.41[6]道の真理（道諦＝八聖道, 八正道）②81,511,③108. **-adhigama** 道を証得したことIII.32[19]③70. **-uttama** *m.* II.219[20], III.32[26]最上の道②446, ③70.

macca *a. m.* II.23[20], 209[11]死すべき人 ②52,426.

maccu *m.*Ⓢ*mṛtyu* 死, 死神I.51[8],II.105[27]189[21]①101,②219,387. **-jarāy'upadduta** *a.* III.151[26]死と老いに悩まされた③329. **-pāsa** *m.* II.110[32]死神の罠②229. **-rāja** *m.* 死神の王I.51[7],II.105[28],110[32],III.170[33]①101,②219,230, ③371. **-hāyin** *a.* II.10[10], III.170[33], 197[23]死〔魔〕を捨てる②23,③371,425.

maccha *m.*Ⓢ*matya* 魚 III.28[19-] ③61.

maccharin *a.* III.115[26]物惜しみする（吝嗇な）③253.

majjhant-ika *m.* ~ṃ II.146[1]日中②301.

mañcaka *m.* II.173[31-]小さな寝台②355.

mañju *a.*＝Ⓢ妙なる．**-ssara** *m.* II.195[32]-妙音者②401.

maññati<***man*** 思う．**maññe** III.4[7-],77[34-]〔私は〕思う, 思うに③8,172. **~'haṃ** 私は思うI.75[25]①161.

maṇi *m.*＝Ⓢ宝珠 I.211[24],II.242[14],III.35[21], 85[32],111[10]①461, ②489,③78,191,244.

maṇḍana *n.*＝Ⓢ II.33[3]装飾（alaṅkaraṇaṃ）②71.

mandapa *m.*＝Ⓢ I.109[24]円屋①243. II.29[11]仮堂②64. **abhiseka°** *m.* III.127[31]潅頂式の円屋③280. **kuṭi-lena°**.110[17]房舎・住房・**仮屋**243.

maṇḍali-pākāra *m.* III.54[18]円い城壁③122.

maṇḍali-ka *m.*群の主．**-rājan** *m.*〔地域の〕小

王I.197[25], 219[10], 233[16],II.75[9],242[18],III.81[21]①431,478,509,②159,489,③181.

[1]**mata** *pp.<man*思われた. na tathā **~ṃ** I.201[3]そう思われない(＝abhimataṃ)①438.

[2]**mata** *pp.<mṛ*死んだ I.122[3,6],174[10],II.135[18-] **-sāyika** *a.* II.210[29]死んで横たわる②429.

mati *f.*＝Ⓢ思念, 意見. **-kusala** *a.*思念に巧妙でI.170[25]①373.

[1]**matta** *a.m.* II.67[18]程度②143. **-ññu** *a.*〔食の〕量をわきまえ(知) るII.98[11], 249[14]②205,502. **°'atthiya** *a.* III.76[3]適量の要るもの③168.

[2]**matta** *pp.<**mad***酔った, 狂った. potako pi samāno pabhinna-madānam pi ~vara-vāraṇānaṃ patamānānaṃ bhinditvā daṇḍa-kaḷīraṃ khādati I.6[13]象は仔であっても発情して酔い**狂う**巨象達が立ち回っても, 筍の茎を折って齧る①15. ~kuñjara-sevitan II.229[1]**狂**象が親しむ〔森に〕②463 kula-mānena **~o** II.180[30]家系の高慢心(自意識)に**酔い**②369.

mattikā *f.* 土 III.79[1] (pākatikaṃ pañca-vaṇṇaṃ) ③174. **-patta** *m.*土鉢 I.212[26]①463.

mattha-ka *a.<*Ⓢ*mastaka* 頭, 先頭, 先端, 頂上, 先, 前, 限度, 末, 後. so bhikkhu tumhehi ito sattama-divasa**~e** etad-agge ṭhapitoかの比丘が, あなた様によって今から七日**前**に第一の位に立たされた. anāgate ito kappa-sata-sahassa**~e** Gotamo nāma buddho loke uppaj-jissati I.32[10-,15-]未来に今から百千劫の**末**にG.という仏が世に現れるだろう. ḍayhamāne **~e** I.112[12]頭が燃えていると ①63,247.

matheti *cs.<math,manth.* III.4[7-]〔思いの火を〕掻き立てる③8. **°ita** *pp.* I.220[1]〔得・不得に〕混乱した ①479. **~o** atibhārena II.277[29]過度の重荷によって**倒れた**（＝pīlito）②563.

mada *m.*憍慢, 慢心. **°matta** *a.* II.181[2]**自負に酔う**②369.

madhu *m.* 蜜. **-pāyāsa** *m.* 蜜粥 I.83[27]①178.

madhura *a.*甘い, 甘美な. III.40[35](iṭṭhâkāratāya), 194[23] (iṭṭhaṃ) ③87, 419. **-agga** 22[5]上等の甘い物48.

-assāda *a.* 23[7]甘い味ある50.

manasi-kāra *m.*思念 II.111[4], 173[36] ②230, 356.

manāp-iya *a.* III.157[23]心に叶う〔五欲楽〕③342.

manuja *m.* 人II.170[32]②349. **-inda** *m.* III.47[30] 人々の帝王③104.

manussa *m.* **~ānaṃ** III.20[35]人間達の③45. **-bhūta** *a.*III.9[1]人間となった(nibbattaṃ) ③20.

mano- *n.*<mana[s], Ⓢ*manas*意(こころ). III.189[24]. **-maya** *a.*意より成る(意で出来た)〔身, 化身, 神通力〕. So pi iddhiyā **~e** kāye abhisaṅkharitvā I.44[20]彼も神力をもって～諸身を作り出し①88. **~o** soto sukhumo dunnivāraṇo III.31[17]～流れは微細で防ぎ難い. **~enā** ti **~ena** viya manasā nimmita(PTS. nimitta)-sadisena pariṇā- mitena 70[4] ～とは～かのような意によって化作されたと同じような変化された〔身で〕③68,155. **-rama** *a.* I.142[5]快い, 174[17]II.63[26],III.69[1]心楽(愉)しい① 313,381,②136,③153. III.41[1-]意(心)を楽しませる③87. **-vicāra** *m.*III.155[36]意の動きまわり③338. **-silā** *f.*砒石(雄黄)I.65[10], II.143[3]①137,②296. **-hara** *a. n.*＝Ⓢ 心を引きつける, 心楽しい, 魅力的な, 美しい, 愛らしい;一種の宝石. **~āni** kāsumārika-phalāni disvā tāni gahetvā bhagavato upanesi I.63[7-]**美しい**k.の実を見つけて, それを取って世尊に差し上げた①133.

manta *m.*真言 Ⓢ*mantra* I.190[4],242[2],II.4[20],29[20], 94[3],III.45[17] ①416,419,528, ②10,64, ③99. **kapāla°** II.53[32]頭蓋骨の**呪文**②115. **chava-sīsa°** II.53[20]死体の頭の呪文. III.180[29]-②114,③390. **-bhaṇa**(-bhaṇana) *n.* **考え(熟慮し)て語ること**. ~vasena vā bhaṇatī ti manta- bhāṇī, dub-bhāsitato vinā I.33[13-]或いは～によって語るというので～り, 悪く言われた〔ことばを〕離れ①65. **-bhāṇin** *a.* 考え(熟慮し)て語る. **~ī** I.33[10]①65.

mantā *f.* 考えること ~ vuccati paññā I.33[11] ～は智慧と言われる①65.

manteti Ⓢ*mantrayati* 考える, 計らう. **°ita** *pp.* 語り合われた, 相談された, 詮議された, 思いめぐらさられた, 勧められた, 助言された, 忠告された, 密語された. **dum°** *a.* 悪く〃. na-y-idaṃ ~ṃ mama 9bこれは私にあっては**悪しく詮議した**のではない. 〃ti idaṃ mama duṭṭhu kathitaṃ I.55[8]. 〃はないとは, これは私が悪く述べたのではない. su-mantitaṃ na **~n** I.55[27]〔私は〕よく詮議したのであり, **悪しく詮議した**のではない①107, 110-1. **su°** *a.*よく〃(上記).

manda *a.*＝Ⓢ ゆっくりした, 遅い, 鈍い, 弱い, 愚かな, 少ない, 小さい. Rājā ... sayam **~en**'eva parivārena therassa vasana-ṭṭhānaṃ gantvā I.68[-20-]王は…自分も**わずかの**従者を

連れて上座の住まう所に行って①142. °**vatī** *f.* II.131[29]ゆったりと②271.

mamaṃ III.61[26]私を〔害すまいna ~ hiṃse〕③138.

mamāyati *den.<mama.* kāyaṃ **~nti** II.245[33]身を私のものと思う, **~se** III.167[18]お前は〃②495,③364.

mayūra *m.* ＝Ⓢ孔雀III.153[6-]③332. **morā** ti **~ā** I.82[4]孔雀たちとは, **孔雀たち**①175. **-koñca-abhiruta** *a.* III.155[7]鳴き声を上げる孔雀や鷺③337.

maraṇa *n.*死I.78[27-],II.218[25], 280[2],III.14[32],104[1-]①168, ②444,568,③33, 228. **-abhibhu** *a.* III.171[1]死に打ち勝つ③371.

marīci *f.*陽炎（かげろう）II.265[16]②536.

mala *n.*＝Ⓢ垢, 垢穢. **-khila-soka-nāsana** *a.* II.220[28]垢穢と頑迷と憂慮を消す②449.

mahā (mahat) *a.* 大きな, 大. I.41[8-],166[23-]①81,363-4. **-karuṇā** *f.*大悲 III.143[2]③310. **-kāruṇika** *a.*<-karuṇā 大いに憐れむ, 大悲の, 大悲なる(仏). **~ṃ nāthaṃ,** ñeyya-sāgara-pāragum, vande I.1[5-6]**大悲なる**守護者にして知るべき海の彼岸に達したお方に礼拝す①4. III.17[28]大悲なる③39. **-ketu** *m.* I.157[8]〔魔の〕大旗①344. **-khemaṅ-gama** *a.*II.179[9]大なる安穏に向かう②366. **-gaṇḍa** *m.* II.244[9] 大きな腫物(＝この身) ②492. **-gandhāra-vijjā** *f.* I.54[10] 大ガンダーラ呪術①108. **-guṇatā** *f.* I.41[7]大功徳があること(~āya…あるから)①81. **-g-ghasa** *a.* 大食する. ~ ti mahā-bhojano I.73[24] ～とは大食漢である①155. **-ghora** *a.* III.87[34]大いに怖ろしい③196. **-jana** *m.* III.7[26]大衆③18. **-juti** *f.a.* II.122[5] 大光輝ある(仏)②251. **-jhāyin** *a.*大いに禅思するI.236[15],III.77[5] 142[19]大禅思者①516,③170,309. **-ñāṇin** *a.*III.105[10], 143[26]大智ある③230, 311. **-thera** *m.*大上座III.134[4](80人), 203[4](264人)③293,438. **-dāna** *n.*III.91[7]大施③202. **-dīpa** *m.* .III.47[25]〔四〕大州③104. **-nāga** *m.* 大龍II.122[4](仏), III.7[30]大象②251,③18. **-niraya** *m.* (八)大地獄II.106[33], III.41[24], 153[19]②221,③88,333. **-neru** *m.* III.176[30]大ネール(須弥山)③381. **-pañña** *a.* III.95[32], 105[10]大きな智慧がある, 194[3]大智慧の③211,230,418. **-paññā** *f.* III.105[27-]大きな智慧③232. **-paṭhavī** *f.* 大地III.135[4]③295. -**p.-kampa** II.94[5]大地震②197. **-patāpa** *a.* II.122[5]大光熱ある②251. **-pitaro** *m.* III.68[18]大父 ([Vri.]mātā°母と父を)③152. **-purisa-lakkhaṇa** *n.*〔三十二〕大人相, 偉大な人(大人物)の〔三十二の〕相(しるし, 相好) II.121[35], III.45[31-], 47[2], 91[17],134[28] ②251,③100,102,203,294. **-p-pabha** *a.* II.121[28]大光明ある方(仏)②251.**-buddhi** *f.a.*III.105[15]大きな覚知あり③231. **-bodhi-satta** *m.* 大菩薩I.9[8],10[31]①20,22. **-b-bhaya** *m.*大きな恐れII.30[6], III.13[9], 156[30]②66, ③29,340. **-bhaya.** pañca vīsati **~ā** III.14[28],151[29]二十五種の大畏①92(3), ③32,329. **-bhūta** *n.* ＝Ⓢ〔地・水・火・風の四〕大, 大種, 大要素, 大生命要素(地・水・火・風は本来は自然神: いわゆる神祇で身心に宿る). III.207[30]四つの大要素③447. **-bhoga-kula** *m.*大富豪の家I.31[14],35[5],53[20],II.4[14],195[30-], III.180[22]①62,69, 107,②10,③390. **-mati** *f.a.* III.105[16]大きな思慮ある③231. **-mahī** *f.* II.77[24]大地(＝-paṭhavī)②163. **-muni** *m.*大牟尼(聖者) I.111[2]III.142[39], 161[23], 197[38] ①244,③310,351,426. **-megha** *m.* III.195[27]大雲③421. **-rasa** *m.a.*大きな味わいある〔法〕I.166[27], II.178[29] ①364,②365. **-rājan** *m.* I.166[4]大王①362. **-vajira** *m.n.* <Ⓢ*vajra* 大金剛(ダイヤモンド). ~[[Vri.]-ñāṇa]-saṅkhāte vipassanā-ñāṇe tikkhe sūre pasanne I.9[29-]**大金剛**〔智〕と呼ばれる観察智が鋭く勇猛に澄浄となると①21. **-vaṇa** *m.* 大きな傷 II.244[11]②492. **-vana** *n.*大林 III.58[10]③132. **-vipassanā** *f.* III.190[10]大観察(大なる観法)③409. **-vibhava** *a.*大いに繁栄する, 大きな富がある. Kassapassa bhagavato kāle **~o** seṭṭhi hutvā kapaṇ' addhikâdīnaṃ dānaṃ dento I.52[10-]迦葉世尊の時に～長者となり貧困者や旅行者などに施を施し. so pi nāma **~o** pabbajissati, kim aṅgaṃ panâhan ti sañjāta -saṃvego I.83[5-]～彼でさえも出家するというのに況や私においてをや, と衝撃が起こって①104,177. **-vīra** *a. m.*大雄者I.160[19],II.11[33],122[5],223[31],III.202[36]①351,②28,251,454, ③437. **-saṅgīti** *f.*〔第一paṭhama-〕大結集I.4[17],II.92[26]①12,②194. **-samudda** *m.* II.158[26], III.105[1]大海②326,③229. **-s.-vega** *m.* II.175[23]大海の怒涛②359. **-sambodhi-satta** *m.*大正菩薩, 偉大な正覚を目指す有情. **~ānaṃ** ([Vri.]mahā-bodhi-) mahâbhinīhārato pabhuti savisesaṃ dānâdīsu yutta-ppayuttānaṃ … antarā eva buddha-bhāva-ppatti nāma n'atthi

I.11[27-]～達が偉大な志向(大誓願)以後, 特別に施などに努め専念しても…まだ途中で覚者(仏)となることを得るということはない①23. **-sāla** *a.n.*大家〔の家〕I.20[10], II.6[26],III.18[21],①38,②16,③41. **-s.-kula** *n.*大家の家I.34[21],38[4],93[13],II.136[16],254[19],III. 2[2],33[4],90[33]①68,76,205, ②280,513,③5,73,202. **-sāvaka** *m.*大声聞(80人) III. 205[27]-6[7]③443-4. **-sena** *a.* 大軍勢を擁する〔魔〕I.51[12](Vri.)①102. **-hita** *a.*III.77[6]大利益ある③170. **-abhinīhāra** *m.*〔仏になろうという〕大志向, 大誓願. **~to** paṭṭhāya yāva Tusita-bhavane nibbatti, etth'antare pavattaṃ bodhi-sambhāra-sambharaṇaṃ I. 10[4-]～から以後, 兜率天宮に生まれ出るまで, ここに中間において覚り(菩提)の資糧の蓄積が行われた. **~to** pabhuti savisesaṃ dānâdīsu yutta-ppayuttānaṃ I.11[27-]～以後, 特別に施などに努め専念して①21,23.**-ariya-vaṃsa-paṭipadā** *n.* III.66[1]大聖種の実践行③147. **°'-iccha** *a.*III.69[15]大いに欲して, 70[2]大欲者③154, 155. **°'-issāsa** *m.*大弓取りIII.189[4]③407. **°'-ukkāra-sambhava** *a.*II.243[28]大便(母胎)から出る②491. **°'-êsakkha** *a.*<īsa + akkha<ākhya**大偉力ある ~o** ti maha-bbalo II.260[13](Vri.)〔戒は〕～とは大力ある②525. **°'-êsi** *m.*<isi III.15[31],58[10],69[35],119[5],152[15]大仙人(=仏)③35,132,155,260,331. **°'-êsī** *f.* 王妃, 皇后→agga~. **°'-ogha** *m.*大暴流(洪水) I.51[23],196[20], II.120[7],III.6[30], 62[24]①102,430,②248,③15,140.

mahatta *n.*Ⓢ*mahattva*大きいこと, 偉大性. 又は*m.a.*Ⓢ*mahā-ātman*偉大な魂, 大我〔の〕. **°nimitta-tā** *f.*偉大性(又は大我, 偉大な魂)の誘因(動力因)であること. ariya-bhāva-karattā **~āya**(PTS.mahanta-ni°)mahantaṃ I. 41[14]聖者となることを作り出すので～あるので大きい〔目的atthaを証得する〕①81.

mahita *pp.* <*mah* III.58[9]崇められた(=pūjita)③131.

mah'inda-ghosa-tthanitâbhigajjin *a.* III.154[18]大帝釈(雷)の音の轟きに囀る〔鳥〕③335.

mā *adv.* な, なかれ(禁止, 否定). ~ bhavā ti ~ hohi I.188[4]**ならぬとはなるな**①411.

māṇava *m.* II.92[5]学童. 278[10]バラモン童子. III.17[9]若い衆②198, 564, ③38.

māti-kā *f.*水路, 灌漑路. **~aṃ** vā katvā rukkha-doṇiṃ vā ṭhapetvā attanā(Vri.-o) icchit'icchita-ṭṭhānaṃ nenti I.77[26]或いは～を作って或いは木の樋を設置して, 自分が望む所, 望む所に〔水を〕導く①165.

māti-ya *a.n.*Ⓢ*martya*死すべき(人). kamma-bandhū hi **~ā** II.209[15]**人(死ぬ者)達**は業の縁者だから②427.

mātuka *n.*母(基). kalyāṇānaṃ **~n** II.259[33]諸善の〃②524.

mātu-la *m.* 母の兄弟(叔父). **-tthera** 〃の上座 I.39[1], 63[19],II.140[11],150[17], III.12[10]①77,134, ②288,310, ③27.

mātu-luṅga *n.* =Ⓢシトロン, 枸櫞(くえん, レモンに近い柑橘類, ミカン属). ~phalaṃ adāsi II.13[19]〔仏に〕～の実を差し上げた②31.

māna *m.*自意識(慢, 憍慢)I.198[21],219[21],III.191[16-]①433, 479,③413. **-anusaya** *m.* III.192[34-]自意識の潜在的な気持ち(慢随眠)③416. **-abhisamaya** *m.* III.192[35]自意識(慢)の止息③416. **-koṭṭhāsa** *m.* 自意識の〔九〕部分. sabbe māna-vidhā **~ā** hatā II.182[4] 一切の自意識(慢)の類い～が殺された②*372*(2). navasu **~esu** kassaci pi vasena na vikampati III.141[23]九種の～において誰によっても動揺しない③307. **-patha** *m.* III.191[20]自意識への道③413. **-hata** *a.* III.191[30-]〃に害された③413.

mānasa *n.*志. appatta**~o** II.86[29]志を得ていない②182.

mānusa *a.n.m.*人間〔の〕II.117[31]人間②243. **~e** kāma-guṇe II.117[34]人間の〔五〕欲の楽に②243. **~ bhava** *m.* II.107[12]人間の生存(manuss'atta-bhāva) ②222.

mānusa-ka *a.*人間の. bhuñja **~e kāme** II.195[7]人間らしい欲望を愉しみなさいよ ②399.

māyā *f.* II.225[27](M.夫人<mā yāhi行かないで), III.30[29]まやかし(欺, 誑)②457,③67.

māyāvin *a.* III.202[20]魔術師③436.

mālā *f.*花環. **-kāra** *m.* 花環作りI.136[4]①301.

mālinī *f.* II.110[24]華鬘(けまん)を頂く(女mālā-bhāriṇī)②229.

māluta *m.*<Ⓢ*māruta*<*marut*風, 嵐. duma-ppattaṃ va **~o**, yathā nāma dumassa rukkhassa pattaṃ paṇḍu-palāsaṃ **~o** vāto dhunāti, bandhanato viyojento nīharati I.33[27-]**嵐**が木の葉を〔払う〕ように, 譬えていえば樹木の葉, 黄色の葉を, **嵐**=風が払い, 〔葉の〕結びつきから離して取り去るように①66. I.132[1],223[26-]風①291,487. **-erita** *a.* II.93[16], III.29[26]風に動かされた② 195,③64.

māluvā *f.* II.171[2]蔓草(つるくさ＝latā) ②349.

māsika *a.*(＝māsiya)月の, 月毎の. **~ bhatta** *n.* II.119[36]月毎〔一度〕の食 ②247.

miga *m.*Ⓢ*mṛga* III.161[29]獣(鹿)③351.**-bandhaka** *m.* 36[21]〜を縛る者79.**-luddaka** *m.* 36[24]〜〔を捕える〕猟師③79.

migava *m.* III.36[14]猟師③79.

micchā *adv.*間違った. **-diṭṭhi** *f.* II.143[36-], III.29[14],190[37]〜見解, 邪(謬)見, **-vitakka** *m.*(62種) III.190[28]〜思い②144, ③63,411.

mita *pp.* mināti <*mā*量った. **-āhāra** *a.*III.99[10]食べる量を量り③218.

middha *n.*眠気(睡眠) I.176[3], II.112[18-], III.30[31-]①384.②233, ③67.

middhin *a.* 眠気を懐く I.73[22]①155.

milakkhu *m.*Ⓢmleccha.蛮民. **-rajana** *n.* III.87[19]〃の染料③195.

mīḷha *m.*Ⓢ*mīdha*糞, 大便. **-sallitta** *a.* III.170[18]糞で塗られた〔蛆虫〕③370.

mukha *n.* 顔, 面, 口. **-naṅgalin** *a.*ことば(口)に刺(鋤)ありI.218[18]①476. **-ākāra** *m.*顔の相好, 面相, 顔つき. Vessavaṇo nivattamāno therassa samīpaṃ patvā ~sallakkhaṇen' eva I.48[1-]毘沙門天が戻って来て上座の近くに到って〜を見ただけで①95.

mukhara *a.* III.85[17]冗舌で ③190.

muccitu-kamyatā *f.* II.111[16]解脱を欲すること([Vri.]–kāmatā〃)②231.

muñcati<*muc*. na **~cāmi** III.28[25]脱出しない③62.

muṭṭha *a. pp.*<*mṛṣ*. sati **~ā** I.214[14]思念が失われ①466.

muṇḍa *a.*II.30[1], III.80[18], 103[17], 155[38]坊主頭で②65, ③178,226, 339.

muta *a. pp.*<*man* III.190[17]思ったこと③410.

muti *f.* 解脱. **-y-apekkha** *a.* III.199[20]〃を求め③430.

mutiṅga *m.*II.197[20]小鼓②403.

mutta *a.pp.*<*muc*解放されたIII.6[5],15[15]③13,34.

mudita *pp.*<*mud* III.194[25]喜んで(＝āmodita)③419.

mudu *a.*Ⓢ*mṛdu* III.76[24]柔軟で(viniyoga-kkhama, pupphita-mukhena)③169.

muni *m.* 牟尼(聖者)I.164[20-],II.15[18-],50[13],57[17],100[33],225[18-],248[31],254[1],III.51[28],138[31],151[16],190[24-]-,197[16-]①358, ②35,107,… ③114,301,328,410,425.

muḷāli-puppha *n.* III.143[14]蓮華(＝nīl'uppala)③311.

muhuṃ *adv.* しばしば. **~ ~** III.158[8]再三, しばしば(＝ abhiṇhaso,punappunaṃ)③344.

muhutta *m. n.*Ⓢ*muhūrta*. **~e** III.171[10]寸時(須臾)にして(＝khaṇa-matte kāle)③371.

me 私の, によって, にI.26[10-] II.44[31], 111[3], III.58[8]①48,②94,230, ③131.

megha *m.* 雲, 雨雲. II.131[8]黒い(kāḷa)〜②269. **-dundubhi** *m.f.* II.220[7]雲の太鼓②447. **-nibha** *a.*III.160[1]**雲のような**森(kānana)③347.

mejjati (mijjati)<*mid*.慈む. ~([Vri.]mi°) siniyhati etāyā ti mettā, abyāpādo II.273[23]これによって**慈む**, 愛情があるというので慈みであり無瞋である ②554.

metta *a.n.*慈, 慈む. **~ citta** *n.*慈みの心 II.94[36], 274[3]②198,555.**-citta** *a.*慈心ある(をもつ) III.89[2],90[3]③198,200.

mettā *f.* 慈I.12[35]＝利益を求める事hitesitā①25. II.273[23]②554.

metti, -ī *f.*Ⓢ*maitrī* 友情, 信頼, 友達の仲. dvinnaṃ bhikkhūnaṃ **~i** ativiya daḷhā… bhijjeyya I.65[22]二人の比丘の**友情**は甚だ堅い. …〔友情は〕壊れるだろうか. daḷhakā nu kho imesaṃ therānaṃ~ I.67[5]一体これら上座たちの**友情**は固いのか①138-9.

medha-ka *m.***確執**, **争論**. **~ānaṃ**([Vri.]medhag°) para-vihiṃsanānaṃ vūpasamāya paṭipajjanti II.209[35]諸々の**争論**や他の殺害が鎮まるように実践し②428.

medha-ga *m.* sammanti **~ā** II.114[27], 209[34]**確執**(**争論**)は静まる(止む)②238, 428.

*__medhati__<*meth*.**争論**する. attanā parena ca aññe na **~nti** bādhenti II.209[36] また自分と他人とによって他の人々が**争論**しない, 妨害しない②428.

medhā *f.* 智, 智慧. **-vin** *a.* 智慧ある, 賢者 II.71[13]96[16],236[11],259[10],III.7[3],63[7],100[37],102[11],193[37]②151,201,477,523,③15,141, 221,224,418.

mogha *a.*＝Ⓢ **~ṃ** II.36[11]空しく(＝mudhā)②77.

modati<***mud*** II.96[34]喜ぶ(＝abhiramati)②202.

modana *n.* II.259[16]喜び. (＝pamoda)②523.

mona *n.* 聖者(牟尼)の智慧(寂黙). **~enā** ti ñāṇena magga-paññāya monissaṃ II.44[16] 寂黙によってとは, 智をもって道の智慧によって覚るであろう. **~ṃ** vuccati ñāṇaṃ 253[38].牟尼であること(寂黙、聖知)が智と言われる②94,511. **-patha** *m.*I.164[24]-聖者(牟尼)の智慧の道①359.

moneti *denom.*<mona 覚る. **monissaṃ** *1sg.ft.* II. 44[16]覚るであろう(＝jānissaṃ)②94(上記).

mora *m.* 孔雀 I.82[4](＝mayūra)①175.

moha *m.* 癡(迷い)III.36[1]③78. **-kkhaya** *m.* II.274[35-]迷い(癡)が尽きている②556-7. **-cchadana-chādita** *a.* II. 245[16]迷いの覆いに覆われている②494. **-pāruta** *a.* II.118[1]愚癡に被われた②244. **-magga** *m.* III.200[8]迷い(愚癡)の道③431.

mohita *a. pp.* <moheti *cs.* <*muh* II.144[14]〔誤った執着によって〕迷い②298.

Y

yakkha *m.* 夜叉(鬼神)I.47[25],75[16],96[17],121[16], II.56[19], 217[6-], III.103[23],180[2]①95,160,213,267 ②120,442,③227,388. **-senā-pati** *m.*夜叉の将軍I.154[4],163[13],222[4], II.56[22]①337,357,284, ②120. **yakkhinī** *f.* 夜叉女I.121[21,29]①267.

yajana *n.*犠牲にすることII.162[8],III.12[27]②333, ③28.

yañña *m.* 供犠II.144[4-], 162[7]②298,333. **pasu-ghāta°** II. 209[7]家畜を殺す供犠②426. **-yajana** *n.* II.162[8]供犠を行うこと②333. **°'-attha** *m.a.* III.12[27]犠牲のため③28.

yata *pp.*<*yam* 制御(抑制)された. **-saṅkappa-jjhāyin** *a.* III.98[25]思い計らいを抑制して禅思し③217. **°'-atta** *a.m.* 自己を律し I.57[6]①115.

yato *adv.*〔およそ〕…から, …以来(tatoに呼応). I.129[2-], II.54[21], 58[7,19].

yattha *adv.*〔およそ〕…に, どこに(tatthaに呼応)I.80[25], II.69[12,21], III.50[31-], 101[18], 139[28-].

yathā *adv.*恰も, 例えば…ように(tathāに呼応) I.36[23],71[26],100[26-], II.115[34-],137[33]. **-atthato** III.85[22]意味の通りに言説し(voharantā) ③190. **-adhimutta** *a.* 信じる通りI.15[34]①31. **-gotta** *a.* 姓の通りI.15[26-]①30. **-cārin** *a.* III.98[22]行う通り③216. **-tathā** III. 198[28]**その通りに**〔見られた〕③428. **~tathe** III.14[30]如実に〔見られた〕③33. **-dhamma-vihārin** *a.*法の通りに住してI.15[28-]①30. **-nāma** 名前の通りI.15[23-]①30. **-bhūtaṃ** 有りのままに, 如実にI.195[17],II. 115[4,13],253[4], III.16[21]①426,②238-9,510,③36. **-sato** III.98[23]在る通りに(＝-santo)③217. **-santhatika** *a.* III.54[14]随処住者③122. **-sukhaṃ** 好むがまま(好きなように) I.28[7]①52.

yad- *rpr.*〔tadと呼応し〕何でも…〔それは, を, に〕. **°attha** *a.*およそそのため I.150[3]①327. **°atthiya** *a.*(-ka) 何でもその役に立つI.60[11]①126. **°aggena.**〔tad-aggenaと呼応〕**およそ何でも最初に**. ~ vā satthu desanā-ñāṇaṃ sāvakehi nayato gayhati, tad-aggena attano visaye paṭivedha-ñāṇam pi nayato gayhat'eva I.35[33-]或いは～〔大〕師の説示の智が声聞たちによって**趣旨として**捉えられると, **それを始めとして**自分の体験領域において洞察する智も〃捉えられる①70.

yadā *adv.*もし…と(時)(tadāに呼応) I.73[23],II.11[19], 115[7], 131[6], 215[10], III.70[8]①155.

yanti *3 pl.*<*yā* I.108[7]赴く, II.224[22]行く(＝gacchanti)①239,②455.

yanteti *denom.*<*yantra*動かす. **°ita** *pp.*作動された. sukata-dukkaṭena kamma-saṅkhātena yantena **~to** saṅghaṭito II.245[25]善く為され・悪く為された業と呼ばれる仕掛で**動かされ**組み立てられている②495.

yamati<*yam*. **~āmase***1 pl.med.*II.115[1]自制する②238.

yasa *n.*Ⓢ*yaśas* 名声, 称誉II.278[36]②565. **°ssin** *a.*名も高い, 名声(誉)あるI.240[26],II.161[12], 204[7-],III.72[24],199[13]①525.②331,417, ③160,429. **patthaṭa-°tā** *f.* 名声が広まること. **~aṃ** pāpuṇāti I.104[33]〃を得る. para-mmukhā kittane **~āya** II.278[37]他人の口から称讃されて〃に〔塗《まみ》れない〕①231,②565.

yāti<*yā* II.260[26]行く(gacchati), III.25[31]行く(upa-gacchati)②526, ③55.

yāthāva *a.*III.152[6]如実に③330. **~to** II.179[7]〃②366.

yāna-kāra *m.* I.211[17]車作り①461.

yuga *n.* 期, 紀, 時代. pañca **~āni** III.89[25]**五時代**(vimutti-, samādhi-, sīla-, suta-, dāna-)③199.

yuñjati<*yuj* II.70[31]努める, 105[21]励む, 137[15-]熱中する, III. 59[30]励む, 61[14]〃,156[5]②専念する②150,219,281,③135,138,339. **yutta** *pp.*Ⓢ*yukta* 努めた. II.252[21]従う. dhure ~ 277[26]荷に**結ばれ**. III.152[26]専念した②509,562, ③331. **-p-payutta努め**専念した. dānâdīsu **~ānaṃ** …antarā eva buddha-bhāva-ppatti nāma n'atthi I. 11[28-]施などに**～して**も…まだ途中で覚者となることを得るということはない①23. saddhamme **~o** vimutti-pariyosānā sabba-sampattiyo pāpuṇāti I.58[33-]正法に**～する**と解脱の終極から一切の成満に達するから①123. **-yoga** *a.* II.250[3]観行(瞑想)を具えた②503. **yutta-ka** *a.*適切な,

適当な〔手当て, 治療, 語〕. **kattabba**° *a. n.* なすべき**適切な**〔手当〕. thero…gilānaṃ disvā tassa taṃ taṃ **~ṃ** karonto I. 63[25]上座は…病人を見て彼にそれぞれ～をして①134.

yuta *pp.<yu.* jhāne **~o** III.153[31]禅思に**専心した**(＝payutto) ③334.

yūpa *m.* ＝Ⓢ II.40[20]祭柱(＝殿堂pāsāda)②86.

yoga *m.* ＝Ⓢ軛(くびき, 欲・有・見・無明)I.98[16], 167[7]①417,364.観行(瞑想)II.176[2]III.161[12]②362,③350. **-kamma** *n.*瞑想の業II.140[5]②288. **-kammanta**92[4] 〃 ②192. **-kkhema** *a.n.*軛からの安らぎ(安穏)I.98[16],167[7], II.47[10],176[14], III.205[14]①217,364,②100,360,③443.**-avacara** *a.*II.168[23],169[27],234[20]観行者(瑜伽行者)②345,347,473. **pubba°-avacara** *n.*前世の因縁(宿縁)の境界I.13[7-]①25-6.

yogin *a.* ＝ⓈIII.81[5],168[25]観行者(瑜伽者)③179,366. **-ī- pīti-kāra** *a.* II.228[36]観行者を喜ばせる〔森〕②463.

yogga *a.n.*(＝yogya＝Ⓢ) 適した, 軛, 軛牛, 努力, 訓練. tesaṃ([Vri]n-) virocana-ṭṭhāna-dassanañ c'eva sīha-nāda-ssa ~([Vri.]yogya) -bhūmi-dassanañ ca I.7[-7]彼等(獅子達)が輝く場所を示すとともに, また獅子吼に**適した**土地を示す①16. **kamma**° *a.* III. 160[17-]修行に適する者③348. **-ācariya** *m.* III.160[30-]調教師(assa-damma- sārathī)③349.

yoniso *adv.*本底から, 根源から, I.181[7],II.146[20] (upāyena) III.155[35]①395,②302,③338. **~ manasi-kāra** *m.* 思念が根源から〔湧いた〕II.111[4], 127[17], 173[36]②230, 262,356.

R

rakkhati<*rakṣ*〔身, 戒を〕護(守)るI.49[5],II. 128[15],259[7]①97,②264,523. **°ita** *pp.*守られた. **°'-atta** *a.*自分を守る. **~o** kamma-ṭṭhāna-pariganhanato rakkhita-citto II.20[16] **～り**観念修行法をよく把握して心を守り②45.

rajata *n.*銀 III.85[31](＝suvaṇṇaṃ) ③191.

rajanīya *gdv.* II.61[10]〔心〕惹かれる, III.194[23]〔心に〕染みる(＝kanta)②130,③419.

rajeti *cs.<raj* 染める. **rajayi** III.69[10-]染めた③153.

rajo *n.*(＝rajas) pamādo ~ II.172[8-]放逸は塵垢だ②352.

rajjati *ps.<raj*染まるII.100[26],117[30],III.44[17]②209,243,③97.

raṭṭhañ-cariyā *f.*地方遊行 I.108[18]①240.

rata *a.pp.<ram* を(*ac,loc.*) 楽(愉)しんだ, 喜ぶ I.155[15],191[2-],II.31[7-],197[23-], 240[11],270[33],III.9[30], 53[33],70[17], 101[10],156[12],167[2]①339,417,②68,404, 484,547,③22,120, 156, 222,339,363.

[1]**ratana** *n.*Ⓢ*ratna* 宝, 宝珠I.202[5],II.46[22],86[8], 134[21],III.111[9],①441,②99,180,276, ③244. 七宝 I.243[12], II.56[19]①530, ②120. **-ttaya** 三宝(仏・法・僧)I.1[12],59[5],126[11],II.63[28],69[9,27],71[12], 102[9],165[9],252[20],III.116[8],198[5] ①4,123,278,②136,151,212,338,508,③254,427. **°koṭṭhâgāra** III.91[6] 宝蔵③202. **°k.-kammika** *a.* 33[5]宝物庫業務者③73.

[2]**ratana** *m.* Ⓢ*aratni*肘(＝45cm.) III.126[4]③275.

rati *f.* 喜び, 愉(楽)しみII.31[16-],169[24], III.24[36], 189[33]②68,347,③53,409.

ratta *pp.<raj* III.22[14-]執らわれる③48.

ratta *n.*Ⓢ*rātra*夜. **-ññu** *a.* 夜を知る者(経験ある耆宿(ぎしゅく)の長老)III.1[9], 3[2]③3,6.

rattin-divaṃ *adv.* II.149[28]②309. **°-divā**夜に昼にI.72[7]①152.

ratha-vinīta *n.*乗り継ぎ馬車, 駅伝馬車. **°'ûpamā** *f.* 〃の譬喩. Thero pi… **~āya** cittaṃ ārādhesi I.40[18]上座も…～によって心を喜ばせた①80,83

rathiyā *f.* III.86[28]街路(＝mahā-racchā)③193.

rathesabha *m.*(ratha＋usabha) III.47[21]車乗の牛王③104.

randha *m.*Ⓢ*randhra* II.234[3]欠点(＝chidda)②472.

ramaṇīya *gdv.*〔庵は〕楽しい I.141[30]①312.

ramati<*ram* 愉しむII.31[16-], III.159[32]③347. **°māna** *prp.* 楽しんでいる I.180[4], 224[32]①392, 489. **rameti** *cs.*(-ayati) 楽しませるI.62[19], 238[6], II.131[26], **ramma** *gdv.*楽しむべきI.155[15]II.132[4],III.161[30-]①339,②271,③351. **-tala** *n.* III.140[8]愉しい高地③304.

rasa *m.*味II.223[32], 248[17-]②454,501. **°'-agga** *m.* 最高の味I.221[24]①483.

rahada *m.* III.30[24-]沼(＝saṃsāra~)③66.

raho *n.*(＝rahas)独処, 静処. **~ gata** *a.* 独居し(＝rahasi-gato独処に入り)I.230[30]①503.

rāga *m.*＝Ⓢ貪, 欲情, 紅. II.118[5]貪り(欲情)②244. **tel'añjana**°II.118[4]油や墨や紅②244. **-nissita** *a.* III.31[2]欲情(貪)に依存する③67. **-paṇidhi** *f.* III.207[15]欲情への願③447. **-adhikaraṇa** *n.*III.22[15]欲情(貪)のため(-hetu)③48. **'-ûpasaṃhita** *a.*欲情を伴うIII.4[10], 192[22]③9,415.

rāja-<rājan 王, 王様. **rañño** Aṅgassa paddhagū II. 268[21-]アンガ王の下僕②542. **maccu°** *m.*I.51[10]死神の王①101. **-abhirājā** *m.* III.47[28]王に超越した王③104. **-āyatana** *n.*王樹(樹名*Buchanania latifolia*). bhagavati paṭhamâbhisam-buddhe…~mūle viharante **~ssa** avidūre mahā-maggena atikkamanti I.50[-10-]世尊が初めて覚りを開いて, …第八の七日間に〜樹の根もとに住んでおられる時に, 〔その両人が〕〜樹から遠くないところの大道を通り過ぎて行く①100.

riñcati<*ric* II.208[14],III.138[36]失う②425,③302. **ritta** *pp.*欠いた. **-pesuṇa** *a.* II.211[35]両舌(中傷)を**捨てた**②432.

rukkha *m.*Ⓢ*vṛkṣa* 木, 樹木. **amba°** II.143[2]マンゴー樹②296. **assattha°** II.82[18]アッサッタ樹(菩提樹)②173. **kapiṭṭha** III.79[9]蜜柑 ③175. **kareri** ~mālā III.140[3] k.の花綱 ③304. **kāraṃva°** I.82[5] k.樹 ①175. **kiṃsuka** II.24[23]肉色花の樹(花没薬樹, ハナモツヤクノキ)②54. **tāla°** II.8[24]ターラ〔椰子〕の木②20. **nigrodha°** II.232[19], III.134[6]榕樹②469, ③293. **rājâyatana~**mūle I.50[10]〜樹の根元に①100. **sirīsa°** **~ṃ** ropesi I.109[25]合歓木(ねむのき) を植えた①243. **-devatā** *f.***樹神**〔となりhutvā〕I.118[10],161[11],178[27],II.126[12]①261,353,390, ②260.**-mūla-gahana** *n.*([PTS. *ThA.*] -ṇaṃ)**根元の茂み**. **~ṃ** pasakkiya 119a. **~n** ti rukkha-mūla-bhūtaṃ gahanaṃ([PTS.]-ṇaṃ)I.246[30]〜とは樹の根元となった茂み(叢林)①537-8.

rucira *a.*＝Ⓢ光輝ある, 光輝く, 美しい, すばらしい. [Vri.]**~ā** ti ruciyā sakiraṇā pabhassarā ca ([PTS.]**~ā** ti **~ā** sakaraṇīyā 〃)I.62[8-]〔岩の山々は〕**光輝く**とは光によって輝きを伴ない、浄く光る①131. II.137[33].III.172[35]**輝く**②283,③375.

ruta<*ru pp.* III.153[8]〔孔雀の〕鳴き声 ③332.

ruppati<***rup*** III.87[33]〔苦痛に〕悩む ③196.

rūpa *n.* ＝Ⓢ(1)色(しき), 色類. 一瞬眼に映じて感知される色形(いろかたち), 姿, 形, 景色, 気配;容姿, 美形, 美貌, 様子;(2)身, 体(からだ), 身体を構成している諸部分や諸要素, 機能, 作用. 五感(眼・耳・鼻・舌・身)及び五感で知覚される体内外の対象(色・声・香・味・觸);自分の五感(身)をもって感じられ(知覚され), 心(意)によって意識されるもの(法dhamma, 属性, 要素)③*56*(3). (3)複合語の後分になると, の在り方, 本質, 本性〔を有する〕などの意となる(anu~, pati~,aneka~,*etc.*). I.214[7-],245[11](容色), II.192[17-],III.35[18],43[30-]-,152[20-]①466,535,②393, ③77,95,331. **-kāya-tā** *f.*色身があること. battiṃsa-vara-mahā-purisa-lakkhaṇa-asīti-anubyañjan'ādi-paṭimaṇḍita**~ya** II.121[36]優れた大人の三十二相と八十随相などに飾られた**色身を有する**から〔無比なる容姿の〔世尊〕に見(まみ)えた〕②250. **-gata** *n.* III.190[4]色の類(＝-jāta) ③409. **-dhātu** *f.* II.107[18]色界②222. **-saññā** *f.* III.204[12]色想 ③440. **-sambhavā** *a.f.* III.44[1]色から生じる(受vedanā) ③96.

roga *m.*病. **vāta°**I.154[9],II.148[30],184[20]風病①337, ②378, 307, **kuṭṭhi°** I.186[7]癩病408, **akkhi°** I.207[7]眼病452. II.57[23]病気(風邪vātâbādha), tiṇa-pupphaka° II.88[1]草花の病気, 163[7]病, 204[24], 230[16]病気(皮膚病cammik' ābādha)②122,184, 335,417,466.III.151[22]病気③329. **-saṅkhaya.** ~ maraṇa III.15[6-]病気が尽き切る死 ③33.

roceti *cs.*<***ruc***. na **~aye** III.138[30]愉しまぬがよい③301.

L

lakkhaṇa *n.*I.191[26]〔仏の瑞〕相①419. sata~dhārin 226[29-]〔対象atthaは〕百の特相(特徴, 定義)をもつ. lakkhīyantī ti **~āni** 227[2-]特徴付けられるというので諸特相である①493-4(→attha). **-dhara** *a.* 占相をする者 I.173[12]①379. **-manta** *m.*〔瑞〕相 (相好)の真言(呪文) I.20[29], 191[27], II.34[21], III.2[3] ①39,419, ②74, ③5.

lajjati<*lajj* 恥(羞)じる. **°re** *3 pl.* na ~ III.80[14]羞じない(＝na hirīyanti) ③177.

lajjin *a.*<lajjā 慚がある(自ら恥じる), 恥を知る. **-ī-bhikkhu** *m.*(-ji-)恥を知る比丘. Taṃ kathaṃ sutvā tassa **~no**([Vri.]-ji-) hadayaṃ tikhiṇa-sattiṃ gahetvā viddhaṃ viya ahosi I.66[10-]そのことばを聞くと, その〜の心臓は鋭い剣で貫かれたようであった①139. **-ī-alajjī-bhāva** *m.* 恥を知るか恥を知らないものであること. daḷhakā nu kho imesaṃ therānaṃ metti, no daḷhakā ti **~ṃ** bhijjanâbhijjana-bhāvaṃ olokentena I.67[5-]一体これら上座達の友情は固いのか, それとも固くないのかと, **〜であるか**,〔友情が〕壊れるのか壊れないのであるかを眺めようとして①140.

latā *f.* II.176[22], III.31[12]蔓草(＝taṇhā~)②361, ③67.

laddhāna *ger.<labh* .~ upasampadan II.133[11]具足戒を得てから, ~ vittaṃ III.39[9]富を得ながら ②273, ③83.

lapa *a.* III.86[17]冗舌な(lapanaka) ③192.

labhate,-ti<*labh* I.104[27]〔楽を〕得る(pāpuṇāti) ①231.

lahu-ka *a.*軽い. **~o** kāyo I.222[27]身は～, III.84[34]軽率で(浮動するcapala)①485,③189.

lābha *m.* 得ること, 儲け, 得, 所得, 利得, 利養. II.278[35]利得②565. **~to** III.79[37]所得のため(＝~hetu) ③177. **-kāma** *a.* III.87[3]所得を欲し(＝~giddha)194. **-sakkāra** *m.* III.170[20-]利得と尊敬〔に沈み〕③370. **'-agga-patta** *a.* I.149[5]最高の所得を得た者①326. **'-agga-yas'agga-ppatta** *a.*第一の所得と第一の名声を得た. tāya vijjāya ākāsa-cārī para-citta-vidū ca hutvā Rājagahe **~o** paṭivasati I.54[5]その呪術によって空を行く者となり, また他人の心を知る者となって王舎城で～得て住んでいる①108. **-alābha** *m.* **~ena** mathitā I.219[29]**得・不得**に混乱し①479.

lābhin *a.* I.144[5-]所得ある者①318-. II.10[23]〔食べ物や飲み物を〕得る者(lābhavā)②24.

likhati<*likh* 書く. **~itvā** I.91[30],248[13],III.131[24]書き①202,542,③288. **°āpetvā** I.211[27]書かせ①461.

liṅga *n.*標相(目印). sata~ I.226[17-]〔対象atthaは〕百の～をもつ①492-(→attha).

lujjati *ps.<ruj* 壊れる, 崩れる, 破壊される. **°te**. sāsanaṃ ~ III.77[17]教えは**壊される**(＝vinassati)③171.

lujjana *n.<ruj*壊れること, 破壊. Tañ hi ~palujjan' aṭṭhena loko I.57[11]なぜなら, それ(五取蘊からなるもの)は**壊れ**崩れるという意味で世間である①115.

luve *3sg. op.*(luye)<*lu* mā ~ III.31[20]〔自分を〕**切ってはならぬ**(失わせてはならぬmā vināseyya)③68.

lūkha *a.n.*Ⓢ*rūkṣa* ti-vidha ~ II.73[25]三種の**粗悪さ**(裁断用の刃物の粗悪さsattha°,糸の粗悪さsutta°,染料の粗悪さrajana°), 149[4]貧しさ, 248[3]粗末な, III.76[8]まずい〔食べ物〕②156, 307,500,③168. **-cīvara-dhara** *a.*粗末な衣を着るII.73[20],118[21]②156,245.

leṇa *n.* II.131[17]洞穴 ②270.

lepa *m.* II.192[15]鳥黐(とりもち)(＝ makkaṭa° 猿〔用〕鳥黐《とりもち》) ②393.

lesa *m.* 類似, 両義語, 口実. **-kappa** *a.* III.79[26]口実の計らい(＝適当な見せかけkappiya-paṭirūpe)③176.

loka *m.*世間I.57[10],II.103[22-],189[10],253[18],259[1],280[19],III.16[23],85[1],158[23],171[7]①115,②569,③37,189,345. **okāsa°** II.234[21]器世間②473. **khandha°** III.158[24]〔五〕蘊という世間(色・受・想・行・識)③345. **khandh'ādi°** II.280[19]〔五〕蘊等の世間②569. **saṅkkhāra°** II.234[23],259[1],III.16[25]行世間(心身の潜勢力としての内的世界)②473,522,③37. **satta°** II.189[8],258[36],III.85[1]有情世間②387,522,③189. **-dhammā** I.26[18],46[8],57[9]世の慣い(諸世間法：利・不利・毀・誉・褒・貶・楽・苦)①48, 91,115. **-nātha** *m.* III.210[16]世間の師主 ③453. **'-uttara** *a.m.* 出世間〔の〕. I.19[2], II.261[4]〔戒〕①36, ②527. Apariyāpannā maggā ca magga-phalāni ca asaṅkhatā ca dhātu – ime dhammā **~ā** *Dhs.* 1094〔世間に〕属しない〔預流・一来・不還・阿羅漢の四〕道と〔四〕道果と涅槃界と, これらが**出世間**法である①*103*(6). **°dhamma** *m.*出世間法I.58[25],75[11],221[23],II.153[22],III.119[17]①123,160,483, ②316,③260.

lokāyata *m.*順世外道(唯物論). **-mahā-purisa-lakkhaṇa** *n.* II.34[16]〃や大人相の〔学〕②74.

lokiya *a.*世間の. **~ṃ** lokuttaraṃ II.261[4]世間(一般)の〔戒〕と出世間(僧団)の〔戒〕②527. ~lokuttara-paṭisaṃyuttaṃ atthaṃ I.19[2]世間・出世間に結びついた意味を〔述べた〕①36.

loceti *cs.<luñcati<luñc.* **alocayin** II.119[39]〔髪や髭を〕引き抜いた(muñcāpesiṃ)②247.

lohita *a. n.*赤い, 血. **-pāṇi** *a.* III.62[27]手に血塗られ③140.

V

vagga *m.* Ⓢ*varga* 群, 衆, 品, 章, 部門. **-gata** *a.* III.190[36]群に入る者 ③411.

vaggu *a.*Ⓢ*valgu* III.194[24],200[29]妙なる〔声〕③419,433.

vaṅka *a.m.* III.28[17]釣針(曲がったもの, kilesa) ③61.

vacana *n.* II.240[10]言葉, III.156[5], 198[7] ②484,③339, 427. **-kara** *m.* II.204[27]言説②417. **-ññu** *a.* II.158[2]言葉を知る②325.

vacī-gocara *m.* 言葉の領分(言語能力の領域). **~ṃ** āgatānaṃ mādisānam pi …vidhamanti I.37[20-]〔如来達〕は, 自分の～にやって来た疑惑が多い私のような人達に対しても, …

〔疑いを〕破摧する①73.

vajati<*vraj* I.80[27]〔無畏の所に〕**行く**(gacchati) ①173. II.79[12],III.153[1-]〔道を〕歩む②167, ③332.

vajira *m. n.*Ⓢ*vajra*.金剛. **'ûpama-ñāṇa** *n.* III.6[1]金剛のような智 ③12.

vajja *n.* 罪. 罪過. **-dassin** *a.* III.101[34]罪を示す人③223.

vajjati<*vṛj*避ける. **vajje** kiccaṃ niratthakaṃ III.24[29]無意義な仕事は**〜がよい** ③53.

vajjhati *den.*<*vajjhā*. vajjhantu II.257[9]屠られよ②518.

vañcanika *a. m.* III.79[22]欺瞞し③176.

vañcita *pp.*<vañcati II.161[17]騙され②332. mānena **~āse** I.219[23]自意識によって**欺かれた**①479.

vañceti *cs.*<*vañc* III.202[15]欺く③436.

vaṭaṃsaka *n.*花飾り. vāneyyāni **~āni** II.220[12]森に生える〃②448.

vaṭṭa-ka a.転げ回る. tatra° *a.m.*(＝tattha°)〔食べ過ぎて〕その場で転げ回る人 I.73[25] ①156 (→āhāra).

vaḍḍhati<*vṛdh*広まる I.105[1]〔名声が〕. III.117[25]〔肉は〕増える①231 ③256. **vaḍḍhita** *pp.*大きくなった. **~'aggo** I.172[2]〔筍の〕先が伸びて①376.

vaṇṇa *m.*Ⓢ*varṇa* II.18[12]麗しい(容色), 259[26]称賛, III.13[5]顔色 ②41, ③29. **°vat** *a.* **~ā** II.137[34]美しい色をもち②283.

vaṇṇita *pp.*II.228[31]称讃された, 236[1]称め, III.157[8]称讃され②463,476, ③341.

[1]**vata** *intj.* **~ā** ti vimhaye I.196[21]**ああ**とは驚きの意①429.

[2]**vata** *m. n.*Ⓢ*vrata* III.20[28]浄行(戒行＝禁止戒 vāritta-sīla)③45. **-cariyā** *f.* II.200[8] 掟の行②409.

[1]**vatta** *n. m.pp.*Ⓢ*vṛtta*<*vṛt* 廻った, 転じた, 回転, 仕事, 作務, 行法, 義務, 努め, 行為. pāsādika ~ II.183[19]麗しき**態度**. **~m** anussaran III.81[5]**徳行**を追憶しつつ②375, ③179.

[2]**vatta** *pp.*(＝vutta)<*vac* 言われた, 説かれた. sammā-sambuddhehi dukkhādi-vasena saṃvibhajitvā vatta-(Vri.vutta-)dhammesu I.55[18]正覚者たちによって苦などをもって分析されて**説かれた**諸法の中で①110.

vattati<*vṛt* II.245[22]〔この身は〕作動する②495.

vattha *n.*Ⓢ*vastra*衣. **-pasuta** *a.*I.92[12]衣を求める①202.

vatthu *n. m.*事. I.186[33]基因. II.101[26]事件. 123[6]事案. 236[25]事歴(物語)①409,②212, 253,478.

vatthu-ka *a.*<*vastu*〔複合語の後分〕…**のこと(事実)に関わる**, 基礎とする. thero … attano ajjhattika-bāhira**~ssa** parissayassa abhāvaṃ pavedento I.25[22-]上座は…自分には内外の**ことに関わる**危難がないことを知らせようとして①46.

vadha *m.* II.15[34]殺害, III.155[35]殺し屋 ②36,③338. **-roga-nīḷa** *a.*III.151[22]殺傷(死)と病気の巣(＝この身)③329.

vadhita *pp.*<*vadh*. bālyā ~ III.40[5]愚かさに**撃たれた**③85.

vana *n.*〔村に近い〕森, 林, 園林, 苑. II.255[35], III.176[32-] ②516, ③382. **~e** adhivatthā devatā **林に住む神**I.75[5]①160→-saṇḍa. **-kammi-ka** *a.m.*森の仕事をする者(猟師, 狩人). **~o** pure āsiṃ, pitu-pitāmahen'ahaṃ, para-ruhirena (Vri.pasu-mārena) jīvāmi, kusalaṃ me na vijjati I.85[6-]昔, 私は父や祖父と共に〜だった. 他の〔生き〕ものの血によって生きる. 善〔業〕は私にはない①181. **-cara** *a.*I.225[22], II. 61[30]猟師(森を巡る者) ①491,②132, **-caraka** *a.*II. 25[19],48[1],80[9]森を行く狩人②57,102,169.**-saṇḍa** *m.* II.197[10], III.45[20]森の繁み②403,③99. ~e adhivatthā devatā I.152[22]林の藪に住む神格①334.

vanatha *m.* II.142[26]愛念, III.189[36]欲林(＝taṇhā)②295, ③409.

vanta *pp.*<*vamati*<*vam* III.157[24]吐き出した③342. **-kasāva** *a.* III.88[20]汚濁を吐き捨て③197.

vandati<*vand* 礼拝する. **°disaṃ** *1 sg.aor.* II.203[1]礼拝した ②414.

vamati<*vam* I.242[22], II.246[5]吐き出す ①529,②496. **vamita** *pp.*〔口から〕吐いた, 吐き出した. **-ka** *a.*.**bhutta°***a.*食べたものを吐き出す. **~ānaṃ** aññataro viya I.73[25]〜**人達**の誰かのよう①156→āhāra.

vambhita *a.*謗(そし)られた **~o** ti khuṃsito II.264[18-]〔人々に〕〜とは叱られた②534.

vammika *m. n.*蟻塚. **-ābādha** *m.*蟻塚病 (Vri.cammika°皮膚病) assa pāde **~o** uppajji II.230[14]彼の足に〜が生じた②465.

[1]**vaya**(vayo) *n.* I.245[7]齢, 年頃 ①534.

[2]**vaya** *m.* Ⓢ*vyaya* II.271[35]衰滅(nirodha) ②549.

vara *a. n. m.*勝れた, 最上の, 恩典. **-uttama** *a.* II.181[19]勝れて最上のお方 ②370. **-vimutti** *f.* III.105[5]勝れた解脱③230. **-haya-dama-kusala** *a.* II.152[1]よき馬の調御に巧みな ②313.

varāha *m.* = Ⓢ猪, 野猪, 豚(*cf.* sūkara). ~eṇeyya-vigāḷha-sevite ti **~ehi** c'eva eṇeyyehi ca ogāhetvā sevite III.159^{26}**猪や羚羊が潜み親しんだ**とは, 猪達と羚羊達とに潜まれ親しまれた③347.

valañja(vaḷ-)*m.*<valañjeti〔足〕跡, 排泄物, 糞. **padaº** *m.*足跡, 歩いた痕, 行った痕、通路. Satthā tassa anukampāya **~ṃ** dassetvā gato I.84^{15-}〔大〕師は彼を憐れんで**足跡**を残して行かれた①180. **sarīraº** *m.*体の排泄物(糞).

valañjana (vaḷ-)*n.*<valañjeti 行く(赴く)こと, 排泄物(糞)を出すこと. thero ... sarīra**~**'atthaṃ udaka-phāsuka-ṭṭhānaṃ gantvā I.65^{26}上座が…身の**排泄物を出す**(用便をする)ために水の快適なところに行って①138. **-ka** *a.*<valañjeti 跡付けられる, 属する, 生きている, 振舞う.

valañjeti<*ava-**lañj***.足跡をつける, 行く, 行う, 用いる. iddhiṃ ~esi I.222^{25}貴方は神通を用いるのか. 〃~issāmi III.153^{26}私は神通を行おう①485,③333.

valli-kāra *m.*(Ap.-kara)食用の実が生る蔓の類. ~phalaṃ gayha, sayam-bhussa adās' ahaṃ I.51^{2} 私は〜の果実をとって自存者(仏)に差し上げた①101.

vallī *f.* = Ⓢ つる草, **蔦, 蔓の類.**

vava-tthapeti *cs.*<*vi-ava-**sthā***決定する, 確定する, 分析する, 分析し確定する, 区別する, 差別する. Yo pi rūpârūpaṃ pariggahetvā nāma-rūpaṃ **~ento** dukkhena kasirena kilamanto ~ III.207^{35-}しかもまた, およそ色・無色を把握してから, 名色(心身)を**確定させようと**, 苦しみ難儀して疲れながら**確定させる**. Aparo nāma-rūpam pi **~etvā** paccaye pariggaṇhanto dukkhena kasirena kilamanto pariggaṇhāti 207^{39-}別の人は名色(心身)を**確定させてから**, 諸々の縁を把握しながら, 苦しみ難儀して疲れながら把握する. **ºpita** *pp.* **~e** ca nāma-rūpe vipassanā-parivāsaṃ vasanto cirena maggaṃ uppādetuṃ sakkoti III.207^{36-}また名色が**確定されると**, 観察に留まることに過ごしながら, 久しくして道を生じさせることが出来る③448. **ºttheti** *cs.*<*vi-ava-**sthā***→vavatthāpeti, vavatthapeti.

vava-s-sagga (vossagga) *m.* Ⓢ*vyavasarga*<*sṛj*. 捨離, 催促, 策励. Handā ti **~**'(Vri.vossagg') atthe nipāto, tena idāni kayir(Vri.karīy) amānassa arañña-gamanassa nicchita-bhāvam āha II.228^{28}さあ, とは促す意味の不変化詞. それによって今行われようとしている或る森に行くことが決定されたことを言う②463.

vasa *m.n.*Ⓢ*vaśa*力, 自在, 支配. **-vattana** *n.*Ⓢ*vartana*支配すること. tassa **sena**n ti jarā-rogâdīnaṃ(Vri.〃-âdiṃ sā)hi'ssa **~e** aṅga-bhāvato senā nāma I.51^{11}その〔死神の〕軍勢をとは, なぜなら老・病等は, 彼が支配する時には部隊であるから軍勢という①101.

vasati<***vas***.I.179^{6},224^{25-}①391,489. **ºissare** *3pl.ft.* III.87^{7}住むだろう(=ºissanti)③194. **ºita** *pp.*II.257^{4}住んだ②518.

vasī-katvā *ger.* III.49^{37}支配して③110.

vasī-bhūta *pp.* III.171^{28}自在である③372.

vasun-dhara *a.* III.159^{29}大地③347.

vassa *m.n.*Ⓢ*varṣa*.雨期, 年. bahūhi ~ehi I.158^{28}多年に①547. **-upeta** *a.* III.120^{12}雨期に近づいた③262.**-koṭiyo** *f.* I.210^{24}億年 ①458.

^{1}**vassati**<*vṛṣ*.I.27^{26}-,134^{10},II.60^{1}雨を降らす①51, ②127.

^{2}**vassati**<*vāś*叫ぶ, 吠える, 鳴く, 啼く. sītena megha-vātena sañjāta-kalitā(-kīḷitā) madhura-**~itaṃ ~ntā** I. 82^{10-}冷たい黒雲の風によって〔声が〕出て囀り(Vri.嬉々として遊び), 甘美な鳴声をあげて①175. **-ita** *pp.*叫んだ, 吠えた, 鳴(啼)いた, 鳴声.

vahati<***vah***運ぶ, 運用する, 流す, もたらす; 働く, 流れる, 動く. udaya-bbaya-ñāṇâdike tikkhe sūre **~nte** appa-kasiren'eva vipassanaṃ ussukkāpetvā magga-paṭipāṭiyā bhāvanaṃ matthakaṃ pāpento saha paṭisambhidāhi arahattaṃ sacchākāsi I.83^{-16-}〔五蘊の〕生・滅の智等が鋭く勇敢に**働くと**難もなく観法を励ませて修行道の順に修習を頂上に到らしめ無碍解と共に阿羅漢の境地を証得した①178. **ºte** bhāraṃ ~II.49^{5}荷物を運ぶ ②104. **ºīyati** *ps.*

vāgura III.36^{15}罠(=pāsa) ③79.

vāja-peyya-yañña *m.*I.190^{5},II.144^{4}力飲祭①416, ②298.

vāta *m.*風. **~ehi**…ābādhito II.57^{18}風邪で…病んでおられる②122. **-roga** *m.* I.154^{9}風病①337. **-r.-abhinīta** *a.* II.148^{26}風病に惟って②307. **-ābādha** *m.* 風邪(病)II. 57^{2},148^{12},184^{17} ②121,306,377.

vāti<*vā* 吹く, 香る. ~ māluto I.132^{1}風は香る①291.

vāda *m.* 説, 論. **-magga** *m.* II.250^{24}論議の道②505.

vāraka *m.*＝Ⓢ瓶, 甕, 壺. **guḷa-dadhi°** *m.*砂糖とヨーグルトの瓶. kulaputto attano gāmato **~ṃ** gahetvā, kiñcideva āharissāmī ti I.144^{24-}良家の息子が自分の村から～を携えて, 幾分か儲けるとしようと①319.

vāritta *n.BHS.vāritra* II.252^{33}避けること(禁止, 止持) ②509.

vāla *m.* 毛. **°'agga** *n.* I.89^{6},III.168^{26}毛端①192, ③366. **°'a.-matta** *n.* II.275^{9}髪の毛の先ほど②557. **-vedhin** *a. m.*毛を貫く, 毛端を射抜く. vālaṃ viya vedhī ti **~ī** viya…tikkha-javana-nibbedhika-paññatāya **~i-rūpo** satthu-kappo I. 117^{23-}～ようなお方とは～人のようなお方…鋭く速く貫く(洞察する)智があるから～人のような,〔大〕師のようなお方. **~i-samāgatā** ti ye mayaṃ **~i-**dhanu-ggaha-sadisā III.142^{30} ～者たちが集まったとは, およそ我々は～弓取りと同じようなものだ①258,③309.

vāladhi *m.* III.10^{26}尻尾 ③24.

vāḷa-miga *m.* (vāla-) 猛獣. **-nisevita** *a.*猛獣の親しむII.247^{27}, **-sansevita** ($^{Vri.}$-nisevite) *a.* 〃 257^{5} ②499,518.

vāsa *m.*住処, 家. vase **~ṃ** I.225^{8}住処に住むがよい①490.

vāha *m.*車, 乗物. **°sā** *instr.* saññāya ~ II.82^{32}想いによって. tav'eva ~ 1127d,III.158^{2}ただお前によって(＝kāraṇa-bhāvena) ②174, ③343.

vi-kappa *m.*Ⓢ*vikalpa.*分別, 選択, 択一, 思い計らい. vā-saddo **~'attho** ($^{Vri.}$vikappan' 〃) II.173^{17}或いはという語は選択思考(二者択一的思案)を意味する. vā-saddo **~e** 248^{14}またはという語は選択(択一) 〃 ② 354, 500. **a°**思い計らいなき(別記).

vi-kappana *n.*Ⓢ*vikalpana*選択, 択一(前記).

vi-kappita *pp.<-kḷp*整理された, 選択された, bindu-ssarena su**~ena** suṭṭhu **~ena** abhisaṅkhatena III.200^{34}よく整えられた玉の声をもって, よろしく整えられ調整された〔声〕をもって〔説いて下さい〕③433.

vi-kkhitta-citta-tā *f.<-kṣip*心が散乱していること. Nanda-tāpaso pana **~āya** visesaṃ nâdhigacchi I.22^{-33-}しかしN.苦行者は～いたので特別の境地を証得しなかった①42.

vi-gata *pp.<gam*離れた. **~**kilesa-daratho **~**khilo II.220^{26}煩悩の苦悩を離れ頑迷を去って②449.

vi-gāḷha *pp.<-gāh* 潜(ひそ)んだ. III.159^{26-}③347.

vighāta *m.*障害, 困難. **-pariḷāha** *m.* 〔漏(āsava, 煩悩)という〕障害の苦悩(焦熱の苦しみ, 熱悩)I.4^{29}, M.I.10$^{1-2}$①13,*36*(1). **°'-udaya** *a.* III.168^{11}困難を起こす③366.

vi-cakkhaṇa *a.*明察する. I.41^{22}, 225^{12}, III.24^{17}明眼がある①61, 490,③52.

vi-carati *<-car*巡り行く, 歩き廻る, 思い巡らす, 察する. Ācariyo mayaṃ imasmiṃ loke tumhehi mahantataro n'atthī ti **~āma** I.21^{11}私達はこの世であなた様より偉大な師匠はいないと察します. **~antā** I.108^{9}〔抑制なく〕歩き回って. Vaṅgīsaṃ gahetvā …**~anti** III.180^{33}V.を連れて…〔村・町・王都を〕巡り行く①39, 239,③391.

vicikicchā *f.* I.176^{12},III.199^{31}疑い① 384,③431. **-kaṅkhā-gathita** *a.* III.29^{4}疑いや躊躇(ためら)いに縛られ ③63.

vicikicchita *pp.* III.30^{5-}疑われた ③65.

vicitta *a.*(＝vicitra)種々の, 多彩の. **-vāneyya-vaṭaṃsaka** *m.* II.220^{11}彩(いろ)とりどりの森に生える花飾りに彩どられた〔川〕②448.

vi-cinati<**-ci**. **vicini** III.69^{8}〔糞掃衣用の布を〕選んだ. **°nitvā** *ger.* III.69^{9}選んで③153.

vi-jaṭeti *cs.<-jaṭ.* mā te **vijaṭi** matthakan III.170^{6}汝の頭を叩き割らせてはならぬ ③369.

vi-jayati, °eti<-*ji*征服する, 勝つ. **°ita** *pp.* agha-gataṃ **~ṃ** II.137^{22-}罪禍の類が征服された ②282. **-saṅgāma** *a.* III.195^{7}戦いに勝った③420. **°tāvin** *a.* I.45^{25},49^{1},53^{8},III.47^{23}征服した ③104. **°etvā** *ger.*III.39^{18}征服して ③84. **°esi** *aor.*II.175^{36}〔聖道を大師は〕征した②359.

vi-jānāti<-*jñā* II.114^{26-},251^{26}〔と〕認識する, III.11^{22-}識知する②238,507,③25. **°niya** *ger.* I.192^{18}識り①420.

vijjati *ps.<vid.*在る, 存在する. na ~ I.176^{15},186^{33},II.12^{5},53^{4},100^{12},III.103^{5,10}ない①385,409,②28, 112,③226. **°iṃsu** *3 pl.* II.142^{16}あった②294.

vijjā *f.* Ⓢ*vidyā*〔三〕明(明智, 明知:宿住智・天眼智・漏尽智)I.14^{21},47^{33},85^{21},150^{4},II.10^{5},172^{12},III.155^{18}①28, 95, 182,327,②23, 352,③337. 呪術(呪, 呪文, 呪法, 明呪). So **~āya** parikammaṃ pabbajjā ti maññamāno pabbaji I.54^{18-}彼は～の予備行(前行)が出家なのだと思いながら出家した①108.

gandhāra° *f.* g.呪術(**乾陀羅咒***T*.102a[5]). yattha mahā~ dharati...cūḷa~ na sampajjati I.54[10]大〜が行われるところでは…小〜は効かない. samaṇo Gotamo mahā**~aṃ** jānāti I.54[13-]沙門G.は大〜を知っている①108. **-dhara** *a*.II.1[8],206[26]明呪を持つ②4,422. **-nimitta** *n.a.*呪術の契機(動機, 理由, きっかけ), 呪術を契機とした. attano guṇe paccavekkhitvā tesaṃ kāraṇa-bhūtaṃ **~ṃ** bhagavato santike āgamanaṃ pasaṃsanto I.55[2]〔彼は〕自分の諸々の徳を省察して, それら(徳)の原因となった**呪術を契機として**世尊の許に来たことを〔自〕讃し①109. **-sippa** *n.* 明呪や技芸II.16[16],38[18], 43[9], 45[1]-②38,83,92,96.

vijjutā *f.*Ⓢ*vidyut* 電光, 稲妻I.115[1], 132[2] ①253, 291.

viññāpana *a.*vedanānaṃ **~o** II.178[22]諸々の感受を**知らしめ** ②364. °**nin** *a.* atthassa **~nī** ...nāgûpamā III.11[17]意味を**知らしめる**…龍象の比喩③25.

viññu *a*.III.11[19],141[17]識者③25,307. °**-tta** *n.* (=°tā)知っていること, **物心(分別)がつくこと(年頃)**. **~ṃ**([PTS.]-taṃ) patto Vipassiṃ bhagavantaṃ passitvā pasanna- mānaso I.81[12]〜になるとV.世尊に見えて浄い信じる心で①174.

viṭapin *a. m.* 樹木, 材木〔の〕. **~i**-samo sayissanti taru-sadiso apariggaho hutvā nipajjissaṃ III.160[3]**木の**ように横たわるであろうというのは, 材木のように執著なくなってから私は横たわるであろう③347-8.

vi-takka *m.*Ⓢ*vitarka*尋, 覚, 思案, 思い, 思い廻らし, 巡る思い. II.245[15]思案, III.188[30]-9[34]思い②494, ③407. **kāma**° I.132[6],II.220[22]欲を巡る思い①291,②448, II.245[14]欲望の思案②294. **mahā-purisa**° 大人の思い廻らし(八大人覚) III.65[37-],70[2-]③147,155

vi-tiṇṇa *pp.*<-*tṛ*渡った, 越えた. **-kaṅkha** *a.* 疑いを乗り越えたI.45[23],53[8]①90,106.

[1]**vitta** *m.a.*III.39[10]富 ③83.

[2]**vitta** *m.a.* II.51[30], III.69[28]悦び②110, ③154.

vitti *f.* 財, 富, 福. **-lābha** *m.* II.259[13]財福(財富)の獲得②523.

vi-dāleti<-*dal*破る, 裂く. °**ita** *pp.* II.56[8]〔破風(はふ)はthūṇirā=avijjā〕引き裂かれた, 104[4], 144[23]〔諸生存が〕破られた(=vihaṃsita)②299.

vidita *pp.*<*vid*知られたIII.152[15],171[13] °**tvāna** *ger.* 知り198[11], °**tvā** 〃 201[25], ③331,371,427, 434.

vidisā *f.* III.159[6]〔四〕維(中間の方位=anudisā)③344.

vidū *a*.II.203[6]知者, 209[26]知る(vidanti) ②414,427.

vi-ddesin *a.* II.234[3]怨む者(=amitta) ②472.

[1]**viddha** *pp.*<***vyadh*** III.41[28]傷ついた ③88.

[2]**viddha** *a.* Ⓢ*vīdhra*清明の(な), 清い, 晴れわたった. **~e** vigata-valāhake deve .I.28[2-]**晴れて**雲のない天における〔月cando〕①52.

vi-ddhaṃseti *cs.*<***dhvaṃs***打ち砕く, 砕破する. °**si** *3 sg.aor.* yo pānudī[maccu-rājassa senaṃ]ti yo apānudi khipi pajahi ~ I.51[-7]誰でも〔死神の王の軍勢を〕押しのけた者はとは, 誰でも押し破った, 投げ捨てた, 捨て去った, **打ち砕いた**者は①101.

vi-dhamati<***dhmā***. ~missati II.56[11]〔心は〕破れよう②119. °**mita** *pp.* 飛ばされた, 打ち破られた, **砕破された**. **-tta** *n.* 〜こと. purisâjānīyena vijetabbassa sabbassa pi saṃkilesa-pakkhassa vijitattā **~ā** vijitāvī I.45[-26]よき生まれの〔仏〕によって克服されるべき一切の汚れた心の類も克服され〜たから〔悪心を〕克服した①90.

vidhā *f.* **~su** III.141[23]類の中で ③307.

vi-dhāvita *pp.*<-***dhāv*** III.78[11]走り廻った(vosita) ③173.

vi-dhunati <***dhū*** 振る, 払う, 除く, **振りほどく**. **-nitvā** *ger.* bhumma-devatā ...uttama-rūpā itthī̆ hutvā kese ~ saṃvidhāya I.65[-29-]地の神は…最高の容色の女になり髪を**〜いて**①138.

vi-namyate *ps.*<-***nam*** II.176[22]曲がる(vinamīyati)②360.

vi-naya *n.*=Ⓢ 律, 戒律, 律すること, 制すること, 〔悪・煩悩等を〕取り除くこと, 調伏. II.102[18], III.85[13]②214,③190.°**kukkucca** *n.* <*BHS. kaukṛtya*〔悪・煩悩:疑い等を〕取り除くこと(調伏)を巡る悔疑(後悔). ~saṅkhātā ... kaṅkhā tab-binayen'eva vinītā honti I.37[7-]〜と呼ばれる疑いは, それを取り除くことによってのみ取り除かれる①73.

vi-nayati<-***nī*** I.37[1]〔疑を〕取り除く. °**eyya** *3sg.op.* I.108[23]〔動揺を〕制御するがよい①72. 240. °**assu** *2 sg.ipv.* III.49[29]〔疑を〕収めよ③109. °**īta** *pp.*II.183[27]教え導かれて②375.

vinaḷī-kata *pp.* II.81[15]切り離された(輪廻)②

171.

vināyaka *m.*II.121[32],181[17]教導者②251,370.

vi-nāseti *cs.<naś.* na **~aye** III.118[6]〔聞を〕失うな③257.

vi-pajjati<-*pad* nānā-bhāvo ~ II.245[30]別れがやって来る②495.

vipatha *m.*-**anussārin** III.161[8]邪道に従う（煩悩）③350.

vi-panna *pp.*失った. -**sīla** III.88[26]戒を失い（bhinnaº）③197.

vi-pari-ṇāmeti *cs.<-ṇam*変える, 変化させる. -**etabba** *a.gdv.* 変え〔られ〕るべき. svāgatan ti suṭṭhu āgataṃ mayā ti vibhatti **~ā** I.55[-6] よく来たとは, 私によってよく来られたと格を（mamaをmayāに）～である①110.

vi-pariyādi-kata *a.*顛倒した. **~ṃ** cittan II.56[10]顛倒した心②119.

vi-pariyesa *m.* 顛倒. III.192[19]③415.

vi-pari-vattamāna-tā *f.<-vṛt*回転していること. attano itaresañ ca tattha sannipatitānaṃ dhamma-saṅgāhaka-mahā-therānaṃ buddhiyaṃ **~āya** āsanno paccakkho ti ca .I.18[-33-]([Vri.])自分とそこに集まった法を結集する他の大上座達の意識（覚）において～ので, また近く目の当たりに（直接知覚）したという①36.

vi-pallāsa *m.* 顛倒. （四）. III.161[22] ③351.

vi-passati<*paś.* bahiddhā ~II.198[28]外側は観察する, ②406.~**itvā** I.18[3]観察して, ①34

vi-passanā *f.BHS.vi-paśyanā*観察, 観想, 観〔法〕. I.127[14], II.185[15], 249[29] ①280, ②503.

vipula *a.* I.223[2], II.149[1]大きな（uḷāra）①484, ②307.

vi-ppa-kāra *m.*Ⓢ *viprakāra* 侮蔑, 侮辱, 無礼, 非難, 加害, 悪意, 反抗, 変化, 心変わり, 異変. Yaṃ sattānaṃ kata**~esu** ajjhupekkhanaṃ I.12[35-]およそ人々が加える諸々の侮蔑（悪意）に対しても極無関心であること. so sabbattha apekkhaṃ vineyya santusito tādisānaṃ **~ānaṃ** na kiñci maññati I.57[16-] 彼はあらゆる処で期待（愛著）を静め（調伏し）て満足し, 〔旧妻の誘惑にも〕そのような心変わりの何も思わない①25,116.

vi-ppa-mutta *pp.<-muc*解脱した I.127[29], II.185[3]〔煩悩から〕～ 254[3]①281, ②379,512.

vi-ppasanna *a.* 明浄な. -**m-anāvila** *a.* III.104[15]澄み濁りのない（心）③228.

vi-p-pātita *pp.* ([Vri.]vipphoṭita) II.129[16]〔腫物の根は〕破れた②266.

vi-p-phandita *pp.n.<vi-spand* 震えた,もがいた, あがいた；争い, 紛争, 偏執, もがき. kilesānaṃ madālepa-cittassa **~ṃ** indriyānaṃ avūpasamanañ ca cintetvā vadati I.45[14-]諸煩悩の自惚れ（憍慢）を塗り込む心のもがきと, 諸官能（根）が鎮まらないこととを思い①90.

vi-bandha *m.*結び付き, 繋がり, 関係. Evaṃ-nāmassa buddhassa dāyāda-bhāve[[PTS.]na] koci **~o** idān' eva bhavissati I.75[-14] このような名の仏の相続者であることと, 何らかの繋がりが今でもあるであろう①160.

vi-bbhanta *pp.<bhram.* -**citta** *a.* III.88[30]心乱れ③197.

vi-bhava *m.<vi-bhū*富, 富裕, 繁栄, 財力, 財富, 権勢；非存在, 無有, 空無, 消滅. **mahā**º I.52[10]大いに繁栄する, 83[5],102[6],II.116[8]大いに富んだ, 193[21]大富豪の①104,177,226,②241,396. -**sampanna** *a.* 財富（財力）具わった. so... Rājagahe **~ssa** brāhmaṇassa putto hutvā nibbatti I.81[18-]彼は…王舎城における～br.の息子となって生まれた. Sāvatthiyaṃ **~ssa** brāhmaṇassa gehe nibbatti I.84[-28-]舎衛城における～br.の家に〃①174, 181.

vibhiṁsana *a.* 恐ろしい処III.153[24]（bhayānaka）③333.

vibhūti *f.*破滅. -**nandin** *a.* III.115[26]〃を喜ぶ③253.

vibhūsā *f.* III.79[18]装飾品 ③175.

vi-bhūsita *pp.<-bhūṣ* II.194[24]化粧した ②398.

vimana *a.* 放心した, 失望･落胆した III.152[30]③332.

vimāna *n.*天宮, 神の乗り物, 空飛ぶ宮殿. I.47[23], 109[28], III.172[32] ①96,43,③374.

vi-muccati *ps.<-muc*解脱する. º**ucci** *aor.* II.111[18]解脱した②231. º**utta** *pp.*I.30[6]解き放たれた, II.111[20-]解脱した, III.86[32]解脱者, 170[27-]解脱した①55,②231,③193,370.

vimutti *f.* 解脱I.150[4]①327. -**kusuma-sañcanna** *a.* I.217[5]解脱という花に覆われ ①473.

vimokkha *m.n.*解脱 III.176[31]③381.〔三〃〕I.202[29-] 203[2], III.206[37]tayo **~ā** （空〃 suññato ~,無相〃 animitto ~,無願〃 apaṇihito ~）①442-3, ③446. aṭṭha **~āni** III.169[27]八〃③368.

vi-yojent *prp.* <-yojeti *cs.<-*yuñjati<-***yuj*** 離して, 分離させて. dumassa rukkhassa pattaṃ paṇḍu-palāsaṃ māluto vāto dhunāti, bandhanato **~nto** nīharati I.33[29-]樹木の葉,

黄色の葉を，嵐が，風が払い，〔葉の〕結びつきから**離して**取り去るように①66.

vi-raja *a.* II.89[18]塵を離れ，203[5],219[26]離垢の②187, 414,446.

vi-rajjati<-***raj***.II.100[26]離れる②209.°**ratta** *pp.*II.61[10]〔諸法を〕離れ②130. **-citta** *a.* III.44[23]心染まらず③97.

vi-rāga *m.* III.3[21]離欲③7. **-nissita** *a.*II.256[24]離欲になじむ②517.

vi-rājeti *cs.<**raj***. **~aya** I.140[7]〔庵への願を〕**離れよ**(**~ehi**)①309. °**jita** *pp.* II.118[4]離れた(pahīnā,samucchinnā)②244.

vi-rādheti*cs.<-rādh*失う I.108[13],II.215[26],III.101[6]①239,②439,③221. °**ita** *pp.*III.158[13]捨てられた(viraddha)③344.

viriya (=vī°)*n.*Ⓢ*vīrya*精進I.12[27],II.44[1-], III.25[25],208[25]①25, ②93,③54,449. **-dhura-niggahīta** *a.*II.152[11]精進という重荷によって抑えられ②313. **-parakkama** *m.* II.44[7], 87[11]精進努力②93,182. **-sātacca** *n.* II.250[1]精進の恒常なること②503. **-vat** *a.*III.24[12]精進ある，46[29]気力ある③52,102.

virujjhati *ps.* II.124[3]〔友たちに〕逆らう②255.

virūpa *a.* III.155[39-]異様な姿で③339. **-rūpa** *a.*III.41[1]いろいろな姿(vividha-rūpa)③87.

vi-rūhati<-***ruh***. na ~ II.153[26]**生長しない**②317.

vi-rocana *n.m.*＝Ⓢ輝くもの，輝き,光,太陽，月，火. tesaṃ ~ṭṭhāna-dassanañ c'eva sīha-nādassa yogga-bhūmi-dassanañ ca I.7[6-] 彼等(獅子たち)が**輝く**場所を示すとともに，また獅子吼に適した土地を示す①16.

vi-lambita *pp.<-lamb*垂れ下った，ぶら下がった. Tatth'addasaṃ paṃsu-kūlaṃ dum'aggamhi **~ṃ** *Ap.* II.434[8],I.83[21]そこで木の梢から～糞掃衣を見た①178.

vi-lāsa *m.*＝Ⓢ遊び，戯れ，遊戯，美麗，媚態. **desanā°** *m.* 説示の自在な遊び(遊戯《ゆげ》). **~ena** sattānaṃ ñāṇa-mayaṃ ālokaṃ dentī ti āloka-dā I.36[31-](Vri.)〔諸仏は〕～によって人々に智より成る光を与える,というので光(光明)を与える①72.

vi-vaṭa *pp.<-**vṛ*** II.188[30]暴かれた(apaṭicchantaṃ)②396.

vivaṭṭa *n.* 脱輪廻，輪廻から脱すること.

-'ūpanissaya *m.* 脱輪廻の機縁(生死を離れる因縁). vaya-ppatto saṃvega-jāto pabbajitvā **~ṃ** bahuṃ puñña-kammaṃ upacini I.61[13]成人すると畏れが生じて出家し～である多くの福徳の業を積んだ. So kira Padumuttara-buddha-kālato paṭṭhāya **~ṃ** kusalaṃ ācinanto I.81[10-]聞くところでは彼は蓮華上仏の時から以後～となる善を積み①130,174.

vivara *n.* I.114[2,26]裂け目(antarāḷa-vemajjha)①252-3.

vi-varati<-***vṛ*** ~etha II.188[36]暴け(~eyya)②387.

vivasana *n.*ratyā **~e** II.216[25]夜の明け初める頃②441.

vi-vāha *m.*＝Ⓢ 結婚，婚姻，嫁にやること.

-kamma *n.* 結婚式，婚儀，婚礼. So vaya-ppatto brāhmaṇa-vijjāsu nipphattiṃ patvā **~ṃ** katvā ekaṃ puttaṃ labhitvā I.56[15-]彼は年頃になってバラモンの諸学(術，呪)において完成の域に達してから，**婚礼**を執り行ない，一子を儲けて①114.

vi-vitta *pp.* <-***vic*** II.247[26]〔人里から〕離れた②499.

vividha *a.* III.22[16]種々の(苦)③48.

viveka *m.*＝Ⓢ離れること，遠離，独居I.90[25], III.10[25], 77[21-],196[33]①196,③24, 171,424. **-kāma** *a.* I.232[17]遠離を欲し①507. **-abhiratikatā** ([PTS.]-abhirati) *f.* 遠離を喜んでいること. attano **~aṃ** kata-kiccatañ ca pavedento I.64[5-]自分が~と，また為すべきことを為し終えていることを知らせようとして①135.

vi-saṃ-hata *pp.<-**hṛ*** I.198[21]除いた(samucchinna)①433.

visattikā *f.* 執著 II.171[15], 219[4-9](＝taṇhā)②351,445.

visada-nipuṇa-bhāva *m.* <Ⓢ*viśada*,明瞭で聡敏であること. upāya-kosallassa **~ena** nacirass'eva pāramiyo pāripūriṃ gacchanti I.11[6-]方便に巧みな者は～であるから，もう久しからず諸波羅蜜は成満に達する①22.

visa-dosa-ppavāhaka *a.* III.30[19]毒や病素を運び去る③66.

vi-samitu- *inf.* <sămeti *cs.<**śam***鎮める，止める. thero lokassa avuṭṭhika-bhayaṃ **~kāmo**([PTS.]vidhamitu-〃) attano ajjhattika-bāhira-vatthukassa parissayassa abhāvaṃ pavedento I.25[-21-]上座は世間の雨が降らない恐れを**鎮めよう**(打ち破ろう)**と欲して**，自分には内外のことに関わる危難がないことを〔神に〕知らせようと①46.

visa-mūla *n.* II.178[5]毒の根(業・煩悩)②364.

visaya *m.* Ⓢ*viṣaya*.I.100[30]**対象**①222. III.17[21]〔認識〕**対象** ③39. attano **~e** I.35[34]自分の**体験領域**（対境, 感官の**対象**, **器量**）で①70. 〃 ṭhatvā I.22[26]自分の〔力の及ぶ〕**領域**に立って①42. atisukhumam pi **~ṃ** paṭivijjhituṃ III.142[31]極めて微小な**的**（対象）でも射抜くこと③309. assā **a~o** II.126[24]彼女の**相手**ではない者②260. **petti°**II.107[1]亡者の**境遇**②221.

vi-salla *a.*II.220[32]矢（貪等）を抜いて, III.170[31] ②449,③371.

visārada *a.* II.142[21]畏れなき, 自信がある183[24], III.85[16] ②294,375,③190.

visikhā *f.* 街路. **°'-antara** *n.* III.156[8]街中③339.

vi-sīdati<*sad* III.168[5]沈む（visādaṃ āpajjanti）③365.

vi-sīyati<*śyā*融（溶）ける. **°aruṃ** *3 pl.aor.* maṃsa-pesī ~ II.133[25]肉片は**溶けよ**（＝visīyantu）②274.

vi-sujjhati<*-śudh* 清まる. **°ddha** *pp.* III.191[37]清浄である③414. **-ñāṇa** *a.* II.140[33]清浄な智あり②290.

vi-suddhi *f.*清浄II.176[17]（＝nibbāna）, III.4[31],194[38]②360, ③10,420. **-deva** *m.* 清浄神（天：仏・阿羅漢・辟支仏） I.28[1],II.204[28], 209[26],III.202[32]①51,②418,…③437.

vi-sūkāy-ika *a.*（＝visūkayita） <visūka争い, 争論, 喧伝, 宣伝. diṭṭhi-gatānaṃ **~ānaṃ** kilesānaṃ madâlepa-cittassa vipphanditaṃ indriyānaṃ avūpasamanañ ca cintetvā vadati I.45[13-]諸執見の**喧伝**という諸煩悩の自惚れ（憍慢）を塗り込む心のもがきと諸官能が鎮まっていないこととを思って言う①90.

visesin *a.* II.158[12]殊勝なる者（visesavat）②325.

vi-sodhita *pp.cs.*<*-śudh* II.162[23]清められた（天眼）②334.

vi-soseti *cs.*<*-śuṣ* II.216[27]〔渇愛を〕乾上がらせる ②441.

vi-ssaṭṭha,-ssiṭṭha *pp.*<vissajjati,Ⓢ*visṛṣṭa*<*-sṛj* 放り投げられた, 捨て去った；迸り出た, 明瞭な. udāna-vasena pīti-vega**~ṃ**（PTS.-vissiṭṭhaṃ）sabbhir eva samāsethā ti gāthaṃ abhāsi I.40[27-] 感懐として喜びの衝動から**ほとばしり出た**「善き方々とだけ共に坐れ」という偈を述べた①80. **-kammanta** *m.* **~e** II.92[3]〔学〕業を放り出すと②192.

vi-ssasati<*śvas*. na **~ase** III.104[18]信頼するな③229.

vi-ssuta *pp.*<*-śru* III.62[23]〔悪名〕が知れた③140.

vihaṅ-ga *a. m.* 空を行く, 鳥. **-patha** *m.* II.220[9]鳥の路 ②448.

vihaṅgama *a. m.* III.154[17]鳥（孔雀） ③335.

vi-haññati *ps.-han* III.139[29]悩まされる ③303.

vi-harati<*-hṛ*. eka-cārī ~ I.6[3]一人行く者として**住す**①15. **°harate**. ~ rattiṃ II.190[4-]夜を**過ごす** （＝atināmeti）②389. **°hassaṃ** *1sg.ft.* III.151[2]住もう（viharissāmi）③ 327. **°hāsiṃ** *1sg.aor.* II.216[10]**住んでいた**（＝vihariṃ） ② 440. **°hari** *3 sg.aor.* ~ apekkhaṃ idha vā huraṃ vā, yo vedagū samito yatatto 10abおよそ誰でも聖智に通じて静かに自己を律している人は, ここ（現世）にも或いはかしこ（後世）にも期待を**捨てた**. **~ī** ti visesato ahariṃ apahariṃ apanesiṃ I.56[29-]〃とは, 特に除いた, 除いた, 除去した①113,115. **°hiṃsu** *3 pl.aor.*

vihāra *m.* I.24[25]精舎, 30[13]住（心のすわり, 禅思）, 221[3-]精舎, II.20[32]僧院, 112[34]精舎, 156[6-]住, 200[18]精舎（gandha-kuṭi）, III.110[15]①45,55,482,②46,232,321,409,③242. **animitta°** I.30[9]無相住. **appaṇihita°** 30[11]無願住. **suññatā°** 30[12]空住. **dhamma°** 30[15]法に住すること①55. **-kusala** *a.*II.156[13]住むに巧みな（＝dibba-brahma-āṇa（āne）ñja-ariya~esu kusalo天住・ 梵住・ 不動住・ 聖住に巧みな） ②321.

vi-hiṃsati<*-hiṃs* na ~ III.193[3]傷つけない③416.

vi-heṭheti<*-hīḍ* na ~ III.20[22-]悩ませない ③45.

vi-hesā *f.* 悩ますこと, 害を与えること, 悩害. itthiyo…parihāsaṃ karonti. Therassa mahatī ~ hoti I.67[-31] 女達は…嘲笑をする. 上座に大きな**悩みのたね**となる. nibaddhaṃ **~aṃ** asahanto I.68[9]続けざまに**悩まされることに**耐えず①141-2.III.44[5]加害すること③96.

vīṇā *f.*琵琶 II.197[21-],270[15-],III.23[21]②404,546, ③51.

vīta *pp.*<*vi-i*離れた, 去った. **-ddara** *a.*II.220[26]悩みを離れ（vigata-kilesa-daratha）②449. **-rāga** *a.*I.60[22]貪欲を離れて, III.88[33],101[23]欲を離れ①127,③198,222. **'-aṃsa** *a.*II.17[27]囮の鳥（＝dīpaka-sakuṇa） ②40.

vīmaṃsanā *n.f.*<vīmaṃsati *des.*<***man***思案, 考察, 試み, 考え. mayā tumhākaṃ **~'atthāya**

daḷhā nu kho imesaṃ therānaṃ metti, … bhijjanâbhijjana-bhāvaṃ olokentena I.67[4-] 私はあなた様を**試して見る**ために, 一体これらの上座たちの友情は固いのか…〔友情が〕壊れるのか壊れないかを眺めようと①139.

vīmaṃsita *pp.*<vīmaṃsati *des.*<***man*** 思案された, 考察された, 試みられた, 考えられた. idaṃ … duṭṭhu vā **~ṃ** na hoti I.55[-9]これは…或いは悪く**思案した**のではない. mama mantitaṃ kathaṃ kathitaṃ cintetvā **~ṃ** idam pi na dummantitaṃ I.55[-14]私が詮議したこと, 語られた話を考えて**思案したこと**は, これも悪しく詮議したのではない①110.

vīra *a.m.* I.53[9]勇者, 127[27]雄者, II.51[17-],III.142[18], 200[23]勇者①106,281,②109, ③309, 432.

vīriya *n.*Ⓢ*vīrya*精進, 気力 (→viriya)

vīhi *m.*Ⓢ*vrīhi* II.164[14]米②337.

vuṭṭha *pp.*<***vṛṣ***. **~mhi** deve III.159[36]神が雨を降らせると③347.

vuḍḍha *pp.*<***vṛdh*** I.126[16]増大する(思念と智慧)①278.

vutta *pp.*<***vac*** III.152[29]言われて③332.

vutti *f.*Ⓢ*vṛtti* I.234[27]生活(身過ぎ世過ぎ)①512.

vuppati *ps.*<***vap***. bījaṃ ~ II.224[21-]種子が蒔かれる(nikkhipīyati)②455.

vuyhati *ps.* <***vah***. II.120[7],198[26]運ばれる②248,406.

vusita *pp.*<***vas***. II.14[5]修められた(勝者の教え)②33.

vūpasama *m.* III.157[10]〔苦を〕鎮めること③342.

vūpasamita *pp.*<vūpasameti <*vi-upa-**śam***鎮静された. Tasmiñ ca adhikaraṇe saṅghena sati-vinayena **~e** ayaṃ thero … imaṃ gāthaṃ abhāsi I.45[-8-] そしてこの事件(諍論)が僧団による記憶規定法(憶念毘尼)によって〜時, この上座は…この偈を述べた①89

ve *ind.*文頭に立たない. evaと同様に直前の語を強調する. I.234[10]もう, II.15[20]もう, III.88[24]こそ①511,②36,③197. ~ ti vyattaṃ II.158[1]**もう**とは明らかに②325

vekha *m.* 革紐, 革切れ(→vedha). °**missa** *n.* ~enā ([PTS.*Th.*]vegha-,[Vri.]veṭha-) ti varatta-khaṇḍâdinā sīsâdīsu vekha-([Vri.]vetha-) dānena II.21[30-] 革紐を加えることでとは, 革切れなどで頭等に革紐を宛がって〔虐《しいた》げる〕②48,50(4).

vegha *m.* 革紐(→vekha).

vejja *m.BHS.vaidya* 医者(師)I.207[7],II.95[30], 163[4], 230[14], III.79[15] ①452,②200,335,466, ③175.

veṭha *m.* 革紐(→vekha).

veda *m.* 〔三〕ヴェーダ(明)I.20[12],32[24],67[21],78[15], 127[10], 175[13],187[9],191[24],227[30],236[9],241[33],II.4[19], 24[15],29[20],34[15], 87[20],147[13],160[9],178[4],246[18],250[24], III.2[3],18[22],45[16],169[20], 180[28]①38,64,… ②10, … ③, …368,390. **-gū** *a.* I.57[3,15], II.85[19]聖智に通じた①115-6,②179. **-sampanna** *a.* III.169[20]ヴェーダ(知)を具えた③368.

vedanā *f.* II.178[22]感受, III.71[14]苦痛②364,③157.

vedanīya *gdv.*vedeti *cs.*<***vid***.I.186[31]感受される①361.

vedayita *pp. cs.*<***vid***. II.176[27]感受された②361.

veda-lla *n.*<veda + lla(<lya) ≒ *BHS. vaidalya* (広破*)<*vi-**dal** + ya*〔経典の類型の1種〕明智〔問答〕, 明知信受〔問答経〕, 明知(信受)と満足とを得て問うた経. 漢訳の方広, 方等, 鞞佛略(*vaipulya*)等と対比される. パーリ仏典ではveda(<***vid***)の派生語と解しvedaは明知, 信受, 畏敬の念, 感動、嬉しさ・喜び, 満足で, 知る感動, 感動を伴なう知である. パーリ文法学の伝統ではvedallaは vedaに接尾辞-llaが付いた形. -llaはⓈ-lyaに相当. -lyaは形容詞を作る接尾辞-laに中性の抽象名詞等を作る接尾辞-yaが付いた形(九分教sāsan'aṅgaの一)①9-11. I.2[28]明智問答①6. °**kathā** III.85[10]明智問答論③190.

vedikā *f.*欄楯(柵, 垣)I.86[4],109[16],202[6],205[13]①186,242, 441,448. **candana°** *f.* I.209[26]栴檀の欄楯①457.

vedeti *cs.*<***vid***. ~ I.214[20]感じる①467. **avedayuṃ** II.6[9], 208[21]知った②13,425. III. 43[34]感受する③95. °**ayissati** *ft.* sambodhiṃ ~ III.28[33]覚りを知らせるだろう③62. **vedi** *sg.aor.* (avedi)知った. attā ca naṃ yathā 'vedi **~ī** ti naṃ sattaṃ tassa attā cittaṃ yathā ayaṃ parisuddho, aparisuddho vā ti yāthāvato avedi ājānāti([*Vri.*] jānāti) II.209[24-]また自分が彼を**知った**ようにとは, その有情を, 彼の我(魂)＝心が「これ(私)は清浄である, 或いは清浄ではない」と如実に知ったように知る②427

vedha *m.*革紐(→vegha, vekha). **~missenā** ti pi pāṭho: so ev' attho II.21[32]〔革紐を加えることによって(vekha-missena)は〕〜とも誦む. それは同じ意味である②48③85.

vedhati<***vyath*** II.274[35], III.40[8]揺らぐ②557,③85.

veneyya *a.* <*vineyya gdv.*<*vi-**nī***, *BHS. vaineya* 教化(教導, 調伏)す(される)べき, 所化. **~ānaṃ** āsayânusaya-cariyâdhimutti-ādi-pakāre… jānāti I.35^{27-}～人々の意向・潜在的煩悩(随眠)・行為・信解(志向)等のあり方…を知る. tathāgatānaṃ imaṃ desanā-ñāṇa-saṅkhātaṃ sabbaso **~ānaṃ** saṃsaya-tamaṃ vidhamantaṃ paññaṃ passa I. 36^{-30-}諸如来のこの説示の智と呼ばれる, あらゆる～者達の疑惑の暗黒を破る智慧を見よ①70,72. II.85^{30}, 120^{33}, 201^{28}, 226^{23}, 250^{28}, III.17^{29}, 33^{16}, 199^{7}②180,249,459,505, ③39,73, 429.

veyyākaraṇa *n.*Ⓢ*vyākaraṇa* II.19^{20}記説, 34^{16-}文典家, III.199^{28}答え, 201^{14}説明(予言, 記)② 43,74,③430,434.

veyyāvacca *n.BHS.vaiyāvṛtya.*I.44^{3}営事, 121^{3}奉仕, 128^{15}仕事(下働き), III.79^{34} ①87, 266, 283,③176.

veramba *a.*(verambha). **~ā** II.256^{7-}季節風(= -vātā). **~ā** *f.*或る山窟, 洞窟(ekā pabbata-guhā pabbhāro)②516.

velā *f.* = Ⓢ II.259^{38-}, III.31^{14}境界(堤防)②524, ③68.

veḷu *m.*(veṇu = Ⓢ)竹. **-gumba** *m.*竹藪 III.73^{22} ③162.

vesikā *f.*(vesiyā, vesī) II.194^{31}遊女②398.

vehāsa *m.* 虚空II.241^{15}, III.190^{4}②487, ③409.

vo I.117^{23}お前達のところに(tumhākaṃ), II.171^{25-}あなた方に(tumhe) ①258, ②350.

vodapeti *cs.*<*vi-ava-**dā***. **~essāmi** II.152^{9}浄めよう②313.

vonata *pp.*<***nam*** II.278^{17}落ちこむ(落胆する) ②564.

voropana *n.* 奪うこと, 取り去ること, 〔髪を〕剃り下ろすこと. katâbhinīhāro satto paṭhama-kesa-vaṭṭiyā ~kkhaṇe sotâpatti-phale patiṭṭhahi, dutiyāya kesa-vaṭṭiyā voropiyamānāya ($^{Vri.}$oropiyamānāya) sakad-āgāmi-phale I.43^{-27-}志向(願)を立てた有情(ダッバ)は, 最初に髪の房を**剃り下ろす**瞬間に預流果に安立した. 二度目に髪の房を剃り下ろすと一来果に, 〔三度目には不還果に安立し〕①87.

voropeti<*vi-ava-**rup***奪う, 取り去る, 〔髪を〕剃り下ろす. °**iyati** ps.除かれる, 取り去られる, 〔髪を〕剃り下ろされる. ~mānāya *prp.* I.43^{-29-}.

vosāna *n.* III.40^{12}終わり(=涅槃)③85.

vossagga *m.*Ⓢ*vyavasarga.*放棄, 促すこと. **citta°**. akusalesu dhammesu~o III. 90^{10}諸不善法に心を投げ棄てること③200. →vavassagga.

voharati<*vi-ava-**hṛ***.III.85^{14}言説する(語る katheti)③190.

vyanti-kata *pp.*<***kṛ*** II.220^{33}終わらせた ②449.

vyābhaṅgī *f.* II.264^{28}天秤棒(=kāca) ②535.

vyāharati<*vi-ā-**hṛ***. na c'atta-vaṇṇaṃ **~re**II.76^{7}また自分の称讃を語るな(=na bhāseyya) ②160.

S

saṃyama *m.* ~ena II.259^{20}**抑制**によって, 265^{21} (=sīlena) ②523,537.

saṃyuga *n.* II.277^{30}装具(yuga)②563.

saṃyojana *n.* 結縛(五上分結・五下分結)II.268^{32}, III. 9^{27},11^{8}②543,③21,25. **-bandhana-cchida** *m.a.*II.219^{34}**結縛**(しがらみ)の縛りを断ち切ること②447. III.161^{24},195^{3}～切っている③351,420. **-valāhaka** *m.*III.31^{1}～の雲③67. **-vippamokkha** *m.* II.20^{11}～からの離脱②45.

saṃ-vaṇṇanā *n.f.*<saṃvaṇṇeti<*BHS.saṃ-varṇayati* 褒め事, 賞讃, 詳説, 詳註. Saha~**aṃ** yasmā dharate satthu-sāsanaṃ I.1^{22}**詳註**と共に大師の教えが存続するから①5.

saṃ-vi-dahati<-***dhā***〔仕事を〕始める, 執り行う, 置く, 用意する, 整える, 取りつくろう. °**dhāya** *ger.* bhumma-devatā...itthī hutvā kese vidhunitvā ~ sambandhantī viya … sāṭakaṃ ~ nivāsayamānā viya ca hutvā I.65^{-29-}($^{Vri.}$)地の神は…女になり髪を振りほどいてから**取りつくろって**一緒に結ぶように…また衣を**整えて**着ようとしているようになって①138.

saṃ-vidita *pp.*<-***vid*** III.72^{12}〔世間が〕見出された③160.

saṃ-vi-bhajati <-***bhaj***分け与える, 分けあう, 分析する. °**bhatta** *pp.***分析された**. **~esu** dhammesū ti ñeyya-dhammesu samatha-dhammesu vā, nānā-titthiyehi pakati-ādi-vasena, sammāsambuddhehi dukkh'ādi-vasena saṃvibhajitvā vatta($^{Vri.}$vutta) -dhammesu I.55^{16-}～諸法の中でとは知られるべき諸法の中で, 或いは寂止の諸法の中で, 種々の外道達によっては原質(根本物質)などをもって〔分析され〕, 正覚者達によって苦などをもって分析されて説か

れた諸法の中で①110. III.63[27]〜〔諸法〕③142.

saṃ-vi-rūḷha *pp.<-ruh*. **~e** II.82[21]よく繁った(樹の下でsuṭṭhu virūḷhe) ②173.

saṃ-vuta *pp.<vṛ*. **'-indriya** *a.*III.7[1]感官を防護し③15.

saṃ-vega *m.*衝撃, 畏れ(出家又は覚りを得る契機) I.108[4],119[1],122[29],123[3,25],139[31],140[23],154[29],159[24],166[10],191[10],197[28],199[15],204[2],209[9],218[2],219[13],230[13],244[27],245[24],247[19],II.8[3],49[1],161[33-],215[19-],III.41[27],93[33]①239, 262,269-70,272,308,310,338,363,418,431,435,445,455,475,478,502,534-5,539,②19,104,332,439,③88,207.

saṃ-saṭṭha *pp.<-sṛj* III.69[18]交際する③154.

saṃ-sandati<*-syand*合わさる, 交際する, 合流する, 結び合わせる. upajjhāyena attanā ca vuttam atthaṃ **~ditvā**([PTS.]~detvā) attano vivekâbhirati([Vri.]-kata)ṃ kata-kiccatañ ca pavedento I.64[-3-] 和尚と自分が述べた意味を**結び合わせて**, 自分が遠離を喜んでいることと為すべきことを為し終えていることとを告げようと①135.

saṃ-sarati<*-sṛ*. **~an** II.80[31],106[30-]輪廻し②170,220. °**rita** *pp*. III.157[33]〜した③343.

saṃsāra *m.*=Ⓢ 輪廻 I.162[28],215[27-],II.81[15],III.72[30], 170[13]①355,469, ②171, ③161,370.

saṃ-sevita *pp.<-sev* I.170[30]〔戒に〕 親しむ①373.

saṁ-sevā *f.*交わること, 交際, 親近. **sap-purisa°** f.善き人と〃. bahūpakārā vata **~ā** I.40[26]([Vri])ああ〜は多くの利益を齎す①80.

saṃ-haritvāna *ger.<-hṛ* ~ pāṇiyo II.203[2]両手を**合わせて**②414.

saka *a.*Ⓢ*svaka* II.251[26]**~** attha**自分の**目的(義, 益) ②507. **-putta** *m.* II.127[12]自分の子②262. **'-attha** *m.* I.236[20,23]自身の目的①516.

sakala *a.* ~**n** II.204[23]全く(一切sabbaṃ)②417.

sakiṃ *adv.*Ⓢ*sakṛd* 一度. **~ ~** II.107[15]一度づつ②222.

sakuṇa *m.* Ⓢ*śakuṇa* 鳥. **karavīka°** *m.*II.116[14]迦陵頻伽(かりょうびんが, 郭公)鳥②241.**kāka** *m.*烏 ~ādayo sakuṇeIII.132[7]烏等の鳥③289. **kokila** *m.*II.196[2]杜鵑(ほととぎす)②401. **parillaka** *m.*I.129[30]([Vri.]vaṭṭaka鶉《うずら》) ①287.

sak-kacca *ger.adv.<-kṛ*. **~ṃ** III.139[5]恭しく③302.

sak-kata *pp.<-kṛ* II.10[28]尊敬され(guru-kato) ②25.

sakkati<***śak*** II.225[17]できる(＝sakkoti) ②456.

sak-kāya *m.BHS.sat-kāya.* **~ā** II.69[32]存在するものの諸集合(有身＝五取蘊:色・受・想・行・識)②148. **-diṭṭhi** *f.* III.29[13]有身見(有身に我を見る見解)③63. **-abhi-rata** *a.* III.32[9]有身を喜んだ③69.

sakkāreti<*sat-**kṛ***尊敬する. °**reyya** *gdv*. II.57[14]尊敬されるべき方②121.

sakhi-tā *f.* III.115[32]友となること(＝sahāya-bhāva)③253.

sa-gandha-ka *a.* II.138[8]香りを具える②283.

sa-gārava-tā *f.* II.252[16]崇敬すること②508.

sagga *m.*Ⓢ*svarga*天, 天界. I.210[20-],II.96[3],117[30],259[16],III.111[7],123[5],125[2]①458,②201,243,523, ③244,269,273. ~ **ṭhāna** *n.* (＝deva-loka)II.225[7]天界なる処②456. **~e** nibbattā devatā *f.* I.54[22]天界に再生した神格達①109. **-kāya** *m.* II.107[15]天界の衆 ②222. **-gamin** *a.* I.153[19,25]天界に行く(者) ①335. **-parāyaṇa**([PTS.]-na) *a.*天界〔に生まれること〕を目標(究極目的)にする. cakkavattī rājā hutvā mahājanaṃ pañcasu sīlesu patiṭṭhāpetvā **~ṃ** akāsi I.53[-29]転輪王となって大衆を五戒に確立させて〜にした①107. **-magga** *m.* I.52[9]天界への道①104. **-sukha** *n.* I.210[3]天界の楽(らく)①457.

saṅ-kaḍḍhati<*-**kṛṣ***.III.79[31]引き寄せる(saṃharati)③176.

saṅkappa *m.*Ⓢ*saṅkalpa* 意向, 意(こころ)の思い, 思い計らい. I.129[4]思惟. 150[2]思い. II.161[22]凝る思い. 257[7],III.4[7-],70[4]①284, 327,②332,518, ③9,155. **-para-tejita** *a.* III.29[21]思い計らいによって他人に刺激される③64.

saṅkalita *pp.<**kal***.〔心に〕懐いた. **~ṃ** bahūhi vassehī ti bahukehi saṃvaccharehi sampiṇḍana-vasena hadaye ṭhapitaṃ **~ṃ**. Saṅkhalitan ti pi pāṭho I.158[28-] 多年に〜とは, 多くの歳月をかけて纏めたから心に留め〜. 〔**~ṃ**は〕繋げられたとも誦む①347.

saṅkassara *a.*疑いを起こさせる. **~n** ti saṅkāhi saritabbaṃ,vihāre kiñci asāruppaṃ sutvā II.115[19]〜とは諸疑念をもって想起されるべき精舎における何らかの不適切なことを聞いて②239.

saṅkāra *m.*ごみ. **-puñja** *m.* II.248[1]〜山②500.

saṅ-kilissati<*-**kliś***.汚れる. °**mānāse** *nom. pl.m.* saṅkhāresu ~ I.219[26] 諸行(心身の潜勢

力）において汚れている①479. **saṅkiliṭṭha** *pp.*II.115[18]汚れた②239.

saṅkiles-ika *a.* III.69[21]煩悩まみれの③154.

saṅ-kupita *pp.*<-***kup***. II.186[30]激怒した②382.

saṅkha *m.*Ⓢ*śaṅkha*螺貝, 法螺貝. **-dhamana-kula** *n.* ~e nibbattitvā I.130[27]〃を吹く人の家に生まれ①189.

saṅkhata *a.pp.*<*saṃs-kṛ*〔因縁によって〕作られた, 為作された, 有為の. II.3[18],107[34], III.15[27] ②8,222, ③35.

saṅkhalita *pp. denom.*<*śṛṅkhala*〔鎖で〕繋げられた. **~ṃ** ti pi pāṭho **~ṃ** viya kataṃ ekâbaddha-vasena vāc' uggataṃ kataṃ yaṃ Buddha-vacanaṃ I.158[29]〔懐いた saṅkalitaṃは〕～とも誦む. ～ように一緒にすることによっておよそ何でも仏語が言葉で高らかに（吟誦）された①347.

saṅkhāra *m.*Ⓢ*saṃskāra*〔諸〕行（心身の潜勢力）I.219[21,26],II.3[19-],III.4[20-],16[11] ①479, ②7,③10,36. **-loka** *m.*III.16[25]行世間（～としての自分の存在）③37. **-santati** *f.* 16[19]～の相続③36. **'-ûpasama** *m.* I.58[30]諸行の静まり①123.

saṅ-khitta *pp.*<-***kṣip***.**~ena** pi III.194[7]簡略にも③418.

saṅ-kheyya *gdv.* <-***khyā***.思慮して. **-kāra** *a. m.* III.201[7]〃なし遂げること③433.

saṅga *m.*執著. pañca~atiga I.70[24],II.269[3]五つ（rāga,dosa, moha,māna,diṭṭhi）の～を越えた①146,②543. **-atīta** *a.*III.116[27]～を越え③255.

saṅgaṇ-ika *m.*衆の集まり. **~e** rato vihāro **~o** ti I.190[31-]～を愉しむ生活が～という. **~ā** rato ti pi pāḷi I.191[3]～故に愉しむともいう聖言がある①417.

saṅ-gata *pp.*<***gam*** III.15[26]集合したもの③34.

saṅgati *f.* 集合. **-bhāva** *m.* **~ā** II.244[31]集合しているから②493.

saṅgara *m.n.* 約束, 契約, 戦争, 戦い. na hi no ~ṃ tena mahāsenena maccunā I.51[13]なぜならば大軍を擁するその死神との**戦い**がないのではないから①102.

saṅgāma *m.*Ⓢ*saṅgrāma* 戦, 戦場. **-vijaya** *m.* II.93[24]戦いの勝利②196. **-sīsa** *n.* I.97[14]戦いの先陣①215.

saṅ-gāyati<-***gai*** 合誦（同唱）する. II.193[11]〔法の結集を〕～②395. dhammaṃ ~ III.113[7]法を～③248.

saṅgāyana *n.*合誦. -kāla III.113[9]合誦する時③248.

saṅgīti *f.*結集（教法の合誦）. **paṭhama-mahā°** I.4[17],II.92[26]第一大結集①12,②194. **dutiya dhamma°** II.193[10]第二の法の結集②395. **tatiya°** II.165[33],III.89[23]第三結集②339,③199. **-maṇḍapa**結集の仮堂III.113[6]③248.

saṅgha *m.*僧団（僧, 僧伽）. **~to** paribāhirā III.80[8]～の部外者達③177. **-t-thera** *m.* III.129[1]～の上首の上座③282. **-bheda** *m.* II.114[11]～の分裂②237. **-majjha** *m.* II.249[8]衆（～）の中②502. **-lābha** *m.* III.80[7]～の所得③177. **-ārāma** *m.* 僧園I.92[6], II.239[37]①202,②484.

saṅghāṭa *m.*（°ta）集積, 骨組, 筏. II.219[12]②446.

saṅghāṭī *f.*III.80[19]重衣③178. **-khura-muṇḍa-bhikkha-bhojī** II.176[5]重衣を着て剃刀で坊主頭になり托鉢して食べ②359. **-pāruta** *a.* II.30[2], 176[8], III.80[18], 103[17]重衣を着けている（纏う）②65, 359, ③178, 226.

saṅghāta（°ṭa） *m.*〔指を〕はじくこと. accharā~mattam pi II.173[6]弾指の間ほども②354.

saṅghika cīvara *n.* II.90[18]僧団から来た衣 ②189.

sacca *a.n.*Ⓢ*satya* 真実〔の〕, 真理I.12[32],II.253[7] ①25, ②510. **-kiriyā** *f.* 真実実現の誓言（自分の真実の徳を賭けて念願が叶うようにと言明すること）. pupphāni… dasa-balassa matthake vitānaṃ hutvā tiṭṭhantu, dasabalo imāya saññāya sve … mayhaṃ bhikkhaṃ gaṇhatū ti **~aṃ** katvā aṭṭha sumana-puppha-muṭṭhiyo vissajjesi I.69[-12-]花は…十力（世尊）の頭上で天蓋となって留まれ. 十力者はこの目印によって明日…私の施食をお摂り下さいと～をして八把のジャスミンの花を投げた①143. nirodha~dukkha~āni III. 49[8]〔苦の〕滅という真理（滅諦）・苦という真理（苦諦） ③108. **ariya°** II. 44[3], 81[3], 205[27], 253[7], III. 48[14], 49[4], 194[7]. **198[22]**聖なる（聖なることを作る, または聖者の）真理（聖諦）②99, 170, 419, 510, ③106, 108, 418, **428.** **dukkha°** III. 168[32]苦の（という） 真理（苦諦） ③367. **magga°** II. 37[33], 253[33], III. 49[7]道の（という）真理（道諦）②81, 511, ③108. **samudaya°** II. 37[26], 253[34], III. 49[7] 〔苦の〕集起（因）の（という）真理（集諦）②80, 511, ③108.**-nāma** *a.*真実の名のあ

るIII.10[6], 62[20]③22,140. **-sambodhi** *f.* I.8[17]真理の正覚①18.

sacchi-katvā *ger.* II.183[30]〔涅槃を〕証得し②376.

sañ-cinteti<*-cint*. **~taye** III.153[10]思念するだろうか③333.

sañ-chādita *a.pp.*<***chad***覆われた(＝sañchanna). ratta-kimīhi **~ā**...selā I.62[-15]赤虫たちに〜…岩の山々①131.

saññā *f.*Ⓢ*saṃjñā* 想, 想念, 観念, 合図 II.82[24]想い②173-4,517,**~aṃ** adāsi I.43[24], II.174[19]合図をした(送った)①87, ②357. **anicca**°無常想(観)I. 162[3], II. 81[30], 82[7,31], 253[12]①354, ②96, 172-4, 510. **-vivaṭṭa-kusala** *a.* II.213[15]-4[25]想念を廻(めぐ)らすことに巧みな②436-7.

saṭṭha *pp.*<sajati<***sṛj***捨てた, 放棄した. **-'esana** *a.*欲求を〜. samavaya**~ā**(PTS. samaya~ā) III.203[10]等しく欠けることなく欲求を捨て③438.

saṭṭhi-kaṇḍara-sambandha *a.* II.244[22]六十の腱(すじ)に結ばれ②493.

saṭha *a.*Ⓢ*śaṭha* III.84[28]狡い③188.

saṇikaṃ *adv.* III.200[32]ゆっくりと③433.

saṇṭhapana *n.*cittassa ~ II.252[29]心を定め置くこと(sammā ṭṭhapanaṃ)②509.

saṇṭhāna *n.*形. **-vaṇṇa-rūpa** *n.* II.180[34]容貌や容色や容姿②369.

saṇha *a.* I.41[11]柔軟な, **~ena** II.195[1]やさしく①81,②399.

sat *prp.*(→sant)<***as***有る, 善き, 正しき. **sataṃ** *gen.pl.* I.178[19], III.102[26], 172[9]. **sato** *gen.sg.* I.245[17], II.53[1]. **satā** *instr.sg.*

[1]**sata** *num.* 百. I.201[6], 226[20]①439,493.**-geṇḍu** *m.*百塔ある. **~ū** ti aneka-sata-niyyūhako II.40[26-]〜とは数百の小塔がある〔祭柱yūpa＝殿堂pāsāda〕②87. **-dassin** *a.m.* I.227[18]百を見る①495. **-pala** *a.* I.212[22]百匁の〔鉢〕①463. **-rasa** *m.a.*百味の〔食〕I.201[4]①438. **-rājika** *a.* I.212[25]百の線ある〔鉢〕①463. **-lakkhaṇa-dhārin** *a.*I. 226[29]百の特相をもつ〔対象attha〕①493. **-liṅga** *n.a.* I.226[17-]百の標相(目印)をもつ〔対象attha〕①492.

[2]**sata** *a.pp.*<***smṛ***思念(記憶)したI.160[30],II.30[11], 98[26], 186[31],III.44[32](＝sampajāna), 69[23](＝satimā)①351,②66, 205, 382,③97,154.

satata *a.*常の, 常なる. **~ṃ**常にI.234[32],II.74[9], 164[35-]①512, ②157,338.

satiⓈ*smṛti*念, 記憶, 憶念, 思念I.95[33],126[15], 214[14-],215[2],II.152[7],187[22-],234[12],256[25], III.25[26],90[15],208[23]①211, 278,466,468, ②313, …③55,201,449. **-vinaya** *n.* 記憶規定法, 憶念毘尼. 被告人に記憶を陳述させ, それに基き僧団が判決を下す裁判法(*Vin.*II.79[38]). Tasmiñ ca adhikaraṇe saṅghena **~ena** vūpasamite ayaṃ thero…imaṃ gāthaṃ abhāsi I.45[-8-]そしてこの事件(諍論)が僧団による〜によって鎮静された時, この上座は…この偈を述べた①89. **-paṭṭhāna** *n.m.* *BHS.* smṛty-upasthāna. 思念の起こるところ(念処, 念住. 四念処) II.42[26-],149[11-]②90,308. **-p.-gīva** *a.* III.143[22]〃を首とし③311. **-p.-gocara** *a.* I.216[32]〃の領分を保つ①472. **-p.-pāsāda** *m.*~**ṃ** āruhitvā III.32[7]〃という殿堂に登って③69. **-mat** *a.*思念(記憶)を持つ. -mā I.60[11],165[12],II.20[18],42[10-],108[5],136[7-], III.98[25],121[10],152[18]思念あり①126,360, ②45, 90,223,279, ③217,264,331.

satta *num.*七〔つの〕III.72[28]③160. **-yuga** *n.* 七世代 II. 225[13]②456. **-dhā** *adv.* II.41[2](sattasu ṭhānesu)七様に②87.

sattama *a.* isi**~o** III.195[25]最上(又は第七)の仙人③421.

satti *f.* Ⓢ*śakti* 刃物 I.111[27]①147.

[1]**sattha** *n.*Ⓢ*śastra* III.18[2]剣③40.

[2]**sattha** *m.*Ⓢ*sârtha*隊商, 旅商. **-vāha** *m.*隊商主, 隊商を導く. I.248[10],II.11[16-],134[5],III.195[8]①542,②27,275,③420. **-vāhaka** *m.* II.27[16], 276[14]②61,560

satthar *m.*Ⓢ*śāstṛ* 〔大〕師 I.194[8-], II.11[7-], 51[24], 215[15-], III.17[29], 31[25], 158[23], 199[5]①424,②26, 110,439,③39,68,345,429.

satthi *n.* Ⓢ*sakthi* II.28[9]腿②62.

sad-attha *m.*I.236[19]自分の目的(sak'attha,arahatta), II.140[35], III.198[29]①516,②290,③428.

sadā *adv.*常にI.106[16],165[12],II.15[20],189[19],250[3],274[7], III.143[26], 156[12]①234,360, ②36,388,555, ③311,339. °**'erita** *pp.*<***īr***常に動かされる II.107[36]②223.

sadisa-kappanā *f.*Ⓢ*sadṛśa*＋*kalpanā* 同等である(似る)と想定すること. yathā Tathāgate **~ya** āgato, evaṃ idhâpi ~vasen'eva veditabbo I.4[26]如来と〜ために出ているように, そのように, ここでも〔如来と〕〜ためにのみ〔獅子sīhaというと〕知られよう①12.

sadda *m.*Ⓢ*śabda*声, 語. I.215[25], II.192[17-]①469, ②393.

saddala *a.*Ⓢ*śādvala* I.90[15]茅(＝dabba-tiṇa)①196.

saddha *a.* II.96[15], III.116[7]信ある②201,③254.

sad-dhamma *m.*正法 II.153[17-],III.78[13-],119[15], 170[12]②316, ③173,260,369.

saddhā *f.* Ⓢ*śraddhā* 信 I.11[5],126[8-],143[13-], II.63[23],71[8], 102[1-],III.25[24],208[24]①22,…②136, … ③54… **-deyya** *a.* I.141[31-]信によって施された①312-. **-pabbajita** *a.*III.33[25],41[34]信によって出家した③74,89. **-hattha** *a.* III.10[17], 143[23]信を手とし③23,311.

sa-dhana *a.* III.39[9]財ある人③83.

sanantana *a.* III.193[14]永遠の(法, きまり)③417.

sa-nighaṇḍu-keṭubha *a.* 語彙論や動詞活用論を含む. tiṇṇaṃ vedānaṃ pāragū **~ānaṃ** II.34[15]～三ヴェーダの蘊奥をきわめ②74.

sant *prp.*<***as***有る, 善い, 正しい. **santaṃ** (*ac. sg.*) I.245[15]ある, II.103[17]①535,②215. **santo** (*nom.pl.*) I.40[29], III.61[17]善き(人達)①80,③138. **sabbhi**(*instr.pl.*)I.40[29]善き方々と①80.

santa *pp.*<Ⓢ*śānta*<***śam***寂静で, なII.179[10], III.73[2-]②366,③161. **~ pada**(＝nibbāna) II.219[29], III.191[10]寂静の境地②446, ③412. **-citta-bhavâbhava** *m.* II.280[18]種々の生存において心静まった②569.

santāna-ka *m.n.*拡大, 跡継ぎ, 子孫, 蜘蛛の巣. Mātaraṃ kuṭikaṃ brūsi, bhariyaṃ brūsi kulāvakaṃ; Putte **~e** brūsi, taṇhā me brūsi bandhanan I.26[-25]あなたは母を小屋と言い妻を巣と言い息子達を**蜘蛛の巣**と言い渇愛を私の束縛と言う①49.

santi *f.*Ⓢ*śānti*寂静 II.108[4], III.61[29], 71[8]②223,③138,157.

santika ~ṃ II.5[1]許に②13. **~e** I.160[29]側近に, II.167[4], III.44[35]近くに, 198[33]許に①351,②342, ③98,428.

san-tuṭṭha *pp.*<***-tuṣ*** I.45[22],II.162[7-], 248[25],III.69[26]満足する, 満ち足りた. ①90,②333,501,③154.

san-tusita *pp.*〃満ち足りた, 満足した. I.45[21], 48[29], 53[8], III.98[33]①90,97,106,③217.

san-tharati<***-stṛ*** 広げる, 敷く. **°ritvāna** *ger.* ~ saṅghāṭiṃ II.156[17]大衣を**敷いて**②321.

santhava *m.* I.221[28]交わり①483.

sandiṭṭhika *a.*~**ṃ** III.50[33]現実的な(＝paccakkhaṃ)③112.

sandeha *m.* I.79[6]集積〔の身〕II.256[24]身①169,②517.

san-dhāvati<***-dhāv***走り廻る. **°vissaṃ** *1 sg. aor.* I.182[17]走り廻って来た①398.

sannāha *m.*甲冑. bandhāmi **~n** II.229[35]～を着ける②465. **-kāla** *m.* III.154[26]甲冑〔を着ける〕時③336.

san-ni-dhāna *n.*＝Ⓢ<***dhā***近くにあること. Tattha mukha-sadda-**~ṃ** hotī ti ce, idhāpi "nadantānan"ti pada-**~to**, tasmā sīhānaṃ vā ti nidassana-vacanaṃ I.5[5-] それについて, 顔という語が**～る**のであると, もし〔論者が〕言うなら, ここでも吼えているという語が**～る**から, それゆえに恰も獅子たちが…ようにと例示して言う①13.

sapadāna *a.*〔家毎に〕 順次にII.248[9]②500. **-cārin** *a.* III.54[5]〔～乞食して〕行く③121. **-cārik'aṅga** III.54[5]〃者の条項③121.

sappañña *a.* I.16[11-]智慧ある方, II.51[16]正しい智慧者①31,②109.

sa-ppatissa *a.*<*prati-**śru***敬聴する気持ちを伴なう. Āyasmā ti piya-vacanam etaṃ garu-gārava~ vacanam etaṃ I.30[-29]尊者とはこれは敬愛語である. これは尊い方(師)を尊重し～語である①56.

sap-purisa *m.* I.40[29],II.52[15-],III.157[8-]善き人①80,②112, ③340.

sabba ***a. n.***Ⓢ*sarva***一切〔の〕, 皆〔の〕**. **~o** moho I.183[29]**一切の癡**(ち, まよい, 愚) ①401. **~o** rāgo I.183[24]**一切の貪**(とん, むさぼり) ①401. **-kāruka-sippa** n. **一切の工匠の技芸**III.78[31]③174. **-kilesa-sodhana** n.*a.*II.219[22], III.155[23]**一切の煩悩を浄める〔道〕**②446,③338. **-ṭṭhiṭī** *f.* III.196[19]**一切の見解の立場**③423. **-dassāvin** ppa.<***dṛś*** III.17[19]**一切を見た**③39.-**disā** *f.*I.44[13], III. 119[31]**一切の地域**(方角)①88,③261. **-dukkha-kkhay' ogadha** *m.*III.155[21]一切の苦の滅尽の固い足場③338. **-dosa** *m.* I.183[27]一切の瞋(怒り, 憎しみ)①401. **-dhamma** *m.* II.259[34]一切〔諸〕法②524. **-dhammāna-pāragū** *a.* I.160[22], III.9[16] **一切諸法の蘊奥(彼岸)に達した**①351,③21. **-buddhā** II.260[5]一切の諸仏②525. **-bhavā** III.161[5]一切の諸々の生存③349. **-bhūtânukampaka** *a.* II.274[2]生き物を皆憐れむ②555. **-mitta** *m.n.* II.273[34-]皆の友②555. **-rattiṃ** *adv.* I.190[26]一晩中(＝sakalaṃ rattiṃ) ①417. **-loka** *m.*II.241[19],III.15[21]一切の世間②487, ③34. **-l.-tikicchaka** *m.* III.17[30]一切世間の医師③39. **-sakha** *m.* **~o** II.274[1]

皆の仲間. ②555. **-saṅgâtigata** *a.* I.110[33]一切の執著を越えた①244. **-saṃyojana-kkhaya** *a.* II.162[31]一切の結縛は尽き果てた②334. **-s.-atīta** *a.*II.177[33],III.9[27]一切の結縛(しがらみ)を越えた②363,③21. **-sippāni** *pl.n.*II.152[32],III.93[29]一切の技芸②315,③207. **-amitta** *m.* **~e** III.49[36]一切の敵共を〔支配し〕③110. **-ākāra-varûpeta** *a.*III.77[16]一切の勝れたあり方が具わった③171. **-ābharaṇa-bhūsita** *a.* I.244[11]あらゆる装身具で飾り立て〔られ〕た①532. **-āsava-parikkhīṇa** *a.* II.122[11]一切の煩悩(漏)が尽きた②252. **'-ogha** *m.* III.68[35]一切の暴流③153.

sabba-ññu *a. m.* I.166[29], II.11[23], III.17[15] 一切を知る, 一切知者①364,②27,③38. **-guṇa** *m.*~**ā** III.103[11]諸仏の一切を知る諸徳③226. **-buddha** *m.*I.58[25],II.226[16],252[16], III.91[27]一切を知る仏①123,②458,508,③203. **-tā** *f.* I.166[30-]一切知者であること(一切知者性). **-ta-ñāṇa** *n.* I.166[28]〃という知①364.

sabba-ttha *adv.*あらゆる処で(事に)Ⓢ*sarvatra,* I.101[2],II.261[2],279[3],III.10[33],157[28]①222,②527,566,③24,343. °**-ka** *a.m.*<sabbattha 〃処. sākhā-maṇḍapaṃ katvā taṃ **~m** eva sāla-pupphehi sañchādetvā bhagavantaṃ vanditvā I.79[29]枝の仮屋を作ってもう～をサーラの花々で覆って世尊を礼拝し①172.

sabba-dā III.167[25]常に〔汚物を流すasuciṃ sandanti〕③364.

sabba-dhi I.127[29]一切に〔解脱し〕. II.206[13]全てに, III.31[5]あらゆる所に①281,②420,③67.

sabba-so <sabba I.176[14]全く(＝anavasesato)①385.

sa-brahma-cārin *a.* II.166[28]同梵行者②341.

sama *a.* ＝Ⓢ 等しい, 平等な, 正しい, まさしく. **-paṇṇāsa**(＝-paññāsa), Ⓢ*-pañcāśat* まさしく五十. sakalassa khandhādi-lokassa ~âkārehi([Vri.]sama-paññāsāya ākārehi) udaya-bbayaṃ jānitvā vedagū yatatto katthaci anupalitto I.57[14]~の在り方(行相)によって蘊等の世間の生・滅を知って聖智に通じ自己を抑制しどこにも汚されない①116.

sama-ka *a.* ＝Ⓢattano ~ II.181[4]自分と等しい②369.

samaṅgī-bhāva *m.*<samaṅgin 具えて(得て)いること. yathā-dhamma-vihārino ti idaṃ caraṇa- sampatti- dassanaṃ sīla-saṃvarâdīhi ~dīpanato I.17[1]法の通りに住してという, この〔語句〕は行為(徳行)を具えていることを示す. 戒による防護などを具えていることを明らかにするからである①32.

samaṅgī-bhūta *a.*II.225[34]具えており(＝samannāgata)②457.

sam-a-cintesuṃ *3 pl.aor.*<sañcinteti<**-cint**(思う). puthujjanā bhikkhū tadā paṭhamaṃ salāka-ggahaṇe kiṃ nu kho etan ti ~ I.70[-10]([Vri.])凡夫の比丘達はその時〔その上座が〕最初に食券を取る時に, 一体ね, これはどういうことかと思った①145 .

sama-jīvin *a.* II.186[9]正しく生き②381.

sam-ajjhagaṃ *1sg.aor.*<*-adhi-**gam*** II.108[5]〔安らぎ(涅槃)を〕証得した②223.

samaṇa *m.*Ⓢ*śramaṇa* 沙門II.93[8],253[31],III.20[8],72[21] ②195, 511,③44,160. **-phāsu-tā** *f.* III.119[26]～の安穏なこと③261. **-brāhmaṇa** *m.* III.28[5]~・バラモン③60. **-sādhu-tā** *f.* I.239[18]~の善きこと①523. **'-ûpāsana** *n.* II.95[7]~に近く仕えること②199.

sam-ati-kkamma *ger.*<**-kram** III.68[34]越えて行き(＝-kkamitvā)③153.

sam-ati-vijjhati<**-vyadh** II.13[7]〔雨が〕等しく貫く②31.

sam-ati-vijjhana-ka *a.*貫通する, 貫く. **~ssa** rāg'ādi- avassutassa paññāya saṃvutattā sammad eva pihitattā channā I.29[15-] ～欲情などが漏れ出るのに, 智慧によって正しく防御されているから, もう正しく閉ざされているから〔身＝小屋は〕覆われた①54

samatta *a.pp.*<*sam-**āp***全て(完全な) **~n** ti sampuṇṇam II.204[23]～とはよく満ちた②417.

samatha *m.BHS.śamatha*止, 寂止, 滅, 心の集中静止 II.72[4-], 249[26], III.141[2], 152[26]②153,503,③307,331.

sam-adhi-gacchati <**gam** 得る, 達成する, 証得する. Atthaṃ mahantaṃ gambhīraṃ, duddasaṃ nipuṇaṃ aṇuṃ dhīrā **~anti** 4cde 大きく深く見難く微妙で微細な目的(涅槃、四諦)を〔不放逸に明察する〕賢者達はよく証得する. etaṃ catu-saccaṃ dhīrā **~anti** I.41[18]この四諦を賢者達は証得する①76, 81.

sam-anu-modati<**mud**ともに喜ぶ. **-diṃsu** *3 pl.aor.* te aññam-aññassa subhāsitaṃ ~ I.40[-19]彼等はお互いの善き発言を～んだ①80.

samanta *a.*普き, 全ての. °**to** pavanti II.224[4]周(まわ)りから …薫る②454. **-cakkhu** *n.* 普眼

（普く見る眼）II.177[27],III.199[26]一切を見る眼ある②363,③430. **-āvaraṇa** *a.* 普く覆われ．**~o** ti evaṃ ajjhattañ ca bahiddhā ca ajānanena samantato āvaraṇa-yutto avaññā-gatiko II.198[24] ～とはこのように内側と外側を知らないことによって普く覆うことに結びつき不敬に向かう②405-6.

samappeti *cs.<sam-ṛ* 渡す，置く，与える，委ねる．**°ppita** *pp.*任された．Kāma-vitakkâdinā micchā-vitakkena **~o** samassito ti vitakkena **~o** II.245[14-]欲望の思案などの誤った思案（尋）に～れ依存する，というので思案（尋）に～れる．**~o** puthu-sallena nāgo,aduṭṭha-citto luddakamajjhabhāsi III.88[5] 大きな矢に射られたまま象は怒らぬ心で猟師に語った②494, ③196.

samaya *m.* **~o** II.223[30]時だ（＝kālo）②454.

sam-ava-ṭṭhita *pp.<-sthā*待って（用意して）いる．**~ā** ti sammā avaṭṭhitā ābhogaṃ katvā ṭhitā III199[27]〔私どもの耳は聞くのを（no savaṇāya sotā）〕～とは，正しく安定している，心構えをしている③430.

sama-vaya *a.m.* 年齢vayaが同じ，同じ歳の，同齢者．ayaṃ kho pana Udāyī Dasa-balena ~o saha-paṃsu-kīḷiko II.221[34-] またね．このU.は十力の〔仏〕と同じ歳で共に泥遊びをした仲だ②451.

sama-vipākin *a.* 同じ報いをもつ．**~no** ti sadisa-vipākā samāna-phalā II.128[30-]～もの〔でない〕とは同様の報い（異熟）をもつもの、等しい結果をもつもの〔でない〕②265.

samassita *pp.*寄りついたpabbhāraṃ vā **~o** nissito upeto（[Vri.]upagato） II.220[25]或いは山窟に～とは近寄り近づいて行った②448.

samāgama *m.* I.178[20]〔聖者達に〕交わること①389.

sam-ā-carati<-*car*.よく行う kiṃ **~ran** III.20[19] いかなる〔正行〕を行じ（＝**~ranto**）③45.

samācāra *m.* III.20[28]正行（＝cāritta-sīla,jhānam,*etc.*）③45.

samādhi *m.*三昧（禅定，定，心統一）I.14[9],108[12-],220[4-],II.240[12-],261[27],III.25[26],138[21-],208[26]. **-yuga** *n.* 禅定の時代（教えの五時代の第二）III.89[25]③199. **-vijjā-vasin** *a.* **~ī** III.171[31]禅定と明智を自在にして（＝vasī-bhāvena）③372. **pañcaṅgika°~mhi** III.72[37]五支がある禅定で（catuttha-jjhāna~mhi）③161.

samāna *a.* III.105[11]〔地水火と〕同じ（＝sadisa-vuttiko）. 140[15]〔亜麻の花とummā-pupphena〕等しい③230,305.

samāvāsa *a.* III.10[23-]よく住む処（＝bhājana, kucchi）③23.

sam-āsati<-*ās*共に坐る，接する，交わる．**-āsetha** *3 sg.op.Ā.* sabbhir eva **~ā** I.40[27-]善き人々とだけ共に坐れ．**~ā** ti samaṃ āsetha saha vaseyya I.40[32-]～れとは同じく坐れ，共に住め①80.

sam-ā-hita- *a.pp.<-dhā*定まった，三昧（定）に入った，精神統一した．**'-atta** *a.<attan,Ⓢātman*自ら心定まった（心統一した）．eko santusito **~o** 5b独り満ち足りて～まり．**~o** ti upacār'appanābhedena samādhinā **~o** I.48[31-]～とは近行〔定〕・安止〔定〕の類の定で～．magga-samādhinā ~o III.152[18]道の禅定で～①93, 97, ③331.

sam-ijjha-na *n.<-ṛdh*成就，成功．Satthā anāgataṃ oloketvā tassa patthanāya **~bhāvaṃ** disvā I.38[-19]〔大〕師は未来を眺めて彼の願が成就することを見て①77.

samita *pp.<śam* 鎮まった．~kileso III.192[2]煩悩が～．**°tāvin** *ppa.* III.192[2]〔煩悩が〕鎮まっている③414.

sam-īrati<-*īr*. na ~ II.271[31]〔山が〕揺れ動かない②549.

sam-uk-kaṭṭha *pp.<-ut-kṛṣ* II.268[19]優れていた②542

samugga *m.*Ⓢ*samudga.* III.23[5]〔不浄物満ちた〕箱③50.

sam-ug-gahīta *pp.<-ud-grah* III.201[17]〔予言は〕把握された③434.

samucchita *pp.*夢中になっていた．odātesu **~ā** III.86[35]在家達に～，māna-pathamhi **~o** 191[23]自意識への道で～ ③194,413.

sam-uc-chinna *pp.<-ud-chid.*coḷā **~ā** II.46[5]布（煩悩）は断ち切られ．gatī ~ā 81[17]輪廻の行方は断ち切られた②98, 171.

sam-uj-jala *m.<samujjalati<sam-ud-jval*燃え上がり．aggi nisīthe ratti-bhāge pajjalito paṭutara-jālo **~o** （[Vri.]**~aṃ**） accāsanne ṭhitānaṃ obhāsa［[PTS.]-na］-dāna-mattena andha-kāraṃ vidhamitvā …āloka-dado hoti I.37[-11-]火が夜中に夜分に燃やされより明るい焔が～極近くにあるものに光を与えるだけで暗闇を破って…光を与えている①73.

sam-ujju *a.*真っ直な．**-pañña** *a.* III.201[13]〃智慧あるお方③434.

samudaya *m.* 集, 集起, 起因II.205[32]②420.

sam-ud-ā-gama *m.* = *BHS.*<-***gam***起きてくる, 現れてくる, 得ていること, 出会い, 邂逅, 遭遇, 開始, 來生, 到来, 到達, 獲得. te bodhisattā pubba- yogāvacara**~**sampannā honti I.13[7-]彼等菩薩達は前〔世〕の因縁(宿縁)の境界との**出会い**を具えている. yathā-gottā ti iminā saddhânusārī-dhamma-anusārī-gotta-sampatti**~ṃ**, yathā-dhamma-vihārino ti ādinā sīla-samādhi-paññā-vimutti-vimutti-ñāṇa-dassana-sampatti**~ṃ** [dasseti]I.16[-23-25]氏姓の通りという, この〔語〕によって信に従い法に従い氏姓を具え**得ていること**を〔示す〕. 法の通りに住してというなどによって, 戒・定・慧・解脱・解脱知見を具え**得ていること**を〔示す〕. Na hi sammā-appaṇihit' attano pubbe ca akata-puññassa saddhânusārī-dhammânusārino(PTS.-ri-) gotta-sampatti**~o** sambhavati I.17[10]なぜなら自己を正しく向け(誓願を立て)ていない人と以前に福徳を積まなかった人には, 信に従い法に従う人の氏姓(良き家柄)を具え**得ていること**はあり得ないからである①32,33.

samudda *m.*Ⓢ*samudra*. III.159[3]海洋③345. catu~'antā 47[23]四海を辺際とする(地)104.

sam-un-namayan <***nam***.I.93[33-]調え〔真っ直ぐにして〕①206.

sam-up-panna *pp.*<-***ud-pad***.起こるI.95[31], II.210[29]①211, ②429.

sam-up-pādana *n.*生じさせること, 生起, 惹起. attano vacī-gocaraṃ āgatānaṃ mādisānam pi kaṅkhā- bahulānaṃ kaṅkhaṃ vinayanti ariya-magga**~ena** vidhamanti I.37[-21]〔如来達〕は, 自分の言葉の領分(言語能力の領域)にやって来た, 疑惑が多い私のような者達に対しても, 〔その〕疑いを取り除き(調伏し), 聖道を**生起させること**によって〔疑いを〕破摧する①73.

samussaya *m.*集積(身)I.189[26], II.5[34-], 70[1],149[2],168[17] ①415, ②13,148,307,345.

sam-ussita *pp.*<*sam-ud-****śri***. III.35[11]〔三百の骨で〕組み立てられた〔身〕③77.

sa-mūla *a.*根もろともII.126[5],197[13]②257,403. °**ka** *a.* **~e** āsave padāleyya II.254[1]〃に諸煩悩(漏)を破るがよい②511.

samūhata *pp.*<-*ud-****han*** I.162[20]〔生存が〕根絶された. 183[28]〔悪意が〕絶たれた. II.14[9]〔渇愛が〕根こそぎにされた. 129[21]断絶された①355,401,②33,267.

samūhaniṃ *1 sg.aor.*<-*ud-****han*** II.162[15]〔貪瞋癡を〕根絶した(= samugghāṭesiṃ) ②333.

samekkhamāna *prp.*<*sam-****īkṣ*** II.234[3]観察しながら(= gavesantā)②472.

sameti<*sam-****i***. na ~ me III.120[9]〔新しい人達とnavehi〕私は**合わない**③262. °**ecca** *ger.* evaṃ ~ 190[10]このように**知って**③409. °**eta** *pp.*~**o** nacca-gītehi 68[25]舞いや歌を**伴ない**③152.

samohāna *n.* = samodhāna 一緒に集まること. aṭṭha-dhamma**~ā**(PTS.samodhānā) abhinīhāro samijjhati I.11[24]八つの法(因縁)が〜から〔覚りへの〕志向(誓願)は成就する①23.

sampajañña *n.*〔正しく〕知ること : **sātthaka**°有意義なことを〜, **sappāya**°適切なことを〜, **gocara**°生活領域を〜, **asammoha**°迷妄ならざることを〜という, **catūhi ~ehi** 四種の正知によって〔正しく知る〕II.269[30-]②545.

sampajāna *a.*〔satimat(思念を保ち) 正しく〕知る, 意識(正知)しつつI.79[10],143[21], II.136[7-], 269[31]①169,316,②279,545.

sam-paṭi-vedha *m.*<-***vyadh*** 洞察, 透徹, 看破, 通達. Na hi parato ghosena vinā sāvakānaṃ sacca~o sambhavati I.17[-15-]なぜなら, 他からの声がないと声聞達が真理を**洞察すること**は起こらないから①33.

sampatti *f.* I.24[7],99[20],144[9],155[9],209[28],210[16],211[2]栄華, 得達 ①44,220,318,399,457-9. II.1[15]栄華, 69[20]成就, 88[17],113[19], 127[15], 154[9],栄華, 245[26]得たもの, 259[7,18],261[2]成就, 266[35] 栄華②4, 147,185, 236, 262, 318,495,522-3, 527,539. III.34[3-],39[10], 47[17],65[32],72[25],110[36],122[31-], 123[6], 128[13-],134[1-],174[3]栄華 ③74,83,103,147,160, 244,268,281,293,376.

sampadā *f.*II.69[20]成就, III.11[2]具わっている②147,③24.

sam-panna *pp.*<-***pad*** 具えたII.125[10],250[1]②257, 503. **-veyyākaraṇa** *n.* III.201[14]完全な説明(予言)③433. **-sassa** *a.* II.74[22]穀物を備えた②158.

sam-pari-vatta *pp.*<-***vṛt***ごろごろしている. **-sāyin** *a.* I.73[26]輾転反側し寝ている①156.

sampupphita *pp.*III.160[1]花咲いた③347.

sambaddha *pp.* II.26[14]縛られる②38.

sambala *n.* II.260[18]糧食(puṭa-bhattaṃ) ②526.

sambahula *a.* III.142[7]大勢の(= bhahu-bhāva) ③308.

sambuddha *a.m.*等覚者II.121[24](sammā sabba-

dhammānaṃ buddhattā). III.9[5] (= bujjhitabba- buddhavat) ②250,③20.

sambodhi *f.*正覚. I.8[18]〜は[三種: sammā~, pacceka~, sāvaka~]①19. II.142[3] (= arahatta)②293, III.28[34] (=vimokkha- magga) ③62.

sam-bharaṇa *n.* = Ⓢ<-***bhṛ***収集, 用意, 集めること, **蓄積**. mahâbhinīhārato paṭṭhāya yāva Tusita-bhavane nibbatti, etth'antare pavattaṃ bodhi- sambhāra**~ṃ** I.10[-6]大志向(仏になろうという誓願)から以後, 兜率天宮に生まれ出るまで, ここに中間において覚り(菩提)の資糧の**蓄積**が行われた. mahā-bodhisattānaṃ heṭṭhima-paricchedena cattāri asaṅkhyeyyāni kappānaṃ[PTS.kappa-] sata-sahassañ ca bodhi-sambhāra**~ṃ** icchitabbaṃ I.10[-33]大菩薩達にあっては最低の限度では四阿僧祇劫と百千劫にわたる覚りの資糧の**蓄積**が求められるべく①21,23.

sam-bharati <-***bhṛ***集める, 蓄積する. puñña-[Vriñāṇa-] sambhāraṃ **~anto** deva-manussesu saṃsaritvā I.38[24-] 福徳[Vri.と智と]の資糧を**集めつつ**神と人間の中に輪廻し①77.

sambhava *m.* **~ā** II.107[30]諸生成(= bhavā) ②222.

sambhāvana *n.* **~ṃ** icchanti III.80[21]**栄誉**を欲し③178.

sam-bhāvita *pp.*<sambhāveti *cs.*<-***bhū***尊敬されている. ko nu kho, bhikkhave, jāti-bhūmiyaṃ jāti-bhūma(PTS.oi)kānaṃ bhikkhūnaṃ sabrahmacārīnaṃ evaṃ **~o** I.40[-3]一体ね, 比丘達よ, 生まれ故郷において, 故郷にいる比丘達・同梵行者達から, このように〜人は誰か①79.

samma-tāḷa-ppabodhana *a.* III.68[27]鐃(にょう)や鈸(はち)に目を覚ます③152.

sammad-aññā-vimutta *a.* II.186[11]正しく完全知によって解脱し②381.

samma-ppadhāna-sampanna *a.* I.216[30]正しい精勤を具え①472.

sam-masana *n.*Ⓢ*sammarśana*<-***mṛś***触知, 熟考, 思惟, 思念, 反省〔すること〕. anupada-dhamma-vipassanā-vasena anekâkāra-vokāra-saṅkhāre sammasanto chat-tiṃsa-koṭi-sata-sahassa-mukhena ~vāraṃ vitthāretvā I.9[29] 語句に従う法の観察によって多くの様相や区別のある〔身心の〕諸潜勢力(行)を熟考し三十六百千億などと**熟考**のときを広げて. kalāpa~âdi-kkamena pañcamaṃ visuddhiṃ adhigantvā I.18[8-]〔身心を〕集合体(束)として**思念**するなどの順序で第五の清浄を証得し①21,34.

sam-masati<-*mṛś*触知(感知, 思惟, 熟考)する. **-santo** I.83[29]〔五蘊の生滅を〕**反省しつつ**①179.

sammā *adv.* II.268[20]正しく(ativiya) ②542. **-sambodhi** *f.* 正等覚I.8[22],9[33],III.205[10]①19, 21, ③443.

sam-mita *pp.*<-***mā***適量の, 限定された. **-bhāṇin** *a.* II.76[9]適度に語る②161.

sam-missa *a.*Ⓢ*sammiśra.*混ざり合う. **a°** *n.* 混ざり合わない. kām'āmisa-lok'āmisa-vaṭṭ'āmisehi **~ṃ** santaṃ paṇītaṃ phala-samāpatti-sukhaṃ I.72[15-]欲望の染汚・世間の染汚・輪廻の染汚と〜寂静の至妙の〔阿羅漢〕果の禅定(心統一)の楽①152.

sammukha *a.* 面前の, 直面した. **°ā** *abl.* II.50[10]目の前で(purato), 156[30]前で(paccakkhato) ②107, 322.

sammuti *f.* 世俗, 俗説. **-deva** *m.* 世俗天(神, 王侯)I.27[31],II.204[27], III.202[32] ①51, ②418, ③437.

sam-moha *m.*II.103[23]迷い(ayoniso manasikāra-hetu)②215.

sayati<***śī***. **~etha** II.210[29]横たわるがよい②429.**~issan** III.160[3]横たわるであろう③348.

sayathā. **°âpi** II.175[23]恰も(= seyyathâpi)②369.

sayana *n.*III.143[12]臥所(寝所senâsana)③310.

sayaṃ *adv.* 自ら I.194[14-]①424.

sayamāna *prp.*<***śī*** I.209[4]横たわる①455.

sara *m.* ~**e** bhañjitvā II.204[9]**葦**を折って②417.

saraṇa *n.* 帰依処. **°gamana** *n.* 帰依 II.120[13]②248.

[1]**sarati**<***smṛ*** 想い起こす I.245[21], II.187[18-]①535, ②383.

[2]**sarati**<***sṛ*** 流れる, 行く. māmakaṃ…~ pavattati III.29[33]私のものという思いは…**流れ**転動する③65.

sara-lopa *m.*Ⓢ*svara* + *lopa* 字音(発音)の脱落. sīhānaṃ vā ti sīhānaṃ iva. sandhi-vasena **~o** .I.4[-28]獅子達が…ようにとは獅子達が…するように. 連声によって〔ivaのiの〕**発音が脱落している**①13.

sarita *pp.*<***sṛ***流れる. **~ā** III.159[5]〔河々〕③345.

sarīra *n.*Ⓢ*śarīra*〔身〕体. ~ṃ vijahaṃ III.11[25-]体を捨て③26. **-kicca** *n.* III.127[11],129[27]火葬儀③278,284. **-ja** *a.* II.151[20]体から生まれた

(心citta)②312. **-pūjā** *f.* II.34[34]体の供養(葬式)②75. **-sukha-giddha** *a.*体の快楽を貪るI.239[16]III.119[25]①523,③261.

sarīra-ka *n.*〔卑小な〕体, 身体. iminā **~ena** sādhetabbaṃ sādhitaṃ idāni taṃ ekaṃsena chaḍḍanīyam eva I.79[8-]この**体**によって成就すべきことは成就された. 今その〔体〕は一方的に放棄すべきものだけだ①169.

salākā *f.*食券 I.65[6], 69[19-]70[9]①137,144-5.

salla *n.*Ⓢśalya *m.n.*矢, 箭II.172[13],189[13-], III.30[1], 32[20-], 100[12-]②352, 387,③65,70,220. **taṇhā°** II.189[11]渇愛の矢②387. **kilesa°**煩悩という矢, **diṭṭhi°**見解という矢 III.30[2]③65. **-katta** *m.* III.49[33]矢を抜く外科医③110. **-viddha** *a.* III.87[32]矢に射られ③196.

sal-lakkhaṇa *n.*(＝sallakkhaṇā)<***sam-lakṣ***見(観)ること, 観察, 気づくこと. Vessavaṇo … mukhâkāra**~en'** ev'assa kata-kicca-bhāvaṃ ñatvā I.48[1-]毘沙門天が…〔上座の〕顔の相好(顔つき)を**見た**だけで彼が為すべきことを為しとげていることを知って①95.

savaṇa *n.* 聴聞. III.103[1] ③226.

savaṇīya *gdv.* <***śru***.聞くべき. III.194[23](＝kaṇṇa-sukha)③419.

savhaya *a.* Phussa~ III.82[5] Ph.と**呼ばれる**③182.

sa-sena *a.*軍勢を伴う. Māraṃ **~ṃ** III.152[1]〜魔を③330.

sassata *a.* Ⓢ**śāśvata~ā** n'atthi II.3[7]〔諸行＝身心の諸潜勢力も〕**恒常**ではない②7. **-diṭṭhi** *f.* III.29[21]恒常であるという見解(常見) ③64. **-vāda** *m.* III.190[36]常住論③411.

sahati<***sah***堪える. taṇhā ~ II.171[16]渇愛が**征する**(＝abhibhavati)②350.

sahasā *adv.*急速(急激)に. III.152[1]急に(＝sīghaṃ)③330.

sahassa *num.*千〔の〕. **°kaṇḍa** *m.* 千層. **~o** ti sahassa-bhūmiko(PTS.°ako) II.40[26] 〜とは千階②87. **-dhā** *adv.*千倍(種)に II.40[23], III.72[11], 171[10]②87, ③159, 371.

sahāya *m.*仲間, 友 I.47[6], 209[6], III.203[15]①94,455, ③439. **°ka** *m.* II.31[1]友(同行)②67.

sāgara *m.*＝Ⓢ 海 II.44[17] ②94.

saṭheyya *n.*ごまかし(諂曲, 諂《へつらい》)III.84[29]③188.

sātacca *n.* 恒常, 常III.53[33],167[9]常に③120,363.

sātatika *a.*常なる. **~o** ti samaṇa-dhamme … sātacca-yutto III.53[32]**常に**とは沙門法に…常に結びついた. **~ā** ti sātacca-kārino 167[9]**常に行じ**とは常に行う③120,363.

*__sâdika__ *a.*<sa-ādi-kaそれを始めとする. gocarāya pakkamanto pi tej'ussadatāya matta-gandha-hatthi- vanamhi **~e** samāgantvā abhīrū achambhī abhibhavati I.5[22-]〔獅子は〕餌場に出かけても威光が増大しているので, 発情して匂う象の林で〜〔獣〕達と出合っても恐れず怖れなく征服する①14.

sādiyati.<***svad***. na **~yin** ti na sampaṭicchiṃ paṭikkhipin ti II.120[3]〔招待を〕受けなかったとは受け取らなかった, 拒否したと②247.

sādhu *a. adv.intj.*＝Ⓢよろしい, 善哉, よく. I.106[10-], 177[22-]-, II.142[1], 183[26], III.104[29-]善き人①234,387, ② 293, 375, ③229.

sānu *m.n.*＝Ⓢ台形, 背, 山の背. **~ṃ** paṭigamissāmī ti pubbe mayā vuttha-pabbata**~m** eva uddissa gacchissāmi I.84[4-]**山の背**に向かって行こうとは私が前に住んでいた〃だけを目指して行こう①179. **-pabbata** *m.* 背のある山. attano jāta-gāmassa avidūre ekasmiṃ **~e** vihāsi I.83[-9]〔彼は〕自分の生まれた村から遠くない或る〜に住んだ①178.

sânubuddha *a.*〔それに〕随って覚る者を伴う. **~o** I.8[31-]①19(→anubuddha).

sântara-bāhira *a.* II.168[28],275[17]内外ともに②345,557.

sâpadāna *a.* yesaṃ…sāvaka-pāramitā-saṅkhātaṃ atthi Apadānaṃ te **~ā** III.204[31]〔先世の正等覚者達や辟支仏達や仏の声聞弟子達に対して福徳を作ることによって起きた〕声聞波羅蜜(最高の行)と呼ばれる**過去因縁譬喩物語(譬喩経)があるという**, その彼等は〜〔上座達〕である③442.→ana°

[1]**sāmañña** *n.*沙門であることI.106[30-](＝samaṇa-bhāva), II.90[16],252[3],III.41[11]①235,②189, 507, ③87. **-dhamma** *m* III. 53[32]沙門法. **-phala** *n.* III. 105[35-], 107[8-]沙門果(預流果・一来果・不還果・阿羅漢果). **'-attha** *m.* III.78[35]沙門である意味(＝s.-dhamma) ③120, 174, 232, 235.

[2]**sāmañña** *n.*普遍, 一般性. aniccatâdi**~lakkhaṇa** *n.* I.227[4]無常であることなどという一**般**的特相①494.**~lakkhaṇato** parivīmaṃsā II.253[5]〜から審慮考察すること②510.

sāmaṇera *m.*沙彌(見習い小僧)I.63[23],II.183[29], III.204[12] ①134,②376, ③440.

sāmīci *f.* II.203[11]恭敬(~kiriya)②415.

sāyaṃ *adv*.II.146[1]夕方に（＝sāyaṇha-velāyaṃ）②301.

sārakkhati,saṃ-r°<*rakṣ*. indriyān'eva **~n**…ti ca saṃ-saddassa sā-bhāvaṃ katvā vuttaṃ, sārāgo ti-ādīsu viya. saṃrakkhan ti ca pāṭho III.21[10-5]諸感官をこそよく護りながら…とはsaṃという語をsāであるとなして述べた.〔saṃrāga貪染を〕sārāgaという等におけるように. 又saṃrakkhanと読む③46.

sārajja *n*.<*śarad*臆すること, 臆病, 畏怖, 未熟. **parisa°-bhaya** *n*.*Nd*[2] §470衆中で臆する怖畏①92(2). **vigata°** II.142[21]畏怖から離れた②294

*__sārajjati__<*saṃ-raj*. cha-dvāra-gocare **~antassa** vaṭṭaṃ dassetvā III.44[15]六〔感官の〕門の領域に対して**染まって(執著して)**いる人の輪転(輪廻)を示し. Buddha- guṇehi abhitthaviyamāno ~ 46[3]〔正覚者でない者は〕仏の諸徳をもって誉められると**羞恥する**. te pi upajjhāyâcariye na bhāyanti na **~nti** 89[19]彼等(暗愚の者)も和尚や先生を畏れず感化され(染められ)ない③96, 100,199.

*__sārajjana__ *n*. piya-rūpe **~vasena** uppajjamānāya abhijjhāya …assa …cittaṃ upahaññati III.44[3]愛すべき色に対して**染まる(執著する)こと**によって起こってくる貪欲によって…彼の心は害われ③96.

sāratta *pp*.<*sam-raj* II.58[15]執著し染まった②124.III.24[3]〔心〕惹かれた③52.**-citta** *a*. I.214[20]心執らわれ①467. III.43[34]心執着し③95.

sārathi *m*.御者 II.11[34],181[19],III.89[17]②28,370,③199.

sārambha *m*. I.108[23]動揺(憤激) III.30[30]①240, ③66.**~bala-saṃyuta** *a*. III.29[6]激情の力に相い応じて③63.

sāla-puppha *n*.沙羅の花(クリーム色). cakka-vāka- yoniyaṃ nibbatto bhagavantaṃ gac-chantaṃ disvā pasanna-mānaso attano mukha-tuṇḍakena **~ṃ** gahetvā pūjaṃ akāsi I.56[-5-]〔彼は〕鴛鴦(おしどり)の胎に生まれて, 世尊が行くのを拝み見て浄く信じる心で, 自分の嘴(くちばし)で～を採って供養した①113.

sāla-vana *n*.サーラ樹の林I.79[25], II.29[7]①171,②64.

sāli *m*. II.164[17], III.53[24]米(精米)②337,③120.

sāvaka m.Ⓢ*śrāvaka*声聞弟子, 仏弟子, 弟子 I.8[35], III.204[21]-5[27],①19,③441-4. **-pāramī** *f*. 声聞の最高の行（境地波羅蜜）III.95[15],162[23],180[11],208[32]③211,353,388,450. **-buddha** m.声聞の覚者(声聞として覚った者). tato paraṃ ~ā nāma honti sadevake loke agga-dakkhiṇeyyā I.10[28-]その(声聞の正覚の)後は～という者達となり, 神を含む世間における最高の供養されるべき者達となる①22. **-bodhi-satta** m. I.11[16]声聞菩薩①23. **-sambodhi** *f*.声聞の正覚(覚り) I.8[35]. kevalaṃ… agga-magga-kkhaṇe **~iṃ** adhigacchanti I.10[28-]単独に最上の〔修〕道の刹那において～に達する. abhisamayato pacceka-sambodhi ~ ca veditabbā I.10[30]領解(現観)から辟支仏の正覚と～とが知られよう①19,22.

sāsana *n*.Ⓢ*śāsana* 〔仏の〕教え, 教, 教団 I.85[22],161[1-], 230[33-],II.71[14],141[3],195[6],III.17[13-]①182,353,503,②151,290, 399, ③38. **nava°-aṅga**九分教 I.2[29]①6.

sāsan-ika *a*.<sāsana 教えに属する,〔仏の〕教えの. aniccassa dukkhânattatānaṃ abya-bhicaraṇato **~ssa** sukha-gahaṇato ca I.235[-5]無常なものは苦・非我であることが不確定でないから, また～**こと**が容易に摑めるから①512.

sāhasā *adv*. III.25[11]暴力で③54.

sāhu *a*. I.119[14]善いかな（＝sādhu）①263.

sikkhati<*śikṣ* 学ぶ I.164[24-]①359-.

sikkhā *f*.*śikṣā* I.164[26-]三学①359.学〔ぶ事〕(adhisīla~âdayo) II.141[1],173[19]②290,355. **-kāma** *a*. II.124[19]学を願う者②256. **-vipula** *a*. II.252[11]学処を広く受け持つこと ②508. **-sâjīva-sampanna** *a*. II.215[34]〔戒〕学と共同の生活を具え②440.

sikkhāpeti *cs*. <*śikṣ*. **~ent** III.89[9]学ばせられて(sikkhāpiyamāna)③198.

sikkhita *pp*. 学んだII.141[5], 183[28],III.89[14], 189[5]修錬した②290,376, ③199,407.

sikhaṇḍin *a*. *m*. III.153[6]鶏冠(とさか)ある〔孔雀〕③332.

sikhin *a*. *m*. I.72[3]頂点(角)ある(牛), 82[3]頂毛ある(孔雀)①152,175.

siṅga *n*.III.86[20]角(つの＝siṅgāratā), 美装③193

siṅgāra-tā *f*. III.86[20]派手好み（＝cāturatā, parikkhatatā）③193.

siṅgin *a*.III.86[20]派手な(美服を着けた)③193.

siccati *ps*.<*sic* 注がれる I.131[32]①291.

sita *pp*.<*śri* II.58[25], 218[28], III.154[38]依存した②

124,444③336.
sitta *a. pp.<**sic***〔水を〕注がれ I.232[15]①506.
sithila *a.* II.115[16], III.169[4]緩やか②239,③367.
siniddha *a. pp.<snih* III.77[1]〔行住坐臥の姿勢は油の流れのように〕滑らか③170.
sindhuvāra *m.* = Ⓢ(= sinduvāra = Ⓢ) Vitex Negundo.花咲く低木→nigguṇḍī. Eka-divasañ ca ~puppha-sadisāni nigguṇḍi-([Vri.] nigguṇṭhi-)pupphāni gahetvā bhagavantaṃ pūjesi I.52[4-] そして或る日〜の花のようなn.の花をとって世尊に供養した①104.
sippa *n.*Ⓢ*śilpa*技芸 II.29[5],70[13],113[33],152[27],163[17], III.55[27],81[23]②64,149,236,315,335,③125, 181.
sippika *a. m.* 或る動物(猿か栗鼠)I.130[1]①287.
sibbanī *f.* II.278[26]愛著(= taṇhā)②565.
siri *f.* II.215[23]吉祥天(幸福の女神)②439.
sirīmant *a. m.* I.206[4]吉祥なる①449.
silā *f.* 石. **-āsana** I.209[12]〔帝釈天の〕石の座①456. **°'uccaya** *m.* 山塊, 岩山III.10[3],139[30]③22,303.
siva *a.n. m.* Ⓢ*śiva* **~āni** I.187[32]幸いな(平穏な無病なkhemāni arogāni) 諸処①411. II.132[4], 179[2], 219[16]②371,365,436.
sīgha *a.* 速い. **~ṃ** I.189[26]速やかに〔身を捨てよ〕①415.
sīta *a.* 涼しい, 寒い. **-vāta-kalita** *a.* 涼しい風に囀る. morā **~ā** I.82[10]孔雀たちは〜①176. **-vāri** *a.* I.62[9]冷たい水あり①131.
sīti *f.* 清涼. **-bhūta** *a.*清涼となったI.183[32], II.126[6], 176[29]①402,②259,361.
sīmā *f.* II.259[38]結界②524.
sīla *n.*Ⓢ*śīla*戒I.169[7](= sabba-guṇānaṃ patiṭṭhā) II.259[6-],III.171[19]①368-9,②522,③372. **catu-pārisuddhi°**四種の清浄な戒(四遍浄戒)II.71[10],252[38],III.86[6],88[21] ②151,509,③192,197. ~n gahaṭṭha~ṃ pabbajita~n ti duvidham II.212[22]戒は在家者の戒と出家者の戒と二種, duvidhaṃ ~ṃ lokiyaṃ lokuttaraṃ iti 261[4]戒は世間〔一般〕の〔戒〕と出世間(僧団)の〔戒〕との二種②234,527. **-bbatûpapanna** *a.* I.60[6]戒と掟を具え①126. **-maya** *a.* I.92[20]戒より成る〔香gandha〕①203. **-sampadā** *f.* I.14[28]戒を具えること①29. **-sampanna** *a.* II.96[10]戒を具えた②201.
sīvathikā *f.* 墓II.135[9], 256[22](= susāna-ṭṭhāna)②277,517.
sīha *m.* Ⓢ*siṃha* 獅子I.4[19-],13[23],II.156[20]①12-26,②321. **-nādika** *a.*II.4[33]獅子吼する者②11. **-pañjara** *m.n.* 窓 upari pāsāde nisinno **~ṃ** vivaritvā olokento II.39[5]殿堂の上階に坐っていて窓を開けて眺めると②84. **-āsana** *n.* 獅子座II.86[8], III.152[3]②180,③330.
su *ind.*Ⓢ*svid* I.30[27]まさに, 108[18],191[4]一体, 194[2]確かに.
su-kata *a.<kṛ* III.31[35]よく作られた〔梯子〕③69.
su-kara *a.* na…**~ṃ** III.80[28]**容易**ではない③178.
sukalla *a.*Ⓢ*sukalya*. **-rūpa** *m.* II.78[1]妙なる容色②164.
sukkha *a.*Ⓢ*śuṣka* III.99[5]乾いた〔食物〕③218. **-vipassaka** *a.* III.208[32],209[2]乾観者③450.
sukha *a.n.* = Ⓢ楽〔な〕, 快〔い〕. I.27[4…20],58[31], 104[14.30],155[17-],192[12-],223[3-20],II.93[20],96[32-], 128[19],224[8],259[12],III.63[21-],100[7],159[12],191[32]①49-50,123,230-1,339,421,486-7,②196,202,264,455,523,③142,219,346,413. **-dhamma** II.278[15]楽な法(心身の要素)②564. **-vihāra** *m.*楽住, 安楽住III.196[32]③424. **'-attha** *a.*I.104[25]楽を求める①231. **-āvaha** *a.* II.20[3]楽を齎す②44.
sukhita *pp.*I.221[21]楽しみ II.165[23],220[28]①483,②339, 449.
sukhin *a.* II.220[28]楽あり, III.151[20]安楽に②449,③329.
sukhuma *a.* III.53[23]精妙な(衣)③120.
sukh'edita *a.pp.<ṛdh.* ([Vri.]) II.200[13]楽に育った②409.
su-gajjin *a.*よく響く声の〔孔雀〕II.77[17,22]②163.
su-gata *a. m.*善逝(善く逝かれた=仏). II.57[8,17], 128[33-]②121,265.
su-gīta *a.pp.<gai.* I.134[20]よく歌う①296. II.139[15]②286.
su-gīva *a.* I.81[33-]美しい頸の〔孔雀mora〕①175.
su-ggahita *a. pp.*III.118[22]よく把握された③258. **-nimitta** *a.* II.249[17]〔心の〕兆(きざ)しをよく捉えて②502.
suci *a.n.* II.146[27]浄く②303. **°n-dhara** *a.*清らかさを保つ. **~ā** ti suci-suddha-bhūmi-bhāgatāya suddha-citānaṃ vā ariyānaṃ nivāsana-ṭṭhānatāya **~ā** …sītaṃ- vārī**~ā** ti pi ([PTE.]va) paṭho I.62[9] 〜とは清く浄い地域であるので心の浄い聖者たちの住処であるので〜. …冷たい水の〜とも誦む①131. **-paṇḍara-cchada** *a.* II.131[6]浄く白い〔羽〕を纏う〔鶴balākā〕②269. **-maṃs'ûpasecana** *a.*

III.53[25]浄い肉汁を振りかけて③120
su-ciṇṇa *a.pp.*<*car* II.128[18],III.15[4]よく行われた(suṭṭhu caritaṃ)②264,③33.
su-jāta *a.* III.46[32]素生良ろしき(人nara)③102.
suñña *a. śūnya.* tehi **~ā** vimutti I.202[31]それら(貪等)がない(＝空なる)解脱①442. **~to** III.5[5]〔諸法を〕空として〔見る〕. 155[33-]空である〔と見る〕③10,338.
suññatā̆-vimokkha *m.*空性解脱I.202[31], III.207[20-3]①443,③447.
suññatā *f.* III.3[11],206[39]空であること(空性)③7,446.
suṇāti<***śru*** 聞くI.4[29-],7[18-],II.105[8-] ①13,17,②218. **sutvā** *ger.* 聞いてI.88[17-]①191. **sutvāna** 〃 I.160[27], 166[21] (suṇitvā), II.52[29],143[35]①351, 363,②112,297. **suta** *pp.*聞いたI.106[10],II.19[18-], 52[25],III.117[35],201[28-]①234,②43, 112,③257,435→ appa°,bahu°. **-vaḍḍhanin** *a.* II.19[17]聞(学識)を増し②43. **-vinicchinin** *a.* II.235[7]聞いたことを決定する ②474.
sutta *pp.*<*svap*.眠った I.82[11],II.71[5]①176,②150.
sudaṃ *adv.* I.30[27]実に(＝まさにこれをsu idaṃ)①56.
su-dassana *a.*みめ美わしい III.170[25]③370.
su-duddasa *a.* 甚だ(よく)見難いII.78[9]②164. (suṭṭhu duddasa III.152[17]よく見難い③331)
su-dubbala *a.* I.51[23]か弱い〔葦の堤naḷa-setu〕①102.
su-dullabha *a.* II.15[28]まことに得難い②36.
su-desita *a.pp.*<*diś*よく説かれたII. 177[22],III.85[2],198[19] ②365,③189,427.
suddha *pp.*<***śudh***清浄なII.146[28],240[5],III.16[17]純粋に, 31[35]清い②303,484,③36,69.
suddhi *f.* II.84[7]浄化, 144[6]清浄, III.68[28]②177,298,③152. **-kāma** *a.* II.250[11]清浄を欲する②504. **-magga** *m.* II.84[11]浄化への道②177.
sudh'anna *n.*I.201[9]甘露食(妙食＝sudhā-bhojana)①439.
su-nibbuta *a.* III.116[28]よく安らぎ(寂滅し, 清涼となったsīti-bhūto)③255.
su-nisinna *a.* I.159[3]よく坐り①347.
su-nīla-gīva *a.* II.77[17]よき青い頸の(孔雀) ②163.
sundara *a.*＝Ⓢpakaṭe' va **~e** III.159[28]自然のままの美しい〔山頂〕③347.
supati<***svap*** 眠るII.15[17], 62[16]②35,133. **supitvāna** *ger.* I.190[27]眠り(＝niddāyitvā)①417.
su-pupphita *a.* II.229[5]よく花咲いた②464.
su-pekhuṇa *a.* II.77[17]よき尾羽根の(孔雀) ②163.
su-bbaca *a.* <*vac*. III.89[39]よい言葉を語り③200.
su-bbata *a.*<*vrata*よき戒行(掟)を保つI.78[1], II.76[12],①165,②161.
su-byāpit'ambu *a.* II.77[25]よく水ゆきわたり②163.
subha *a.* III.4[10]素敵な, 22[13]快い, 192[22]美しい. ~āni rūpāni III.157[21]美しい諸々の色③342.
su-bhara *a.* 養い易い(＝suposa)III.76[23]③169.
su-bhāvita *a.pp.* II.13[11]よく修められた, 234[14]よく修習された, 273[31]②31, 473,554.
su-bhāsita *a.pp.* I.88[17]よく仰せられた, II.95[4], 146[17]②198,302.
su-bhikkha *a.* I.187[31]乞食しやすい①411.
su-maddita *a.pp.* III.160[15]よく鞣(なめ)された③348.
su-mana *a.*II.51[30]心喜ぶ, 78[1]善き心の, 220[14]快く, 261[3]心地よい, III.18[8](＝somanassa-ppatta) ②110,164,448, 527,③40.
su-mukha *a.* II.77[17]美しい顔立の(孔雀) ②163.
su-muttika *a.* I.119[10]よく解放されている①263.
su-yiṭṭha *a.* II.93[23]よく〔施を〕供えられ②196.
su-yuddha *a.* II.93[22]よく戦い ②196.
su-ratta *a.* よく染められたIII.86[33]③193.
su-ruci *a.* III.46[21]〔体が〕よく輝き③102.
suvaṇṇa *n.*Ⓢ*suvarṇa* 黄金 III.85[32](＝jāta-rūpa)③191. **-kāra** *a. m.*金工 III.130[14]③285.**-cuṇṇa** *n.* 金粉III. 131[35]③289. **-cetiya** *n.*黄金の塔廟II.113[2],206[31], III. 64[20],126[28]②235,422, ③144,277. **-paṭimā** *f.* 黄金の〔乙女〕像III.130[36]③286. **-patta** *m.*黄金の鉢I.211[27] ([Vri.]-paṭṭa板)①461. **-paduma** *n.* 黄金の蓮華III. 126[30]③277. **-pādukā** *f.* 黄金の履物 I.243[19],II.194[4]①531,②397. **-bimba** *n.* II.68[21]黄金のビンバ果 ②146. **-bhiṅkāra** *m.*黄金の水差しII.231[28],III.128[3]②468,③280. **-maya** *a.*II.40[21]黄金から成る②86. **-rūpa**[**ka**] *n.* 黄金の〔乙女〕像III.130[22-]③286. **-vaṇṇa** *n.a.*金色III.46[25]③102.**-itthikā** *f.* 黄金の煉瓦II.206[32], III.126[14]②422,③275.
su-valāhaka *a.* II.77[27]よき雲に〔覆われ〕②164.
su-vasana *a.*よい着物を着たI.244[10],II.110[23],①532,②229.
su-vikappita *a.*III.200[34]よく整えられた(声)③433.
su-vidita *a.* II.107[31]よく知られた②222.

su-vilitta *a.*よく油を塗られた I.244[9]①352.

su-visuddha-paṇḍara *a.*II.131[16]よくも浄く白い②270.

su-vihitāna-dassana *a.* I.177[23]よく〔身〕整えた方々に見(まみ)えること①387.

su-vutta-vādin *a.*III.154[35]善く言われた事を言う③336.

su-saṃvirūḷha *a.* I.232[13]よく茂り①506.

su-saṃvuta *a.*よく防護(抑制)したI.242[16], II.216[4],248[12], III.82[3]①528, ②440,… ③182. **'-atta** *a.* III.156[7]自己をよく防護して③339.

su-saddala *a.* II.77[23]よき若草の ②163.

su-samāraddha *pp.* II.269[25]よく励まれる②544.

su-samūhata *pp.* II.37[26], 181[36]よく根絶された②80,371.

su-samāhita *pp.*〔心が〕よく定まった(三昧に入った)I.28[11], 126[20], 132[10], 134[17-]-, II.112[13-], 183[17], III.10[28], 88[22], 167[6]①52,278,297,②233,375, ③24,197. **'-atta** *a.* III.98[31]自ら〜③217.

susāna *n.*Ⓢ*śmaśāna* 墓〔地, 所, 場〕I.43[11], 47[5-]-, 99[28], 136[21], II.27[23], 46[31], 126[20], 134[18], 167[16-], 169[1], 201[21-], 254[20]①86,94,221,302, ②61,99, 260,276,343,346,411,513. **-gopaka** *m.*墓守り I.98[2], 100[3] ①216,221.

su-sikkhita *pp.* II.258[37]よく学ばれた〔戒〕②522.

su-sikha *a.* II.77[17]よき頂毛ある(孔雀mora)②163.

susu *a.*Ⓢ*śiśu* I.172[2]若い(＝taruṇa)①376

susukka *a.*II.78[7](suparisuddha-sīlatāya)よく白く②164. **-dāṭha** *a.* III.46[27]歯が極めて白い③102.

susukhuma *a.* 極めて精妙な. ~nipuṇ'attha-dassin *a.*〜微妙な意義を見る I.170[22],II.76[18] ①372,②161.

su-suddhat'ambu *n.a.* よく清い水II.77[26]②163.

susu-māra *m.*(＝suṃsumāra)Ⓢ*śiśumāra*〔子供を殺す〕鰐. **°bhaya** *n.* 鰐の怖畏①92(3).

su-ssuta *pp.* *<śru*よく聞いた. II.141[1]②290.

sussūsā *f.* II.19[10]聞こうという願い, 252[13](＝sotu- kamyatā) ②43,508.

suhita *pp.* III.99[7]満腹して③218.

sūla *n.*〔鉄〕串II.79[12]〜(＝bhavā)〔に汝は行く〕②167.

sekha(sekkha)*m.BHS.śaikṣa* 有学 II.86[29]②182.

-bhūta *a.* III.120[28]有学(修学中)で③263.

seṭṭha *a.sup.*Ⓢ*śreṣṭha* I.55[19]最勝なる物①110. III.30[17-]最勝の(法主), 63[8]〃(財産), 202[9-]最上者③66,141,436.

seti<*śī*.横たわる, 寝る. III.40[7]伏す(＝sayati)③85.

setu *m.* ＝Ⓢ II.260[13]橋(堤防)②526.

sena *n.* 臥所, 寝所. **-āsana** *n.* 臥座所II.247[29], III.139[2] ②500,③302. **-ā.-paññāpaka** *a.m.*臥座所設営係I.42[6], 44[29]①84,88.

senā *f.* I.51[10]軍勢, II.142[9]軍①101,②294.
-pati *m.*将軍 III.48[25]③106.

semāna *a.prp.med.*<seti<***śī*** 横たわる. **-ka** *a.* 〃. **~o** pi gacchāmi I.64[19] 〔病で〕〜っても行く①135.

seyya *a. comp.* Ⓢ*śreyas*より優れている(良い, 勝る) III.41[12], 78[19], 141[14-] ③88, 173,307.

seyyā *f.*Ⓢ*śayyā* 臥所, 寝所, 臥具, 横臥. saha~ṃ kappesiṃ II.74[32-]臥所と共に整えた②158.

serin *a.* Ⓢ*svairin* III.161[30]自在に(sayaṃ vasin) ③351.

sela *a.m.*Ⓢ*śaila*岩山, 岩石I.62[17],II.271[30],274[32], III.5[34],9[31-],140[10]①131,②549,556,③12,22,304. **-guhā** *f.* II.156[20]岩窟. **'-ûpma** *a.* II.61[5]岩山のように②130,321.

seva-ka *a. m.* III.162[4]奉仕する者③352.

sevati<*sev* II.209[14]に親しむ, 269[27]に従う②427,545.

sesa-ka *a.* **~ena** I.211[5]あまつさえ ①459.

soka *m.*憂(愁)い **~ā** I.165[17], 188[2]①360,411. **-parideva** *m.* III.28[26]憂い嘆き③62.

sokhumma *n.* jhāna~sampanno II.184[32] 禅思の**精妙なること**を具え②278-.

[1]**sota** *n.*Ⓢ*śrotas.*耳. **dibba°** *n.*神的な耳覚(天耳) III.103[9]③226. **-dhātu-visuddhi** *f.* 耳覚領域の浄化III.103[9]③226.

[2]**sota** *m.n.*Ⓢ*srotas*流れ, 孔. III.31[5-]〔五つの〕流れ(taṇhā°渇愛の流れ, diṭṭhi°見解の流れ, māna°慢〃,avijjā°無明〃,kilesa°煩悩〃)③67; III.167[25]〔九つの〕孔(両眼・両耳・両鼻孔・口・肛門・尿道)③364.

sotthiya *m.* II.85[15]聞法者, III.169[20]聖典に通じ②179,③368. **-brāhmaṇa** *m.*ヴェーダに通じるbr. I.127[8]①280.

sodhita *pp.* ājīvo **~o** II.252[26]生活は**浄化された**②509.

sopāka *m.* Ⓢ*śva-pāka* II.201[14]犬料理人(賎民)②411.

sopāna *m.n.* 梯子III.31[34]③69.

sobbha *m. a.* III.58[27]坑③132.

sobhati<***śubh***. saha vatthehi ~ III.35[25]着物とともに**輝く**③78.

soma *m*. = Ⓢ月, ソーマ(神酒). **-yāga** *m* II.144[4]ソーマ祭②298. **-vaṃsa** *m*. II.177[30]月の系統②363.

sovaggi-ka *a*.<sagga, Ⓢ*svarga*天界の, 天の. [dakkhiṇaṃ patiṭṭhāpeti] **~ṃ** sukha-vipākaṃ sagga-saṃvattanikan I.27[16-]**天界に生まれる**, 楽の異熟がある, 天界に到らしめる〔施を確定させる〕①50.

sovaṇṇa *a*.I.212[24]黄金の(黄金製suvaṇṇa-maya)①463.

sosānika *n. m*. III.54[13]墓地住者③122.

sv-āgata *a.pp*.よく来たI.55[3],II.121[10-],III.63[22-]①109, ②250,③142.

sv-ābhi-saṅkhata *a.pp*.<*abhi-saṃs-**kṛ***.よく推進され準備された, 用意された. dāna-sīlādīhi **~e**([PTS.] samabhi-saṅkhate) santāne pavattā samatha-vipassanā- paṭipadā I.13[5-]施・戒などによって~〔身心の〕相続において行われる止観の修行道①25.

H

haññati *ps*.<***han***殺される II.189[23-],III.40[25]②389,③86. paharaṇehi **~ntu** marissantu ([Vri.] māriyantu) II. 257[8]〔有情達が, 矢や剣等の〕打撃によって殺されよ, 死ね②518. **hata** *pp*. II.182[4]殺された(=samugghāṭita)②372. **-netta** *a*.眼を害ねているI.208[25]①456.

hatthi-<hatthin *m*. Ⓢ*hastin*象. **-kkhandha** *m*. II.65[17-]象の肩②139. **-gīva** *m*. III.53[22-]象の首③120. **-pabbhinna** *a. m*.〔発情期の〕狂象I.181[7]①395. **-sippa** *m*.象の〔調教〕術 I.180[23], II.150[19]①394,②310. **-ācariya** *m*.象使いの師匠, 象師I.180[30],II.150[17] ①395,②310. **-ājañña** *a. m*. 象の優良種 I.71[29]①151. **-ānīka** *m*. III.132[3]象隊③289. **-āroha-kula** *m*. 象に乗る者(象使い)の家I.180[22]①394.

hadaya *m*.心臓, 心. n'āhāro **~ssa** santiko II.5[22-]食が**心**を静めるのでない. **~ṃ** nâvabujjhati III.22[8-]**心情**を覚らない②12,③48.

hanati<***han***. pubbe ~ attānaṃ II.17[19]先に自分を**殺す**(=kusala-koṭṭhāsaṃ vināseti)②40.

handa *intj*.さあ. **~ā** ti vavassagg'aṭṭhe ([Vri.] vossagg'atthe) nipāto II.228[28] 〃とは促す意味の不変化詞 ②463.

haritā-maya *a*.II.40[28]黄金からなる(=cāmīkara-suvaṇṇa-mayo真金の黄金〃)②87.

harit'obhāsa *m*. II.82[20]緑輝き②173.

haliddi *f*. III.168[10]鬱金(うこん, 黄色染料)②366.

have ああ, 実にII.70[30](確かな意味daḷh'atthe)②150.

hātave *inf*.<***hṛ***. II.57[21]を下さるよう(=upanetuṃ)②122.

hāsa *m*.Ⓢ*harṣa*喜び, Ⓢ*hāsa*笑い. **-paññā** *f*. III.106[11-]喜びの智慧③233.

hi *adv. conj*. なぜならI.46[8],77[22-],89[1-],171[1],206[1], II.106[32],175[29],259[3-],III.30[17-],160[28]. **~saddo** hetu attho I.130[10]～の語は理由の意味①287-

hiṃsati<***hiṃs***. para-pāṇāni ~ II.94[29]他の命を**危(あや)める**②198. na hi jātu so mamaṃ **~se** III.61[26-]決して彼は私を**害すまい**③138-.

hita *a.n*. 利益(=attha)III.20[36] ③45-6.

hitvā *ger*.<***hā***捨ててI.212[22],218[11], II.47[9], 63[9].
hitvāna 〃 papañcaṃ ~ III.101[8]妄想を～③222. **hiyyamāna** *prp*.〔命が〕～られ(失われ)ようとしている I.239[15], III.119[23]①523,③261.

hiri-mana *a*. 恥の意(こころ)ある III . 85[26]③ 191.

hīna-vīriya(-viriya) *a*. III.87[5], 100[29]精進欠く(劣る)③194,221.

huraṃ *adv*. かしこに, あそこに I.56[31]①115.

heṭṭhato *adv*. ~veḷu-gumbasmiṃ III.73[21]竹藪の**下で**③162.

heṭṭhā *adv*. Ⓢ*adhastāt* 下から(に, で, の), 前に, 先に. buddhānaṃ dhamma-desanā-kāle ~ vutta-nayena mahā-janena saddhiṃ vihāraṃ gantvā I.34[22-]仏達の説法の時に**前に**述べた仕方で大衆と共に僧院に行って. satthāraṃ nimantetvā ~ vutta-nayena mahā-sakkāraṃ katvā bhagavantaṃ āha I.34[27-]〔大〕師を〔施食に〕招待して〃大いに敬って世尊に申し上げた①68.

heṭhana *n*. 加害([Vri.])II.26[22]([PTS.]bādhana)②58.

heṭheti<***heḍ*** 苦しめる II.26[22]②58. **°ṭhǐyati** *ps*. 苦しめられるII.26[18]②57.

hetu *m*. 因, 原因, 理由. jīvita~ pi tassa anatik-kamanato paṇḍito II.158[11]命の**ため**であってもそれ(教誡)に違犯しないから賢者. hi ti **~atthe** nipāto 175[30]なぜならとは**理由**の意味の不変化詞. kuto nāma ~ kodho uppaj-jeyya([PTS.]kodhassa) 186[7]そもそも何で怒りが起こる**理由**があるのか. ②325,359,381. **~atthe**([PTS.]aṭṭhe) vā etaṃ bhumma-vacanaṃ III.13[10]或いはこれ(maha-bbhaye)は**理由**の意味における処格の語. āyu-kkhaya~ tuṭṭho somanassiko hoti 15[18]寿命が

尽きることを**理由(因)として**満足して心に喜んでいる. tav'eva ~ 158[3]ただお前に**よって**③29,34,343. buddhena bhagavatā **~bhūtena**. **~atthe** hi etaṃ karaṇa-vacanaṃ II.33[12]**原因**となっている仏世尊によって〔私は仏道に入った〕. なぜならこの〔仏によってと〕は**原因**の意味の具格を示すからである. rāg'uppatti**~bhūtesu** [PTS.sabbesu] tebhūmaka (PTS.oika) -dhammesu virattaṃ 61[11]欲情が生ずる**原因**となっている一切の三界の〔生存の〕諸要素(諸法)に対して離れ(離欲し). tādi-nāmavatā **~bhūtena** modamāno 128[35-]そのような方という名前をもつ方によって, **因となった**お方によって喜びつつ②71-,130,265. cittassa upasama**~bhūte** sabba-saṅkhāra- samathe nibbāne abhirataṃ III.9[15]心の寂静の**原因である**一切の諸行(ぎょう, 身心の潜勢力)の静止,〔即ち〕安らぎ(涅槃)を喜ぶお方を〔礼拝する〕③21. so 'dāni vātehi **vāta~**vāta-khobha-nimittaṃ ābādhiko II.57[19]そのお方が今, 風邪で風を**原因とし**風の動乱を誘因として病んでおられる. sabbaso soka**~ūnaṃ** abhāvato asokaṃ…nibbānaṃ 89[17] 全て憂いの諸**原因**がないから憂いなき…安らぎ(涅槃). ②122,187.

hetu-ka *a.* 因(原因)とした, 理由とす. dhamma-dassana **~ṃ** dhamme sunicchayā II.213[6]法を見ることを**因として**法についてよく決定するから. ñāti- viyog'ādi**~ssa** sokassa ca pahāyako II. 220[29-]また親族との別離などを**因とする**憂慮を捨る②435, 449.

hetu-tā *f.* abhihāsanan (PTS.abhibhāsanan) ti tosanaṃ avippaṭisāra**~ya** (PTS.appaṭisāra- 〃) cittass'ābhippa-modanato II.260[3]〔戒は心を〕悦ばせるとは満足させる. 後悔しない**因であるから**心を喜ばせるから. icchita-ṭṭhāna-patti**~ya** sīlaṃ seṭṭhaṃ ativāho 260[26] 欲する所に到達する〜最勝の戒は運送者(乗り物)である②525-6.

hemanta *m.*冬. ~pariyāpannā II.74[13]冬に入った(~'ogadhā) ②157.

hemantika *a.* 冬の. ~sīta-kāla-rattiyo II.74[10]冬の寒い暗い夜な夜な. **~ā** hima-pāta-samaya-pariyāpannā165[14]冬の雪の降る時に入った②157,338.

hoti<*bhū*有る, 居る, 成る II.10[26]. hessaṃ *1 sg. ft.* (= bhaveyyaṃ) III.152[30]. hehiti *3 sg. ft.* (= bhavissati) III.17[3],160[4-]. hessati 〃 II.200[16]. hohisi *2sg.ft.* (= bhavissasi) II.164[35]. hehisi *2sg.ft.* (= bhavissasi) III.161[5]→bhavati, ahu, ahuvā, ahosi.